Honoré de Balzac
Tolldreiste Geschichten

LES
CONTES
DROLATIQUES

Honoré de Balzac

Tolldreiste Geschichten

Aus dem Französischen
von Benno Rüttenauer

Mit Illustrationen
von Gustave Doré

Anaconda

Titel der französischen Originalausgabe: *Les contes drolatiques colligez ès abbaïes de Touraine et mis en lumière par le sieur de Balzac pour l'esbattement des Pantagruelistes et non aultres* (1832, 1833, 1837). Die Übersetzung folgt der Ausgabe Honoré de Balzac: *Die dreißig tolldreisten Geschichten, genannt Contes drolatiques.* Mit Holzschnitten nach Zeichnungen von Gustave Doré. Leipzig: Insel Verlag 1927. Orthografie und Interpunktion wurden auf neue Rechtschreibung umgestellt. Die Wiedergabe der Holzschnitte folgt der 1855 in Paris erschienenen Ausgabe *Contes drolatiques.*

Die Deutsche Nationalbibliothek verzeichnet diese Publikation in der Deutschen Nationalbibliografie; detaillierte bibliografische Daten sind im Internet unter http://dnb.d-nb.de abrufbar.

Umschlagmotiv: Ausschnitt aus »Galant breakfast« (um 1540), unbekannter Künstler der Schule von Fontainebleau, De Agostini Picture Library / G. Dagli Orti / Bridgeman Images
Umschlaggestaltung: www.katjaholst.de
Satz und Layout: Fotosatz Amann, Memmingen
Printed in Germany 2019
ISBN 978-3-7306-0796-1
www.anacondaverlag.de
info@anacondaverlag.de

Inhalt

Drittes Zehent

Einleitung

O sagesse éminente de Flaubert«, rief Jules Lemaître eines Tages aus, »qui, ayant écrit en tout six volumes, n'en a écrit qu'un de trop! Si tous faisaient ainsi, ils s'arrêteraient presque toujours avant la demidouzaine, et ce serait un grand profit … Car, voyons, nous sommes envahis.« Balzac aber hat, auch wenn man von zahlreichen uneingestandenen Jugendromanen absieht, an die hundert Bände hinterlassen, obwohl er bereits mit fünfzig Jahren unter der Last seiner gigantischen Arbeit zusammengebrochen ist. Aber sein unmenschlicher Fleiß hat nicht nur seine geradezu außerordentliche Gesundheit und Lebensfülle zerstört und den Herkules auf halbem Wege getötet, er hat, was ernster ist, sicher auch sein Fortleben in der Nachwelt gefährdet. Hundert Bände sind eine Bürde, mit der es schwerfallen mag, durch die Ewigkeiten zu wandern. ›Die ewig Lebendigen hatten stets ein viel geringeres Gepäck.‹

Wird also wohl oder übel die Nachwelt selber eine Auswahl treffen müssen. Zehn Bände vielleicht mögen übrig bleiben. Aber ob mehr oder weniger, jedenfalls werden dazu die Contes drolatiques gehören – ›contes admirables‹ nach Taine –, obwohl Balzac, aber gewiss nicht im Ernst, sie für den frivoleren Teil seiner Schöpfung erklärt hat; – »Doncques«, sagt er in seiner Vorrede zum dritten Zehent, »en tout œuvre contcentrique, comme est la tres-spacieuse bastisse emprinse par l'Autheur (de la Comédie humaine), besoing est, pour se modeler sur les lois de ce dessus dict Seigneur (Dieu), de fassonner aulcunes fleurs mignonnes, plaisans insectes, beaulx draccons bien tortillez, imbicquez, supercoulorez, voire mesmes dorez, encores que l'or luy fault souvent, et les gecter aux pieds de ces monts neigeux, piles de roches et autre sourcilleuses philosophies, longs et terribles ouvraiges, columnades marmorines, vrays pensiers sculptéz en porphyre ...« – und obwohl er sie unverkennbar recht eigentlich zu seiner Erholung nebenbei geschrieben hat, womit er sich, abseits von seinen Herkulesarbeiten, von Zeit zu Zeit einmal ein Vergnügen machen wollte.

Aber diese Novellen sind, wenigstens in ihrer Mehrzahl, reine Kunstwerke und frei von den schwerwiegenden formalen Mängeln, unter denen auch seine besten Romane noch leiden. Sie gehören zu den sehr seltenen Erscheinungen des neunzehnten Jahrhunderts, die rein und unverwischt die Gattung und den Stil der älteren Novelle aufleben lassen, ohne den modernen Geist und den Geist ihres Urhebers zu verleugnen. Besonders Deutschland hat ja, neben Balzac, hier Allerrühmlichstes aufzuweisen; im Ganzen aber ist die Novelle des neunzehnten Jahrhunderts, durch mehr oder weniger antinovellistische Beimengsel, ein Ding ohne Stil und Charakter, jedenfalls etwas anderes, als die Gattung verlangt.

Eine Mischgattung kann ja wie eine Mischrasse viel Reize haben, kann pikanter sein als die reine Gattung und die reine Rasse. Aber aus dem Auge darf man deswegen und aus dem Begriff nicht verlieren, was reine Rasse, was reine Gattung ist.

Und das ist das oberste Gesetz der Novelle: Alles nicht in der Erzählung rein Aufgehende muss aus ihr verbannt sein, die noch so feine Stimmungsmalerei nicht weniger wie die zergliedernde Psychologie. Jede sogenannte Schilderung, wenn sie sich auch nur drei Zeilen lang selbstherrlich gebärdet, bedeutet einen störenden Fremdkörper innerhalb der erzählenden Kunst. Alle Schwärmerei der mehrheitlichen Leser und Leserinnen ändert hieran nichts.

Dass aber nun gerade Balzac, der sich in seinen Romanen zu wahrhaft ungeheuerlichen Sünden dieser Art hinreißen ließ, wofür ihm die Kritik viel zu viel Nachsicht gewährt, dass er sich in seinen Novellen ganz frei davon hielt, dafür vor allem gebührt ihm das oben angeführte ›bewunderungswürdig‹, – wenn mir auch Taine den Verdacht erweckt, sich selber hierüber keineswegs klar gewesen zu sein.

Einen nicht misszuverstehenden Fingerzeig für den Stil der Novelle gibt die deutsche Bezeichnung ›Erzählung‹ (womit einige freilich, aber mit Unrecht, etwas Minderwertiges bezeichnen möchten). Die Gesetze des mündlichen Vortrags müssen darin in hohem Grad maßgebend sein. Ungefähr wenigstens muss sich die Fabel mündlich so erzählen lassen, wie sie gedruckt vorliegt. Aus der mündlichen Erzählung sind auch die guten alten Novellen herausgewachsen.

Im Roman ist es oberstes Gesetz, dass der Darsteller als solcher niemals gehört werde, vielmehr mit seiner ganzen Persönlichkeit hinter die Darstellung unsichtbar zurücktrete. Die Novelle, mit ihren sonst viel strengeren Gesetzen, ist an diese Forderung weniger streng gebunden. Sie soll die Illusion geben, als ob wir sie dem Erzähler vom Munde abhörten, und sie wirkt umso lebendiger, in je höherem Grad sie diese Illusion bewirkt, was auch mein Freund Wilhelm Schäfer, der Rigorist, dazu sagen mag. Ich widerspreche ihm übrigens nicht, im Allgemeinen hat er sicher recht.

Aber jedes allgemeine Gesetz bedarf zu seiner Auswirkung der künstlerischen Persönlichkeit, deren Eigentümlichkeit sich ihm notwendig aufprägen wird, und das soll ihr nicht verboten sein; denn man soll nicht dem Ochsen nur, der da drischet, das Maul nicht verbinden.

Sollte aber gar ein Balzac es sich verbinden lassen? Seht euch vor, er könnte euch leicht einen Nasenstüber versetzen. Ihm fällt es nicht ein, sich zu verstecken. Wir sehen den Erzähler Balzac, wenn wir auch nur Weniges über ihn wissen, ja wenn wir gar nichts über ihn wissen, immer leibhaftig vor uns. Wir hören nicht nur seine Stimme, wir sehen jede seiner Gesten, jedes schelmische und boshafte Augenzwinkern, jedes satyrischsatirische Zucken seines sinnlichen Mundes, jedes ironische Lächeln, jedes freudige Aufstrahlen seines Auges über eine unerwartete Wendung, über eine gelungene Wirkung; wir hören fortgesetzt sein breites, ungeschminktes, faunisches Lachen.

Also nicht nur die Personen der Erzählung, sondern auch den Erzähler selber sehen wir in scharfen Umrissen und mit markanten Zügen vor uns. Diese beiden Wirkungen in einem hin zu erreichen, ist ja nicht gerade eine notwendige Forderung der Kunst, Balzacs Novellen aber erhalten damit einen ganz besonderen Reiz.

Sie haben noch eine andere, in der Form begründete, reizvolle Eigentümlichkeit. Denn er gibt sich selber nicht eigentlich als der Erzähler. Ohne viel Worte darüber zu verlieren, erreicht er es, dass wir uns einen Dritten als Erzähler denken und im Geiste vor uns sehen: einen Mönch, Chorherrn, Abt, Edelmann, Dame aus der Hofgesellschaft. Nicht nur die Gestalten der Erzählung, auch der Erzähler als solcher hat das Kostüm, den Ton, die Sprache, das Lachen, die Religion, die Weltanschauung des sechzehnten Jahrhunderts, sodass wir an der Echtheit des Kolorits nicht leicht zweifeln werden, obwohl im letzten Grund der Dichter vielleicht nur sich selber darstellt: seine Weltanschauung, seine Auffassung der Religion, seinen Spott, sein Lachen; seinen Hass, seine Liebe, seine Verachtung; seine Lustigkeit, seine ›Polissonnerie‹, seine ›Gauloiserie‹, seine Ironie, seine Frivolität, seinen alkibiadischen Übermut, seinen Humor, seinen Rabelaismus und Pantagruelismus.

Nur wird er nicht haben wollen, dass man das immer annimmt. Gewisse Unflätigkeiten, gewisse Geschmacksrohheiten, ein gewisses Hinuntersteigen auf den Ton eines Weinreisenden sollen wohl nicht auf seine, sondern auf

Rechnung der Zeit kommen, wo die geistreichste und sogar frömmste Königin die unanständigsten Geschichten erzählt hat.

Tatsache bleibt, dass er oft tiefer steigt, als seiner würdig ist, und dass es Stellen gibt, wo man ihm mit dem besten Willen, ohne zimperlich zu sein, keinen Geschmack abgewinnen kann, geschweige denn, dass man in das Lachen einstimmte, das ihm selber (wie es auch durch seine Freunde bezeugt ist) immer zur Verfügung gestanden haben muss, da er so viel davon spricht.

Ja, das soll nicht vertuscht werden: Eine Anzahl dieser köstlichen Kunstwerke hat stellenweise hässliche Flecken.

Doch haben wir auch deutsche Künstler, die hier und da auf sehr niedrige Instinkte zu spekulieren scheinen. Einem Wilhelm Busch z. B. ist dieser Vorwurf kaum zu ersparen. Man hat ihm in dem frommen Deutschland kein Verbrechen daraus gemacht. Und doch ist die Sache bei ihm schlimmer, da er sich nüchtern gibt und in der Tat immer verdammt nüchtern bleibt mit seinen frechen kleinen Umrisslinien. Umso mehr darf man Balzac verzeihen, diesem vollsaftigen Touraner, diesem Rabelais redivivus, diesem Rassemenschen mit dem Geist- und Blutüberschuss der Renaissance, diesem Jordaens der modernen Literatur, dessen berauschtes und berauschendes Kolorit manches zudeckt mit der Pracht seines Purpurmantels, der nicht weniger königlich ist, weil er scheinbar als Narrenmantel dient. Zudem nimmt bei Balzac, dessen Welt von der unsern durch eine gewaltige Kluft getrennt ist, das Unanständige meist so gigantisch-groteske Formen an, dass es seine Unanständigkeit verliert, so wie das Hässliche, ins Ungeheure gesteigert, zur ästhetischen Schönheit werden kann. Bei einem Faun und Zentaur wirkt dieselbe Sache anders als bei Menschen, die uns ähnlich sind, die um uns herum leben.

Nur in Bezug auf Ästhetik und Geschmack sei dies gesagt. Über die Moral ist hier kein Wort zu verlieren. Sie hat allerdings mit solchen Dingen nichts zu tun. »Les contes drolatiques«, sagt Balzac in seiner ironischen Art, »sont plus faicts pour apprendre la morale du plaisir que pour procurer le plaisir de fair de la morale.« Diese Geschichten sind nicht für Unmündige geschrieben. Sie sind überhaupt nicht für die Vielen geschrieben, und wenn wir ihnen Unsterblichkeit prophezeit haben, so können wir dagegen nur aufrichtig wünschen, dass sie jederzeit nur wenig Leser finden, eben nicht mehr, als sie ohne Schaden der Seele – und des Leibes genießen können. Dieses seltsame Buch kann immer nur eine esoterische Lektüre sein.

In diesem und keinem andern Sinn ist unsere deutsche Ausgabe gemacht worden. »Doncques« – rufen wir mit Balzac selber – »arrière, mastins! Silence, cagots! Hors d'icy les ignares.« Hinaus auch, ihr Pharisäer und falschen Schriftgelehrten!

Des Pharisäertums bezichtigt Balzac besonders seine Landsleute, die sich gegen die Contes drolatiques verwahrt haben. »Ich kenne doch mein Frankreich«, ruft er aus, »und ...«

Aber ich will ihn hier mit eigenen Worten reden lassen, damit auch derjenige, dem keine französische Ausgabe zur Hand ist, sich einen Begriff vom Stil des Originals mache.

»Si«, heißt es im Prolog zum dritten Zehent, »si vous fouilletez l'histoire, la France, ha-t-elle jamais soufflé mot alors que elle estoyt joyeulsement montée, bravement montée, raigeusement montée, esraument montée? Elle est furieuse à tout et se plaist aux chevaulchées par-dessus le boire. Hein! ne voyezvous point que ces Dixains sont françoys par la joye, françoys par la chevaulchée, françoys devant, françoys derrière, françoys partout? Arrière doncques, mastins! Sonnez les musiques! Silence, cagots! Advancez, messieurs les ribaulds! Mes mignons paiges, baillez vostre doulce main en la main des dames, et grattez-les au mitan; je dis la main! Ha! ha! cecy sont raisons ronflantes et peripatheticiennes, ou l'Autheur ne se cognoist point en ronflemens ne aristotelisme. Il ha pour luy l'escu de la France, l'oriflamme du

Roy et monsieur sainct Denys, lequel estant sans teste ha dict: ›Monte-Ma-Joye.‹ Direzvous, quadrupèdes, que cettuy mot est faulx? Non. Il ha été certes bien ouy par plusieurs dans le temps; mais en ces iours de profunde misère, vous ne croyez à rien des bons religieux.«

Nein, seien wir nicht ungerecht. Wir begreifen, dass auch Menschen einer hohen Kultur, die frei sind von jedem Pharisäertum, nicht wissen, was sie, trotz der hohen Kunst, mit solchen Dingen anfangen sollen. Es sind dies sogar sicher in manchem Betracht die feineren Naturen. Diesen wird es unglaublich und unbegreiflich vorkommen, wenn sie Theophile Gautier über Balzacs Anschauungen von der Keuschheit plaudern hören. »Indem Balzac sich selber als Muster aufstellte, gab er uns Regeln der geistigen Hygiene, die manchem spanisch vorkommen mögen: als zum Beispiel sich mehrere Jahre hindurch streng klösterlich von der Welt abzuschließen, nichts zu trinken als Wasser, nichts zu essen als eingeweichte Lupinen wie Protogenes, um sechs Uhr abends schlafen zu gehen, um Mitternacht sich zu erheben … vor allem aber: in absoluter Keuschheit zu verharren. Auf den letzten Punkt legte er das Hauptgewicht … Er behauptete, dass die wahre, die wirkliche Keuschheit alle Fähigkeiten und Kräfte des Geistes ins Ungeheure steigere und denen, die sie übten, fast wunderbare Gaben verleihe … Und man muss nicht glauben, dass Balzac scherzte, indem er uns Regeln und Vorschriften gab, die einem Kartäusermönch oder Trappisten zu hart erschienen wären. Er sprach vollkommen aus Überzeugung, und er entfaltete dabei eine solche Beredsamkeit, dass er uns ansteckte und wir des öfter Malen in aller Gewissenhaftigkeit den Versuch machten, nach seiner Methode ein Genie zu werden … Auch waren alle intimen Freunde Balzacs der Meinung, dass er die Keuschheit, die er andern predigte, in der Tat an sich übte und keine andere Liebe kannte als die platonische … Während der ganzen Dauer unserer Intimität, die von 1830 bis zu seinem Tode dauerte, hat er uns ein einziges Mal und mit Ausdrücken der höchsten Ehrfurcht und Rührung von einem seiner ersten Jugend angehörigen Liebesverhältnis gesprochen ... Wir sahen seine Augen feucht werden von Tränen.«

Also Balzac ein Apostel und Praktiker der Keuschheit! Oder ist das vielleicht gar nicht so verwunderlich, wie es auf den ersten Blick aussieht? Und hat Balzac vielleicht nur, weil er keusch lebte, die Contes drolatiques geschrieben? Das ist keine kleine Frage. Darin, meine Freunde, steckt keine – kleine Philosophie, wie der schwadronierende Balzac gern auszurufen pflegte.

Vergessen wir dann bei den Contes drolatiques über der niederen Region der Laszivitäten nicht die höhere des Humors, der Ironie, der Satire. Hier liegt außer ihrem künstlerischen Wert ihre geistige Kraft. Balzac ist nach Rabelais unstreitig der größte Humorist Frankreichs. Sein Humor ist freilich kein deutscher Humor. Er ist nicht so fromm; er ist vielfach frech, er ist oft frivol sogar. Er ist aber auch nie larmoyant, er lacht einfach zu allem; er ist gallisch mit einem Wort. Und, bei Gott! er ist in seiner Art köstlich. Er erweist sich als König unter den verschiedenen Arten von Geist. Als König und als Souverän. Vor allem auch als Sieger. Sein lachendes Triumphgeschrei ist gerade nicht immer fein und kann allzu zarte Ohren verletzen, aber es wirkt ansteckend oft wider Willen.

Und selbst zur höchsten Erhabenheit erhebt sich sein Humor, der auch vor dem Sterben nicht und nicht in seiner grausigsten Gestalt den Humor verliert und gleich heiter dem Tod wie dem Leben ins volle Angesicht leuchtet und beiden lachend ein Schnippchen schlägt, was, denke ich, ebenfalls keine kleine Philosophie ist. Er schreibt nur Schwänke und rührt damit oft genug an den letzten Sinn des Daseins und die tiefste Tragik, als welche am liebsten sich dem stolzesten Sinnen- und Lebensübermut vermählt.

Und was sage ich vom Satiriker? Empfindlich darf man auch ihm gegenüber nicht sein. Man darf ihn nicht einmal immer beim Wort nehmen. Balzac wendet sich an freie Geister. Er verlangt, dass sie Spaß verstehen. Seine Satire überliefert auch nicht (wie z. B. Busch meistens) arme Teufel der Lächerlichkeit, die mehr unser Mitleid herausfordern oder überhaupt so schäbig sind, dass man nicht begreift, wie man sich mit ihnen abgeben mag. Balzac reckt die Hand aus nach den Höchsten und Mächtigsten, nach denen, so Gewalt gegeben ist über den Leib, die das Schwert der Strafe und das Zepter der Macht in Händen halten, wie nach jenen, die Gewalt haben über die Seelen. Seine Peitsche trifft gleicherweise den Richter wie den Priester. Den Königen zieht er die Narrenkappe nicht nur über die Krone, sondern über die Ohren, und stellt sie an den Pranger. Kaum der liebe Gott ist sicher, trotz Balzacs gutkatholischer Gläubigkeit; auch das ist gallisch.

Und doch will er auch selber nur als Schalk genommen sein. Er zupft die Könige am Bart und gibt sie dem Gelächter preis; dennoch bekennt er sich als Anhänger der absolutistischen königlichen Gewalt. Die Geistlichkeit überschüttet er mit Hohn, dessen Duft mehr an Jauche als an Rosenöl gemahnt; aber er hält sie nichtsdestoweniger für die besten, ja für die einzig möglichen Erzieher der Menschen. »L'enseignement, ou mieux l'éducation par les corps religieux, est le grand principe d'existence pour les pœuples, le seul Moyen de diminuer la somme du mal et d'augmenter la somme du bien dans la société.« Er schreckt, wie Heine, wenn ihn gerade der Teufel reitet, fast vor einer Blasphemie nicht zurück, aber er huldigt zugleich einem Mystizismus, der eines heiligen Bonaventura würdig wäre. »Das höchste Leben, das Leben, das alle andern Leben in sich begreift, in dem alle Kräfte sich aufs Höchste spannen und dessen Verdienste uns das Tor der Gottheit erschließen, das ist das Leben des Gebetes … In diesem Zustand wirst du eins mit Gottes Geist und Macht. Du fühlst: Es gibt eine Harmonie, und du bist ein Teil davon; es gibt ein Licht, und deiner Seele Auge sieht es; es gibt eine Melodie, und in dir liegt ihr

Akkord. Du fühlst deine innere Kraft wachsen, deine Seele sich ausbreiten, deinen Geist die Unendlichkeit umfassen; denn Raum und Zeit sind keine Schranken für den Geist …«

Aber freilich kann man sich nicht gut vorstellen, dass Balzac dies in sich selber erfahren habe.

Der Erzähler der Contes drolatiques in Gebetsekstase! Ja, man muss sich bei Balzac ans Groteske gewöhnen, ans Gotisch-Groteske, dem es nicht an Schamlosigkeiten fehlt, aber auch nicht an sublimen Gedanken und Visionen – esprit gaulois.

Und man muss wenigstens so frei und vorurteilsfrei sein, um zu begreifen: dass ein geistreicher und fantasiereicher Mensch, wenn es sein muss, noch immer lieber den lustigen Hanswurst macht als den langweiligen Schulmeister; ganz abgesehen davon, dass diese Tolldreisten Geschichten zugleich über und über vollgestopft sind von den seltensten historischen Kuriositäten und sogar der Gelehrte und nicht nur der Feinschmecker darin fortwährend auf die leckersten Bissen stößt, ohne dass der Autor auch nur mit einer Miene sich den Anschein danach gibt.

Zu meiner Übertragung nur wenige Worte. Ein literarisch hoch angesehener Freund schrieb mir: »Ich halte die Contes drolatiques für unübersetzbar.« Nun, ich muss gestehen, dass es die Schwierigkeiten waren, die mich an der Sache gereizt haben. Ob ich sie alle überwunden? Das erwartet wohl niemand von einem ersten Anlauf; ich selber bin überzeugt, dass ich manches bessern würde, wenn ich's noch einmal zu machen hätte. Und wem geht es nicht so bei jeglichem Werk?

Nur so viel sage ich noch: Balzacs Wortakrobatik ist oft eine geradezu halsbrecherische Kunst für den, der sie nachtanzen will, und da es schon bei Balzac nicht an gelegentlichen unschönen Verrenkungen fehlt, wird man gegen den Nachtänzer vollends nicht allzu streng sein dürfen, wenn er bei allzu schwierigen ›Passagen‹ manchmal Leichtigkeit und graziöse Haltung vermissen lassen sollte.

Zudem weiß jedermann, dass gewissen Dingen gegenüber unsere deutsche Sprache widerstrebender und widersträubender ist als die französische.

Man kann der Meinung sein, die Contes drolatiques hätten im Stil einer älteren Epoche übersetzt werden sollen. Wer aber die Verhältnisse sich genauer besieht, wird von dieser Anschauung zurückkommen müssen. Man sehe sich doch nach dem Vorbild um, an das der Text anklingen könnte und das dem Geist und Ton der Contes drolatiques so homogen wäre wie in Frankreich Rabelais. Vielleicht denkt mancher an Fischart; aber wer wird in der Sprache eines Schriftstellers schreiben wollen – vorausgesetzt, dass er es könnte –, der mit seinen Schriften so wenig in der Gegenwart lebendig ist wie unser Fischart?

Einige Tischreden Luthers wie auch verschiedene seiner gepfeffertsten Schmähschriften gäben einen guten Ton; denn auch den großen Luther darf man nicht in plumper Weise ernst nehmen, man muss hinter seinen zornigen Maßlosigkeiten den Schalk und Humoristen herausfühlen, sonst versteht man ihn ganz falsch. Ich will ihn nicht mit Balzac vergleichen, dazu ist er zu deutsch und ein Religionsstifter obendrein. Dennoch, wenigstens sprachlich ist dieser größte deutsche Schriftsteller vor Goethe nicht ganz ohne verwandtschaftliche Beziehung zu unserem tolldreisten Autor.

Aber die Contes drolatiques an Luther anzuheften, was würde man dazu sagen? An Abraham a Santa Clara allenfalls. Und gewiss könnte, wer sich zutraute, die Sprache dieses tollsten aller Hofprediger durch zwei dicke Bände hindurch nachzuahmen und damit echt zu wirken, ein interessantes Kuriosum zustande bringen. Möge es versuchen, wer sich Talent und Wissenschaft genug zutraut, um mit seinem lustig bewimpelten Sprachschifflein nicht in ein ganz falsches Fahrwasser zu geraten, nämlich in den Ton des

übrigen damaligen Deutschlands, als welches ein Prediger-ton, ein Traktätchenton, ein behaglich hausbackener Ton ist, ein frömmlich-salbadernder, ein schäferlich-weinerlicher Ton, ein schulmeisterlich-lehrhafter Ton, ein biedermeierlich-biedermännlicher Ton, ein Pfarrhauston, ein Ton, der nach Theologie und aufgewärmtem Sauerkraut riecht, kurz, ein Ton, der zu Balzac und den Contes drolatiques passt wie die Faust aufs Auge.
Trotz der deutschen Übersetzermanie hat sich bis jetzt niemand an die Contes drolatiques gewagt. Von nun an aber wird es wohl nicht fehlen, dass andere nachmachen, was ich vorgemacht habe: So hoffe ich, dass sie mich verbessern.

Dies unter anderem schrieb ich zur ersten Ausgabe meiner Übertragung der Contes drolatiques (München, Piper & Cie.). Unterdessen habe ich nun (und sogar mehrmals in wiederholten Auflagen) selber versucht, ›mich zu verbessern‹.
Ob mir's gelungen ist? Man weiß, Verbesserungen werden leicht Verböserungen.
Eine Reihe von schwierigen Stellen, manchmal ganze Viertelseiten, fehlen in der Piperschen Ausgabe. Ich habe mich nun auch ihrer bemächtigt und mir absolute Vollständigkeit zum Gesetz gemacht. Mit einer einzigen Ausnahme. Auf Seite 171 des zweiten Bandes fehlen etwa sieben Zeilen. Es sind die sieben ersten Zeilen des originalen Zitats auf Seite 12 dieser Einleitung. Der Einsichtige, der sie dort nachliest, wird über die Gründe, warum sie in meinem Text übergangen sind, Gründe stilistischer Natur, nicht im Zweifel bleiben.

Ich wiederhole: Vielen werden einige dieser Geschichten oder doch gewisse Stellen darin wider den Geschmack gehen; aber auch diese werden gewiss zugeben, dass die Contes drolatiques eine der genialsten Sprachleistungen der neueren französischen Literatur darstellen. Ihr im Deutschen so viel als möglich gerecht zu werden, war meine vornehmste Sorge. Wer vor diese ernste künstlerische Tendenz andere zu stellen versucht: – »arrière, mastins! Silence, cagots! Hors d'icy les ignares …«

Geschrieben 1911; mit neuen Einfügungen München, Mariä Lichtmess 1926.

Benno Rüttenauer

Erstes Zehent

Das ist ein Buch von starken Würzen, ein gepfeffertes Buch, kein Buch für den Milchsuppengaumen dummer Jungen. Ein Buch ist es für die Kenner kräftiger und saftiger Bissen, die vom Guten und Besten der Welt den Geschmack auf der Zunge haben, und ist ein Buch für solche Zecher am Spundloch des Lebens, die schon dem unsterblichen Franziskus Rabelais, unserem Touraner Landsmann ewigen Angedenkens, die liebste Kumpanei und Jüngerschaft waren. Nicht dass der Autor sich einbildet, etwas anderes zu sein als ein guter Touraner und etwas anderes zu können, als den guten Gesellen dieses fetten und famosen Landes ein paar

Schöpflöffel einer nicht alltäglichen Brühe zu kredenzen; – dieses Landes, das fruchtbarer ist an gehörnten und hörnerpflanzenden Spaßvögeln als irgendein Land der Welt, darunter nicht wenige sind, vor denen unser ganzes Volk salutiert und noch einige Völker der Erde mit ihm, wie der Meister Courier selig, der nun niemand mehr kitzelt, oder Meister Verville mit seinem Buch »Wie die Welt will beschissen werden«, und andere, die jedermann kennt, den edlen Meister Cartesius ausgenommen. Denn der war ein fast düsterer Geist und hat seine Wolkenträume und Hirngespinste höher gestellt als die guten fetten Bissen und die klaren Tropfen, also dass die Waffelbäcker und Garköche der guten Stadt Tours nichts von ihm wissen noch hören wollen und, wenn man seinen Namen nennt, ein Gesicht machen, als ob sie sagen wollten: »Ist mir nicht vorgestellt.« Dieses Buch aber gehört zu den Früchten, wie die lustigsten und ausgelassensten Stunden unserer guten alten Mönche sie hervorbrachten und wovon man hier und da in alten Klöstern und Schlössern noch Überbleibsel findet, wie in den weiland fetten Abteien Marmoustiers und Tulpenau, oder etwa auf Fidel-Alzeyt und Schloss Ravenstein-Weiberfreyt, und sonst in verstaubten Typotheken jovialer Chorherren und alter Edeldamen, die oft ganze Sammlungen davon lebendig mit sich herumtragen. Sie haben die gute alte Zeit gekannt, wo man noch wusste, was Lachen heißt, und man nicht gleich jemand ängstlich ansah, ob ihm nicht ein Heuwagen aus dem Munde komme, wenn's ihm herausplatzte und den Bauch schütterte, wie es heut bei jungen Dämchen Sitte ist, die so gravitätisch dasitzen und deren Art zu unserm lustigen Lande passt wie ein Nachtgeschirr auf das Haupt einer Königin.

Und da das Lachen ein Privilegium des Menschen ist, daran keine andere Kreatur teilnimmt, und wir Grund genug zur Traurigkeit haben in diesen Tagen der sogenannten politischen Freiheit, also dass wir den heiligen Philisterernst, der uns überall anglotzt, nicht auch noch durch Bücher zu ver-

mehren brauchen: – habe ich geglaubt, ein ganz teufelsmäßig patriotisches Werk zu tun, indem ich meinen Zeitgenossen so ein Körbchen voll Lustigkeit schenkte. Wahrhaftig, die Zeit tut mir leid. Wie ein feiner grauer Staubregen rieselt die Langeweile auf uns hernieder und sickert in uns durch alle Poren mit ihrer schleimigen Feuchtigkeit, dass es kein Wunder ist, wenn alles die Gehirnerweichung kriegt und unsere alten Sitten zum Ammenmärchen werden, die Sitten von dazumal, wo uns die öffentlichen Angelegenheiten, oder wie man die Lumpereien nennen mag, nur soweit interessierten, als sie uns Stoff zu Spott und Hohngelächter gaben.

Immer seltener werden sie, die alten Pantagruelisten, die keine Zeit hatten, dem König und dem lieben Gott ins Handwerk zu pfuschen, weil ihnen Lachen und Lustigsein eine wichtigere Sache dünkte; mir scheint, sie sterben aus, und so befürchte ich, dass man die genannten Überbleibsel jener ehemaligen lustigen Breviere, ich fürchte, sage ich, dass man sie verketzern, verleumden und verschimpfieren, dass man sie anspeien und mit Kot bewerfen, dass man sie bepissen und beschmeißen wird, was einem Menschen, der noch Respekt hat vor ehrwürdigen Trümmern und Altertümern, nicht Wurscht sein kann und nicht Schwartenmagen.

Wollt auch bedenken, ihr gelbsüchtig-galligen und gar nicht gallischen Kritiker, Phrasendrescher und Wortverdreher, die ihr nichts könnt, als die Aspirationen und Inspirationen anderer zu verdächtigen, wollet bedenken, sage ich, dass wir nur als Kinder lachen und dass uns mit der Zeit das Lachen ausgeht, wie einer Lampe das Öl. Daraus könnt ihr sehen, dass man zum Lachen unschuldig und reinen Herzens sein muss. Wo ihr aber zusammengekniffene Lippen, hochgezogene Brauen, gerunzelte Stirnen, kurz, finstere Gesichter seht, da dürft ihr sicher sein, dass auch das Herz finster ist und voll Unrat. Nehmt an, dieses Buch sei eine Bildgruppe oder Statue; wollt ihr denn, dass der Autor sie verstümmeln

und ihnen da und dort ihre natürliche Beschaffenheit rauben soll? Er wäre ein Esel in der siebenundzwanzigsten Potenz, wenn er auch nur ein Feigenblatt dranklebte, da solche Werke, ebenso wie dieses Buch, ja nicht für Mädchenpensionate bestimmt sind. Immerhin habe ich aus meinen Manuskripten zu meinem großen Ärger und Leidwesen manche kräftigen alten Wörter ausgestrichen, weil ich wohl weiß, dass an so vielen Leuten nichts keusch ist als die Ohren. Mit Recht können solche Ohren verlangen, dass man Rücksicht auf sie nehme. Wir wünschen nicht, dass eine jener tugendhaften Damen mit drei Liebhabern im Zorn über uns die schmalen Lippen kräusle. Und kein kleines Verbrechen wäre es, gewissen Jungfrauen ohne Jungfernschaft die Schamröte ins Gesicht zu treiben. Man muss den speziellen Lastern unserer Zeit Rechnung tragen. Auch ist ja die Umschreibung kitzliger als das nackte Wort.
Wir sind aber mit der Zeit alt geworden. Lang gesponnene Albernheiten sind uns lieber als die kurzen Frechheiten unserer Jugend, man kann länger dran saugen und suckeln. Seid also nicht gar zu aufgebracht gegen mich, geht nicht allzu verschwenderisch um mit euren faulen Eiern und stinkenden Äpfeln, lest auch meinetwegen mein Buch lieber bei Nacht als bei Tag, und vor allem gebt es keiner höheren Tochter in die Hand, das arme Buch könnte Schaden leiden an seiner Seele. Mich selber mögt ihr in den Erzgrund und -boden verfluchen. Um das Buch ist mir aber nicht angst, es hat denselben Quell und Ursprung wie so viele Dinge, die sich die Welt erobert haben, als zum Beispiel die königlichen Orden vom Goldenen Vlies, vom Heiligen Geist, der großbritannische Badeorden, der Orden vom Hosenband (hony soit, qui mal y pense) und andere hohe und weltberühmte Institutionen, unter deren Schutz und Schirm ich mich stelle.
›Also seid mir lustig und aufgeräumt, meine Lieben, und lest dies mit fröhlichem Sinn, dass sich eure Lenden und Eingeweide dabei wohlfühlen; wenn ihr mich aber ver-

leugnet, nachdem ihr mich gelesen, so mög euch der Beelzebub reiten.‹

Diese Worte sind von Meister Rabelais, vor dem wir alle ehrfurchtsvoll den Hut abziehen, als vor dem König der Wissenschaft und aller göttlichen und menschlichen Komödie.

Die schöne Imperia

Als der Erzbischof von Bourdeaux sich nach dem Konzil von Kostnitz begab, hatte er in seinem Gefolge einen jungen Priester, einen Touraner, der von feiner, zierlicher Rede und gar einnehmendem Wesen war, denn er galt für einen Sohn der damals weit berühmten schönen Salome und des königlichen Statthalters. Der Erzbischof von Tours hatte ihn seinem Amtsbruder bei dessen Durchreise durch diese Stadt überlassen, quasi zum Geschenk gemacht; solche Geschenke sind unter Erzbischöfen üblich, die wohl wissen, dass, wenn einen die Theologie irgendwo juckt, man einen guten Theologen braucht, um sich kratzen zu lassen.

Und also kam der junge Priester zum Konzil und wurde im Haus seines Prälaten einquartiert, der ein Mann war von

guten Sitten und hoher Wissenschaft. Philipp von Mala, so war der Name des Priesters, war entschlossen, sich gut zu führen und seinem Beschützer gewissenhaft zu dienen; aber

er sah auf diesem Konzil hochheiliger Gottesgelehrtheit viele Leute, die weniger ein gottesgelehrtes als ein gottesgeleertes und lästerliches Leben führten, aber darum nur ein mehreres an Indulgenzen, Goldgulden und Benefizien gewannen als die anderen, die sich eines würdigen und frommen Lebenswandels befleißigten.

Eines Nachts also, da seine Tugend einmal wieder schwere Anfechtungen zu bestehen hatte, flüsterte ihm der Teufel ins Ohr und Hirn, er solle doch nicht so dumm sein und Hunger leiden, während ihm der große Brotkorb vor der Nase hänge; könne doch jeder am Busen unserer heiligen Mutter, der Kirche, sich satt trinken, ohne dass die Quelle je versiege, durch welches Wunder allein schon die Gegenwart Gottes in seiner Kirche bewiesen werde. Der junge Priester aus unserem allzeit lustigen Touranerland ließ sich das gesagt sein. Er nahm sich vor, zu bankettieren wie die anderen und sich die deutschen Braten mitsamt der Brühe, Fasttage hin, Fasttage her, wohlschmecken zu lassen, wo sie

nichts kosteten; denn der gute Jüngling war arm wie eine Kirchenmaus.

Da er sehr enthaltsam lebte, indem er sich seinen alten Erzbischof zum Muster nahm, der nicht mehr sündigte, weil er es nicht mehr konnte, und darum für einen Heiligen galt, hatte sein Fleisch fast immer böse Anfechtungen, und seine Seele wurde darüber voll Traurigkeit, umso mehr, als er nirgends jenen verführerischen Frauenzimmern ausweichen konnte, die so offen und freigebig ihre Reize zur Schau trugen, aber kalt waren wie Eis, wenn es sich um einen armen Teufel handelte. Sie waren aus der ganzen Welt zusammengekommen, um mit dem Licht ihrer Schönheit die Köpfe der versammelten Väter zu erleuchten. Und also war der junge Priester voll Verzweiflung, weil er kein Mittel fand, sich eine von den glänzenden Elstern zu zähmen, die sogar mit Kardinälen, mit Äbten, mit Hoch- und Großmeistern, mit Oberappellationsräten, Legaten, Bischöfen, Fürsten, Herzögen und Markgrafen manchmal so wenig Federlesens machten, wie wenn es arme Schreiber gewesen wären ohne einen Pfennig in der Tasche.

Oft, wenn er abends sein Gebet verrichtet hatte, dachte er es sich aus, wie er eine der Kostbaren anreden wolle; er komponierte sich selber eine Art Liebesbrevier mit Anreden und Antworten, mit Antiphonen und Responsorien, für alle Fälle. Und wenn er dann tags darauf nach der Vesper einer dieser Prinzessinnen begegnete, wie sie mit ihrer fleischlichen Üppigkeit sich in ihrer Sänfte breitmachte, von dienenden Pagen begleitet, gebläht von Stolz, da stand er mit offenem Mund verlegen wie ein Hund, der vergeblich nach einer Fliege jappt, und starrte nur idiotisch in das Feuer ih-

rer Augen, das ihm das Herz versengte, wie ein Licht die arme graue Motte.

Der Geheimschreiber des Erzbischofs, ein Edelmann aus dem Land der schwarzen Trüffeln, hatte ihm gestanden, dass die Väter der Kirche, Prokuratoren und Appellationsräte den Beutel weit aufmachen müssten, weil sie anders keinen Zutritt fänden bei den vornehmsten dieser verhätschelten Katzen, die nicht für irgendein Stück Heiligenknochen noch Ablassversprechen, sondern nur für Schmuck und Geschmeide in Gold und Edelstein guter Laune gemacht werden könnten, und von denen eine jede unter den Großherren und Fürsten des Konzils ihren besonderen Protektor habe.

Da kam der arme Touraner, so sehr Nestling und unflügg er war, auf den Einfall, sich einen Schatz anzulegen; und er sammelte in seinem Strohsack all die Silberlinge, die ihm der gute Erzbischof für seine Schreibereien zukommen ließ, und hoffte eines Tages genug zu haben, um der Leibhure eines Rotmantels ein wenig aufzuwarten. Das Übrige stellte er Gott anheim.

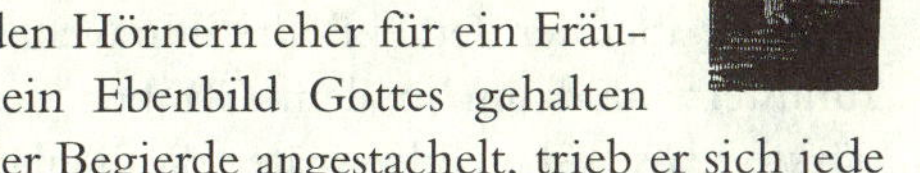

Seine Ausstattung war von Kopf bis zu den Füßen so schäbig, dass man eine Ziege mit einer Nachthaube auf den Hörnern eher für ein Fräulein als ihn für ein Ebenbild Gottes gehalten hätte. Aber von der Begierde angestachelt, trieb er sich jede Nacht in den Straßen von Kostnitz herum, unbekümmert um sein Leben und ewig in Gefahr, die Hellebarde eines Landsknechts ins Gedärm zu bekommen. So lauerte er den Kardinälen auf, die nächtlich zu ihren Schönen schlichen.

Da sah er, wie in dem Haus die Wachskerzen angezündet und alle Fenster und Kreuzstöcke hell wurden. Wenn er dann horchte, hörte er, wie die geweihten Äbte und andere sich lustig machten, wie sie vom Besten tranken und das geheime Halleluja der Liebe anstimmten, ohne sich viel aus der Musik zu machen, die man ihnen dazu aufspielte. Die Küche tat auch wahre Wunder und sorgte dafür, dass die Hora nicht langweilig wurde. Präludiert wurde mit fetten, kräftigen Brühen, die Metten wurden mit Schinken eingeläutet, dann kam die Bratenvesper, und verzuckerte Früchte und andere leckere Bissen machten als die Lauden den Beschluss. Nach langer tumultuöser Fresserei und Sauferei trat dann Silentium ein. Die Pagen spielten mit Würfeln auf den Stufen der Treppe, die Maultiere, die auf der Straße warteten, schlugen und bissen nach einander, um doch auch einen Zeitvertreib zu haben. Alles ging zum Besten. Wahrlich, da war noch Glaube und Religion, und darum haben sie auch den Gevatter Hus verbrannt. Und der Grund dafür? Er wollte in die Schüssel langen, ohne dass ihn jemand aufgefordert hatte. Es ist ihm recht geschehen; warum wollte er auch ein Hugenotte sein, ehe die Hugenotten erst erfunden waren!

Um auf den allerliebsten kleinen Philipp von Mala zurückzukommen. Er erwischte wohl manchen Schlag und Rippenstoß, aber der Teufel flößte ihm Mut ein, indem er ihm zuflüsterte und ihn in dem Glauben und der Zuversicht stärkte, dass früher oder später die Reihe an ihn kommen müsste, Kardinal zu werden, wenigstens bei der Hure eines Kardinals. Die Begierde machte ihn tolldreist, gleich einem Hirsch in der Zeit der Brunst, so sehr, dass er sich eines Abends in das schönste Haus von Kostnitz einschlich, auf dessen hoher Staffel er öfter ein hochnäsiges Pack von Bedientenvolk bemerkt hatte: Stallknechte, Kammerdiener, Pagen, Läufer, die mit brennenden Fackeln ihre Herren erwarteten, als da waren Herzöge, Könige, Kardinäle und Erzbischöfe.

»Ah«, seufzte er. »Die da muss wohl über alle Maßen schön und verführerisch sein.«

Ein bewaffneter Landsknecht ließ ihn durchschlüpfen, weil er glaubte, dass er zum Gefolge des Kurfürsten von Bayern gehöre, der gerade das Haus verlassen und vielleicht etwas vergessen hatte, was er durch seinen Kaplan wollte zurückholen lassen. Schnell und geschmeidig wie ein Windhund erstieg Philipp von Mala, vom Liebesteufel gepeitscht, die Treppe, und ein deliziöses Rüchlein von Spezereien brachte ihn, er brauchte nur seiner Nase nachzugehen, in die Nähe des Gemachs, wo gerade die Herrin mit ihren Frauen über ihren Schmuck und Anzug parlamentierte und beratschlagte. Ein jäher Schreck durchfuhr ihn. Wie ein Dieb, vor dem plötzlich die Häscher auftauchten, stand er da. Das Weibsbild war ohne Häubchen und Hemd, und die Dienerinnen und Zofen, damit beschäftigt, ihre Dame für die Nacht zu schmücken, hatten gerade den weißen Kern, ich will sagen ihren Körper, blink und blank aus seinen Hüllen herausgeschält, dass das arme Pfäfflein unter der Tür wie in einen Zauberspiegel zu blicken vermeinte und ein ›Ah‹ ausstieß, das die ganze Not seiner Seele und seines Körpers verriet.

»Was willst du, Kleiner?«, fragte die Kurtisane.

»Euch meine Seele bringen«, antwortete er, indem er sie mit den Augen verschlang.

»Komm morgen wieder her!«

Das klang höhnisch und wenig einladend; aber Philipp, rot bis über die Ohren, antwortete mit Anstand:

»Ich werde nicht verfehlen, schöne Frau.«

Sie brach in ein schallendes Gelächter aus. Philipp verstummte, blieb aber lüstern und lauernd stehen, immer die begehrlichen Blicke auf sie geheftet. Er schlug durchaus nicht die Augen nieder vor all den enthüllten Heimlichkeiten, wie etwa diesem aufgelösten üppigen Haar, das über den Rücken niederfloß, der schimmerte wie poliertes Elfenbein und zwischen den dunklen welligen Strähnen wollüstig aufleuchtete. Sie trug auf der Stirn einen geschliffenen Rubin, der aber weniger Feuer ausstrahlte und Blitze warf als ihre schwarzen Augen, in denen die Lachtränen schimmerten. Mutwillig warf sie ihren Schnabelschuh in die Höhe, der mit Gold gestickt war wie ein Messgewand, dabei machte sie eine unzüchtig kitzlige Bewegung und zeigte einen Fuß, kleiner wie der Schnabel eines Schwans. Sie war diesen Abend gut aufgelegt, sonst hätte sie das tonsurierte Männlein zum Fenster hinausschmeißen lassen, ohne sich mehr um ihn zu kümmern als um ihren ersten Bischof.

»Er hat schöne Augen, Herrin«, sagte eine der Zofen.

»Aus was für einem Mausloch ist er denn herausgeschlüpft?«, fragte die andere.

»Das arme Kind!«, spottete die Herrin. »Seine Mutter wird ihn suchen, man muss ihn auf den rechten Weg zurückbringen.«

Der Touraner kam aber nicht aus der Fassung; er betrachtete mit Verzückung und Bewunderung das Bett von Goldbrokat, das diesen Leib voll Wollust in sich aufnehmen durfte. Dieser Blick, der von tiefer Wissenschaft, der Liebe sprach, erregte die Fantasie der Dame. Halb noch scherzend, halb schon verliebt in den Kleinen, wiederholte sie ihr ›Morgen!‹, und entließ ihn mit einer Geste, vor der selbst Papst Johann sich geduckt hätte, umso mehr, da der Arme jetzt eine Schnecke war ohne Gehäuse, indem das Konzil ihn soeben entpapstet hatte.

»Da habt Ihr, gestrenge Frau, schon wieder ein Gelübde der Keuschheit in sündige Begier verwandelt«, sagte eins der Weibchen.

Und von Neuem ein tolles Gelächter. Philipp aber schlich sich davon, er war betäubt wie ein berauschter Gimpel von dem Anblick dieser Kreatur Gottes, die weißer leuchtete und heftiger zum Zugreifen reizte als eine richtige Sirene, wenn sie just aus den Wellen des blauen Meeres auftaucht.

Er merkte sich die eingemeißelte Schilderei vor der Haustür, irgendein fantastisches Tier; und Seele und Leib voll Teufeleien und sündiger Gedanken, kam er nach Hause zu

LOUIS

seinem guten alten Erzbischof. Er stieg auf sein Zimmer hinauf und zählte die ganze Nacht seine Silberlinge, konnte aber nie mehr als vier herausbringen. Da das nun sein ganzer St. Habemus war, dachte er, die Dame werde wohl zufrieden sein, wenn er ihr alles gäbe, was er auf der Welt sein Eigen nenne.

»Was ist denn mit Euch, Philipp?«, fragte ihn der fromme Erzbischof, der auf das unruhige Wesen und das verstohlene Geseufze seines Schreibers aufmerksam geworden war.

»Ach, gnädiger Herr«, antwortete der arme Priester. »Ich wundere mich, wie ein so zierliches und sanftes Wesen von Frau einem so schwer auf dem Herzen liegen kann.«

»Welche denn?«, erwiderte der Erzbischof, indem er sein Brevier auf die Seite legte, das dieser Gute für die anderen betete.

»Beim Erlöser«, antwortete Philipp. »Ihr werdet böse auf mich werden, mein gnädiger Herr und Protektor, denn ich habe eine gesehen, die das Liebchen von wenigstens einem Kardinal ist. Und ich musste weinen, da es mir schien, dass mir mehr als ein verdammter Taler fehle, um die Harte auch nur halbwegs zur Mildtätigkeit zu bekehren und …«

Der Erzbischof verzog den Accentum circumflexum, der ihm auf der Nase saß, und sagte kein Wort, also dass der bescheidene Priester zitterte in seiner armen Haut und es bitter bereute, seinem Vorgesetzten gebeichtet zu haben. Aber da sagte der heilige Mann plötzlich: »Ist sie denn so teuer?«

»Oh,« rief der Jüngling, »sie hat sich von mancher Mitra die Borten abgetrennt und aus mehr als einem Krummstab die Rubinen ausgebrochen.«

»Philipp«, antwortete der Erzbischof, »wenn du mir versprichst, nicht mehr an sie zu denken, will ich dir dreißig Silberlinge aus dem Schatz der Armen geben.«

»Gnädiger Herr, dabei würde ich zu viel verlieren«, sprach der junge Priester, dessen Kopf voll war von den Vorstellungen an die leckere Schüssel, die er sich versprach.

»O Philipp«, entgegnete ihm der gute Bordelenser, »du

willst also dem Teufel in die Arme rennen und Gott missfallen, wie unsere Kardinäle?«

Und der fromme Seelenhirt, innerlichst von Schmerz bewegt, wandte sich im Gebet an den heiligen Gatian, den Patron der Keuschen, und empfahl ihm das Heil seines Dieners. Diesen ließ er niederknien und forderte ihn auf, auch den heiligen Philipp, seinen eigenen Patron, um seinen Schutz anzurufen. Aber das verflixte Pfäfflein flehte heimlich den Heiligen um eine ganz andere Hilfe an, nämlich ihm Kraft zu geben, dass er in Ehren bestehen möge, wenn die Schöne ihm morgen gnädig und barmherzig sein sollte. Der gute Erzbischof war aber sehr erbaut von dem inbrünstigen Gebet seines treuen Dieners, er rief: »Mut, mein Sohn, der Himmel wird dich erhören!«

Am anderen Tag, während der Erzbischof auf dem Konzil gegen die schamlosen Ränke und Frechheiten dieser Apostel der Christenheit vergebens ankämpfte, war Philipp von Mala damit beschäftigt, seine Silberlinge, die er im Schweiße seines Angesichts verdient hatte, für Bäder, Spezereien, kostbare Salben und andere Allotria auszugeben. Er salbte sich wie eine Braut am Hochzeitsmorgen, dann machte er sich auf in die Stadt, ob er auch das Haus seiner Herzenskönigin noch fände; und als er einen Vorübergehenden fragte, wem der Palast gehöre, lachte ihm der Mann unter die Nase und sagte: »Ist der dumme Kerl von heute, dass er noch nichts weiß von der weltberühmten, schönen Imperia?«

Da war der gute Klerikus fast sicher, dass er seine armen Silberlinge dem Teufel in den Rachen geschmissen hatte; der stadtbekannte Name ließ ihn das Verzweifelte seines Unternehmens im hellsten Lichte sehen.

Die schöne Imperia war längst beschrien in der ganzen Welt als die hochmütigste und launenhafteste Dame ihres Handwerks. Sie galt außerdem für die strahlendste Schönheit, und man sagte ihr nach, dass Kardinäle, Soldatenführer und andere rohe Leuteschinder und Volksunterdrücker sich von ihr nur so um den Finger wickeln ließen. Sie hatte zu ihrer eigenen Verfügung tapfere Hauptleute, Bogenschützen und Kavaliere, die bereit waren, ihr in jeder Sache zu Befehl zu sein. Ein Zucken ihrer schönen Wimpern genügte, um einen jeden ermorden zu lassen, der es gewagt hatte, ihr auch nur ein Haar zu krümmen. Für ein halbes Lächeln brachte man ihr so viel abgeschlagene Menschenköpfe, als sie haben wollte. Ein gewisser Herr von Baldricourt, ein Kriegshauptmann des Königs von Frankreich, fragte sie oft im Scherz, ob heute nicht jemand für sie umzubringen sei; und mancher Abt oder Erzbischof, der zugegen war, erblasste bei dem Witz.

Nur mit den höchsten Kirchenfürsten nahm sie sich zusammen, sonst ließ sie alle Welt an ihrem Schnürchen tanzen und schwang lachend dazu ihre Rute, so groß war der Zauber ihrer gottverdammten Schönheit und die Anziehungskraft ihrer Liebespraktiken. Nie versagte diese Leimrute. Die Tugendhaftesten und Unempfindlichsten verfingen sich daran wie die Gimpel. Darum war sie auch mit Respekt umgeben wie die wahren Damen und Prinzessinnen. Jedermann nannte sie Frau und Herrin. Und als einmal eine stolze und tugendhafte Dame sich bei dem Kaiser Sigismund deswegen beklagte:

»Ihr, würdige Frau«, antwortete er, »Ihr rühmt Euch mit Recht, die Hüterin frommer Sitten zu sein, dafür ist Frau Imperia die Hüterin der weniger frommen, aber umso angenehmeren Sitten, die sich von der Göttin Venus herschreiben; eines schickt sich nicht für alle …« Wahrhaft christliche Worte, die den ehrenhaften Damen sehr zum Ärgernis gereichten, aber ganz mit Unrecht.

Philipp dachte an den berauschenden Trank seiner Augen in der vergangenen Nacht und fürchtete sehr, dass es bei diesem Vorgeschmack bleiben möchte. Da überkam ihn eine dumpfe Traurigkeit. Ohne an Essen oder Trinken zu denken, trieb er sich in der Stadt umher und harrte so der Stunde entgegen; denn er war viel zu wählerisch und feinschmeckerisch, um sich mit einer andern zu begnügen, die leichter zugänglich gewesen wäre als Frau Imperia.

Die ungestüme Begierde peitschte ihn, ein vorweggenommener Stolz ließ ihn über sich selbst hinauswachsen; dann wieder glaubte er ersticken zu müssen an seiner Leidenschaft, und als die Nacht endlich gekommen war, schlich er sich wie ein Aal in das Haus derer, die sich in Wahrheit die Königin des Konzils nennen durfte: denn vor ihr beugten sich alle Autoritäten, alle göttlichen und menschlichen Wis-

senschaften, alle Lehrer und Väter der heiligen Kirche. Der Hausmeister, der ihn nicht kannte, machte gerade Miene, ihn zur Tür hinauszuschmeißen, aber eine Zofe, die oben an der Treppe erschien, tat ihm Einhalt:

»Meister Imhof«, rief sie, »das ist der Kleine unserer Frau.« Und der arme Philipp, rot und voll Seligkeit wie eine Brautnacht, stolperte berauscht die Treppe hinauf. Die Zofe nahm ihn bei der Hand und führte ihn in den Saal, wo die Herrin, vorläufig nur leicht geschmückt, sich in süßer Faulheit herumrekelte. Sie saß vor einem Tisch, der mit goldverbrämtem Samt bedeckt und ganz mit Schüsseln und Tellern und tausenderlei kostbaren Gefäßen überfüllt war. Neben antiken Trinkschalen standen zierliche venezianische Gläser und neben hohen geschliffenen Flaschen dickbäuchige Krüge voll alten Zyperweins. Hippokras und andere gewürzte Getränke dufteten aus riesigen Kannen neben ganzen Körben voll Spezereien und leckerer Süßigkeiten; Schüsseln voll grüner Kapern, geräucherte Schinken, gebratene Pfauen luden zu derberen Genüssen ein. Dem Priester wäre zu anderer Stunde das Wasser im Munde zusammengelaufen, doch ihm stand jetzt einzig der Sinn nach Frau Imperia. Sie merkte, dass er nichts sah außer ihr, und obwohl an die ketzerische Devotion der tonsurierten Häupter und ihre Andacht vor dem Altar des Strohsacks ge-

wöhnt, fühlte sie sich dennoch sehr geschmeichelt; denn sie hatte sich wahrhaftig über Nacht in den armen Touraner verliebt, und auch den ganzen Tag war er ihr nicht aus dem Sinn gekommen.

Die Fenster waren geschlossen, die ganze Zurichtung und die Buhlerin selbst sahen danach aus, als ob sie mindestens einen Fürsten des Römischen Reiches erwarte. Dem Schlingel von Pfaffen, ganz in Ekstase vor der allerheiligsten Schönheit der Imperia, dämmerte übrigens die Ahnung, dass weder ein Kaiser, noch Burggraf, noch Kardinal und

Papstkandidat heute Abend gegen ihn aufkommen werde, gegen ihn, das arme Pfäfflein, das nichts in seiner Hosentasche und seinem Hosenlatz beherbergte als den Amor und den Teufel. Er benahm sich auch ganz wie ein großer Herr, warf sich in die Brust und machte eine höfische Verbeugung, die gar nicht linkisch ausfiel; die Dame warf ihm einen flammenden Blick zu, und mit einer einladenden Handbewegung:

»Setzt Euch neben mich«, sagte sie, »ich möchte wissen, ob Ihr Euch seit gestern verändert habt?«

»Nicht wenig«, antwortete er.

»Wieso?«, fragte sie.
»Gestern«, erwiderte der Spitzbube, »gestern habe ich Euch geliebt … heute lieben wir uns; ein armer Schwartenhals war ich gestern, und reicher wie ein König bin ich heute.« - »Kleiner, Kleiner«, rief sie belustigt, »du hast dich wirklich verändert: Aus einem simplen Pfaffen bist du, wie ich sehe, ein geriebener kleiner Teufel geworden.«
Und beide setzten sich zusammen vor das Kaminfeuer, das gleichsam wie ein Widerschein ihrer inneren Glut das Gemach mit wohliger Wärme erfüllte. An Essen und Trinken dachten sie nicht, sie schnäbelten sich mit den Augen und rührten nicht an die Schüsseln.
Als es so den beiden gerade am schönsten behagte, entstand plötzlich ein wüster Lärm vor der Tür, wie wenn man sich draußen raufte und zankte.
»Herrin«, rief die Zofe, die in Eile hereinstürzte, »nun wird gleich eine andere Tonart anheben.«

»Was?«, schrie die Buhlerin zornig und mit dem Ton eines übel gelaunten Tyrannen, den man stört.
»Der Bischof von Chur will Euch sprechen.«
»Hol ihn der Teufel!«, rief sie, indem sie Philipp einen verliebten Blick zuwarf. »Er hat durch den Spalt Licht gesehen und macht einen wahren Höllenlärm.« - »Sage ihm, dass ich Fieber habe, und du wirst nicht lügen; denn ich bin wahr und wahrhaftig krank an dem Pfäfflein hier, das mir den Sinn verrückt hat.«
Aber sie hatte ihre Rede, wobei sie die heiße Hand Philipps inbrünstig drückte, noch nicht zu Ende gebracht, als der dicke Bischof von Chur zorngerötet und pustend hereinpolterte. Seine Läufer folgten ihm, sie trugen eine riesige Lachsforelle, frisch im Rhein gefangen, auf einer Schüssel von eitel Gold, auch Spezereien in kunstreichen Schalen und tausend leckere Bissen nebst zauberkräftigen Essenzen

und Likören, wie die Nonnen seiner Abtei sie zu bereiten pflegten.
»Schockschwerenot!«, keuchte und schnaubte der Bischof, »ich kann es abwarten, bis mich der Teufel holt, mein süßer Schatz; wenn du mich aber etwa vor der Zeit zum Teufel schicken wolltest ...«
»Euer Wanst wird eines Tages eine gute Degenscheide geben«, antwortete sie. Ihr Blick, kurz zuvor noch so sanft und lieb, wurde drohend wie ein gezückter Dolch.
»Und der Chorknabe da, kommt der schon für die Seelenmesse?«, fragte der Bischof geringschätzig, indem er sein breites, rotes Gesicht dem zierlichen Philipp zuwandte.
»Gnädiger Herr«, erwiderte dieser, »die schöne Frau hat mich für ihre Beichte rufen lassen.«
»Oho! Bist du so unwissend im kanonischen Gesetz? Die Frauen zur Beichte hören, zu solcher Stunde der Nacht und an einem Ort, der den Bischöfen vorbehalten ist ... Auf, bleib bei deinem Leisten, Schuster, bleib bei deinen Nönnlein, Mönch; unter Strafe der Exkommunikation verbiete ich dir, hierher zurückzukommen.«
»Nein, bleibt!«, schrie in flammender Empörung die schöne Imperia, die aber im Zorn noch schöner war als in der Liebe, schon deswegen, weil hier beides zusammen war, Liebe und Zorn. »Bleibt, mein Freund, Ihr seid hier zu Hause.«
Da erkannte er, dass er geliebt sei.
»Steht es nicht in Eurem Brevier und vor allem in den Evangelien, dass wir alle gleich sind vor Gott im Tal Josaphat?«, fragte sie den Bischof.
»Das ist eine Erfindung des Teufels«, schrie der fette Koloss, »er hat die Bibel gefälscht; aber geschrieben steht es«, setzte er ruhig hinzu, indem er nach der gedeckten Tafel schielte.
»Und also seid ihr beide auch gleich vor mir, die ich hier auf Erden eure Göttin bin«, erwiderte die Imperia. »Wenn es Euch aber nicht gefällt«, wandte sie sich an den Bischof, »so werde ich Euch eines Tages zwischen Kopf und Schultern

mit aller Zärtlichkeit strangulieren lassen, das schwöre ich Euch bei der Allmacht meiner Tonsur, die mindestens so viel wert ist wie die des Papstes.«

Da es aber schade gewesen wäre, wenn man die Forelle hätte kalt werden lassen, und da ihr auch die goldene Schüssel, die Konfektschalen und die kostbaren Essenzen in die Augen stachen, lenkte die Buhldirne geschickt ein:

»Setzt Euch«, sagte sie, »esset und trinket.«

Ihrem Liebling gab das durchtriebene Weibsbild, das diese geistreiche Komödie nicht zum ersten Mal aufführte, durch einen Wink zu verstehen, dass er nur keine Angst haben solle vor dem fetten Deutschen, der gar bald über dem Bacchus den Amor gründlich vergessen werde.

Die Zofe war dem dicken Bischof behilflich, sich am Tisch bequem zurechtzurücken, Philipp aber fand vor Wut kein Wort. Er sah bereits sein ganzes Glück in Rauch aufgehen und wünschte dem Schmerbauch von Prälaten mehr Teufel auf den Hals, als es Mönche in Rom gibt.

Sie waren schon weit in der Mahlzeit vorgerückt, und der junge Priester hatte noch keinen Bissen berührt; ihn hungerte allein nach der Herrin des Hauses, er schmiegte sich eng an sie und brachte kein Wort über die Lippen. Umso beredter war er in jener Sprache, die die Damen verstehen auch ohne Beistriche, ohne Punkte und ohne Ausrufungszeichen, ohne Akzente, ohne große und kleine Buchstaben, ohne Tropen und Metaphern, ohne Glossen und Randbemerkungen und Illustrationen.

Der dicke Bischof, ein großes Leckermaul und sehr besorgt um das geistliche Gewand von geweihter Haut, in das ihn seine verstorbene Mutter eingenäht hatte, ließ sich von der zarten Hand der Herrin ein Glas nach dem andern vollschenken, mit Zyperwein, mit Hippokras, mit Lacrimae Christi und was es sonst geben mochte.

Als er aber gerade zum ersten Mal vernehmlich rülpste, hörte man plötzlich auf der Straße den lauten Tumult einer Kavalkade. Die Menge der Pferde, die lauten ›Hoho‹, ›Hollaho‹ und ›Brr Brr‹ der Stallknechte zeigten an, dass mindestens ein Fürst im Begriff stand, den Tempel der Liebe zu stürmen.

So war's; die Saaltür wurde aufgerissen, und der Kardinal von Ragusa, dem die Hausknechte in den Weg zu treten nicht gewagt hatten, trat breitspurig in das Gemach. Bei diesem Anblick zuckte die Buhlerin zusammen wie ein Hund, den man auf den Schwanz getreten, und ihrem Kleinen fiel das Herz in die Hosen; denn leichter war mit dem Teufel Kirschen essen denn mit diesem Rotmantel, umso mehr, als man im Augenblick nicht wusste, wer am anderen Tag Papst sein werde, da die drei Prätendenten zur Beruhigung der Christenheit freiwillig auf die dreifache Krone verzichtet hatten.

Der Ragusa, ein ganz durchtriebener Italiener mit schönem schwarzen Bart, ein Schlaukopf ersten Ranges, der größte Kabalenmacher des Konzils, brauchte nur halb hinzusehen, um zu wissen, wo Barthel den Most holt. Im Nu war sein Plan bedacht, wie er hier manövrieren müsse, damit er mit

seinem Appetit nicht zu kurz komme. Er war geil wie ein Mönch, und wenn man ihm seine Beute streitig machte, hätte es ihn wenig gekostet, sieben Nebenbuhler niederzustoßen und im Notfall seinen Splitter vom Heiligen Kreuz zu verkaufen, was doch ein großes Sakrilegium gewesen wäre. Mit einem Wort rief er Philipp zu sich heran.

Der arme Touraner war mehr tot als lebendig; er ahnte gleich, dass ihm der Teufel da eine böse Suppe eingebrockt habe.

»Was beliebt Eurer Eminenz?«, sagte er kleinlaut zu dem fürchterlichen Kardinal.

Dieser nahm ihn am Arm, führte ihn nach der Treppe, und ohne erst nach einer Laterne zu rufen, bohrte er seine Augen in die des jungen Priesters.

»Bei der Mutter Gottes«, rief er, »du bist kein übler Geselle, und ich möchte nicht gezwungen werden, deinen Kopf darüber zu belehren, wie schwer dein Wanst ist …; eine solche Genugtuung könnte mich in meinem Alter eine fromme Stiftung und einen Beutel Dukaten kosten …; also wähle: entweder dich mit einer Abtei zu verheiraten für dein ganzes Leben, oder mit Frau Imperia für diesen Abend, und morgen sterben.«

Der arme Touraner war in Verzweiflung.

»Und wenn Ihr abgekühlt seid, gnädiger Herr, darf ich dann wiederkommen?«

Da hätte der Kardinal fast gelacht, er sagte aber streng: »Wähle das hänfene Halsband oder die Mitra!«

»Aber nicht wahr«, sagte das Pfäfflein boshaft, »eine große, fette Abtei!«
Der Kardinal trat in den Saal, griff nach einem Schreibzeug und kritzelte auf einen Fetzen Papier eine Anweisung an den Botschafter von Frankreich.
»Gnädiger Herr«, erlaubte sich der Touraner zu bemerken, indem er den Namen der Abtei buchstabierte, »der Bischof von Chur hier wird aber nicht so schnell wegzukriegen sein wie ich, denn er hat mehr Abteien in seiner Diözese, als die Soldaten Kneipen haben in der guten Stadt Tours. Übrigens ist er besoffen wie ein Landsknecht. Und seht, um Euch meinen Dank abzustatten für die herrliche Abtei, bin ich Euch wohl eine Warnung schuldig … Ihr wisst, wie bösartig die verdammten schwarzen Blattern sind, die unheimlich um sich greifen und im letzten Jahr ganz Paris grausam verheert haben. Also sagt ihm, dass Ihr geradewegs von Eurem alten Freund, dem Erzbischof von Bourdeaux kommt, dem Ihr die Sterbesakramente gebracht. Ihr werdet sehen, wie er wegstiebt, gleich der hohlen Spreu, wenn ein Windstoß in sie fährt.«

»Oh!«, rief der Kardinal, »du verdienst mehr als eine Abtei. Bei der Mutter Gottes, mein kleiner Freund, hier sind tausend Goldgulden für deine Reise nach der Abtei Tulpenau. Ich habe sie gestern im Spiel gewonnen, ich schenke sie dir.«
Die letzten Worte hörte die Löwin Imperia, und da zu gleicher Zeit Philipp von Mala verduftete, ohne dass er ihr auch nur einen letzten Blick der Huldigung und Liebe gegönnt, worauf sie so schmerzlich gewartet hatte, da fauchte sie wie ein Uhu, im Innersten ergrimmt über die Verzagtheit des elenden Priesters; denn noch war sie nicht genug Katholikin, um es ihrem Geliebten zu verzeihen, nicht kaltblütig in den Tod zu rennen, wenn es ihr zufällig ein Vergnügen machte. Der giftige und verächtliche Blick, den sie ihm nachwarf, hatte keine geringere Bedeutung als die eines Todesurteils.

Der Kardinal rieb sich die Hände. Dieser italienische Wüstling und Strohsackpurzler zweifelte keinen Augenblick, dass die Abtei in kürzester Frist wieder in seinen Händen sein werde. Der Touraner aber, unbekümmert um das alles, drückte sich in aller Stille, ließ die Ohren hängen und zog den Schwanz ein wie ein nasser Pudel, den die Magd aus der Küche jagt.

Die Buhlerin seufzte tief, sie hätte in diesem Augenblick die ganze Menschheit misshandeln mögen, wenn sie sie unter den Händen gehabt hätte; das Feuer, das ihr in den Eingeweiden brannte, war ihr zu Kopf gestiegen, die ganze Luft um sie herum knisterte von Funken. Das war der erste Priester, der ihr das zu bieten wagte. Der Kardinal aber lächelte von Neuem, er hoffte aus ihrer Wut Münze zu schlagen.

War das nicht ein geriebener Gesell? Wahrlich, er trug nicht umsonst den roten Hut.

»Ah, guter Gevatter«, sagte er zu dem Bischof, »ich freue mich Eurer Gesellschaft und schmeichle mir, dass es mir gelungen ist, den ruppigen Küster zu vertreiben, der wahrhaftig unserer schönen Frau nicht würdig war; auch Ihr müsst mir das danken, meine leckere, weiße Maus, Ihr hättet durch seine Berührung eines Euch unwürdigen und gar schimpflichen Todes sterben müssen.«

»Wie? Wieso?«

»Er ist der Schreiber des Herrn Erzbischofs von Bourdeaux … Der gute Greis aber ist heute Morgen von der schwarzen Pest …«

Bei diesen Worten sperrte der Bischof den Mund auf, wie wenn er ganz und gar einen Parmesaner Käse hätte verschlucken wollen.

»Teufel, woher wisst Ihr das?«, fragte er.

»Woher?«, antwortete der Kardinal, indem er die Hand des guten Deutschen ergriff; »ich habe ihm vorhin die letzte Ölung gebracht. In diesem Augenblick befindet er sich mit vollen Segeln auf der Reise nach dem Paradies.«

Bei dieser Gelegenheit zeigte der Bischof von Chur, wie die Dicken leicht sein können, weil die Dickbäuche durch die Gnade Gottes und zur Ausgleichung ihrer schweren Last allem Anschein nach eine Art Luftballon in sich tragen. Und so sah man den Bischof zurückschnellen wie eine Sprungfeder, ganz mit Schweiß überdeckt und schon hüstelnd wie ein Ochse, der in seinem Häcksel eine Daune gefunden hat. Blass wie der Tod taumelte er nach der Treppe, ohne auch nur von der Herrin des Hauses Urlaub zu nehmen; der Kardinal aber, als die Tür hinter dem Bischof geschlossen war, der bereits auf die Straße hinauswankte, brach in ein schallendes Lachen aus.

»Nun, meine Kleine«, höhnte er, »bin ich nicht würdig, Papst zu werden? Oder, was mir lieber ist, für heute Nacht dein Geliebter?«

Die schöne Imperia aber machte eine bedenkliche Miene. Der Kardinal näherte sich ihr, um ihr Zärtlichkeiten zu erweisen, sie mit den Armen zu umschlingen und sie verliebt zu knutschen, ganz nach der Art dieser rotmänteligen Kardinäle, die ungestümer sind als andere Menschenkinder, die Soldaten nicht ausgenommen, weil sie ganz und gar müßiggängerisch leben und die Quintessenz ihres Spiritus nicht mit geistiger Anstrengung verderben.

Die Schöne aber wich ihm jäh aus.

»Du willst meinen Tod!«, schrie sie. »Du Ungeheuer von Rotmantel, für Euch ist Euer Vergnügen die Hauptsache, elender Kuppler, was liegt Euch an meiner Haut; wenn du mich tötest, wirst du mich nachher heiligsprechen, gelt? Was, Ihr habt das pestilenzialische Gift im Gedärm und wagt es, mich anzurühren? Pack dich zum Teufel, gedankenloser Pfaff … Rühr mich nicht mehr an«, schrie sie, da er sich ihr von Neuem nähern wollte, »oder ich werde dich mit dem Dolch da kitzeln!«

Bei diesen Worten zog das liebe Wesen aus seiner Gretchentasche ein hübsches kleines Stilett, mit dem sie, wenn Not am Mann war, wunderbar umzugehen wusste.

»Aber mein Liebchen, mein kleines Paradiesgärtchen«, sagte er lachend, »siehst du denn nicht die List? Musste ich nicht diesen Ochsen von Chur in die Flucht jagen?«

»Gut denn«, sagte sie, »wenn Ihr mich liebt, so wird es sich jetzt zeigen … Ich will, dass Ihr für heute abzieht … Wenn Ihr von der Krankheit gebissen seid, Euch liegt nichts an meinem Tod; ich kenne Euch genugsam, um zu wissen, dass Ihr alles drangeben würdet, um in der Stunde Eures Todes einen letzten Augenblick der Lust zu erhaschen. Ihr würdet dafür die Welt in einer zweiten Sündflut ersäufen. Oh! Ihr selber habt Euch dessen gerühmt im Rausch. Ich aber, ich liebe nichts als mich, meine Schätze und meine Gesundheit … Geht, und wenn Euch die neueste Pestilenz nicht im Gedärm sitzt, besucht mich morgen … Heut hass ich dich, mein guter Kardinal«, fügte sie lachend hinzu.

»Imperia«, rief der Kardinal und warf sich ihr zu Füßen, »meine heilige Imperia, geh doch, du willst mich zum Narren haben.«

»Nein«, sagte sie, »ich mag einen Narren nicht zum Narren haben.«

»Was! Ekelhafte Hure! Ich werde dich exkommunizieren … Morgen …«

»Fällt Euch sonst nichts ein in Eurem Kardinalsverstand?«

»Imperia, Satansweib, verteufeltes … was sage ich nur … mein süßes Liebchen, meine Kleine, mein Lustgärtlein …«

»Ihr werdet respektwidrig … Kniet Euch doch nicht hin wie vor dem Allerheiligsten, schämt Euch.«

»Willst du, dass ich dir Absolution gebe in articulo mortis …? Willst du mein ganzes Vermögen, oder besser noch, willst du einen Splitter des Heiligen Kreuzes …? Willst du?«

»Keine himmlischen und keine irdischen Reichtümer können heute Abend mein Herz bezahlen. Ich wäre die letzte der Sünderinnen, unwürdig, den Leib unseres Heilands, des Herrn Jesus Christus, zu empfangen, wenn ich nicht meine Launen hätte.«

»Ich werde dir das Haus anzünden … Du bist eine Hexe, du

hast einen teuflischen Zauber gegen mich gebraucht … Ich lasse dich auf dem Scheiterhaufen verbrennen … Höre mich, mein Schatz, meine süße kleine Maus, ich verspreche dir den schönsten Platz im Himmel … was sagst du dazu? Du willst nicht …? Zum Teufel also … auf den Scheiterhaufen mit der Hexe …«

»Wenn ich Euch aber vorher umbringen lasse, Herr Kardinal?« Der Kardinal schäumte vor Wut.

»Ihr werdet ja rasend«, sagte sie. »Geht doch endlich. Ihr macht Euch krank, wenn Ihr's nicht schon seid.«

»Du sollst mir den Streich bezahlen, wenn ich Papst werde.«

»Die Tiara wird Euch nicht von dem Gehorsam entbinden, den Ihr mir schuldig seid.«

»Sagt, was muss ich tun, um Euch diesen Abend zu gefallen?«

»Euch zum Henker scheren.« Sie hüpfte vor ihm im Zimmer herum wie eine Bachstelze, streckte und dehnte sich wie eine Schlange, und ließ den Kardinal fluchen und toben, dem nichts übrig blieb, als endlich das Feld zu räumen. Als sich die schöne Imperia allein sah – im Kamin brannte ein schönes Feuer, die Tafel war noch wohl versehen, es fehlte nichts als das junge Pfäfflein –, da übermannte sie der Zorn.

»Bei dem Dreigehörn des Teufels«, rief sie aus, indem sie in der Wut ihre goldenen Ketten zerriss, »wenn der Kleine schuld ist an diesem Auftritt mit dem Kardinal und mich der Gefahr einer Vergiftung ausgesetzt hat, ohne dass ich meine Absichten mit ihm erreiche und ganz zu meiner Zufriedenheit, so will ich ihn lebendig schinden sehen vor meinen Augen, ehe ich sterbe.«

»O Gott!«, rief sie aus, und diesmal flossen ihr echte Tränen über die Wangen. »Was für eine unglückliche Kreatur bin ich; das bisschen Genugtuung, das ich von Zeit zu Zeit erlebe, ist mit einem solchen Hundeleben – und dem Verlust der ewigen Seligkeit obendrein – wahrhaftig zu teuer bezahlt.«

Nachdem sie sich unter Verrenkungen und Konvulsionen wie eine angeschossene Turteltaube soweit ausgetobt hatte, dass sie nicht mehr konnte, sah sie plötzlich das gerötete Gesicht des kleinen Priesters, der sich unterdessen heimlich versteckt gehalten, in ihrem venezianischen Spiegel auftauchen …

»Ah!«, rief sie. »Du bist der vollkommenste Pfaffe, das hübscheste kleine Pfäfflein, so pfiffig pfäfflich und so pfäfflich pfiffig, wie es gewiss keinen zweiten gibt in der verpfefferten und verpfäffelten Stadt von Kostnitz … Aber komm, mein herziger Ritter, mein geliebter Sohn, mein Kleiner, mein Dicker, mein Baum der Glückseligkeit, mein wonniger Gärtner, komm, dass ich deine Augen trinke, ich möchte dich fressen, ich möchte dich umbringen vor Liebe; o mein Blumenbekränzter, mein Frühlingsgott! Mein süßer Glockenschwengel! Mein Gott in alle Ewigkeit, komm! Du bist nur ein armes Pfäfflein, ich will einen König aus dir machen, einen Kaiser, einen Papst, nein, ich will dich glücklicher machen als alle zusammen. Was willst du noch? Vernichte alles hier mit Feuer und Schwert, wenn es dir beliebt, ich bin dein Eigentum. Ich will dir's zeigen, du sollst Kardinal sein, und wenn ich all mein Herzblut hergeben müsste, um dein Barett damit zu färben.«

Und mit zitternder Hand, so überglücklich war sie, füllte sie mit griechischem Wein einen goldenen Becher, den der dicke Bischof von Chur hergebracht hatte, und reichte ihn dem Freund; auf ihren Knien reichte sie ihm den Trank, sie, deren Pantoffel die Fürsten der Erde küssten, mit mehr Devotion küssten als den Pantoffel des Papstes.

Er aber betrachtete sie stumm mit gierigem Blick, dass sie erzitterte vor wollüstiger Genugtuung: »Du hast recht, Kleiner, was sollen da Worte … und nun zum Abendschmaus!«

Die lässliche Sünde

Wie der gute Ritter Bruyn zu seiner Frau kam

Der edle Herr Bruyn, derselbe, der das Schloss Ravenstein-Weiberfreyt, oder wie sie es auf welsch nennen, Roche-Corbon-lez-Vouvray, an der Loire ausgebaut hat, war in seiner Jugend ein wilder Gesell und Tunichtgut. Er ging noch halb in den Knabenschuhen, da war schon keine Jungfernschaft mehr vor ihm sicher, und überall machte er einen

Spektakel, als wenn er das Haus zum Fenster hinauswerfen wolle. Als er dann, noch ganz jung, seinen Vater, den Freiherrn von Ravenstein, zu begraben das Vergnügen hatte, wurde er vollends ein richtiger kleiner Teufelsbraten. Er

PISAN

war nun sein eigener Herr und konnte erst recht das Haus, mitsamt allen Truhen und Kisten und was alles sich darin versteckt hatte, zum Fenster hinauswerfen.

Wirklich lebte er in Saus und Braus alle Tage, vertat sein Geld mit Saufen, Spielen und Huren und kümmerte sich den Teufel um Gesetz und Sitte, dass er sich bald aus der Gesellschaft der ehrsamen Menschen exkommuniziert sah und nur noch die Wucherer, Halszuzieher, Beutelschneider und andere Schnapphähne zu seinem Umgang hatte. Aber selbst die Herren Hypothekenjäger und Geldverleiher wurden stachelig wie eine Kastanienschale, als er kein anderes Pfand mehr einzusetzen wusste als die genannte Herrschaft Ravenstein, in Anbetracht nämlich, dass dieses Besitztum, als ein königliches Lehen, keinerlei Sicherheit und Bürgschaft zu bieten vermochte. Da war Bruyn im besten Zug, ein gefürchteter Saufbold und Raufbold zu werden, der wegen nichts mit den Leuten Händel anfing und kein größeres Vergnügen kannte, als Rippen

G. Doré

einzustoßen und Schulterblätter und Schlüsselbeine entzweizuschlagen.
Dieses Treiben sah der Abt von Marienmünster oder Marmoustiers, sein Nachbar, ein Mann, der nicht gern ein Blatt vor den Mund nahm. ›Das sei ja alles sehr schön‹, sagte er zu dem Ritter, ›und wenn er so fortfahre, werde er sicher noch ein Ausbund aller ritterlichen Tugenden werden; aber noch fehle seinem schädelspalterischen Tun die Krone, nämlich: dass er zur Ehre Gottes hinziehe in das Heilige Land und sein Schwert an den Knochen der sarazenischen Mohammedaner und mohammedanischen Sarazenen, die jetzt das Heilige Land vollscheißen, schartig mache und dann zurückkehre, reich an Ablässen und Indulgenzen, entweder zurück in sein geliebtes Touran, den Garten Frankreichs, oder ins himmlische Paradies, den Garten Gottes, von wo alle christlichen Barone herkommen.‹
Diese weisheitsvollen Worte des Prälaten leuchteten dem Ritter ein, und ausgerüstet vom Kloster und gesegnet vom Abt, ging er zu Schiff und fuhr über Meer, zur nicht geringen Freude seiner Nachbarn. Er belagerte nun zahlreiche Städte in Asien und in Afrika, hieb auf die Ungläubigen ein, ohne Pardon zu geben, machte ein wahres Gemetzel unter Sarazenen, Griechen, Engländern und anderen, ohne viel danach zu fragen, ob es Freunde wären oder Feinde, denn er war als echter Mann wenig neugierig und befragte die Leute nach solchen Lappalien erst, nachdem er sie umgebracht hatte.
In diesem Beruf, dem lieben Gott, dem König und ihm selber sehr angenehm, gewann Bruyn einen großen Ruhm als ritterlicher Christ und christlicher Ritter und hatte viel Spaß in den heidnischen Ländern, wo er es trieb wie daheim und lieber einer Hure einen Taler als einem Bettler einen roten Heller schenkte, obwohl er mehr arme Teufel antraf, die einem Cherub gleichsahen, als er Weiber unter die Hände bekam, die auch nur von Weitem den Huris des Mohammed geglichen hätten; aber er war ein guter Touraner, dem seine Suppe schmeckte aus jedem Teller.

Als er aber dann die Türken satt hatte bis an den Hals und sein Durst nach Reliquien und anderen Gnadenspenden des Heiligen Landes hinlänglich gestillt war, kehrte er zur großen Verwunderung seiner Nachbarn aus dem Kreuzzug zurück, über und über beladen mit Gold und Edelgestein, im Gegensatz zu so viel anderen, die reich auszogen und – auch über und über bedeckt, nämlich mit dem Grind des Aussatzes, zu ihren lieben Ehegesponsen heimkamen.

Sein Ruhm drang bis zu den Ohren des guten Königs Philipp, der ihn zum Grafen ernannte und dem ganzen Touraner Land als Seneschalk vorsetzte. Da wurde Bruyn von allem Volk geliebt und mit hohen Ehren umgeben, besonders da er es mit seinen Heldentaten nicht genug sein ließ, sondern auch den Karmelitern zu den Kalköfen in der Gemeinde Trebern eine schöne Kirche baute zur Sühne für die Sünden seiner Jugend.

Er wurde ganz und gar der Liebling Gottes und der Kirche. Aus einem Raufbold und Schnapphahn, der er ehedem war, wurde er ein kluger und gesetzter Mann, dem allmählich die Haare ausgingen und der darum die lustigste Sünde der lästigsten Tugend nur noch wenig vorzog. Sein Gemüt sänftigte sich immer mehr, und er geriet nur noch in Zorn, wenn jemand Gott lästerte vor seinen Ohren, was er nicht ertragen konnte, weil er selber schon für alle anderen in seiner Jugend gelästert hatte. Er überfiel und belagerte auch die Leute nicht mehr; denn da er Seneschalk war, gaben sie ihm alles freiwillig; auch sah er in Wahrheit alle seine Wünsche erfüllt, und da wird ein Mensch, wenn er nicht ganz ein gottverfluchter Teufel ist, vom Scheitel bis zur Sohle voller Faulheit und Behagen. Bruyn bewohnte ein

altes Schloss an den Ufern der Loire, in deren Wasser es sich spiegelte. Dieses Gemäuer war von außen voller Löcher und Scharten, wie ein spanisches Wams, im Innern aber, in den Sälen und Kemenaten, mit königlichen Tapeten bekleidet

und erfüllt mit Gerätschaften und tausenderlei Pomp sarazenischer Herkunft, dass die guten Leute von Tours davor Maul und Augen aufsperrten und sogar der Erzbischof und der hohe Klerus von Sankt Martin, denen der Graf ein seidenes Banner mit goldenen Fransen verehrte, die fremde Pracht und Herrlichkeit nicht genug bewundern konnten. Zu dem Schloss gehörte eine große Menge von Landgütern und

Stadthäusern mit reichen Einkünften, mit Mühlen, Fischwassern und Wäldern, also dass seine Herrschaft eine der reichsten war im Land und unserem Herrn dem König zu seinem Heerbann wohl an die tausend Mann zu stellen vermochte.

Wenn ihm jetzt sein Amtmann, der nicht wenige in seinem Leben hatte hängen lassen, manchmal einen armen Bauer vorführte, der über irgendeinem kleinen Frevel betroffen worden, da lächelte der bejahrte Schlossherr oft gar gnädig: »Lass ihn laufen, mein lieber Hanfwürger«, sagte er; »ich habe in früheren Jahren so viele aus Versehen umgebracht, mag er dafür das Leben haben.«

Doch nicht immer lief es so gut ab. Noch genug Bauern mussten an seinen Galgen oder an den Eichen seiner Wälder baumeln, ›denn Gerechtigkeit muss sein‹, pflegte er zu sagen, ›und wenn es auch nur wäre, um eine alte Sitte nicht in Abgang kommen zu lassen.‹

Im Ganzen hielten sich seine Hintersassen ruhig und still wie die Nonnen in der Mette und waren ihm in Klugheit ergeben, denn er beschützte sie vor jeder Art von schlimmem Gesindel, vor den Vogelfreien und Vagabundierern, vor Beutelschneidern und Buschkleppern, die er unnachsichtig verfolgte, da er aus eigener Erfahrung wusste, welch eine Landplage dieses Raubzeug sein kann.

Er betrieb seine Obliegenheiten in der Furcht Gottes und mit großem Eifer, war bei allem mit ganzer Seele dabei, beim Gottesdienst, wie beim Trinken, machte aber bei Streitigkeiten, wie in allem, gern kurzen Prozess, versüßte harte Urteile mit lustigen Scherzen, und wenn er einem hart wehgetan hatte durch seinen Richterspruch, lud er sich bei ihm zu Gast und schmauste und zechte mit ihm, um ihn zu trösten. Er ließ sogar die Gehängten in geweihter Erde begraben, denn er pflegte zu sagen: ›Die gehören dem lie-

ben Gott und sind schon genug gestraft, dass sie nicht mehr leben dürfen.‹ Über die Juden fiel er immer nur dann her, wenn er wusste, dass sie sich mit Wucherzinsen, dem Saft der Nation, vollgesaugt hatten, wie die Blutegel mit rotem Menschensaft; die übrige Zeit ließ er sie gewähren und pflegte sie seine lieben Bienen zu nennen, die ihm die Waben mit goldenem Honig füllten. Wenn er sie aber beraubte, geschah es immer nur zum Nutzen der Kirche, des Königs und des Landes, wie allenfalls zu seinem eignen Gewinn und Vorteil.

Seine Leutseligkeit gewann ihm immer mehr die Liebe von Groß und Klein. Oft, wenn er in vergnügter Stimmung vom Gericht nach Hause ritt und dem alten Abt von Marienmünster begegnete:

»Ihr habt, scheint es«, sagte dieser, »dem Galgen wieder reiche Dotationen vermacht, dass Ihr so lustig und zufrieden ausseht.«

Und wenn er von seinem Schloss Weiberfreyt nach der Stadt Tours hineinritt durch die Gassen der Vorstadt von Sankt Symphorion, da sagten die kleinen Gassendirnen unter sich: ›Es muss heut Gerichtstag sein, da kommt der Gevatter Bruyn‹; und ohne Furcht sahen sie ihm nach, wie er auf seinem weißen Zelter, den er von der Levante mitgebracht, langsam und gemütlich dahinritt. Auf der Flussbrücke unterbrachen die Knaben ihr Klickerspiel und riefen freimütig: ›Guten Tag, Herr Seneschalk.‹

Und er antwortete: ›Spielt weiter, meine Kinder, spielt weiter, umso besser werden euch nachher die Prügel schmecken.‹

›Au weh, Herr Seneschalk!‹, riefen die Buben und lachten.

So schaltete Bruyn als gnädiger Herr und säuberte derart das Land von Spitzbuben und Diebsgesindel, dass man im Winter nach der großen Überschwemmung nur noch zweiundzwanzig Gehängte zählte, abgesehen von einem Juden, der verbrannt wurde, weil er in der Gemeinde Neuenbürg eine Hostie gestohlen oder, wie andere sagen, gekauft hatte, da er ein sehr reicher Mann war.

Nun geschah es im darauffolgenden Jahr, ungefähr um Sankt Johann den Täufer oder Sankt Johann den Grasmäher, wie die Bauern hierzulande sagen, da kam eines Tages eine Truppe seltsames Volk in der Stadt an. Ägyptianer oder Bohemianer sagten die einen, Zigeuner oder Mahomedisten meinten die anderen, kurz, ein Haufen fremden Raubgesindels, das im Münster von Sankt Martin nicht nur eine Anzahl heiliger Gegenstände entwendete, sondern auch anstelle eines Bildnisses ›Unserer Lieben Frau‹, um in schnöder Weise unseren heiligen Glauben zu verspotten, ein hübsches Heidenkind in der Mauernische zurückließ, eine Art weiblichen Seiltänzer und Scheuerpurzler, faser-

nackt, ein freches Ding und nicht älter an Jahren wie ein alter Hund.

Über diese unerhörte Schandtat war männiglich aufs Äußerste ergrimmt, und die Leute des Königs wie die der Kirche waren darüber einig, dass die Mohrin für die anderen bezahlen solle, also dass man festsetzte, das nackte Tierlein lebendig zu braten, zu welchem Zweck und Ende man auf dem viereckigen Platz vor Sankt Martins Münster nahe bei dem Brunnen, wo der Gemüsemarkt abgehalten wurde, einen mächtigen Holzstoß auftürmte.

Bei dieser Gelegenheit nun zeigte Bruyn, der Seneschalk, dass er weiterdachte als alle anderen, indem er dartat, was man für einen großen Gefallen Gott erweisen könne, wenn man die schwarze afrikanische Seele für die wahre Religion gewönne. »Wenn aber der Teufel, der diesen weiblichen Körper bewohnt,« so schloss er seine Rede, »etwa den Hartnäckigen spielen sollte, wäre der Holzstoß immer noch da, um ihm Gelegenheit zu geben, seinen dummen Eigensinn zu bereuen.«

Das fand der Erzbischof weise gedacht und mit dem kanonischen Recht, den Geboten der christlichen Liebe und den Lehren des Evangeliums vollständig in Übereinstimmung.

Die Damen der Stadt jedoch und andere Leute von Autorität und Ansehen erhoben lauten Widerspruch dagegen, dass man sie um eine so schöne Zeremonie betrügen wolle (als die des Verbrennens nämlich). Denn die Mohrin weinte in ihrem Kerkerloch und stieß jammernde Schreie aus wie ein gebundenes Zicklein; da war also nicht zu zweifeln, dass sie das Wasser dem Feuer vorziehen und sich mit Vergnügen bekehren werde, um ihr Leben zu retten und ihre Tage zu verlängern, wie die eines Raben, wenn es möglich wäre. Darauf aber erwiderte der Seneschalk, dass die Bekehrung der Heidin zur heiligen christlichen Religion ja noch eine viel lustigere Zeremonie sei und dass er sich anheischig mache, der Stadt Tours ein wahrhaft königliches Fest zu geben;

er selber wolle als Taufpate zu Gevatter stehen, und seine Mitgevatterin solle eine Jungfrau sein, um Gott eine besondere Freude zu machen, weil er doch selber ein alter Hagestolz oder Stolzhaken sei.

Denn so nennt man bei uns zu Lande die Männer, die nicht verheiratet sind oder doch dafür gelten, um sie von den Ehemännern und Witwern zu unterscheiden; aber die Weiblein würden sie auch ohne Gattungsbenennung unter den Ehekrüppeln leicht herausfinden.

Das schöne Mohrenkind schwankte nicht lange zwischen den Flammen des Scheiterhaufens und dem Wasser der Taufe. Diese Wahl war für sie keine Qual, sie wollte tausendmal lieber eine lebendige Christin als eine verbrannte Heidin sein. Aber statt einen Augenblick am Leibe gebraten zu werden, fiel ihr nun das Los, dass eine Flamme durch lange, lange Jahre sie langsam verzehrte, denn um ihrer Bekehrung sicher zu sein, steckte man sie in das Frauenkloster der Vorstadt Vogelsang, wo sie eine Heilige werden sollte. Die genannte Zeremonie ihrer Bekehrung aber vollzog sich im Palast des Erzbischofs, und es wurde bei der Gelegenheit zur Ehre unseres Herrn und Heilands mehrere Tage bankettiert und getanzt, woran sich alle schönen Damen und hohen Herren des ganzen Touraner Landes beteiligten, eines Landes, wo man mehr tanzt und turniert, bankettiert und Feste feiert und lustige Saufgelage hält als in der ganzen übrigen Welt zusammen. Der gute alte Seneschalk hatte zur Mitgevatterin die Tochter des Herrn von Fidel-Alzay oder Alzeyt-Fidel ausgewählt, der zur Eroberung des Heiligen Landes ausgezogen und bei der Belagerung von Acre in die Hände eines Sarazenen gefallen war, welcher, da der fränkische Ritter danach aussah, ein königliches Lösegeld für ihn forderte.

Um die Summe zusammenzubringen, hatte die Dame von Alzay den Wechslern und Halszuziehern ihr ganzes Lehen verpfändet und wartete nun, arm wie eine Kirchenmaus, in einer elenden Stadtwohnung auf die Ankunft ihres Herrn und Gemahls. Obwohl sie keinen Stuhl besaß, um sich darauf zu setzen, war sie stolz wie die Königin von Saba und tapfer wie eine Bulldogge, die das Eigentum ihres Herrn verteidigt. Der Seneschalk, der ihre Bedrängnis kannte, erwählte ihre Tochter für die genannte Taufhandlung, um der Mutter eine Unterstützung zukommen zu lassen, die sie nicht ausschlagen durfte. Er besaß eine schwere goldene Kette, den Ehrenpreis für die Eroberung von Zypern, und er beschloss bei sich, sie seiner schönen Mitgevatterin um den Hals zu hängen. Er hing aber an die Kette noch alle seine Landgüter und ersparten Schätze, seine Reitpferde, seine weißen Haare, mit einem Worte alles, sobald er die schöne Blancheflor von Fidel-Alzeyt zwischen den Damen von Tours eine Gavotte hatte tanzen sehen. Trotz der Ägyptianerin, die in ihrem Leben für das letzte Mal tanzte und in Volten und Sprüngen, Biegungen und Beugungen, in Beinspreizen und Zehenwirbeln sich selber übertraf, trug doch Blancheflor nach dem Urteil aller den Preis über sie davon, denn sie tanzte mit wahrhaft jungfräulicher Anmut.

Der alte Bruyn stand bezaubert bei dem Anblick des tanzenden Jungfräuleins, dessen Fersen Angst zu haben schienen vor der Berührung mit dem Fußboden, und das so unschuldig tollte mit seinen siebzehn Jahren und Sprünge machte wie eine junge Zikade am Sankt-Johannismorgen. Ein heftiger Wunsch entbrannte da in dem Greis, eine apoplektische Begierde, eine solche, die stark ist aus Schwachheit und die ihn durchglühte von der Fußsohle bis zum Nacken hinauf; denn sein Haupt sah so winterlich verwüstet aus, dass die Liebe davor Halt machte. Zum ersten Mal fiel es dem Seneschalk ein, dass seinem Schloss die Hausfrau fehlte, und die schartige Burg kam ihm auf einmal so traurig und öde vor, wie nie in seinem Leben.

Was war auch ein Haus ohne Hausfrau? Man möchte sagen: ein Klöppel ohne seine Glocke. Kurz, er kannte auf einmal keinen anderen Wunsch als den, sich eine Frau zu nehmen. Und das so schnell als möglich. Er hatte keine Zeit zu ver-

E. SUTAIN. SC.

lieren. Denn der ihm dort irgendwo in einer dunklen Ecke winkte, hielt wohl einen Bogen in der Hand, aber dieser Bogen war eine Sense. Der gute Bruyn verscheuchte indessen so unliebsame Visionen während all der rauschenden Festlichkeiten und verscheuchte auch den Gedanken an seine wohlgezählten sechzig Jahre, die ihm das Haupt verwüstet hatten. Er fand seine Augen hell und klar; denn darin stand das Bild der jungen Mitgevatterin, die nach den Anweisungen ihrer Frau Mutter ihm mit Blicken und Gebärden nicht wenig den Hof machte und in ihrer Unschuld glaubte, dass das bei einem so alten Mitgevatter weiter nichts zu bedeuten habe. Sie war im Gegensatz zu den anderen Dirnen des Landes, die aufgeweckt sind wie ein Frühlingsmorgen, noch ganz und gar Kind und erlaubte ihm zuerst, ihr die Hand zu küssen, und dann noch einiges andere, als zum Exempel den Hals ein wenig tief unten … Aber das erst eine Woche darauf, nachdem der Erzbischof sie zusammengesprochen hatte, wobei die gute Stadt Tours die schönste Hochzeit und jedenfalls die schönste Neuvermählte sah seit langen Jahren.

Die genannte Blancheflor war frisch und anmutreich wie nicht leicht eine und so jungfräulich rein, als man es nur sein kann, nicht nur unschuldig, sondern auch unwissend, ein Menschenkind, das sich nicht genug verwundern konnte, was andere Leute im Bett für ungereimtes Spiel trieben, kurz, ein junges Ding, das an das Märchen vom Storch und vom Kinderbrunnen glaubte wie ans Evangelium. Sie war wie eine frisch erblühte Blume, leuchtend im Glanz ihrer Schönheit, wie ein Engel, dem nur die Flügel fehlten, um sich unerkannt unter die himmlischen Scharen zu mischen.

Als sie das arme Haus ihrer gerührten Mutter verließ, um als Braut in die Kathedrale einzuziehen, strömte das Landvolk scharenweise herzu, um die schöne Neuvermählte und auch die schönen Teppiche zu sehen, die man vor ihr her auf dem ganzen Weg über das Pflaster gebreitet hatte, und alle waren einig, dass niemals ein schönerer Fuß den Boden

von Touran berührt, niemals leuchtendere Augen in den Himmel geblickt und niemals die Stadt festlicher mit Blumen und Kränzen geschmückt war. Die Dirnen der Stadt, die von St. Martin und die aus der Vorstadt Neuenbürg, wurden blass vor Neid beim Anblick ihrer aschblonden Flechten, mit denen sich die Blancheflor, denn nicht anders war es möglich, einen Grafen eingefangen hatte, und ganz und gar krank wurden sie beim Anblick des golddurchwirkten Brautkleides, der funkelnden Edelsteine aus dem fernen Morgenland, der blitzenden Diamanten und der schweren goldenen Ketten, womit das Bräutchen nach Kinderart spielte und die sie für immer an den Seneschalk banden.
Der alte Kriegsmann an ihrer Seite schien wie verjüngt, er schwitzte sozusagen sein Glück aus allen Poren. Obgleich sein Rücken ungefähr so gerade war wie ein Heidensäbel, stolzierte er doch voll Selbstbewusstsein an der Seite seiner Braut und drückte die Knie durch wie ein Landsknecht bei der Parade, wenn es um den Preis geht. Er hielt sich das Zwerchfell zu beiden Seiten wie einer, der ersticken will an seinem Behagen; und als nun die Glocken läuteten von den Türmen und die ganze Stadt sich hinzudrängte, um den hochzeitlichen Zug zu sehen, wovon später die Greise den Enkeln erzählten, da wünschten die genannten Dirnen, dass es Mohrinnen regnen und Seneschalke hageln und dass doch jeden Tag eine Ägyptianerin getauft werden möchte; aber wie jene die erste, so blieb sie auch die letzte im Lande Touran, das von Bohemia oder Ägyptia weit abliegt.
Nach den Trauungsfeierlichkeiten erhielt die Dame von Fidel-Alzeyt eine beträchtliche Summe, die es ihr ermöglichte, nach der Stadt Acre im Morgenland ihrem Gemahl entgegenzuziehen; aber nicht nur Geld gab ihr der Seneschalk, auch mit Kriegsvolk und was man sonst zu einer solchen Reise braucht, rüstete er sie aus. Am Tag der Hochzeit, nachdem sie ihre Tochter dem Grafen übergeben und sie ermahnt hatte, ihm eine fromme Hausfrau zu werden, reiste die gute Mutter beruhigt ab, und erst viel später kam

sie mit dem Ritter von Alzay zurück; er war aussätzig, sie aber pflegte und heilte ihn trotz aller Gefahr der Ansteckung, was allgemein bewundert wurde.

Drei Tage hatte das Hochzeitsgelage gedauert zur großen Befriedigung des Volkes, dann führte der gute Ritter sein Bräutchen mit großem Pomp und Gepränge auf sein Schloss Ravenstein, und nach der Sitte der Neuvermählten hielten sie zusammen in feierlicher Zeremonie ein Schaubeilager auf dem neuen Ehebett, über das der Abt von Marienmünster das Weihwasser sprengte, das Rauchfass schwang und den Segen sprach. Nach der Feierlichkeit aber, als sich nun der alte Bruyn in dem herrschaftlichen Schlafgemach, das man mit den kostbarsten Tapeten aus grünem Brokat mit goldenen Borten neu ausgeschlagen hatte, gebadet und gesalbt Seite an Seite sah mit seiner jungen Frau, da küsste er sie zuerst auf die Stirn, dann auf die blütenweiße Rundung der Brust, dort, wo sie ihm erlaubt hatte, das Schloss der goldenen Kette selber zu befestigen. Und dabei blieb's.

Denn bald merkte jetzt der alte Knickebein, dass er sich zu viel zugetraut, indem er gehofft hatte, das Süpplein, das er sich da eingebrockt, auch ausessen zu können. Amor saß weit weg im Winkel und schmollte, trotz der ausgelassenen Hochzeitsgesänge und frechen Schalksliedeln, die unter schallendem Gelächter von der Halle herauftönten, wo Gelage und Tanz die ganze Nacht hindurch dauerten.

Der Ritter setzte den bräutlichen Stärketrank an seine Lippen, der, wie es die Sitte verlangte, ebenfalls geweiht und gesegnet war und in einem goldenen Pokal vor ihnen stand; das stark gewürzte Getränk erhitzte ihm wohl den Magen und die Gedärme, aber nicht das Herz in der Hose.

Die schöne Blancheflor verwunderte sich nicht im Geringsten über die Schnödigkeit ihres Mannes; denn sie war jungfräulich nicht nur am Leib, sondern auch an der Seele und sah in der Heirat, was eben junge Mädchen darin sehen, nämlich schöne Kleider, Feste, Pferde, Dame und Gebieterin sein, eine Grafschaft haben, einer Dienerschaft befehlen

können, et cetera. Als das Kind, was sie war, spielte und tändelte sie mit den goldenen Eicheln der Bettgehänge und konnte sich nicht genug erstaunen über die reiche Zurüstung, worin ihre Magdschaft begraben werden sollte.

Zu spät fühlte nun der alte Seneschalk sein Unrecht; er hoffte aber auf die Zukunft, die ihm doch logischerweise von Tag zu Tag immer mehr von dem nehmen musste, wovon er schon jetzt so viel wie nichts besaß.

In Ermanglung von Taten nahm er einstweilen seine Zuflucht zu Worten und suchte seine Frau zu unterhalten, so gut es gehen mochte. Er versprach ihr die Schlüssel zur Schatzkammer, zum Vorratsspeicher und allen Schränken, sowie die Verwaltung der Einkünfte aus seinen Häusern und Landgütern, ohne dass er ein Wort dreinreden wolle, kurz, hielt ihr einen Köder nach dem anderen vor und machte ihr, wie man zu sagen pflegt, den Mund wässerig nach tausend Dingen.

Ihr wurde es dabei wohl wie einem jungen Streitross vor der vollen Krippe, sie fand ihren Trottel von Ehemann charmant über alle Maßen; und indem sie sich im Bett aufsetzte und mit vergnügtem Lächeln umblickte, hatte sie eine neue Freude an dem großen und reichen Bett mit grünem Brokat und goldenen Borten, in dem sie nun jede Nacht schlafen durfte. Diese heitere Laune missdeutete aber der ungewitzigte Ehemann, der wohl mit allen Hunden gehetzt war, aber, was eine Jungfrau ist, kaum anders als vom Hörensagen kannte. Er beurteilte das liebe Ding nach den Weibsbildern, mit denen er sich immer abgegeben, und meinte nicht anders – denn er wusste aus Erfahrung, dass die Frauen keineswegs so weiß von Seele sind wie von Haut –, als dass sie nun mit Gehätschel und Getätschel und heimlichen Manipulationen das bekannte Spiel und Scharmützel einleiten wolle, dem er sich ehemals sicher nicht entzogen hätte, das ihn aber jetzt so kalt ließ wie eine Seelenmesse für den Papst. Er wich ihr also aus bis zum Rand des Bettes, voller Angst vor dem drohenden Unglück, und:

»Nun, mein Liebchen«, sagte er, »da bist du also jetzt Seneschalkin, und wahrlich, der Schalk schaut dir aus den Augen. Man sieht dir an, dass du glücklich bist.«
»Nicht im Geringsten«, sagte sie.
»Wie!«, rief er erschrocken. »Habe ich Euch nicht zu einer großen Dame gemacht?«
»Nein«, sagte sie wieder, »ich bin ja noch immer ein Mädchen. Eine Frau bin ich erst, wenn ich ein Kind habe.«
»Habt Ihr die schönen Wiesen gesehen beim Ritt hierher?«
»Ja«, antwortete sie.
»Nun, sie sind Euer.«
»Oh!«, rief sie lachend. »So will ich darauf nach Schmetterlingen jagen.«
»So gefallt Ihr mir. Und den Wald nach der anderen Seite, habt Ihr den gesehen?«
»Darin würde ich mich fürchten allein, da müsst Ihr mich begleiten; aber gebt mir doch ein wenig von dem Trank, den die Barbara mit so großer Sorgfalt für Euch zubereitet hat.«
»Nicht doch, mein Kind, er würde dir die Eingeweide verbrennen.«
»Oh, ich will ihn versuchen«, rief sie voll Unwillen über seine Weigerung, »denn ich möchte Euch so bald wie möglich ein Kindlein schenken, und man hat mir gesagt, dass der Trank zu diesem Zweck gemacht ist.«
»Mein Liebes«, sagte der Seneschalk, der jetzt wohl sah, ein wie unschuldiges Ding seine Frau war, »dazu gehört zweierlei: erstens, dass es der Wille Gottes sei, und zweitens, dass sich die Frau im Zustand der Heublüte befinde.«
»Und wann werde ich im Zustand der Heublüte sein?«, fragte sie lächelnd.
»Wann es der Frau Natur gefallen wird«, antwortete er in spaßhaftem Ton.
»Was kann man aber dazu tun?«, fragte sie wieder.
»Ach Gott, dazu ist eine kabbalistische und alchimistische Operation erforderlich, die sehr gefährlich werden kann.«
»Ah«, erwiderte sie nachdenklich, »das ist also der Grund,

warum meine Mutter so weinte beim Gedanken an diese Verwandlung. Aber Berta von Andlau, die so glücklich ist über ihren neuen Stand, hat mir gesagt, dass es auf der Welt nichts Leichteres gebe.«

»Je nach dem Alter«, antwortete der alte Ritter. »Aber habt Ihr im Stall den schönen weißen Zelter gesehen, von dem man spricht im ganzen Touraner Land?«

»Gewiss, er ist so sanft und drollig.«

»Nun denn, ich schenke ihn Euch, und Ihr könnt ihn besteigen, wann und so oft Euch nur die Lust ankommt.«

»Ihr seid wahrhaftig die Güte selber, man hat mich nicht belogen.«

»Alles ist hier Euer Eigentum, mein Liebchen: der Kellermeister, der Kaplan, der Schatzverwalter, der Stallmeister, der Koch, der Amtmann, sogar der Herr von Mäusebug, dieser junge Walter, mein Bannerträger, zusamt seinen Kriegsknechten, Hauptleuten, Menschen und Tieren; sie alle gehören Euch, und ein Wink von Euch wird ihnen Befehl sein, unter Strafe des Stranges.«

»Aber«, erwiderte sie, »diese alchimistische und kabbalistische Operation, kann sie nicht gleich jetzt vorgenommen werden?«

»O nein«, antwortete der Seneschalk, »dazu ist es nötig, dass wir beide im vollkommenen Zustand der Gnade seien. Andernfalls würden wir uns versündigen gegen das kanonische Gesetz, und unser Kind käme zur Welt, beladen mit dem Fluch Gottes. Aus diesem Grund gibt es so viele böse und unverbesserliche Menschen auf der Welt. Ihre Erzeuger waren nicht im Zustand der Reinheit, darum sind ihre Kinder verworfene Wesen. Die Schönen und Tugendhaften kommen von Eltern, die rein und ohne Sünde waren. Darum lassen wir Edlen unser Bett weihen und einsegnen mit Kerzen und Weihrauch, wie der Abt von Marienmünster mit diesem hier getan hat … Wisst Ihr Euch auch keiner Sünde schuldig wider ein Gebot der heiligen Kirche?«

»Gewiss nicht!«, rief sie lebhaft. »Ich habe vor der Messe die

Absolution erhalten von allen meinen Sünden. Und seither hab ich nicht einmal ein Dreiviertelsündchen begangen.«

»Ja, Ihr seid die Tugend selbst«, beteuerte der listige Ehemann, »und ich bin glücklich, Euch zur Frau zu haben. Aber ich, bei Gott, ich habe geflucht wie ein Türke.«

»Oh, warum denn?«

»Weil der Tanz nicht enden wollte, während ich vor Ungeduld brannte, Euch hier allein zu haben und zu küssen.«

Er ergriff ihre Hand bei diesen Worten, streichelte sie zärtlich, und mit einigen nichtssagenden Liebkosungen drückte er die Frau an seine Brust, dass sie ganz glücklich und zufrieden war.

Sie fühlte sich übrigens müde vom vielen Tanzen und all den Zeremonien.

»Morgen werde ich über Euch wachen, dass Ihr nicht wieder sündigt«, sagte sie und legte sich auf die Kissen zurück. Mit Entzücken betrachtete sie der Greis in ihrer weißen Schönheit, voll Bewunderung für ihre zarte Natur, aber dann kratzte er sich verzweifelt hinter den Ohren. Es schien ihm ebenso schwer, sie in ihrer entzückenden Unwissenheit zu erhalten, als sich zu erklären, warum der Ochs sein Futter sozusagen zweimal frisst. Obgleich ihm aber nichts Gutes ahnte, geriet er immer mehr in Ekstase vor den seltenen Vollkommenheiten der schlummernden Blancheflor und fasste den Vorsatz, dieses Kleinod der Liebe zu bewahren und zu verteidigen bis in den Tod … Mit Tränen in den Augen küsste er ihr das goldene Haar, die gesenkten Augenlider, den roten frischen Mund, aber sanft und vorsichtig, damit sie nicht erwache …

Das war die einzige Frucht dieser Brautnacht, die ihm das Herz verbrannte, indes die ahnungslose Blancheflor den Schlaf eines Kindes schlief. Der arme Greis aber raufte sich verzweiflungsvoll das ergraute Haar, er hätte hohnlachen mögen, dass ihm Gott die schönste Nuss gerade so lange hatte aufheben wollen, bis er just keine Zähne mehr hatte, um sie aufzubeißen.

Wie der zahnlose Seneschalk sich mit seiner Frauen Jungfernschaft herumbiss

In den ersten Tagen seiner Heirat erfand unser Ritter von der traurigen Gestalt tausend plumpe Lügen, um die kostbare Unwissenheit seiner Frau damit zu füttern und am Leben zu erhalten. Sein Richteramt musste ihm zum Vorwand dienen, wenn er sie allein ließ. Er bot ihr alle Vergnügungen des Landlebens, um sie zu entschädigen und zu zerstreuen, und suchte mit albernen Späßen ihren Geist abzulenken und einzuschläfern.

Die hohen Herren und vornehmen Leute, sagte er ihr, betragen sich auch in der Ehe nicht wie das gemeine Volk, und die Kinder der Grafen dürften nur bei gewissen Konstellationen der Gestirne gepflanzt werden, Tag und Stunde hätten allein die Astrologen zu bestimmen. Verboten sei die Sache, als eine schwere Arbeit, an allen Sonn- und Festtagen. Er aber wolle als guter Christ sich einer so schlimmen

Sünde nicht schuldig machen. Die im Stand der Ungnade erzeugten Kinder, behauptete er ein andermal, würden blind, wenn sie am Tag von Sankt Klara gepflanzt wären, die von Sankt Vitus bekämen den Veitstanz, die von Sankt Wolfgang würden vom Wolf gefressen, die von Sankt Rochus bekämen Pest und Aussatz. Die Kinder vom Februar, erklärte er ihr, wären dem Fieber unterworfen, die vom März würden unbändige Wildfänge, die vom April reine Taugenichtse, die vom Mai unverbesserliche Wüstlinge. Er seinerseits aber wolle ein vollkommenes Kind, ein Kind ohne Fehl und Makel, ein Kind, das ein Ausbund sei aller Tugenden, da handle es sich drum, den glücklichsten Augenblick abzuwarten.

Dann wieder sagte er zu Blancheflor, dass es das Recht des Mannes sei, seiner Frau ein Kind zu schenken oder zu verweigern, ganz nach seinem Willen, und dass eine tugendhafte Ehefrau niemals murre wider den Willen ihres Herrn. Und jedenfalls müsse man abwarten, bis die Frau Schwiegermama aus dem Morgenland zurückkäme, damit sie der Niederkunft beiwohnen könne.

Aus all dem glaubte Blancheflor herauszuhören, dass ihr Fragen und Drängen dem Grafen lästig falle und dass er seine guten Gründe haben möge, da er ja alt und wohlerfahren sei. Sie gab sich darum zufrieden und dachte an das ersehnte Kind nur noch, wenn sie ganz allein war, das heißt, sie dachte Tag und Nacht daran wie eine Frau, die sich etwas in den Kopf gesetzt hat und nicht bedenkt, dass sie mit ihrem ewigen Schielen nach der verbotenen Frucht schon eine halbe Ehebrecherin ist.

Bruyn selber ging dem Gespräch über Kinder so ängstlich aus dem Weg, wie die Katze dem Wasser; aber eines Abends verfiel er dennoch unvorsichtigerweise auf das verhasste Thema. Er hatte an dem Tag über einen Knaben wegen einer Übeltat schwere Strafe verhängt und konnte die Bemerkung nicht unterdrücken, dass das so ein Früchtchen wäre, wie sie im Stand der Todsünde erzeugt werden.

»Ach,« sagte Blancheflor, »ich wollte, Ihr beschertet mir eines; und wenn Ihr auch noch so schwere Sünden auf Euch hättet, ich wollte es schon zum Guten erziehen, Ihr solltet gewiss zufrieden sein …«

Da erkannte der Graf, dass die Fantasie der Frau den Kopf erhitze und dass es höchste Zeit wäre, den Kampf aufzunehmen mit der verdammten Jungfernschaft, deren er Herr werden müsse, koste es, was es wolle, die er entweder vernichten und zerstören oder einschläfern und abtöten müsse.

»Du möchtest also Mutter werden, mein Liebchen«, sprach er. »Aber noch ist dir der Beruf der Frau zu neu, und du hast dich noch gar nicht so recht dran gewöhnt, die Gräfin und große Dame richtig vorzustellen.«

»Oho!«, sagte sie. »Um eine vollkommene Gräfin zu sein und einen kleinen Grafen in meinem Schoß zu tragen, wäre es nötig, dass ich die Miene der Herrscherin aufsetze? Nun, ich werde sie aufsetzen, gebt acht!«

Und also hoffte sie ein Kind zu bekommen, wenn sie recht als große Dame lebte. Sie ließ es nicht fehlen. Sie jagte den Hirsch und die Hirschin, sie durchpirschte mit den Rüden Dickicht und Gebüsch, sie sprengte auf ihrem Zelter über Berg und Tal, über Hecken und Gräben, sie entkappte den Falken auf ihrer Faust und ließ ihn zur Jagd aufsteigen im Galopp ihres Pferdes. Und der Seneschalk lachte sich ins Fäustchen. Das war, was er gewollt hatte.

Dennoch hatte er sich verrechnet. Die wilde Jagd in Wald und Flur weckte etwas in Blancheflor, was seither geschlafen hatte; ein Hunger, ein Appetit, etwas wie ein wildes Tier reckte sich in ihr auf, dass sie Mühe hatte, es zurückzudämmen, wenn sie glühend und blühend sich den Staub und Schweiß der Jagd von den Gliedern wusch. Das Tier bleckte die Zähne. Auf der Jagd las sie die Inschriften an den Wegen, überraschte das Tier des Waldes in der Brunst, überfiel den Auerhahn im tollsten Liebesrausch, und allmählich lüftete die Natur den Schleier vor ihren Kinderaugen. Ihre Lippen wurden röter, ihre Lebensgeister immer übermütiger, das kriegerische Wesen spornte und stachelte ihren Wunsch, sie ließ ihm die Zügel schießen, sie ließ ihn mit sich durchgehen. Was der Seneschalk mit Anstrengung und Ermüdung zu töten oder wenigstens zu entwaffnen gedachte, wurde davon erst recht lebendig, wurde ungestüm, bäumte sich auf und brannte nach dem Kampf, wie der frisch bespornte Page nach dem Turnier, nach Ringelstechen und Lanzenbrechen …

Der gute Graf erschrak; aus dem Ei seiner falschen Klugheit war ein fürchterlicher Drache ausgekrochen, und das Ruhebett seines Alters hatte sich in einen glühenden Rost ver-

wandelt. Er sah jetzt ein, dass er die Natur des Tieres, mit dem er sich eingelassen, verkannt hatte; er wusste seinem Hunger keine Weide, und es schlug umso wilder aus, je freier er es laufen ließ. Wehe dem, der in dem Kampf unterlag, in dem Wunden geschlagen wurden, unheilbare, giftige Wunden, die sich der gute Ritter so nah vor seinem Tod mit Gottes Hilfe gern erspart hätte.

Schon auf der Jagd konnte der alte Seneschalk seiner Frau nicht mehr folgen, er schwitzte unter seinem Harnisch, keuchte, schnappte nach Luft, kam der Ohnmacht nahe, während die Seneschalkin sich immer toller berauschte und sich ein zehnfaches Leben trank aus dem Becher der wilden Hatz. Am Abend nach dem Vesperbrot wollte sie dann tanzen.

Wenn nun der unglückliche Mann, in einen ganzen Pack von dicken Stoffen eingewickelt, ihr den Partner machen musste, als etwa ihr die Hand geben, wenn sie den Schüttertanz der Mohrin versuchte, oder ihr die Leuchter halten zum Fackeltanz, denn sie hatte die tollsten Einfälle, da meinte er oft, zusammenbrechen zu müssen vor Abspannung und Müdigkeit; aber es half alles nichts, er musste die Zähne aufeinanderbeißen und den charmanten Schwerenöter machen, trotz Gicht, Zipperlein und Rheumatismus, und musste den Entzückten spielen bei ihrem Schmiegen und Biegen, ihrem Wirbeln und Balancieren, ihren Pantomimen und tausenderlei Possen, bei denen sie kein Ende finden konnte.

Er liebte sie trotzdem über alles; wenn sie die Glocken von Sankt Martins Münster als Berlocken verlangt hätte, er hätte sie ihr geholt in hellem Lauf.

Eines schönen Tages aber sah er doch ein, dass seine Lenden zu lahm und seine Glieder zu steif geworden, um es länger mit der strotzenden Gesundheit seiner Frau aufnehmen zu können. Er beschloss darum in demütiger Zerknirschung, der Sache ihren Lauf zu lassen und alles dem lieben Gott und der Schamhaftigkeit und Ehrbarkeit seiner Frau anheimzustellen. Dennoch schlief er nur mit einem Auge, denn er konnte den Gedanken nicht abweisen, dass Gott die Jungfernschaften gemacht habe, um entjungfert, die Rebhühner, um aufgespießt und gebraten zu werden.

An einem feuchtgrauen Morgen, während es draußen fein regnete und nur Schnecken mit Behagen spazieren gingen, an einem solchen wahrhaft trübseligen Morgen, der den Geist träumerisch und melancholisch macht, saß Blancheflor auf einem Stuhl am Fenster und sinnierte vor sich hin; denn ihr müsst wissen, dass nichts so sehr die substantiellen weiblichen Essenzen in Wallung und Gärung bringt, dass kein Rezept, Spezifikum oder Filter eindringlicher, durchdringlicher, beißender, kribbeliger, kitzeliger ist, als die subtile Wärme, die sich erzeugt zwischen dem Haarpolster eines Sessels und dem einer Jungfrau, die lange darauf sitzt. Die arme Gräfin juckte es aller Ecken und Enden; ihre Jungfernschaft fing an, ihr unerträglich zu werden, ohne dass sie auch nur wusste, was das alles zu bedeuten habe.
Mit Kummer sah der Ehemann den Zustand seiner Frau; denn er erriet das heimliche Spiel ihrer Gedanken, als den feinen geistigen Anfang von sehr ungeistigen groben Dingen.
»Was ist es, das Euch Sorge macht, mein Herz?«, fragte er.
»Ich schäme mich, darum bin ich bekümmert.«
»Hat Euch jemand einen Schimpf angetan?«
»Ein Schimpf liegt darin, dass mich Gott als Frau verworfen hat und dass ich Euch keine Nachkommenschaft geben kann. Ist man überhaupt eine Frau, wenn man nicht Mutter werden kann? Sicherlich nicht. Seht nur, alle meine Nachbarinnen haben Kinder; um Kinder zu haben, habe ich mich verheiratet, nur in dieser Absicht habt Ihr mich genommen. Die Edelleute von Touran sind alle reichlich mit Kindern versehen. Die Frauen schenken ihnen ganze Nester voll. Ihr allein habt keine. Wahrlich, man wird über Euch lachen. Was soll da aus Eurem Namen werden und aus Eurem Lehen und aus Eurer Herrschaft? Ein Kind ist uns Frauen die liebste Gesellschaft. Wir kennen keine größere Freude, als es ein- oder auszupacken, zu putzen und zu waschen, anzuziehen und wieder auszuziehen; als es zu schaukeln, zu herzen, zu küssen, zu wiegen; als es zu päppeln bei

Tag und bei Nacht. Oh! Wenn ich nur einen Bürzel von einem Kind hätte, wie wollt ich es drücken und schmücken, wie wollt ich es schlecken und necken; wie sollt es hüpfen und springen um mich, wie sollt es lachen und tollen, ich glaube, ich würde närrisch werden vor Glück.«

»Ihr bedenkt nicht, dass so viele Frauen sterben bei der Niederkunft; um ohne Gefahr ein Kind zu haben, seid Ihr noch zu jung und niedlich. Ihr seid noch zu eng verschlossen, es würde Euch töten. Aber wollt Ihr ein fertiges kaufen? Ihr würdet davon weder Mühe noch Schmerzen haben.«
»Ich will aber Mühen und Schmerzen davon haben!«, rief sie. »Nur so wird es das meinige. Ich weiß, dass es von mir kommen muss, da es im Ave-Maria heißt: Benedictus est fructus ventris tui … Gebenedeit ist die Frucht deines Leibes.«
»So lasset uns zu Gott beten«, sprach der Seneschalk, »dass er es also füge, und eine Wallfahrt geloben zur Mutter Gottes von Amorbach. Manche Dame hat dort empfangen, indem sie die neuntägige Andacht nach Vorschrift gehalten; es wird Euch gewiss auch nicht fehlen.«

Und noch an demselben Tag machte sich Blancheflor mit großem Gefolge auf, um zu Unserer Lieben Frau von Amorbach zu wallen. Sie war umgeben wie eine Königin von all ihrem Volk, ritt auf einem weißen Zelter und trug ein Kleid von grünem Samt mit goldenen Schnüren, das die Brust frei ließ und dessen weite Schleppärmel gefüttert waren mit karminroter Seide. An den Füßen trug sie golddurchwirkte Schuhe und auf dem Haupt eine spitze Haube, die von Edelsteinen funkelte. Ein goldener Gürtel blitzte um ihre geschmeidigen Lenden.
Die junge Frau war so schlank und biegsam wie eine Weide, sie hatte sich so kostbar geschmückt, weil sie ihre ganze Ausrüstung der Heiligen Jungfrau vermachen wollte. Am Tag ihres ersten Kirchgangs wollte sie ihr alles übergeben.
Der Junker von Mäusebug ritt ihr voran, sein Auge blitzte wie das eines Bussards; mit seinen Reitern drängte er das Volk beiseite und wachte über die Sicherheit der Reise. Bei Marienmünster war der gute Seneschalk bereits eingeschlafen; denn es war zur Zeit der Ernte und eine große Hitze. So wacklig saß er auf seinem Streitross, wie eine Königskrone zwischen den Hörnern einer Kuh. Alles verwunderte sich, ein so jungheiteres Ding von Dame neben dem alten Kahlkopf zu sehen, und ein junges Bauernweib, das am Fuße eines Baumes kauerte und aus einem Steinkrug Wasser trank, rief einer zahnlosen alten Vettel zu, die in der Nähe Ähren auflas: »Ist es nicht«, lachte sie, »als ob die schöne Prinzessin dort mit dem Tod zur Hochzeit reite?«
»Nein«, antwortete die Alte, »das ist unsere Herrin von Weiberfreyt, die Seneschalkin von Touran und Poitou, die um ein Kind wallfahrten geht.«
»Oh, oh!«, rief die Bauerndirne und lachte wie eine Mücke, die eben der Mückerich verlassen hat. »Aber der dort«, fügte sie hinzu, indem sie mit einer Kopfbewegung den kecken Junker an der Spitze des Zuges bezeichnete, »der dort könnte ihr wohl zu einem verhelfen, und sie könnte Kerzen und Gelübde sparen.«

G. Doré
F. PIERDON sc

»Mich wundert's nur«, erwiderte die Ährenleserin, »dass sie zur Mutter Gottes nach Amorbach geht, wo man seit Menschenalter kein hübsches junges Pfäfflein mehr gesehen hat. Sie täte besser, sich ein Viertelstündchen im Schatten des Kirchturms von Marienmünster auszuruhen. Die Herren Patres dort sind groß im Urbarmachen und Fruchtbarmachen.«

»Zum Teufel die Mönche!«, rief eine Dritte, die sich aus dem Graben erhob, wo sie geschlafen hatte. »Seht doch den Junker von Mäusebug, wie sein Auge flammt und blitzt; er wäre der rechte Mann, ihr das Herz aufzuschließen, das ja ohnedies schon gespalten ist.«

So wechselten Reden und Gelächter. Der Junker hatte die letzten Worte gehört und befahl, dass man das Weibsbild mit dem losen Maul am nächsten Apfelbaum der Straße aufknüpfte. Aber Blancheflor wehrte ihm.

»Lasst sie noch nicht hängen!«, rief sie. »Sie hat gewiss noch mehr zu sagen, wir werden auf der Rückkehr das Übrige hören.«

Sie wurde rot bei diesen Worten, und Walter von Mäusebug warf ihr einen Blick zu, feurig genug, um das tiefste Dunkel eines süßen Geheimnisses gleich einem zuckenden Blitz zu durchleuchten. Schon die Reden der Bäuerinnen hatten der Dame ein halbes Licht aufgesteckt, der Baum der Erkenntnis mit seinen roten Früchten nahm immer deutlichere Gestalt an in ihrer Fantasie. Ihre Jungfernschaft war ein Zunder geworden, der Feuer fangen musste beim geringsten Funken.

Blancheflor fing bereits an, den ungeheuren Unterschied in den physischen Formen und Eigenschaften ihres Mannes und denen des Junkers so zu sehen, wie sie ihn nie gesehen hatte, und konnte schon ihr Auge nicht mehr wegwenden von der Gestalt des dreiundzwanzigjährigen Walter, der sich im Sattel hielt gerad wie eine Lanze und munter wie die erste Morgenstunde, indes der Seneschalk den Kopf und anderes hängen ließ.

Walter war einer jener Goldjungen, den die Mädchen im Bett lieber um sich gehabt hätten als ihr Nachthemd, wahrscheinlich weil sie sich dann weniger vor Flohstichen zu fürchten gehabt hätten; und mir scheint, dass man unrecht täte, die jungen Dinger um diese Vorliebe zu tadeln, denn wie eins sich bettet, so schläft es, das ist seine Sache.

So schnelle Fortschritte machte die Seneschalkin im Begreifen und Verstehen, dass sie noch vor der hölzernen Brücke über den Fluss den schönen Walter liebte, mit Zittern und Zagen und ganz heimlich im tiefsten Innern, wie nur eine Jungfrau lieben kann, die nicht weiß, was Liebe ist.

Sie wurde auf dieser Wallfahrt mit einem Schlag eine gute Christin, insofern sie zum ersten Mal das Gebot der Nächstenliebe, das höchste der christlichen Lehre, richtig zu begreifen glaubte und zu befolgen sich anschickte. Nur das begriff sie nicht, warum ihr Herzlein so unruhig wurde und sich todkrank fühlte, und begriff auch nicht, was sie jetzt erfuhr, nämlich wie schon allein durch die Augen sich ein feines Gift in den Körper einschleichen könnte, dass man es spürte, nicht nur im Herzen, sondern auch bis ins feinste Geäder hinaus durch alle Nerven, in allen Gliedern, in allen Eingeweiden, in Haut und Gehirn, in Lunge, Leber und Nieren, in allen noch so geheimen und verschämten Schlupfwinkeln des Leibes und Lebens. Durch alle Gefäße sickerte und tröpfelte das feine Gift, wie eine Flamme, die alles durchdringt und die überall hervorzüngelt, hervorschlägt, hervorbricht, in den Haaren knistert, in den Fingerspitzen prickelt, dass es einem unter der Haut kribbelt und krabbelt wie mit tausend feinen Nadeln. So sehr umloderte sie die Flamme jungfräulicher Liebe, so sehr ging ihr Wesen unter in einem Wunsch ohne Namen, dass sie zu ersticken drohte, dass ihr die Sinne schwindelten, dass ihr guter alter Ehegemahl ihr zu Luft wurde und dass sie nur noch den jungen Walter sah, der strotzte von jugendlicher Kraft wie das Kinn eines Abtes.

Als man endlich in den berühmten Wallfahrtsort einzog, da

weckten die Zurufe der Menschen von allen Seiten den Ehemann aus seinem Dusel, und er hielt mit großem Pomp seinen Einzug in die stattliche Kirche Unserer Lieben Frau, die von Amorbach heißt, weil hier ein Bach fließt, an dem schon die alten Heiden ihrem Gott Amor einen Tempel erbaut hatten. Blancheflor begab sich unverzüglich nach der Kapelle, wo von alters her die Frauen den lieben Gott und die Heilige Jungfrau um Fruchtbarkeit anzuflehen pflegten. Die Sitte wollte, dass sie allein hineinging, der Seneschalk und sein Gefolge wie das neugierige Volk blieben vor dem Gitter.

Als nun der Priester erschien, der zuerst die sogenannte Kindermesse hielt und dann die Gelübde entgegennahm, fragte ihn die gute Dame in der Beichte, ob es viel solcher Frauen gäbe wie sie, worauf der Priester erwiderte, dass er sich nicht zu beklagen habe und dass seine Kirche von diesem Notstand die größten Einkünfte bezöge.

»Und geschieht es oft«, fragte Blancheflor weiter, »dass junge Frauen einen so alten Mann mitbringen, wie der Herr Seneschalk ist?«

»Selten«, antwortete der Priester.

»Und haben solche je Nachkommenschaft erhalten?«

»Nie hat es daran gefehlt«, erwiderte der Priester lächelnd.

»Und bei den andern, die jüngere Männer hatten?«

»Auch bei ihnen fehlte es nur hie und da.«

»Oh!«, rief die Dame freudig aus. »So ist also größere Sicherheit bei einem Mann wie der Herr Seneschalk?«

»Gewiss«, antwortete das Pfäfflein.

»Warum?«, fragte sie.

»Hohe Herrin«, sprach der Priester ernst, »vor diesem Alter liegt die Sache allein in der Hand *Gottes*; *später* hat außerdem immer noch ein Mann seine Hand im Spiel.«

So sagt man doch wahrlich mit Recht, dass in jener Zeit die Kleriker allein im Besitz aller Wissenschaft waren.

Blancheflor aber tat ihr Gelübde, das sehr beträchtlich war, denn ihre Ausrüstung hatte wohl an die zweitausend Goldgulden gekostet.

»Ihr seid ja auffallend vergnügt«, sagte der Seneschalk, als sie auf dem Heimweg ihren Zelter zu den verwegensten Sprüngen und Kapriolen reizte.
»Mit gutem Grund«, antwortete sie. »Ich brauche nicht mehr zu zweifeln, dass ich ein Kind haben werde, da nur erforderlich ist, wie mir der Priester erklärt hat, dass noch ein anderer Mann daran mitarbeite. Ich habe den Walter dazu ausersehen …«
Im ersten Zorn wollte der Seneschalk hingehen und den Pfaffen erwürgen; aber er bedachte, dass ein solches Verbrechen ihn viel Geld kosten könne, und er beschloss bei sich, seine Rache mithilfe des Erzbischofs billiger zu erlangen. Zu dem Junker von Mäusebug aber sagte er, er möchte unverzüglich nach seinem Mäuseloch reiten und ihm einen Sack voll Schatten bringen, wozu Walter, der die Launen seines Herrn kannte, sich ohne Weigerung anschickte, noch ehe die Türme und Spitzdächer des Ravenstein sichtbar wurden. Seine Stelle gab der Seneschalk einem Sohn des Herrn von Burgjahlingen, der sein Vasall war und dessen Sohn Renatus genannt wurde. Der Seneschalk machte aus dem jungen Renatus, der just in sein vierzehntes Jahr ging, einstweilen seinen Pagen, bis er alt genug wäre, um Stallmeister zu werden und das Kommando über das gräfliche Kriegsvolk zu übernehmen, das er vorderhand einem alten Haudegen übertrug, der in Palästina und anderen Orten der Genosse seiner Heldentaten gewesen war. Auf diese Weise glaubte der gute Greis, aller Gefahr einer Behörnung vorgebeugt zu haben und seiner Frauen Jungfrauenschaft auch künftighin in Zucht und Zügel oder, wie man auch sagt, unter dem Daumen halten zu können. Aber das war ein Ding, das sich jetzt ganz rebellisch gebärdete und scharrte und ausschlug wie ein gefesseltes Maultier.

L.DEGHOUY.

Welchergestalt eine Todsünde zu einer lässlichen Sünde wird

Es war am nächsten Sonntag nach der Ankunft des Renatus auf dem Schloss, dass Blancheflor ohne ihren Gemahl zur Jagd auszog und in dem Wald bei Luxdorf einen Mönch bemerkte, der eine junge Bauerndirne ungebührlich zu misshandeln schien. Sie gab ihrem Zelter beide Sporen und rief ihren Leuten zu, den Mönch zu verhindern, dass er das Mädchen töte. Aber angelangt bei den beiden, riss sie plötzlich ihr Pferd herum, und der Anblick dessen, was sie bei dem genannten Mönch gesehen hatte, machte sie stumm und nachdenklich für die ganze Dauer der Jagd. Diesmal ging ihr ein helles und ganzes Licht auf und warf seinen erleuchtenden Schein auf tausend Dinge, die sie bisher nicht begriffen hatte, auf heilige und profane Bilder, Historien und Gedichte der Troubadours, das Gebaren der Vögel und anderer Tiere des Waldes. Mit einem Schlag begriff sie das Geheimnis der Liebe, das in allen Sprachen geschrieben ist, sogar in der der Karpfen. Wie wäre es auch möglich gewesen, ihr allein diese Wissenschaft auf immer zu verheimlichen!

Blancheflor ging diesen Abend früher als gewöhnlich zu Bett.
»Bruyn«, sagte sie zu dem Mann an ihrer Seite, »Ihr habt mich schnöd hintergangen. Ihr müsst Euch aber endlich bequemen, mit mir zu tun, wie der Mönch von Luxdorf mit der Dirne.«
Der gute Seneschalk brauchte nicht nach dem Vorgang zu fragen, er ahnte ihn und fühlte sein Unglück über sich hereinbrechen.
»Mein süßes Herz«, antwortete er sanft, indem er seiner Bettgenossin einen schmachtenden Blick zuwarf, der leider schielte, »als ich Euch zur Frau nahm, da hatte ich mehr Liebe als Kraft zur Liebe und zählte auf Euer Mitleid und Euren christlich keuschen Sinn. Das Unglück meines Lebens ist, dass ich nur noch stark bin im Herzen. Ich werde aus Kummer bald sterben, und über kurz oder lang werdet Ihr frei sein … Seht, ich flehe Euch an, ich, Euer Herr und Meister, der Euch befehlen könnte und der nichts anderes sein will als Euer ergebenster Knecht und Diener: Habt Mitleid mit meinen weißen Haaren! Häuft nicht Schande auf mein greises Haupt! Bedenkt auch ein wenig, dass schon mancher Edelmann seine Frau erwürgt hat um dieser Sache willen.«
»Ihr wollt mich töten?«, rief sie.
»Nein«, antwortete der alte Mann, »ich liebe dich allzu sehr, mein Herz. Siehe, du bist die Blume meines Alters, die einzige Lust meiner Seele, du bist mein viel geliebtes Kind. Mein Auge wird hell bei deinem Anblick; von dir kann ich alles hinnehmen, selbst ein Schmerz, den du mir zufügst, macht mich glücklich. Du sollst deinen Willen haben in allem, wenn du dem alten Bruyn nicht allzu sehr grollen willst dafür, dass er dich zu einer großen Dame, dass er dich reich und geehrt gemacht hat. Geh, du wirst eine hübsche Witwe sein! Ich aber werde gern sterben, denn ich werde denken, dass es dein Glück ist.«
Und er fand in seinen vertrockneten Augen eine letzte Träne, die ihm heiß über die lederfarbene Wange rann und

niederfiel auf die Hand seiner Frau. Blancheflor aber fühlte sich tief erschüttert von dieser großen Liebe des alten Mannes, der in die Grube steigen wollte, um ihrem Glück nicht im Wege zu stehen.

»Na, na«, sagte sie, »weint nur nicht, ich werde schon warten können.«

Der Seneschalk küsste ihr die Hand und überhäufte sie mit tausend Zärtlichkeiten nach seiner Art.

»Wenn du wüsstest, Blancheflor, mein Herzlieb, wie ich mich so oft in Leidenschaft verzehrte, während du ruhig an meiner Seite schlummertest …« und dabei streichelte sie der alte Affe zärtlich mit seinen beiden Händen, die nicht anders waren als die des Knochenmanns.

»Aber«, sagte er immer wieder, »ich wagte nicht, mein weißes Kätzchen zu wecken, ich hätte mich geschämt; denn nur mein Herz war stark von der Liebe.«

»Oh«, sagte sie, »Ihr dürft mich lieben nach Eurer Art, auch wenn ich die Augen offen habe, das macht mir nichts.«

Bei diesen Worten ergriff der arme Seneschalk einen kleinen Dolch, der auf dem Tischchen neben dem Bett lag, und drückte ihn seiner Frau in die Hand.

»Mein Herzlieb«, rief er, »töte mich oder lass mich glauben, dass du mich ein klein, klein wenig liebst.«

»Gewiss«, antwortete sie, »und ich will trachten, Euch recht sehr zu lieben.«

Auf diese Weise geschah es, dass so ein unwissendes Ding von Jungfernschaft sich diesen Greis zum Sklaven machte, und dass die gute Blancheflor mit der allen Frauen natürlichen Grausamkeit den alten Bruyn kommen und gehen hieß wie einen Mühlesel, alles im Namen jenes geheimen Gärtleins, das so elend brach lag bei ihr: ›Mein guter Bruyn, ich möchte das! Bruyn, hör doch, ich möchte dies! Bruyn, hörst du! Bruyn!‹ Und immer wieder: ›Bruyn!‹

Also, dass Bruyn mehr litt unter der Liebenswürdigkeit seiner Frau, als er von ihrer Bosheit gelitten hätte. Sie verdrehte ihm den Kopf ganz und gar, derart, dass er bei ihrem geringsten Augenzwinkern nicht wusste wo aus und ein. Wenn sie aber traurig war, war es vollends um ihn geschehen. Was man ihm dann vor seinem Richterstuhl auch vortrug, er hatte zu allem nur die Antwort: ›Hängt ihn!‹

Ein anderer wäre taumelig geworden, wie eine Fliege im Dezember, in dieser verrückten Jungfernschaftshetze. Aber Bruyn war von einer eisernen Natur und nicht so leicht umzubringen. Eines Abends, als Blancheflor das ganze Haus zuoberst, zuunterst gekehrt hatte, Menschen und Tiere, und mit ihren unglaublichen Launen sogar den lieben Gott in Harnisch gebracht haben würde, der doch wahrlich, wie könnte er uns sonst ertragen, einen unerschöpflichen Vorrat an Geduld hat:

»Mein guter Bruyn«, sagte sie beim Zubettgehen, »ich leide unter Vorstellungen, die mich verfolgen wie Furien, die mir Herz und Hirn erfüllen, wo sie Böses ausbrüten; und des Nachts im Schlaf, da träume ich von dem Mönch von Luxdorf.«

»Mein Herzlieb«, antwortete der Seneschalk, »das sind teuflische Versuchungen, deren sich auch die Nonnen in den Klöstern zu erwehren haben. Darum, wenn Euch Euer Seelenheil lieb ist, geht noch morgen in die Beichte zu dem

Abt von Marienmünster, unserm Nachbarn; er wird Euch gut beraten und Euch den rechten Weg weisen.«
»Ich werde gehen«, antwortete sie.
Sie verlor keine Zeit, und der heraufsteigende Tag sah sie bereits auf dem Weg nach dem Kloster der guten Mönche, die ganz in Ekstase gerieten beim Anblick der entzückenden Frau, also dass sie am Abend manche Sünde ihretwegen begingen. Für jetzt aber führten sie die hohe Besucherin mit großer Zuvorkommenheit vor ihren ehrwürdigen Abt. Blancheflor fand den guten Greis in einem abgesonderten Garten, nahe bei den Felsen, im Schatten des Kreuzgangs. Die Haltung des heiligen Mannes flößte ihr Ehrfurcht ein,

obwohl sie wahrlich nicht gewohnt war, sich aus weißen Haaren viel zu machen.

»Gott grüß Euch, verehrte Frau«, sagte er. »Was führt Euch, jung wie Ihr seid, in die Nachbarschaft des Todes?«

»Eure unschätzbare Weisheit«, antwortete sie, indem sie ihn grüßte mit einem tiefen Knicks. »Und wenn Ihr geruhen wollt, ein verirrtes Schaf auf den rechten Weg zu weisen und mein Beichtvater zu sein, würdet Ihr mich über alles glücklich machen.«

Hier ist zu sagen, dass der alte Bruyn sich bereits mit dem Mönch verständigt und die heuchlerische Rolle, die er spielen sollte, mit ihm verabredet hatte.

»Meine Tochter«, antwortete der Abt, »wenn ich nicht die Kälte von hundert Wintern auf diesem kahlen Schädel aufgehäuft hätte, dürfte ich Eure Sünden nicht anhören; so aber mögt Ihr sagen, was Euch bedrückt, ohne Gefahr für mich und noch weniger für Euch.«

Da fing die Seneschalkin an, all den kleinen Krimskrams ihres Sündenvorrats vor dem Abt auszupacken, die Hauptsache aber ersparte sie für das Postskriptum.
»Heiliger Vater«, sagte sie da, »ich muss Euch bekennen, dass ich Tag und Nacht von dem Wunsch verfolgt werde, ein Kind zu bekommen. Ist das eine arge Sünde?«
»Nein«, antwortete der Mönch.
»Aber«, entgegnete sie, »meinem Gemahl ist es von Natur aus untersagt, für meine Bedrängnis eine offene Hand zu haben, wie die Bettler zu sagen pflegen.«
»Wenn es so ist«, entgegnete der Priester, »bleibt Euch nichts übrig, als Euch jeden Gedanken dieser Art aus dem Kopf zu schlagen.«
»Ich habe aber die Dame von Burgjahlingen sagen hören, dass es keine Sünde sei, wenn man weder Vorteil noch Vergnügen davon habe.«
»Vergnügen ist immer dabei«, sprach der Abt. »Und rechnet Ihr es nicht für einen Vorteil, ein Kind zu bekommen? Also lasst Euch gesagt sein, dass es immer eine Todsünde ist vor Gott und ein Verbrechen vor den Menschen, ein Kind zu bekommen durch Beihilfe und Mitwirkung eines Mannes, mit dem man nicht kirchlich getraut ist … Frauen, die die heiligen Gesetze der Ehe verletzen, werden in der andern Welt entsetzlich dafür gestraft, sie werden dort fürchterlichen Ungeheuern übergeben, die sie mit ihren scharfen Krallen in glühende Öfen werfen, damit sie des sündhaften Feuers gedenken, das sie auf Erden in ihrem Herzen genährt haben.«
Blancheflor kratzte sich hinter den Ohren. Aber nachdem sie ein wenig nachgedacht:
»Und die Heilige Jungfrau Maria«, sagte sie zu dem Priester, »wie hat die es denn angefangen?«
»Oho!«, rief der Abt. »Das ist ein Mysterium.«
»Was ist das, ein Mysterium?«
»Eine Sache, die man nicht erklären kann und die man ohne Untersuchung glauben muss.«

»Und könnte mir nicht auch ein Mysterium widerfahren?«
»Ein solches«, antwortete der Abt, »hat sich nur einmal ereignet, da hat es sich um den Sohn Gottes gehandelt.«
»Hört mich, heiliger Vater, glaubt Ihr, dass Gott meinen Tod will? Oder dass, klaren Geistes wie ich bin, mein Blut mir das Gehirn verbrenne? Und wahrlich, ich fürchte es sehr. Denn seht, wenn manchmal alles in Aufruhr in mir ist, dann verliere ich derart den Kopf, dass ich nach nichts mehr in der Welt frage und dass ich über Mauern wegspringen und schamlos querfeldein laufen möchte, um mir den ersten besten Mann zu nehmen, ja alles hintansetzen könnte, um nur das Ding zu sehen, das bei dem Karmelitermönch also glühte und sprühte. Wenn ich in diesem Zustand bin, gibt es für mich weder Gott, noch Teufel, noch Gemahl; ich zittere und bebe, ich bin in ewiger Unruhe, ich meine, es nicht mehr aushalten zu können in meiner Haut, und möchte alles in Trümmer schlagen, Geschirre, Geräte, den Geflügelhof, die ganze Wirtschaft, mit einem Wort, alles, und ich kann gar nicht sagen, wie mir ist. Ich wage auch nicht, Euch alle meine Missetaten zu gestehen, ich kann nicht davon reden, ohne dass mir, möge mich Gott verdammen, das Wasser im Mund zusammenläuft und mich's also juckt, um toll und verrückt zu werden. Wollt Ihr, dass der Wahnsinn mich peitsche und meine Tugend töte? Kann mich Gott verdammen, nachdem er das Feuer in meinen Eingeweiden entzündet hat?«
Da war es nun an dem Priester, sich hinter dem Ohr zu kratzen, ganz ratlos gegenüber diesen Lamentationen und dieser erstaunlichen Philosophie, Wissenschaft und Beredsamkeit einer armen Jungfernschaft.
»Meine arme Tochter«, sprach er, »Gott hat uns von den Tieren unterschieden und hat uns ewige Wonnen bereitet, die wir uns verdienen sollen; darum hat er uns die Vernunft gegeben, als ein Steuer, wenn die Stürme der Sinnlichkeit uns zu verschlingen drohen; da heißt es fasten und arbeiten, wachen und beten, dass die Vernunft nicht schwach werde.

Statt wie ein loses Füllen herumzutollen, werft Euch auf die Knie vor dem Bild der Heiligen Jungfrau, schlaft auf hartem Lager, haltet Euer Haus in Ordnung, vor allem seid niemals müßig.«

»Ach, mein Vater, wenn ich in der Kirche in meinem Stuhl sitze, da sehe ich weder Priester noch Altar, ich sehe nur das kleine Jesuskind, und schnell sind meine Gedanken bei anderen Sachen als bei dem Gebet. Wenn mir dann der Kopf wirbelt in dem Grade, dass ich den Verstand verliere und nichts weiß von mir selber …«

»Wenn es so mit Euch stünde«, sagte unvorsichtigerweise der Abt, »da wäret Ihr ja in der Lage der heiligen Lidoria, die eines Tages während der großen Hitze eingeschlafen war, in verfänglicher Lage, nur wenig bekleidet, und der sich ein schlimmer junger Mann genaht, leise und schleichenden Tritts, und dergestalt mit ihr tat, dass sie ein Kind bekam, ohne eine Ahnung davon zu haben, und wie ihre Entbindung nahte, fest glaubte, ihre Schwangerschaft sei eine unheimliche böse Krankheit, und danach Buße tat, weswegen ihr Beichtvater ihren Fall für eine lässliche Sünde erklärte, da die Sache für sie ohne Wollust war und der Bösewicht auf dem Schafott, wo er hingerichtet wurde, eingestanden hat, dass sich die Heilige nicht gerührt und geregt habe.«

»Oh, mein Vater«, sagte die Seneschalkin, »ich würde mich so wenig wie sie rühren und regen.«

Und gestärkt in ihrem Mut, leise in sich hineinlächelnd, kehrte sie auf das Schloss zurück, in Gedanken einzig damit beschäftigt, wie ihr auch eine solche lässliche Sünde gelingen möchte. Im Schlosshof sah sie den kleinen Jahlingen, der, drall in den Schenkeln, unter der Aufsicht des alten Stallmeisters ein Pferd zuritt, mit Sprüngen, Wendungen und Kapriolen, sich allen seinen Launen anschmiegend, mit unglaublicher Gewandtheit im Lauf absitzend und wieder aufspringend, mit Volten und Überschlagungen, dass man es gar nicht sagen kann, kurz, sich so keck und tadellos produzierend, dass er sogar die berühmte Königin Lukretia lüstern gemacht hätte, die sich getötet hat, weil sie wider Willen einem Mann unterlegen war. ›Oh‹, sagte Blancheflor bei sich, ›wäre doch der Page bald fünfzehn, wie gern wollte ich einschlafen, wo er mich sehen sollte.‹

Seine große Jugend hinderte sie indessen nicht, bei allen Mahlzeiten unaufhörlich nach ihm hinzuschielen, sich an der Schwärze seiner Locken und der Weiße seiner zarten Haut die Augen aus dem Kopf zu schauen und an seinen feuchten Blicken sich zu berauschen, die sprühten von einer Überfülle von Jugendkraft und Leben.

Nach der Vesper fand der Seneschalk sie nachdenklich in ihrem Sessel am Herdfeuer sitzen, und zärtlich besorgt fragte er sie von Neuem, was sie für einen Kummer habe.

»Ich habe gerade gedacht«, sagte sie, »Ihr müsstet auf dem Schlachtfeld der Liebe gewiss sehr frühzeitig Lanzen gebrochen haben, dass Ihr nun so ganz und gar kampfunfähig seid.«

Wie alle Greise, die man auf die Erinnerung ihrer Liebestaten bringt, schmunzelte der Seneschalk.

»Mit dreizehn Jahren«, sagte er, »habe ich der Kammerzofe meiner Mutter schon ein Kind aufgebunden.«

Und Blancheflor lächelte zufrieden, denn sie dachte an Renatus, der schon bald vierzehn war. Sie wurde darüber ganz heiter und aufgeräumt, sagte dem Alten allerlei ausgelassene Neckereien und ließ sich wohlig von ihrem geheimen Wunsch durchwärmen, wie eine Katze von der Frühlingssonne.

Welchergestalt und von wem die lässliche Sünde begangen wurde

Die Seneschalkin brauchte nicht allzu lang darüber nachzusinnen, wie sie es anfangen wolle, den kleinen Renatus mit Sicherheit für sich zu angeln; sie verfügte über einen Köder, dass einer kein Gimpel zu sein brauchte, um anzubeißen. Folgendes war der Hergang.

In den heißen Stunden des Tages pflegte der alte Bruyn nach Art der Sarazenen Siesta zu halten, nämlich ein Schläfchen zu tun, wie er es sich im Heidenland angewöhnt hatte. Während dieser Zeit blieb Blancheflor allein. Sie erging sich entweder auf der Wiese oder beschäftigte sich spielend mit kleinen Arbeiten, mit Weben oder Sticken, wie Frauen zu tun pflegen, oder sie sah in der Halle oder in der Weißzeugkammer nach dem Rechten, kurz, schlenderte herum, wie

es ihr beliebte. Diese Zeit gedachte sie in Zukunft ausschließlich der Erziehung des Pagen zu widmen, und sie begann damit, dass er ihr aus Büchern vorlesen und die üblichen Gebete hersagen musste.
Am anderen Tag nun, als auf Schlag Mittag der Seneschalk sich seinem süßen Schlaf überließ – denn es war heiß, und die Felsen des Ravenstein wurden wie glühend von den Strahlen der Sonne, also dass der Mensch nicht leicht dem Schlummer widerstand, es sei denn, dass die diabolischen Irritationen und Tribulationen einer aufgepeitschten Jungfernschaft ihn daran hinderten –, da rekelte die Seneschalkin sich in dem herrschaftlichen Lehnstuhl ihres Gemahls so lange zurecht, bis sie die anmutigste Lage herausgefunden hatte; und wenn der Stuhl auch etwas unbequem hoch war, sie bedauerte es nicht, weil dadurch glückliche perspektivi-

sche Zufälligkeiten nur begünstigt werden konnten. Zierlich wie eine Schwalbe in ihrem Nest, machte sie es sich so mollig wie möglich und lächelte listig, indem sie wie ein schlafendes Kind ihr Köpflein über die Lehne hängen ließ und genäschig sich einen Vorgeschmack gab von den zu erwartenden Leckerheiten, den verstohlenen Keckheiten und Frechheiten des kleinen Pagen, der zu ihren Füßen liegen werde, kaum um einen Flohsprung von ihr entfernt. Immer näher rückte sie mit ihrer Fußspitze das samtne Kissen. Darauf sollte Renatus niederknien, das arme Kind, das ihr, wie die Maus der Katze, zum Spielball dienen musste mit Leib und Seele. So nah rückte sie das Kissen, dass er wohl gezwungen war, und wenn er auch ein steinerner Heiliger gewesen wäre, mit seinen Blicken den Falten ihres Kleides nachzugehen und die Linien zu verfolgen, mit denen der Stoff ihr feines Bein modellierte. Nein, es war nicht zu verwundern, dass ein armer kleiner Page sich in einer Falle fing, wo es der stärkste Ritter nicht als Schande erachtet haben würde, als Gefangener zu zappeln. Nachdem sie so alles aufs Verfänglichste gedeichselt und ihren Körper so lange zurechtgedrückt und -gerückt hatte, bis sie die Haltung gefunden, die am sichersten dem Knaben gefährlich werden musste, rief sie mit sanfter Stimme den Pagen, und Renatus, von dem sie wusste, dass er sich nebenan in der Halle aufhielt, streckte auch schon seinen schwarzen Lockenkopf durch den Vorhang der Tür.

»Was befiehlt meine Herrin?«, fragte er. Er hielt in großer Ehrfurcht sein rotes Samtkäppchen in der Hand; aber röter als das Käppchen waren in diesem Augenblick seine frischen, allerliebsten Grübchenwangen.

»Komm näher«, antwortete sie, die Worte nur so hauchend. Denn sie zitterte innerlich beim Anblick des Kindes.

Es war aber auch kein Edelstein so funkelnd und blitzend wie die Augen des kleinen Renatus, kein Seidentaffet weißer und weicher als seine Haut, kein Mädchen graziler an Formen wie er. Und sie, in gesteigerter Begierde, fand ihn leckerer als je; und ihr könnt euch denken, wie so viel Jugend, warme Sonne, Heimlichkeit der Stunde und alles zusammen das holde Spiel der Liebe begünstigen musste.

»Lies mir die Litanei der Heiligen Jungfrau«, sagte sie zu ihm und wies auf ein offenes Buch auf ihrem Gebetpult. »Ich möchte wissen, ob du auch was lernst bei deinen Lehrern … Sag, findest du die Heilige Jungfrau schön?«, fragte sie lächelnd, als er nun das Stundenbuch in der Hand hielt, worin viel heilige Figuren abgemalt und mit Gold und Blau illuminiert waren.

»Das ist nur gemalt«, antwortete er schüchtern, indem sein Blick die schönheitsvolle Herrin streifte.

»Lies, lies.«

Und Renatus begann sie zu rezitieren, die Litanei voll süßer Mystik; und ihr werdet gern glauben, dass die ora pro nobis der Seneschalkin immer schwächer klangen, wie der Klang des Horns in der weiten Landschaft. ›Du geheimnisvolle Rose‹ rezitierte der Page voll Inbrunst. Und die Schlossherrin, die wohl gehört hatte, antwortete nur mit einem leisen Seufzer. Da konnte Renatus nicht mehr zweifeln, dass die Seneschalkin eingeschlafen war. Er gab also seinen erstaunten Blicken freien Lauf und dachte an keine andere Litanei mehr, als die der Liebe; dem Armen drohte das Herz stillzustehen vor heißem Glück; und wer es gesehen hätte, wie hier zwei Jungfernschaften aneinander und füreinander entbrannten, würde sich wohl hüten, je so was zusammenzubringen.

Die Augen des glücklichen Renatus lustwandelten sozusagen im Garten des Paradieses, er sah über sich die verbotene Frucht, das Wasser lief ihm im Mund zusammen. So sehr geriet er in Verzückung, dass das Stundenbuch seiner Hand entfiel, worüber er verlegen wurde wie eine Nonne, die in ihrem Schoß plötzlich sich etwas regen fühlt. Er gewann aber daraus die Gewissheit, dass Blancheflor fest und sicher schlief; sie rührte sich nicht. Die listige Evastochter hätte auch bei einem ernsteren Fall oder Unfall die Augen nicht geöffnet, sie rechnete darauf, dass noch anderes fallen werde als Stundenbücher, denn heftiger als das unberechenbare und kapriziöse Verlangen einer Schwangeren ist das einer solchen, die es erst werden will. Unterdessen betrachtete der Edelknabe den Fuß seiner Dame, der in einem gar zierlichen Pantöffelchen von hellblauer Seide stak und recht auffällig auf einem Schemel ruhte, da der Sessel des Seneschalken, worin die Dame die Schlafende spielte, ungewöhnlich hoch war. Und ach, was war das für ein Fuß! Schmal war er und war reizvoll geschwungen, nicht länger als ein Hänfling, den Schwanz mit eingerechnet, kurz, ein Fuß zum Entzücken, ein jungfräulicher Fuß; er verdiente

geküsst zu werden, wie ein Dieb verdient gehängt zu werden. Ein feenhafter Fuß war's, ein wollüstiger Fuß, ein Fuß, über den ein Erzengel gestrauchelt wäre, ein verhängnisvoller Fuß, ein herausfordernder Fuß, ein Fuß, in dem der Teufel stak, so weiß und unschuldig er aussah, ein Fuß, der dazu aufforderte, zwei neue, ganz gleiche zu machen, um ein so schönes und vollkommenes Werk Gottes nicht aussterben zu lassen. Renatus hätte am liebsten den unglückseligen oder vielmehr ganz glückseligen Fuß aller seiner Hüllen entkleidet. Von diesem wonnigen Fuß gingen seine trunkenen Augen, darinnen alles Feuer seiner ersten Jugend flammte, hinauf nach dem schlafenden Antlitz seiner Frau und Herrin, er lauschte auf ihren Schlummer, er trank ihren süßen Atem. Und so hin und zurück. Er konnte sich nicht entscheiden, was süßer zu küssen wäre, die frischen, feuchtroten Lippen der Seneschalkin oder dieser vermaledeite, vielmehr gebenedeite Fuß. Er entschied sich dennoch endlich, und aus ehrfürchtiger Angst, vielleicht auch aus übergroßer Liebe wählte er den Fuß und küsste ihn, küsste ihn hastig, wie ein Jungfräulein, das gern möchte und doch nicht wagt. Dann griff er nach seinem Stundenbuch, und während das Rot seiner Wangen noch röter wurde:
»Janua coeli, du Pforte des Himmels«, schrie er wie ein Blinder vor der Kirchentür.
Aber kein ora pro nobis antwortete …
Blancheflor erwachte nicht; sie rechnete darauf, dass der Page vom Fuß bis zum Knie hinaufstiege und so weiter die Leiter. Sie war darum sehr enttäuscht, dass die Litanei ohne weiteren Fall und Unfall zu Ende ging und Renatus, dem sein Glück schon zu groß schien für einen einzigen Tag, auf den Zehen aus dem Saal schlich, sich reicher dünkend von dem kühn geraubten Kuss als ein Dieb, der den Opferstock erbrochen hat.
Die Seneschalkin blieb allein zurück. Sie dachte in ihrer Seele, wie lange wohl dieser Page brauchen werde, um vom Präludium zum Introito zu gelangen. Sie fasste den Ent-

schluss, am nächsten Tag den Fuß noch ein wenig höher zu stellen, um auf diese Weise ein kleines weißes Zipfelchen von jener Schönheit hervorblicken zu lassen, von der man bei uns zu Haus sagt, dass ihr die Luft nicht schadet, weil sie trotzdem immer frisch und geschlacht bleibt.

Wie der Page die Nacht zubrachte, könnt ihr euch denken. Er schlief auf seiner Begierde wie auf einem glühenden Rost, und mit einem erhitzten Gehirn voll Bildern und Fantasien erwartete er mit brennender Ungeduld die Stunde des verliebten Brevierbetens. Er wurde gerufen, und die seltsamliche Litanei mit ›Du elfenbeinerner Turm‹, ›Du Arche Noä‹, ›Du göttliches Gefäß‹ begann von Neuem. Blancheflor verfehlte nicht, einzuschlafen; und Renatus, unterdessen kühner geworden, tastete mit zitternder Hand über das hochgestellte Bein, er wagte sich so weit vor, um sich zu überzeugen, dass das Knie glatt und rund und etwas anders weich war wie Seide; aber so gebieterisch richtete sich seine Angst auf und stellte sich seinem verwegenen Wunsch in den Weg, dass er nur ganz flüchtige Devotionen und Liebkosungen wagte, kaum einen hingehauchten Kuss, worauf er sich sofort wieder in die Haltung des frommen Beters warf, als ob nichts geschehen wäre. Die Seneschalkin, deren sensitiver Seele und intelligentem Körper nichts entging und die sich mit aller Gewalt zurückhielt, um sich auch nicht um ein Härlein zu rühren, verzweifelte fast.

»Was ist denn, Renatus«, lispelte sie, »ich schlafe ja.«

Als der Page diese Worte hörte, von denen er glaubte, dass sie ein schwerer Vorwurf seien, ergriff er, das Buch und alles zurücklassend, mit Entsetzen die Flucht. Da fügte die Seneschalkin der berühmten Litanei eine neue Strophe hinzu:

»O Allerheiligste Jungfrau«, seufzte sie, »eine wie schwere Sache ist doch das Kinderkriegen.«

Beim Essen musste der Page seinem Herrn und seiner Herrin aufwarten. Der kalte Schweiß stand ihm auf der Stirn. Aber wie groß war seine Überraschung, als ihm Blancheflor statt bitterer Worte süße Blicke gab, verliebte Blicke, so verliebt, als Frauenblicke nur sein können, und voll geheimnisvoller Allmacht; denn sie verwandelten mit einem Schlag das schüchterne und ängstliche Kind in einen mutigen Mann.

Als darum der gute Herr Bruyn an diesem Abend sich etwas länger, als er sonst zu tun pflegte, in seiner Seneschalkerei zu schaffen machte, suchte Renatus die schöne junge Herrin, die wieder schlief, und ließ über sie einen Traum kommen, mit dem sie zufrieden war, nahm ihr kurzerhand, was ihr so lang zur Last gewesen, und gab ihr, wonach sie so lange und so viel geseufzt. Er tat sogar etwas mehr, als zu diesem löblichen Zweck nötig gewesen wäre, also dass das Übrige gut zu zwei weiteren Kindern gereicht hätte. Auch fühlte er sich plötzlich an den Haaren gepackt und eng an eine weiche Brust gedrückt.

»Oh, Renatus«, rief das verschmitzte Weibsen, »nun hast du mich aufgeweckt.«

Sie hatte wahrlich so gut geschlafen, als es ihr nur möglich war, aber es gibt Dinge, die stärker sind als der stärkste Schlaf. In dieser Stunde, und es war weiter gar kein Wunder dazu nötig, geschah es, dass auf dem kahlen Schädel des guten Bruyn, ohne dass er, wie alle seinesgleichen, auch nur das Geringste davon merkte, ganz sänftiglich jenes Gewächs aufsprosste, das ich euch nicht näher zu beschreiben brauche.

Seit diesem Tag, der rot gedruckt war in ihrem Kalender, machte die Seneschalkin alltäglich ihren Mittagsschlummer, wie man so sagt, auf französische Art, der Seneschalk aber blieb der sarazenischen Mode treu. Die schöne Frau machte dabei die

Erfahrung, dass nicht ganz reife Früchte einen besseren Geruch haben als überreife, an denen die Fäulnis schon ihr Werk begonnen hat; sie wickelte sich darum des Nachts fest in ihre Tücher und rückte so weit weg als möglich von ihrem Herrn Gemahl, den sie stinkend fand wie einen alten Bock.

Und siehe, mit lauter Einschlafen und Aufwachen am glockenhellen Tag, mit Mittagsruhehalten und Litaneienbeten kam die Seneschalkin mit Gottes Hilfe glücklich so weit, dass auch in ihr etwas wuchs und sprosste. Sie hatte sich so lange danach gesehnt, aber nun auf einmal waren ihr die Mühen der Fabrikation lieber als das Fabrikat.

Renatus, wie ihr wisst, konnte lesen, und nicht nur in Büchern, sondern auch in den Augen seiner schönen ›Dienstherrin‹, für die er durchs Feuer gegangen wäre, wenn sie es nur im Leisesten gewünscht hätte. Er las aber in den gedachten Augen, während beide sich immer tiefer in die verliebte Andacht hineinbeteten und bald an die hundert Litaneien hinter sich hatten, dass immer mehr eine schwarze Sorge sich der schönen Frau bemächtigte: die Sorge um Seele und Zukunft des geliebten Pagen. Und einmal, an einem regnerischen Tag, nachdem sie wieder über dem beliebten Magnetspiel sich selber vergessen hatten, wie nur zwei unschuldige Kinder sich in ihrem Spiel vergessen können:

»Mein lieber Renatus«, sagte Blancheflor, »weißt du auch, du Armer, dass du immer eine Todsünde begangen hast, wo ich, weil ich schlief, nur lässlich gesündigt habe?«

»Aber schöne Frau«, antwortete er, »wenn das Sünde ist, wo will denn der liebe Gott hin mit all den Verdammten?«

Blancheflor musste lachen. Sie küsste ihn auf die Stirn.

»Schweig, du Bösewicht, es geht um das Heil deiner Seele, und ich möchte dich doch an meiner Seite haben, durch alle Ewigkeiten.«

»Eure Liebe ist meine ewige Seligkeit.«

»Lassen wir das«, sagte sie. »Ihr seid ein Ungläubiger, ein

böser Mensch, Ihr wollt nichts hören von dem, was ich liebe. Das seid Ihr. Wisse aber, mein Schatz, dass mir ein Kind von dir im Schoße wächst, das ich über Kurzem so wenig werde verbergen können wie meine Nase. Was wird der Abt von Marienmünster dazu sagen? Und was mein Herr und Gemahl? Er wird dich vernichten in seinem Zorn. Und also ist es meine Meinung, Kleiner, dass du den Abt aufsuchst, ihm deine Sünden beichtest und seinen Rat einholst, wie du dem Zorn des Seneschalken schicklich zuvorkommen magst.«

»Aber wird nicht der Alte«, antwortete der listige Page, »wenn ich ihm unser Glück verrate, über unsere Liebe das Interdikt verhängen?«

»Wahrscheinlich«, sagte sie. »Aber dein ewiges Seelenheil geht mir jetzt über alles.«

»Ihr wollt es also, Geliebte?«

»Ich will es!«, antwortete sie mit schwacher Stimme.

»So werde ich hingehen!«, rief er entsagungsvoll. »Aber vorher schlaft noch einmal ein, mir schwant, dass es das letzte Mal ist.«

Betete also das schöne Paar seine Abschiedslitanei, und eins wie's andere hatte das Gefühl, dass der kurze Lenz ihrer Liebe sich zum Ende neige. Am anderen Tag aber machte sich Renatus auf den Weg nach Marienmünster, mehr um seiner Herrin Ruhe willen als zu seiner eigenen Rettung, vor allem aber aus Gehorsam gegen seine Gebieterin.

Das Ende der lässlichen Sünde, wie sie gesühnt wurde, und wie sie über Blancheflor Trauer und groß Herzeleid brachte

Bei Gott«, rief der Abt, nachdem der Page das letzte Kyrie eleison seiner Sündenlitanei heruntergebetet hatte, »bei Gott, du hast dich der ungeheuerlichsten Treulosigkeit schuldig gemacht, du hast deinen Herrn und Gebieter verraten! Weißt du auch, du Unglückswurm, dass du dafür in der Hölle brennen wirst durch alle Ewigkeit? Und weißt du, was das heißt, die ewige Seligkeit zu verlieren für einen Augenblick hinfälligen irdischen Glücks? Unglücklicher, ich sehe dich schon zum Voraus schmoren in dem heißesten Ofen der Hölle, es sei denn, dass du noch zu deinen Lebzeiten Genugtuung und Sühne leistest für deine Missetat.«

Und also machte der gute alte Abt, der von dem Holz war, aus dem man die Heiligen schnitzt, und als solcher schon zu seinen Lebzeiten im ganzen Touraner Land verehrt wurde, machte er, sagte ich, mit einem ganzen Haufen von Vorstellungen und Drohungen und christlichen Argumentationen dem jungen Mann dergestalt die Hölle heiß, trug aus dem

Kanon der Kirchengesetze, aus den Schriften der Väter und was weiß ich woher, eine solche Menge von Beredsamkeit zusammen, als ein armer Teufel, der eine Jungfrau verführen will, in sechs Wochen nicht fertigbringt, und ließ nicht eher ab, als bis Renatus, der in seinem Herzen trotz allem ein frommes Kind war, sich zu seinen Füßen stürzte und christliche Unterwerfung gelobte.

Und der genannte Abt, wohl wissend, dass man das Eisen schmieden muss, weilen es glüht, und der aus dem jungen Pagen, der dem Herrn Teufel wahrlich mehr als einen Schritt entgegengegangen war, seiner Sünden ungeachtet einen heiligen und tugendhaften Mann machen wollte, befahl ihm zuvörderst, dass er hingehe und zu den Füßen seines Herrn sich seiner Schuld anklage, dann aber, wenn er je mit heiler Haut und ganzen Gliedern aus dieser Beichte hervorginge, sich unverzüglich das Kreuz anhefte, um schnurstracks nach dem Heiligen Land zu ziehen und gegen die Ungläubigen zu kämpfen, fünfzehn Jahre lang, keinen Tag mehr und keinen weniger!

»Oh, ehrwürdiger Vater«, sprach der Kleine ganz verwundert, »werden fünfzehn Jahre auch eine hinreichende Sühne sein für so viel Glück der Sünde? Wenn Ihr wüsstet, Vater, Ihr habt aber sicher diese Seligkeit nicht verschmeckt, würdet Ihr tausend Jahre für viel zu wenig halten.«

»Der liebe Gott wird es nicht so genau nehmen«, sprach der Abt. »Geh hin und sündige künftig nicht mehr; unter dieser Voraussetzung spreche ich dich los, ego te absolvo …«

Ganz zerknirscht kehrte der arme Renatus nach Schloss Ravenstein zurück, und der erste Mensch, dem er in die Hände lief, war der Seneschalk, der im Hof seine Waffen putzte: Eisenhauben, Halsberge, Armschienen und was sonst dazu gehörte. Er saß auf der großen Steinbank am Tor, und es tat ihm wohl, zu sehen, wie die Sonne in dem gescheuerten Harnisch blinkte; das erinnerte ihn an die lustige Zeit im Heiligen Land, an seine Heldentaten, an die schönen Sarazeninnen et cetera. Renatus warf sich ihm zu Füßen.

»Was soll das?«, fragte erstaunt der gute alte Seneschalk.
»Mein gnädiger Herr«, antwortete Renatus, »befehlt zuerst denen da, dass sie sich zurückziehen.«
Nachdem dies geschehen, begann der Page zum zweiten Mal seine Beichte und erzählte, wie er seine Herrin im Schlaf überfallen, in Nachahmung jenes Mannes mit der heiligen Lidoria, also dass sie für sicher ein Kind von ihm empfangen. Auf Befehl seines Beichtvaters sei er hier, zu den Füßen seines Herrn, um sich ihm auf Gnade und Ungnade zu überantworten.
Nach diesen Worten senkte Renatus seine Augen, von denen alles Unglück ausgegangen war, und kniend, mit niederhängenden Armen, mit entblößtem Haupt, furchtlos und ganz ergeben in Gottes Barmherzigkeit, erwartete er sein Schicksal.
Der Seneschalk war noch nicht so weiß, um nicht erbleichen zu können, und sein Gesicht bekam die Farbe einer frisch gekalkten Wand. Eine Zeit lang blieb er starr vor Wut, dann aber sprang er auf, und da zeigte es sich, dass ein Mann, dem längst nicht mehr so viel Lebenskräfte in seinen Adern rinnen, um ein Kind in das Leben zu befördern, noch Kraft genug haben kann, einen Mann in den Tod zu schicken. Der Seneschalk ergriff mit seiner haarigen Rechten den Harnisch an seiner Seite und schwang ihn mit hocherhobenem Arm, wie wenn es ein Kinderspielzeug gewesen wäre; noch einen Augenblick, und die schwere eiserne Masse musste niedersausen auf die Stirn des erbleichten Renatus, der stillhielt in seinem Schuldgefühl gegen seinen Herrn, mit vorgebeugtem Kopf den Streich erwartend, durch den er alle Schuld seiner Geliebten für diese und die andere Welt zu bezahlen gedachte.

Aber seine frische Jugend und Schönheit und die holde Natürlichkeit seines Verbrechens fanden Gnade vor dem Herzen des alten Mannes, so streng er war; er warf seinen Harnisch weit weg nach einem Hund, dem er drei Rippen einschlug.

»Verflucht seien deine Erzeuger, du Unglückspage!«, rief er aus. »Und tausend höllische Krallen mögen durch alle Ewigkeiten hindurch den verdammten Schoß zerfleischen, aus dem du hervorgekrochen bist zu meinem Unglück. Geh zum Teufel, von dem du kommst! Geh hinweg von mir, hinweg von diesem Schloss und von diesem Land! Verweile dich nicht einen Hahnenschrei länger, als es nötig ist, oder ich will dich an einem langsamen Feuer braten lassen, und du sollst deine verruchte Spitzbübin zwanzigmal verfluchen in einer Stunde.«

Bei diesen Worten des Seneschalks, der in seinen Flüchen sich zu verjüngen schien, ergriff der Page, ohne ihn ausreden zu lassen, die Flucht, und wahrlich, er tat wohl daran. Von Neuem kam die Wut über Bruyn, der nun hinter das Haus nach den Gärten davonraste, alles niederschlagend auf seinem Weg, fluchend wie ein Türke. Einem Knecht, der den Hunden das Futter brachte, zerbrach er die Töpfe, dass die Brühe an ihm herunterrann. Er war so von Sinnen, dass er einen Menschen erwürgt haben würde für nichts als ein krummes Wort. In diesem Zustand bemerkte er die Seneschalkin, die nach dem Weg von Marienmünster ausschaute und bei sich verzweifelte, ob sie ihren Pagen je wiedersehen werde.

»Holla, schöne Dame, bei der dreizackigen Gabel des Teufels: Bin ich ein Hanswurst, bin ich ein neugeborenes Kind, um zu glauben, die Einfahrt sei bei Euch so groß und weit, dass ein Page einreiten kann, ohne Euch aufzuwecken? Donner noch einmal, Tod und Teufel!«

»Oh«, antwortete sie, die merkte, dass der Teufel wirklich los sei, »ich habe es, zu meinem größten Vergnügen, wohl gefühlt, aber Ihr hattet mich so in Unwissenheit gelassen über die Sache, dass ich sie für einen Traum hielt.«

Bei diesen Worten schmolz der Zorn des Seneschalks wie

Schnee in der Sonne. Der größte Zorn Gottes hätte einem Lächeln Blancheflors nicht standgehalten.

»So mag der Teufel den Bankert holen, ich schwöre, dass …«

»Schwöret nicht«, sagte sie. »Wenn es nicht Euer Kind ist, so ist es doch das meinige, und habt Ihr mir nicht versichert, dass Ihr alles liebtet, was von mir kommt?«

Und dann begann sie mit so spitzfindigen Argumentationen, hatte so süße Blicke, so vergoldete Worte, so jammervolle, herzzerreißende Klagen, untermischt mit Tränen und Zornausbrüchen; und hatte von Neuem wieder so viel Gründe und Gegengründe, die sie ihm wie das Vaterunser herunterbetete, als etwa, dass doch die Domänen nun nicht mehr an den König zurückfielen, dass das Kind ja unschuldig sei wie ein Engel im Paradies, und so und so, vom Hundertsten ins Tausendste, dergestalt, dass der gute Hahnrei sich endlich besänftigte und Blancheflor volle Zuversicht gewann, so sehr, dass sie sogar den Mut fand, nach dem Pagen zu fragen.

»Zum Teufel ist er!«, antwortete der Seneschalk.

»Wie!«, rief sie, »Ihr habt ihn umgebracht?« Sie erblasste, sie wankte.

Bruyn erschrak, er glaubte, sie getötet zu haben, die süße liebe Frau, das Glück seiner alten Tage, und er hätte ihr jetzt gern, um sie nur zu ermuntern, den Pagen zum Geschenk gemacht, wenn er ihn zur Hand gehabt hätte.

BIAULT.

Er gab Befehl, dass man ihn suche. Aber Renatus in seiner Höllenangst war schon weit fort auf dem Weg nach dem Heiligen Land, wohin sein Gelübde ihn rief. Als Blancheflor von dem Abt erfuhr, welche Buße dem Geliebten auferlegt worden, verfiel sie in eine schwarze Melancholie. »Ich werde ihn nicht mehr sehen, den Unglücklichen«, rief sie oft aus, »meine Liebe hat ihn in den Tod getrieben!«
Und immer fragte sie nach dem Pagen wie ein Kind, das seiner Mutter so lange keine Ruhe lässt, bis ihm sein Wunsch erfüllt wird. Der Seneschalk sah ihren Jammer, er fühlte aufs Tiefste all seine Schuld, und er tat seiner Frau alles zuliebe – eine einzige Sache ausgenommen –, um sie glücklich zu machen; aber das Zuckerwerk, an das sie der Page gewöhnt hatte, konnte er ihr nicht auftreiben.
Und dann, eines Tages, bekam sie das einst so heiß ersehnte Kind. War das ein Fest für den guten Hahnrei?
Das Kind war sein ausgeschlüpfter Vater, das war ein Trost für Blancheflor, und sie gewann nach und nach wieder ein wenig von ihrer früheren unschuldigen Heiterkeit, die den alten Seneschalk erquickte wie der Duft und das Leuchten einer Blume. Er gewöhnte sich auch daran, den Kleinen zu sehen, wie er sprang und tollte und seine Mutter herzte, und gewann ihn nach und nach lieb, so sehr, dass er dem übel begegnet wäre, der an seiner Vaterschaft gezweifelt hätte.
Von dem Abenteuer seiner Frau war nichts über die Mauern des Schlosses hinausgedrungen, und so erzählte man sich im ganzen Touraner Land mit Verwunderung, wie der alte Bruyn noch das Zeug in sich gefunden habe zu einem Sohn und Stammhalter. Die Ehe Blancheflors blieb ohne Makel. Sie hatte genug der superfeinen Klugheit, die den Frauen so natürlich ist, und hütete sich sehr, jemand von der lässlichen Sünde zu reden, wodurch ihr Kind auf die Welt gekommen war. Sie wurde fromm, und die Ehemänner im Land herum nannten sie als das Muster einer tugendhaften und ehrsamen Hausfrau. Ihren Mann konnte sie

um den kleinen Finger wickeln und machte reichlich davon Gebrauch. Ihr Herz gehörte Renatus, aber mit Bruyn hatte sie ihre Absichten und war ihm scheinbar dankbar für die Blüten seines Alters, verwöhnte ihn, verhätschelte ihn, tat freundlich mit ihm, erhielt ihn in guter Laune und hatte für ihn all die kleinen Rücksichten und Zärtlichkeiten, wie gute Frauen sie im Vorrat haben für ihre Männer, die sie betrügen. Da mochte Bruyn nicht ans Sterben denken, saß breit und behaglich in seinem Stuhl, und je länger er lebte, eine umso süßere Gewohnheit wurde ihm das Leben. Aber eines Abends, nachdem er lange ruhig in seinem Stuhl gesessen:

»Blancheflor, mein Herzlieb«, rief er plötzlich mühsam, »ich sehe dich nicht mehr, wird es schon Nacht?«

Der Tod war über ihn gekommen, ohne dass er ihn bemerkt hatte – der Tod des Gerechten, den er wohl verdient für seine Heldentaten im Heiligen Land.

Blancheflor legte große Trauer an, sie beweinte ihn wie einen Vater. Sie wollte auch von einer zweiten Heirat nichts hören, was ihr bei den guten Leuten viele Lobreden eintrug durchs ganze Land, wo niemand wusste, dass sie einen Herzgeliebten hatte, auf den sie hoffte. Sie war aber in der Tat Witwe, auch nach dem Herzen, und da sie nicht die kleinste Nachricht erhielt von ihrem kreuzfahrenden Freund, glaubte sie ihn tot, und in der Nacht, wenn sie von ihm träumte, sah sie ihn nie anders als tödlich verwundet hingestreckt in seinem Blut. Dann erwachte sie oft übergossen mit heißen Tränen. So lebte sie vierzehn Jahre lang ganz in der Erinnerung eines kurzen, verflossenen Glücks.

Dann waren eines Tages einige Edelfrauen des Landes bei ihr, es war nach Tisch, und die Damen plauderten zusammen, da kam ihr Knabe herein, der damals ungefähr dreizehn und ein halbes Jahr alt war und dem verschollenen Renatus mehr glich, als es einem Kind erlaubt ist, seinem Vater zu gleichen. Von dem verstorbenen Bruyn hatte er nichts als den Namen. Dieser schöne Wildfang, entzückend wie seine Mutter, kam vom Garten hergerannt, ganz in Schweiß, ganz außer Atem, links und rechts wegstoßend, was ihm im Weg stand, wie solche Rangen pflegen. Als er die geliebte Mutter sah, lief er auf sie zu, warf sich ihr um den Hals, und unbekümmert um die schönen Reden der Damen: »Mutter«, rief er, »ich habe dir was zu sagen! Da drunten im Hof war

ein Mann, der hat mich angepackt, und Augen hat er gemacht …«

»Was muss ich hören?«, rief die Schlossherrin, indem sie sich an den Diener wandte, der damit beauftragt war, über den jungen Grafen zu wachen. »Ich hatte Euch verboten, zu gestatten, dass je ein fremder Mann meinen Sohn berühre, und sollte es auch ein großer Heiliger sein … Ihr werdet meinen Dienst verlassen.«

»Hohe Frau«, erwiderte der gescholtene Stallmeister, »der da unten hatte keine bösen Absichten. Er küsste den Knaben, und die Tränen standen ihm in den Augen.«

»Er hat geweint?«, rief sie aus. »Es ist der Vater.«

Sprachs und ließ das Haupt hängen, tief über den Sessel hinab, auf dem sie saß und welcher der nämliche war, auf dem sie einst zusammen gesündigt hatten.

Bei dem unvorsichtigen Wort der Schlossherrin sahen sich die Damen an und bemerkten erst gar nicht, dass die arme Seneschalkin tot war; wirklich, sie war tot, ohne dass man je erfahren konnte, ob sie aus Schmerz gestorben, weil ihr Geliebter, treu seinem Gelübde, davongeritten war, ohne sie zu sehen, oder aus plötzlicher Freude über seine Heimkehr und die Aussicht, das Interdikt lösen zu lassen, das der Abt von Marienmünster über ihre Liebe verhängt hatte.

Ihr Tod brachte viel Trauer und Klage, der Herr von Burgjahlingen verlor ganz den Kopf bei dem Anblick, wie man seine Dame in die Erde senkte; er nahm zum Kreuz die Tonsur und wurde Mönch im Kloster von St. Marienmünster, von einigen auch Großmünster genannt, maius Monasterium, weil es die größte und schönste Abtei war im ganzen Land.

Das Königsliebchen

War da in dieser Zeit ein Goldschmied bei der Brücke zu den Wechselbänken, von dessen Tochter man sprach als von einer außerordentlichen Schönheit und die mit ihrer anstelligen Art jedermann entzückte. Es wurde ihr darum hofiert von allen Seiten, und manch einer hätte dem Vater noch Geld gegeben, um das hübsche Kind zur ehelichen Frau zu bekommen, was den guten Mann hochmütiger machte, als ich sagen kann.

In der Nachbarschaft wohnte ein Advokat beim Oberhofgericht, der schon so viel Maulgedresch und Getratsch um gutes Geld verkauft hatte, dass er Landgüter besaß, wie ein junger Hund Flöhe. Dieser hatte den Einfall, dem Goldschmied gleich ein ganzes Stadthaus anzubieten, wenn er ihm sein schönes Töchterlein zur Ehe geben wollte. Der Vater willigte in den Handel ein, ohne sich weiter drum zu bekümmern, was für ein Affengesicht unter dem Pelzbarett stak, so wenig wie darum, dass das ganze Gefräß des Aktenwurms nur noch aus zwei Zähnen bestand, die längst wackelten; willigte ein, auch ohne den Paragraphendrescher weiter zu beschnüffeln, der stinkend war wie alle seinesglei-

chen, die ein Leben lang im Staub modriger Akten und im Unrat schmutziger Prozesse gewühlt haben.

Eine feinere Nase hatte das hübsche Töchterchen.

»Na, ich danke für Obst«, sagte sie, als sie ihn kaum erblickt hatte, und rümpfte ihr zierliches Näschen.

»Papperlapapp!«, antwortete der Vater, dem das schöne Haus in die Augen stach. »Er wird dein Mann sein; wie er dir gefallen mag, das ist seine Sache.«

»Steht es so?«, erwiderte die Tochter. »Nun, er soll noch vorher von mir etwas zu hören bekommen.«

Und noch am nämlichen Abend, nach dem Nachtmahl, als der Freier anfing, sie mit seinen Liebesversicherungen zu bestürmen, und ihr versprach, dass sie ein Leben voll Überfluss haben solle:

»Hört mich an!«, sagte sie. »Mein Vater hat Euch meinen Leib verkauft; wenn Ihr den Handel eingeht, werdet Ihr das erreichen, dass Ihr aus mir eine Hure macht. Denn lieber als Euch will ich dem ersten besten angehören, und wie andere ihrem Bräutigam Treue, so schwöre ich Euch Untreue, als welcher nur der Tod ein Ende machen soll – der meine oder der Eurige.«

Dann fing sie an zu weinen und zu schluchzen, zu weinen, wie alle Mädchen, die die Liebe noch nicht kennen, denn anders weinen sie nachher.

Der Mann vom Oberhofgericht nahm das für Komödienspiel und Getue, womit hübsche junge Dinger das Feuer ihrer Anbeter noch heftiger anzuschüren und aus der Liebe Münze zu schlagen gedenken, in Form von Leibgedingen und anderen Garantien und Verschreibungen ehefraulicher Rechte. Er nahm sich also ihr Geheul und Gerede nicht weiter zu Herzen, sondern lachte und fragte nur, wann sie wünschte, dass die Hochzeit sei.

»Meinetwegen morgen«, antwortete sie. »Umso eher werde ich frei sein, um mir Liebhaber zu nehmen, so viel ich will, und das lustige Leben derer zu führen, die die Liebe aufheben, wo sie sie finden.«

Und der verliebte Gimpel von Advokat hatte nichts eiliger, als sich zu verabschieden und alle Vorbereitungen zur Hochzeit zu treffen. Er unternimmt die nötigen Schritte vor Gericht, verhandelt in den Sakristeien, kauft die erforderlichen Dispense, verfolgt seine Sache mit einer Eile und Hast, wie er in seinem Leben keinen Prozess verfolgt hatte, und träumt Tag und Nacht von seiner Kleinen.

Unterdessen hörte der König, der von einer langen Reise zurückgekehrt war, an seinem Hof von nichts reden als von dem schönen Goldschmiedstöchterlein, das dem einen ein Brautgeschenk von Hunderttausend vor die Füße geworfen, einen andern mit Hohnreden heimgeschickt hatte, kurz, keinen haben wollte von all den hübschen Burschen, die gern dem lieben Gott ihren Anteil an der ewigen Seligkeit geschenkt hätten, um das schöne Ungeheuerchen auch nur für einen Tag in ihre Gewalt und ihre Arme zu bekommen. Solcherlei Reden reizten die Neugierde des Königs, der sel-

ber kein Kostverächter war. Er verließ, ohne ein Wort zu sagen, seinen Palast, kam an den Wechselbänken vorüber und trat bei dem Goldschmied ein, um für die Dame seines Herzens ein schönes Juwel zu kaufen, item ein Juwel zu erhandeln, das alle überstrahlte, so nur in der Bude zu finden

PISAN

sein mochten. Er fand aber nichts von all dem Kram nach seinem Geschmack, bis der Meister aus einer kleinen Lade einen dicken Diamanten hervorsuchte und ihn dem König vor die Augen hielt. Und während der Goldschmied den Blick nicht von der Truhe und ihren Schätzen wandte:

»Mein Schätzchen«, sagte der König zur Tochter, »du bist nicht gemacht, um Juwelen zu verkaufen, sondern um solche geschenkt zu erhalten, und wenn du mir von allen Ringlein hier die Wahl lassen willst, so weiß ich darunter eins, in das alle Welt vernarrt ist, das mir wohl gefällt, dessen Diener und Untertan ich sein möchte, und das um ein Königreich, wenn es auch das von Frankreich wäre, nicht zu bezahlen ist.«

»Oh, Herr König«, antwortete das schöne Mädchen, »ich soll morgen heiraten; aber wenn Ihr mir den Dolch da in Eurem Gürtel schenken wollt, so will ich das Ringlein, von dem Ihr spracht, herzhaft verteidigen und es für Euch aufheben nach den Worten des Evangeliums: Gebet dem Kaiser, was des Kaisers ist!«

Der König gab ihr unverzüglich den zierlichen Hirschfänger. Ihre Rede aber hatte ihm so gut gefallen, dass er, verliebt bis über die königlichen Ohren, bei sich beschloss, dem neuen Liebchen das hübsche Haus zu schenken, das er sich erst neulich in der Schwalbengasse erworben hatte. Und so nahm er Urlaub von dem schönen Kind.

Unser Meister Prozesshaspler verlor auch keinen Augenblick und führte am anderen Morgen, zum großen Leidwesen der abgeschobenen Mitbewerber, unter Musik und dem Geläute der Glocken seine Braut zur Kirche, ließ dann auftragen, dass sich die Tische bogen, und am Abend nach dem letzten Tanz und Kehraus schlich er sich nach der Schlafkammer seiner Fräulein Frau, die, das Bett des Advokaten verschmähend und mehr ein böser Kobold und wütende Teufelin als Fräulein, ihn in einem Sessel am Herdfeuer sitzend erwartete, während höher als das Feuer im Herd die Zornesflamme in ihrem Herzen loderte.

Erstaunt hierüber ließ sich der neugebackene Ehemann vor

ihr auf ein Knie nieder und wollte mit leichten Plänkeleien die Entscheidungsschlacht einleiten; sie jedoch blieb stumm und unbeweglich. Als er sich aber dann mit ihren Röcken zu schaffen machte, um ein wenig von dem zu sehen, was er so teuer gekauft hatte, versetzte sie ihm einen Schlag auf die Hand, dass ihm die Haut brannte, und blieb im Übrigen stumm wie ein Fisch.

Das Spiel gefiel dem Advokaten nicht übel, er glaubte sich Manns genug, um früher oder später an das Ziel zu gelangen, und tat, wie wenn ihre Klapse Liebkosungen gewesen wären. Es konnte auch nicht fehlen, dass er, ausdauernd in seinem Scharmützel, mit List und Gewalt bald dieses, bald jenes erreichte, jetzt ihr Leibchen aufhäkelte, jetzt ihr den Rock zerriss und wenigstens mit der Hand an den niedlichen kleinen Ort gelangte, wonach seine heißesten Wünsche zielten.

Die Schöne aber zog da plötzlich andere Saiten auf, sie sprang in die Höhe, und indem sie den Dolch des Königs in der erhobenen Rechten zückte:

»Was wollt Ihr von mir?«, rief sie.

»Alles!«, antwortete er.

»Ah, ich wäre eine große Hure, mich hinzugeben, wo ich hasse. Ihr habt Euch geirrt, wenn Ihr meine Jungfrauschaft unbewaffnet glaubtet. Dieser Dolch kommt vom König, ich werde Euch damit töten, wenn Ihr noch einmal die geringste Miene macht, mir nahezukommen.«
Sie ergriff bei diesen Worten, ohne den Advokaten aus den Augen zu lassen, im Kamin ein Stückchen Kohle und machte damit einen Strich auf dem Fußboden:
»Das ist die Grenze der königlichen Domäne«, sagte sie. »Hütet Euch, sie zu überschreiten, wenn Euch Euer Leben lieb ist!«
Der oberhofgerichtliche Rechtsverdreher hielt den Dolch, diesen Dolch, für unnötig in der Sache und wich scheu zurück. Aber während er das grausame Urteil anhören musste, dessen Kosten er zum Voraus bezahlt hatte, sah der arme Ehemann durch die zerrissenen Kleider so verführerische Formen schimmern und sah Rundungen, Grübchen usw. blinken und winken, bei deren Versprechungen der Tod seine Schrecken verlor.
»So magst du mich töten!«, rief er aus, indem er über die Grenze der königlichen Domäne hinwegsprang, sich auf seine Beute stürzte und sie wie ein Schlachtopfer auf das Lager zwang. Aber dieser Teufel in Unterröcken war nicht so leicht kleinzukriegen, und der Advokat, wie er auch das Tier an den Zotteln packte, erreichte doch nichts weiter und erwischte obendrein einen Dolchstich in seine Speckschwarten auf dem Rücken, der ihn jedoch nicht allzu schwer verwundete und für den gewaltsamen Einfall in königlichen Besitz als eine verhältnismäßig gelinde Buße gelten durfte.
Der Mann aber war von dem gewonnenen kleinen Vorteil wie berauscht.
»Ich mag nicht leben«, rief er, »ohne deinen Körper genossen zu haben; töte mich denn!«
Und er versuchte einen neuen Angriff in königliche Rechte.

Das schöne Mädchen aber, dem der König im Kopf spukte, war nicht im Geringsten gerührt von dieser großen Liebe. »Wenn Ihr noch einmal beginnt«, rief sie mit schrecklichem Ernst, »werde ich nicht Euch, sondern mich töten.«
Ihre Augen funkelten ihn bei diesen Worten so wild an, dass der arme Mann sich entsetzte.
Voll Jammer über sein Missgeschick sank er auf einen Stuhl nieder und verbrachte die Nacht, sonst für Liebende die glücklichste der Nächte, unter Seufzen und Bitten, Ausrufungen, Lamentationen und Versprechungen: wie sie es so gut bei ihm haben solle, wie sie aus goldenen Schüsseln essen und Herrin über alles sein solle, wie er eine große Dame aus ihr machen und ihr Schlösser und Herrschaften kaufen wolle. Zuletzt bot er ihr einen Pakt an: Wenn sie ihm erlaubte, auch nur eine einzige Lanze zur Ehre des Gottes Amor zu brechen, wolle er sie aller weiteren Verpflichtungen frei und ledig geben und für sie in den Tod gehen, auf welche Weise sie es ihm befehlen würde.
Sie aber – es war schon gegen den Morgen – antwortete frischweg, dass sie ihm gern erlaube, für sie zu sterben, das sei aber alles, was sie für ihn tun könne.

PREDHOMME

»Ich war aufrichtig und loyal gegen Euch«, sagte sie. »Ich habe Euch gedroht, eine Straßenhure zu werden und Euch jeden Karrenschieber und Hausknecht vorzuziehen: Wenn ich mich nun auf den König beschränke, so könnt Ihr Euch wahrlich nicht beklagen.«

Als dann der helle Morgen kam, kleidete sie sich festlich an, schmückte sich recht wie eine Braut und wartete geduldig, bis der saubere Herr Gemahl sich entschloss, seinen gewinnbringenden Geschäften nachzugehen; dann brach sie selber auf, und wie eine Braut dem Bräutigam ging sie dem König entgegen.

Sie brauchte kaum so weit zu gehen, als ein Wurfspieß trägt; der vorsorgliche König hatte einen Diener auf die Lauer gestellt.

»Sucht Ihr nicht den König?«, fragte dieser die jungfräuliche Ehefrau.

»Ja«, antwortete sie.

»Nun, so bin ich Euer bester Freund«, erwiderte der geriebene Höfling, »der Euch seinen Schutz verspricht und sich selber Eurer Huld und Gnade empfiehlt.«

Dann sagte er ihr, was der König für ein Mensch und wie er zu nehmen und anzugreifen sei, wie er einen Tag wüte und wettere und den andern nicht piepse; kurz, wie es mit dem

Procédé Piaud

sei und jenem, dass sie mit allem wohl versorgt sein werde und dass es nur an ihr liege, den König gut am Bändel zu haben.
Er gab ihr mit einem Wort so viel weise Reden und Ratschläge auf den Weg, dass sie als vollendete höhere Buhlerin in dem besagten Schwalbennest ankam, das seither durch die Herzogin von Estampes berühmt geworden ist.
Der gute Ehemann aber heulte wie ein Schlosshund, als er nach Hause kam und seine liebe Frau nicht mehr fand. Er verfiel in Melancholie, und seine Amtsgenossen überschütteten ihn mit mehr Spott und Hohn, als der heilige Herr Jakobus in seiner Stadt Compostella je mit Gebeten und Anliegen überschüttet worden ist.
Der Arme nahm es sich auch so zu Herzen, dass er ganz vom Fleisch fiel und sich sogar die Spötter bewogen fanden, ihn wieder ein wenig aufzuheitern. Diese Pelzbarette erklärten – und man sieht daraus, was es für Tüftelmeier waren: dass der beklagenswerte Mann keineswegs ein Hahnrei genannt werden dürfe; aus dem einfachen Grund, weil er nie ein rechter Ehemann gewesen war, und wenn der erlauchte Hörnerlieferant nicht gerade der König gewesen wäre, würden sie, wenn man sie reden hörte, den Antrag gestellt haben, dass die Ehe in aller Form Rechtens für null und nichtig zu erklären sei.
Aber der Ehemann war zum Sterben verliebt in das Weibsen. Er ließ sie einstweilen dem König, weil er nicht anders konnte; aber er hoffte sicher, sie auch noch einmal zu bekommen. Eine Nacht mit ihr dünkte ihn um ein ganzes Leben voll Schande nicht zu teuer bezahlt … Nun, das heiß' ich noch verliebt sein, was meint ihr? Oder sollte es euch etwa einfallen, darüber die Nase zu rümpfen?
Der arme Mann dachte an nichts als an sie. Er vergaß darüber seine Prozesse, seine Klienten, seinen Geldwucher, kurz, alles. Er ging nach dem Gericht wie ein Geiziger, der einen verlorenen Groschen sucht, wie ein Nachtwandler und Somnambulerich, und einmal passierte es ihm, dass er

den Talar eines Amtsgenossen anpisste, weil er ihn für die schwarze Mauer hielt, wo sich die Advokaten gewöhnlich hinzustellen pflegten.
Das schöne Goldschmiedstöchterlein aber war in all dieser Zeit vom König geliebt bei Tag und bei Nacht. Er bekam sie nie satt; denn sie war eine echte Meisterin in ihrem Handwerk, kannte das Trick und Track der Liebe aus dem Effeff und wusste das Feuer ebenso gut anzuzünden wie auszulöschen. Sie schmollte heut mit dem König und überhäufte ihn morgen mit Zärtlichkeiten; nie aber mit denselben, denn ihre Fantasie war voller Erfindungen. Und war bei alldem ein gutes Ding, immer heiterer Laune und wohl aufgelegt, aufgelegt, sooft er es nur haben wollte, ganz erfüllt von närrischen Einfällen, stets bereit zu Tollheiten und lustigen Streichen.

Ein Herr von Goldenhügel tötete sich ihretwegen, weil sie ihn verschmähte, obwohl er ihr seine Herrschaft Goldenhügelfelden in Touran zu Füßen gelegt hatte. Aber so gute alte Touraner, die für ein lustiges Lanzenstechen Landgüter darangeben, findet man heute keine mehr.
Dieser Tod ging aber dem guten Weibchen zu Herzen, und da auch ihr Beichtiger ihr deshalb ernstlichen Vorhalt machte, beschloss sie bei sich, in Zukunft, und wenn sie nun auch zehnmal Königsliebchen war, angebotene Schlösser und Rittergüter nicht mehr so leichter Hand abzuweisen, zum Schaden ihrer Seele und zum Nachteil ihres Vergnügens.
Wirklich legte sie von da an den Grund zu dem großen Reichtum, dessentwegen sie später in der Stadt eine so hohe Achtung genoss. Sie verhinderte eine ganze Menge Edelleute, sich in den Tod zu stürzen, und befolgte übrigens

dabei mit so viel Meisterschaft die Gesetze der hohen Politik, dass sie in Beglückung der Untertanen dem König eine nicht unerhebliche Konkurrenz machte, ohne dass diesem auch nur eine Ahnung dämmerte. Er war übrigens so närrisch in sie verliebt, er würde ihr geglaubt haben, wenn sie ihm den Fußboden für die Decke und die Zimmerdecke für den Boden ausgegeben hätte, umso mehr, als der gute König, solang er sich überhaupt in dem mehrfach genannten Schwalbennest aufhielt, fast ausschließlich in der horizontalen Lage verharrte, wobei dann die besagte Verwechslung nicht allzu schwerfiel, und in welcher interessanten und echt königlichen Haltung er nichts anderes tat, als immer und immer wieder zu probieren, ob der zarte Stoff unter ihm sich auch wirklich nicht abnütze; aber der gute Mann nützte nur sich selber ab …

Obgleich die Schöne darauf dachte, ihre Gunst nur ganz Vornehmen zu schenken, deren Gewicht bei Hof etwas galt, und ihre Gunstbezeigungen sich wie Wunder so rar machten, gab es doch Neidhammel und abgewiesene Rivalen, die die Behauptung aussprengten, dass für zehntausend Taler ein simpler Edelmann das Beste haben könne, was nur der König selber habe. Das war aber so falsch und unwahr, als etwas falsch und unwahr sein kann, denn in ihrem Zank mit dem oben genannten Touraner, der ihr eben dieses Gerede vorhielt, hatte sie mit Verachtung geantwortet, dass er denen, die ihm einen solchen Bären aufgebunden, sagen könne, »es seien nichts als Scheißkerle«, sie habe es gesagt, und sie habe nie jemand bei sich empfangen, der nicht vorher dreißigtausend hinterlegt hatte.

Der König selber war über das Gerede nicht wenig ärgerlich; aber über diese Verteidigung musste er doch lächeln und behielt die allzu Billige und Willige noch eine kurze Zeit, um den giftigen Sticheleien die Spitze abzubrechen.

Aber das Fräulein von Brunsenhofen ruhte nicht, bis sie ihre Rivalin gestürzt sah.

Viele wären übrigens mit diesem Sturz sehr zufrieden ge-

wesen. Sie wurde an einen jungen Edelmann verheiratet, den sie sehr glücklich machte; denn also unerschöpflich loderte das Feuer ihrer Liebe, dass sie mancher kalten noch genug davon hätte abgeben können.
Doch damit habe ich dem Gang der Erzählung vorgegriffen. Als sie aber noch das Königsliebchen war und sich eines Tages in ihrer Sänfte durch die Straßen der Stadt tragen ließ,

um all die tausend Kleinigkeiten, die zu ihrem Handwerk gehörten, wieder einmal im Vorrat einzukaufen: als da sind Bänder und Schnüre, Halskrausen und Pantöffelchen, Spezereien und güldne Haften, und in ihrer Schönheit und ihrem Schmuck so verführerisch aussah, dass die jungen Leute bei ihrem Anblick nichts anderes meinten, als den Himmel offen zu sehen, da muss ihr zufällig und nach langer Zeit – was meint ihr wer, begegnen?
Ihr armer Ehemann. Sie fuhr bei diesem Anblick zurück, wie wenn sie eine Viper gestochen hätte. Und seht, das heiße ich mir eine gute Ehefrau, eine andere hätte wahrlich den Kopf erst recht hoch getragen und weit hervorgestreckt, um Seiner Majestät von Ehemann ihre ganze Verachtung an den Tag zu legen.
»Was ist Euch, schöne Frau?«, fragte der Graf von Horschlitz, der sie ehrfurchtsvoll begleitete.
»Nichts Wichtiges«, antwortete sie. »Aber da ist just mein Mann vorübergegangen, der Arme hat sich sehr verändert. Ehemals sah er aufs Haar einem Affen ähnlich, heute, scheint mir, gleicht er dem Bild des Hiob in seinem tiefsten Jammer.«

Der beklagenswerte Makler in dem Handelsgeschäft um Recht und Gerechtigkeit stand da wie versteinert; seine Frau hatte verführerisch ihren kleinen Fuß ein wenig aus der Sänfte hervorlugen lassen, und sein Herz war erbebt bei diesem Anblick. Er liebte seine Frau heftiger als je.

»Der Umstand, dass er Euer Ehemann ist«, sagte der Graf von Horschlitz als echter Höfling, »nimmt ihm ja nicht das Recht, Euch auf der Straße zu begegnen.«

Da musste sie laut herauslachen. Ihr Mann aber, statt ihr einen Dolch in den Hals zu stoßen, brach bei diesem Lachen in bittre Tränen aus, und so schwer wurde ihm das Herz und so sehr verlor er alle Besinnung, dass er fast einen armen Teufel über den Haufen gerannt hätte, der sich von der vorübergetragenen königlichen Schönheit kitzeln ließ wie von den wärmenden Strahlen der Frühlingssonne.

Der Anblick dieser wunderbaren Blume, die man ihm ehemals als Knospe unter die Nase gehalten und die nun aufgeblüht war zu berauschendem Duft und Glanz, gleich einer Märchenfee, machte den armen reichen Advokaten krank vor Schmerz und verliebter, als es menschliche Worte aussprechen können. Man muss einmal von einer Geliebten bis zur Tollheit berauscht gewesen sein, ohne sie zu besitzen, um zu begreifen, was in der Seele dieses Mannes vor sich ging; doch wird eine so heiße Leidenschaft, wie die seinige, zu aller Zeit eine seltene Sache sein.

Er tat also bei sich einen heiligen Schwur, dass er Leben und Reichtum und Ehre darangeben wolle, um wenigstens einmal in den unverkürzten Besitz seines rechtmäßigen Eheweibs zu gelangen, und gründlich wolle er sie dann besitzen und ganz aus dem Effeff, und wenn ihm darüber der Atem ausgehen sollte für immer.

Die ganze Nacht tat er kein Auge zu, und tausendmal sagte er sich's vor: »Ja, ich werde sie haben, ich bin ihr Ehemann! Bei allen Teufeln! Bei allen Engeln Gottes!«

Und er schlug sich vor die Stirn und wälzte sich auf seinem Lager.
Es gibt aber in dieser Welt Zufälle, die von kleinen Geistern nicht geglaubt werden, weil sie fast wunderbar scheinen; indes die starken Köpfe keineswegs daran zweifeln, weil sie wissen, dass man dergleichen nicht erfinden könnte. Einen solchen wunderbaren Zufall erlebte unser Advokat just am anderen Morgen nach der eben besprochenen Nacht und seinem einsamen Liebesjammer. Da trat in seine Schreibstube einer seiner Klienten, der ein vornehmer und mächtiger Mann bei Hof war und Zutritt zum König hatte, sooft er wollte; dieser erklärte dem Advokaten, dass er ohne Aufschub zwölftausend Dukaten brauche, worauf der Mann im Pelzbarett zur Antwort gab, dass man zwölftausend Dukaten nicht eben auf der Straße auflesen könne, dass es nötig wäre, außer Bürgschaft und Sicherheit für die Interessen einen Mann zu finden, bei dem die genannten zwölftausend Dukaten mit gekreuzten Armen gerade müßig säßen, dass einem ein solcher Mann nicht an jeder Straßenecke begegne, und was sonst die Herren Geldverleiher bei derartigen Gelegenheiten für ein Geschmus zu machen pflegen.
»Ihr habt also wohl, gnädiger Herr«, forschte der Advokat, »einen unbequemen Gläubiger, der Euch in die Enge treibt?«
»Gewiss, gewiss«, antwortete der andere. »Und niemand anders will mich in die Enge treiben – aber dass Ihr mir kein Wort darüber piepst – als die Geliebte des Königs, und sie will dafür nur zwölftausend Dukaten außer meinem Schloss und Gut in Kuhschnappelshausen.«
Bei diesen Worten erbleichte der Anwalt. In dem Höfling stieg eine Ahnung auf, dass er sich verplappert haben könne; er war erst aus dem Krieg zurückgekehrt und wusste nicht, dass das Königsliebchen einen Herrn Gemahl hatte.
»Was ist Euch?«, fragte er den Advokaten.
»Ich habe ein wenig Fieber«, antwortete der Wucherer. »Aber sagt mir, wem habt Ihr das Geld und den Kontrakt zu übergeben, doch nicht ihr in Person?«

»Ihr ganz allein.«
»Und Ihr habt keinen Unterhändler?«
»O doch«, antwortete der Edelmann. »Solche Kleinigkeiten und Bagatellen werden durch eine Zofe besorgt, die das geriebenste Kammerkätzchen ist, das man sich denken kann. Oh, die ist durch wie ein Sieb – oder wie ein Blasrohr, wenn Ihr lieber wollt. Und es wird schon etwas an ihren feinen Fingern hängen bleiben von dem Kaufpreis der Nächte, um die sie den König betrügt.«
»Ich weiß einen befreundeten Wechsler«, erwiderte der Anwalt, »durch den Euch wohl geholfen werden könnte; aber keinen Finger will ich rühren, und von den zwölftausend Dukaten sollt Ihr nicht einen roten Heller bekommen, außer Ihr sorgt dafür, dass die genannte Kammerzofe selber hierherkommt und den Preis für die wundersame alchimistische Retorte, die Blut in Gold verwandelt, selber in Empfang nimmt.«
»So recht«, sprach lachend der Edelmann. »Ihr werdet nicht vergessen, Euch die Quittung von ihr geben zu lassen.«

Die Zofe kam zur festgesetzten Stunde und fand bei unserm Advokaten die Herren Dukaten bereits auf sie warten; in kleinen Säulen aufgereiht, schön geordnet wie Nonnen, die zur Vesper gehen, blinkten sie ihr entgegen auf dem Tisch des Anwalts. Selbst ein verprügelter Esel hätte ihnen ein freundliches Gesicht gemacht, so schön und leuchtend waren sie, diese braven, edlen, jungen Gesellen. Aber der Anwalt hatte dieses Schauspiel nicht für einen alten Esel berechnet, und das Kammerkätzchen – er hatte es so vorausgesehen – leckte sich bei ihrem Anblick das leckere Züngchen danach, war mehr Kätzchen in diesem Augenblick als je und sah das Gold mit Augen an – ihr könnt euch denken, mit was für Augen!

»Das soll alles Euch gehören!«, flüsterte ihr der betrogene Ehemann ins Ohr.

»Ah«, wispelte sie, »so teuer bin ich noch nie bezahlt worden.«

»Mein Schätzchen«, sprach der Mann, »Ihr sollt die gelben Vögel haben ohne das, was Ihr meint. Einstweilen sagt mir eins. Euer Auftraggeber hat Euch wohl nicht meinen Namen genannt? So wisst, ich bin der richtige und wahrhaftige Ehemann der Dame, die sich der König zu seinem Vergnügen hält und die Eure Herrin ist. Bringt ihr diese Dukaten und kommt hierauf zurück, so will ich Euch zwölftausend andere vorzählen, und Ihr sollt mit meiner Bedingung dafür zufrieden sein.«

Die Zofe erholte sich rasch von ihrem ersten Erstaunen; sie war nur zum Sterben begierig, wie sie die zwölftausend Dukaten verdienen könne, ohne den Geldmenschen auch nur zu berühren, und ließ also mit ihrer Rückkunft nicht lange auf sich warten.

»Nun gib acht, mein Schätzchen«, sprach der Ehemann, »hier sind zwölftausend Dukaten. Mit zwölftausend Dukaten aber, musst du wissen, kauft man Landgüter, Menschen, Weiber, und das Gewissen von wenigstens drei Pfaffen; so zweifle ich nicht, dass ich für diese zwölftausend Dukaten auch dich kaufen kann mit Leib, Seele, Eingeweiden und was dazu gehört. Und ich habe Vertrauen in dich, das Vertrauen eines Wucherers, der gibt, um zu erhalten. Höre also, was ich von dir verlange. Du wirst ohne Aufschub zu dem Edelmann gehen, der glaubt, dass er diese Nacht von meiner Frau erwartet wird, und wirst ihm weismachen, dass er sich diesen Gedanken für heute Abend aus dem Kopf schlagen und sein Pferd für diesmal in Gottes Namen in einem andern Stall einstellen müsse, da in letzter Stunde der König sein Nachtmahl bei der Dame bestellt habe …

Dann wirst du dafür sorgen, dass ich die Nacht an seiner und des Königs Stelle sei.«

»Aber wie?«, fragte das Mädchen.

»Oh«, antwortete er, »ich habe dich gekauft, dich und deinen Witz. Ich bin auch überzeugt, dass du die Dukaten nicht zweimal zu betrachten brauchst, ohne den Weg zu entdecken, der mich zu meiner Frau führt. Du wirst ohnedies dabei deine Seele nicht mit der geringsten Sünde belasten. Vielmehr wird es ein gottgefälliges Werk sein, zwei Eheleute zusammenzubringen, die sich ihre Hand gegeben haben vor dem Priester.«

»Bei meiner Kleinen«, sagte sie, »Ihr sollt Euch nicht geirrt haben. Kommt heute Abend, nachdem alle Lichter ausgelöscht sind, und Ihr sollt Eures Weibes froh werden, vorausgesetzt, dass Ihr den Schnabel halten könnt, solang Ihr bei ihr seid. Sie selber pflegt bei solchen Gelegenheiten mehr zu kreischen als zu reden und alle Fragen mit ihrem Körper, der von großer Eloquenz ist, zu beantworten. Denn sie ist sehr schamhaft und hasst unsaubere Reden, die sonst bei den Damen vom Hof so beliebt sind …«

»Brav«, sagte der Advokat. »Nimm diese zwölftausend Dukaten, und ich verspreche dir noch einmal doppelt so viel, wenn ich, wie ein Dieb in der Nacht, mir nehmen kann, was mir gehört vor Gott und den Menschen.«

Sie besprachen dann miteinander genau die Stunde, die Gelegenheit des Ortes, was sie ihm für ein Zeichen geben wolle und alles; dann machte sich die Zofe auf den Weg, begleitet von den lustigen goldenen Groschen, die, einer nach dem andern, den Witwen, Waisen und auch andern Leuten mit den bekannten Advokatenkniffen aus der Tasche gelockt waren, und die nun alle in die besagte alchimistische Retorte wanderten, in der alles, selbst euer Leben, schmilzt und sich verzehrt, wie es auch davon hergekommen ist.

Der Anwalt aber beginnt unverweilt seine Vorbereitungen, schabt sich den Bart, parfümiert und frisiert sich, zieht feine Wäsche an, enthält sich des Knoblauchs, um seinen Atem nicht zu verstänkern, stellt sich siebenundzwanzigmal vor den Spiegel und zupft an der Halskrause, kurz, tut alles, was so ein oberhofgerichtlicher Aktenmensch und Staubfresser nur tun kann, um sich das Äußere eines feinen Hofmanns zu geben. Er sucht die Allüren eines jungen Lebemannes nachzumachen, studiert einen leichten, tänzelnden Gang und sucht seinem scheußlichen Gesicht eine liebenswürdige Miene abzugewinnen. Aber er hatte gut machen, er war und blieb der Mann der ewigen Schikane, der schmutzigen Prozesse und Prozeduren. Er war nicht so gewitzigt wie die schöne Wäscherin von Portillon, die eines Sonntags, als sie sich für ihren Geliebten schön machen wollte, ihr Geheimfach einer sorgfältigen Waschung unterzog und dann mit dem Finger ein wenig hineinfahrend und daran riechend … ›Oho, Kleine‹, sagte sie, ›du unterstehst dich, noch immer zu stinken! Gib acht, ich werde dir mit Lauge zu Leibe rücken.‹ Und erfüllte ohne Umstände ihre Drohung.

Unser Aktenritter hielt sich aber für den schönsten Knaben der Welt, obgleich er selber schlimmer stank als seine schlimmsten Salbereien; mit einem Wort, er zog sich an wie der Frühling, obgleich es draußen Stein und Bein zusammenfror, und machte sich auf den Weg nach der genannten Gasse zu den Schwalbennestern.

Man ließ ihn eine hübsche Zeit warten; doch als er schon dachte, dass er auf den Leim gegangen wäre wie ein rechter Gimpel – es war unterdessen vollends Nacht geworden –, kam die Zofe und öffnete endlich dem beglückten Ehemann das Haus des Königs. Oben angelangt, schob sie ihn hinter eine Tapetentür nahe bei dem Bett seiner Frau, die bald darauf erschien, vor dem Feuer des Herdes den ganzen Schmuck des Tages ablegte und sich mit einem Nachtgewand bekleidete, das mehr sehen ließ, als es verhüllte. Ein klaffender Spalt in seiner Tapetentür machte den Ehemann zum Zuschauer bei dieser geheimen weiblichen Operation. Die Dame aber, die sich mit ihrer Zofe allein glaubte, hatte tausend übermütige kleine Reden, wie sie bei solcher Gelegenheit den Damen über die Lippen kommen.

»Bin ich heut nicht zwanzigtausend Dukaten wert, ist das

nicht gerade gut genug bezahlt für ein Schloss in Kuhschnappelshausen?«

Sie wies bei diesen Worten auf ihre Vorwerke, die starrten wie zwei Bastionen und noch manchen Sturm aushalten konnten, wie sie schon tausendmal furchtbar angegriffen worden waren, ohne etwas von ihrer stolzen Aufrechtheit zu verlieren.

»Meine Schultern allein sind ein Königreich wert«, sagte sie. »Ich zweifle, ob der König ein Paar so machen könnte. Aber, bei Gott, mein Handwerk fängt an, mir langweilig zu werden. Was zu viel ist, ist kein Vergnügen mehr.«

Das Zöfchen lächelte. »Beim König«, sagte die Dame, »ich wollte, du wärst an meiner Stelle!«

Da lachte die Zofe laut heraus.

»Sprecht nicht so laut, er ist da.«

»Wer er?«

»Euer Gemahl.«

»Welcher?«

»Euer Ehegemahl.«

Und das Kammerkätzchen, das gern die zwölftausend Dukaten gewann, aber auch die Gunst ihrer Herrin nicht verlieren wollte, erzählte ihr ins Ohr kichernd das ganze Abenteuer.

»Nun denn«, antwortete leise die Frau Advokatin, »er soll was haben für sein Geld. Mag er festgefrieren hinter seiner Tapete. Wenn er mich aber nur mit dem kleinen Finger anrühren darf, will ich meine ganze Schönheit verlieren und hässlich werden wie ein Nussknacker. Du musst dich an meiner Stelle in mein Bett legen, und es mag deine Sache sein, wie du die zwölftausend Dukaten verdienen willst. Sage ihm aber, dass er sich morgen früh beizeiten aus dem Staub mache, damit ich deinen Betrug nicht merke. Um ihn in seiner Täuschung zu erhalten, werde ich kurz vor Tagesanbruch den Platz mit dir tauschen.«

Der arme Ehemann fror, dass ihm die Zähne klapperten. Unter dem Vorwand, ein Stück Wäsche zu suchen, machte sich die Zofe in seinem Verschlag zu schaffen.

»Ihr müsst Euch schon ein wenig an Euren Aussichten erwärmen«, sagte sie. »Die Gnädige legt sich für heute Abend in Gala, Ihr sollt Euer Geld nicht zum Fenster hinausgeschmissen haben. Aber beißt die Zähne aufeinander und muckst mir nicht! Ich wäre verloren.«

Endlich, als der Mann glücklich steif gefroren war, wurden die Lichter ausgelöscht, dann in wenigen Minuten erschien von Neuem die Zofe, um der königlichen Geliebten zu melden, dass der Edelmann warte. Dann hüpfte sie in das königliche Bett, die Dame aber, wie wenn es die Zofe wäre, entfernte sich aus dem Gemach.

Nun zögerte der Anwalt nicht, aus seinem kalten Loch hervorzutreten und unverweilt unter die Betttücher zu kriechen, wo er sich in allen Himmeln fühlte. Die Kammerfrau knickerte nicht für die zwölftausend Dukaten, und der gute Advokat war ganz erstaunt über den Überfluss in einem königlichen Hause zum Unterschied der kleinen und ängstlichen Ausgaben einer Bürgersfrau.

Sie spielte ihre Rolle gut, die verschmitzte Zofe, sie regalierte den Federfuchser mit kleinen unterdrückten Schreien, die echt klangen, wenn sie's auch nicht waren, wand und bäumte sich wie ein Karpfen auf dem Stroh und machte von Zeit zu Zeit ihr ›ah‹, ›ah‹, was sie jeder andern Rede überhob. Sie gab ihrem Advokaten so viele Fragen auf, und er blieb auf keine einzige die Antwort schuldig, also dass er bald einschlief und dalag wie ein Sack. Er hatte übrigens vorher, um ein Andenken an diese Liebesnacht mit sich zu nehmen, seiner Frau, wie er meinte, in der Hitze des Geraufs und sonstiger Katzbalgerei ein Büschelchen Haare geraubt, ich weiß nicht von welchem Ort, da ich nicht dabei war, und dieses kostbare Pfand kammerzöfischer Tugend hielt er krampfhaft zwischen den Fingern.

Am anderen Morgen beim ersten Hahnenschrei vertauschte die Frau mit der Kammerfrau den Platz und stellte sich wie im tiefsten Schlaf, die Zofe aber gab dem Advokaten einen gelinden Nasenstüber:

»Es ist Zeit«, tuschelte sie ihm ins Ohr, »nehmt Eure Siebensachen zusammen, schon blickt der Tag zum Fenster herein.«

Mit schmerzlichem Bedauern hörte der Advokat diese Aufforderung. Ehe er sich endgültig zurückzog, wollte er wenigstens das Feld seiner Kämpfe und Siege noch inspizieren. Er staunte.

»Seht doch«, sprach er, indem er seine Beute von der verflossenen Nacht hochhielt, »wie kann Blondes von Schwarzem kommen?«

»Bösewicht!«, entgegnete die Zofe. »Die Gnädige wird darüber sehr ungnädig auf Euch sein.«

»Aber, seht doch nur …«

»Was ist da zu verwundern!«, antwortete das Mädchen. »Ihr seid so gescheit und wisst alles, und nun wisst Ihr nicht einmal, dass ausgerissene Pflanzen welken und sich entfärben.«

Mit diesen Worten schob sie ihn zur Tür hinaus, und im Konzert mit ihrer Herrin lachte sie hinter ihm drein wie eine Tolle.

Die ganze Geschichte blieb nicht lange geheim, und der arme Advokat, Schnäpper hieß er mit Namen, starb aus Kummer darüber, dass seine Frau, die so vielen gehörte, ihm allein unerreichbar war; sie aber, die man nur die schöne Schnäpper-Epepp nannte, verließ nicht lange danach den König und heiratete den obbemeldeten jungen

Edelmann, einen Grafen von Butzen-Gimpelfingen. In ihren alten Tagen erzählte sie oft den Streich, den sie dem Advokaten gespielt hat, aus keinem andern Grund, wie sie lachend sagte, als weil sie ihn nun eben einmal nicht riechen konnte.

Daraus können wir lernen, uns nicht an die Röcke einer Frau zu hängen, die nichts von uns wissen will.

Der Erbe des Teufels

Zu Paris, am Münster zu Unserer Lieben Frau, gab es einmal einen alten Chorherrn, der bei St. Peter am Ochsenmarkt ein eigenes schönes Haus bewohnte. Dieser Chorherr war als einfacher Priester nach Paris gekommen, hungrig wie eine Kirchenmaus, nackt wie ein Degen, wenn er der Scheide ermangelt. Aber er war ein schöner Mann und als solcher so üppig begabt und ausgerüstet, dass er bei den Weibsen, wenn es sein musste, die Arbeit von drei andern versehen konnte, ohne je schachmatt zu werden, und es dauerte nicht lange, so war er der Lieblingsbeichtiger der Frauen. Er war sanft mit den Traurigen, er tröpfelte Balsam in kranke Herzen, keine ließ er ohne Trost ausgehen. Verschwiegen war er wie eine Mauer. So wurde er immer berühmter, und seine Kundschaft erstreckte sich bis an den Hof.

Das konnte nun leicht die Eifersucht seiner Oberen, der Herren Ehemänner und anderer wachrufen. Aber die Marschalkin von Quetscherd wusste vorzubeugen. Um die so nützliche und wohltätige Geschäftigkeit des Mannes ganz

mit dem Geruch der Heiligkeit zu umgeben, verehrte sie ihm einen Knochen des heiligen Viktor, der also die Ursache sein musste von den überraschenden Erfolgen des Priesters. Jedem Zudringlichen konnte nun geantwortet werden, er hat einen Knochen, durch den er alles wirkt, und damit stopfte man die frechsten Mäuler, denn an der Kraft einer Reliquie zu zweifeln, galt nicht für wohlanständig.

Er genoss darum im Schatten seiner Soutane den besten Ruf, als ein Mann von Tapferkeit in der Erfüllung seiner Pflichten. Und so lebte er wie Gott in Frankreich, wie die Schwaben zu sagen pflegen, absolvierte drauflos mit seiner Reliquie und wirkte Wunder auf Wunder. Er verwandelte jahraus, jahrein Weihwasser in den besten Wein, und selten wurde damals bei den Notaren von Paris ein Testament gemacht, dem nicht zu seinen Gunsten ein Et-cetera angehängt war oder Kodizill, das einige auch Cadizill schreiben, um anzudeuten, dass es mit cauda zusammenhängt und also nichts anderes sagen will als ein Anhängsel am Testament.

Der heilige Mann hätte zuletzt Erzbischof von Paris werden können. Würde er zum Beispiel einmal gesagt haben, eine Mitra muss doch schön warm geben, schnell hätten sich gewisse Damen den Rang abgelaufen, sie ihm zu verschaffen. Aber er begnügte sich statt aller fetten Pfründen, die man ihm anbot, mit der simplen Stelle eines Chorherrn bei Unserer Lieben Frauen Münster, weil er in diesem Amt seine hübschen Beichtkinder nicht zu vernachlässigen brauchte. Nur als er mit der Zeit schwach in den Hüften und gebrechlich wurde – er hatte allmählich an die Siebzig auf dem Rücken –, erlahmte er in seiner Tätigkeit des Absolvierens und durfte die Zeit gekommen glauben, um sich auf dem süßen Bewusstsein einer langjährigen apostolischen Pflichterfüllung wie auf einem molligen Bett behaglich auszuruhen, umso mehr, als er, wie das gemeine Volk zu sagen pflegt, sein Schäfchen im Trockenen hatte. Er bemühte sich jetzt nur noch für die Damen vom höchsten Rang, so zwar, dass man bei Hofe oft scherzen hörte: Trotz dem Eifer so manches jungen Kaplans sei der Beichtstuhl des Alten bei St. Peter am Ochsenmarkt immer noch die wirksamste Seelenbleiche für vornehme Damen.

So wurde der fromme Chorherr mit gutem Glück ein perfekter Neunziger, sein Haupt bedeckte der Winterschnee, seine Hände zitterten, aber im Übrigen hielt er sich noch immer aufrecht wie ein Turm und hustete ohne Auswurf, nachdem ihm der Auswurf, ohne zu husten, so lange geläufig gewesen war.

Für gewöhnlich saß er freilich festgebannt in seinem Stuhl, er war ja genug in seinem Leben aufgestanden im Dienst der Menschheit; aber er trank, sooft er Durst hatte, und aß wie ein Drescher. Das Reden hatte er sich fast abgewöhnt, nichtsdestoweniger sah er ganz und gar aus wie ein lebendiger Chorherr zu Unserer Frauen Münster.

Weil er aber so die Unbeweglichkeit liebte, tagelang stumm blieb und trotz seines Alters die rosigste Gesundheit auf seinem Gesicht blühte, auch in Erinnerung an gewisse üble Nachreden wegen eines lasterhaften Lebens, die im unwissenden gemeinen Volk früher umgegangen waren, hatten einige schiefe Köpfe, Atheisten und ähnliches Gelichter, denen alle Heiligkeit ein Dorn im Auge ist, das ärgerliche Gerücht ausgesprengt, der wahre Chorherr sei längst tot und seine Seele dahingefahren, statt ihrer aber wohne seit länger als fünfzig Jahren der Teufel in dem dicken Leib des Pfaffen. Ein wenig hatte man ja immer von ihm sagen können, dass er den Teufel im Leib habe, und so manche Schöne, die seine Absolution erfahren, hat es heimlich bei sich gedacht. Aber da nun offenkundig dieser Teufel, derjenige, den die schönen Beichtkinder im Sinn hatten, allmählich recht kleinlaut geworden war, hinfällig und apoplektisch wie der Chorherr selber, dass er sich auch um eine zwanzigjährige Königin nicht vom Fleck gerührt hätte, so gab es einige feine oder auch nur vernünftige Köpfe, besonders in bürgerlichen Kreisen, wo man bekanntlich das Gras wachsen hört, die nicht recht begreifen wollten, was der arme Teufel für ein Vergnügen daran finden könne, in dem faulen Gedärm des Chorherrn zu wohnen und in dessen Gestalt zur herkömmlichen Stunde nach Unserer Frauen Münster zu gehen und sich dort mit dem Rauchfass und dem Weihwasserwedel vor der Nase herumfahren zu lassen.

Auf solche ketzerischen Zweifel erwiderten einige, dass der Teufel sich vielleicht bekehren wolle, und andere, dass er darum die Gestalt des Chorherrn angenommen habe und aus dem verfallenen Haus nicht wich und wankte, um die drei Neffen und Erben des frommen Mannes zu prellen, die keinen Tag vergehen ließen, ohne nachzusehen, ob der Alte seine Augen immer noch nicht geschlossen habe; sie fanden sie aber stets offen und hell und argwöhnisch wie Basiliskenaugen, worüber sie sich natürlich sehr freuten, denn sie liebten, wenn man sie hörte, in der Welt nichts so sehr wie ihren lieben alten Oheim.

Von diesem aber erzählte ein altes Weib, dass er wahr und wahrhaftig der Teufel sein müsse. Ihre Überzeugung gründete sich auf folgenden Vorfall. Zwei dieser Neffen, der Advokat und der Hauptmann, geleiteten einmal nachts ohne Laterne oder Fackel ihren Onkel von einem Abendessen nach Hause, das der Halszuzieher ihm zu Ehren gegeben hatte, und ließen ihn, weil es dunkel war, über einen Haufen Steine hinstürzen, die man am Abend da abgeladen hatte, um dem heiligen Christoph eine Statue zu errichten. Es waren gar harte, scharfkantige Steine, und die beiden Neffen liefen mit großem Lärm und Geschrei fort, um bei der genannten Alten eine Laterne zu holen; als sie aber mit ihrer Leuchte zurückkamen, sahen sie zu ihrer höchsten Verwunderung den Onkel dastehen, fest und aufrecht wie ein Baumstamm. Er war in heiterster Laune und scherzte über den guten Wein des Advokaten und dass er doch noch feste Knochen haben müsse, wenn sie einen solchen Fall überstehen könnten, ohne aus dem Leim zu gehen, wie sie denn in seinem langen Leben Schlimmeres überstanden hätten.

Die guten Neffen hatten nicht anders geglaubt, als ihn tot wiederzufinden. Ihre Hoffnung, den guten Onkel noch zu ihren Lebzeiten auf dem Schragen zu sehen, wurde durch diese Erfahrung beträchtlich verringert. Sie nannten ihn also nicht mit Unrecht ihren guten Onkel, denn wahrhaftig, er war nicht von schlechtem Schrot und Korn. Böse Zungen behaupteten, jene Steine hätten dem guten Chorherrn

den guten Rat ins Ohr geflüstert, in Zukunft lieber seinen eigenen Wein als den seiner Neffen zu trinken.
Von alledem ist so viel sicher und gewiss, dass der alte Chorherr, ob er nun der Teufel war oder nicht, nur noch selten aus dem Haus ging und sich alles eher einfallen ließ, als zu sterben, auch dass er drei Erben hatte, die er liebte wie sein Rheuma, seine Gicht, sein Zipperlein, sein Zahnweh und ähnliche liebenswürdige Gäste an der Tafel des Lebens.

Von diesen drei Erben war der eine der wildeste Landsknecht, der je einen Mutterleib durchbrochen hat – dessen Schoß er nicht übel zugerichtet haben mochte. Denn er war schon mit Haaren auf den Zähnen zur Welt gekommen, er schmauste wie der Heide Goliath, und seine Wohnung war bei allen schlechten Weibsbildern, kurz, er war aus keinem geringeren Teig gemacht als sein Onkel selber, mit dem er nicht nur die Dauerhaftigkeit seiner Kräfte und Säfte, sondern auch ihre Anwendung gemein hatte. In der Schlacht war er stets darauf bedacht, Hiebe und Stöße auszuteilen, aber selber keine zu bekommen, was ja doch das A und O aller Kriegskunst ist. Er scheute jedoch keine Gefahr, und wenn er auch keine andere Tugend hatte, die Tapferkeit konnte ihm niemand absprechen. Er war der Hauptmann von einem Fähnlein Landsknechte und sehr beliebt bei dem Herzog Johann von Burgund, der sich den Teufel drum kümmerte, was seine Soldaten alias trieben. Dieser

Neffe des Teufels hieß mit Namen Schweinsleder; aber seine Gläubiger, als da waren Lombarden, Juden, Mastbürger und andere, denen er gelegentlich die Taschen erleichterte, nannten ihn den ›Gorilla‹, weil er ebenso schlau als fürchterlich sein konnte.

Er war außerdem etwas bucklig, und wehe dem, der dergleichen tat, diese Verunstaltung zu bemerken.

Der zweite Neffe hatte darauf studiert, wie man Unrecht in Recht verdreht und umgekehrt. Er hatte durch die Protektion seines Onkels eine Advokatenstelle am Oberhofgericht erhalten und machte den Rechtsbeistand all der Damen, deren Seelenbeistand ehemals der Chorherr gewesen war. Er hieß allgemein ›der Sauluder‹ in Anspielung auf seinen wahren Namen, denn der lautete Schweinsleder wie bei seinem Bruder, dem Hauptmann. Dieser Sauluder pisste kalt, hatte einen schäbigen, windschiefen Körper, ein eingefallenes fahles Gesicht und eine Physiognomie wie ein Wiesel. Immerhin war er einen halben Groschen mehr wert als der Hauptmann, und ein halbes Quäntchen Liebe für seinen Onkel konnte man ihm nicht absprechen. Nur in den letzten

Jahren war sein Herz leck geworden und die Dankbarkeit Tropfen um Tropfen weggesickert. Er besorgte aber zeitweilig die Geschäfte seines Onkels und versäumte dabei nicht, im Voraus so viel Saft als möglich aus der Erbschaft herauszupressen.

Die beiden Brüder sahen sich leider genötigt, nach Sitte und Herkommen, nach Recht und Gerechtigkeit den Brocken, der ihnen nicht zu dick gewesen wäre, mit einem Dritten zu teilen, einem armen Vetter, einem Schwestersohn des Chorherrn, den dieser wenig liebte und der auf dem Land aufwuchs, wo er die Schweine hütete.

Dieser bäuerliche Viehhirt wurde nun von den beiden Brüdern in die Stadt gerufen und dem Onkel zur Bedienung ins Haus gegeben, in der Berechnung und Hoffnung, dass er durch seine Eseleien, Schweinereien und Tölpeleien, kurz, durch seine Dummheit den Chorherrn mit Leichtigkeit dahin brächte, ihn aus seinem Testament zu streichen.

Seit einem Monat ungefähr wohnte der arme Stoffel, wie der Viehhüter hieß, als einziger Hausgenosse bei dem Onkel, und so ungelehrt er war, begriff er doch, dass es fast vorteilhafter und leichter sei, einen alten Chorherrn zu hüten als eine Herde Schweine. Mit großer Schlauheit spielte er den Dümmling und Demütigen gegen seinen Onkel und machte sich so recht zum Stab und Stecken seines Alters. Er sagte ›Helf Gott!‹ wenn der Onkel nieste, ›Zur Gesundheit!‹, wenn er rülpste, und ›Wohl bekomms!‹, oder ›G'segens Gott!‹, wenn etwas anderes an ihm lautbar und ruchbar wurde. Er gab, wenn es regnete, auf die Katze acht, dass sie nicht nass wurde, war zu jeder Zeit voll Aufmerksamkeit auf jedes Wort des Alten und ertrug mit Lammsgeduld sein ewiges Gehuste, Gezänke und Gestänke. Er versicherte dem Alten ganz aufrichtig, er sei der schönste Chorherr von der Welt, und der Onkel, den man nicht mit der Nase auf seinen Vorteil zu stoßen brauchte, plagte den armen Stoffel, soviel nur in seinen alten Kräften stand, ließ ihn um sich herumtanzen wie einen Kreisel und belustigte ihn von früh bis spät mit seinem ewigen ›Stoffel geh her!‹, ›Stoffel geh weg.‹, ›Stoffel komm wieder!‹.

»Der Tölpel wird mich unter die Erde bringen«, klagte der Chorherr bei seinen Neffen. Als der Stoffel das hörte, gab er sich noch mehr Mühe, es dem Onkel recht zu machen; er spitzte die Ohren wie ein Schäferhund, aber er hatte nun einmal einen Hintern wie zwei Kürbisse, plumpe Glieder und breite Schultern, kurz, mehr von der Art eines schwerfälligen Silen als eines leichtfüßigen Zephyrs. Im Übrigen war er ein frommes Gemüt, nichts machte ihm einen Kummer, also wurde er immer dicker und fetter, lange vor der fetten Erbschaft.

Eines Abends unterhielt sich der Onkel mit ihm über den Teufel, der mit tausend Qualen und Ängsten die armen Seelen martert und die Verdammten am ewigen Feuer röstet, das der liebe Gott zu diesem Ende angezündet hat, usw. Da machte der gute Stoffel zwei Augen so groß wie Pflugräder und lachte ganz albern, das sollte heißen, dass ihm dieser Glaube schlecht einging.

»Du bist also kein Christ?«, fragte der Chorherr.

»Warum nicht gar«, antwortete der Neffe.

»Nun also: Da es einen Himmel gibt für die Guten, muss es da nicht eine Hölle geben für die Bösen?«

»Wieso, Herr Onkel? Der Teufel ist in der Welt Gottes so unnötig wie ein Kropf. Sagt doch selber, lieber Onkel, wenn Ihr hier in Eurem Haus einen nichtswürdigen Kerl hättet, der Euch alles drunter und drüber brächte, würdet ihr ihn nicht hinausschmeißen?«

»Und wie ich ihn hinausschmeißen würde!«

»Nun seht, Herr Onkel, da wäre ja der liebe Gott selber ein

dummer Teufel, wenn in seiner Welt, wo er alles so herrlich und schön gemacht hat, den Teufel herumwirtschaften und sich sein schönes Werk von ihm verderben und verschmutzen ließe. Also ich kann nicht an den Teufel glauben, wenn ich an den lieben Gott glauben soll. Ich möchte ihn einmal sehen, diesen Herrn Teufel. Oh, ich hätte keine Angst vor ihm.«

»Wenn ich das gewiss wüsste«, antwortete der Chorherr, »da brauchte mir nicht bange zu sein wegen der Sünden meiner Jugend, wo ich manchmal etwas allzu verschwenderisch absolviert habe.«

»Absolviert immerzu, Herr Kanonikus, das wird Euch im Himmel hoch angerechnet werden.«

»Du glaubst?« – »Ich bin dessen sicher.«

»Und dir ist gar nicht angst, Christoph, so frech den Teufel abzuleugnen?«

»Bei Gott!«, rief der Stoffel. »Ich kümmere mich um den Teufel so viel wie um eine hohle Nuss.«

»Du wirst bestraft werden für deinen Unglauben.«

»Keineswegs. Der liebe Gott wird mich schon gegen den Teufel zu verteidigen wissen; er ist gewiss nicht so einfältig, als wie ihn die Gelehrten hinstellen.«

Über diesen Worten traten beide Neffen ein; sie hörten am Ton der Stimme, dass der Chorherr den Stoffel nicht allzu sehr hasste und dass er sich über den Tölpel von Bauern nur beklagt hatte, um ihr Misstrauen einzuschläfern und sie heimlich auszulachen. Sie wechselten verständnisvolle Blicke.

Da sie aber ihren Onkel in so guter Laune sahen, wollten sie ihn auf die Probe stellen.

»Angenommen«, sagten sie, »Ihr würdet Euer Testament machen, lieber Onkel, wer bekäme da Euer Haus?«

»Der Stoffel«, antwortete der Chorherr verschmitzt.

»Und die Hypothek in der Dionysenstraße?«

»Der Stoffel.«

»Und den Meierhof zu Ville-Parisis?«

»Der Stoffel.«

»Der Stoffel, der Stoffel! Dieser Stoffel wird also alles erhalten?«, platzte der Hauptmann grob heraus.

»Nein«, antwortete der Chorherr lächelnd, »wer der Schlaueste von euch ist, der wird mein Erbe sein. Ich werde testieren in aller Form Rechtens, und schon bin ich kaum im Zweifel, wer die Braut heimführen wird.«

Und der verschmitzte Chorherr warf dem Stoffel einen Blick zu, ähnlich dem, womit jene geschminkten und gepuderten Weibsen ein geputztes Herrlein in ihre Sackgasse locken und worüber dem Stoffel auf einmal der vernagelte Verstand und solchergestalt ein Licht aufging, als es nur je einem Jungfräulein in der Brautnacht aufgegangen ist. Der Advokat und der Hauptmann ließen es sich ebenfalls gesagt sein. Sie machten ihre Katzbuckel und verließen das Haus, aufs Äußerste empört über die Albernheit des Chorherrn.

»Was meinst du von diesem Stoffel?«, fragte der Sauluder den Gorilla.

»Ich meine, ich meine«, sagte der Landsknecht grollend, »ich meine, ich werde ihm in der Straße auflauern und ihm unversehens seinen Kopf vor die Füße werfen; er kann ihn ja wieder aufheben, wenn er Lust dazu spürt.«

»Holla!«, sprach der Advokat. »Du hast deine eigne Art, Köpfe abzuhauen. Jedermann wird sagen: ›Das war der Schweinsleder.‹ Ich habe einen andern Plan. Ich will ihn zum Abendessen einladen, und nachher wollen wir Sacklaufen spielen. Wir lassen uns in Säcke einnähen und wetten, wer so am besten gehen kann; wenn der Stoffel erst eingenäht ist, werfen wir ihn in den Fluss. Er kann dann schwimmen, wenn's ihm darum ist.«

»Das will überlegt sein«, antwortete der Gorilla.

»Ist längst überlegt«, erwiderte der Advokat. »Wenn nur der Vetter erst zum Teufel ist, wer sollte uns noch die Erbschaft streitig machen?«

»Einverstanden«, sprach der Kriegsmann. »Aber es ist nötig, dass wir zusammenhalten wie die zwei Beine an einem

Rumpf; denn wenn du fein bist wie Seide, so bin ich hart wie Stahl, mein Einfall ist nicht weniger wert als der deine, hörst du?«

»Gut, abgemacht. Aber wie soll er denn nun umkommen, durch das Schwert oder durch den Sack?«

»Du tust ja, als ob wir einen König ermorden wollten. So viel Gerede um einen Tölpel von Schweinehirten! Machen wir aus, dass derjenige zwanzigtausend Taler an der Erbschaft voraus haben soll, der von uns beiden am raschesten ist zur Tat. Ich werde ihm also sagen: Heb deinen Kopf auf, Tölpel!«

»Und ich: Schwimme, mein Freund!« Und der Advokat lachte wie ein offener Hosenlatz.

Dann gingen sie zum Nachtessen, der Hauptmann zu seinem Weibsbild, der Advokat zu der Frau eines Goldschmieds, deren Geliebter er war.

Wer aber war wie aus den Wolken gefallen? Der Stoffel. Denn obwohl die beiden Vettern drunten auf dem Platz zusammen gesprochen hatten und kaum lauter, als man in der Kirche zu sprechen wagt, hatte der Stoffel doch alles gehört, entweder weil die Worte zu ihm hinauf oder weil seine Ohren zu den Worten heruntergestiegen waren.

»Hört Ihr, Herr Onkel?«

»Ja«, antwortete der, »ich höre das Holz, das im Feuer schwitzt und knistert.«

»Und ich«, antwortete Stoffel, »wenn ich auch nicht an den Teufel glaube, so glaube ich doch an den heiligen Michael, meinen Schutzengel. Er ruft mich, ich folge ihm.«

»Geh, mein Sohn«, antwortete schelmisch der Chorherr, »aber nimm dich in Acht, dass du nicht ins Wasser fällst oder deinen Kopf verlierst; denn mir ist, als hörte ich den Fluss rauschen, und das Straßengesindel, scheint mir, ist nicht immer das gefährlichste Gesindel.«

Stoffel verwunderte sich sehr über diese Worte. Er betrachtete sich den Kanonikus. Der Alte schien ihm seltsam aufgeräumt mit seinen gichtkrummen Beinen und seinem flammenden Blick. Aber da er jetzt dem Tod, der ihn bedrohte, den Rang ablaufen musste, dachte er, dass er ein andermal Zeit habe, den Oheim zu bewundern oder ihm die Nägel zu stutzen. Machte sich also auf nach der Stadt mit einer Eile, wie ein Weibsbild, das dem Vergnügen nachläuft.

Die beiden Vettern, die nicht an die divinatorische Erleuchtung glaubten, wie sie manchmal über einfältige Hirten zu kommen pflegt, hatten oft im Beisein des Stoffels, wie wenn er Luft wäre, ihre geheimsten Heimlichkeiten gegeneinander ausgekramt.

Unter anderem hatte eines Abends der Sauluder dem Kanonikus, um ihn aufzuheitern, von seiner Liebschaft mit der Frau eines Goldschmieds erzählt und wie er es anstellte, um dem Gevatter unvermerkt das bekannte Paar Hörner beizubringen, ein Paar goldige, ein Paar feinziselierte und feinskulptierte, ein Paar Hörner mit so reichem figürlichen Schmuck, als nur je ein Gefäß auf der Tafel eines Königs. Diese Goldschmiedin war, wenn man ihn hörte, ein tolles Ding, kühn und verwegen wie nicht leicht eine, die, wenn sie ihren Mann schon die Stiege heraufkommen hörte, die Sache erst recht noch einmal machte, wie wenn es nichts weiter gälte, als eine Erdbeere zu schlucken, dabei das Köpfchen voll närrischer Launen, immer auf neue Streiche denkend und zu allem heiter wie das gute Gewissen selber, zur Freude ihres Mannes, dem ihr Wohlsein naheging wie sein Hemd. Und so durchtrieben war sie, dass weder ihre Liebschaft ihrer Wirtschaft, noch ihre Wirtschaft ihrer Liebschaft schadete, also dass sie nicht nur allgemein den Ruf einer tugendsamen Frau, sondern auch das volle Vertrauen

ihres Eheherrn genoss, der ihr die Schlüssel, die Kasse und alles überließ.

»Und zu welcher Stunde empfängt Euch Eure Dulzinea?«, fragte der Chorherr.

»Jeden Abend. Und oft schlafe ich bei ihr.«

»Aber wie kann das geschehen?«, fragte von Neuem der Oheim.

»Das machen wir so. In einem Verschlag steht ein mächtiger Schrank. In den verstecke ich mich. Nun müsst Ihr wissen, dass der Goldschmied fast jeden Abend bei seinem Gevatter, dem Tuchhändler, speist, mit dessen Frau er so steht wie ich mit seiner eigenen. Wenn er nun nach Haus kommt, tut die Frau so, als ob es ihr irgendwo nicht recht wäre, lässt ihn allein zu Bett gehen und schleicht sich, um ihrem Übel Linderung zu verschaffen, in den Verschlag mit dem Schrank. Am Morgen dann, wenn der Mann vor seiner Goldwaage sitzt, mache ich mich davon. Das Haus hat zwei Ausgänge, einen nach der Straße und einen nach dem Fluss; begegne ich dem Hausherrn, bin ich eben durch das andere Loch, wo er nicht war, hereingekommen, natürlich um mit ihm wegen seines Prozesses zu verhandeln, den ich, als sein Advokat, so lange wie möglich am Leben und in guter Gesundheit zu erhalten suche. Und so ist das eine rentable Liebschaft, für die der Herr Gemahl so viel an Sporteln und sonstigen Advokatenrechnungen bezahlen muss, dass er sich im Stall gut ein paar Pferde halten könnte. Der Mann unternimmt nichts ohne mich; er liebt mich, wie so einer den zu lieben verpflichtet ist, der ihm so fleißig hilft, sein Gärtlein umzustechen, zu gießen und in jeder Weise zu kultivieren.«

An diese Worte dachte jetzt der Stoffel; er machte sich aber unverzüglich auf den Weg, denn er hatte dem Tod den Rang abzulaufen.

Stoffel erinnerte sich aller Einzelheiten dieser Erzählung, und der Instinkt der Selbsterhaltung, der das dümmste Tier richtig leitet, zeigte ihm mit Blitzeshelle den Ausweg aus der drohenden Lebensgefahr. Er eilte also unverzüglich nach der Tuchmachergasse bei der neuen Brücke, wo der Goldschmied um diese Zeit bei seinem Gevatter, dem Tuchhändler Cornelius, und seiner Frau zu Abend zu essen pflegte. Nachdem er an die Tür geklopft und denen hinter dem Gitter geantwortet hatte, dass er dem Goldschmied eine wichtige und eilige Botschaft auszurichten habe, wurde ihm aufgetan. Er winkte den lustigen Goldschmied von den Freuden der Tafel hinweg in eine Ecke des Saals.

»Guter Freund«, sagte er zu ihm, »wenn Ihr wüsstet, dass ein lieber Nachbar Euch die bekannten Zinken auf die Stirn pflanzte – Ihr werdet wohl wissen, dass ich nicht von den Zacken einer Königskrone rede! – und wenn man Euch den übereifrigen Freund gefesselt überlieferte, Ihr würdet Euch gewiss nicht besinnen, ihn in den Fluss zu werfen.«

»Ganz richtig«, antwortete der Goldschmied. »Aber wenn Ihr etwa Schindluder mit mir treiben wollt, so kann es Euch teuer zu stehen kommen.«

»Ich meine es gut mit Euch«, erwiderte der Stoffel, »und Ihr dürft mir's glauben: Ebenso oft als Ihr mit der Gevatterin hier hat drüben der Advokat Sauluder mit Eurer Ehefrau seinen Zeitvertreib. Kommt mit hinüber in Euer Haus, und wenn Ihr den Sauluder nicht bei Eurer Frau findet, so könnt Ihr darauf rechnen, dass in der Kammer, in dem großen Schrank, wo Ihr die alten Kleider aufzuhängen pflegt, derjenige steckt, der Euch, indes Ihr bei andern kehrt, Euer eigenes Stüblein wischt und scheuert. Wenn Ihr mir den Schrank verkaufen wollt, so will ich mich mit einem Karren bei der Brücke halten und Eurer Befehle gewärtig sein.«

Der Meister Goldschmied nahm Mantel und Barett, verabschiedete sich auf Französisch – natürlich, er war ja ein Pariser! – und lief nach seinem Haus, wie eine vergiftete Ratte nach ihrem Loch. Er kommt an, er klopft; man öffnet, er tritt ein, er rast die Stiege hinauf, er findet zwei Gedecke auf dem Esstisch, er hört im Nebenzimmer den Schrank verschließen, und er sieht seine Frau ihm entgegenkommen, mit einem Gesicht, wie wenn sie kein Wässerlein trüben könnte.

»Lieber Schatz«, sagte er, »da sind zwei Gedecke!«

»Natürlich«, antwortete sie unschuldig, »sind wir nicht zwei?«

»Nein, wir sind drei«, antwortete er.

»So kommt der Herr Gevatter zum Nachtessen?«, versetzte sie lächelnd und mit einer Miene der vollkommensten Unschuld.

»Nein«, erwiderte er, »ich meine den Gevatter da drin im Schrank.«

»In was für einem Schrank«, fragte sie, »Ihr seid wohl nicht recht bei Trost? Wo ist denn ein Schrank? Seit wann packt man denn seine Gevattersleute in Schränke? Bin ich etwa die Frau danach, die die Gevattersleute schränkevollweise im Haus hat? Ihr müsst verrückt geworden sein, dass Ihr einen Schrank für einen Gevattersmann haltet. Ich kenne keinen andern Gevatter als den Meister Cornelius, den Tuchmacher, und keinen andern Schrank als den in unserer Schlafstube, wo wir unsere Kleider aufbewahren.«

»Liebe Frau«, erwiderte darauf der Goldschmied, »es gibt gar böse Leute in dieser Welt, und denke dir, da ist mir vorhin ein Kerl in den Weg gelaufen und hat mir gesagt, ich solle doch einmal in dem Schrank draußen im Verschlag nachsehen, ich werde da unsern Freund, den Advokaten, darin finden.«

»So ein Lump!«, rief die Frau. »Sollte man meinen, dass es Menschen gibt, die eine Freude dran haben, anderer Leute Häuslichkeit in Wirrwarr zu bringen.«

»Zum Glück kenne ich dich, mein Liebchen«, entgegnete der Meister, »und du bist mir lieber als zehn alte Schränke.

Da soll kein Hader zwischen uns kommen; der Mann, der mich aufgehetzt hat, ist ein Milchhändler; ich will ihm den Schrank verkaufen, dass er mir aus den Augen kommt, das dumme Möbel könnte mir gelegentlich böse Gedanken machen. Ich würde immer versucht sein, nachzusehen, ob kein Gevatter darin steckt. Da will ich mir lieber zwei kleinere dafür kaufen, worin man allerhöchstens ein siebenjähriges Kind unterbringen kann. Auf diese Weise werden wir am besten die bösen Mäuler stopfen, die deine Tugend verleumden möchten.«

»Tut, wie Ihr sagt«, antwortete die Frau, »mir liegt gar nichts an dem alten Schrank, er ist auch zufällig ganz leer. Unsere Sachen sind beim Schneider zum Ausbessern, Ihr könnt ihn morgen in aller Frühe wegschaffen lassen. Und jetzt, denke ich, wollen wir zu Abend essen.«

»Nicht so schnell«, war seine Antwort. »Es wird mir besser schmecken, wenn der verfluchte Schrank erst aus dem Haus ist.«

Die Frau lachte:

»Es scheint allerdings, dass das verdammte Möbel leichter aus dem Haus als aus Eurem Kopf herauszubringen ist.«

Der Meister rief laut auf den Boden hinauf: »Holla, Gesellen, Lehrbuben!«

In weniger als einem Augenblick waren seine Leute auf den Beinen. Sofort wurde der Schrank gepackt und nach der Stiege getragen. Dabei kam der unglückliche Rechtsverdreher zufällig auf den Kopf anstatt auf die Beine zu stehen, und weil er solche Turnübungen nicht gewöhnt war, scharrte er unwillkürlich mit seinen Stiefeln an den Wänden.

»Der arme Schrank«, sagte die Frau, »er kracht in allen Fugen.«

»Es tut ihm weh, dass er weggetragen wird«, sprach der Mann, »er hatte sich so an Euch gewöhnt.«

Ohne weiteren Widerspruch ließ sich der Schrank die Stiege hinuntergleiten. »Holla, Mann mit dem Karren!«, rief drunten der Goldschmied.

Und Stoffel, von den Gesellen und Lehrbuben unterstützt, machte sich daran, den Schrank aufzuladen.
»Autsch, autsch!«, rief drinnen der vom Hofgericht.
»Meister, der Schrank spricht!«, rief ganz erschrocken ein Lehrbub.
»Französisch oder spanisch?«, fragte der Meister und gab dem Buben einen Tritt vor den dünnen Hintern, der zum Glück nicht von Glas war. Denn es ist immer von Übel, wenn einer behauptet, das Gras wachsen zu hören; und der wollte nun gar einen Schrank sprechen hören!
Dann führte der Stoffel, vom Goldschmied unterstützt, den Schrank zum Flussufer hinunter, ohne auf die laute Beredsamkeit des verhexten Holzes im Geringsten achtzugeben.
Am Ufer beschwerten sie den Schrank mit mächtigen Steinen und warfen ihn ins Wasser.
»Schwimme, mein Freund, schwimme!«, rief Stoffel und klatschte in die Hände, während der Schrank sich drehte und dann untertauchte.
Nachdem dieses Geschäft glücklich beendigt war, machte sich der Stoffel auf nach dem Sankt-Landorin-Gässchen, nahe beim Münster Unserer Lieben Frau. Er suchte dort nach einem gewissen Haus, erkannte es auch alsbald und fing an, heftig an die Tür zu pochen.
»Öffnet«, rief er, »im Namen des Königs, öffnet!«
Auf sein Rufen hin erschien unter der Tür ein weißbärtiger Greis, der niemand anders war als der berühmte Wucherer Nathanael.
»Mich schickt der Profos«, sagte der Stoffel. »Er lässt Euch auffordern, diese Nacht wohl auf Eurer Hut zu sein. Er wird selber das Seinige tun. Der Bucklige, der Euch bestohlen hat, ist wieder in der Nachbarschaft gesehen worden.

Darum also, wenn Euch Euer Geld lieb ist, haltet Euch wach und in Waffen.«
Nach diesen Worten machte sich der Stoffel davon. Er eilte nun nach der krummen Furtgasse in der Sankt-Antons-Vorstadt, wo der Hauptmann Schweinsleder im Haus zur Lilienkron sich ein Fest gab mit der kleinen Lolotte, dem schönsten und begehrtesten Mädchen dieser Art in ihrem Viertel. Nicht einmal ihresgleichen machte ihr diesen Ruhm streitig. Sie wusste Blicke zu werfen, die wie Dolche trafen, und wie keine verstand sie die Kunst, saftige Schweinereien als Leckerbissen einzumachen und um harte Taler loszuschlagen. Und was für Schweinigeleien! Verwegen war sie und schamlos wie nur ein Weib, das keine andere Tugend mehr hat als die Frechheit.
Der gute Stoffel hatte nur eine Sorge: Er könne entweder das Haus der Lolotte nicht finden, oder das liebliche Paar möchte nicht mehr wach sein, wenn er ankam. Aber ein guter Engel fügte alles nach seinem Wunsch. Als er in die krumme Furtgasse einbog, sah er alle Fenster beleuchtet, und überall streckten sich Köpfe heraus mit Nachtmützen und Nachthauben, Männer und Weiber, alte und junge, wie sie gerade aus dem Bett gesprungen waren; man hätte glauben können, es solle bei Fackelschein ein Dieb gehängt oder sonst ein Missetäter hingerichtet werden.
»Was ist denn los?«, fragte der Stoffel einen Bürger, der mit einer Hellebarde herunter an seine Tür geeilt war.
»Oh, nichts«, antwortete der gute Mann, »wir glaubten schon, die Armagnaken seien in der Stadt eingebrochen, aber es ist nur der Schweinsleder, der die Lolotte durchbläut.«
»Wo?«, fragte der Stoffel.
»Dort drüben in dem schönen Haus, wo Ihr über der Tür die Lilienblüt gemeißelt seht. Hört Ihr das Geschrei der Hausknechte und Kammerzofen?«
Aus dem Haus drang ein grässliches Geheul und Mordiogeschrei. Man hörte die Schläge niedersausen, und der Gorilla

mit seiner fetten Stimme schrie: »Du musst hin sein, du Luder! Was, du machst die Widerspenstige, und Geld willst du von mir? Da hast du!« Und dann hörte man die Lolotte stöhnen. Alles zog sich zurück, die Lichter erloschen.

»Hilfe, Hilfe!«, rief sie. »Er bringt mich um.« Dann ein letzter schwerer Schlag, dann das dumpfe Hinstürzen eines weichen Körpers, dann plötzliche Stille.

Stoffel stieg mit dem Hausgesinde die Stiege hinauf. Droben vor dem Saal machte er Halt. Da war ein Durcheinander von zerbrochenen Flaschen, zerrissenen Tapeten, das ganze beschmutzte Tischtuch mit allen Schüsseln und Tellern lag am Boden.

Der ehemalige Schweinehirt, kühn wie ein Mann, der entschlossen ist, alles an einen Zweck zu setzen, riss die Tür auf, die zum Schlafgemach der schönen Lolotte führte. Das Weibsbild lag am Boden auf einem blutübergossenen Teppich; sie war scheußlich zugerichtet, die Haare wirr und verzerrt, die weißen Brüste im Staub und Schmutz des Bodens gebettet. Der Schweinsleder stand verwirrt daneben, er war auf einmal ganz kleinlaut geworden, er machte die Augen größer auf als den Mund.

»Auf, mein liebes Lolottchen«, sagte er endlich. »Spiel nicht

die Tote, komm, lass dich aufheben. Tot oder lebendig bist du entzückend, du Luder, zum Fressen bist du.«
Mit diesen Worten hob er sie vom Boden auf und warf sie auf das Bett. Sie fiel hin, steif und regungslos wie der Körper eines Gehenkten. Da dachte der Landsknecht, dass es Zeit sei, sich rechtzeitig aus dem Staub zu machen, wenn er für diesmal seinen Buckel aus der Schlinge ziehen wolle; doch fiel ihm, da er die Weiber kannte, noch eine List ein.

»Armes Lolottchen«, sagte er, »wie hab ich nur ein so gutes Kind, das ich so sehr liebte, so zurichten können. Ich habe sie wahrhaftig getötet, es ist kein Zweifel mehr. Nie, solange sie lebte, sind ihr die weißen Brüstchen so elend am Körper heruntergehangen. Wie zwei leere Beutelchen, mit einem armen, roten Heller darin, hängen sie ihr an den Seiten.«
Bei diesen Worten öffnete die schöne Lolotte ein wenig das Auge und schielte nach ihrer Brust; sie war weiß und fest wie Marmor. Da kam ihr mit einem Ruck das Leben wieder, sie sprang auf wie eine Furie, und ehe der Hauptmann sich's versah, hatte er eine Ohrfeige weg, die nur so schallte. Die Lolotte lachte.
»Die Toten, die sich nicht verteidigen können, soll man nicht verleumden.«
»Mein liebes Bäschen«, fragte Stoffel mitleidig, »wie hast du es nur angestellt, um ihn so in Wut zu bringen?«
»Wie ich's angestellt habe? Morgen früh kommen die Gerichtsknechte, um mir das Bett unterm Hintern wegzunehmen, und er, der so wenig Geld im Beutel hat wie Tugend in seinem Herzen, schäumte vor Wut, weil ich einem hübschen Junker gefällig sein wollte, der mich allein aus den Klauen des Gerichts erretten könnte.«

»Schweig!«, rief der Hauptmann.»Oder ich werde dir alle Knochen im Leib zerbrechen.«

»Langsam, langsam«, rief der Stoffel, der den Schweinsleder erst jetzt erkannte, »wenn es nichts weiter ist, da kann geholfen werden. Mein Freund, ich bringe Euch eine ganz beträchtliche Summe.«

»Wo, wo ist sie?«, rief der Hauptmann begierig.

»Hört! Lasst es Euch ins Ohr sagen. Wenn einige dreißigtausend Taler heute Nacht unter einem alten Birnbaum irgendwo zusammenkämen, würdet Ihr nicht so mitleidig sein und sie in die Tasche stecken, damit sie keinen Schnupfen bekommen?«

»Stoffel«, rief der Hauptmann, »ich erwürge dich wie einen wütigen Hund, wenn du dich lustig über mich machst, und ich küsse dich, wo du es nur haben willst, wenn du mich sofort und unverweilt in die ehrwürdige Versammlung dieser dreißigtausend Taler führst. Ich will auch ohne alle Gewissensbisse einigen guten Bürgern die Gurgel abschneiden, wenn sie so unvorsichtig sein sollten, mir in den Weg zu treten.«

»Ihr sollt dabei noch nicht einmal eine Nachtmütze totstechen«, erwiderte Stoffel. »Aber hört nun den Fall: Ihr kennt den alten Juden bei Unserer Frauen Münster, nicht weit von der Wohnung unseres Onkels. Seine Hausmagd ist mein Feinsliebchen, und so weiß ich aus bester Quelle, dass der Mann heute Morgen verreist ist, nachdem er unter einem Birnbaum in seinem Garten eine ganze Masse Gold verscharrt hat. Er war überzeugt, dass nur die Engel des Himmels ihm bei seinem Geschäft zuschauten. Aber die genannte Dirne war die Nacht von Zahnweh geplagt und stand gerade an der Luke ihrer Dachkammer, um sich die heiße Backe an der frischen Luft zu kühlen; so belauschte sie, ohne es zu wollen, die Morgenandacht des berühmten Wucherers. Brühwarm hat sie mir ihre Neuigkeit zugetragen. Schwört, dass ich meinen Teil erhalten soll, wie es unter Vettern recht und billig ist, so will ich Euch meine

Schultern leihen, mit deren Hilfe Ihr die Gartenmauer erklettern könnt. An dem Birnbaum, der sich an die Mauer lehnt, könnt Ihr auf der andern Seite hinunterklettern. Und nun: Werdet Ihr noch einmal sagen, dass ich ein Dummkopf und ein Tölpel bin?«

»Bei Gott nicht«, entgegnete der Hauptmann, »du bist mein ganz liebwerter Vetter und ein Ehrenmann obendrein; wenn du je einen Feind hast, dem du das Lichtlein ausgeblasen haben möchtest, siehe, ich bin bereit, meinen besten Freund für dich zu töten. Ich will auch nicht mehr dein Vetter heißen, sondern dein Bruder. – Holla, Schätzchen«, rief er der Lolotte zu, »decke uns von Neuem den Tisch und wasche dein Blut ab, es gehört mir, ich will dir's bezahlen und will dir's tausendfach ersetzen. Lass vom Besten zapfen, beruhige die aufgescheuchten Vögel im Haus, zieh ein frisches Hemdchen an und sei lustig. Sei lustig, ich will es so! Sorge für was Gutes in die Schüssel, und fahren wir mit unsern Nachtgebeten fort, da wo wir aufgehört haben. Morgen früh sollst du reicher sein als die Königin. Jetzt will ich meinen Vetter bewirten. Holla he, Küfergesellen, Küchenjungen, Laufburschen, auf die Beine! Ich habe Lust, das ganze Haus zum Fenster hinauszuwerfen; es wird uns morgen früh doch zehnfach wieder hereinkommen.«

In weniger Zeit, als ein Pfaff braucht, um sein Dominus vobiscum zu sagen, verwandelte sich alles Wehgeheul des Hauses in Lachen, so wie sich vorher alles Lachen in Wehgeheul

verwandelt hatte. Das ist so das Eigentümliche dieser Häuser: Mord und Totschlag sind hier nur ein Gewürz der Liebe; je mehr Gefahr, desto mehr Lust. Freilich, unsere Damen mit den hohen Stehfallumkrägen haben davon keine Ahnung.

Der Hauptmann Schweinsleder machte einen Freudenlärm wie eine ganze Klasse Schulbuben, wenn die Schule aus ist. Er war unermüdlich, dem Vetter einzuschenken, und dieser trank wie ein Bauer, wo's nichts kostet. Er spielte glücklich den Besoffenen; er lallte, morgen wolle er Paris kaufen, wolle er dem König hunderttausend Taler leihen, scheißen wolle er in Gold, mit einem Wort, er schwatzte so verrücktes Zeug, dass es der Hauptmann endlich für an der Zeit hielt, die Teller zu lassen und sich nach den Talern umzusehen. Also machte er sich mit ihm auf den Weg, in der besten Absicht, nach dem Raub und der Teilung ein wenig die Eingeweide des guten Stoffels zu durchsuchen, ob er nicht einen riesigen Schwamm im Magen hätte; denn anders war's nicht zu denken, wie er fast ein halbes Stückfass des besten Heurigen hatte schlucken können, ohne zu platzen. Auf dem langen Weg sprachen sie

LAVIEILLE

über die theologischen Streitfragen des Tages, die sie, man kann sich denken, mehr verwirrten als aufklärten. Und endlich wurden sie stumm, selbst ihre Füße gaben keinen Laut mehr, sacht und sorgfältig schlichen sie sich nach der Gartenmauer, hinter welcher etwas ganz anderes auf sie wartete als die Taler des reichen Juden. Der wiederholt genannte Schweinsleder-Gorilla erstieg die breiten Schultern Stoffels und schwang sich von hier auf den bekannten Birnbaum als ein Mann, bei dem Mauern zu erstürmen zum Handwerk gehört. Aber der fromme Nathanael, der ihm auflauerte, versetzte ihm einen gut gezielten Hieb in den Nacken und wiederholte denselben dreimal so geschickt und mit solcher Wucht, dass nach dem dritten Schlag der Kopf des Schweinsleder auf die Erde rollte, nicht ohne noch vorher die Stimme seines Vetters gehört zu haben, der ihm zurief: »So heb doch deinen Kopf auf, mein Freund!«

Darauf dachte der großmütige Stoffel, in dem die Tugend so eklatant ihre Belohnung erhielt, dass es gescheit wäre, sich jetzt nach dem Haus des guten Chorherrn zu verfügen, wo unterdessen die Erbschaftsfrage sich mit der Gnade Gottes ganz wunderbar vereinfacht hatte. Also machte er sich mit großen Schritten auf den Weg nach Sankt Petri am Ochsenmarkt, und nicht lange, so schlief er wie ein Neugeborener auf seinem Strohsack, als ob es in Ewigkeit keine Vettern auf der Welt gegeben hätte. Am anderen Morgen aber erhob er sich nach Art der Hirten und Bauern mit dem Aufgang der Sonne und begab sich nach dem Zimmer seines Onkels, um sich zu erkundigen, ob er kein Blut spucke, ob er keinen Hustenanfall gehabt, ob er überhaupt gut geschlafen habe. Aber ein alter böser Kauz von Haushälterin sagte ihm, der Chorherr sei zur Mette gegangen, weil man das Fest des heiligen Kriegsmanns Mauritius feierte, des vornehmsten Patrons von Unserer Lieben Frau Münster, und weil zu diesem Tag das ganze Kapitel beim Erzbischof von Paris zur Tafel geladen war.

›Der Chorherr muss nicht mehr recht bei Sinnen sein‹,

dachte Stoffel, ›um sich in so früher Morgenluft einer Erkältung auszusetzen. Wenn er sich mit Gewalt umbringen will, mir kann's recht sein. Ich will ihm aber unterdessen ein gutes Feuer anzünden, an dem er sich erholen kann bei seiner Heimkehr.‹

Der gute Stoffel ging also nach dem Saal, wo sein Onkel sich für gewöhnlich aufhielt; aber wie erschrak er! Denn hier saß, leib und leibhaftig, auf seinem gepolsterten Ledersessel niemand anders als der Chorherr.

»Aber was hat denn die alte Kathrein gefabelt«, sagte er zu dem Mann im Lehnstuhl; »ich wusste doch, dass Ihr viel zu vernünftig seid, um zu dieser Stunde Euer Vergnügen in einem kalten Chorstuhl zu suchen.«

Der Chorherr blieb stumm. Keinen Piepser gab er von sich. Der ehemalige Viehhirt war aber wie alle diese Art Leute nicht ohne Verständnis für das Wesen heiliger Betrachtung. Er wusste auch, dass hohe Greise sich oft in einem entrückten Zustand befinden, wo sie mit den Dingen, die wir nur durch eine übernatürliche Wissenschaft kennen, geheimen Verkehr pflegen und dann Worte murmeln und Reden halten, die gewiss einen tiefen Sinn haben, die wir aber nicht verstehen. Und in ehrfürchtiger Scheu vor einem so außerordentlichen Zustand setzte er sich etwas entfernt in eine Ecke, um zu sehen, was aus alledem herausschlüpfen möchte. Ohne ein Wort zu sagen, wunderte er sich über die langen Nägel des guten Onkels, die sich kurios durch die Schuhe bohrten. Er sah dann nach den Knien seines lieben Onkels, und da gewahrte er eine noch viel mirakulösere und seltsamere Sache: Die Beine des guten Mannes waren rot, so feuerrot, dass sie wie glühende Kohlen durch die Maschen der Strümpfe leuchteten.

›Ist er denn tot?‹, fragte sich der Stoffel.

Aber in demselben Augenblick tat sich die Tür auf, und wer da eintrat, war noch einmal der Chorherr, der mit frostroter Nase geradeswegs aus der Messe kam.

»Aber, mein Onkel«, rief Stoffel, »was ist Euch denn unter

die Hirnschale gekrochen? Ihr solltet Euch wirklich ein bisschen zusammennehmen und nicht da zur Tür hereinkommen, während Ihr schon dort am Kamin in Eurem Sessel sitzt; Ihr könnt wahrlich wissen, dass es einen Kanonikus wie Ihr nicht noch einmal auf der Welt gibt.«

»Oh, Stoffel«, antwortete der Chorherr, »es hat eine Zeit gegeben, wo ich mich oft gern verdoppelt hätte, aber das kann nun einmal der Mensch nicht, er wäre sonst zu glücklich; du aber scheinst das zweite Gesicht zu haben, denn was mich betrifft, ich sehe wahrhaftig nichts von einem zweiten Chorherrn.«

Da wandte Stoffel seine Augen nach dem Sessel, und zu seinem höchsten Erstaunen, wie ihr euch wohl denken könnt, fand er ihn leer; er näherte sich ein wenig und gewahrte auf der Diele ein Häufchen Asche, das noch ein wenig rauchte und gewaltig nach Schwefel stank.

»Zum Kuckuck!«, sagte der Stoffel. »Aber das muss ich sagen, dass sich der Teufel wie ein Kavalier gegen mich betragen hat. So wahr ich Michael Christoffer heiße, ich will für seine Seele beten.«

Dann erzählte er seinem Onkel in aller Unschuld, wie der Teufel für ihn die Vorsehung gespielt hatte und ihm behilflich gewesen war, sich der Herren Vettern auf eine ehrliche Weise zu entledigen. Der Chorherr zeigte viel Bewunderung und ein lebhaftes Verständnis für die lustige Geschichte; denn seine Augen leuchteten noch immer wie die eines Basilisken, und es waren ihm in seinem langen Leben mehr Fälle vorgekommen, wo fromme Christen vorn gezogen und der Teufel hinten geschoben hatte. Auch gab der alte Priester bei dieser Gelegenheit der hohen Weisheit Ausdruck, dass man im Bösen meist ebenso viel Gutes, als im Guten Böses entdecken kann, und dass man es darum am besten Gott und dem Teufel überlässt, wie sie in dieser und in der anderen Welt miteinander auskommen mögen.

Im Grunde war dies nun freilich eine starke Ketzerei, die schon von manchem Konzil verurteilt worden ist.

So aber hat sich die Geschichte zugetragen, wie die Stoffels reich geworden sind, also reich, dass sie später die neue Michaelsbrücke mit dem großen Brunnen bauen konnten, allwo unter dem erzenen Erzengel Michael auch der Teufel keine üble Figur macht, zur Erinnerung der hier erzählten Abenteuer, die wir aus den wahrhaftigsten Geschichtsbüchern ausgezogen haben.

Die Belustigungen des guten Königs Loys des Elften

Der König Loys der Elfte war ein guter Gesell, der zu scherzen liebte und, solange es sich nicht um das Wohl seines Staates und die Sachen unserer heiligen Religion handelte, gern lustig zechte und den ungefiederten Schnepfen nicht weniger gern nachjagte als den gefiederten und anderem königlichen Hochwild. Einige griesgrämige Skribifaxe haben uns diesen guten König als einen bigotten Duckmäuser und Kopfhänger geschildert, ihr Geschrei ist erstunken und erlogen. Der König war seinen Freunden ein guter Freund, er war ein Spaßvogel und Lacher wie nur einer seines Königreichs.

Er war es, der in guten Stunden gern zu sagen pflegte, vier köstliche Dinge gäbe es im Leben: »Frisch trinken, warm scheißen, Hartes eingeben und Weiches schlucken.« Einige haben ihm den Vorwurf gemacht, dass er sich gern mit Waschermadeln und dergleichen Volk eingelassen. Aber auch das ist erlogen, da ja jedermann weiß, dass seine Töchter der Liebe, deren eine legitim gemacht wurde, aus hoch angesehenen Familien stammten und große Häuser gegründet haben. Er hasste freilich allen Flitterkram und alles verschwenderische und prahlerische Getue. Auf den Schein und die Außenseite gab er keinen Dreck. Haushälterisch war er wie einer, den Leuteschindern, Volksaussaugern und sonstigen Blutegeln gab er auch kein Bröselchen zu verdienen. Sie haben ihn darum gehasst und verleumdet. Aber die wahren Gelehrten und Liebhaber der Wahrheit wissen, dass der genannte König in seinem Privatleben ein guter und charmanter Kerl war, und niemals hat er einem seiner Freunde den Kopf abschlagen lassen, womit er dennoch nicht knickerig umging, als wenn er schmählich von einem betrogen worden; seine Rache war immer gerecht. Nur in einem Fall, den Meister Verville erzählt, hatte sich der würdige König geirrt; aber einmal ist keinmal, und außerdem trifft die Schuld mehr den Tristan, seinen Gevatter, als den König selbst. Wenn ihr wollt, erzähle ich euch die Geschichte, wie sie Meister Verville berichtet hat, den ich im Verdacht habe, dass er sich einen Spaß damit machen wollte. Ich mag aber die Sache ganz gern erzählen, weil niemand das ausgezeichnete Werk meines geschätzten Landsmanns kennt. Doch ich kürze und gebe nur die Quintessenz, das Drum und Dran ist ein bisschen weitschweifig, wie die Gelehrten wissen:

»Loys der Elfte hatte die Abtei Tulpenau (wovon in der ›Schönen Imperia‹ die Rede war) einem Edelmann verliehen, der die Einkünfte bezog und sich einen Herrn von Tulpenau nannte. Nun geschah es, dass der König zu Schloss Blitzentürmen oder Blitz-in-Turm Hof hielt, wo dann eines Tages der wahre Abt, ein Mönch, sich an den König herandrängte und ihm vorstellte, dass er es sei, der nach kanonistischem und monachistischem, auch monarchistischem Recht sich Abt von Tulpenau nenne, jener Edelmann aber wäre ein Usurpator und Kirchenräuber. Das möge Seine

Majestät allergnädigst einsehen und dem wahren Abt und Hirten von Tulpenau zu seinem Recht verhelfen. Der König, wie es seine Gewohnheit war, schüttelte seine Perücke und versprach dem Mönch, dass er ihn zufriedenstellen wolle. Dieser aber war ein aufdringlicher und lästiger Geselle, wie alle Esel es werden, wenn man sie in eine Kutte steckt, und stand nun Tag für Tag unter der Tür des Saals, wo der König speiste, und reichte Seiner Majestät das Weihwasser nach der Mahlzeit. Diese Zudringlichkeit ärgerte den König, und am dritten Tag winkte er seinem Gevatter Tristan. – ›Gevatter‹, sagte er, ›hier treibt sich einer von Tul-

penau herum, ein flegelhafter Zudringling, schaff ihn mir aus der Welt.‹ Ob nun der brave Tristan eine Kutte für den Mönch oder den Mönch für eine Kutte nahm, kurz, er ging hin zu dem Edelmann, den man am ganzen Hof den Herrn von Tulpenau nannte, nahm ihn ein wenig auf die Seite und erklärte ihm, dass er sterben müsse, um dem König ein Vergnügen zu machen. Alles Sträuben und flehentliche Bitten nützte dem Armen nichts, er wurde zwischen Hals und Schultern mit einem hänfenen Strick so gekitzelt, dass er sich wahr und wahrhaftig zu Tode lachte, und eine Stunde später konnte Tristan dem König melden, dass der Tulpenauer nach den Auen der Seligen abgereist sei. Aber fünf Tage danach, als welcher der Tag ist, an dem die Toten als Gespenster wiederkommen, sah plötzlich der König den widerwärtigen Mönch in seinem Saal. So etwas war ihm noch nicht vorgekommen. Er ruft den Gevatter und flüstert ihm ins Ohr: ›Ihr habt meinen Befehl nicht ausgeführt?‹ – ›Verzeiht, Majestät, ich habe ihn ausgeführt, der von Tulpenau ist tot.‹ – ›Ei, Gevatter, ich hatte den Mönch gemeint.‹ – ›Ich habe den Edelmann verstanden.‹ – ›Es ist also geschehen?‹ – ›Ja, Majestät‹. – ›So ist es gut.‹ Und sich zu dem Mönch wendend: ›Komm her, Pfäfflein! Auf die Knie!‹ Ihr könnt Euch denken, wie das Priesterlein zitterte. Aber der König lachte. – ›Danket Gott‹, sprach er, ›er hat nicht gewollt, dass Ihr gehängt werdet, wie ich es befohlen hatte. Der Strick hat sich an den verirrt, der Euch Eure Einkünfte weggenommen hat. Gott selbst hat Euch zu Eurem Recht verholfen. Gehet hin und betet für mich, aber für mein Weihwasser lasst mich selber sorgen.‹«

So gnädig und voller Güte war König Loys. Er hätte aus Ärger über den Irrtum den Mönch hängen lassen können, der schuld war, dass der König einen treuen Diener verlor.

In den ersten Zeiten seiner Hofhaltung auf Schloss Blitz-in-Turm (Plessis-les-Tours nennen sie es dortzulande) verschmähte es der genannte Loys, die Tapeten der königlichen Gemächer zu Zeugen seiner Saufgelage und sonstigen Liederlichkeiten zu machen; er hatte noch diesen Respekt vor der eignen Majestät, ein Feingefühl, das seine Nachfolger später abgelegt haben. Er war aber damals in eine gewisse

Dame verliebt mit Namen Rike Süßlöchlin, eine Bürgersfrau aus der Stadt Tours (in deren nächsten Nachbarschaft das ebengenannte Schloss gelegen war), und der König hatte ihren Mann, ich weiß nicht in welchen Geschäften, nach der Levante geschickt und ihr selber in der Vorstadt Finkenbusch ein Haus gekauft, nahe bei der Gurgelschneiderstraße, also genannt, weil die ganze Umgebung für eine unbewohnte und unheimliche Gegend galt. Der genannte Ehemann und seine Frau waren also dem König sehr ergeben, dem die Süßlöchlin eine Tochter schenkte, die als Äbtissin gestorben ist. Die Rike aber war eine gewitzigte Person, mit feinem Mundwerk, von ansehnlichem Leibesumfang, mit zwei ganz enormen natürlichen Kissen vor der Brust, so weiß wie die Flügel eines Cherubs. Im Übrigen war sie als große Philosophin bekannt. Ihre Philosophie war nur gerade nicht die peripatetische, als welche im Gehen betrieben wird. Und eine vollkommene Meisterin war sie in ihrer Wissenschaft, in der sie täglich neue Argumente, Beweise, Konklusionen, Schlüsse und Trugschlüsse und immer neue Ausdrücke und Wendungen fand, womit sie dem König ein großes Vergnügen machte. Auch war sie der lustigste Fink im Finkenbusch, sang und lachte, zwitscherte und trällerte den ganzen Tag, die Nacht mit inbegriffen, und konnte niemand ein Leid zufügen. Kurz, sie verstand ihr Handwerk aus dem Effeff, und der König besuchte sie oft in dem genannten Hause, wobei er auch gern einige gute Gesellen, seine Freunde, mitnahm.

Nur zur Nachtzeit machte er diese frommen Wallfahrten, denn er hatte wie gesagt Respekt vor der eignen Majestät, die er auf solchen Gängen dann nicht mitnahm. Weil er aber selber der Gegend nicht traute, hatte er der dicken Rike die bissigsten und geifrigsten Hunde seiner Meute geschenkt, unheimliche Gesellen, die

jedermann bei der Gurgel packten, ohne erst Achtung zu rufen, und keinen Spaß verstanden, außer mit der Rike und dem König. Sobald dieser seine Ankunft meldete, ließ sie die Rüden los, also konnte der König ungefährdet in das Haus gelangen, zu dessen eisenbeschlagener Tür er den Schlüssel in der Tasche trug, und konnte ohne Furcht vor Verrat seine Freunde regalieren und mit Schindludereien traktieren, ganz wie es ihm beliebte. Und sagt, war das nicht echt königlich gehandelt?

Die lustige Kumpanei konnte umso sorgloser sein, als Gevatter Tristans schirmendes Auge über ihr wachte. Wer es sich in einer solchen Nacht hätte einfallen lassen, auf dem Maifeld von Finkenbusch Astronomie zu studieren, ohne einen königlichen Ausweis in der Tasche, hätte sich im

Handumdrehen in die Lage versetzt gesehen, den Vorübergehenden seinen Segen mit den Füßen zu spenden. Nur mit königlichem Pass gelangte man zu dem Hause an der Gurgelschneidergasse. Denn der König ließ oftmals, seinen Freunden zuliebe und sich zum Spaß, auch aus zarter Rücksicht auf die Rike und ihre Gäste, gewisse Weibsbilder und anderes Volk aus der Stadt herbeiholen, angesehene Bürger nicht ausgenommen, mit denen der König gern einen Jux machte, die aber wohl wussten, dass es ein wenig gefährlich war, aus der Schule zu schwatzen, sodass erst nach dem Tode des Königs das ganze lustige Treiben von der Nacht an den Tag gekommen ist.

Das Possenspiel ›Küss mich am Hintern‹ wird als besonders geniale Erfindung diesem König zugeschrieben. Obwohl dieser urlustige Schwank eigentlich nichts mit dieser Geschichte zu tun hat, will ich ihn doch kurz hier erzählen, weil die Spaßvogelnatur und der erhabene Witz des guten Königs damit in ein besonders helles Licht gerückt werden.

Es gab damals in der Stadt Tours drei berühmte Geizhälse. Der eine war der Gevatter Cornelius, den man kennt. Der andere hieß mit Namen Grapser und trieb einen Handel mit Rosenkränzen, Kreuzen, Kirchenlotterien und anderen vergoldeten und unvergoldeten Bigotterien. Der dritte aber war der Meister Mantschmann, ein reicher Weingärtner. Die beiden letzten waren Touraner und haben trotz all ihrer Schmutzereien sehr angesehene Familien gegründet.

Eines Abends nun, als der König bei der Rike Süßlöchlin einmal wieder einen besonders guten Tag hatte (obwohl es längst Nacht war), weil man vom Besten trank und nicht nur die Soßen, sondern auch die Reden mehr als gewöhnlich gesalzen waren, der König aber bereits im Oratorium seiner lieben Frauen, der Rike Süßlöchlin nämlich, seine brünstig inbrünstige Abendandacht gehalten hatte und nun einen anderen Zeitvertreib brauchte, sagte er plötzlich zu seinen Kumpanen, dem Gevatter Le Daim, der sein Barbier war, dem Kardinal La Balue und dem alten Dunois, der noch wieherte trotz einem Jungen: »Meine Freunde«, sagte er, »ihr sollt heut noch einen Spaß erleben. Ich meine, es müsste ein köstlicher Anblick sein, drei Geizhälse vor einem Haufen Gold zu sehen, daran sie nicht rühren dürfen … Holla!«

Ein Kammerdiener erschien auf seinen Ruf.

»Mach dich auf zu meinem Schatzmeister«, sagte der König, »er soll unverzüglich sechstausend Goldgulden hierherbringen; dann suche mir meinen Gevatter Cornelius auf, du wirst ihn in der Schlosswache finden, dann den Paternosterschacherer in der Schwanengasse und endlich den alten Mantschmann, und bringe ihnen Order, wie sie gehen und stehen vor ihrem König zu erscheinen.«

Nach dieser Unterbrechung fuhr die Gesellschaft fort in ihren geistreichen Tischgesprächen. Sie diskurrierten gerade die Streitfrage, was besser sei, eine Frau, die nach der natura naturans, oder eine solche, die nach Seife riecht, eine magere oder eine fette; und da hier die Blüte der Wissenschaft

versammelt war, so lautete die hochweise Antwort: Die beste sei die, die man wie eine Schüssel voll Austern vor sich habe, just in dem Augenblick, wenn einem Gott einen Gedanken schickt, den man ihr mitteilen kann. Der Kardinal warf die Frage auf, was köstlicher sei für ein Weib, der erste oder der letzte Kuss, und erhielt von der Süßlöchlin die Antwort, dass man sich wohl für den letzten entscheiden müsse, da eine Frau dann genau weiß, was sie verliert, während sie heim ersten noch nicht weiß, was sie zu erwarten hat. Über solchen Reden und anderen, die zum Unglück der Wissenschaft verloren gegangen sind, kamen die sechstausend Goldgulden an, die mindestens den Wert von dreimalhunderttausend Talern hatten, nach unserem heutigen Geld, was auch wieder beweist, wie wir in allen Stücken nur ärmer werden. Der König ließ sie auf einem wohl erleuchteten Tisch aufhäufen, und man konnte beobachten, wie die Augen seiner Freunde bei diesem Anblick unwillkürlich aufblitzten; sie mussten sogar selber darüber lachen. Auch die drei Geizhälse erschienen, blass und zitternd vor Furcht, ausgenommen Meister Cornelius, der mit den Launen und Einfällen seines Königs vertraut war.
»Ihr lieben Leute«, sprach Loys, indem er auf den Haufen Goldstücke wies, »wie gefällt euch das?«
Ihr könnt euch denken, was für Blicke die drei nach dem goldnen Haufen warfen. Die Diamanten der Süßlöchlin waren trüb im Vergleich zu dem stechenden Gefunkel ihrer kleinen Grauäuglein.
»Das soll euer sein«, setzte der König hinzu.
Da sahen die drei Filze nicht mehr die Dukaten, sondern sahen sich selber an, einer den andern, und ich sage euch, drei alte zahnlose Affen, die eine dicke welsche Nuss beschnüffeln und beäugeln, schneiden keine verzwickteren Grimassen und drolligeren Gesichter als diese drei.
»Bei der Jungfrau«, sprach der König, »dem von euch dreien, der, die Hand auf dem Golde hier, den andern dreimal hintereinander sagt: ›Ihr könnt mich am Hintern küssen‹, soll

der ganze Haufen gehören, nur mag er sich in Acht nehmen, dass er ernst dabei bleibt wie ein Fliegerich, der seine Nachbarin notzüchtigt. Wer auch nur im Geringsten das Maul zum Lachen verzieht, zahlt der Frau des Hauses einen Dukaten. Es darf aber jeder die Probe dreimal machen.«

»Das will ich schnell gewonnen haben«, sagte Cornelius, dessen Mund, in der Eigenschaft als Holländer, ebenso ernst und verschlossen war als der Mund der Süßlöchlin, deren anderer Mund sich doch gern jeder Spaßigkeit offen und zugänglich zeigte.

Er legte also entschlossen die Hand auf die Taler und sagte höflich zu den beiden andern: ›Küsst mich am Hintern.‹ Die beiden Geizkragen fürchteten nicht umsonst den holländischen Ernst, sie antworteten: ›Wohl bekomms!‹, so etwa, wie wenn er geniest hätte. Die ganze Gesellschaft und Cornelius selber mussten lachen. Als der alte Mantschmann seine Hand nach den Dukaten ausstreckte, prickelte und kitzelte ihn der Lachreiz derartig, dass sein altes Gesicht, das von Blatternarben durchlöchert war wie ein Sieb, das Lachen so wenig zurückhalten konnte wie ein Seiher das Wasser oder ein alter sprüngiger Ofen den Rauch. Es drang mit Gekicher durch alle Poren, er konnte schon gleich kein Wort hervorbringen.

Jetzt kam die Reihe an den Rosenkranzhändler, ein kleines, spaßiges Männlein; seine Lippen waren zusammengezogen wie der Hals eines Gehängten. Er ergriff eine Handvoll Dukaten, blickte die anderen der Reihe nach an, den König nicht ausgenommen, und mit lauernder Pfiffigkeit sagte er: »Ihr könnt mich am Hintern küssen.«

»Ist er auch sauber?«, fragte Mantschmann.

»Ihr könnt ihn euch ansehen«, antwortete ernst der Rosenkränzler.

Der König fürchtete schon für seine Dukaten; denn Grapser war bereits daran, das sakramentale Wort ohne das geringste Lachen zum dritten Male auszusprechen, als ihm die Süßlöchlin ein Zeichen machte, wie wenn sie sagen wollte: »Ich

auch?«, worüber der zusammengepresste Mund des Bigotterienhändlers ein pfuchzendes Lachen fahren ließ gleich einem Furz.
»Wie hast du es nur fertiggebracht, so lange ernst zu bleiben?«, fragte Dunois.
»Ich habe«, antwortete der Mann, »zuerst an meinen Prozess gedacht, der morgen zur Verhandlung kommt, und dann an meine Frau, die eine verdammte Kratzbürste ist.«
Aus Gier nach dem Haufen Gold versuchten sie das Spiel nun noch einmal und belustigten wohl an eine Stunde den König durch ihre Vorbereitungen, Gesichtsverzerrungen, Fratzen, Grimassen und andere Affigkeiten; aber wie große Duckmäuser sie auch waren und ganz und gar von der Art, die den Ärmel mehr liebt als den Arm, war doch zuletzt das Ergebnis kein anderes, als dass jeder von ihnen der Hausfrau dreihundert Taler zahlen musste. Und mit gesenkten Ohren zogen sie ab.
»Majestät«, sagte Rike, »wollt Ihr es nicht auch einmal mit mir probieren?«
»Papperlapapp«, erwiderte Loys lachend, »ich will ihn Euch gern küssen, aber so teuer darf's nicht sein.«

Das war noch ein haushälterischer König. Er hat es auch in anderen Fällen bewiesen.
Natürlich fanden auch die Freunde des Königs die dicke Rike nach ihrem Geschmack und beehrten sie mit gelegentlichen Nachstellungen. Der vollblütige Kardinal La Balue trieb den Scherz eines Abends in Worten und Handgriffen um ein beträchtliches weiter, als es das kanonische Recht vorschreibt, aber die Süßlöchlin war nicht auf den Kopf gefallen.
»Glaubt mir«, sagte sie zu dem Kardinal, »das Ding, das mein König liebt, braucht noch lange nicht die letzte Ölung.«

Auch Meister Olivier, der Barbier, trug ihr galant seine Dienste an.

»Nun«, sagte sie, »ich werde den König fragen, ob er erlaubt, dass ich mich rasieren lasse.« Da Meister Olivier nicht einmal um Verschwiegenheit bat, schöpfte sie den Verdacht, die beiden könnten im Auftrag und auf Anstiften des Königs gehandelt haben, dessen Eifersucht sie erweckt haben mochte. Am König selber konnte sie sich nicht rächen, sie beschloss also, sich an seine beiden Affen zu halten und ihnen einen Possen zu spielen, an den sie denken sollten. Sie wusste, dass sie zugleich dem König damit das größte Gaudium machte.

Als nun König Loys wieder einmal zum Abendessen kam, hatte Rike eine Dame von hohem Rang bei sich, die Seine Majestät gern gesprochen hätte, um die Begnadigung ihres Mannes zu erflehen. Da gedachte die geriebene Rike nicht nur zwei, sondern drei Mücken mit einer Klappe zu schlagen: die königlichen Hanswürste zu prellen, ihrem Loys einen gespaßigen Abend zu machen und die genannte Dame, ihre Freundin, in die königliche Gunst einzuschmuggeln. Denn diese Dame sollte ihr bei der Posse behilflich sein.

Sie nahm darum den König auf die Seite und sagte ihm, dass es heut einmal einen Spaß geben sollte, wie es noch keinen gegeben habe. Er solle nur die Herren bei Tisch in guter Esslaune erhalten, sie gehörig nötigen, dass sie bis zum Übermaß schöpften und schenkten, und sie nach aufgehobener Tafel nicht aus dem Auge lassen, sie festhalten, sie zappeln lassen, so werde er Gesichter und Grimassen sehen, wie er noch keine gesehen, also dass er gewiss die Dame für ihre Beihilfe an dem saftigen Spaß nur so überschütten werde aus dem Füllhorn seiner königlichen Gunst und Gnade.

»Zu Tisch, meine Herren!«, rief der König in den Saal tretend, »die Jagd war lang, ich habe einen Hunger wie sieben.« Es waren aber gegenwärtig der buckelige Barbier, der Kardinal, ein fetter Bischof, der Hauptmann der schottischen Leibwache und ein Abgesandter des Parlaments. Diese ganze Gesellschaft folgte nun den Damen in die Halle an den gedeckten Tisch und machte sich alsbald mit Fleiß und Eifer daran, sich die Wämser zu wattieren. Was das heißen will? Das will heißen, sich den Magen zu laden wie eine Bombe, die Retorte zu heizen, die Platten zu leeren, mit dem Degen des Kain einzuhauen, gebratene Leichname zu begraben, aus seinem Maul eine Mühle zu machen und aus seinen Zähnen Mühlsteine, philosophischer ausgedrückt: seinen Gedärmen Füllsel zu verschaffen. Wisst ihr nun, was das heißen will? Braucht man, bei Gott! einen Haufen Wörter, um euch die verrostete Gehirntür aufzusprengen!

Der König sorgte dafür, dass sie nicht feierten. Mit wahrhaft königlichen Worten spornte er ihren Eifer an, wenn er nur im Geringsten erlahmen wollte. Er rühmte ihnen den Pickelsteiner mit den gelben Rübchen, er ließ ihnen ganze Berge grüner Erbsen auf die Teller häufen, er sagte zu dem einen: »Warum esst Ihr nicht?«, zu dem anderen: »Trinken wir auf die Gesundheit unserer Wirtin«, und dann wieder zu allen: »Mit diesen Krebsen müssen wir fertigwerden.« - »Schenkt ein zu diesen Lampreten, Fische müssen schwimmen.« - »Bei Gott, ich glaube, dies ist die schönste Barbe der Loire. Da dreht mir nur gleich einem Dutzend Flaschen den Hals um.« - »Dieses Wildschwein ist von meiner Jagd, wer ihm nicht Ehre antut, beleidigt den König.« - »Meine Herren, eine solche Blutwurst habe ich noch nicht gegessen, da schmeckt gelber Sauternes gut dazu.« Und wieder: »Trinkt, meine Herren, der König schaut nicht hin.« - »Zum Wein schmeckt das Süße gut, verachtet mir diese kleinen Kuchen nicht. Und dieses Eingemachte, ihr würdet die Hausfrau kränken, sie hat es selber bereitet.« - »Und seht, wie euch die Birnen anlächeln und diese goldig braunen Trauben. Holla, meine Herren, sie sind von meinem Weinberg.«

Wahrhaftig, dieser König war nicht faul im Zureden. Dazu lachte er mit ihnen, gab derbe Scherze zum Besten, beklatschte die Schweinereien des dicken Kardinals, kurz, es ging zu, wie wenn der König gar nicht der König gewesen wäre. Darüber wurden von Gesottenem, Gebratenem und Gebackenem ganze Wagenladungen voll eingeschifft und der Wein kübelweise in die Rinnen gegossen, die man die Gedärme nennt, als welche sich füllten von einem Ende zum anderen, dass die Wänste schwollen bis zum Bersten und die Bäuche strotzten wie ein Ansbacher Presssack.

Als die Gäste in den Saal zurückkehrten, stand ihnen bereits der kalte Schweiß auf der Stirn, und schon bereuten sie ihre Unmäßigkeit. Der König spielte den Stummen, und die anderen hatten umso weniger Lust zur Rede, als am liebsten ihr Bauch und Hinterer das Wort ergriffen hätten, was zu verhindern keine kleine Anstrengung kostete. Sie fingen an, Schlimmes zu befürchten. Einer sagte heimlich zu seinem Nachbar: »Ich glaube, von dieser Kapernbrühe hätt ich nicht essen sollen.« Ein anderer: »Mir ist, als ob der Aal in meinem Bauch lebendig würde.« Ein Dritter: »Ich wollte, der Teufel hätte die Blutwurst im Leib.« Am meisten hatte der Kardinal geladen. Er hatte auch einen Wanst wie drei Benediktiner-Äbte zusammen, er stieß die Luft durch die Nase wie ein Ross, das Unheil wittert. Ihm entfuhr auch zuerst ein lauter Rülps. Man war aber zum Unglück nicht in Deutschland, wo man dazu ›Helf Gott!‹ sagt. In diesem Punkt verstand der König keinen Spaß. Er fand die gastrische Sprache garstig. Er zog drohend die Augenbrauen in die Höhe.

»Haltet Ihr mich für Euren Messpfaffen?«, fuhr er den Kardinal an.

Alles zitterte, da der König doch sonst einen kunstgerechten Rülps nach Gebühr zu schätzen wusste. Und heimlich berieten sie bei sich, wie sie ihre Ballen Luft auf anderen Wegen gefahrlos über die Grenze schmuggeln könnten, doch

sahen sie leider keine Möglichkeit, wie auch der Wurm in ihnen sich krümmte. Ihre Bedrängnis wurde von Minute zu Minute größer.
Die Rike, die ihre Tortur lächelnd mit ansah, nahm den König auf die Seite.
»Nun gebt acht«, sagte sie, »was ich mir ausgedacht habe. Ich habe mir von Meister Grapser, dem Rosenkränzer und Wachsstockhändler, zwei Puppen machen lassen, die mir und meiner Freundin auf ein Haar ähnlich sehen. Wenn nun die Herren da von den Laxierpulvern, die ich unter die Speisen gemischt habe, sich so bedrängt fühlen, dass sie nicht mehr wissen, wo ein noch aus, und in Hast und Eile das Örtlein suchen, zu dem wir alle unsere Zuflucht nehmen müssen, solange wir im Fleische wandeln, werden sie diesen Stuhl der Könige und Thron der Menschlichkeit immer schon besetzt finden; und Ihr sollt sehen, das gibt einen Heidenspaß.«
Die Damen entfernten sich nun aus dem Saal, und nach einer kurzen Weile kehrte die Rike allein zurück, sodass es den Eindruck machte, als ob die andere Dame sich irgendwo noch ein wenig aufhalte, wo in diesem Augenblick mehr als einer sich hinwünschte, am inbrünstigsten der Kardinal. Diesen aber winkte jetzt der König zu sich heran, und indem er das goldene Kreuz auf seiner breiten Brust ergriff, wie um das Email zu studieren, fing er an, ernstlich von Geschäften zu reden, kam vom Hundertsten ins Tausendste und konnte gar kein Ende finden. Der Kardinal sagte zu allem nur »Ja, ja«, um so rasch als möglich von der hohen Ehrenbezeigung loszukommen; denn er fühlte, wie das Wasser sich in seinen Kellern staute, und hatte eine Mordsangst, den Schlüssel zu jener Tür zu verlieren, wo man die Leute hinauslässt, aber niemand hinein. Die anderen waren nicht

besser daran. Sie machten alle die Erfahrung, dass nicht nur das Wasser, sondern auch der Dreck von Natur die Eigenschaft erhalten hat, als hartnäckig unvernünftige Kreatur mit dem Kopf durch die Wand zu wollen und dem Gesetz der Gravitation zu folgen, wie alles, was Schwere hat. Diese verdammten Substanzen, was sie für ein Bollern und Kollern machten und immer ungebärdiger wurden, gleich allen Gefangenen, denen widerrechtlich die Freiheit vorenthalten wird. So ein Dreck ist vollends ein gar unverschämter Geselle. Er ist so frech, er bricht aus, wo er kann, er stinkt sogar vor der Nase einer königlichen Majestät. Und also waren groß die Gebresten dieser Herren, die all ihre Kraft und Wissenschaft zusammennehmen mussten, um nicht vor den Augen des Königs ausgemachte Scheißkerle zu werden. Der gute Loys tat, als ob er nichts merkte. Seine Güte war heut grenzenlos. Er zog einen nach dem anderen ins Gespräch, und wenn er dann sah, wie sie die Zähne aufeinanderbissen, wie ihre totenblassen Gesichter sich verzerrten, wie ihnen der kalte Schweiß von der Stirn tropfte, hatte er so recht das Gefühl, bei Gott! dass es sich doch noch der Mühe lohne, ein König zu sein.

»Bei der Heiligen Jungfrau«, sagte der Parlamentsherr zu dem Barbier, »ich würde mein Amt dafür geben, wenn ich mich auf anderthalb Minuten an den Hasengraben wünschen dürfte.«

»Ja, ja«, antwortete Meister Olivier, »es geht nichts über einen guten Schiss, und wahrhaftig, ich wundere mich nicht mehr über die Fliegen, die alles um einen her vollmachen.«

Unterdessen dachte der Kardinal, das oberhofgerichtliche Verhör der Dame müsse doch einmal ein Ende erreicht haben. Mit einem heftigen Ruck, wobei das Kreuz in des Königs Hand blieb, riss er sich los, und ›laufst nicht, so gilts nicht …‹

»Holla, Kardinal«, rief der König, »ist der Teufel in Euch gefahren?«

»Wahrhaftig«, schrie das Ungetüm von La Balue, »er will aber mit Gewalt wieder heraus.« Unter diesen Worten entwischte er, indem er es den anderen überließ, seinen Witz zu belachen. Mit großen Schritten strebte er dem gebenedeiten Örtlein zu, riss die Tür auf, auch ein wenig die eigene Hintertür, und fuhr zurück. Wie ein Papst, wenn er gesalbt wird, saß da die Dame auf dem Stuhl. Der Kardinal machte also seinen Riegel von hinten wieder sicher; er gedachte nun in den Garten zu kommen. Aber er hörte die Hunde anschlagen und fürchtete für seine kostbaren Hemisphären. Und nicht wissend wohin, mit dem ungeduldigen Gast im Gedärm, mit klappernden Zähnen, wie vom Fieber geschüttelt, erschien er wieder in dem Saal. Bei seinem Erscheinen glaubten die Übrigen, er sei glücklich genug gewesen, seine natürliche Kloake und geweihten Abzugskanäle zu entleeren. Schnell, wie wenn er ein gemeiner Ausüber seiner Profession gewesen wäre, erhob sich der Hofbarbier und gewann, ehe ihm ein anderer zuvorkommen konnte, die Tür. Er ließ seinem Sphinkter schon jetzt die Zügel ein wenig locker, und indem er eine Melodie zwischen den Zähnen summte, eilte er nach dem hochnotpeinlichen Gerichtsstuhl. Aber es erging ihm nicht anders als dem Kardinal. Er richtete an die Adresse dieser ewigen Scheißerin ein kurzes Gemurmel von Entschuldigungen, und so hastig wie er das ersehnte Pförtlein geöffnet hatte, schloss er es wieder und erschien, ohne abgeladen zu haben, vor dem König.

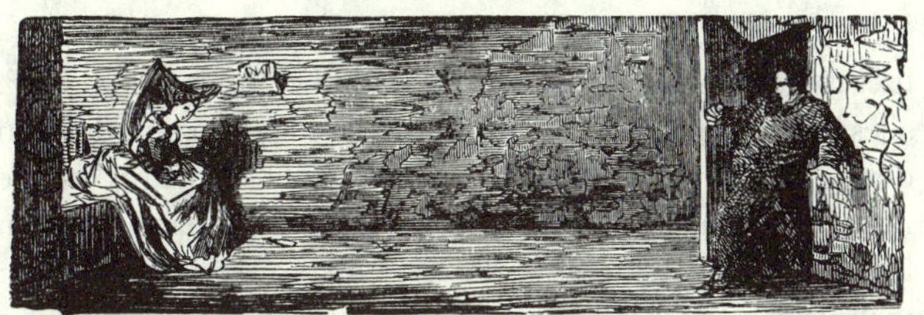

So einer nach dem anderen. Aber nicht lange, so waren sie alle wieder um den König herum, und jeder wusste vom anderen nur zu gut, wo ihn der Schuh drückte. Sie verstanden einander sozusagen besser in dem, was ihnen vom After, als was ihnen vom Munde ging. Denn in der Sprache dieser natürlichen Dinge gibt es keine Zweideutigkeiten. In ihr kommt ein ganz allgemein verständlicher Rationalismus zum Ausdruck und eine Wissenschaft, die wir alle schon mit auf die Welt bringen.

»Mir scheint«, sagte der Kardinal, »dass diese Dame kacken will bis morgen früh. Was ist denn der Rike nur eingefallen, eine solche Diarrhöetikerin einzuladen.«

»Über eine Stunde drückt sie nun schon daran herum, wozu mir eine halbe Sekunde genügen sollte«, antwortete Meister Olivier. »Dass sie doch die Pestilenz kriegte!«

Man müsste sie gesehen haben, wie kläglich sie aussahen, wie sie sich nicht am Platz halten konnten, wie sie von einem Fuß auf den anderen trippelten, die Zähne aufeinanderbissen, dass ihnen das Wasser aus den Augen rann, wie sie jetzt erblassten, jetzt einen roten oder blauen Kopf bekamen, wie sie hörbar aufatmeten, als die verwünschte Dame endlich im Saal erschien. Oh, wie sie sie schön fanden und ganz holdselig. Sie hätten sie küssen mögen, küssen dort, wo sie's so brannte. Nie in ihrem Leben hatten sie so beglückt den Eintritt des Tages begrüßt, wie den Eintritt dieser Befreierin aus der höchsten Not.

Unverzüglich erhob sich der Kardinal. Die anderen standen bescheiden zurück und fassten sich in Geduld. Dem Klerus gehört der Vortritt. Ihre Grimassen wurden aber immer fürchterlicher, worüber der König sich im Geheimen höllisch freute und nicht weniger die Süßlöchlin, in deren Kopf alles entsprungen war. Der schottische Hauptmann, der von dem gepulverten Gericht am meisten gegessen hatte, konnte nicht mehr an sich halten; kein Zähneaufeinanderbeißen half mehr, er dachte also, der Gescheiteste gibt nach, oder vielmehr er dachte gar nichts, es entfuhr ihm einfach. Er hatte gehofft, es werde nur ein leiser Wind sein. Aber nein, in seiner ganzen Pracht und Fülle entfuhr's ihm, und er hatte nur noch die Hoffnung, dass das Zeug wenigstens so anständig sein werde, in der Gegenwart des Königs nicht zu stinken.

In diesem Augenblick erschien, fürchterlich zugerichtet in seinem Aussehen, auch der Kardinal wieder im Saal. Er hatte draußen die Rike auf dem Posten gefunden, und nun stand sie auch hier vor ihm. Er glaubte ein Gespenst zu sehen in seiner Qual, und ein verzweifelter Fluch entfuhr ihm.

»Was soll das?«, fragte der König mit einem Blick, dass der Priester in den Boden sinken zu müssen glaubte. Doch gibt ein Pfaff seine Sache nicht so schnell verloren.

»Majestät«, antwortete La Balue, »die Dinge des Jenseits gehören zu meinem Amt, und da muss ich Euch sagen, dass es in diesem Haus, wie mir scheint, nicht mit rechten Dingen zugeht.«

»Willst du deinen König zum Narren haben?«, schrie Loys der Elfte. Seine Stimme nahm einen Ton an, dass die ganze Gesellschaft nun schon aus Angst in die Hosen machte.

»Ihr vergesst den Respekt vor der königlichen Majestät!«, rief der König in so gut gespieltem Zorn, dass sie erbleichten. Zugleich öffnete er ein Fenster: »Holla, Gevatter Tristan!«

In wenigen Minuten stand er im Saal, der Oberhofscharfrichter Seiner Majestät. Und da es lauter Lumpenkerle waren, denen nur die Sonne der königlichen Gunst den Schein von etwas gab, so genügte auch der leiseste Wink des Königs, wenn ihn der Zorn ankam, um sie ins Nichts zurückzuschleudern; das wussten sie wohl, und mit Ausnahme des

Kardinals, der sich auf sein geistliches Gewand verließ, standen sie da wie der Dieb vor dem Galgen.

»Führe die Herren zum Hofgericht ab«, sprach der König, »zum Hofgericht am Maifeld. Sie haben alle die Hosen voll …«

»Nun, hab ich meine Sache nicht gut gemacht?«, sagte die Rike.

»Die Posse ist gut, aber sie stinkt teuflisch«, antwortete der König lachend.

An diesem königlichen Wort merkten die Gäste, dass es diesmal nicht um ihre Köpfe ging, und dankten dem Himmel. Wirklich, dieser König verstand noch einen Spaß. Er war kein böser und heimtückischer Mensch. Das sagten auch seine Gäste, während sie sich am Rand des Maifelds zu ihrer Bequemlichkeit hinsetzten und Gevatter Tristan als guter Franzose ihnen Gesellschaft leistete, der ihnen auch später auf dem Heimweg das Geleit gab. Von daher aber schreibt sich die Gewohnheit der Bürger von Tours, nirgendwo lieber sich die Hosen zu lüften als auf dem Maifeld von Finkenbusch, wo einmal so vornehme Hofleute geschissen hatten.

Von diesem großen König muss ich noch eine hübsche Sauerei erzählen. In der nächsten Nachbarschaft der Rike wohnte ein altes Fräulein namens Godeganz, ein unglückliches versauertes Wesen in seiner welken gelblichen Haut und voll Verbissenheit über die Welt, wo sie in langen vierzig Jahren für ihr Töpfchen keinen Deckel gefunden hatte und jungfräulich geblieben war wie ihre Nachthaube.

Ihre Wohnung in der Jerusalemer Straße war auf der einen Seite nur durch ein schmales Gässchen von dem Haus der Süßlöchlin getrennt, sodass man von dem Balkon dieser Dame alles sehen und hören konnte, was in den Zimmern der Godeganz vorging, und hundertmal machte sich der König das Vergnügen, zusammen mit seinem Kebsweib, das ahnungslose alte Mädchen zu belauschen. Nun geschah es, dass der König eines Tages einen Bürgerssohn der Stadt

Dore
LAVIEILLE

hängen ließ, der einer ältlichen Edeldame Gewalt angetan, weil er sie für ein junges Mädchen gehalten hatte. Dabei war an sich kein Unglück, die Dame konnte es sich noch zur Ehre anrechnen, für eine Jungfrau angesehen worden zu sein; aber der Bursche wurde wütend, als er seinen Irrtum

merkte, überhäufte die Dame mit Schimpfreden, und da er den Verdacht hegte, mit Absicht getäuscht worden zu sein, nahm er ihr einen goldenen Becher aus der Tasche, um wenigstens auf seine Kosten zu kommen, wie er sagte. Er war ein so schöner Bursche, dass jedermann zusehen wollte, als er gehängt wurde, teils aus Bedauern, teils aus Neugierde, doch sah man natürlich mehr Hauben in der Menge als Hüte. Der Bursche baumelte auch wirklich ganz lustig an seinem Strick, und nach der Sitte der Gehängten jener Zeit machte er seinen Ritt ins Jenseits ritterlich mit vorgestreckter Lanze. Den ganzen Tag sprach man von nichts als von dem schönen Gehängten, und einige Damen meinten, es sei doch jammerschade, dass ein solches Prachtstück von Lanze außer Brauch gesetzt werde.

»Was meint Ihr«, sagte die Rike zu König Loys, »wenn wir den Burschen der Godeganz ins Bett legten?«

»Sie würde allzu sehr erschrecken«, meinte der König.

»Nicht die Spur«, erwiderte die Süßlöchlin; »die Godeganz hat sich so lange vergeblich nach einem Lebendigen gesehnt, dass sie zuletzt auch um einen Toten froh sein wird. Noch gestern habe ich ihr zugeschaut, wie sie vor dem Barett eines jungen Mannes, das sie auf eine Stuhllehne gehängt hatte, sich ganz toll aufgeführt; ihr Geplausch und Getue dabei würde Euch nicht wenig ergötzt haben.«

Es war um die Stunde des Abends, wo das vierzigjährige Mädchen zur Vesper ging. Der König ließ den Gehängten, der gerade seinen letzten Schnaufer getan, abschneiden und herbeischaffen. Zwei Soldknechte bekleideten ihn mit einem frischen Hemd, brachten ihn mittels einer Leiter über die Gartenmauer der Godeganz und von dort nach deren Schlafkammer auf der Seite des Süßlöchlinschen Hauses. Im Bett des Fräuleins drückten sie ihn hart an die Wand, strichen die Decke glatt und machten sich aus dem Staub. In dem Balkonzimmer der Süßlöchlin aber pflegte der König mit seiner Dame des Brettspiels bis zur Stunde, wo drüben das pünktliche Mädchen sich jeden Abend schlafen legte. Mit kleinen, sachten Mädchenschritten kam die Godeganz von der Kirche zurück, von Sankt Martins Münster, das nahe lag, da die Jerusalemer Straße gerade auf den Münsterplatz hinausläuft. Tritt also das gute Ding in seine Stube, legt seine Almosentasche, sein Stundenbuch, seinen Rosenkranz ab und mit was sonst für frommem Kram sich alte Betschwestern zu umgeben pflegen; sie deckt ihr Feuer auf, facht die Glut an, wärmt sich die magern Hände, streichelt und liebkost die Katze, weil sie nichts anderes hat, geht in ihr Speisekämmerlein, um sich selber ihr Essen aufzutragen, setzt sich mit einem Seufzer hin und isst und trinkt in der traurigen Gesellschaft ihrer vier Wände. Und nachdem sie gegessen und getrunken, lässt sie ein Fürzlein hören, nicht ahnend, dass es ein König vernehmen würde.

»Was meint Ihr«, sagte Loys der Elfte zur Rike, »wenn ihr der Gehängte plötzlich ein ›Wohl bekomms!‹ zuriefe?« Über

diese Bemerkung wären beide fast in lautes Lachen herausgeplatzt.
Und besonders aufmerksam sah der allerchristlichste König zu, wie das alte Mädchen nun anfing, sich zu entkleiden, indem es sich selbst bewunderte und sich da und dort kratzte, wo sie's juckte, wie es sich die Zähne putzte und ein Geschäft nach dem andern abmachte, dem die Damen nun einmal unterworfen sind, die Jungfrauen und die andern, was ihnen ein so großes Leidwesen ist. Aber ohne solche kleine Schwächen der Natur wären sie allzu stolz und gar nicht mehr zu haben.
Endlich war die Godeganz so weit, die musikalische Zwiesprache mit ihrem Töpfchen zu Ende …
»Gebt acht«, sagte die Rike, »jetzt deckt sie das Bett auf.«
In diesem Augenblick hörte man einen Schrei. Mit einem Sprung war sie wieder aus dem Bett. Sie dachte aber nicht, dass es ein Toter sei, sondern meinte, er stelle sich nur so.
»Das ist mir ein übler Spaß«, sagte sie. »Wollt Ihr Euch nun gleich davonmachen oder nicht!« Ihre Worte klangen mehr bittend als bös. Als sie aber sah, dass sich nichts rührte, untersuchte sie die Bescherung etwas näher, voll Erstaunen und Verwunderung über die strotzende Fülle männlicher Herrlichkeit. Endlich erkannte sie den gehängten Bürgerssohn. Sofort kam ihr der Gedanke, ob hier nicht Rettung möglich. Und begann mit sachkennerischen Manipulationen und Experimenten ihr Möglichstes zu tun.
»Was macht sie denn?«, fragte der König die Rike.
»Sie macht Wiederbelebungsversuche an ihm, das ist ein Werk der christlichen Barmherzigkeit.«
Und die Godeganz rieb und klopfte an dem schönen Toten herum und flehte zur heiligen Maria von Ägypten, dass sie ihr doch behilflich sein möge, den Mann wieder lebendig zu machen, der ihr so unerwartet und ganz verliebt vom Himmel herunter ins Bett gefallen war. In der Tat gelang es ihr, den Körper ein wenig zu erwärmen, schon schien es, als ob er die Augen aufschlagen wolle, sie legte ihre Hand auf sein

Herz, und sie fühlte wahrhaftig ein leises Pochen. Sie verdoppelte nun ihre Anstrengungen, entwickelte einen solchen Feuereifer, dessen nur die ewig unterdrückte Liebesglut eines alten Mädchens fähig ist, und hatte die unaussprechliche Freude, den schönen Mann, mit dem der Henker offenbar kein Meisterstück gemacht, ins Leben zurückzubringen.

»Da seht Ihr, wie ich bedient werde«, sagte der König lachend. »Ich hoffe, Ihr werdet ihn nicht zum zweiten Mal hängen lassen«, erwiderte Rike, »der Mann ist gar zu schön.«

»Das Urteil lautet nicht, dass er zweimal gehängt werden soll, aber, bei Gott! dafür soll er die Godeganz heiraten.«

Die alte Jungfer war unterdessen fortgesprungen, um einen Bader herbeizurufen, der nichts Eiligeres zu tun hatte, als nach seiner Lanzette zu greifen.

»Es ist zu spät«, sagte er kopfschüttelnd. »Ihr seht, nicht ein Tropfen. Die Transfusion des Blutes nach den Lungen hat sich bereits vollzogen.«

Doch was war das? Da sickerte ein kleines winziges Tröpfchen, und da noch eines, dann Tropfen auf Tropfen, und schon rötete das junge Blut die Tücher. Der Gehängte kam von seiner apoplektischen Erstarrung, die noch im Anfangsstadium war, zurück, er begann sich zu bewegen und schlug die Augen auf … doch nur, um sie sofort wieder zu schließen und nach dem Gesetz der Natur in Erschlaffung und Erschöpftheit zurückzusinken. Die krampfhafte Spannung aller Muskeln und Nerven ließ nach, und die strotzende Fülle der männlichen Pracht sank in sich zusammen. Die gute alte Jungfer, die mit ängstlich aufmerksamen Blicken all diese Vorgänge und Verwandlungen verfolgt hatte, zog den Chirurgen am Ärmel, und indem sie ihn mit einer schämigen Augenverdrehung auf vorliegenden Vorfall und Verfall aufmerksam machte:

»Wird er nun immer so bleiben?«, fragte sie.

»Die meiste Zeit«, antwortete der wahrhaftige Chirurgus.

»Wie schade, da war er mir gehängt fast lieber …«

Bei diesen Worten brach der König in lautes Lachen aus, worüber das arme Mädchen und der Bader nicht wenig erschraken. Sie gewahrten durch das Fenster hindurch den König und sahen den Geretteten in ihrer Angst bereits zum zweiten Mal gehängt. Aber der König hielt Wort und verheiratete sie miteinander. Damit aber die Gerechtigkeit nicht zu kurz komme, gab er dem Neuvermählten, der seinen bürgerlichen Namen am Galgen verloren hatte, den Namen eines edlen Herrn von Totleben, und da sich unter dem Strohsack der Godeganz ganze Nester voll goldener Dukaten fanden, gründeten beide eine hoch angesehene Familie, die in unserm Land fortblüht bis auf den heutigen Tag. Der Herr von Totleben selber leistete dem König Loys dem Elften bei verschiedenen Anlässen die wichtigsten Dienste; aber dem Galgen und den alten Weibern ging er ängstlich aus dem Weg, und nie wieder hat er sich bei Nacht und Nebel auf ein verliebtes Abenteuer eingelassen.

Daraus können wir lernen, keine Katze im Sack zu kaufen und uns mit keiner Frau einzulassen, wenn wir nicht genau wissen, ob es Herbst oder Frühling bei ihr ist. Denn wenn wir auch nicht immer gehängt werden für einen solchen Irrtum, so können wir doch großen Verdruss davon haben.

Die Frau Konnetabel

Der Konnetabel von Armignak heiratete ihres hohen Ranges und Vermögens halber die Gräfin Berta, die längst ein Auge auf den kleinen Savetz geworfen hatte, den Sohn des Kämmerers Seiner fast kranken Majestät, des Königs Karl des Sechsten.

Der Konnetabel war ein roher Kriegsmann von wenig vorteilhaftem Aussehen, eine ehrliche Haut, aber gelb und gegerbt von Sonne und Wind und haarig über und über. Die Worte, die ihm aus dem Munde kamen, waren so wenig gewaschen wie er selber. Er war ein gewaltiger Haudegen, doch nichts weniger als eine ziselierte Damaszener Klinge. Immer roch er nach dem Staub und dem Schweiß der Schlachten; immer träumte er Gefecht und Gemetzel; er

war ein großer Stratege, ausgenommen auf dem Schlachtfeld der Liebe. Hier war er nichts als ein roher Landsknecht. Er machte mit den Schüsseln, die ihm die Liebe vorsetzte, allzu kurzen Prozess, wie einer, der mit seinen Gedanken überall eher ist als beim Essen. Das lieben aber die Damen ganz und gar nicht, sondern wie sie mit Leib und Seele bei der Sache sind, so verlangen sie es mit Recht auch vom Mann. Kurz, sein ruppiges Leder und die zarte weiße Haut der Frau Berta gingen schlecht zusammen, wenn sie gleich kopuliert waren, und die Träume seiner Frau beschäftigten sich mehr denn je mit dem genannten Karl Savetz und vice versa.

Und nicht nur in Träumen beschäftigten sie sich zuletzt miteinander, sondern da beiden der Sinn nach derselben Musik stand, hatten sie gar bald ihre Noten und Instrumente auf denselben Ton gestimmt, und die Königin Ilsebill, die böse Bayerin, war es, der zuerst auffiel, dass das Pferd des Herrn von Savetz öfter in dem Stall ihres Vetters, des Konnetabel, gesehen wurde, als im Königspalast bei Sankt Paul, wo der Kämmerer wohnte, seitdem sein Schloss, wie jedermann weiß, auf Betreiben der Universität zerstört worden ist. Diese gewitzigte Fürstin befürchtete einen schlimmen Ausgang der Sache für ihre Base Berta; sie wusste, dass der Herr Konnetabel mit Stich und Hieb so freigebig war wie ein Priester mit seinen Segensprüchen.

Und als sie eines Tages in der Kirche am Weihwasserkessel mit ihrer Base zusammentraf, die gleichzeitig mit Savetz ihre Finger in die Schale tauchte, da machte die genannte ganz und gar durchtriebene Königin eine bedenkliche Miene.

»Meine Liebste«, sagte sie, »kommt es Ihnen nicht so vor, als ob Blut in dem Wasser wäre?«

»Hohe Frau«, antwortete Savetz, »die Liebe erschrickt nicht vor Blut.«

Diese Antwort gefiel der Königin. Sie schrieb sie sich hinter die Ohren und bekam später Gelegenheit, daran zu denken. Das war, als ihr Herr, der König, einen ihrer Liebhaber umbringen ließ, denselben, dessen Gunst bereits in dieser Geschichte ihren Anfang nimmt.

Nichts indessen ist so vorsichtig als Liebe in ihrem ersten Frühling; nichts ist da den Liebenden so heilig als das Geheimnis ihres Herzens. Ihr Glück scheint ihnen noch einmal so schön unter dem Schleier des Mysteriums, und die hunderterlei Listen und Betrügereien, die nötig sind, empfinden sie als die stärkste Würze ihrer Seligkeit. Aber oft genügt ein Augenblick, um all diese Klugheit und Vorsicht zuschanden zu machen. So eine arme Frau verfängt sich in

ihrem Glück wie in einem Netz, und der Geliebte denkt nicht mehr an all die tausend Kleinigkeiten, die ihn verraten könnten. Ein abgerissener Knopf, ein paar vergessene Sporen, eine ausgegangene Ärmelfranse, irgendein hämischer Zufall, und das Unglück ist geschehen; das Schwert fährt brutal dazwischen, und oft genug steht der blutige Tod am Ende eines so lustigen Spiels. Aber ein rechter Verliebter macht auch dem Tod keine böse Miene, denn es gibt unrühmlichere Arten zu sterben, als durch den Degen des

Ehemannes. Vielmehr ist ein solcher Tod als ein ganz besonders glücklicher zu preisen, wenn man anders beim Tod von Glück reden darf.

Also tragisch aber endete die Liebe zwischen Berta von Armignak und Karl von Savetz.

Eines Morgens bei seinem Erwachen sah der Konnetabel eine gute und freundliche Stunde vor sich; er hatte mit seinen Leuten, die man nicht anders als die Armen-Jacken nannte, den Herzog von Burgund bei Lagny in die Flucht geschlagen, und so kam ihm der Einfall, seiner lieben Frau einmal ›Guten Morgen‹ zu wünschen. Sanft und zaghaft wollte er sie aufwecken, damit sie nicht böse werde; sie aber war so eingemummt in den dicken Schlaf des Morgens, und ohne die schweren Augenlider zu öffnen, sagte sie:

»Lass mich doch, Karl.«

Das war ein Heiligenname, der nicht zu den Patronen des Konnetabel gehörte. Ohne sich weiter um seine Frau zu kümmern und mit blutunterlaufenen Augen und bloßem Degen stürzte er nach der Kammer, wo die Zofe der Gräfin schlief; er dachte ganz richtig, dass die ihre Hand mit im Spiel haben könnte.

»Verteufelte Kupplerin«, schrie er, »sprich dein Gebet, du musst sterben, und das wegen eines gewissen Karl, der durch die Träume der Herzogin geht.«

»Ach, gnädiger Herr«, antwortete das Mädchen frech, »Ihr habt wohl selber geträumt?«

»Nicht gefackelt!«, brüllte der Konnetabel. »Wie eine Fliege auf eine Stecknadel, so spieße ich dich auf mein Schwert, wenn du mir das Geringste verheimlichst.«

»Spießt mich«, schrie das Mädchen, »von mir werdet Ihr nichts erfahren.«

Das war eine tapfere Antwort. Aber der Konnetabel in seiner Wut hatte dessen nicht acht. Er stieß dem Mädchen sein Schwert in den Hals und raste zurück nach dem Zimmer seiner Frau. Unterwegs auf der Treppe begegnete ihm sein Stallmeister, den das Geschrei der Zofe aufgeweckt hatte.

»Schau einmal oben nach«, sagte der Herzog zu seinem Diener, »es scheint mir, dass ich die Babette ein wenig zu heftig gekitzelt habe.«
Nach diesen Worten stürmte er in das eheliche Schlafgemach.
Dort im Angesicht der Herzogin riss er seinen Sohn aus dem Bett, der geschlafen hatte wie ein Engel, und zerrte ihn vor das Lager der Mutter, die, von dem Geschrei des Knaben erweckt, in die Höhe fuhr. Mit Schreck und Erstaunen sah die Mutter ihren Liebling an der Hand ihres Gemahls, dessen rechte Hand mit Blut überlaufen war, und der sie aus roten Augen fürchterlich anstierte.
»Was gibts?«, stotterte sie.
»Schöne Frau«, antwortete der Mann der raschen Tat, »ist dieses Kind der Sohn meiner Lenden, oder ist es der Bankert des Savetz, Eures Freundes?«
Bei diesen Worten erbleichte Berta. Wie eine Löwin auf ihr Junges warf sie sich auf ihr Kind.
»Er ist Euer Sohn«, rief sie.
»Wenn Ihr den Kopf des Kindes nicht zu Euren Füßen sehen wollt, berichtet und antwortet mir wahr und wahrhaftig. Ihr habt einen Geliebten?«
»Was soll das?«
»Wer ist es?«
»Nicht Savetz, und ich kann Euch nicht den Namen eines Mannes nennen, den ich nicht kenne.«
Da ergriff der Konnetabel den Arm seiner Frau und erhob sein Schwert. Damit schnitt er ihr das Wort vom Munde ab; aber sie warf ihm einen stolzen und kalten Blick zu. »Oh, töte mich«, rief sie. »Aber rühre mich nicht an!«
»Nein, du sollst leben«, antwortete der Mann. »Du sollst härter gestraft werden als mit dem Tod.« Mit diesen Worten verließ er das Zimmer. Er wollte ihr keine Zeit lassen zu Bitten und Tränen und den tausend weiblichen Listen und Verschlagenheiten, gegen die er, wie er wohl wusste, ohne Waffen gewesen wäre.

Er rief alle seine Leute zusammen, und alles zitterte bei seinem Anblick; es war ihnen nicht anders, als ob der Jüngste Tag gekommen sei, und sie ständen vor dem ewigen Richter. Keiner von ihnen wusste, was der Konnetabel hinter seinem peinlichen Examinieren und Verhören im Schild führte, keiner konnte ihm was Rechtes sagen; aber so viel wurde ihm doch klar aus dem vielen Hin und Her, dass kein männlicher Schlossbewohner seine Finger in die schmutzige Sauce getunkt hatte – mit Ausnahme eines Hundes, den er im Garten als Wächter aufgestellt und der stumm geblieben war. Der Konnetabel ergriff das Tier und erwürgte es zwischen seinen Fäusten. Mit großen Schritten ging er im Saal auf und ab, und seine Wut folgte ihm auf den Fersen. Erst mit der Zeit wurde er ein wenig ruhiger und überlegte. Nicht anders als durch den Garten konnte der Vize-Konnetabel in das Haus gekommen sein; denn von dort führte eine kleine Pforte nach dem Ufer des Flusses hinaus.
Nämlich es lag dieser Palast Armignak, das sei gesagt für diejenigen, die es nicht schon wissen, im Viertel von Sankt Paul, ganz in der Nähe der damaligen königlichen Hofhal-

tung, ungefähr auf der Stelle, wo man später das Schloss derer von Longueville gesehen hat. Das steinerne Hauptportal des Schlosses in der Heilig-Antons-Gasse war wohlverwahrt und befestigt; ebenso war die hohe Mauer längs des Flusses gegenüber der kleinen Insel, die man die Kuhinsel hieß und wo heute der Kieshafen angelegt ist, mit Trutz- und Schutztürmen versehen und unübersteigbar. Eine Zeichnung davon besaß lange Zeit der Herr Kardinal von Duprat, der Kanzler des Königs.

Je mehr der Konnetabel nachdachte, desto mehr hefteten sich seine Gedanken an jene kleine Gartenpforte, und er dachte sich einen Plan aus, wie man ihm keinen bessern hätte schenken können und womit er den galanten Eindringling fangen musste, gleich einem Hasen in der Schlinge.

»Beim Schwanz des Teufels«, rief er, »der Hörnerlieferant soll mir nicht entgehen, und ich habe Zeit, darüber nachzudenken, was ich ihm für einen Empfang bereiten will.«

Und Folgendes war der Kriegsplan des haarigen Konnetabels, der noch vor wenigen Tagen den guten Herzog Johann ohne Furcht vor sich hergejagt hatte wie Spreu im Wind. Eine Anzahl seiner ergebensten Armbrustschützen postierte er in die Mauertürme am Flussufer und gab ihnen Befehl, ohne Ansehen der Person, die Frau Konnetabel ausgenommen, jedermann niederzustrecken, der Miene machen sollte, sei es bei Tag oder bei Nacht, sich aus dem Garten zu stehlen, oder jemand hineinzulassen. Dieselben Maßregeln traf er am Hauptportal.

Allen Hausbewohnern, den Kaplan inbegriffen, war es unter Todesstrafe verboten, das Haus zu verlassen. Die Überwachung der Straßen, die von zwei Seiten her auf den Palast zuführten, vertraute der Konnetabel den Soldaten seiner Leibwache: So war es ganz unmöglich, dass der nicht brühwarm ergriffen wurde, der ahnungslos zur gewohnten Stunde angezogen kam, um sonder Rücksicht dort sein Banner aufzupflanzen, wo der Herr von Armignak allein das Recht dazu besaß.

Kein noch so schlauer Fuchs konnte diesen vielfachen Fallen entgehen, es sei denn, dass ihm Gott seine besondere Hilfe gesandt hätte, etwa wie sie dem heiligen Petrus durch

unsern Herrn und Heiland widerfuhr, der ihn verhinderte, in der Tiefe zu versinken, als er eines Tages auf den Einfall kam und versuchen wollte, ob das Wasser etwa Balken hätte. Der Konnetabel hatte einen Strauß mit denen von Poissy auszufechten, und kaum von der Tafel aufgestanden, musste er sich unverweilt zu Pferd setzen. Das wusste die arme Gräfin Berta und hatte darum schon am Abend vorher den Savetz zu dem Zweikampf geladen, bei dem sie ausnahmslos die Stärkere blieb.

Während nun aber der Konnetabel damit beschäftigt war, aus seinem Schloss eine Mördergrube zu machen, und jeden nur möglichen Zugang mit seinen eigenen Leuten wohl verwahrte, verlor auch die Schlossfrau ihre Zeit nicht mit Strumpfstricken und Allotria.

Zunächst erfuhr sie von der unglücklichen Zofe, die sich mithilfe ihrer letzten Lebensgeister zu ihrer Herrin geschleppt hatte, dass der gehörnte Herr von nichts und nichts wisse; und bevor ihr der Tod vollends die Kehle zuschnürte, gab sie ihrer geliebten Gebieterin die tröstliche Versicherung, dass sie ihrer Schwester, der Wäscherin, vollkommen vertrauen könne, als welche sich gern in tausend Stücke hacken lassen würde, nur um der gnädigen Frau zu gefallen. Es sei das die schlaueste und verschlagenste Gevatterin im ganzen Stadtviertel und, wie männiglich wisse, das famoseste Kuppelweib auf zehn Meilen im Umkreis.

Die Herzogin beweinte ein wenig den Tod ihrer guten Zofe, dann schickte sie nach der Wäscherin und riet mit ihr hin und her, wie es anzustellen sei, den armen Savetz zu retten. Die beiden Frauen beschlossen zuerst, ihn von dem Argwohn des Schlossherrn zu benachrichtigen, damit er es sich gesagt sein lasse und fein zu Hause bleibe.

In dieser Absicht belud sich die Wäscherin mit einem ungeheuren Pack schmutziger Wäsche und wollte damit das Schloss verlassen. Aber unter dem Portal stieß sie auf einen Bewaffneten, der sich taub stellte gegen alles, was sie vorbrachte. Da entschloss sie sich zu einem ganz absonderlichen Akt von Selbstverleugnung, sie suchte dem Soldaten von seiner schwachen Seite beizukommen, und das gelang ihr auch mit den ihr geläufigen Mittelchen vollkommen, trotzdem der Mann vom Kopf bis zu den Füßen in Stahl

und Eisen verpackt war. Aber hinaus ließ er sie hinterher doch nicht. Sie probierte es dann noch mit einem schöneren und jüngeren, ob er nicht galanter wäre, aber keiner von allen, weder Hellebardier noch Armbrustschütze, wollte sie durchschlüpfen lassen und wenn es auch durch ein Mauseloch gewesen wäre. »Ihr seid recht garstig und undankbar«, rief sie, »so wenig Gleiches mit Gleichem zu vergelten.« Infolge dieser Scharmützel aber wusste sie nun wenigstens, wieviel Uhr die Glocke geschlagen hatte, und kam zurück, um ihrer Herrin Bericht zu erstatten. Aufs Neue hielten die beiden Frauen Rat. Sie brauchten aber nicht so viel Zeit, als nötig ist, zwei Halleluja zu singen, um in Anbetracht dieses ganzen Kriegsapparats, dieser Wachen, Besatzungen, Vorposten und all der verdächtigen, unheimlichen, teuflischen Anordnungen und Befehle, besonders mithilfe des sechsten Sinns, der den Frauen verliehen ist, zu erkennen, welch unfehlbare Gefahr den Geliebten bedrohte.
Zugleich erfuhr die Gräfin, dass es ihr persönlich freistand, zu gehen, wohin sie wollte. Sie glaubte also nichts Besseres tun zu können, als von ihrem Recht Gebrauch zu machen. Aber sie kam nicht weit. Schon in Steinwurfslänge vom Portal kehrte sie wieder um; denn sie hatte bemerkt und gleich verstanden, dass ihr Herr vier Pagen befohlen hatte, der Herzogin unweigerlich das Ehrengeleit zu geben, und ebenso zwei bewaffneten Schildwachen, ihr zu folgen wie ihr Schatten. Die arme Frau Konnetabel kam in ihr Zimmer zurück und weinte heftiger als alle heiligen Magdalenen zusammen, die man je in Kirchen und Kapellen auf frommen Bildern gesehen hat.
»Ach!«, rief sie ein über das andere Mal. »Mein armer Freund soll vernichtet werden, ich soll ihn nicht mehr wiedersehen, dessen Worte so süß, dessen Liebkosungen so köstlich waren. Ich soll ihm nicht mehr die zarte Wange streicheln, nicht mehr die süße Stimme hören; das liebe Haupt, das so oft auf meinen Knien geruht, wird blutend in den Staub sinken. Könnte ich doch meinem Mann an seiner

G. Doré
RIAULT

Stelle einen unnützen Hohlschädel unterschieben, einen lausigen Grindkopf anstelle dieses duftigen Lockenhaupts.«

»Wenn es nur das ist!«, rief die Wäscherin. »Können wir da nicht den Hundejungen, der mir ergebener ist als ein Hund selber, denn er liebt mich und ist mir zum Überdruss – können wir den nicht in ritterliches Gewand stecken und ihn also aufgeputzt an die verhängnisvolle Pforte bringen?«

Um die Lippen der Herzogin legte sich ein böses Lächeln.

»Gebt acht«, nahm die Wäscherin von Neuem die Rede auf. »Wenn die Soldaten den Tollpatsch hingestreckt haben, werden sie eiliger nach dem Weinfass laufen, als Nonnen nach der Mette.«

»Aber wird der Herr den Buben nicht erkennen?«

Und die Herzogin versank in Nachsinnen. Sie griff sich ans Herz: »Ach nein«, rief sie, »es muss ein Edelmann sein; in dieser Sache muss edles Blut fließen.«

Sie dachte von Neuem nach. Plötzlich aber sprang sie freudig auf, und die Wäscherin umhalsend: »Durch deinen Rat«, rief sie, »rette ich meinen Freund, ich werde dir's danken mein Leben lang.«

Sie trocknete ihre Tränen, glättete ihr Gesicht, dass sie aussah wie eine kleine Heilige, hakte sich die Almosentasche an den Gürtel, nahm ihr Gebetbuch zur Hand und machte sich unverzüglich auf den Weg nach der Sankt-Pauls-Kirche, wo gerade die Glocken zur letzten Messe läuteten.

Als eine Dame, die viel Langeweile hat, wie alle Damen der Hofgesellschaft, versäumte sie nie diese Messe, die man die ›parfümierte‹ nannte, denn es roch und duftete dabei nach allen Wohlgerüchen der Welt, nach den feinsten Essenzen und Spezereien all der geputzten Hofdamen und geschniegelten Herren, und man sah dabei keine anderen Sporen als goldene, und keine anderen Kleider als von Brokat und kostbaren Stickereien.

Die Gräfin Berta ließ also die brave Wäscherin, der sie die Sorge um das Haus übertrug, im höchsten Erstaunen zurück und kam, von den Pagen und von zwei Fähnrichen und ihrer bewaffneten Kompagnie begleitet, mit großem Pomp in die Kirche.

Um das Folgende zu verstehen, ist hier einzufügen: Unter dem Gewimmel von hübschen jungen Kavalieren, die die Damen hier umschwärmten, war mehr als einer, der es auf die Herzogin abgesehen hatte und ihr heimlich huldigte in seinem Herzen, wie es die Jugend pflegt, die auf gar viele der kostbaren Vögel zielt in der Hoffnung, wenigstens einen davon zu treffen; es waren aber selber lauter lose Vögel, naschige Gelbschnäbel, die über ihr Gebetbuch hinweg mehr nach den Bänken der Damen schielten als nach dem Altar und dem Priester.

Darunter war nun einer, dem die Herzogin von Zeit zu Zeit das Almosen eines freundlichen Blicks gönnte, weil sein ganzes Wesen tiefer und weniger flatterhaft schien als das der anderen. Er benahm sich auch gesitteter, lehnte immer still und unbeweglich an derselben Säule und schien schon ganz glücklich beim bloßen Anblick der Dame seines Herzens. Ein sanfter, melancholischer Ausdruck lag auf seinem blassen Gesicht. Diese Züge sprachen von einem starken Herzen, von einem Herzen, das sich von heftiger Leidenschaft nährt und imstande ist, sich mit Wollust in den Abgrund einer verzweiflungsvollen Liebe zu

stürzen. Er gehörte einer seltenen Rasse von Menschen an; denn im Allgemeinen schwärmt dieses Höflingsvolk mehr für das Ding an sich, für das Ding als solches, als für die geheimen Seligkeiten, die in den Tiefen und Abgründen der Seele blühen.

Dieser Edelmann war einfach, aber sauber und anständig, ja im Einzelnen sogar nicht ohne Zierlichkeit und persönlichen Geschmack gekleidet. Die Herzogin hielt ihn für einen armen Glücksritter, der von weither gekommen war und dessen ganze Habe in seinem Mantel und seinem Degen bestehen mochte. Und so, weil sie ihn arm glaubte und weil sie wohl bemerkt hatte, dass er sie liebte, auch ein wenig, weil ihr seine gute Haltung gefiel, ebenso wie seine schönen dunklen Haare, sein schlanker Wuchs zusammen mit seiner bescheidenen und ergebenen Miene, wünschte sie ihm von ganzem Herzen alle Gunst der Frauen, Frau Fortuna mit inbegriffen. Sie selber pflegte als gute Hausfrau keinen Vorteil zu vernachlässigen, auch nicht in den verliebten Angelegenheiten, und also hütete sie sich wohl, die stumme Huldigung des Unbekannten kurzerhand abzuweisen, vielmehr ermutigte sie ihn, wenn sie gerade aufgelegt war, mit manchem aufmunternden Blick, von dem sie wohl wusste, wie er ihm tief in die Seele drang.

In Wahrheit spottete sie seiner, denn sie war gewohnt, mit ganz anderen Dingen ihr Spiel zu treiben, als mit der Ergebenheit eines armen Ritters; sie war nicht umsonst die Frau des Konnetabel, dieses Abenteurers, der um Königreiche spielt wie andere um Silbermünzen.

Erst vor drei Tagen war's, als sie beim Austritt aus der Kirche, indem sie die Königin auf den jungen Ritter aufmerksam machte, leichthin äußerte: »Das sei sicher ein Mann von Qualitäten.«

Diese Redewendung war damals neu. Später wurde es Brauch, von jedem noch so lausigen Höfling und dummen Junker als von einem homme de qualité zu reden; aber die Erste, die sich so ausgedrückt und der unsere Sprache das zierliche Wort verdankt, ist niemand anders als die Frau Gräfin von Armignak. Die Frau Konnetabel hatte den Ritter gleich richtig eingeschätzt. Er war der vollkommene Herr von Habenichts. Mit Namen hieß er Julien de Boys-Bourredon, also dass man auf Deutsch sagen würde Julian von Sindelwald; aber er hatte von seinem Lehen und Wald nicht so viel Holz geerbt, um sich einen Zahnstocher davon machen zu können, und besaß keine andere Ausstattung, als die ihm seine verstorbene Mutter schon bei der Geburt mitgegeben. Daran fehlte allerdings nichts, und er hielt diesen Reichtum für hinlänglich, um durch ihn bei irgendeiner reichen und vornehmen Dame sein Glück zu machen. Denn die Erfahrung hatte ihn gelehrt, wie hoch von den Damen bei Hof seine Art Ausstattung taxiert und eingeschätzt wird, wenn auch der Mann damit mehr Staat machen kann bei Nacht als bei Tag, und er wusste nur zu gut, dass es viele seinesgleichen gab, die auf diesem Wege hochgestiegen sind. Bis jetzt hatte er recht als Verschwender der mütterlichen Mitgift gelebt und weder Kapital noch Renten in Acht genommen; aber das wurde anders, als er eines Tages in die parfümierte Messe kam und seine Augen die Gräfin Berta erblickten.

Da erfuhr er zum ersten Mal, was die wahre Liebe sei. Und diese passte aufs Prächtigste zu seinen Einkünften; denn er vergaß darüber das Essen und Trinken und vieles andere, aber sie zehrte auch an ihm, während er selber wenig zu verzehren hatte.

Dieser hübsche Fant war der guten Herzogin in ihren Todesängsten eingefallen: Ihn in den Tod zu locken, war sie in die Messe gekommen.

Der verliebte Säulenheilige stand bei ihrem Eintreten, die Schulter an den Pfeiler gelehnt, an seinem gewohnten Platz; sie erkannte beim ersten Blick, dass er sich nach ihr gesehnt hatte wie ein Kranker nach der Morgensonne eines schönen Frühlingstages. Sie aber kehrte sich von ihm ab und schritt auf die Königin zu, auf deren Rat und Hilfe sie hoffte in

ihrer Bedrängnis um ihren Geliebten. Aber einer der Hauptleute von der Leibwache verneigte sich ehrfurchtsvoll vor ihr und sprach:

»Gnädige Frau, es ist uns unter Todesstrafe befohlen, Euch zu verhindern, dass Ihr an irgendjemand das Wort richtet, sei es Mann oder Frau, sei es auch die Königin, sei es sogar Euer Beichtvater. Wir bitten Euch inständig, denn unser aller Leben steht auf dem Spiel.«

»Ist es nicht Eure Pflicht«, antwortete sie bitter, »für Euren Herrn zu sterben?«

»Ihm zu gehorchen, ist zuvörderst unsere Pflicht«, erwiderte der Landsknecht.

Und so begab sich die Dame nach ihrem Betstuhl, doch warf sie zuvor einen Blick nach ihrem treuen Anbeter und fand, dass sein Gesicht blasser und eingefallener aussah als je. ›Ach was‹, sagte sie bei sich, ›dem sitzt der Tod schon im Herzen, meine Sünde wird nur halb so groß sein.‹

Indem sie so bei sich dachte, warf sie dem Junker Blicke zu, wie sie nur Prinzessinnen und Priesterinnen der Liebe erlaubt sind, und die falsche Liebe, die sie in diese Blicke legte, träufelte sich wie Gift in das Herz des armen Junkers. Denn wer liebte nicht diese heißen Anstürme, unter denen das Leben sich zu verzehnfachen scheint und das Herz anschwillt zum Zerspringen? An der stummen Antwort des Ritters erkannte die Frau Konnetabel mit jener Seligkeit und Befriedigung, die den Frauen immer ein gleich reizender Leckerbissen der Seele ist, die unwiderstehliche Allmacht ihres Blickes. In der Tat, die Wangen des Jünglings, die sich lebhaft färbten, redeten mit einer deutlicheren Eloquenz als die berühmtesten Rhetoren von Rom und Athen, und ihre Sprache wurde nicht missverstanden. Um sich aber zu überzeugen, dass dieses Erröten mehr als ein Zufall, musste sie die Kraft ihrer Blicke noch deutlicher erproben. Und sie wiederholte das Spiel wohl an die dreißigmal.

Da hatte sie aber auch nun die unfehlbare Gewissheit, dass der Junker der Mann war, mit Tapferkeit für sie zu sterben.

Sie war davon so gerührt, dass sie sich nicht enthalten konnte, ihm noch dreimal zwischen ihrem Beten mit einem alles versprechenden Blick die höchste irdische Seligkeit ins Herz zu gießen; sie wollte ihn wenigstens, wie sie sich in ihrer weiblichen Logik sagte, einmal ganz glücklich gemacht haben, ehe sie ihn dem Tod in den Rachen stieß.

Als der Priester sich am Altar umkehrte und sein *Ite missa est* sang, welches bekanntlich so viel heißt als ›Geht, wir sind fertig‹, worauf in dieser Herde mit goldenen Vliesen sofort eine lebhafte Bewegung entstand, da näherte sich die Herzogin dem Pfeiler des verliebten Junkers, und mit einem wohlberechneten Blick lud sie den Fant ein, ihr zu folgen; ja, um sich zu überzeugen, dass sie auch wohl verstanden worden war, blickte sie sich nach einigen Schritten um und wiederholte noch deutlicher ihre Einladung. Er hatte sich noch kaum gerührt an seinem Pfeiler. Sein Glück schien seiner Bescheidenheit allzu groß, er konnte unmöglich dran glauben. Erst bei ihrer zweiten Aufforderung gewann er die Gewissheit, dass er sich nicht getäuscht, und schloss sich ihrem Gefolge an, aber noch immer zögernden Schritts, die Seele voll Bangigkeit wie ein Jüngling, der zum ersten Mal nach einem jener Örter schleicht, die man die verrufenen nennt. Aber die Herzogin, die ihm, mochte sie ihn zur Rechten oder zur Linken, vor sich oder hinter sich gewahren, immer wieder von Zeit zu Zeit einen heißen Blick zuwarf, flößte ihm mehr und mehr Mut ein. Sie machte ihn nach und nach ganz kirre und zog ihn hinter sich her wie der Fischer einen Hecht, der sich in seine Angel verbissen hat. Kurz, die Herzogin schien alle Kniffe des Handwerks zu kennen, jenes Handwerks gewisser Damen, die ihre Kunden auf der Straße suchen, und man musste da wohl an das Sprichwort denken, dass die Gegensätze einander berühren und dass oft eine große Dame von einer ganz großen Hure nicht so weit entfernt ist, als unschuldige Gemüter zu glauben geneigt sind.

Am Portal des Schlosses zögerte die Herzogin einen Augenblick, einzutreten; wieder traf ihr einladender Blick den armen Ritter. Den Guten überrieselten alle Schauer der Seligkeit. Zitternd ergriff er die Hand, die die Herzogin ihm darreichte und die ebenfalls zitterte, aber aus anderen Gründen. Also schritten sie zusammen durch das Tor.

In diesem verhängnisvollen Augenblick empfand die Herzogin wohl ein leises Bedauern darüber, dass sie den treuen Savetz nicht anders retten konnte, als indem sie ihn verriet; allein als resolute Dame wurde sie über kleine Gewissensbisse so gut Herr wie über große, und indem sie den Arm ihres Kavaliers etwas fester an sich zog: »Folgt mir auf mein Zimmer«, sprach sie leise, »ich muss mit Euch sprechen.«

Und er, ohne Ahnung, dass es um sein Leben ging, fand keine Antwort, das Glück machte ihn stumm. Die Wäscherin konnte sich nicht genug verwundern, wo nur ihre Herrin in der kurzen Zeit einen so schönen Edelmann aufgegabelt hatte.

»Ich sehe«, sagte sie, »die Damen vom Hof sind uns hierin weit überlegen.« Darauf machte sie dem Junker eine tiefe Reverenz, zum Zeichen ihrer ironischen Hochachtung vor einem Mann, der den unbegreiflichen Mut hatte, für so eine Geringfügigkeit in den Tod zu gehen.

»Rike«, flüsterte die Frau Konnetabel, indem sie die Wäscherin am Rock ein wenig auf die Seite zog, »wo soll ich nur den Mut hernehmen, ihm zu gestehen, womit ich seine treue Liebe und Anhänglichkeit zu vergelten im Begriff stehe?«

»Warum es ihm sagen?«, erwiderte das Weib. »Ihr könnt ihn mit gutem Gewissen nach der Pforte des Todes schicken. Im Krieg sterben so viele Leute für nichts und wieder nichts, dieser da weiß wenigstens, warum er stirbt. Und wenn er Euch leidtun sollte, wie leicht ist ein anderer gemacht!«

»Nein«, rief die Herzogin, »ich will ihm alles gestehen, das soll meine Buße sein.«

Unterdessen stand der Junker auf der Seite und sah den Fliegen zu; denn er meinte, die beiden Frauen würden zusam-

men gewisse Vorbereitungen und Zubereitungen besprechen, darin er sie nicht stören wollte. Er fand bei sich, dass sich die Herzogin ein wenig kühn benehme, aber es schien ihm auch, und einem Buckligen hätte es ebenso geschienen, dass sie allen Grund dazu hatte; er hielt sich für durchaus würdig, dieser schönen Dame eine so tollkühne Liebe einzuflößen.
Wie er so dachte, näherte sich ihm die Herzogin. Sie zog ihn in ein Nebengemach. Hier fiel auf einmal die hohe Dame von ihr ab, und sie machte sich klein und demütig.
»Teurer Herr«, rief sie, indem sie ihm zu Füßen sank, »ich habe ein furchtbares Unrecht an Euch getan, höret: Ihr könnt dieses Schloss nicht lebendig verlassen, Ihr seid unfehlbar dem Tode geweiht. Eine heftige Liebe zu einem andern hat mich zu diesem Verbrechen getrieben … Ihr könnt seinen Platz nicht einnehmen in meinen Armen, nur in den Tod werdet Ihr für ihn gehen. Zu diesem Vergnügen und keinem andern habe ich Euch geladen.«
»Schöne Frau«, erwiderte Julian von Sindelwald, indem er eine schwarze Verzweiflung, die in seiner Seele aufsteigen wollte, mit Gewalt unterdrückte, »schöne Frau«, sagte er, »ich danke Euch, dass Ihr über mich verfügt habt wie über Euer Eigentum. Ich liebe Euch über alles, und Tag und Nacht war es mein einziger Wunsch, Euch das anzubieten, was der Mann nur einmal geben kann, wie ja ihrerseits auch die Damen tun (nur dass sich's da um eine andere Sache handelt); nehmt also mein Leben.«
Bei diesen Worten sah der Ritter sie an, und es war, als ob er mit diesem einen Blick alles hätte ausschöpfen wollen, was er, wenn er glücklicher gewesen wäre, durch ein verzücktes Anschauen in Tagen und Jahren an Seligkeit und Glück einzutrinken vermocht haben würde. Frau Berta war nicht unempfindlich gegen solche Worte einer hohen Tapferkeit und Liebe. »Ach«, rief sie, indem sie sich erhob, »dass ich doch Savetz nicht gekannt hätte, wie würde ich Euch geliebt haben.«

»Beruhigt Euch«, sagte der Ritter fest, »mein Los war mir längst vorhergesagt; die Astrologen, die mir das Horoskop gestellt haben, haben es in den Sternen gelesen, dass ich durch die Liebe einer hohen Dame sterben werde. Aber bei Gott«, rief er, indem er an seinen Degen fasste, »ich will mein Leben teuer verkaufen. Und ich will mich nicht beklagen, da die glücklich wird durch meinen Tod, die ich über alles liebe. So werde ich in ihrem Herzen und Gedächtnis sicherer und länger leben, als wenn ich leiblich lebte.«

Von dieser Rede des tapfern Mannes wurde die Herzogin bis ins Herz hinein getroffen. Zugleich fühlte sie sich in ihrer weiblichen Eitelkeit aufs Höchste verletzt, dass der junge Mann in den Tod gehen wollte, ohne ihrer auch nur zu begehren. Mit einer Gebärde, die Schmerz und Verlangen ausdrückte, streckte sie ihm die Arme entgegen.

Ihm traten Tränen in die Augen. »Wollt Ihr mir den Tod so erschweren,« rief er, »indem Ihr zuvor den Wert des Lebens ins Unermessene steigert?«

Die Kraft dieser Liebe überwältigte sie. »Ich weiß nicht, was daraus entstehen wird«, rief sie, »aber komm, Geliebter, an der Gartenpforte wollen wir sterben, wenn uns nichts anderes mehr übrig bleibt.«

Und keines von beiden widerstand mehr. Vom Feuer und Blut ihrer Jugend überwältigt, riss es sie hin, stürzte es sie hin, eins dem andern in die Arme und raubte ihnen alle Besinnung, dass sie die Gefahr des Savetz und ihre eigene, dass sie den Konnetabel, dass sie Tod und Leben und alles vergaßen.

Während dieser Zeit hatte die Wache am Hauptportal ihre Botschafter nach dem Konnetabel ausgeschickt, um ihn davon zu benachrichtigen, dass der Hecht ins Netz gegangen; umsonst habe ihn die Herzogin während der ganzen Messe und unterwegs mit Blicken und Zeichen zu verständigen gesucht, um ihn zu retten, seine Liebestollheit habe ihn blind gemacht.

Diese Boten begegneten ihrem Herrn bereits unterwegs, der sie aber gar nicht erst anhörte, sondern sich in großer Hast nach der Gartenpforte stürzte, weil ihn die Armbrustschützen der Ufermauer bereits verständigt hatten, dass Savetz eben durch die kleine Pforte eingetreten sei.

Wirklich war Savetz, wie verabredet, auf die Minute erschienen, und wie alle Verliebten einzig an seine Dame denkend, hatte er nichts von den Vorkehrungen des Grafen bemerkt und war unverweilt durch das Pförtchen geschlüpft. Ein solches Zusammentreffen von zwei Geliebten auf einmal konnte der Konnetabel nicht ahnen. Mit einer heftigen Bewegung hatte er darum den Wächtern aus der Heilig-Antons-Gasse das Wort vom Munde abgeschnitten mit einem kurzen: Er wisse schon, dass der Fuchs gefangen sei.

Und alle zusammen, Landsknechte, Armbrustschützen, die Hauptleute und der Konnetabel, stürzten nach der Pforte, hinter der Karl von Savetz, das verhätschelte Patenkind des Königs, verschwunden war. Sie erreichten ihn erst weit im Garten, just vor dem Fenster der Herzogin, sodass sein Aufschrei, so kurz er war, zu seiner Dame Ohren drang und sein Todesröcheln und das heulende Gebrüll der Soldaten sich vermischte mit ihren Schreien der Lust und dem Liebesgestöhn des Junkers in ihren Armen.

»Das war Savetz, der für mich stirbt«, rief die Herzogin in bleichem Schrecken.

»So werde ich für Euch leben«, antwortete Sindelwald. »Wenn es aber nicht möglich ist, so will ich gern mein Glück mit demselben Preis bezahlen, wie er das seine.«

»Geschwind in diese Truhe«, flüsterte sie, »der Konnetabel kommt.«

In diesem Augenblick trat der Herr von Armignak ins Zimmer. Seine ausgestreckte Hand hielt das Haupt des Erschlagenen, er stieß es blutend vor der zitternden Berta auf den Kaminsims.

»Schöne Frau«, sagte er, »dieser Anblick wird Euch lehren,

G. Doré

nicht wieder die Pflichten gegen Euren Gemahl mit Füßen zu treten.«

»Ihr habt einen Unschuldigen getötet«, antwortete sie kalt. »Savetz war nicht mein Geliebter.«

Und die schöne Frau gab nun eine wahrhaft teuflische Probe von weiblicher Kühnheit und Verstellungskunst. Sie maß ihren Gemahl mit einem so stolzen Blick, dass er dastand, beschämt wie eine höhere Tochter, der in der Gesellschaft etwas Lautbares nach unten entschlüpft ist. Er fühlte sich ganz und gar als den Schuldigen.

»Von wem habt Ihr dann geträumt heute Morgen?«, fragte er bestürzt.

»Vom König«, antwortete sie kurz.

»Aber warum hast du mir denn das nicht gesagt, mein Liebchen?«

»Ihr würdet es mir schön geglaubt haben in Eurer bestialischen Wut.«

Einen Augenblick war der Konnetabel sprachlos.

»Aber«, begann er wieder, »wie kommt es nur, dass Savetz einen Schlüssel zur Gartenpforte hatte?«

»Was weiß ich!«, versetzte sie trotzig. »Aber solange Ihr nicht so viel Achtung habt, zu glauben, was ich sage, werde ich überhaupt nicht mehr mit Euch reden.«

Wie eine Wetterfahne, die der Wind bewegt, drehte sie sich auf dem Absatz um und machte sich daran, nach dem Hauswesen zu sehen, wie wenn sie im Leben keine höhere Sorge gekannt hätte. Der gute Herr von Armignak aber stand da wie ein begossener Pudel und war in großer Verlegenheit, was er nun mit dem Kopf des armen Savetz anfangen solle; er murmelte ganz unverständliches Zeug vor sich hin, während der Junker in der Truhe sich wohl hütete zu husten. Endlich schlug der Konnetabel mit der Faust auf den Tisch:

»Da hab ich nun über der dummen Geschichte die von Poissy nur halb zusammengehauen, es ist Zeit, dass ich den Rest nachhole.«

So schritt er aus dem Gemach, und auch der junge Sindel-

wald verließ, als es Nacht wurde, unter irgendeiner Verkleidung das Schloss.

Der arme Savetz aber wurde sehr beweint von seiner Dame, die wahrhaftig alles getan hatte, was eine Frau nur tun kann, um ihren Geliebten zu retten. Später aber wurde er nicht nur beweint, sondern auch schmerzlich vermisst. Die Frau Konnetabel war so unvorsichtig, das lustige Abenteuer der Königin Ilsebill zu erzählen; sie rühmte dabei fast allzu feurig den jungen Ritter, der sie zum Dank dafür schnöde verließ und der Geliebte der Königin wurde, die seine »Qualitäten« ebenfalls zu schätzen wusste.

Übrigens hatte sein Horoskop richtig prophezeit. In seinem hohen Glück war er hochmütig geworden und rücksichtslos gegen jedermann; als er darum eines Tages sogar gegen den König den schuldigen Respekt vergaß, der gerade an diesem Tag weniger blödsinnig war als für gewöhnlich, benutzten neidische Höflinge diese günstige Gelegenheit, dem König Dinge ins Ohr zu flüstern, die er nicht geneigt war in Marmor graben zu lassen; vielmehr ließ er in der nächsten Nacht den tapferen Sindelwald in einen Sack nähen und, wie jedermann weiß, bei der Fähre von Charenton in die Seine werfen.

Ich brauche nicht hinzuzufügen, dass seit jenem Tag, an dem der Konnetabel so wütig mit dem Schwert um sich gehauen, seine gute Ehefrau sehr im Vorteil gegen ihn war. Täglich rieb sie ihm die beiden Morde unter die Nase. Damit machte sie ihn geschmeidig wie einen schwedischen Handschuh, besser gesagt, wie einen richtigen Ehemann. Er erklärte sie für die ehrbarste und tugendsamste Hausfrau, die sie in der Tat war. Und da nun ein Buch, wie alle großen älteren Autoren beweisen, das Nützliche mit dem Angenehmen verbinden und dem lustigen Lachen womöglich eine lausige Lehre hinzufügen soll, so habe ich euch noch zu sagen, dass die Quintessenz dieser Historie die ist: nämlich erstens, dass die Damen auch in den schwierigsten Fällen nie den Kopf zu verlieren brauchen, weil der Gott der Liebe immer auf ihrer Seite steht, besonders wenn sie schön sind und von vornehmer Geburt; und zweitens, dass die schönen Junker, die sich zu einem Stelldichein der Liebe begeben, dies nicht allzu leichtsinnig und sorglos tun, sondern die Augen offen halten nach allen Seiten, ob ihnen nicht Fallen und Gefahren drohen, denn zum Herrlichsten auf der Welt nach einer tugendhaften Frau gehört ohne Zweifel ein hübscher Junker.

Die Jungfrau von Thillhausen

Der Schlossherr von Varnhalt, einem heitern und lustigen Ort, dessen Schloss in der Richtung nach dem Städtchen Thilhouze zu liegt, hatte eine gebrechliche Frau, die aus Neigung oder Abneigung, aus Vergnügen oder Missvergnügen, aus Krankheit oder Gesundheit ihm das verweigerte, was der Sinn jedes Ehevertrages ist, wenn es auch nicht ausdrücklich hineingeschrieben wird.

Um gerecht zu sein gegen die gute Frau, muss gesagt werden, dass der genannte Schlossherr allerdings ein recht ungeleckter Geselle und rauborstiger Buschklepper war und ungefähr so liebenswürdig wie der Rauch, der seit Jahr und Tag die Schlosshalle schwärzte und beizte. Er hatte zum Überfluss wohlgezählte Sechzig auf dem Rücken, wovon er ebenso gern sprach und reden hörte wie die Witwe des Gehängten vom Strick. Doch die Natur hat den Tisch für alle gedeckt, für die Schiefen und Buckligen, für die Krummen und Dummen, die sie ein wenig im Übermaß hervorbringt, so gut wie für die Geraden und Wohlgeratenen. Und wenn

Gve Doré

sie sich auch um keinen Einzelnen besonders kümmert – sie hat anderes zu tun –, hat sie doch nichts dagegen, wenn alle sich satt essen aus ihren Schüsseln, also dass auch hier wieder die Sprichwörter recht behalten: ›Jedes Tierchen hat sein Pläsierchen‹ und ›Kein Topf ist so hässlich, dass er nicht einen Deckel fände‹.

Der edle Herr von Varnhalt aber mochte am liebsten nur hübschen kleinen Töpfchen ein Deckel sein, und seine Leidenschaft für Hochwild schloss nicht aus, dass er zwischenhinein gern auf zahmere und stillere Tierlein pirschte. Doch war diese Art Wild recht selten in der Gegend, und die Jungfernschaften standen hoch im Preis.

Aber wer sucht, der findet. Und so kam dem herumspürenden und herumspionierenden Herrn von Varnhalt eines Tages die Kunde zu, dass in dem Städtchen Thillhausen oder Thilhus, wie sie dortzuland sagen, auch Thilhouze, eine

arme Weberswitwe wohnte, die in einem jungen Springinsfeld von Mädel einen wahren Schatz besaß. Das sechzehnjährige Ding, hieß es, kam ihr nicht von der Schürze, nicht einmal allein pissen gehen durfte sie, so groß war die Vorsicht und Ängstlichkeit der Mutter. Sie schliefen beide zusammen in einem Bett und teilten gleicherweise jede Arbeit, die ihnen, wenn es gut ging, einen Sechser für den Tag einbrachte. An den Festtagen führte die Mutter ihre Kleine sozusagen an der Leine in die Kirche und ließ ihr höchstens die Zeit, da und dort ein Scherzwort mit einem Jungen auszutauschen; nur durfte der Tölpel sich's nicht einfallen lassen, mit den Händen reden zu wollen.

Es waren aber schlechte Zeiten, und die Witwe und ihre Tochter verdienten grad so viel, um nicht Hungers zu sterben. Sie wohnten bei armen Verwandten, hatten oft im Winter kein Holz und im Sommer keine Kleider und mussten für Miete und anderes so viel schuldig bleiben, dass sogar ein Gerichtsvollzieher darüber erschrocken wäre, welche Leute doch allein ihr Brot haben von den Schulden der anderen. Und also nahm nicht nur die Schönheit des Mädchens von Tag zu Tag zu, sondern ebenso sehr die Armut der Mutter, die für die junge Jungfernschaft das Letzte hingab, wie ein Alchimist für seinen Schmelztiegel, der ihm Hab und Gut verschlingt.

Das alles hatte der Herr von Varnhalt sorgfältig ausgekundschaftet, und eines schönen Tages, obgleich es regnete an dem Tag, erschien der edle Weidmann wie zufällig in dem dunklen Loch der beiden Spinnerinnen. Unter dem Vorwand, sich die Kleider zu trocknen, schickte er seinen Knappen nach Holz und Reisig aus; er selbst aber setzte sich auf einen Schemel zwischen die beiden armen Frauen. Es fiel gerade so viel trübes Licht des grauen Regentages in die öde Kammer, dass er das Mädchen von Thilhouze nach allen Richtungen beaugenscheinigen und bei sich feststellen konnte, dass ihr Frätzchen allerliebst, dass ihre Arme rund und fest waren, dass zwei wohlgebaute Bastionen das jungfräuliche Herz verteidigten und dass keine junge Eiche schlanker und biegsamer sein konnte als der Körperwuchs dieser Jungfrau, die so kühl und weich sein musste wie ein erster Schnee, so frisch, zart und saftig wie ein junger Spross im April. Kurz, sie hatte Ähnlichkeit mit allem, was es nur Schönes auf der Welt gibt. Ihre Augen waren von dem kindlichen Blau des ungetrübten Himmels und ihre Blicke unschuldiger als die der Jungfrau Maria, die eben doch schon ein Kind empfangen hatte, wie es auch zugegangen sein mag.

Ein Schlingel würde ihr gesagt haben: »Willst du's mit mir probieren?« - »Warum nicht«, hätte sie geantwortet, »wo du willst.« So unwissend und kindlich war sie in diesen Dingen. Der gute alte Schlossherr rückte verlegen auf seinem Schemel hin und her, beschnupperte das Mädel wie ein Hühnerhund und machte ein paar Augen nach ihr wie ein Affe nach einer welschen Nuss. Das alles sah die Alte, piepste aber nicht, aus Furcht vor dem Herrn – der der Herr war über Land und Leute. Doch als dann Holz und Reisig auf dem Herd flammten, fand der wilde Jäger endlich ein Wort.

»Bei Gott!«, sagte er, »das wärmt fast wie die Augen Eurer Tochter.«

»Nur schade, dass wir nichts zu kochen haben an diesem Feuer«, antwortete die Alte.

»Durch Eure Schuld.«

»Wieso?«

»Nun denn, meine Liebe, verdingt das Kind an meine Frau, die gerade eine Kammerjungfer nötig hat, und Ihr sollt jeden Tag einen warmen Herd haben.«

»Was nützt mir ein warmer Herd mit einem leeren Topf?«

»Also«, erwiderte der alte Dachs, »Ihr sollt auch die Suppe dazu bekommen. Ich will Euch einen Malter Weizen herbringen lassen zu jeder Ernte.«

»Wo sollte ich das viele Korn aufheben?«

»Im Kasten, bei Gott«, rief der Baron und Schürzenjäger.

»Ach, du guter Gott, ich habe nicht Kisten noch Kasten.«

»So werde ich Euch alles geben, Truhe, Schrank und Ofen, auch Holz genug und obendrein ein gutes Bett mit einem Himmel drüber.«

»Es wäre aber schad, wenn es auf die schönen Sachen regnete, hoher Herr, ich habe nicht Dach und Fach.«
»Seht Ihr da drüben das schöne Haus ›Zum Entenfuß‹, wo mein armer Jagdknappe wohnte, der Pelegrin, dem neulich der wütige Eber den Bauch aufgeschlitzt hat?«
»Ich sehe es«, antwortete die Alte.
»Gut, Ihr sollt darin wohnen bis an das Ende Eurer Tage.«
»Oh, du guter Gott«, rief da die Alte, indem ihr die Spindel entfiel, »ist es auch die Wahrheit, was Ihr sagt?«
»Bei meinem Ritterwort.«
»Und was für einen Lohn soll meine Tochter bekommen?«
»So viel sie in meinem Dienst nur verdienen will«, erwiderte der Schlossherr.
»Gnädiger Herr, Ihr scherzt.«
»Nein«, sagte er.
»Ihr scherzt, hoher Herr.«
»Bei Sankt Eustach und bei Sankt Winthir und bei den tausend Millionen der andern Heiligen, die da droben herumwimmeln mögen, schwöre ich Euch, dass …«
»Wenn Ihr also wirklich nicht mit einer armen Frau Euren

Scherz treibt«, sprach die vorsichtige Mutter, »so hätte ich nur noch den Wunsch, dass all Eure schönen Sachen dem Notar einen kleinen Besuch machten.«

»Aber bei dem Blut Christi und bei dem viel süßeren Eurer Tochter, bin ich Euch nicht Edelmann genug, ist mein Wort nicht so viel wert als ein Tintenklecks?«

»Behüt mich Gott, so was zu behaupten; aber seht, ich bin eine arme alte Spinnerin, und es fällt mir hart, meine Tochter von mir zu lassen. Sie ist noch so jung und zart, sie könnte sich in Eurem Dienst einen Schaden zufügen. Noch gestern sagte der Herr Pfarrer in seiner Predigt, dass wir für unsere Kinder verantwortlich sind vor dem Richterstuhl Gottes.«

»Na, na«, machte der Schlossherr, »geht denn in Teufels Namen und holt den Notar.«

Ein alter Holzhacker von nebenan humpelte also zu dem Kontrakten- und Paktenmacher, der alsbald ankam und in aller Form, Paragraph für Paragraph, ein Schriftstück aufsetzte, unter das der edle Herr von Varnhalt ein Kreuz malte, da das Schreiben nicht seines Amtes war.

Als dies geschehen: »Nun, Mutter«, sagte er, »seid Ihr jetzt Gott keine Rechenschaft mehr schuldig für die Jungfernschaft Eurer Tochter?«

»Oh, gnädiger Herr«, antwortete sie, »der Pfarrer hat gesagt, solange die Kinder selber noch unvernünftig sind. Meine Tochter aber ist sehr vernünftig.«

Und dann zu ihrer Tochter sich wendend:

»Frikele«, sagte sie, »dein einziges Gut ist deine Ehre; wo du nun aber hingehst, wird männiglich – unser guter gnädiger Herr ausgenommen – drauf ausgehn, sie dir zu rauben. Aber du weißt nun, was sie wert ist … also gib sie nur hin nach reiflicher Überlegung. Und damit deine Tugend keinen Schaden nehme vor Gott und den Menschen (außer unter dem Schutz des Gesetzes), habe wohl acht, zur rechten Zeit für den Streusand auf deinem Heiratsvertrag zu sorgen, oder du wirst schlecht fahren in der Welt.«

»Ja, Mutter«, sagte die Jungfrau.

Und so zog sie aus von der elenden Hütte ihrer Eltern und kam auf das Schloss von Varnhalt, um dort der Dame zu dienen, die wohl mit ihr zufrieden war.

Als nun das gemeine Volk von Varnhalt, Kotzendorf, Wüstenfeld und anderen Orten von dem hohen Preis hörte, den der Schlossherr für die Jungfernschaft des Mädchens von Thilhusen bezahlt hatte, da schlugen die guten Hausfrauen die Hände über dem Kopf zusammen, mussten zugeben, dass die Tugend doch das Einträglichste ist auf dieser Welt, und nahmen sich vor, die Jungfernschaften ihrer Töchter von nun an besser zu behüten und zu bewahren als ihren Augapfel; aber das war eine so unsichere Spekulation wie die auf Seidenwürmer, als welches Viecherchen sind, die krepieren, ehe man sich's versieht. Und so sind Jungfernschaften eine Frucht, die, gleich den Mispeln, im Stroh nur allzu schnell morsch und mürbe werden. Trotzdem fanden sich, und für unser Touraner Land will das was heißen, einige Töchter, die in allen Nonnenklöstern für Jungfrauen gehalten wurden; nur möchte ich für den Tatbestand nicht Bürge sein, da ich die Methode, die Meister Verville lehrt, über die vollkommene Tugend junger Mädchen Gewissheit zu erlangen, nicht an ihnen erprobt habe.

Die hübsche Rike oder Frike ließ sich übrigens die weisen Lehren ihrer Mutter gesagt sein und wollte von den Honigworten und dem zuckrigen Schönbartspiel ihres Herrn und Beschützers, ohne dass eine Notarsfeder einen Klecks dazu gemacht hätte, nichts hören und wissen.

Wenn der alte Herr Miene machte, ihr das Kinn zu krauen,

wurde sie gleich wild und fauchte wie eine Katze, der ein Hund schöntun will. Immer rief sie: »Ich werde es der Gnädigen sagen«, und nach Verlauf von einem halben Jahr hatte

der gute Mann von seiner Dotation noch nicht einmal so viel zurückbezahlt erhalten, als der Betrag eines einzigen Holzscheits ausmacht. Die Frike behandelte ihn je länger, desto härter. Sie hatte verdammt maliziöse Redensarten. »Nanu«, sagte sie einmal, »könnt Ihr mir's denn wiedergeben, wenn Ihr mir's genommen habt?« Und ein andermal: »Wenn ich so viele hätt, Ihr wisst schon was, soviel wie ein Sieb, sollte doch kein einziges für Euch sein, so hässlich finde ich Euch.« Der gute Alte nahm derartige bäuerliche Redensarten für die goldene Sprache der Tugend und erging sich daraufhin in wohlgesetzten Reden, Schwüren und Beteuerungen. Er sah die elfenbeinernen Türme, diese wohlgebauten festen Vorwerke ihres Herzens, er sah, wie ihre drallen runden Beine sich bei gewissen Bewegungen in der Hülle ihres Röckchens modellierten; er sah noch anderes, was imstande gewesen wäre, einem steinernen Heiligen den Verstand zu verrücken, und verfiel rettungslos einer greisenhaften Leidenschaft, einer solchen, die in geometrischer Proportion zu wachsen pflegt, ganz im Gegensatz zur Leidenschaft der Jünglinge, da die Greise mit ihrer Schwäche lieben, die immer zunimmt, und die Jünglinge mit ihrer Kraft, die abnimmt.

Um dem verteufelten Mädel jeden Grund der Verweigerung zu entziehen, zog der Schlossherr seinen Küfer ins Vertrauen, der so an die Siebzig und darüber hatte, und redete ihm ein, dass er sich eigentlich eine Frau nehmen müsse, die ihm seine alte Haut etwas warm hielte, und dass die Frike so die richtige für ihn wäre. Dieser Küfer, der sich in verschiedenen Diensten seines Herrn nach und nach dreihundert Silbergulden Rente erspart hatte, hegte eigentlich keinen anderen Gedanken, als seine alten Tage in Ruhe hinzubringen und die Vordertür seines Hauses für immer geschlossen zu halten. Aber da sein Patron ihm zu verstehen gab, dass er ihm einen großen Gefallen täte, wenn er sich so ein wenig verheiraten wolle, die Sorge um seine Frau werde ihm schon abgenommen werden, gab er aus Ehrfurcht und

Dankbarkeit seine Zustimmung. So wurde denn der Heiratsvertrag aufgesetzt; und nachdem die tugendhafte Frike, die jetzt um ihr Seelenheil nicht mehr besorgt zu sein brauchte, sich vom Schlossherrn eine gute Mitgift nebst Leibgeding als Preis ihrer Entjungferung hatte verschreiben lassen, also dass ihrer Tugend ganz sicher keinerlei Gefahr drohte, hatte sie nichts mehr gegen den Handel einzuwenden, und lachend versprach sie dem Ungebärdigen, ihm jedes Scheit Holz, das er ihrer Mutter zukommen ließ, in guter Münze heimzuzahlen, da ihm ohnedies bei seinem Alter ein viertel Klafter mehr als genug sein werde. Unter diesen Auspizien wurde Hochzeit gehalten. Und nachdem der Schlossherr sich überzeugt hatte, dass seine Frau unter ihren Betttüchern wohlverwahrt sei, schlich er sich unverzüglich nach der wohlausstaffierten Kammer, die ihn – von seinem treuen Küfer nicht zu reden – schon ein schönes Haus gekostet hatte nebst soundso viel Klafter Holz und soundso viel Malter Weizen, nicht zu vergessen das Leibgeding der Kleinen, das nichts weniger als bescheiden war.

Nun müsst ihr wissen, dass der Schlossherr in der Jungfrau von Thillhausen das schönste Mädchen fand, das man sich nur denken kann, und das, vom Schein des Kaminfeuers mit rosigem Licht überhaucht, so herausfordernd und neckisch unter den Betttüchern hervorblinzelte, dass der Alte auch nicht einen Augenblick den hohen Preis für das kostbare Kleinod bedauerte, vielmehr fühlte, wie ihm das Wasser im Mund zusammenlief bei dem königlichen Bissen. Er verlor auch keine Zeit, und als ein Ausgelernter ging er nicht wie die Katze erst lang um den heißen Brei herum. Aber er hatte leider das Sprichwort nicht bedacht von dem alten Esel, der aufs Eis geht.

Wie diesem Esel erging's ihm: Er strauchelte, rutschte, glitt aus, fiel auf die Nase, kurz, hatte das ganze Handwerk und was sonst zu dem Tanz gehört, rein vergessen. Das gute Ding aber, die Frike, merkte schnell, wieviel die Uhr geschlagen. »Sehr hoher Herr«, sagte sie, »hat die Messe etwa gar schon angefangen? Ihr müsst etwas stärker läuten, wenn Ihr wollt, dass man's hören soll.«

Durch diese Rede, die sich, ich weiß nicht wie, im Land verbreitete, wurde die Frike berühmt, und noch heute sagt man allenthalben: ›Das ist eine Jungfrau von Thillhausen‹, um über eine Neuvermählte zu spotten, deren Verstand länger ist als die Nase ihres Mannes.

Und so nennt man noch heut Frike oder Fike ein Mädchen, wie ich es euch nicht unter die Betttücher wünschen möchte in der Hochzeitsnacht, wenn ihr nicht etwa mit der Philosophie der Stoiker großgenährt seid, kraft deren man sich über nichts mehr verwundert. Viele aber sind gezwungen, in so vertrackter Lage den Stoiker wenigstens zu spielen; denn immer wieder kommen solche Lagen vor, sintemal die Natur bei allen ihren kapriziösen Veränderungen immer die gleiche bleibt, also dass, wenigstens in unserm Touraner Land, die Jungfrauen von Thillhausen wohl nie aussterben werden.

Und wenn ihr mich nun fragt, wo etwa in dieser Geschichte eine Moral zum Vorschein kommen möchte und worin sie besteht, so könnt ich allenfalls den Damen antworten, dass dieses mein Buch den Zweck hat, zu lehren, wie man gut tut, im Vergnügen eine Moral, aber nicht im Moralisieren ein Vergnügen zu finden. Sollte aber etwa so ein alter Kracher und Knickebein mich danach fragen, so würde ich ihm mit aller Schonung, die seiner gelben oder grauen Perücke gebührt, antworten, dass der liebe Gott den Herrn von Varnhalt strafen wollte, weil er so dumm war, ein Ding zu kaufen, das doch, wenn überhaupt käuflich, wahrlich keine schimmelige Bohne wert ist.

Der Waffenbruder

Im Anfang der Regierung des Königs Henricus secundus, desselben, der so sehr die schöne Diana von Poitiers liebte, war noch ein alter Brauch in Übung, der sich nach und nach immer mehr abgeschwächt hat und heute ganz verschwunden ist, wie viele andere schätzenswerte Sitten und Gebräuche aus der guten alten Zeit: Ich meine die Wahl eines Waffenbruders, allwovon in jenen Tagen kein ehrlicher Ritter Umgang genommen hätte. Und also war es damit beschaffen: Zwei junge Männer, die sich einmal als tapfer und redlich erprobt hatten, betrachteten sich gleichsam wie miteinander verheiratet ihr Leben lang. Sie wurden Brüder. Ein jeder hatte die Pflicht, den anderen zu verteidigen, sei es gegen seine Feinde, die ihn in der Schlacht bedrängten, sei es gegen seine Freunde, die ihm bei Hof durch üble Nachreden Schaden brachten. Wenn in Abwesenheit des einen ein Böswilliger ihm Unredlichkeit, Treulosigkeit oder sonst eine Schlechtigkeit nachsagte, hatte der andere die Pflicht, dem zu sagen ›Das lügst du in deine Gurgel hinein‹, und mit ihm auf den Rasen hinauszugehen und durch die Tugend seines Schwertes die Redlichkeit, Treue und ehrliche Ritterschaft seines Bruders zu beweisen.

Es braucht nicht erst gesagt zu werden, dass der eine immer der Beistand und Sekundant des anderen war in jeder Sache, ob sie gut oder schlimm sein mochte, und dass sie Glück und Unglück getreulich miteinander teilten. Sie fühlten sich enger verbunden als leibliche Brüder, die nur Brüder sind durch eine Laune der Natur; die Waffenbrüder aber verband ein heiliges und unverbrüchliches Gesetz. Auch gibt es ganz bewunderungswürdige Exempel von Waffenbrüderschaften, die hinter den berühmten Beispielen bei den Griechen, Römern und anderen Völkern nicht zurückstehen. Aber davon zu erzählen, ist nicht meine Sache; unsere Chronisten und Historienschreiber, die jedermann kennt, haben das längst getan.

Es war also zu jener Zeit, da schlossen zwei junge Männer aus dem Touraner Land miteinander Waffenbrüderschaft an demselben Tag, wo beide ihre Sporen erhielten; der eine war der Junker von Maybusch (wie wir in unserer Muttersprache sagen würden), der andere ein Herr von Thalheim. Beide waren als Pagen am Hofhalt des Herrn von Montmo-

rency aufgewachsen und hatten in der Schule dieses berühmten Feldhauptmanns die besten ritterlichen Sitten und Tugenden gelernt. Wie nun in so guter Gesellschaft Tugend und Tapferkeit quasi ansteckend sind, das haben die beiden Jünglinge in der Schlacht von Ravenna gezeigt, wo sie von den ältesten Rittern mit Lob überschüttet wurden.

An diesem heißen Tag war es gewesen, wo der genannte Maybusch von dem Herrn von Thalheim, mit dem er verschiedene Händel ausgefochten hatte, aus höchster Lebensgefahr errettet wurde, wodurch er von der Ritterlichkeit des genannten Thalheim den höchsten Begriff bekam. Da beide nicht ohne Wunden davongekommen waren, tauften sie ihre Brüderschaft mit ihrem Blut, und unter dem Zelt des Herrn von Montmorency, ihres Patrons, wurden sie in ein und demselben Bett gepflegt.

Es ist aber hier zu sagen, dass der junge Maybusch, ganz entgegen dem Herkommen in seiner Familie, wo die Menschen immer schön und wohlgeraten waren, eine wenig einschmeichelnde Physiognomie und höchstens das besaß, was man im gallischen Land eine ›beauté du diable‹ nennt. Im Übrigen jedoch war er schlank wie ein Windhund und zugleich von breiten Schultern und stark wie der König Pippin, bekanntlich ein Haudegen ersten Ranges. Der Herr von Schloss Thalheim war dagegen ein wahrhaft goldiger Junge, so ein leckerer Tausendsasa, für den man feine Spitzen und Bänder, seidene Kurzhöschen und durchbrochene Strümpfe ganz express hätte erfinden müssen, wenn sie noch nicht dagewesen wären. Sein aschblondes, seidenweiches Haar hätte dem schönsten Fräulein Ehre gemacht, kurz, es war ein Knabe, den gern alle Weiblein zum Spielkameraden gehabt hätten, und sagte eines Tages die Dauphine, nämlich die Kronprinzessin von Frankreich, eine Nichte des Papstes, lachend zur Königin von Navarra, die dafür bekannt war, dass sie einen Spaß vertragen konnte: »Dieser Page«, sagte die Papstnichte, »scheint mir das beste Pflaster für alle Übel«, worüber der hübsche Touraner, der noch nicht ganz sechzehn zählte, sehr errötete, weil er die drollige Bemerkung für einen hochprinzesslichen Tadel aufnahm.

Nach der Rückkehr aus Italien gefiel es dem jungen Maybusch, sich unverweilt ins warme Nest zu hocken und eine Heirat zu schließen, die ihm seine Mutter in der Person eines Fräuleins von Annebald quasi auf dem Präsentierteller entgegenbrachte. Die junge Frau war eine anmutige Person mit einnehmender Physiognomie und wohlausgestatteter Leiblichkeit; sie besaß in der Sankt-Barbara-Straße ein großes schönes Haus mit feinen Möbeln und italienischen Gemälden und weit im Land eine ganze Anzahl einträglicher Güter. Einige Tage aber nach dem Tod des Königs Franziskus, von dem das Gerücht ging, dass er an den Folgen der Napolitanischen Krankheit gestorben sei, also dass eine wahre Panik kam über alles Weibliche, weil sich niemand mehr sicher fühlte, die höchsten Prinzessinnen nicht ausgenommen, war der mehrgenannte Maybusch gezwungen, den Hof zu verlassen, um jenseits der Alpen, im Land Piemont, ein Geschäft von größter Wichtigkeit in Ordnung zu bringen. Ihr könnt euch denken, wie es ihm wenig vergnüglich war, seine junge, leckere, überlebhafte Frau inmitten der Gefahren und Verfolgungen, Fallgruben und Überraschungen dieser galanten Gesellschaft zurückzulassen, wo so mancher kecke Knabe, voll frecher Kühnheit, gieriger war, über ein armes Weiblein herzufallen, als die Geier über ein Aas oder fromme Christen über einen Schinken, wenn die Fasten vorüber sind.

Der gute Ehemann wusste sich in seiner Eifersucht keinen Rat. Erst zuallerletzt kam ihm der Gedanke, wie er sich der Tugend seiner Frau auch in Ermangelung eines Vorlegeschlosses versichern könne. Hört, wie er es anstellte. Er lud seinen guten Waffenbruder ein, am Tag seiner Abreise in aller Morgenfrühe zu ihm zu kommen. Und als er im Hof kaum den Hufschlag des Herrn von Thalheim hörte, sprang er aus dem Bett, ohne seine zartere und weißere Hälfte zu wecken, die sich noch dem süßen morgendlichen Hindämmern überließ, das allen Feinschmeckern der Faulheit so teuer ist. Thalheim kam auf ihn zu, und die beiden Kameraden, zurückgezogen in die Fensternische, umarmten sich brüderlich.

»Ich wäre auf deinen Ruf schon diese Nacht gekommen«, sprach Thalheim, »aber ich hatte einen Liebesstrauß auszufechten mit einer Dame, die mich in die Arena gerufen. Eine solche Herausforderung abzulehnen, ging nicht an, aber ich bin früh aufgebrochen. Willst du, dass ich dich begleite? Ich habe ihr deinen Fall erzählt, und sie hat mir Treue versprochen für die Zeit meiner Abwesenheit. Wenn sie wortbrüchig wird … ein Freund muss mir mehr gelten als eine Geliebte.«

»Ach, mein Bruder«, antwortete Maybusch, aufs Tiefste bewegt von diesen Worten, »ich muss deine ritterliche Gesinnung auf eine viel härtere Probe stellen. Willst du, dass ich dir meine Frau auf den Hals lade, willst du sie verteidigen gegen alle und jeden, willst du ihr Führer sein, willst du sie im Zaum halten und mir Bürge sein für meine Ehre? Willst du hier wohnen während meiner Abwesenheit, drin in dem grünen Saal, und der Kavalier sein meiner Frau?«

Der Herr von Thalheim runzelte die Stirn, er sagte:

»Nicht dass ich an dir zweifelte, noch an deiner Frau, noch auch an mir, aber Böswillige werden den Fall nutzen und werden unsere Freundschaft verwirren wie einen Knäuel Seide.«

»Da lass mich vor sein!«, rief Maybusch, indem er Thalheim an seine Brust drückte. »Wenn es Gottes Wille sein sollte, dass ich zum Hahnrei werde, so will ich es noch lieber durch dich werden als durch einen andern. Aber mein ritterliches Wort, ich würde dran sterben. So vernarrt bin ich in meine gute, süße, meine tugendhafte Frau.«

Bei diesen Worten wandte er sich ab, um vor Thalheim

seine Tränen zu verbergen; aber der schöne höfische Mann ließ sich nicht täuschen. Mit festem Entschluss ergriff er die Hand des ritterlichen Freundes.

»Mein Bruder«, sprach er, »ich schwöre es dir bei meiner Mannesehre, dass ich jedem mein Schwert in die Gedärme stoßen will, der Miene machen sollte, deiner Frau auch nur ein Haar zu krümmen. Solange ich lebe, kannst du sicher sein, sie unberührt wiederzufinden, unberührt am Körper, wenn nicht im Herzen, denn Gedanken und Gefühle liegen nicht in der Gewalt eines Edelmannes.«

»So werde ich denn«, rief Maybusch aus, »auf ewig dein Schuldner sein.« Danach bestieg er sein Pferd und ritt davon, um sich das Herz nicht allzu schwer machen zu lassen von Tränen und Händeringen, die die Frauen bei solcher Gelegenheit einmal nicht lassen können. Thalheim begleitete ihn bis vor das Tor der Stadt, dann kam er in den Palast zurück, wartete geduldig, bis die schöne Frau von Maybusch sich aus den Tüchern geschält hatte, und nachdem er ihr die Mitteilung gemacht von der Abreise ihres Herrn Gemahls, versicherte er ihr, zu ihren Diensten zu sein, und benahm sich dabei so fein und höfisch, dass auch die tugendhafteste Frau von dem Wunsch gekitzelt worden wäre, einen solchen Kavalier für immer bei sich zu haben. Aber sein Aufwand von Liebenswürdigkeit wäre nicht einmal nötig gewesen, die Dame zu ködern. Sie hatte natürlich gelauscht, hatte die ganze Unterredung der beiden Freunde mit angehört und fühlte sich nicht wenig verletzt durch das Misstrauen ihres Mannes.

Da sieht man nun wieder, wie nichts vollkommen ist außer Gott. Wenn der Mensch glaubt, etwas noch so fein ausgedacht zu haben, irgendeine Dummheit hält sich immer noch darin versteckt. Denn wahrlich, es wäre eine herrliche Wissenschaft des Lebens, jedes Ding, und sollte es auch nur ein Stock sein, am richtigen Ende anzufassen. Hierin aber hat noch keiner ausgelernt. Und der Grund, warum es so schwer ist, es den Damen recht zu machen, beruht darin, dass es in jedem Weib etwas gibt, das man noch weiblicher nennen könnte als das Weib selber. Und wäre nicht die Achtung, die man den Frauen schuldig ist, würde ich mich hier noch ganz anders ausdrücken. Jedenfalls müssen wir uns hüten, dieses böse Etwas in der Form wach zu machen. Die Aufgabe, eine Frau vollkommen richtig zu behandeln, kann den Mann zur Verzweiflung bringen. Zuletzt bleibt uns nichts übrig, nach meiner Meinung, als uns ihnen ganz und gar zu unterwerfen. Das bleibt immer noch die beste Lösung des Rätsels, das die furchtbare Sphinx, die Ehe genannt, uns zu raten aufgibt.

Die schöne Marie von Maybusch war also ganz glücklich über die feine Art und höfischen Erbietungen des Ritters. Aber es lag in ihrem anmutigen Lächeln ein ganz malefizer Zug, nämlich, um es rundheraus zu sagen, die wohllöbliche Absicht, ihren ritterlichen – wie nenn ich's nur gleich – Kleinsiegelbewahrer zwischen der Pflicht und dem Vergnügen in eine größere Verlegenheit zu bringen, als den Esel des Buridan zwischen seinen zwei Bündeln Heu, und ihm so anzufeuern unter dem Hammer- und Pochwerk seines Herzens, ihm so mit weicher Hand den Bart zu krauen, ihn so mit Blicken in die Enge zu treiben, dass seine Freundschaftspflicht im Feuer des Gottes Amor zergehen und zerrinnen sollte wie Märzenschnee in der Mittagsonne.

Die Umstände kamen ihrer löblichen Absicht aufs Beste entgegen, denn der Herr von Thalheim war durch sein Wort gehalten, in ihrem Palast zu wohnen, also dass ein häufiges Zusammensein der beiden gar nicht vermieden werden konnte. Und da nichts in der Welt eine Frau von dem abbringen kann, was sie sich einmal in den Kopf gesetzt hat, ließ die Äffin keine Gelegenheit vorübergehen, den Ahnungslosen gehörig einzuspinnen.

Bald hielt sie ihn bei sich am Feuer des Kamins bis über Mitternacht hinaus zurück und sang ihm dabei nicht nur verliebte Liedchen vor, sondern reizte ihn auch mit ihren entblößten Schultern und was sonst noch Weißes und Rundes in der Nähe leuchtete und lockte. Blicke warf sie ihm zu, heißer als das Feuer des Herdes, und alles das in einer Art, als ob sie nicht im Geringsten an das dächte, was doch einzig und allein ihr ganzes Denken ausfüllte.

Bald musste er sie auf einem Morgenspaziergang im Garten begleiten, und dabei stützte sie sich, mehr als sie es gerade nötig hatte, auf seinen Arm, drückte sich eng an ihn, seufzte und ließ sich jeden Augenblick ihre Stiefelchen von ihm schnüren, die die Gefälligkeit hatten, immer wieder von Neuem aufzugehen.

Dann bezauberte sie ihn mit herzig lieben Worten und den tausend Dingen, den tausend kleinen Besorgtheiten und Aufmerksamkeiten für den Gast, worauf die Damen sich so gut verstehen. Sie kam, um nachzusehen, ob er auch alle Bequemlichkeiten um sich habe, ob das Bett sorgfältig gemacht, das Zimmer sauber und gut gelüftet, ob er bei Nacht nicht dem Zug ausgesetzt und bei Tag nicht von der Sonne molestiert sei; sie bat ihn, ihr nichts zu verheimlichen in seinen kleinsten Bedürfnissen und Wünschen, sie sagte:

»Seid Ihr vielleicht gewohnt, morgens im Bett etwas zu Euch zu nehmen, etwa ein Glas Met oder Milch oder Pfefferkuchen? Seid Ihr auch mit dem Essen ganz zufrieden, ich möchte jeden Eurer Wünsche wissen. Ihr müsst mir alles sagen, Ihr dürft nicht schüchtern sein, Ihr müsst verlangen, was Euch ansteht. Wie kann ein Ritter schüchtern sein, geht!«

Sie hatte dabei die einschmeichelndsten Manieren; wenn sie ins Zimmer trat, sagte sie:

»Da komme ich schon wieder, Euch zu belästigen, aber schmeißt mich nur hinaus, Ihr seid hier der Herr … ich gehe auch schon wieder …«

Und natürlich wurde sie stets auf die verbindlichste Art eingeladen, zu bleiben.

Immer kam sie im leichtesten Morgengewand und war nicht geizig, ihm die zierlichsten Musterproben ihrer Schönheit vor die Augen zu bringen, dass selbst ein Patriarch, der nicht mehr Lebenssäfte übrig gehabt hätte als der Herr Methusalem in seinem neunhundertneunundsechzigsten Jahr, von dem Anblick lüstern geworden wäre.

Sie hatte es aber mit einem feinen Kumpan zu tun, oh! fein wie Seide. Der ließ das alles über sich ergehen und war wohl zufrieden, dass das schöne Weib sich so um ihn bemühte, gereichte ihm doch alles nur zu seinem Vorteil; aber als ritterlicher Freund brachte er stets und unverbrüchlich die Rede auf den abwesenden Gemahl.

Und so eines Abends, nach einem heißen und schwülen Tag, als es dem Ritter fast angst und bang wurde vor den Blicken der Dame, begann er davon zu reden, wie sehr Maybusch sie liebe und welch ein Mann von Ehre er sei, ein hitziger Edelmann, voll Feuer für sie und gar kitzlig im Punkt seiner Ehre.

»Wenn er so kitzlig ist«, antwortete sie, »warum hat er denn Euch da hereingesetzt?«

»Aus höchster Vorsicht«, erwiderte er. »War es denn nicht Klugheit, Euch einen Verteidiger Eurer Tugend an die Seite zu stellen? Nicht weil Eure Tugend ihn nötig hätte, sondern um Euch zu bewahren vor üblen …«

»Ihr seid also mein Hüter?«, unterbrach sie ihn.

»Und bin stolz darauf«, rief Thalheim.

»Ich finde seine Wahl recht ungeschickt«, lachte sie.

Und diese Worte begleitete sie mit einem so lüsternen, ja

frechen und herausfordernden Blick, dass der redliche Waffenbruder, um sie zu – strafen, sich kühl zurückzog und die Schöne mit sich allein ließ, aufs Höchste gereizt und voll Ärger über diese stumme Abweisung ihres Liebesgeplänkels. Sie wurde nachdenklich und bemühte sich, der Sache auf den wahren Grund zu kommen. Denn keine Dame wird in ihrem Köpfchen je begreifen, dass ein ordentlicher Edelmann jene gewisse Kleinigkeit verachten könne, die doch in der ganzen Welt einen so hohen Preis hat; aber ihre Gedanken verwickelten und verwirrten sich derart, und so verhäkelte sich einer in den anderen, und zwar umso mehr, je länger sie daran weiterspann, dass nichts dabei herauskam, als dass sie sich immer tiefer in ihre eigene Leidenschaft verstrickte, woraus denn die Frauen die Lehre entnehmen mögen, nie mit den Waffen des Mannes (als welche die Gedanken sind) zu spielen und nie Pech kneten zu wollen, weil ihnen davon immer etwas an den Händen kleben wird.
Zuallerletzt kam die schöne Marie Maybusch auf einen Gedanken, von dem man sich wundern muss, dass er ihr nicht zuerst eingefallen ist: Nämlich sie dachte, dass der gute Ritter sicher nur dadurch ihren Fallstricken und Leimruten entgehen konnte, weil er schon von einer anderen eingefangen war, und indem sie allenthalben umhersuchte, wo etwa der schöne Hausgast sich in die Frucht verbissen haben könne, die er bei ihr verschmähte, kam sie zu dem Ergebnis, dass gar die drei Töchter der Königin Kathrein, die Damen genannt von Nevers, von Estrées und von Giac, die erklärten Freundinnen des Herrn von Thalheim seien, und dass er wenigstens eine davon, wahrscheinlich die schöne Limeuil, bis zur Verrücktheit lieben müsse.
Nun hatte sie einen neuen Grund, nämlich die Eifersucht, alles daranzusetzen, ihren Tugendwächter zu verführen, gegen den sie aber durchaus nichts Böses im Schilde führte, dem sie das Haupt nicht abschlagen, sondern vielmehr mit Rosen bekränzen, mit Wohlgerüchen salben und mit Küssen bedecken wollte.

Sie war ohne Zweifel hübscher, jünger, appetitlicher, zierlicher als ihre Nebenbuhlerin; wenigstens konnte es sie sich hinter ihrer schmalen Stirn nicht anders denken. Und also fühlte sie sich angetrieben von allen moralischen und physischen Beweggründen, die je eine weibliche Natur bewegt und angetrieben haben, einen neuen verstärkten Angriff auf das Herz des Ritters zu machen. Denn eine richtige Dame erobert am liebsten, was am stärksten befestigt ist.
Sie wurde nun ganz und gar zur Katze, rieb sich gegen ihn, sooft sie nur konnte, ging ihm um den Bart, kurz, spann ihn so ein, dass er weichmütig und zahm wurde wie ein Täubchen, und eines Abends, als sie die schwärzeste Melancholie und Traurigkeit heuchelte, während in Wahrheit ihr Herz frohlockte, fiel der strenge Zionswächter richtig auf ihre List hinein und fragte, was ihr fehle.
Mit schwärmerischem Augenaufschlag und mit Worten, die dem guten Ritter eingingen wie Zuckerbrot, antwortete sie: dass sie Maybusch gegen ihren Willen geheiratet habe und dass sie sehr unglücklich sei, dass die Seligkeiten der Liebe ihr ganz unbekannt, dass ihr Mann ein Tölpel sei in diesen Dingen und dass sie seit Jahr und Tag ihr Bett mit Tränen netze. Kurz, sie ließ den guten Ritter glauben, dass sie fast vollkommen Jungfrau geblieben, im Herzen und sonst, und dass sie von der ganzen Sache bis jetzt nur Ekel und Enttäuschung gehabt habe. Und dennoch müsse, sagte sie, viel des Süßen und Seligen darin verborgen liegen, da alle Damen danach laufen, sich voll Eifersucht darum raufen, nicht davon lassen können und vielen unter ihnen kein Preis zu hoch dafür ist: weswegen ihr denn selber das Herz so von Neugierde und Verlangen angeschwollen sei, dass sie für eine einzige Nacht der vollkommenen Liebe ihr Leben hingeben und für immer und ohne Murren die unterwürfigste Sklavin ihres Freundes sein wolle; während leider derjenige durchaus nichts von ihr wissen wolle, mit dem sie die leckere Sache am liebsten erleben möchte, obwohl doch, bei dem unbegrenzten Vertrauen ihres Gemahls zu ihm, das

süße Spiel zwischen ihnen beiden ein ewiges Geheimnis bleiben könnte; derohalb sie am liebsten gleich sterben möchte, wenn der Grausame in seiner Härte verharre.
Ein jeder Satz dieses kleinen Kantus, den alle Damen bereits kennen, wenn sie auf die Welt kommen, wurde mit wohlberechneten Kunstpausen aufgehöht, wurde unterbrochen mit Seufzern aus tiefster Seele, wurde illustriert mit Händeringen, mit Anrufungen heiliger Namen, mit schmerzlichen Blicken nach oben, mit errötendem Augenniederschlag, sooft es angebracht schien, mit Verzweiflungsgebärden, wie um sich die Haare auszuraufen, kurz, mit all den Grimassen und Mimiken, die die Komödie vorschreibt. Und da hinter ihren Reden sich das leidenschaftliche Verlangen barg, das selbst dem Hässlichen einen Anhauch von Schönheit gibt, fiel der Ritter überwältigt zu ihren Füßen, umfasste sie, küsste sie und weinte bitterlich.
Ihr könnt euch denken, dass die Dame sich keine sonderliche Mühe gab, ihre Füße seinen Küssen zu entziehen, ja, dass sie gar nicht darauf zu achten schien, was er im Begriff stand mit ihr vorzunehmen, auch der Unordnung ihres Gewandes nicht im Geringsten achtete; denn natürlich wusste die gute Frau, dass es Verrichtungen gibt, wobei man von unten anfangen muss …
Aber es stand geschrieben, dass sie für diesen Abend tugendhaft bleiben sollte. Der schöne Thalheim erhob sich plötzlich und: »Verehrte Frau«, sagte er mit dem Ton höchster Verzweiflung, »ich bin ein Unglücklicher, ein Unwürdiger!«
»Was kommt Euch an?«, fragte sie.
»Ach!«, rief er. »Das Glück, Euch zu gehören, ist mir untersagt.«
»Wieso?«
»Ich wage es nicht, Euch von der Sache zu sprechen.«
»Ist es etwas so Schlimmes?«
»Ihr würdet vergehen vor Scham«, antwortete er.
»Sagt immer«, entgegnete sie. »Ich werde mir das Gesicht mit den Händen bedecken.«

Und die Schlaue maskierte sich mit ihrer weißen Hand, aber so, dass sie durch ihre Finger hindurch den geliebten Mann verstohlen anblinzelte.
»Sei es!«, sprach er. »Seht, als Ihr mir neulich am Abend so liebe Worte gabt, entbrannte ich für Euch in verräterischer Weise, aber ich konnte an mein Glück nicht glauben und wagte nicht, Euch meinen Zustand zu gestehen. Da hat mich, wie ich von Euch weggegangen bin, der Teufel am Ohr genommen, oder sonst wo, und hat mich in ein verrufenes Haus geführt, wo Edelleute hinzugehen pflegen. Wegen heftiger Liebe zu Euch und weil ich meinem treuen Waffenbruder sein Wort halten und den Schild seiner Ehre nicht besudeln wollte, bin ich blindlings in eine stinkende Pfütze getappt, und das Ende wird sein, dass mein junger Körper hinsiecht, dass ich verfaule wie ein Aas; Ihr wisst, man nennt es die Italienische Krankheit.«
Die Dame, von Entsetzen ergriffen, stieß einen Schrei aus, wie eine Gebärende. Aber erfüllt von Mitleid, stieß sie ihn nur sanft zurück. Thalheim erhob sich, und als ein kläglicher armer Sünder verließ er den Saal. »Wie schade!«, rief Marie Maybusch, die ihm nachschaute, wie er sich durch die Tür entfernte. Dann verfiel sie in eine große Traurigkeit und bedauerte in ihrer Seele den armen Edelmann, in den sie sich nur umso mehr verliebte, als er nun eine dreimal verbotene Frucht für sie war.
»Wenn es nicht wegen Maybusch wäre«, sagte sie eines Abends zu ihm, da sie ihn über alle Maßen schön fand, »wollte ich mich nicht scheuen vor Eurer Krankheit. Sie würde uns nur fester aneinanderketten.«
»Da sei Gott vor«, sprach der Kavalier, »dazu liebe ich Euch zu sehr.«
Und er verließ sie und ging zur schönen Limeuil. Er war nun aber tagtäglich zur Essenszeit und in den Feierabendstunden, ohne es hindern zu können, dem Blickfeuer der verliebten Dame ausgesetzt, und ihr könnt euch wohl denken, dass dabei weder der eine noch der andere Teil sich

merklich abkühlte, am wenigsten sie, die dazu verdammt war, an der Seite des schönen Ritters zu leben, ohne ihn anders zu berühren als mit ihren Blicken. Umso sicherer fühlte sie sich gefeit gegen alle Art galanter Angriffe bei Hof, denn es gibt keine uneinnehmbarere Festung und keinen besseren Wächter als die Liebe; sie ist in gewissem Sinn wie der Teufel: wovon sie Besitz ergriffen hat, das hüllt und birgt sie in Flammen.

Eines Abends hatte Thalheim die Frau seines Freundes auf einen Ball der Königin Kathrein geführt, wo er fleißig mit der schönen Limeuil tanzte, in die er bis zur Tollheit verliebt war; denn in jener Zeit scheuten sich die Edelleute nicht, zugleich zwei Geliebten oder gar einem halben Dutzend öffentlich den Hof zu machen. Waren also alle Damen eifersüchtig auf die schöne Limeuil, die in diesem Augen-

blick sich vornahm, den schönen Thalheim endlich zu erhören. Er hatte sie zu einer Quadrille aufgefordert, und noch bevor der Tanz begann, gab sie ihm das alles versprechende Stelldichein bei Gelegenheit einer Jagd am nächsten Tag. Die große Königin Kathrein, die aus hoher Politik solche Liebesverhältnisse absichtlich schürte, nicht anders als wie die Kuchenbäcker das Feuer ihres Backofens durch Aufstöbern mit der Gabel zu höherer Flamme entfachen, diese Königin ließ ihren Blick über die verliebten Paare, die sich zur Quadrille gefasst hatten, hingehen und sagte zu ihrem Gemahl:

»Solange sie sich so lustieren, werden sie keine Verschwörung gegen uns anzetteln, was meint Ihr?«

»Ja«, antwortete der König, »aber die Ketzer?«
»Wir fangen sie auch ein«, erwiderte die Königin lachend. »Schaut nur den Thalheim dort, der für einen wütenden Hugenotten gilt, meine teure Limeuil hat ihn schon bekehrt; wahrhaftig, sie macht ihre Sache nicht schlecht für ein Mädel von sechzehn Jahren. Es wird nicht mehr lange dauern, so …«
»Glaubt das nicht, Frau Königin«, sagte Marie Maybusch, »er ist angesteckt von der Napolitanischen Krankheit, durch die Ihr Königin geworden seid.«
Bei dieser naiven Rede brachen sie alle in lautes Lachen aus, die Königin, die schöne Diana und der König.
Und bald, so lief die seltsame Neuigkeit von Mund zu Mund. Und Thalheim wurde mit Hohn und Spottreden nur so übergossen. Man deutete mit Fingern auf ihn.
Und er hatte noch einen besonderen Grund, sein Schicksal zu verwünschen. Natürlich hatten seine Rivalen nichts Eiligeres zu tun gewusst, als die liebliche Zeitung brühwarm und mit tausend Spottreden verziert der schönen Limeuil zu überbringen. Sie gab ihrem Geliebten keinen sanften Abschied; denn der Abscheu und das Entsetzen vor diesem schrecklichen Übel gingen über alle Begriffe. Thalheim sah sich von allen Seiten gemieden wie ein Pestkranker, der König warf ihm ein kaltes, strenges Wort hin, und der unglückliche Ritter, ganz verzweifelt hierüber, verließ den Festsaal als ein Ausgestoßener.
Marie Maybusch folgte ihm. Sie hatte nun den Mann, den sie so sehr liebte, in jedem Sinn zugrunde gerichtet, sie hatte ihm seine Ehre genommen und sein Leben wertlos gemacht. Alle großen Heilkünstler und Physikusse hatten längst das Dogma aufgestellt, demgegenüber es keinen Zweifel gab: dass ein so Italienisierter sein schönstes männliches Vorrecht, die Zeugungskraft, verliere und faul und morsch werde bis in die geschwärzten Knochen hinein.
Kein Mädchen hätte den schönsten Edelmann des Königreichs zum Gemahl genommen, wenn auch nur der leiseste

Verdacht auf ihm gelastet, dass er zu denen gehöre, die Meister Franziskus Rabelais so zierlich seine Eitergebirgslandschaften genannt hat.

Da auf dem Heimweg vom Fest, das im Palast Herkules stattfand, der Ritter schweigend blieb und trüben Sinns, nahm seine Begleiterin endlich das Wort:

»Mein teurer Herr, ich habe Euch ein großes Unrecht zugefügt.«

»Oh, schöne Dame«, antwortete er, »mein Schaden ist der geringste. Ihr selber habt Euch viel übler eingetunkt; denn wie durftet Ihr von der Gefährlichkeit meiner Liebe unterrichtet sein?«

»So bin ich denn sicher«, rief sie aus, »Euch jetzt und immerdar ganz für mich allein zu haben und im Austausch für so viel Unehre und Schande ganz Eure Freundin, Eure Wirtin, Eure Dame oder besser Eure Magd zu sein. Darum ist es mein Wille, mich Euch ganz hinzugeben, um alle Spuren der Schmach in Euch auszulöschen und Euch zu heilen durch Nachtwachen und tausendfältige Pflege und Sorgfalt. Wenn aber, wie die gelehrten Medizinmänner vermeinen, das Übel allzu hartnäckig ist und es Euch um das Leben gehen sollte, wie dem guten König Franziskus selig, so will ich Euch dabei Gesellschaft leisten und will mir einen Ruhm daraus machen, an der Krankheit meines Geliebten zu sterben. O Gott«, seufzte sie mit Tränen in den Augen, »kein Leiden kann qualvoll genug sein für das Unrecht, das ich Euch zugefügt habe.«

Ihre Worte wurden von Tränen und Schluchzen unterbrochen, ihr tugendhaftes Herz drohte stillzustehen, sie sank ohnmächtig zu seinen Füßen. Thalheim erschrak. Er hob sie auf und legte seine Hand auf ihr Herz, dort unter der weißen Wölbung, die ohnegleichen war. Durch diese Berührung der geliebten Hand kam die Dame wieder zu sich selber; sie fühlte davon ein so heißes Entzücken, dass ihr von Neuem die Sinne schwindelten.

»So sei's«, sagte sie, »diese unbedeutende und leichte Liebkosung soll die einzige sein und bleiben, um unsere Liebe auszudrücken. Dieses unschuldige Vergnügen ist so voller Seligkeit für mich, dass ich es himmelhoch schätze über das, was der arme Maybusch mir je getan … Lasset Eure Hand da«, sagte sie, »sie liegt wahrhaftig auf meiner Seele und berührt sie.«

Der Ritter blickte verlegen drein bei dieser Rede. Er gestand seiner Dame frei heraus, er finde diese Berührung also beseligend, dass sein schmerzhafter Zustand sich davon ins Ungeheure steigere und dass er einem solchen Martyrium den Tod bei Weitem vorziehe.

»So lasst uns zusammen sterben!«, rief sie.

Unterdessen waren sie mit ihrer Sänfte im Hof ihres Palastes angelangt, und da sie in Verlegenheit waren, wie sie es mit dem Sterben anfangen sollten, gingen sie zu Bett, jedes für sich und weit auseinander, aber ganz umflammt von Liebe.

So hatte also Thalheim seine Limeuil verloren und Marie Maybusch ein Glück ohnegleichen gewonnen. Aber durch das böse Gerede der Leute, das beide nicht in Rechnung gezogen hatten, sah sich Thalheim unversehens von allem Recht auf Liebe und Heirat ausgeschlossen. Er wagte sich nirgends mehr zu zeigen, und er musste nun einsehen, dass das Pförtlein einer Frau zu behüten keine Kleinigkeit sei. Aber je mehr Ehre und Tugend erforderlich war, umso glücklicher machten ihn die schweren Opfer, die die Treue der Brüderschaft ihm auferlegte. Dennoch wurde ihm in den letzten Tagen seine Wächterpflicht allzu brennend und dornig, ja fast unerträglich.

Und das kam so:

Das Geständnis ihrer Liebe, die sie geteilt glaubte, das Unheil, das sie über den Ritter gebracht, und ein Vorgeschmack ungekannter Seligkeiten verführten die schöne

Marie Maybusch zu tausend Kühnheiten, die ihr geringfügig und ungefährlich dünkten und doch das Platonische ihrer Liebe einigermaßen milderten. So verfiel sie allmählich auf all die verliebten Teufeleien, die von den Damen des Hofs seit dem Tod des Königs Franziskus erfunden worden waren, weil sie alle das pestilenzialische Übel fürchteten und doch von der Liebe nicht lassen mochten. Diesem grausamen Spiel konnte der Ritter in seiner Rolle sich nicht leicht versagen. Und also wiederholte sich jeden Abend die nämliche süße Tortur; unweigerlich heftete sie ihren Gast an ihre Röcke, sie hielt seine Hand, sie küsste ihn mit ihren Blicken, sie näherte ihre Wange seiner Wange; und während solcher tugendhaften Annäherungen, in denen sich der Ritter gefangen fühlte wie der Teufel im Weihwasserkessel, sprach sie von ihrer großen Liebe, die ohne Grenzen sei, geradeso unendlich und ohne Grenzen wie die Welt unerhörter Wünsche. All das Feuer, das die Damen sonst in materieller Liebe aufflammen lassen, während die Nacht kein anderes Licht hat als ihre Augen, in Marie Maybusch verwandelte es sich in mystische Ausschweifungen des Gehirns, in Schwelgereien des Herzens und Verzückungen der Seele. So geschah es ganz natürlich, dass sie mit der Seligkeit zweier Engel, die sich körperlos vereinigen, immer von Neuem zusammen jene süßen Strophen und Antistrophen anstimmten, die die Liebenden jener Zeit zum Preis der Liebe zu singen pflegten und die der Abt von Thelesma gewissenhaft vor dem Vergessen gerettet hat, indem er sie Paragraf für Paragraf in die Mauern seiner Abtei eingraben ließ, als welche, nach dem Zeugnis des hochgelehrten Magisters Alcofribas, in unserem Land, nahe bei Münichhausen gelegen war, allwo ich sie in lateinischer Sprache vorgefunden und zum Nutzen aller guten Christen in mein geliebtes Deutsch übertragen habe.

»Oh«, sagte Marie Maybusch, »du bist meine Kraft und mein Leben, mein Glück, mein einziger Schatz.«

»Und Ihr«, antwortete er, »Ihr seid eine Perle, ein Engel.«
»Du, mein Seraphim.«
»Ihr, meine Seele.«
»Du, mein Gott.«
»Ihr seid mein Morgen- und mein Abendstern, meine Ehre, meine Schönheit, Ihr seid mir die ganze Welt.«
»Du bist mein großer, mein göttlicher Meister.«
»Ihr seid mein Ruhm, mein Glaube, meine Religion.«
»Du bist mein edler, mein schöner, mein tapferer, mein vornehmer, mein treuer Ritter, mein Verteidiger, mein König, meine Liebe.«
»Ihr seid meine Fee, Ihr seid die Blume meiner Tage, der Traum meiner Nächte.«
»Du bist mein Gedanke in jedem Augenblick.«
»Ihr seid die Freude meiner Augen.«
»Du bist die Stimme meiner Seele.«
»Ihr seid das Licht des Tages.«
»Du bist der Schein in meinen Nächten.«
»Ihr seid die Geliebteste unter den Frauen.«
»Du bist der Angebetetste der Männer.«
»Ihr seid mein Blut, mein besseres Selbst.«
»Du bist mein Herz, meine höchste Zierde.«
»Ihr seid meine Heilige, meine einzige Seligkeit.«
»Ich lasse dir die Palme der Liebe; so groß auch die meinige sei, du liebst mich doch noch mehr, denn du bist der Herr.«
»Nein, Euer ist die Palme, meine Göttin, meine Jungfrau Maria.«
»Nein, ich bin deine Magd, deine Sklavin, du kannst mich in ein Nichts verwandeln.«
»Nein, nein, ich bin Euer Knecht, Euer treuer Page, Ihr könnt mich wegblasen wie einen Hauch Luft, hinschreiten könnt Ihr über mich wie über einen Teppich. Mein Herz ist Euer Thron.«
»Nein, Freund, dein Wort hat Gewalt über mich.«
»Euer Blick verbrennt mich.«

»Ich sehe nur durch dich.«
»Ich fühle nur durch Euch.«
»Oh, so komm, lege deine Hand auf mein Herz, allein deine Hand, und alles Feuer meines Blutes wird in das deinige überfließen, ich werde erbleichen.«

Ihre heißen Blicke entflammten sich noch mehr an diesen Reden und Widerreden. Sicher war der gute Ritter der Mitschuldige an dem Glück, das Marie Maybusch durchbebte, wenn sie seine Hand auf ihrem Herzen fühlte. Und da bei dieser Art Verkehr immer die ganze Kraft seiner Seele in Spannung blieb, seine Wünsche gestachelt wurden ohne Erfüllung, und all sein Denken schmolz und sich auflöste, wurde er schwach bis zur Ohnmacht. Beider Augen weinten heiße Tränen, und die Liebe wurde ihnen zu einem verzehrenden Feuer. Aber dabei blieb es. Und in der Tat hatte Thalheim nur versprochen, ihren Körper heilig und heil dem Freund zurückzugeben; er hatte nichts versprochen von ihrem Herzen.

Als aber Maybusch endlich seine Rückkehr meldete, war es die höchste Zeit; denn welche Tugend hätte auf dem Rost dieses Glühfeuers auf die Dauer standgehalten? Je weniger die beiden Geliebten in Wirklichkeit sich erlauben durften, umso mehr nahmen sie sich in der Fantasie.

Thalheim ließ Marie Maybusch zurück und ritt seinem Freund entgegen bis in das Dorf Bondy, um ihm in dem übel berufenen Wald, der darnach genannt ist, zur Seite zu sein. In der Herberge zu Bondy schliefen die beiden Brüder nach der Sitte der Zeit zusammen in einem Bett.

Und dort auf dem gemeinschaftlichen Lager erzählten sie, der eine seine Aventuren der Reise, der andere die Hofneuigkeiten, die Skandalgeschichten von Paris et cetera. Maybusch aber fragte vor allem nach dem, was seine Frau betraf,

und Thalheim schwor, dass sie unberührt sei in dem Punkt, wo die Ehre des Mannes liegt, womit Maybusch, ganz erfüllt von Liebe, sehr zufrieden war.
Den anderen Tag waren sie alle drei vereinigt, zum großen Leidwesen der Frau, die, nach den Grundsätzen der hohen weiblichen Politik, ihren Mann mit lautem Jubel feierte, aber verstohlen Thalheim zuwinkte und mit dem Finger nach ihrem Herzen deutete, wie um zu sagen: ›Dies ist dein.‹ Beim Nachtessen verkündete Thalheim, dass er entschlossen sei, in den Krieg zu ziehen. Über diesen schmerzlichen Entschluss erschrak Maybusch, erklärte sich aber sofort bereit, seinem Waffenbruder zu folgen; doch Thalheim lehnte kurzerhand ab.
»Herrin,« sagte er zu Marie Maybusch, »ich liebe Euch mehr als das Leben, aber mehr als Euch liebe ich die Ehre.« Dies sagend, erbleichte er, und Marie Maybusch erbleichte, indem sie es hörte; in diesem Augenblick fühlte sie, dass in all den verzuckerten Teufeleien und ihrem ganzen Liebesgetändel nicht so viel Liebe gewesen war, als in diesem einen Wort zum Ausbruch kam.
Maybusch drang darauf, seinem Freund bis in die nächste Stadt das Geleit zu geben. Als er zurückkehrte, besprach er sich mit seiner Frau über die unbekannten Gründe und heimlichen Ursachen des unerwarteten Entschlusses, und Marie Maybusch, die den Kummer Thalheims zu erraten glaubte, sagte: »Ich kenne den Grund recht wohl, Thalheim müsste hier umkommen vor Scham und Schande, er hat die Napolitanische Krankheit, das singen die Spatzen auf den Dächern.« - »Thalheim?«, rief Maybusch erstaunt. »Ich habe ihn gesehen, als wir neulich zu Bondy miteinander schliefen, und ich habe ihn gestern gesehen, da wir abermals eine Nacht miteinander verbrachten. Ihr redet Unsinn, er ist gesund wie Euer Auge.« Da weinte die Dame bitterlich, voll Bewunderung über die seltene Redlichkeit, die erhabene Selbstverleugnung und die übermenschliche Qual dieser verheimlichten Leidenschaft. Aber da sie auch ihrer-

seits ihre Liebe tief im Herzen verbarg, wurde sie krank davon und starb am gleichen Tag mit Thalheim, der bei der Stadt Metz getötet wurde, wie es anderswo der ehrenwerte Herr Bourdeilles von Brantôme in seinen Historien erzählt hat.

Der lustige Pfarrer von Ridel-Alzay

In dieser Zeit hatten die Priester schon keine angetrauten Ehefrauen mehr, dafür hielt sich jeder seine Beischläferin, hübsch oder hässlich, wie er sie eben bekommen konnte. Dieses Wesen wurde später, wie männiglich weiß, durch die Konzilien verboten, denn wahrhaftig, es war ein kitzlig Ding, wenn man denken musste, dass wohl der und jener Pfarrer den Inhalt heimlicher Beichten so einem Weibsbild anvertraute, die sich darüber lustig machte, ganz abgesehen von anderen geheimen Gründen, kirchlichen Rücksichten und Absichten, wovon es nur so wimmelte in diesem Punkt der hohen römischen Politik.

Der letzte Priester unseres Landes, der nach alttheologischer Regel eine Frau in seinem Presbyterium unterhielt und mit seiner scholastischen Liebe beglückte, war ein gewisser Pfarrer von Ridel-Alzay, einem lustigen Ort, der darum später Fidel-Alzay oder auch Alzeyt-Fidel genannt wurde und dessen Schloss eines der schönsten ist im ganzen Touraner Land. Wenn also heute, wie jedermann weiß, die Frauen einen Priester, nach dem was man zu sagen pflegt, nicht riechen können, so ist das noch nicht allzu lange her.

Denn es saß damals auf dem Stuhl von Paris ein Herr von Orgemont, der Sohn des vorangegangenen Bischofs, und die langwierigen Kriege der Armen-Jacken waren noch nicht beendet.

Und wahrlich, der gute Pfarrer hatte eine feine Nase, dass er sich noch in jenem Säkulum, und nicht später, mit seiner Pfarrei belehnen ließ; denn ich sage euch, das war ein Kerl, ein Mordskerl sag ich euch. Er war nicht nur vierschrötig von Gestalt und von blühender Farbe, er aß und trank auch für vier. Er hatte einen Hunger wie ein Rekonvaleszent, und wirklich genas er alle Tage, will sagen, genoss die Genesung von einer nicht unangenehmen Krankheit, die ihn zu gewissen Stunden regelmäßig befiel: Er hätte in späterer Zeit sein eigener Henker und Schinder sein müssen, wenn er die kanonische Enthaltsamkeit hätte üben wollen. Bedenkt auch, dass der Mann ein Touraner war, ein brauner Satan mit so viel Feuer in den Augen, um alle Herde und Feuerstellen seiner Pfarrei damit in Brand zu setzen, auch Wasser genug, um sie zu löschen, wenn gelöscht werden sollte. Einen solchen Pfarrer hat man zu Alzay nicht wieder gesehen. Er war immer wohlauf, immer lustig, immer die Nase in der Luft, wo er einen guten Braten erschnüffeln möge, mit einem Wort, ein Sapperlotspfarrer, dem die Hochzeiten und Kindtaufen lieber waren als die Beerdigungen, dabei ein Spaßmacher und so fromm in der Kirche wie außerhalb.

Es hat wohl noch andere Pfarrer gegeben, die gern gebetet, und noch mehr derer, die gern geknetet haben; aber sie alle haben doch höchstens einen Bruchteil von dem geleistet, was dieser Pfarrer von Fidel-Alzay vermochte. Er übertraf alle in Fülle und Überfluss seiner Segnungen; er tröstete die Betrübten und verbreitete Freude weithin. Seine Pfarrkinder hätten ihn fressen mögen, so sehr liebten sie ihn. Er war der erste, der es in einer Predigt aussprach, dass der Teufel lange nicht so schwarz wäre, als man ihn mache. Sogar Wunder tat er. Er verwandelte für die Herzogin von Candé

Rebhühner in Fische, indem er ihr bewies, dass die Barben der Inder nichts anderes wären als Wasserrebhühner, hingegen die Rebhühner nichts anderes als gefiederte Barben. Dieser Pfarrer war kein Duckmäuser, er war keiner von denen, die sich mit schlechtem Gewissen hinter die Moral verstecken, wie ein Kind hinter die Röcke seiner Mutter. Er sagte oft, dass er lieber in einem guten Bett liegen, als in einem Testament stehen wolle, und dass sich Gott selber mit allem reichlich versehen habe und uns nicht dazu brauche. Umso mehr, meinte er, brauchten uns die Armen. Er schor

seine armen Schäflein nicht, er gab ihnen Wolle dazu. Er hatte immer die Hand in der Tasche, und von so hartem Stoff er sonst war, der Anblick von Armut und Elend machte ihn weich wie Butter, er meinte, er müsse alle Wunden verbinden.

Tausend Schwänke waren über diesen König der Pfarrer im Umlauf. Als zum Exempel der: wie er auf der Hochzeit des Herrn von Walsenbach bei Kotzendorf die Hochzeitsgäste zum Lachen gebracht hat, wo die Mutter des genannten Herrn ein solches Fressen anrichtete, dass man eine ganze Stadt damit hätte versehen können, was aber auch nötig war, da die Leute von weither kamen zu diesem Beilager, von Tours, von Montbason, von Chinon, kurz, von allen Städten des Touraner Landes, und das Gelag und Gezech acht Tage dauerte und noch einige darüber.

Hatte sich da der gute Pfarrer ein wenig aus der Halle entfernt, wo die ganze Kumpanei bankettierte, und läuft ihm, wie er wieder zurückkehrt, ein Küchenjunge zwischen die Beine, der nach der Halle rennen will, um die Schlossherrin auf einen Augenblick in die Küche zu rufen, weil da alles

bereit war, Fettes und Mageres, Gesalzenes und Gepfeffertes, kurz, Brüh und Brocken, womit die große Blutwurst, das Haupt- und Meisterwerk der hochzeitlichen Gastronomie, zustande gebracht werden sollte, und welche geheime gastrologische Manipulation und Kompilation die Hausfrau zum Wohl der Ihrigen selber überwachen wollte. Diesen Jungen nimmt unser Pfarrer am Ohr und sagt ihm, dass er sich so fettig und schmutzig nicht vor der illustren Gesellschaft zeigen dürfe; er solle sich nur wieder in die Küche machen, sein Auftrag werde ausgerichtet werden. Tritt also dieser Schelm von einem Pfarrer in die Halle vor die Gesellschaft hin und hart vor die Schlossherrin, macht die Finger seiner linken Hand rund, dass sie eine Scheide bilden, und mit dem ausgestreckten Mittelfinger seiner Rechten vollführt er nun wiederholt kurze Stöße in die Scheide, indem er die Dame des Hauses verschmitzt anblinzelt:

»Kommt, kommt«, flüsterte er, »es ist alles bereit.« Die ganze Gesellschaft, die die Dame sich erheben sah, um dem Pfarrer zu folgen, und die nicht wusste, worum es sich handelte, brach in ein unbändiges Lachen aus; denn die Schlossherrin allein verstand, dass der Pfarrer die Blutwurst meinte und nicht das, was die anderen sich dachten.

Eine richtige Geschichte aber ist die Art und Weise, wie dieser würdige Pastor seine Betthälfte verlor, die nach den neuesten Vorschriften des Erzbischofs keine Nachfolgerin haben durfte. Dem guten Pfarrer ging aber deswegen nichts von seinem Hausrat ab. Er bekam, was er nötig hatte, gern von jedermann geliehen, sie machten sich alle eine Ehre daraus, denn er war dafür bekannt, dass er nichts verdarb, sondern das Geliehene wohlgescheuert wieder zurückgab, der Prachtkerl von einem Mann. Nun aber die Geschichte:

Eines Abends kam der Pfarrer von einem Begräbnis zurück; er war ganz traurig und niedergeschlagen, denn der Eingescharrte, der Pächter Schweinshaut, war auf eine so kuriose Art ums Leben gekommen, dass man noch nach Jahr und Tag davon sprach. So wenig hatte dem Pfarrer das Essen nie geschmeckt, er machte der Schüssel voll Kutteln, die ihm doch mit einem ganz verführerischen Geruch in die Nase stachen, ein Paar Augen, als ob er bei einer Giftmischerin zur Nacht äße; die gute Haushälterin war ganz unglücklich darüber.

»Seid Ihr bei dem Pfandleiher vorübergegangen?«, fragte sie, »oder ist Euch ein altes Weib über den Weg gelaufen? Oder hat etwa gar der Begrabene an seinem Sargdeckel gekratzt, dass Euch so Essen und Trinken vergangen ist?«

Der Pfarrer brummte nur.

»So sagt doch.«

»Mein Schatz«, antwortete der Pfarrer, »ich bin noch ganz entsetzt über den Tod dieses armen Schweinshaut. Auf zwanzig Meilen im Umkreis wird man heute Abend keine Gevatterinnenzunge und keinen Gevatterbart beisammen finden, die nicht das schreckliche Ereignis besprechen.«

»Was für eins?«, rief die Pfarrerin.

»Hör nur. Der gute Schweinshaut kommt vom Markt zurück, wo er sein Getreide und zwei fette Schweine verkauft hat. Auf seiner hübschen Stute reitet er seines Wegs, während das Tier allmählich hengstig wird, ohne dass der gute Pächter Geruch davon bekommt. So trottet er also vor sich hin und rechnet still im Kopf seinen Marktgewinn zusammen. Bei dem sogenannten Altenweg, der nach der großen Heide führt, die Heide Karls des Großen genannt, graste hinter Planken der Hengst des Herrn von Varnhalt, den dieser zur Zucht hielt, ein prachtvolles Tier, ein Kerl, der seinesgleichen suchte, wohlgenährt wie ein Abt, dabei ein famoser Renner, sodass neulich der Herr Admiral nur deswegen nach Varnhalt gekommen ist, um dieses Prachtexemplar von einem Hengst zu beaugenscheinigen, und nachher ausgesagt hat, dass das Tier von hoher Rasse sei. Dieser Satanshengst nun bekommt Wind von der Stute, spitzt die Ohren und bricht, als gerade die Stute in den Altenweg einlenkt, ohne Wiehern und sonstige hengstische Präambeln über die Planken und ein Rebstück von vierzig Ruten hinweg, setzt hinter der Stute her, schlägt mit seinen vier Eisen den Boden, dass Staub und Funken sprühen, wiehert jetzt, stößt ganze Salven brünstiger Notschreie aus, und so fürchterlich klingt es, dass dem Herzhaftesten davon das Herz in die Hosen gefallen wäre und dass man es mit Entsetzen bis nach Wüstenfeld hinein vernommen hat. Dem armen Schweinshaut ahnt nichts Gutes, er nimmt die Richtung der Heide und gibt seiner liederlichen Stute beide Sporen. Auf deren Schnelligkeit setzt er seine Rettung. Sein Tier ist auch willig, setzt sich in Galopp, und wie eine Ku-

gel aus dem Rohr fliegt es hin über die Heide. Aber der verteufelte Hengst, tattata, tattata, tattata, alle Muskeln gespannt, die Mähne gesträubt, folgt ihm auf den Fersen. Der Pächter begreift, dass der Tod hinter ihm herrast. Er spornt sein Tier, und bleich, halb tot erreicht er seinen Pachthof. ›Zu Hilfe!‹, schreit er, ›Frau, Frau, zu Hilfe!‹, denn das Tor zu den Stallungen war geschlossen. Er umsprengt ein paarmal den Teich, in der Hoffnung, dem brünstigen Ungeheuer zu entrinnen, aber der wütige Hengst, mit heißem Atem und schrecklichem Geschnaube, ist ganz nahe hinter ihm her. Die Knechte und Mägde waren so entsetzt bei dem Anblick, dass sie das Tor nicht zu öffnen wagten; einen Tritt von diesem verliebten Hengst zu riskieren, war keine Kleinigkeit. Endlich findet die Pächterin den Mut und öffnet. Aber just unter dem Tor ergreift der Hengst die Stute, packt sie mit seinen Vorderbeinen, kneift und presst und zwängt sie mit solcher Gewalt, schlägt aus, beißt, wütet so auf das Tier ein, kurz, zerdrückt und zerquetscht zugleich den armen Schweinshaut und richtet ihn so zu, dass er ganz unförmlich aussieht und braun wie ein ausgepresster Ölkuchen. Wahrlich, es war ein Jammer, zu sehen, wie er so geschunden wurde, lebendigen Leibes, und sein Wehgeschrei sich vermischte mit dem Liebesgewieher seines Tiers.«

»Gott, so eine Stute …«, seufzte das Pfarrmensch.

Der Priester verstand sie nicht gleich.

»Wieso?«, fragte er erstaunt.

»Nun ja, Euereins würde nicht einmal eine Zwetsche – wie soll ich sagen – zerquetschen.«

»Oho!«, schrie der Priester. »Den Vorwurf verdiene ich nicht.«

Er warf sie im Zorn auf sein Bett, zog derart am größten Glockenschwengel seines Kirchspiels, läutete dergestalt die große Messe ein … dass die arme Glocke barst und die gute Frau starb und den Geist aufgab, also dass sie den Ausgang seines Läutens schon nicht mehr hörte … auch kein Chimist noch Alchimist auf die Ursache dieses unglaublichen Berstens je geraten hätte. Und sagt, war das nicht ein Sapperlotskerl, ein Schwerenöter von einem Pfarrer, wie ich gesagt habe?

Die anständigen Leute vom Ort, die Frauen insbesondere, kamen überein, dass der Pfarrer damit kein Unrecht getan, sondern nach Fug und Recht gehandelt hatte. Und daher ist vielleicht das Sprichwort entstanden, das man damals allenthalben hören konnte: ›Den soll doch ein …‹ Doch halt! Die Ausdrücke dieses Sprichworts sind zu ungewaschen; ich unterdrücke sie mit Rücksicht auf die Damen …

Dieser edle und ehrwürdige Pfarrer hatte übrigens auch noch andere Stärken, und lange vor dem erzählten Unglück hat er einmal einen Streich ausgeführt, davon allen Spitzbuben und Langfingern ein Schreck in die Glieder fuhr, dass nicht mehr leicht eine Gaunerbande, und wenn sie auch ihrer zwanzig gewesen wären, die Lust verspürt hat, mit diesem Satanspfaffen anzubandeln. Eines Abends, es war zur Zeit, als seine gute Frau noch lebte, eines Abends, sage ich, nach dem Abendessen, nachdem er durch lange Zeit hindurch einer gebratenen Gans, einer Stütze Wein und vor allem seiner Hausfrau alle Ehre angetan hatte, und nun, behaglich im Sessel sitzend, bei sich überlegte, wo er die neue Scheuer für seine Zehnten bauen wolle, meldete sich plötzlich im Hof ein Bote des Herrn von Kotzendorf und sagte, dass sein Herr in den letzten Zügen liege und nach der Aussöhnung mit Gott und der letzten Wegzehrung lechze. »Das war immer ein guter Kerl und gerechter Herr«, sagte der Priester, »ich werde zu ihm eilen.« Unverweilt erhob er sich, begab sich nach der Kirche, versah sich mit der silbernen Kapsel, die das heilige Brot enthielt, und ohne erst den Mesner zu wecken, machte er sich auf den Weg, indem er selber das Glöcklein vor sich her läutete. Also Mesner und Pfarrer in einer Person, schritt er rüstig fürbass in der finstern Landschaft. Wie er an den Quäd kommt, einen wilden Bach, der sich hier in die Indrach stürzt, bemerkt er einen Wegelagerer, der ihm auflauert.

Ihr werdet fragen: Was ist das, ein Wegelagerer? Ein Wegelagerer, müsst ihr wissen, gehört in die Sippe der Schnapphähne. Das ist eine Menschensorte, die wie die Katzen und Eulen bei Nacht besser sehen als bei Tag und aus reiner Neugierde und Liebe zur Wissenschaft den Leuten die Beutel umkehren. Ist das klar? Also, dieser Wegelagerer und

Schnapphahn spekulierte auf die sehr wertvolle silberne Kapsel des Priesters.
»Oho!«, rief der Pfarrer, indem er das Ziborium auf der steinernen Brüstung der Brücke niederstellte. »Bleib du einmal hier und rühre dich nicht«, fügte er hinzu, geht dann auf den Spitzbuben los, versetzt ihm einen Fußtritt in die Rippen, entreißt ihm seinen eisenbeschlagenen Stock und bläut ihn derart damit durch, dass dem Nachtgesellen Hören und Sehen vergeht. Dann kehrt er zu seinem Viatikum zurück. »Na«, sagte er, »diesmal wären wir futsch gewesen, wenn ich mich auf deine Vorsehung hätte verlassen müssen.« Auf dem Weg nach Kotzendorf ausgesprochen, war das keine Blasphemie. Der Priester aber meinte damit nicht den lieben Gott, sondern den Erzbischof von Tours, der ihn mit dem Interdikt bedroht und vor dem ganzen Kapitel wie einen Schulbuben heruntergekanzelt hatte, weil der Pfarrer in seiner Sonntagspredigt dem faulen Volk gesagt hatte, dass eine gute Ernte nicht dem Gebet und der Gnade Gottes, sondern allein der Mühe und Arbeit zu verdanken ist, was allerdings eine brenzlige Rede war. Brenzlig nämlich, weil es darin nach dem Scheiterhaufen roch. Der gute Priester hatte auch zweifellos unrecht, insofern die Feldfrüchte des einen so gut bedürfen wie des anderen. Aber der Pfarrer von Fidel-Alzay hat seine Ketzerei mit ins Grab genommen, weil er nicht begreifen konnte, dass eine Ernte, wenn es dem lieben Gott gefiele, auch ohne Aussaat wachsen könne, was doch, wie die Gelehrten bewiesen haben, eine unbestreitbare Wahrheit ist, da offenbar das Getreide, um zu wachsen, nicht erst auf den Menschen gewartet hat.
Ich kann mich von diesem Muster von Pfaffen nicht trennen, ohne noch einen Zug aus seinem Leben erzählt zu haben, der beweist, mit welchem Eifer er jene Heiligen nachahmte, die mit den Armen am Weg nicht nur ihren Mantel, sondern auch ihren Rock und alles geteilt haben.
Er kam eines Tages von Tours zurück, wo er dem Bischof seine Aufwartung gemacht hatte. Wie er so auf seinem

Maultier die Straße dahinreitet, begegnet er nicht weit von Varnhalt einer hübschen Dirne, die barfuß ging im Staub des Wegs, und hatte Mitleid mit dem armen Ding, dem es nicht einmal so gut wurde wie einem verachteten Hund, als welchem niemand zumutet, auf zwei Füßen zu gehen. Das Mädchen war müde und schleppte sich nur so hin auf dem harten Weg. Er pfiff ihr, sie sah sich um, und der Pfarrer, in dessen Art es nicht lag, hübsche Grasmücken zu verscheuchen, besonders nicht solche, die weiße Häubchen aufhaben, lud das Mädchen freundlich ein, sich hinter ihm auf sein Maultier zu setzen. Die schöne Magd sträubte sich zwar sehr unter vielen Knicksen und Entschuldigungen, wie sie eben alle tun, wenn man sie auffordert, von etwas zu essen und zu trinken, wonach sie heimlich schielen, willigte aber doch zuletzt ein. Hat sich also die Magd hinter dem Pfarrer zurechtgerückt, und das Maultier geht seinen Trott weiter, wobei die Dirne bald nach der einen, bald nach der andern Seite gleitet und sich so schlecht im Gleichgewicht hält, dass der Pfarrherr, nachdem sie Varnhalt hinter sich hatten, sie aufforderte, sich doch an ihm festzuhalten, was sie sich auch nicht zweimal sagen ließ, sondern mit ihren dicken, drallen Armen, wenn auch ein wenig schüchtern, den Priester umfasste, so gut es gehen mochte.

»Schwankst du immer noch? Sitzest du nun gut?«, fragte der Pfaff.

»Ganz gut, Herr Pfarrer, und Ihr?«

»Noch besser«, erwiderte er.

Es war ihm in der Tat recht behaglich.

Er fühlte von hinten her eine köstliche Wärme in seinen Körper eindringen, die von zwei Sinussen ausging, welche sich an seinen Schulterblättern rieben, als ob sie in seinen Rücken eindringen wollten, was wahrhaftig schad gewesen wäre, da hier nicht der Speicher lag für solche Ware. Nach und nach, wie sich das Maultier heftiger in Bewegung setzte, steigerte sich die Temperatur seiner Reiter in gleichem Grad, und wie sie sich aneinander akklimatisierten, der Reiter an die Reiterin und vice versa, und ihre Pulse wie der Trott des Maultiers in crescendo gingen, konnte es nicht fehlen bei der engen Berührung, dass auch ihre Gedanken und Wünsche sich begegneten.

»Wie wär's«, sagte der Pfarrer, indem er sich gegen die Dirne herumdrehte, »was hältst du von dem schönen dichten Gebüsch da?«

»Es ist zu nah am Weg«, erwiderte das Mädchen. »Die Buben all werden sich daraus Stecken schneiden und die Kühe die jungen Sprosse fressen.«

»Du bist doch nicht verheiratet?«, fragte der Pfarrer wieder.

»Nein.«

»In keiner Weise?«

»Nein, bei Gott!«

»Das ist ja eine Schande in deinem Alter.«

»Wahrhaftig, Herr Pfarrer. Aber seht, so ein armes Mädchen, das ein Kind bekommt, ist ein unbeliebtes Haustier.«

Da hatte der Pfarrer Mitleid mit der Unwissenheit des armen Dings und bedachte, dass, die Unwissenden zu belehren, unter die geistigen Werke der christlichen Barmherzigkeit gehört und die kanonischen Gesetze ihm vorschrieben, seine Schäflein in den Pflichten und Aufgaben des Lebens, schweren und leichten, rechtzeitig zu unterrichten; er glaubte also wohl daran zu tun, die Dirne über ihr künftiges Schicksal ein wenig aufzuklären. Also bat er sie, keine Angst zu haben und sich ihm rückhaltlos anzuvertrauen. Er wolle ihr gemäß den kanonischen Vorschriften ohne Weiteres und unentgeltlich einen gründlichen Eheunterricht erteilen, doch brauche niemand weiter davon zu wissen,

»Wenn Ihr so redet, werde ich absteigen«, sagte barsch die Dirne, der auf dem Weg von Varnhalt her die heftige Bewegung das Blut und anderes erhitzt hatte.
Der gute Priester aber ließ sich nicht irremachen in seinen Ermahnungen und Admonitionen, und als sie das Gehölz von Alzay erreicht hatten und die Dirne um jeden Preis absteigen wollte, war ihr der Priester selber behilflich, da man in anderer Weise hätte im Sattel sein müssen, um diesen Disput zu Ende zu führen.
Sie floh in das dunkelste Dickicht des Gehölzes.
»Ihr seid ein Schlimmer«, rief sie, »aber Ihr sollt mich nicht finden.«
Doch in einer Lichtung mit Moos und weichem Gras strauchelte die Dirne, und der Pfarrer auf seinem Maultier holte sie ein. Er begann alsbald seinen Eheunterricht. Seine Methode ließ an Anschaulichkeit und Eindringlichkeit nichts zu wünschen übrig, und die Katechumene brachte seiner Lehre einen offenen Sinn und eine fast erstaunliche Gelehrigkeit entgegen. Er fand wahrhaftig ihren Geist nicht weniger geschmeidig als ihre Haut, und er ärgerte sich nur über eins: dass er den Unterricht stark abkürzen und alle Repetitionen vermeiden musste, da der Ort des Unterrichts kaum steinwurfweit von Fidel-Alzay entfernt war. Sehr schmerzte ihn das; denn wie andere Weisheitslehrer liebte er es, seinen Schülern dasselbe immer wieder von Neuem zu sagen.
»Ei, mein Schatz«, fragte er, »warum hast du dich denn so lange gewehrt, bis wir fast in Alzay waren?«
»Weil ich von Varnhalt bin«, antwortete die tugendsame Jungfrau.
Als dieser gute Pfarrer starb – um zum Ende zu kommen –, trauerte das ganze Dorf um ihn, und viele, Kinder und andere, beweinten ihn wie ihren Vater. ›Wir haben unsern Vater verloren‹, hörte man allenthalben klagen. Das Frauenvolk, lediges und verheiratetes, war besonders untröstlich. Der Verstorbene, hieß es, war mehr als ein Priester, er war ein Mann.

Für solche Pfarrer ist unterdessen der Samen verloren gegangen. So was wird nicht mehr gesät und wächst nicht mehr, allen künstlichen Sämereianstalten, Seminarien geheißen, zum Trotz.

Sein Erspartes hatte er den Armen hinterlassen. Es war ein schlechter Trost für sie, sie verloren dabei mehr, als sie gewannen, und ein alter Stelzfuß, den er lange verhalten und der heulend in den Pfarrhof gehumpelt kam, fluchte dem Tod, dass er nicht ihn geholt statt des guten Pfarrers. Darüber lachten die Leute, aber dem Schatten des Verstorbenen würden diese Worte gewiss nicht wenig geschmeichelt haben.

Die schöne Färberin

Schon früher wurde in diesem Buch ein höchst spaßhaftes Wort des hübschen Waschermadels aus Portillon, welches ein Vorort der Stadt Tours ist, angeführt. Diese schöne Kreatur stak so voll Bosheit und List, dass sie wenigstens die von sieben Priestern oder drei Frauen gestohlen haben musste. So fehlte es ihr denn auch nicht an Liebhabern, sondern sie hatte deren so viel, dass sie davon wie von einem Bienenschwarm umschwirrt und umhummelt war.

Kam da eines Abends ein alter Seidenfärber, der in der Misthaufenstraße wohnte und daselbst ein Haus voll heidenmäßiger Reichtümer besaß, von seinem Weingarten auf Goldengrub, bei den schönen Hügeln von Zyriuskirchen, zurück und ritt auf seinem Gaul gemächlich durch die Vorstadt Portillon gegen die große Brücke, die die Stadt von der Vorstadt trennt. Es war ein warmer Sommerabend, und als der Färber das schöne Waschermadel erblickte, das auf der Schwelle seines Hauses saß, wurde er von einer heftigen Begierde nach ihr ergriffen. Er träumte übrigens schon lange von der schönen Dirne, und heut fasste er den Entschluss, sie zu seiner Frau zu machen.

So wurde aus der Wäscherin eine Färberin, eine reiche Bürgersfrau der Stadt Tours, mit feiner Wäsche und schönen Spitzen, mit Hausgerät im neuesten Stil, eine glückliche Frau, trotz ihres Färbers, den sie, wenn ihm auch kein Ring daran saß, aufs Zierlichste an der Nase herumzuführen wusste.

Der genannte Färber hatte zum Gevatter einen gewissen Meister Mechanikus, der die verschiedenen Werkzeuge der Seidenweberei anfertigte; er war klein von Gestalt, bucklig seitdem er lebte, und dazu ein Nickel, wo ihn die Haut anrührte.

»Du hast wohl daran getan, dich zu verheiraten«, sagte er am Hochzeitstag zu dem Gevatter, »wir werden eine hübsche Frau haben.«

Und mit tausenderlei Scherzreden und Anzüglichkeiten, wie sie so üblich sind, foppte er die Neuvermählten und hofierte der schönen Färberin, die missratene Gewächse in ihrem Leben nicht leiden gekonnt und den Mechanikus und seine Bewerbungen frank heraus auslachte.

Sie neckte ihn den ganzen Tag mit seinen Spulen, Spindeln und Zapfen und sagte, dass er davon nicht nur die Bude, sondern auch den Buckel voll habe. Aber der Bucklige ließ sich dadurch in seiner Leidenschaft nicht irremachen und fiel der schönen Färberin so lästig, dass sie sich entschloss, ihm einmal einen recht schlimmen Streich zu spielen, um ihn zu heilen.

Eines Abends, nachdem er sie wieder mit hartnäckiger Ausdauer verfolgt hatte, sagte sie ihm, er möge denn in Gottes Namen gegen Mitternacht an die Hintertür kommen, so werde sie ihm für sicher ihre Vordertür öffnen. Die Nacht war aber eine schöne helle Winternacht, und da die schon genannte Misthaufengasse am Ufer der Loire endet und so mit dem Fluss eine Ecke bildet, wo selbst im Sommer einem der Wind durch Haut und Knochen geht, so könnt ihr euch den Buckligen wohl vorstellen, wie er, um sich warm zu halten, in seinen Mantel gewickelt heftig da auf und ab schritt, bis die ersehnte Stunde herannahte. Als die Uhr auf Mitternacht ging, war er bereits steckensteif gefroren; er fluchte wie siebenundzwanzig Teufel und war nahe daran, auf sein Glück zu verzichten, als er bemerkte, dass sich an den Fenstern ein Licht hinbewegte und sich zuletzt, indem es immer tiefer stieg, der besagten Hintertür näherte.

»Ah«, sagte er, »da ist sie.«
Und dieser Gedanke erwärmte ihn. Er drückte sein Ohr an die Tür und hörte drinnen eine feine Stimme.
»Seid Ihr da?«, fragte die Färberin.
»Ja.«
»Hustet, dass ich Euch erkenne.«
Der Bucklige fing an zu husten.
»Das seid Ihr ja gar nicht.«
»Wie!«, rief laut der Mechanikus. »Das bin ich gar nicht? Kennt Ihr denn meine Stimme nicht? Öffnet doch!«
»Wer ist da?«, rief der Färber, der einen Fensterflügel aufgerissen hatte.
»Da, nun habt Ihr meinen Mann aufgeweckt, der diesen Abend unversehens von Amboise zurückgekommen ist.«

Unterdessen hatte sich der Färber, nachdem er im Mondschein erkannt, dass sich ein Mann an seiner Tür zu schaffen machte, einen Zuber kaltes Wasser herbeigeholt, und mit dem Ruf: »Diebe, Diebe!«, schüttete er es hinunter auf den verliebten Gevatter, dem nichts übrig blieb, als die Flucht zu ergreifen. Aber in der Hast stolperte er über die Kette, welche die Straße gegen den Fluss absperrte, und fiel in eines der stinkenden Schmutzlöcher, darein jedermann seinen Unrat ablud in Ermangelung von Senkgruben, die eine hochlöbliche Polizei erst später erfunden hat. Der Mechanikus geriet hierüber ganz außer sich und fluchte nicht übel auf die schöne Tascherette, denn so pflegte man, da ihr Eheherr Taschereau hieß, die schöne Färberin in der Stadt allgemein zu nennen.

Carandas aber, wie der Spulen-, Spindel- und Haspelmacher mit Namen hieß, war nicht so sehr auf den Kopf gefallen, um an die Unschuld der Färberin zu glauben, er schwor ihr eine fürchterliche Rache.

Einige Tage danach aber, nachdem er sich von seinem duftenden Bad im Färbergraben erholt hatte und bei seinem Gevatter zu Abend speiste, da wusste die schöne Färberin ihm derart um den Bart zu gehen, ihm solchergestalt Speckschwärtchen durch den Mund zu ziehen und ihm eine schöne Versprechung nach der anderen als Köder vorzuhalten, dass er ganz und gar von seinem finsteren Verdacht zurückkam. Er bat um ein neues Stelldichein, und die schöne Tascherette, als ob sie selber den ganzen Abend an nichts anderes gedacht hätte:

»Kommt morgen«, sagte sie, »mein Mann wird drei Tage zu Burgschneuzingen bleiben; die Königin möchte gern alte Stoffe färben lassen, da wird es von wegen der Farben eine lange Konferenz und Beratung geben, also …«

Carandas zog seine besten Sachen an und erschien auf die Minute. Das Abendmahl war vorzüglich, die Lampreten frisch, der Wein von der besten Lage zu Weiberfreyt, das Tischtuch weiß wie Schnee – denn die ehemalige Wäscherin hatte die Farbe des Frischgewaschenen noch nicht vergessen; alles blinkte und blitzte, die Schüsseln und Teller aus Zinn waren eine wahre Freude anzusehen, und der Geruch der Speisen ließ dem Buckligen das Wasser im Mund zusammenlaufen. Noch mehr jedoch ließ ihm das Wasser im Mund zusammenlaufen die schöne Tascherette, die herausfordernd dasaß in ihrem Sessel, lockend und lachend wie an seinem Zweig ein Borsdorfer Apfel, der das Gold des sonnigsten Sommertages zurückstrahlt. So verführerisch lächelte sie ihn an, dass er glaubte, er könne nicht anders und er müsse nun gleich einbeißen in die lachende Frucht (die man sich gewöhnlich für den Nachtisch aufzuheben pflegt) – als plötzlich Meister Taschereau heftig an der Haustür pochte.

»Mein Gott, was ist geschehen?«, rief das ehemalige Waschermadel. »Schnell, versteckt Euch in diesen Schrank … ich bin ohnedies Euretwegen schon gezankt worden; wenn Euch mein Mann hier fände, er wäre imstande, Euch den Garaus zu machen, denn Ihr ahnt nicht, wie heftig und bösartig er sein kann.«

Und also schiebt sie den Buckligen in den Schrank, steckt den Schlüssel zu sich und geht, ihrem Mann zu öffnen, den sie zum Abendessen erwartet hat. Da wird nun der Färber herzig geküsst, nicht nur auf die beiden Augen, sondern auch auf die beiden Ohren, und er selber gibt seiner Frau einen Schmatz, den man bis in die Straße hinunter hören konnte. Darauf setzt sich das Ehepaar zu Tisch, und nachdem sie eine Zeit lang gescherzt und geplaudert, gehen sie zu Bett. Der Mechanikus aber muss alles das mit anhören, aufrecht in dem engen Schrank, ohne sich zu rühren und zu räuspern. Wie eine Sardine in der Büchse war er zwischen dem Weißzeug eingeklemmt und hatte nicht mehr Luft, als die Karpfen Sonne haben in der Tiefe ihres schlammigen Wassers. An Unterhaltung fehlte es ihm jedoch nicht, die Seufzer des Färbers und die zierlich neckischen Erwiderungen der Tascherette, die ganze Musik dieses Liebeskonzerts hatte er gratis. Als er aber endlich den Gevatter eingeschlafen glaubte, suchte er die Schranktür aufzuhaken.

»Was gibts?«, rief der Färber.

»Was denn, mein Schatz?«, antwortete die Frau, indem sie ihre Nase unter der Decke hervorstreckte.

»Hat es da nicht gekratzt?«, sagte der Mann.

»Es wird die Katze gewesen sein, das bedeutet Regen.«

Da legte der Mann sich wieder aufs Ohr, die Frau jedoch konnte sich's nicht versagen, ihn noch ein bisschen zu hänseln.

»Du hast wahrhaftig einen allzu leichten Schlaf«, begann sie, »da dürfte man sich wohl in Acht nehmen, wenn es einem beikommen sollte, dich in das bekannte Hochwild zu verwandeln. Ach, du kannst ruhig schlafen, Väterchen … Aber deine Nachtmütze sitzt dir ja ganz schief auf dem Ohr. Komm, mein Engel, ich will sie dir zurechtrücken. Man muss immer hübsch sein, sogar im Schlaf. Liegst du jetzt gut?«

»Ja.«

»Schläfst du?«, fragte sie ihn noch einmal, indem sie ihn küsste.

»Ja.«

Am anderen Morgen schlich sich die Färberin an den Schrank, um den Mechanikus frei zu machen. Der Bucklige war bleicher als der Tod.

»Luft, Luft!«, schnappte er.

Geheilt von seiner Liebe machte er sich aus dem Staub und trug mehr Hass in seinem Herzen mit sich hinweg, als ein Hamster Weizen forttragen kann in seinen Backentaschen. Er verließ bald darauf die Stadt Tours und begab sich nach Brügge, wohin ihn ein Kaufmann berufen hatte, dass er ihm das Werkzeug zur Fabrikation von Panzerhemden herstelle. Während seiner langen Abwesenheit brütete der genannte Carandas, dem maurisches Blut in den Adern rollte, denn er stammte von einem alten Sarazenen ab, der für tot auf dem Schlachtfeld geblieben war, als die Mohren und Franken sich das Gefecht von Wüstenfeld geliefert hatten, auf der Heide, die noch heute die Heide Karls des Großen genannt wird, wovon schon in der vorigen Erzählung die Rede war, und wo kein Kräutlein wächst, weil die verfluchten Ungläubigen da begraben sind und nicht einmal eine Kuh hier ein Gras fressen mag … Carandas, habe ich gesagt, brütete in dem fremden Land bei Nacht und bei Tag über seinem Hass und hatte keinen anderen Gedanken, als wie er recht teufelsmäßig seine Rache ins Werk setzen möge. Er plante nichts Geringeres als den Tod der schönen Färberin. »Ich will von ihrem Fleisch essen«, sagte er oft zu sich selber; »beim Beelzebub, ich werde mir eine ihrer Brüste braten, und sie soll mir ohne Brühe schmecken.« Wahrlich, sein Hass war ein blutigroter Hass, und er war in der Wolle gefärbt. Es war ein Kardinalhass, ein Hass, giftig wie eine Hornisse oder wie eine alte Jungfer. Es war vielmehr aller Hass der Welt zusammengebraut in einen einzigen Hass, in dem es brodelte und gischte von einem teuflischen Elixier mit giftigen Dämpfen der Hölle, es war mit einem Wort ein verruchter Hass.

Eines schönen Tages tauchte dieser Carandas von Neuem in der Stadt Tours auf. Er brachte schwer Geld mit, das er sich in Flamland durch den Handel mit seinen mechanischen Erfindungen erschachert hatte. Damit kaufte er sich ein schönes Haus in der Misthaufengasse, das noch heute zu sehen ist und von vielen neugierig bestaunt wird, weil in seiner Mauer seltsam lustige Figuren ausgemeißelt sind.

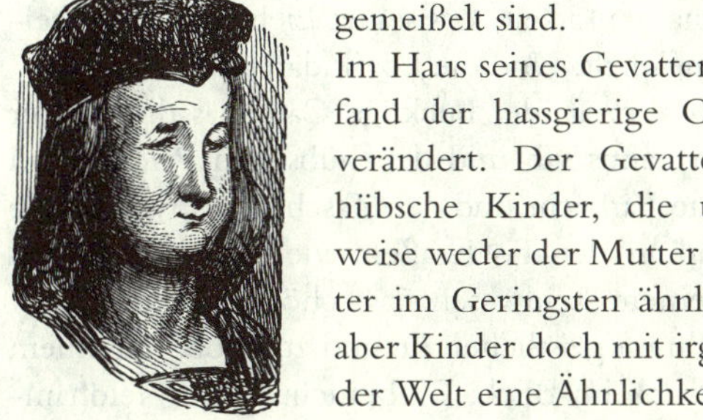

Im Haus seines Gevatters, des Färbers, fand der hassgierige Carandas vieles verändert. Der Gevatter hatte zwei hübsche Kinder, die unglücklicherweise weder der Mutter noch dem Vater im Geringsten ähnlich sahen. Da aber Kinder doch mit irgendjemand in der Welt eine Ähnlichkeit haben müs-

sen, so nehmen die kleinen Schlingel oft die Züge ihrer Großeltern an, wenn dieselben hübsch sind. So was weiß sich zu helfen, und so fand denn auch der Färber bald heraus, dass die Kleinen einem seiner Onkel glichen, der ehemals Pfarrer bei der Kirche Unserer Lieben Frau zur Gerbmühle war. Einigen Witzbolden zu glauben, waren aber die beiden Sprösslinge die ausgeschlüpften Ebenbilder eines hübschen Pfäffleins aus der Pfarrei Unserer Lieben Frau, genannt ›die Reiche‹, einem berühmten Ort zwischen Tours und dem königlichen Schloss Blitz-in-Turm.
Und nun, glaubt mir das eine und prägt es tief in euer Gedächtnis ein – und wenn ihr in dem ganzen Buch nichts gefunden, aufgelesen und zu euch gesteckt haben solltet als diese eine Wahrheit, die eine Wahrheit von Grund aus ist, so könnt ihr euch schon glücklich schätzen –, nämlich das eine: dass der Mensch nicht leicht seine Nase entbehren kann, id est, dass er ohne Rotz nicht auskommt, das heißt, dass er immer Mensch bleiben wird und dass er also per saecula saeculorum fortfahren wird, zu lachen und zu trinken und immer als derselbe in seinem Hemd zu stecken, nicht besser und nicht schlechter als von allem Anfang an, kurz, dass er sich immer in demselben Kreis drehen wird. Doch das ist nur die Präambel meiner Wahrheit, die ich euch so vorsichtig als möglich beibringen muss, um euch nicht vorzeitig scheu zu machen, und die darin besteht: dass dieser liebe Zweihänder oder Zweibeiner immer und zu allen Zeiten das für das Wahre und Richtige halten wird, was seine Leidenschaften kitzelt, was seiner Liebe dient und seinem Hass schmeichelt. Und die Logik daraus?
Am ersten Tag also, als der bucklige Carandas die Kinder seines Gevattermanns sah und den hübschen Priester, sah auch die schöne Färberin und den Taschereau, wie sie alle zusammen rund um den Tisch saßen, wie auch, dass die Tascherette zu seinem Leidwesen das schönste Lendenstück der Lamprete ihrem geistlichen Freund zuschob, mit einem gewissen Ausdruck im Blick: Da brauchte dem Neidham-

mel niemand zu sagen, dass sein Gevatter Hahnrei geworden, dass die Tascherette mit ihrem Beichtvater unter einer Decke stak, in jedem Sinn, und dass der Weihwasserschwengel des Pfaffen und die Kinder der Färberin eine geheime Beziehung zueinander haben mussten.

›Aber ich werde ihnen zeigen‹, sagte er bei sich, ›dass die Buckligen etwas haben, was den andern abgeht.‹

Und das war so wahr, wie es wahr ist, dass die Stadt Tours sich immer in der Loire gespiegelt hat und spiegeln wird, gleich einem hübschen badenden Mädchen, das mit dem Wasser spielt und es peitscht mit seinen weißen Händen, flick, flack; denn diese lachende, lustige, verliebte Stadt, diese frische, blühende, diese Stadt voller Wohlgerüche ist schöner als alle anderen Städte der Welt, die nicht einmal würdig sind, ihr das Haar zu kämmen oder ihr die Schuhriemen aufzulösen. Ihr werdet finden, wenn ihr die Stadt besucht, dass mitten hindurch eine breite Zeile führt, eine ganz entzückende Straße, wo die schöne Gesellschaft lustwandelt, wo es zu aller Zeit Wind und Regen, Sonne und Schatten gibt und die Liebe zwischen den Pflastersteinen wächst. Ihr lacht? Geht doch hin. Es ist das eine immer neue, immer königliche, immer kaiserliche, immer vaterstädtische Straße, eine Straße mit zwei Bürgerwegen, eine Straße, die offen ist an beiden Enden, eine wohlgezogene, wohlgebaute Straße, eine Straße, so breit, dass noch niemand darin ›Achtung!‹ gerufen hat, eine Straße, die sich niemals abnützt und die zur Abtei Hochberg führt und zu einem Graben, der fein mit der großen Brücke zusammengeht und an dessen Ende ein schöner Marktplatz liegt; die Straße ist wohl gepflastert und gepflegt, immer sauber gespült, immer blank wie ein Spiegel, einsam oder ganz voller Menschen, alles zu seiner Zeit, es ist eine kokette Straße, die sich bei Nacht noch fein ausnimmt in der Spitzenhaube ihrer blauen Dächer; kurz, es ist die Straße, in der ich geboren bin, es ist die Königin der Straßen, schön, zwischen Himmel und Erde, eine Straße mit einem Springbrunnen, eine Straße, der nichts fehlt, um gerühmt zu werden vor allen Straßen der Welt. Sie ist im Grunde die wahre Straße, die einzige Straße von Tours. Es gibt wohl noch andere, aber sie sind schwarz und krumm, eng und feucht, und sie kommen alle demütig herangekrochen, um dieser einzigen vornehmen Straße zu huldigen und von ihr Befehle zu erwarten … Aber wo stehe ich? Ach ja, einmal in dieser Straße, kommt man nicht wieder heraus, so herrlich und lustig ist sie. Und wahrlich, ich schuldete diese kindliche Huldigung, diesen Hymnus aus tiefstem Herzen, dieser meiner Geburtsstraße, der nichts fehlt als die Standbilder meines guten Lehrers Rabelais und des Meisters Cartesius, den aber die Eingeborenen nicht zu kennen scheinen.

Ich komme auf den genannten Carandas zurück. Er wurde seit seiner Rückkehr aus Flamland sehr gefeiert; nicht nur von seinem Gevatter, sondern auch noch von vielen anderen, denen er wegen seiner Lustigkeit und drolligen Einfälle ein lieber Geselle war. Seine alte Liebe schien er vergessen zu haben, er war voller Freundschaft gegen die Tascherette und den Pfaffen, herzte und küsste die Kinder, und wenn er mit der Frau Färberin einmal allein war, erinnerte er sie scherzend an die Nacht mit der Mistgrube als an gute Späße, worüber man lachen muss.

»Ihr habt mich freilich schön zum Narren gehalten.«

»Ist Euch ganz recht geschehen«, erwiderte sie lachend, »denn wenn Ihr Euch noch einen kleinen Zipfel von Zeit hättet nasführen lassen aus lauter Liebe, und foppen lassen und zum Narren halten, wäre es Euch so gut wie den anderen am Ende gelungen, mich herumzubringen.«

Dazu lachte Carandas, im Innern aber kochte er vor Wut, und beim Anblick des Schranks, worin er um ein Haar krepiert wäre, verbiss er sich nur umso tiefer in seine Wut, als die schöne Färberin unterdessen noch schöner geworden war, wie alle, die sich im Jungbrunnen baden und darin verjüngen, welcher Jungbrunnen aber nichts anderes ist als die Liebe.

Heimlich, und noch immerfort auf dem giftigen Ei seiner Rache brütend, studierte der Mechanikus aufs Eifrigste die hahnreiliche Naturgeschichte seines Gevatters, als welche in jedem Haus wieder eine andere ist; denn obgleich alle Liebschaften einander gleichen, so wie alle Menschen untereinander, so hat doch die höhere und wahre Wissenschaft längst festgestellt, dass jede besondere Liebe, zum Glück der Frauen, auch ihre ganz besondere Physiognomie hat, ebenso wie, wenn auch nichts so sehr dem Menschen gleicht als der Mensch, dennoch jeder Mensch verschieden ist von jedem andern Menschen. Das klingt sonderbar und erklärt doch allein die tausend Launen der Weiber, die unter Leiden und Freuden suchen und immer wieder suchen und zuletzt selber nicht wissen, warum sie den einen dem anderen vorziehen. Darum sind sie so wankelmütig, so voller Widersprüche und Unruhe. Soll man sie deswegen schelten? In der ganzen Natur ist alles Wandel und Wechsel, und ihr wollt, dass das Weib sich gleichbleiben soll? Wisst ihr, ob das Eis wirklich kalt ist? Nichts wisst ihr, und so könnt ihr auch nicht wissen, ob die Hahnreischaft eines Ehemanns nicht vielleicht eine höhere Fügung ist, um gelegentlich ein Gehirn hervorzubringen, das ein wenig besser ausstaffiert sei als andere Gehirne. Was studiert ihr die Wolken und die Winde unter dem Himmel? Ich versichere euch, dass man meinem konzentrischen Buch hier noch einmal eine tiefe Philosophie nachrühmen wird. Ja, ja, ihr dürft mir glauben, ein Apotheker, der Rattengift verkauft, ist ein größerer Philosoph als die, so sich einbilden, sie könnten der Natur die Röcke aufheben. Diese Natur ist aber ein stolzes und launisches Frauenzimmer, das sich nicht jedem zeigt und zu jeder Stunde. Versteht ihr? Sie gehört nicht umsonst in allen Sprachen der Welt zum weiblichen Geschlecht, als ein Wesen, dem nichts so eigen ist als Veränderlichkeit und die Lust, zu verblüffen und zu überraschen.

Carandas kam bald zu der Überzeugung, dass von allen Hahnreitänzen der ekklesiastische bei Weitem der sinnreichste und bestbehütete sei. Folgendermaßen aber hatte die gute Färberin ihre Sache einzufädeln gewusst.

Jeden Samstagabend begab sie sich nach ihrem Weingut Goldengrub bei Zyriuskirchen, während ihr Mann die Wochenarbeit vollendete, die Rechnungen prüfte, die Gehilfen bezahlte. Am Sonntagmorgen machte auch er sich auf den Weg nach Goldengrub, wo er ein vortreffliches Frühstück sowie seine Frau in bester Laune antraf. Und stets brachte er den Priester mit. Der verdammte Pfaffe war aber immer schon am Abend auf einem Kahn übergefahren, um der Färberin, die ein wenig fürchtig war, Gesellschaft zu leisten, damit sie nachher ruhig schlafen konnte, worauf der Kerl sich vortrefflich verstand. Morgens in der Frühe kehrte dann der hübsche Beschwörer des bösen Nachtmahr-Ungeziefers in seine Wohnung zurück, wo ihn der Färber in seinem Bett fand, wenn er kam, um ihn für die ländliche Lustpartie abzuholen.

Der Fährmann war gut bezahlt, so wusste niemand um die Schliche des Priesters, der seine abendliche Reise in tiefer Dunkelheit, seine morgendliche aber am hohen hellen Tag machte.

Nachdem Carandas diese Praktiken des Priesters und der Färberin ausspioniert hatte, wartete er nur einen Tag ab, wo das verliebte Paar wegen zufällig nötig gewordener längerer Fasten besonders hungrig aufeinander war. Ein solcher Tag ließ nicht lange auf sich warten, und der spionierende Carandas verfolgte im Hinterhalt die Vorbereitungen des Fährmanns, der unten am Tiefufer der Loire beim Sankt-Annen-Kanal den genannten Priester erwartete, als welcher ein hübscher junger Blondkopf und von schlanker, einnehmender Gestalt war, wie des Meister Ariosto so schön verherrlichter schüchterner Held. Nachdem der Mechanikus seiner Sache sicher sein durfte, machte er sich auf den Weg zum Gevatter Färber, der seine Frau mehr liebte wie je und sich nicht denken konnte, dass noch ein anderer außer ihm den Finger in ihr Weihwasserkesselchen tunken durfte.

»Guten Abend, Gevatter!«, rief Carandas, und Taschereau zog grüßend sein Käppchen.

Und alsobald beginnt der Mechanikus zu erzählen von den heimlichen Liebesfesten auf Goldengrub; er spart dabei nicht an Worten und verwundet den guten Färber, wo er nur kann, bis er ihn in der Verfassung sieht, seiner Frau und dem Pfaffen stante pede den Garaus zu machen.

»Mein guter Nachbar«, sagt er da, »ich habe aus Flamland einen vergifteten Degen mitgebracht, der unverzüglich tötet, wenn er auch nur die Haut eines Menschen ritzt. Ihr braucht damit Eure Hure von Frau und ihren Beischläfer nur zu berühren, so wird es mit ihnen aus und vorbei sein ganz und gar.«

»Kommt, holen wir uns das Instrument«, sprach der Färber.

Und beide eilten unverweilt nach der Wohnung des Buckligen, nahmen den Degen an sich und machten sich auf den Weg nach dem Landhaus.

»Werden wir sie auch im Bett finden?«, fragte Taschereau.

»Wenn Ihr es erwarten könnt«, antwortete höhnisch der Bucklige.

Der Hahnrei hatte aber keine große Pein des Wartens. Die hübsche Färberin und ihr Geliebter waren bereits daran, in dem hübschen See, den ihr kennt, den Fisch zu fangen, der immer entschlüpft, worüber sie jedes Mal lachten und wieder lachten.

»Mein Liebling«, sagte das Täschelchen, indem sie den Priester an sich presste, als ob sie einen Abdruck von ihm nehmen wollte, »oh, wie ich dich liebe! Ich möchte dich fressen. Noch besser, ich wollte, du stecktest in meiner Haut, um nie wieder herauszufahren.«

»Da kann geholfen werden«, antwortete der Priester. »Nur ganz geht es nicht, du musst dich schon mit einem Teil von mir begnügen.«

In diesem Augenblick trat der Ehemann ein und schwang den nackten Degen. Die schöne Färberin, die sich auf das Gesicht ihres Mannes verstand, erkannte, dass es um den geliebten Priester geschehen sei. Aber plötzlich sprang sie auf, und halbnackt, mit fliegenden Haaren, schön vor Scham und noch schöner vor Liebe, fiel sie dem Wütenden in den Arm.

»Halt ein, Unglücklicher!«, rief sie. »Willst du den Vater deiner Kinder töten?«

Und der gute Färber, von dieser Anrufung der hochheiligen Majestät hahnreilicher Vaterschaft, und vielleicht auch ein wenig von den flammenden Blicken seiner Frau ganz verdutzt, ließ seiner Hand den Degen entgleiten, der dem Buckligen, als welcher eben hinzutrat, auf den Fuß fiel und ihn tötete.

Daraus können wir lernen, dass wir dem Hass keinen Raum geben sollen in unserem Herzen.

Epilog des ersten Zehent

Hier endet das erste Zehent dieser Geschichten, ein kleines Müsterchen einstweilen von den Werken der weiland hochgeschürzten Muse aus dem Touraner Land. Sie ist eine fesche Dirne, und das Wort unseres Freundes Verville, ›man muss frech sein, wenn man Gunst erlangen will‹, niedergeschrieben in seinem Buch: ›Wie die Welt will beschissen sein‹, ist ihr aus der Seele gesprochen. Genug für heut, liebes gutes Ding, leg dich nun schlafen, du bist müde und ein wenig außer Atem vom ersten Anlauf, der wohl kühner war, als man denkt. Trockne dir die hübschen nackten Füße, verstopfe dir die Ohren und ruhe dich aus in den Armen der Liebe. Wenn du von neuen Geschichten träumst, die von Lachen dröhnen und von Schalkhaftigkeit kichern, lass dich nicht kirre- und irremachen von dem dummen Geschrei und Geschimpf derer, die, wenn sie einmal einen echten gallischen (nicht galligen) Finken pfeifen hören, ausrufen: ›Oh, der garstige Vogel!‹

SECOND
DIXAIN
LAVIEILLE

Zweites Zehent

Einige Kritiker haben dem Autor vorgeworfen, von der Sprache der alten Zeit so viel zu verstehen, als eine Kuh vom Spanischen. Ehemals hätte man ohne viel Federlesens derartige Leute Kannibalen geheißen, Lästermäuler, Sykophanten und sogar Sodomiter, aber der Autor will sie gern verschonen mit solchen Stilblüten älterer Schriftsteller und freut sich nur, dass er nicht in ihrer Haut steckt, weil er sich sonst verachten und vor sich selber schämen müsste. Für den niederträchtigsten Sudler würde er sich halten, ein armes Buch zu verleumden, weil es ganz und gar anders ist, als die Bücher all dieser traurigen Tintenkleckser unserer Tage.

Oh, ihr armseligen Gesellen! Ihr solltet ein wenig sparsamer mit eurer Galle umgehen. Ich meine, ihr könntet sie recht gut untereinander gebrauchen. Der Autor ist nicht unglücklich darüber, dass er nicht allen gefällt, er tröstet sich mit einem gewissen alten Touraner ewigen Angedenkens, dem einst Buben vom gleichen Schlag so lange zugesetzt und mitgespielt haben, bis er es satt bekam und in einem seiner Dialoge erklärte, er sei entschlossen, kein Jota mehr zu schreiben. Andere Zeiten, andere Sitten. Nein, Herrgottsdonnerwetter, andere Zeiten, aber die nämlichen Sitten. Alles bleibt sich gleich, im Himmel oben wie hier unten bei den Menschen.

Und also stützt sich der Autor lachend auf seinen Spaten und verschiebt die Rache an seinen Lästerern auf gelegenere Zeit. Er hat jetzt anderes zu tun. Wahrlich, ein Hundert lustiger Geschichten kann man nicht so aus dem Boden stampfen und aus dem Ärmel schütteln. Das ist schon an sich kein leichtes Tagewerk, auch wenn es einem nicht dazu von anderen noch erschwert wird, zuerst von Lumpen und Neidhammeln, und zuletzt nicht weniger von den eigenen Freunden, die einem zur Unzeit wie Unglücksraben mit ihrem Gekrächze über den Hals kommen. »Bist du verrückt?«, sagen sie. »Hast du dir's auch recht überlegt? Solche Geschichten und Schwänke hat nicht leicht einer hundertweis in seiner Gehirnkammer vorrätig, du hast, scheint uns, das Maul etwas allzu weit aufgemacht. Ein wenig bescheidener, guter Herr, ein wenig bescheidener, wenn wir bitten dürfen.« Das sind weder Misanthropen noch Kannibalen, ob Lumpe, ich weiß es nicht. Es sind aber, das ist keine Frage, gute Freunde. Aber ihre Freundschaft besteht darin, uns auf einem ohnehin schon harten Weg auch noch harte Worte zu geben und unliebsame Dinge zu sagen. Sie sind widerborstig wie ein Saurücken, stachlig wie eine Hechel, und versichern uns dabei fortwährend, wie ergeben sie uns seien mit Leib und Seele, wie man auf sie rechnen könne im Unglück, auf ihr Gut und Geld und alles, aber sie wollen nicht eher etwas merken von unserer Notlage, als bis man uns die letzte Ölung bringt.

Wenn es diese Leute wenigstens an solchen kleinen Niederträchtigkeiten genug sein ließen. Aber kommt dann die Zeit und werden ihre albernen Ängstlichkeiten Lügen gestraft: »Siehst du«, rufen sie triumphierend aus, »hab ich dir's nicht gesagt? Habe ich nicht gut prophezeit?«
Um nun so wohlgemeinte, wenn auch im Grunde ganz und gar unerträgliche Freundschaftsbezeigungen nicht undankbar von sich zu stoßen, vermacht der Autor hiermit diesen Freunden seine alten durchlöcherten Pantoffel, mit der beruhigenden Versicherung, dass er selber an fahrender Habe, die nicht bereits gerichtlich verpfändet wäre, nichts zurückbehält: als versteckt im Labyrinth seines Gehirns ein Stücker siebzig lustiger Schwänke, wohlgeratene Kinder seines Geistes, bei Gott! in zierliche Redewendungen gekleidet, mit Anspielungen jeder Art geschmückt, von der komischen Muse mit den allerfrischesten Blumen und Zweigen bekränzt; Schwänke, sagte ich, nämlich Geschichten und Historien von allen Tages- und Jahreszeiten, mit dem ganzen reichen Einschlag, den zu jeder Stunde, zu jeder Minute die Menschheit spinnt und webt, immer fortschaffend und webend an dem großen weltgeschichtlichen Computus (der Gottheit unendlichem Kleid) von der Zeit an, wo die Sonne noch blind war und der Mond noch seinen Weg nicht wusste, bis auf den heutigen Tag. Doch hab ich auch nichts dagegen, wenn ihr anders denkt und wenn ihr meine siebzig Kinder ebenso viele liederliche Subjekte heißen wollt, nichtsnutzige, übertrutzige, schamlose, schlechte, tolldreiste Subjekte, elende Kreaturen, lose Buben, Spaßvögel der schlechtesten Sorte, und wenn ihr sagt, beim Teufel noch einmal, dass diese siebzig zusammen mit den zwanzig, die bereits ausgebrütet sind, auf die versprochenen hundert nur eine schwache Abzahlung seien.
Wahrlich, wenn die Zeit nicht so schlecht wäre für Bibliophile, Bibliomanen, Bibliografen, Bibliotheken, Bibliophagen und Bibliopolitiker, id est für Bücherfreunde, Büchernarren, Büchermacher, Bücheraustrҫger, Bücherverleger

und Bücherausleger, Bücherwürmer mit einem Wort, wenn die Zeit nicht so schlecht wäre, sage ich, würde euch der Autor sein Hundert wahrlich wie einen Wolkenbruch und Hagelwetter über euren Köpfen ausgeschüttet und nicht so langsam vertröpfelt haben wie einer, der an der zerebralen Dysurie, id est Gehirnaustrocknung oder Gehirnsaftverhaltung leidet. Diese Schwäche, will sagen infirmitas, kann ihm dennoch niemand vorwerfen, vielmehr wird man zugeben müssen, dass er auf volles Maß und Gewicht hält und oft mehrere Geschichten für eine gibt, wie das vorliegende Zehent beweist. Auch wolle man beachten, dass er unter seinem Vorrat stets eine strenge Auswahl trifft und euch nur die besten und saftigsten Stücke vorlegt. Da kann von Altersschwäche keine Rede sein. Mischt also etwas mehr Freundschaft in eure Gehässigkeiten und etwas weniger Gehässigkeit in eure Freundschaft. Auch wollet bedenken, wie sparsam die große Natur bis jetzt war in der Hervorbringung guter Erzähler, sparsam bis zur Geizigkeit, denn wie ihr auch zählen mögt, mehr wie sieben werdet ihr nicht herausfischen aus dem ungeheuren Ozean des Weltschriftentums.

Einige unter euch, gute Freunde selbstverständlich, haben die Meinung geäußert, dass man in einer Zeit, wo jedermann schwarz gekleidet geht, wie wenn eine allgemeine Welttrauer wäre, nur solche Bücher und Schriftwerke zusammenkochen dürfe, die ebenso langweilig ernst und ernstlich langweilig sind wie unsere Tracht und Kleidung selber. Diese Freunde sind auch der Ansicht, dass heut jeder Skribifax für sein winziges bisschen Geist notwendig eine Wohnung brauche wie ein königliches Schloss, und dass jeder im Finstern bleiben und ruhmlos dahinfahren müsse wie die Maulesel des Papstes, der nicht gleich Kathedralen und Paläste baut, an denen sich kein Stein verrücken lässt. Diese lieben Freunde möchte ich doch fragen, was ihnen lieber ist, eine Kanne guten Weins oder ein Fuder Bier, ein Diamant von zweiundzwanzig Karat oder ein zentnerschwerer Kieselstein, die Geschichte des Hans Calver von Rabelais oder so ein modernes Schulbubengeschmier? Ihr bleibt stumm? Was solltet ihr auch antworten? Also geht, lasst euch heimgeigen, und bleibt in Zukunft bei euren Leisten, ihr Schuster!

Statt allem andern sage ich nur noch dies: Jener unvergleichliche Mann, dem wir gewisse unsterbliche Fabeln und Schwänke verdanken, hat sie vorher bei anderen gefunden und genommen, er hat sie nur bearbeitet; aber mit seiner göttlichen Kunst, die er auf diese Figürchen verwendet hat, hat er ihnen erst Wert und Würdigkeit gegeben. Wie dem Meister Ludovico Ariosto hat man ihm den Vorwurf gemacht, seine Zeit und seine Gedanken an kindische Albernheiten zu vergeuden; aber ein schlechtes Insekt, von seiner Hand ziseliert, ist ein bleibenderes und sprechenderes Denkmal seines ewigen Ruhms, als manche hochgemauerte Werke anderer. In der ganz besonderen Jurisprudenz unserer fröhlichen Wissenschaft gilt eine einzige Seite, die der Autor aus dem Schoß der Natur und der Wahrheit geschöpft hat, mehr als eine ganze Bibliothek von flauen Bänden, die, so schön sie sein mögen, uns weder ein Lachen noch eine Träne zu entlocken imstande sind.

Man wird nicht unpassend finden, dass der Autor das alles sagt; er hat dabei nicht die Absicht, sich auf die Zehenspitzen zu stellen und größer zu scheinen, als er ist. Hier handelt es sich um die Majestät der Kunst, nicht um seine eigne. Er selber ist nur ein armer Schreiber, und sein ganzes Verdienst besteht darin, Tinte in seinem Tintenfass zu haben und ein gutes Ohr für das, was die Herren vom Hof erzählen, und das er zu Protokoll bringt, wie er's gehört hat. Nur wie er's spinnt und webt, ist sein Verdienst. Der Flachs dazu ist auf vielen Äckern gewachsen. Von der Venus des Herrn Phidias, des Atheners, bis herunter zu dem Gänsemännlein am Grünenmarktbrunnen oder dem andern, das sie das Männeken Pis nennen, ist alles geschaffen nach den ewigen Gesetzen und Regeln der menschlichen Einbildungskraft und Nachbildungskraft, deren Stoff das Gemeingut aller ist. Glücklich die Diebe in diesem Staat oder Königreich, sie werden hier nicht gehängt, sondern sind geehrt und geliebt von allen. Aber ein Kamel, ein Trampeltier mit zwei Höckern ist derjenige, der sich in die Brust wirft, die Nase hoch trägt und sich etwas zugutetut auf Vorteile, die ein reiner Zufall der Blutmischung sind; nur dessen, was der Mensch aus seinen Fähigkeiten macht, nur seiner Ausdauer, seines Fleißes kann er sich rühmen.

Was dann das Geflöte gewisser zierlicher Schnäbelchen anlangt, die mit ihrem sanften Gezwitscher dem Autor ebenfalls im Ohr gelegen sind und sich beklagt haben über diese und jene Stelle des Buches wie über ein Weltunglück, ihnen kann ich nur antworten: Warum habt ihr nicht die Pfötchen davon gelassen?

Durch die verruchten Niederträchtigkeiten gewisser Leute sieht sich der Autor gezwungen, den Wohlwollenden eine Aufklärung zu geben, womit sie den verleumderischen Kakografen und Sudelhänsen das Maul stopfen können. Diese meine Geschichten sind erwiesenermaßen zu der Zeit geschrieben worden, da die Königin Kathrein, aus dem erlauchten Hause der Mediceer, in Frankreich das Heft in der Hand hatte und sich in alle öffentlichen Angelegenheiten mischte zum Besten unserer heiligen Religion. Diese Zeit ist nicht sänftiglich mit den Leuten umgesprungen, es war eine Zeit, die viele große Kerle erwürgt hat, von unserem verewigten König Franziskus, dem Ersten seines Namens, bis zu dem Staatsstreich zu Blois, wo der geriebene Guise sich in der Falle fing. In dieser Zeit unaufhörlicher Kämpfe und Feldzüge, Kriege und Belagerungen, Friedensschlüsse und neuer Kriege und Kämpfe befand sich auch, wie jeder Schulbub weiß, die Sprache im Zustand großer Verwirrung und Zügellosigkeit, wo denn jeder Poet und Autor, wie übrigens heute auch, sich seine eigene Sprache zurechtmachte und seine gute Muttersprache schrieb, wie ihm der Schnabel gewachsen war, außerdem dass er sie mit den buntscheckigsten Lappen und Flecken verbrämte, mit griechischen, lateinischen, italienischen, mit schweizerischen, deutschen und transatlantischen Wörtern und Wendungen, mit Fantastereien und spanischem Jargon: was sie alles kunterbunt untereinander mengten, geradeso wie auf den Schlachtfeldern die Nationen durcheinander wimmelten, also dass der Skriptophile dem babylonischen Wirrwarr gegenüber alle Freiheit und tausend Möglichkeiten hatte, die seither beträchtlich eingeschränkt wurden durch Leute wie die Herren von Balzac, Blasius Pascal, Füretiere, Mesnage, Saint-Evremont, von Malherbe und andere, als welche zuerst unsere Muttersprache rein gekehrt, die fremden Wörter in Verschiss erklärt und den übrigen ein ausschließliches Bürgerrecht verschafft haben, zum bequemen und sichern Gebrauch für jedermann, dass selbst der Herr Ronsard davor kleinlaut werden müsste.

So, da hat nun der Autor alles gesagt. Er geht nach Haus zu seinem Liebchen und wünscht ein Füllhorn voll Lust und guten Dingen allen denen, die ihn lieben, und seinen Feinden einen Sack voll hohler Nüsse. Sie verdienen nichts Besseres. Wenn die Schwalben wiederkehren, wird auch er wiedererscheinen und ein drittes und viertes Zehent mitbringen. Das verspricht er feierlich allen guten Pantagruelisten nebst Sippschaft durch alle Stockwerke hindurch, denen alles triste, trübe, traurige und gallsüchtige Geschreibe dieser Zeit ein Gräuel ist.

Drei Schnapphähne

Der Gasthof ›Zu den drei Karpfen‹ in der Stadt Tours war ehemals der Ort, wo man in der ganzen Stadt am besten aß. Der Wirt war berühmt als Papst aller Bratenkünstler weit und breit; bis Chastellerault, Loches, Vendôme und Blois musste er alle Hochzeiten mit seinen Brühen würzen. Dieser alte Knickebein, übrigens ein wirklicher und perfekter Meister in seiner Kunst, zündete niemals eine Kerze an, solange es hell war, hätte sogar die Eier geschoren, wenn es möglich gewesen wäre, verkaufte teuer alles und jedes, Haare, Haut und Federn, hatte das Auge überall, ließ sich niemals um eine Zeche prellen und würde um einen Heller zu wenig sogar einem Fürsten Grobheiten gesagt haben.
Sonst war er ein Spaßmacher erster Güte, trank und lachte mit allen, die einen guten Zug in der Gurgel und die Leber auf der Sonnenseite hatten, und stand nie anders als sein Käppchen in der Hand vor Leuten, die reichlich fromme Sprüche im Mund führten als wie: ›Wo du nicht bist, Herr Jesus Christ …‹ Er ermunterte sie zum Trinken und gab ihnen in lustigen Wendungen zu verstehen, dass der Wein teuer sei, dass man in Touran nichts geschenkt bekomme, sondern alles kaufen, d. h. bezahlen müsse, kurz, er hätte, wenn es ohne Schande möglich gewesen wäre, angekreidet:

so viel für die gute Luft und so viel für die Aussicht. Auch lebte er herrlich und in Freuden mit dem Geld anderer, wurde dick und rund wie ein Maltersack, wenn er voll ist, fett wie ein Schwein und ließ sich mit ›Herr‹ anreden.
Nun war es bei der letzten Messe, da erschienen am Ort drei Gesellen, die bei einem Advokaten das Handwerk lernten und eher das Zeug zu drei Spitzbuben als zu einem einzigen Heiligen aufwiesen. Sie hatten schon so viel bei ihrem Advokaten profitiert, dass sie wussten, wie weit man gehen dürfe, ohne mit der Wehsaite der hohen Harfe, die man auch Galgen nennt, in Berührung zu kommen. Gut zu leben und sich lustig zu machen, auf Kosten irgendeines Messkrämers oder sonstiger harmloser Leute, war die Beschäftigung, die sie sich vorgenommen hatten.
Diese losen Vögel von Schülern, richtige Teufelsbraten, waren also ihrem Advokaten ausgerissen, bei dem sie in der guten Stadt Angers die Kunst studierten, aus krumm gerade und aus gerade krumm zu machen, und kamen zur großen Messe nach Tours, wo sie in der Herberge ›Zu den drei Karpfen‹ abstiegen, die großen Staatszimmer in Beschlag nahmen, alles zuunterst und zuoberst kehrten, sich als die Verwöhnten aufspielten, auf dem Markt die Lampreten zum Voraus für sich aufkaufen ließen und sich als Großkaufleute ausgaben, die bekanntlich, wenn sie reisen, nicht nötig haben, sich mit Waren zu schleppen.
Und der gute Wirt begann zu laufen, zu rennen, den Spieß in Bewegung zu setzen, vom Besten zu zapfen, kurz, ein wahres Advokatenessen für die drei Taugenichtse zuzubereiten, die schon für wenigstens hundert Taler Lärm gemacht hatten und die, wie man sie auch ausgequetscht hätte, nicht mehr von sich gegeben haben würden als zwölf Touraner Kupferkreuzer, mit denen der eine unter ihnen in der Tasche klimperte.
Aber wenn sie auch kein Geld hatten, fehlte es ihnen doch nicht an anderen Hilfsmitteln, und die Rolle von Jahrmarktsdieben wussten sie vortrefflich zu spielen.

Das war ein lustiges Handwerk, und zu essen und zu trinken gab es genug dabei; sie machten sich seit fünf Tagen mit solchem Geschick an die Marktvorräte heran, dass ein Fähnlein Landsknechte weniger verdorben hätte, als sie stibitzten. Jeden Morgen nach dem Frühstück, nach gutem Essen und Trinken, erschienen die drei Schnapphähne auf der Messe, und da war keine Bude, die sie nicht unsicher gemacht hätten. Sie mausten, grapsten, spielten, und dazwischen ergötzten sie sich mit kindischen Streichen, nahmen die Budenschilder ab, um sie auszuwechseln, machten das des Schusters an die Goldschmiedebude und das des Goldschmieds an die Seifensiederbude; sie warfen Staub und Schmutz auf die Waren, reizten und hetzten die Hunde, durchschnitten die Stränge der Pferde vor den Wagen, warfen unversehens eine Katze auf die Köpfe der Menge,

schrien plötzlich: »Ein Dieb, haltet den Dieb!«, oder fragten jedermann, der ihnen begegnete: »Seid Ihr nicht der Herr Arschloch aus Angers?«

Dann gaben sie den Leuten unversehens heimliche Rippenstöße, machten Löcher in die Kornsäcke, suchten ihr Nasentüchlein in den Taschen der Damen, hoben dabei deren Röcke auf, taten, als ob sie ein Juwel suchten, jammerten und sagten: »Ach, es wird sich in ein Loch verkrochen haben.« Sie lockten die Kinder von ihren Eltern weg, tollten umher bis in die tiefe Nacht hinein, belästigten jedermann und bepissten und beschissen, was ihnen nur zugänglich war.

Kurz, der Teufel würde sich vernünftig und wohlerzogen ausgenommen haben neben diesen aus der Schule gelaufenen Strolchen, die sich lieber aufgehängt hätten, als eine ordentliche Handlung zu begehen, also dass es leichter gewesen wäre, von zwei aufeinander loshackenden Advokaten ein Almosen zu erhalten als von ihnen eine gute Tat.
Wenn sie ihres Treibens einmal müde waren, verließen sie das Marktfeld und ließen sich in den ›Drei Karpfen‹ auftragen, was nur das Zeug hielt, Essen und Trinken, bis zur Vesperstunde; darauf kehrten sie mit Fackeln zurück, und nach den Marktleuten kamen die Dirnen und Freudenmädchen daran, denen sie übel mitspielten und denen sie nichts gaben, als was sie erhielten nach dem Axiom des Justinianus: Suum cuique ius tribuere, d. h. man soll jedem in seiner Münze herausgeben oder, wie es andere übersetzen, Jux mit Jux bezahlen.
Endlich beim Nachtmahl, wenn sie niemand hatten, um ihn zu kujonieren, kujonierten und frotzelten sie sich untereinander, weil sie der Sache gar nicht genug kriegen konnten, und beschwerten sich beim Wirt über die Mücken, behaupteten, anderswo seien die Gastgeber so rücksichtsvoll, diese Viecher fein anzubinden, die die Frechheit haben, vornehmen Herren auf die Nase zu scheißen.
Als auf diese Weise ungefähr der fünfte Tag heranrückte, der bei Fiebern der kritische Tag ist, und der Wirt, wie sehr sich auch seine Augen aus ihren Höhlen hervorbohrten, noch niemals ein königliches Antlitz auf Goldgrund bei seinen Kunden gesehen hatte, abgesehen davon, dass noch lange nicht alles Gold ist, was glänzt, fing er an, ein schiefes Gesicht zu schneiden, und sein Gang, wenn die Herren Großkaufleute bestellten, wurde immer langsamer und schleppender. Er befürchtete bereits, ein schlechtes Geschäft mit den Herren zu machen, und begann ihnen ein wenig den Puls zu fühlen.
Als die Spitzbuben das merkten, befahlen sie ihm mit dem Aplomb eines Profosen, der einen armen Strauchdieb hän-

gen lässt, ihnen unverzüglich ein gutes Nachtessen aufzutragen, da sie noch am Abend abzureisen gedächten. Ihre lustige Sicherheit tat bei dem Wirt die Wirkung, dass seine Sorgen ausflogen wie ein Bienenschwarm. Das mussten also doch ernste Leute sein. Er bereitete ein Mahl, das eines Domherrn würdig gewesen wäre, und tat außerdem alles, um sie zu berauschen; denn in diesem Zustand konnte er sie leichter, wenn es je dazu kommen sollte, den Kerkerknechten übergeben. Die drei losen Buben aber dachten nur daran, wie sie sich mit Glimpf aus der Schlinge ziehen könnten, und es war ihnen ungefähr so wohl in ihrer Haut wie einem Fisch im Stroh.

Umso wütender machten sie sich über das Essen und noch mehr über das Trinken her und schielten dabei nach den Fenstern, wie hoch sie seien und ob sie wohl als lose Vögel, die sie waren, durch diese Expedienz davonfliegen könnten; doch mussten sie den Gedanken daran als unausführbar aufgeben. Sie vermaledeiten ihre Lage und strengten vergeblich ihren Witz an. Der eine wollte im Freien unter dem Vorwand einer Kolik seine Hose ein wenig ausklopfen, der andere wollte für den dritten, der eine Ohnmacht heucheln sollte, einen Arzt suchen. Aber der verdammte Wirt war zwischen seinem Herd und dem Saal wie ein Pendel hin und her, ließ die Quidams nicht aus den Augen, machte einen Schritt vor, um von seinem Guthaben zu reden, und wich zwei zurück, um bei den hohen Herren nicht anzustoßen für den Fall, dass es wirklich hohe Herren sein sollten, kurz, benahm sich wie ein Wirt und Erzwirt, der das Geld liebt und die Prügel hasst. Aber unter dem Schein, dienstwillig aufzuwarten, hatte er stets ein Ohr im Saal und einen Fuß im Hof, glaubte jeden Augenblick, dass man ihn rufe, kam herbeigesprungen, sowie er ein Lachen hörte, zeigte ihnen sein breites Gesicht nicht anders, als wie man eine Rechnung vorweist, und sagte unaufhörlich:

»Was gefällig, meine gnädigen Herren?«

Als Antwort auf diese Frage hätten sie ihm am liebsten alle

seine Bratspieße in die Gurgel gestoßen, denn er machte Miene, als ob er recht wohl wisse, was ihnen gefiel oder vielmehr missfiel in dieser Konjunktur. Diese war aber also beschaffen, dass für zwanzig vollwichtige Taler jeder einzelne ein Drittel seiner Seligkeit gegeben hätte. Nicht anders war es ihnen zumut, als wenn die Bank unter ihnen ein glühender Rost gewesen wäre, solchergestalt brannte ihnen der Hintere und kribbelte es ihnen in den Beinen. Schon hatte ihnen der Wirt die Birnen, den Käse und die Zuckerspeise unter die Nase gestellt; sie aber nippten nur noch an den Bechern, kauten, wie wenn sie Kieselsteine unter den Zähnen hätten, und blickten sich verstohlen an, ob nicht einer von ihnen noch zu guter Letzt, wenn nicht einen guten Dukaten, so doch einen guten Einfall aus dem Sack ziehen werde. Kurz, ihre Lustbarkeit war schließlich eine solche von der ganz traurigen Art. Der Pfiffigste unter ihnen, ein Burgunder, sah wohl, dass die bekannte Viertelstunde des Vater Rabelais herannahte, er sagte lächelnd: »Meine Herren, ich beantrage Vertagung«, ganz wie wenn er der Vorsitzende einer Gerichtsverhandlung gewesen wäre.

Die anderen beeilten sich zu lachen, so wenig es ihnen darum war.

»Was sind wir schuldig?«, fragte derjenige, der die schon erwähnten zwölf Kupferkreuzer in seinem Beutel hatte; dabei schüttelte er sie, wie wenn er gehofft hätte, dass sie durch die heftige Bewegung Junge machen könnten.

Er war ein Pikarde, ein zorniger Teufel, der bereit war, unter dem nichtigsten Vorwand Händel anzufangen und den Wirt zu seinem eigenen Fenster hinauszuschmeißen, ohne sich ein Gewissen daraus zu machen. Er stieß darum seine Frage in einem unhöflich barschen Ton hervor, wie wenn er eine Rente von tausend Dublonen unter der Sonne besessen hätte.

»Nur sechs Taler«, antwortete der Wirt und machte die Hand hohl.

»Ich werde nicht dulden, Baron, von Euch regaliert zu werden«, sagte darauf der dritte Scholar, der ein Angeviner und voller Listen war wie eine verliebte Frau.

»Noch ich«, rief der Burgunder.

»Ihr scherzt, meine Herren«, entgegnete der Pikarde, »ich bin euer gehorsamer Diener.«

»Schockschwerenot!«, rief der Angeviner. »Ihr könnt nicht der Meinung sein, dass wir dreifach bezahlen sollen; unser Wirt würde es nicht annehmen.«

»Ich will euch einen Vorschlag machen, meine Herren«, sprach der Burgunder. »Derjenige von uns, der den dreistesten Schwank erzählt, soll die Zeche bezahlen.«

»Und wer soll Richter sein?«, fragte der Pikarde, indem er seine zwölf Kreuzer wieder einsackte.

»Unser Wirt natürlich«, beeilte sich der Angeviner zu antworten. »Er muss sich darauf verstehen, er ist ein Mann von Geschmack. Auf, Meister Habenichts, setzt Euch dahin, schenkt fleißig ein und leiht uns Eure beiden Ohren. Die Akademie ist eröffnet.«

Und also setzte sich der Wirt zu seinen Gästen an den Tisch und fing sein Amt damit an, dass er sich selber reichlich einschenkte.

»Ich fange an«, sprach der Angeviner.

»In unserm Herzogtum von Anjou sind die Landleute sehr eifrige Anhänger unserer heiligen katholischen Religion, und kein Einziger unter ihnen würde auf seine Ecke im Himmel verzichten, indem er eine Buße versäumte, die ihm aufgegeben worden, oder einen Ketzer nicht erwürgte, wenn er ihm unter die Hände kam. Herrgott, wenn es einem Prediger dieser ›Liffer-loffers‹ einfallen sollte, sich in der Gegend sehen zu lassen, er müsste schnell ins Gras beißen und hätte nicht Zeit, sich vorher umzusehen, von wo der Junker Tod herkam. War also da ein Mann aus Schnabulierwiller, der kam eines Abends von der Vesper zurück, die in der Schenke ›Zum goldenen Tannenzapfen‹ gesungen wurde, und hatte mit dem Geist des Weins die viel schwächeren Geister, als Verstand, Besinnung und Gedächtnis, vollständig aus seinem Gehirn verjagt, derart, dass er sich vor seinem Haus in seine Mistlache legte, weil er sie mit seinem Bett verwechselte. Einer seiner Nachbarn, Gottesnot mit Namen, sah ihn dort liegen, als er schon fast eingefroren war, denn die Adventszeit hatte längst begonnen.

›Auf wen wartest du denn da?‹, fragte er scherzend.

›Auf Tauwetter‹, antwortete der Betrunkene, da er merkte, dass ihm die Krallen des Eises den Hals umklammerten.

Gottesnot war ein guter Christ, er befreite den Nachbar aus seiner eisigen Umkrallung und öffnete ihm die Tür seines Hauses, nicht zum wenigsten aus Hochachtung für den Wein, der der Patron unsers Landes ist. Drinnen aber fiel der gute Mann in das Bett seiner Magd, die jung war und nicht aus dem Mund roch. Er glaubte bei seiner Frau zu sein, der Wein in ihm tat seine Wirkung, und als erfahrener Pflüger, der er war, erstaunte er nicht wenig, so unvermutet auf jungfräulichen Boden zu stoßen, wo er doch glaubte, schon so oft nicht nur gepflügt, sondern auch geerntet zu haben.

Darüber erwachte die Frau und erhob ein ketzerisches Geschrei. Da merkte der Gute, dass er in einen neuen Irrtum gefallen und zum andern Mal den Weg des Heils verfehlt habe, worüber der arme Pflüger so unglücklich wurde, dass es gar nicht auszusprechen ist.

›Ah!‹, rief er aus, ›Gott straft mich, weil ich neben die Kirche gegangen bin.‹ Dann entschuldigte er sich bei seiner Alten mit dem Wein, der seinem Hosenlatz das Gedächtnis verwirrt habe, und indem er zu seiner Frau unter die Decke kroch, versicherte er, dass er seine liebste Kuh darangäbe, um sich diesen Stein vom Gewissen zu wälzen.

›Das ist weiter nichts‹, sagte die Frau, bei der sich die Magd ausredete, indem sie behauptete, von ihrem Schatz geträumt zu haben. Sie bekam nichtsdestoweniger gehörig den Buckel voll, damit sie sich in Zukunft so lebhafte Träume abgewöhne. Der Mann aber, dem seine Sünde immer schwerer auf der Seele lastete, jammerte und weinte, teils weil er das besoffene Elend hatte, teils aus frommer Zerknirschung.

›Beruhige dich, dummer Schatz‹, sagte die Frau, ›geh morgen früh zur Beichte, so wird alles vergeben und vergessen sein.‹ Und also macht sich der gute Mann am anderen Morgen auf, kommt in die Kirche, drückt sich scheu in den Beichtstuhl und erzählt in Demut seinen Fall dem Pfarrer, einem guten alten Priester, begabt genug, um dem lieben Gott im Jenseits als Pantoffel zu dienen.

›Irren ist menschlich‹, sagt der Priester, ›du sollst morgen fasten, und so spreche ich dich los und ledig.‹

›Fasten!‹, meinte der Gevatter, ›mit Vergnügen, das erstreckt sich nicht aufs Trinken.‹

›Oho!‹, rief der Pfarrer, ›so war's nicht gemeint, du wirst fasten bei einem Viertel Brot und einem Apfel, und dazu magst du Wasser trinken, soviel dich gelüstet.‹

Und der Gevatter, der seinem Gedächtnis immer noch nicht recht traute, machte sich auf den Heimweg, die ihm auferlegte Buße immer vor sich hinmurmelnd. Im Anfang sagte er sein Sprüchlein auch ganz richtig: ›Ein Viertel Brot und einen Apfel‹, ›ein Viertel Brot und einen Apfel‹; aber durch die ewige Wiederholung wurde er irre, und als er zu Hause anlangte, war er auch glücklich bei der Umkehrung angelangt:

›Einen Laib Brot und einen Viertelapfel‹, ›einen Laib Brot und einen Viertelapfel.‹

Er machte sich also daran, seine Fasten zum Heil seiner Seele zu beginnen. Die gute Hausfrau hatte ihm von der Brotkammer einen Laib, und nicht den kleinsten, ebenso von der Hürde einen Apfel heruntergelangt, und langsam und bedächtig fing er an, mit dem Säbel des Kain zu hantieren. Als aber noch ein Viertel des Brotes übrig war, wusste er wahrlich nicht mehr, wo er damit hin sollte, denn schon hing ihm die Menge des Verschlungenen zum Hals heraus. Seine Frau meinte, dass Gott ja nicht den Tod des Sünders wolle, und wegen eines Trumms mehr oder

weniger würde es nicht gleich um die ewige Seligkeit gehen.
›Schweig, Versucherin!‹, rief er, ›und wenn ich verrecken muss, ich will mein Fasten halten.‹«
....
»Ich habe meine Schuldigkeit getan, an dir ist die Reihe, Baron ...«, fügte der Angeviner hinzu, indem er dem Pikarden listig zublinzelte.
»Die Kannen sind leer«, bemerkte der Wirt. »Holla, Küfer, Wein her!«
»Bibamus, trinken wir!«, rief der Pikarde. »Besser fließt eine angefeuchtete Rede als eine trockene.«
Er schüttete sich seinen vollen Becher hinter die Halsbinde, dass auch nicht die Nagelprobe zurückblieb, und nachdem er, wie alle berühmten Redner, sich geräuspert, begann er also:
»Ihr müsst wissen, dass bei uns in der Pikardie die jungen Mädchen, ehe sie eine eigene Haushaltung anfangen, sich ihre Kleider, Geräte, Schränke, kurz, die ganze Heiratsausstattung selber zu verdienen pflegen. Zu diesem Zweck nehmen sie Dienste in guten Häusern, sei es zu Peronne, zu Abbeville, Amiens und andern Städten; da werden sie Zimmermädchen, schwenken die Gläser, spülen die Schüssel, mangeln und bügeln das Weißzeug, tragen das Essen auf und lassen sich selber auftragen, was es nur aufzutragen gibt. Sie sind dann sehr begehrt von den Männern, da sie manches gelernt haben, was zur Ehe und Wirtschaft gehört, und außerdem in den Haushalt etwas mitbringen. Das gibt die besten Hausfrauen der Welt, sie kennen den Rummel im Voraus.
Da war denn eine aus dem Dorf Atzenwiller, demselben, wo mein Schloss und mein Gut liegt, das mir erb- und eigentümlich zugehört. Diesem Dirnlein hatte man von Paris erzählt, allwo sich niemand bücke wegen eines Weißgroschens und wo man schon satt werde, wenn man nur an den Garküchen vorüberging, so fett und nahrhaft sei da die

Luft. Setzte sich darum die Kleine in den Kopf, nach Paris zu gehen, in der Hoffnung, von dort ein Vermögen mit nach Hause zu bringen. Sie machte sich also auf den Weg mit ihren zierlichen Füßen und kommt denn auch, ihr Körbchen am Arm, das wohlgefüllt war mit nichts und wieder nichts, wohlbehalten vor den Toren an, d. h. vor einem unter ihnen, das nach dem heiligen Dionysius genannt ist. Hier befand sich gerade ein Fähnlein Landsknechte auf Posten, denn es war wieder einmal große Unruhe im Land wegen der Ketzer und Hugenotten, die nicht nur in ihren Predigten, sondern auch um ihre Predigten, wie von jeher alle Ketzer, ein ewiges Wesen und Gerumor machten. Wie nun der Weibel die Dorfpomeranze im weißen Häubchen erblickt, schiebt er seinen Schlapphut aufs rechte Ohr, schüttelt die Feder zurecht, dreht sich den Schnurrbart in die Höhe, wirft sich in die Brust, macht ein Paar Augen wie Holofernes, stemmt die Arme in die Hüften und hält kurzerhand die Pikardin an, wie wenn er sich überzeugen müsse, ob sie vielleicht ihre Jungfernschaft bei sich habe, womit sie ohne Zoll nicht eingelassen werden dürfte. Scherzend, aber mit strenger Miene fragte er sie, in welcher Absicht sie komme; wie wenn er sie für fähig gehalten hätte, Paris im Sturm einzunehmen. Das unschuldige Mädchen antwortete, dass sie eine gute Stelle suche, um sich etwas zu verdienen, dass sie aber gewiss nichts Böses im Schild führe. ›Das habt Ihr gut getroffen, Gevatterin‹, sagte der Spaßvogel, ›ich bin Euer Landsmann, Ihr könnt bei mir eintreten, man wird Euch behandeln, wie eine Königin nur wünschen kann öfter behandelt zu werden, und überdies sollt Ihr nicht leer ausgehen.‹ Er führte sie dann in die Wachtstube und sagte ihr, dass sie den Boden zu kehren, die Töpfe zu spülen, das Feuer anzumachen und sonst zu tun habe, was es zu tun gebe; dafür solle sie einen halben Taler von jedem seiner Leute bekommen, wenn man mit ihrem Dienst zufrieden wäre. Die Mannschaft sei hier für einen Monat, sie könne also einen Haufen Geld gewinnen. Außerdem könne sie bei den andern bleiben, die nachfolgten und die sie jedenfalls auch nicht schlechter behandeln würden, also dass sie eines Tages, beladen mit Gold und vielen Geschenken, lauter Pariser Artikeln, in ihre Heimat zurückkäme. Sofort machte sich das gute Mädchen daran, die Stube zu kehren, alles zu reinigen, das Essen zuzurichten, dabei immer trillernd und zwitschernd, dergestalt, dass die Soldaten ihre Spelunke am Abend wie umgewandelt fanden; und wahrlich: Im Refektorium einer Benediktinerabtei hätte es nicht netter und sauberer aussehen können. Sie waren auch sehr zufrieden, und jeder zahlte mit Vergnügen den ausbedungenen Lohn. Sie setzten sich zum Schmaus, und nach einem reichlichen Zechen hießen sie das Mädchen schlafen gehen im Bett ihres Kommandanten, der in der Stadt bei seiner Frau zu Besuch war. Als philosophische Soldaten, id est solche, die in alles verliebt sind, was vernünftig ist, brachten sie das gute Kind unter viel Besorgtheiten, Aufmerksamkeiten und Zärtlichkeiten unter die Decke, und um Streit und Händel zu vermeiden, zogen sie das Los, und nach der Ordnung der gezogenen Nummern, hübsch friedlich in der Reihe, einer nach dem andern, gingen sie ohne Lärm und Getöse in die Kammer zu der Pikardin, jeder wohlversehen mit seiner Pike. Das war ein harter Nachtdienst für das gute Mädchen, wie sie ihn nicht gewohnt war; aber sie hielt tapfer aus auf ihrem Posten und schloss die ganze Nacht nicht das Auge noch anderes. Gegen Morgen, nachdem sie die Landsknechte eingeschlafen sah, erhob sie sich von ihrem Lager, glücklich, mit ganzer Haut davongekommen zu sein; und nur ein wenig ermüdet von den Strapazen der Nacht, machte sie sich mit ihrem Lohn auf den Weg, wo sie das freie Feld gewann und bald einer Freundin begegnete, die, lüstern gemacht durch der andern Beispiel, ebenfalls im Begriff stand, in Paris ihr Glück zu suchen, und sie über den Dienst befragte. ›Ich rate dir, Kätherle, bleib weg‹, sagte die Gewitzigte, ›da muss man einen eisernen Hintern haben, und dann hält er's noch nicht aus.«

....

»An dir ist die Reihe nun, Dickbauch von Burgund«, rief der Pikarde, indem er seinem Nachbar auf den dicken Podex einen Klatsch versetzte wie ein Feldweibel; »huste uns deine Geschichte oder bezahle.«

»Bei der Königin der Knackwürste!«, rief der Burgunder. »Bei meiner Treue! Bei der Pest! Bei Gott! Beim Teufel! Ich weiß nur Historien vom Hof von Burgund, und die haben nur Kurs zusammen mit unserer burgundischen Münze.«

»Brav, Kamerad«, schrie der andere, »wir sind hier nicht in Abstinenzlingen ...« Und er wies den Wirt auf die leeren Kannen.

»Ich werde euch also ein Abenteuer erzählen, das in Dijon jedermann kennt und das sich zugetragen hat in der Zeit, wo ich dort ein Kommando hatte; auch hat es gewiss irgendein Schreiber in ein Buch gesetzt. War da ein gewisser Gerichtsbüttel namens Muffler, dessen Haut war nichts als ein alter Sack voller Niederträchtigkeiten, er brummelte, schimpfte, fluchte in einem fort, machte jedem ein Gesicht, wie wenn er ihn fressen wollte, und nie geschah es, dass er einem armen Teufel, den er zum Galgen führte, den Weg durch einige lustige Scherze verkürzt hätte; kurz, er war ein Kerl, um auf einem Kahlkopf Läuse und sogar beim lieben Gott Fehler zu finden.

Diesem Meister Muffler, so ziemlich der Abscheu von jedermann, fiel es eines Tages ein, sich eine Frau zu nehmen, und aus Zufall geriet er an eine, die zart und weiß war wie die Haut einer Zwiebel und die, als sie die Schäbigkeit und Hinfälligkeit des alten Schinderhannes sah, sich mehr Mühe gab, sein Haus zu einer Wohnung des Glücks zu machen, als eine andere getan hätte, um seinen Kahlschädel in einen Wald hörnerner Gewächse zu verwandeln.

Aber obwohl sie sich eine Lust daraus machte, ihm in allen Stücken gehorsam zu sein, und um des lieben Friedens willen ihm am liebsten lauter Goldstücke in den Nachttopf gemacht hätte, wenn es Gottes Wille gewesen wäre, hatte das

Scheusal dennoch fortwährend an ihr auszusetzen und war mit Prügel so verschwenderisch gegen die gute Bettgenossin wie ein Schuldenmacher mit Versprechungen am Verfalltag. Diese Misshandlungen hörten nicht auf, trotz der Engelsgeduld der armen Frau und ihrer Sorgen und Mühen; sie konnte sich aber mit der Zeit keineswegs daran gewöhnen und nahm endlich ihre Zuflucht zu ihren Verwandten.

Als darauf die Familie im Haus des Büttels erschien, erklärte dieser, dass seine Hausfrau halb blödsinnig sei, dass er nichts als Ärger und Verdruss mit ihr habe und dass sie ihm das Leben unerträglich mache; bald wecke sie ihn mitten im Schlaf auf, bald ließe sie ihn, ohne ihm aufzuschließen, in Nebel und Kälte vor der Tür warten. Nie seien seine Sachen in Ordnung. Überall fehlten die Knöpfe und die Haften. Seine Wäsche verschimmele, der Wein werde zu Essig, das Holz sei nie trocken, das Bett knarre, um es nicht auszuhalten, kurz, es sei ein Elend.

Auf diese niederträchtigen Reden antwortete die Frau damit, dass sie Kleider, Wäsche und alles vorzeigte, da fehlte es nirgends am Richtigen. Der Gerichtsbüttel aber gab sich nicht geschlagen, er behauptete, dass sie ihn schlecht behandle, dass das Essen nie rechtzeitig bereit sei, dass die Fleischbrühe keine Augen habe und dass niemals die Suppe anders als kalt auf den Tisch komme. Wenn Wein da sei, fehlten die Gläser, und zu den Gläsern gäbe es keinen Wein. Das Fleisch sei halb roh, nichts sei mit Liebe zubereitet, der Senf sei schimmlig, in den Brühen fände er Haare, das Tischtuch sei so unsauber, dass ihn ekele; nichts könnte sie machen, wie es seinem Geschmack entspräche. Die Frau, aufs Höchste bestürzt, wies die ungerechten Anschuldigungen zurück, so gut und so höflich sie konnte.

›Was?‹, schrie er, ›du leugnest noch, du Sudelgans? Gut, ich lade euch alle für heut Abend hier zum Essen ein; da mögt ihr dann urteilen. Wenn sie's auch nur das eine Mal fertigbringt, mich zufriedenzustellen, will ich unrecht haben in allem und jedem, will nie wieder die Hand gegen sie erheben, sie mag die Hosen anziehen und den Pantoffel schwingen, ich werde ihr das Kommando abtreten.‹

›Gott sei gelobt‹, sprach sie in der Freude ihres Herzens, ›so werde ich von nun an nicht mehr Magd, sondern Herrin sein.‹

Der Ehemann, der mit der weiblichen Natur und Schwäche rechnete, befahl, dass der Tisch im Hof unter der Weinlaube gedeckt werden solle; wenn sie sich dann auf dem weiten Hin- und Hergang verspätete, wollte er ein Mordsgeschrei machen.

Die gute Hausfrau nahm alle fünf Zipfel zusammen. Die Schüsseln waren blank, um sich drin zu spiegeln, der Senf war frisch und vorzüglich angemacht, das Essen war gekocht mit aller Kunst, es kam so heiß auf den Tisch, um sich die Zunge daran zu verbrennen, und war appetitlich wie eine verbotene Frucht. Die Gläser blinkten, der Wein war richtig abgekühlt, blank und funkelnd, mit einem Wort, die Mahlzeit würde der Köchin eines Bischofs Ehre gemacht haben.

Die Frau aber war gerade daran, am Tischtuch das letzte Fältchen zu glätten und, wie gute Hausfrauen pflegen, über das Ganze zum Überfluss noch einen Blick zu werfen, als gerade ihr Mann an die Tür klopfte. Nun war aber ein vermaledeites Huhn auf das Weingeländer geflogen, um sich an den süßen Trauben seinen Nachtisch schon vor Tisch zu nehmen, und siehe, diese Kanaille ließ im letzten Augenblick einen wüsten Haufen Schmutz mitten auf das weiße Tischtuch fallen.

Die gute Frau fühlte sich aus Verzweiflung einer Ohnmacht nahe; sie wusste sich nicht anders zu helfen, als dass sie auf die Schweinerei, die ihr das Vieh gemacht, rasch einen Teller setzte und ihn mit den Früchten füllte, wovon sie alle Taschen voll hatte, unbekümmert darum, dass die Symme-

PREDHOMME.

trie ein wenig gestört wurde. Damit niemand etwas bemerke, trug sie rasch die Suppe auf, lud jeden auf seinen Platz und wünschte freundlich: ›Gesegnete Mahlzeit!‹

Da waren alle voll Bewunderung über die schöne Ordnung und die guten Schüsseln, nur der Satan von Ehemann machte ein finsteres Gesicht, runzelte die Stirn und trommelte mit den Fingern auf dem Tischtuch, brummte und ließ seine Augen herumgehen wie ein Spion, ob er nicht etwas fände, womit er seine Frau vernichten könne. Da nahm sich die Frau ein Herz, denn diesmal in Gegenwart ihrer Verwandten war sie ihrer Sache sicher und durfte ihren Tyrannen einmal ungestraft ein wenig ärgern.

›Nun‹, sagte sie, ›ist das Essen nicht recht, ist es nicht vorzüglich zubereitet, ist das Tischtuch nicht tadellos weiß? Ist das Salzfass nicht frisch gefüllt? Sind die Krüge nicht geschwenkt, der Wein nicht frisch, das Brot nicht braun wie Gold? Was fehlt noch? Was sucht Ihr? Wonach schaut Ihr aus? Was könnt Ihr noch wünschen? Nun, so sagt doch, was wollt Ihr noch?‹

›Einen Dreck!‹, schrie er, rot vor Zorn.

Hob schnell die Hausfrau jenen Teller auf und antwortete: ›Hier, mein Freund.‹

Da wurde der Büttel ganz kleinlaut, er dachte, der Teufel müsse in seine Frau gefahren sein. Von den Verwandten bekam er strenge Vorwürfe, sie gaben ihm schwer unrecht, sagten ihm tausend Dinge, die er lieber nicht gehört hätte, und gossen in einer Spanne Zeit so viel Hohn und Spott über ihn aus, als ein Aktuarius in einem Monat nicht aufzuschreiben vermocht hätte.

Seit diesem Tag vertrug sich der Büttel aufs Beste mit seiner Frau, denn wie er nur das Maul verzog: ›Willst du wieder einen Dreck, mein Lieber?‹, fragte sie.«

....

»Wer hat das Unglaublichste erzählt?«, rief der Angeviner, indem er dem Wirt auf die Schulter klopfte, als ob er einen Ochsen töten wollte.

»Er selber, er selber!«, riefen die beiden anderen.
Und dann fingen sie an zu disputieren wie Kirchenväter auf einem Konzil, gerieten sich in die Haare, warfen sich die Krüge an den Kopf, alles nur als Vorspiegelung natürlich, um von ihrer Bank loszukommen und im Gewühl der Schlacht sich unvermerkt zu drücken und das Weite zu gewinnen.
»Lasst mich entscheiden!«, rief der Wirt, der sich bedenklich hinter den Ohren kratzte, dass nur noch von Erzählung und nicht mehr von Zahlung die Rede war. Sie mussten innehalten.
»Ich will euch eine bessere Geschichte zum Besten geben, und ihr sollt mir nur zehn Groschen zahlen auf den Kopf.«
»Hören wir den Wirt!«, rief der Angeviner.
»Es war einmal«, begann der Wirt, »in unserer Vorstadt hier und der Pfarrei zu Unserer Lieben Frau, genannt ›die Reiche‹, zu der auch meine Gastwirtschaft gehört, ein hübsches Mädchen, das außer seinen körperlichen Vorzügen einen schönen Sack voll Taler sein Eigen nannte. Kaum alt und

groß genug für die Würde und Bürde der Ehe, wurde sie auch schon von mehr Verliebten umschwärmt, als der Opferstock von Sankt Gatian am Tag der Ostern Pfennige enthalten mag. Sie wählte sich nun einen aus, der, mit Respekt zu vermelden, die Arbeit von zwei Mönchen, ihr wisst schon was für eine, zu leisten imstande war. Sie wurden bald handelseinig, und die Hochzeit stand nahe bevor. Aber die Verlobte sah der Brautnacht nicht ohne geheime Besorgnis entgegen. Sie litt nämlich an einer ärgerlichen Schwäche. In den Minengängen ihrer Kellerwohnung sammelten sich allzu häufig nichtsnutzige und ungeduldige Gase, die sich von Zeit zu Zeit mit Bombenknall entluden.

Sie war darum in höllischer Angst, ein solcher vermaledeiter und vorlauter Windbeutel könnte in der gedachten Brautnacht ein Wort mitreden wollen, ohne dass er gefragt worden, und sie entschloss sich endlich, ihren Fall der Mutter zu gestehen, ob sie ihr vielleicht raten und helfen könne. Die gute Dame gestand ihr, dass diese Schwäche erblich sei in der Familie, dass sie selber seinerzeit viel darunter gelitten, dass ihr aber Gott in vorgerückterem Alter die Gnade verliehen, ihr Ventil in ihrer Gewalt zu haben, und dass ihr seit sieben Jahren, wo sie sich mit dem letzten sozusagen von ihrem sterbenden Mann verabschiedet, kein einziger Laut oder kein lauter Einziger mehr entschlüpft sei.

›Ich habe aber auch‹, sagte sie, ›von meiner Mutter ein sicheres Rezept erhalten, um den unberufenen Schreihälsen und vorlauten Trompetern das Maul zu stopfen, dass sie kaum mehr piepsen konnten, sondern sich leise und unvermerkt davondrücken mussten. Da ist dann, vorausgesetzt, dass sie nicht riechen, das Unglück vollständig abgelenkt. Das Rezept aber besteht darin, die windigen Gesellen kleinzukriegen, nämlich wenn sie sich melden, sie so lange zurückzuhalten, bis sie quasi ganz mürbe werden und keine Kraft mehr haben, also dass sie sich schämen und sich davonstehlen wie der Dieb in der Nacht. Man nennt das in unserer Familie: einen streichen lassen.‹

Die Tochter bedankte sich bei ihrer Mutter und war glücklich, in die Tradition und Geheimwissenschaft ihrer Familie eingeweiht zu sein. Das Hochzeitsmahl war gut, sie aß für sieben, also dass sie nach und nach, ohne dran zu denken, geladen war wie der Blasbalg einer Orgel in dem Augen-

blick, wo der Pfaff sein ›introibo ad altare dei‹ anstimmt. Im Brautgemach nahm sie sich nun vor, die Bälge unmerklich etwas zu erleichtern in der kurzen Spanne Zeit, in der sie noch in dem Bett allein war, aber die bösen Windteufel trutzten und zeigten sich hartnäckig. Kam alsdann der Bräutigam, und los ging die lustige Schlacht, wo man mit zwei Dingen tausend Dinge macht, wenn man kann. Gegen die Mitte der Nacht wollte sich die Neuvermählte plötzlich unter irgendeinem Vorwand erheben, sie wollte gerade ein Bein über den Bräutigam hinwegsetzen, als es eine Explosion gab und einen derartigen Knall tat, dass ihr geglaubt haben würdet, die Balken der Decke seien geborsten.
›Ha‹, sagte sie, ›das habe ich schlecht gemacht.‹
›Gut hast du's gemacht, mein Schatz‹, antwortete ich, ›aber geh ja sparsam damit um, du kannst als Kanonier spielend dein Brot verdienen …‹ Die Neuvermählte war meine Frau.«
....
Und die Scholaren brachen in ein schallendes Gelächter aus. Sie lachten, bis ihnen das Zwerchfell wehtat. Dann konnten sie nicht genug Ausdrücke des Lobes finden.
»Hast du je einen tolleren Schwank gehört, Baron?«
»Ah, welch eine Geschichte!«
»Das heiß ich mir eine Geschichte.«
»Eine wahre Erz- und Kardinalgeschichte.«
»Die Königin aller Geschichten.«
»Ha, jede andere Geschichte muss sich schämen vor dieser Geschichte.«
»In Zukunft wird kein Mensch mehr andere als Herbergsgeschichten hören wollen.«
»Bei meinem Christentum, das ist die beste Geschichte, die ich in meinem Leben gehört habe.«
»Wahrhaftig, ich höre den Knall.«
»Ich, ich rieche ihn.«
»Ich möchte das Register küssen.«
»Wahrlich, Herr Wirt«, sprach feierlich der Angeviner, »nun

können wir nicht abreisen, ohne die schöne Frau Wirtin gesehen zu haben, und wenn wir nicht auch noch verlangen, ihr das wunderbare Instrument zu küssen, so geschieht es nur aus Respekt vor dem kunstreichen Erzähler.«

Und also standen sie alle zusammen und machten den Wirt ganz närrisch wegen seiner Erzählung und sagten so viel Schmeichelhaftes über ihn und seine Frau, dass der Mann vom Bratenspieß, den das franke Lachen und so viel Beifall kirre machten, zuletzt nicht widerstehen konnte und die Treppe hinaufrief, dass doch seine Frau ein wenig herunterkommen möge. Sie hütete sich aber.

»So lasst uns zu ihr hinaufsteigen«, rieten arglistig die drei Schnapphähne.

Sie erhoben sich, der Wirt nahm das Licht und stieg voran die Treppe hinauf, um ihnen zu leuchten und den Weg zu zeigen. Aber die Spitzbuben, die gemerkt hatten, dass die Hoftür unverschlossen geblieben war, verschwanden leise wie Schatten und ließen es dem Wirt anheimgestellt, sich in der klingenden Münze seiner Frau bezahlt zu machen.

Die Fasten des Königs Franziskus

Jedermann weiß, durch was für ein Abenteuer der König Franz, der Erste seines Namens, wie ein Gimpel gefangen genommen und in die Stadt Madrid in Spanien abgeführt wurde. Dort hielt ihn der Kaiser Karl als eine Sache von hohem Preis in engem Gewahrsam auf einem Schloss, wo denn der hohe Herr ewigen Angedenkens viel Pein und Langeweile erdulden musste, da er, der das Freie und das Freien liebte und jede Art Bequemlichkeit, so wenig dazu gemacht war, in einen Käfig eingesperrt zu sein, als eine Katze, Brüsseler Spitzen aufzuwickeln.

Auch verfiel der König bald in eine so vertrackte Traurigkeit, dass die Mitglieder des Hohen Rats, denen das Wohl des Staates anvertraut war und die ihren König und seine verliebte Komplexion nur allzu gut kannten, aus seinen Briefen große Besorgnis schöpften. – Es war das seine Mutter, die

Herzogin von Angoulême, dann seine Schwieger, die künftige Königin Kathrein, dann der Kardinal Duprat, auch der Herzog von Montmorency nebst andern Großen des Reichs. Diese berieten zusammen die heikle Sache und beschlossen zuletzt, die Königin Margret von Navarra an den armen Franzl abzusenden, um ihn zu trösten in seiner Betrübnis; denn die junge Königin war heiter, in allen Wissenschaften unterrichtet und vom König über alles geliebt. Sie aber wandte dagegen ein, dass es bei dieser Botschaft um ihr Seelenheil ginge, da sie keineswegs die Gefahr verkenne, der sie sich aussetze, wenn sie den König allein in seinem Kerker besuchte. Darum wurde schleunigst ein gewandter Sekretarius an den Hof von Rom abgesandt und ihm Auftrag gegeben, beim römischen Pontifex ein Breve auszuwirken mit ganz speziellen Ablässen und Absolutionen für etwaige kleine Sünden – es handelte sich um Bruder und Schwester –, die die genannte Königin Margret bei ihrem Geschäft, die Melancholie des Königs zu heilen, allenfalls begehen könnte.

Zu dieser Zeit war ein Holländer, genannt Hadrian, im Besitz der dreifachen Krone, ein guter Kerl im Übrigen, der trotz der schulmeisterlichen Bande, die ihn mit dem Kaiser verknüpften, nicht vergaß, sondern wohl in Erwägung zog, dass es sich hier um den ältesten Sohn der heiligen Kirche handle. Er zeigte sich so entgegenkommend, dass er einen außerordentlichen Legaten nach Spanien sandte, mit voller Plenipotenz, alles zu gewähren und vorzusehen, was, ohne dem Vorteil Gottes zu nahe zu treten, die Seele der Königin und den Leib des Königs zu salvieren nur irgend erforderlich sei.

Diese hochwichtige Angelegenheit beschäftigte aber nicht nur die Köpfe aller Höflinge, sondern kitzelte ganz außerordentlich auch die Damen des Hofs, die, aus Ergebenheit gegen die Krone, sich fast alle angeboten hätten, nach Madrid zu gehen, wenn sie nicht das finstere Misstrauen des Kaisers gekannt hätten, der dem König die Gunst verwei-

gerte, einen seiner Untertanen, ja auch nur ein Mitglied seiner Familie bei sich zu empfangen.
In der Tat mussten vor der Abreise der Königin von Navarra nach Spanien lange Unterhandlungen gepflogen werden, und in all der Zeit sprach man am Hof von nichts als von dieser bedauerlichen Fastenübung und Mönchsenthaltsamkeit, die der teutonische Karl einem König auferlegte, der sein Leben lang so ausgiebig an das Gegenteil gewöhnt war. So viel des Redens war hierüber, dass die guten Damen zuletzt alle nur noch vom Hosenladen des Königs träumten. Die Königin besonders bedauerte, keine Flügel zu haben, worauf ein Herr Odon von Castilion antwortete, dass sie deren nicht bedürfe, um ein Engel zu sein. Eine andere Dame, die Frau Admiralin, haderte mit Gott, dass sie nicht durch einen Kurier dem König das schicken konnte, was ihm so sehr abging und das ihm doch jede von ihnen so gern geliehen hätte …

»Wie gut, dass es der liebe Gott festgemacht hat«, bemerkte lachend die Frau Dauphine und künftige Königin Kathrein, »unsere Männer würden es sonst auf ihren Reisen und Fahrten mit sich nehmen, und wir hätten das Nachsehen …«
So wurde hin- und hergeredet, und als die süße Margret abreiste, wurde es ihr von den christlichen Damen dringend ans Herz gelegt, den armen Gefangenen zu küssen für alle Damen des Königreichs zusammen. Wenn es diesen guten Weibsen möglich gewesen wäre, Vorräte von Süßigkeiten der Liebe einzumachen wie Pflaumenmus oder Latwerge,

bei Gott! Margretchen hätte so viel mitgenommen, um beide Kastilien damit zu versorgen.

Während nun die Frau Margret, als gelte es eine Feuersbrunst zu löschen, mit ihren Maultieren, dem Schnee zum Trotz, das Gebirge durchzog, war der König an einem Punkt angelangt, dass er meinte, die brennende Qual seiner Lenden nicht mehr länger aushalten zu können. In seinem Leben hatte er nicht so gelitten. In dieser höchsten Tribulation vertraute er sich dem Kaiser und bat ihn um ein klein bisschen Barmherzigkeit. Es sei, meinte er, eine ewige Schande für einen König, so rücksichtslos einen anderen König umkommen zu lassen und noch dazu in seinem eigenen Feuer. Der Kastilianer zeigte sich lieb Kind, und da er gedachte, sich für seine Hispaniolinnen an dem Lösegeld seines Gastes schadlos zu halten, machte er denen, die ihm für den Gefangenen hafteten, gewisse versteckte Anspielungen, dem König in dieser Sache zu Gefallen zu sein. Da war nun ein gewisser Don Hijos de Lara y Lopez Barra di Pinto, ein armer Obrist und Habenichts, unbeschadet seines ellenlangen Namens und noch längerer Genealogie, der schon lange daran dachte, sein Glück am französischen Hof zu suchen, und der darum meinte, ein Kataplasma von lebendigem Menschenfleisch könnte nicht nur das Herz des Königs heilen, sondern auch ihm selber ein Pflaster sein auf seine Wunde, will sagen auf seinen leeren Beutel … und wer den Hof von Frankreich und den guten König kennt, weiß, ob der Spanier sich hierin verrechnet hat.

Als darum an den genannten Obristen wieder die Reihe kam, im Gemach des Königs aufzuwarten, fragte er respektvollst, ob der König in Gnaden geneigt wäre, ihm eine Frage zu erlauben, an deren Beantwortung ihm mehr liege als an einem päpstlichen allgemeinen Ablass. Bei dieser Rede trat der König ein wenig aus seiner finsteren Melancholie heraus, machte eine kleine Bewegung in seinem Sessel und gab ein Zeichen, dass er einwillige. Der Obrist bat ihn, es nicht in Ungnaden aufzunehmen, wenn er eine allzu freie Sprache führe. Niemand sei es unbekannt, was für ein gewaltiger Eroberer der König sei, nämlich Eroberer von Weibern, und da möchte er gern aus des Königs eigenem Munde hören, ob die Damen an seinem Hof in Liebessachen wirklich so gelehrt und gelehrig wären, als man sagt. Der arme König, der sich bei diesen Worten an die schönsten Augenblicke seines Lebens erinnerte, seufzte tief auf und versicherte, dass keine Frauen der Welt, die auf dem Mond mit eingerechnet, den Damen Frankreichs in dieser alchimistischen Geheimwissenschaft gleichkämen und dass er in Erinnerung an ihre süßen, zarten und heftigen Liebkosungen sich Manns genug fühle, um mit einer jeden von ihnen auf einem fauligmorschen Brett tausend Klafter über einem Abgrund den bekannten Ritt ins gelobte Land zu wagen.

Indem der König, brünstig wie nie in seinem Leben, dies sagte, schoss ihm derart das innere Feuer aus den Augen, dass der Obrist, ein tapferer Krieger, bis ins Gedärm hinein erschrak, so flammte und loderte die allerheiligste Majestät im Feuer wahrhaft königlichen Temperaments. Doch nahm sich der Spanier ein Herz und fing an, das Lob der spanischen Damen zu singen, ja er rühmte sich, dass man allein in Kastilien wisse, was Liebe ist. Denn hier seien die Damen inbrünstiger in der Religion als in irgendeinem Land der Welt, und je mehr die Frauen Angst hätten vor der ewigen Verdammnis, mit umso größerem Ungestüm und umso ungezügelter würden sie vorgehen, wenn sie sich einmal einem Geliebten ergäben, weil sie sich bewusst wären, dass sie sich für das Glück einer ganzen ewigen Seligkeit zum Voraus bezahlt machen müssten. Und wenn der König, setzte er hinzu, eine der besten und einträglichsten Domänen seines Königreichs dagegen wetten wolle, sei er, sein ergebenster Knecht, in der Lage, ihm eine Liebesnacht zu verschaffen, die derart mit spanischem Pfeffer gewürzt sein sollte, um sich die Seele aus dem Leib zu husten, wenn er sich nicht sehr in Acht nähme.

»Eingeschlagen!«, rief der König, indem er von seinem Sitz aufsprang. »Ich gebe dir, bei Gott! die Domäne Damwiller im Land Touran mit allen Privilegien der Jagd und der hohen und niederen Gerichtsbarkeit.«

Der Obrist kannte die Konkubine des Kardinal-Erzbischofs von Toledo; sie hatte er dazu ausersehen, den König mit der Flut ihrer Zärtlichkeit zu ersticken und ihm die hohe Überlegenheit der kastilianischen Fantasie über die gewöhnlichen Spitzfindigkeiten der Französinnen durch die Tat zu beweisen. Und die Marqueza war ihm gern zu Willen, einmal zur Ehrenrettung Spaniens und dann, weil sie doch gern gewusst hätte, aus was für einem Teig der liebe Gott die Könige gemacht hat, sintemal sie bis dato nur Kirchenfürsten gekannt hatte. Sie kam also und war ungestüm wie eine Löwin, die ihren Käfig durchbrochen hat. Und derart brockte sie es dem König ein – als ob sie ihm alle Knochen im Leib und das Mark mit zerbrechen müsse –, dass es wahrlich mit jedem anderen Matthäi am Letzten gewesen wäre. Aber dieser König war so gut ausgestattet und so gut ausgehungert, er biss so gut, dass er keine Zeit hatte, Bisse zu fühlen. Doch war's ihm zumute nach dem Zweikampf mit der schrecklichen Marqueza, als ob er den Teufel zur Beichte gehört hätte.

Der Obrist, der keinen Augenblick an seinem Erfolg zweifelte, kam, um dem König seine Aufwartung zu machen und ihm für das Lehen zu huldigen. Spöttisch sagte ihm der König, dass die Hispaniolinnen wahrlich nicht wenig Temperament hätten und derb zugriffen, dass sie aber auch dort ein allzu frenetisches con fuoco anschlügen, wo ein zärtliches Adagio besser am Platz wäre, dass er die Wollust nicht als einen Gewaltakt begreife, dass der französische Champagner nur immer mehr Durst mache und niemals widerstehe, kurz, dass mit den Damen seines Hofs die Liebe eine Lust sei sondergleichen und nicht ein Sichabarbeiten gleich dem eines Bäckerburschen, der den Teig knetet in seinem Backtrog.

Der arme Obrist machte ein verdutztes Gesicht zu dieser Rede des Königs. Trotzdem dieser sein königliches Wort und Wort eines Edelmanns verpfändet, das er noch nie gebrochen, dachte der Kastilianer nicht anders, als dass ihn der Franzl um die Zeche prellen wolle, etwa wie ein lausiger Schüler zu Paris, der sich in ein Hurenhaus geschlichen hat und sich um die Bezahlung drückt. Da er übrigens nicht sicher war, ob die Marqueza den König doch am Ende allzu sehr hispanisiert hatte, bot er dem Gefangenen Revanche an, versprach ihm für diesmal eine wahre Fee und versicherte, auf sein Lehen verzichten zu wollen, wenn der König wieder nicht zufrieden sei. Franz war zu höflich und ritterlich, um diese zweite Wette zurückzuweisen, von der er nur wünschte, wie er mit königlicher Liebenswürdigkeit hinzufügte, dass er sie verlieren möge.

Und dann nach Feierabend sah er eine Dame in sein Gemach eintreten, eine Dame, weiß und zart wie Mailuft voll graziöser Lustigkeit, mit langen Haaren, mit Händchen weich wie Samt, mit einem Körper unter dem Kleid voll Fülle und Rundheit, mit lachendem Mund, mit Augen voll Glanz und Schmelz, ein Weib, bei dessen Anblick und süßer Rede der Teufel in der Hölle fromm geworden wäre, der aufständische Geselle aber in des Königs Hosen – nur umso wilder wurde.

Am anderen Morgen, als nach dem Frühstück die Schöne Urlaub genommen vom König, trat der Obrist ins Gemach, und seine stolze Siegermiene tat kund, dass er diesmal seiner Sache sicher sei.

Bei seinem Anblick rief ihm der König schon von Weitem zu: »Mein lieber Baron von Damwiller«, sagte er, »möge Euch Gott so glücklich machen wie mich, nun liebe ich

mein Gefängnis und, bei Unserer Lieben Frau, ich will nicht mehr richten, ich nehme mein Urteil zurück über die Liebe in meinem und Eurem Land, ich bezahle die Wette.«

»Ich wusste es wohl«, erwiderte der Obrist.

»Wieso?«, fragte der König.

»Herr König, es ist meine Frau.«

Das ist der Ursprung derer von Larray … zu Damwiller im Land Touran, wo man den spanisch allzu langen Namen Lara y Lopez auf gut altfränkisch abkürzte in Larray. Es war das eine ausgezeichnete Familie, die sich allezeit im Dienst des Königs hervorgetan hat.

Die Königin von Navarra aber kam endlich zur rechten Zeit für den König, der den spanischen Wein schon wieder satt hatte und sich auf französischen Champagner freute. Die Räusche, die er sich daran getrunken hat, gehören nicht zu meiner Geschichte. Ich behalte mir vor, ein andermal zu erzählen, auf welche Art der Legat beider Sünden getilgt hat und was für ein hübsches Sprüchlein die Königin Margret bei dieser Gelegenheit zum Besten gab. Denn sie, die als erste so lustige Geschichten geschrieben hat, verdient eine Nische für sich in dem Heiligtum dieses Buches.

Klar und einfach ist diesmal das fabula docet. Zunächst lernen wir daraus, dass ein König sich im Krieg nicht gefangen nehmen lassen soll, so wenig wie ein Architypos in dem Spiel des Herrn Palamedes; denn es ist klar, dass es keine größere Kalamität und schrecklicheres Unglück für ein Volk geben kann als die Gefangenschaft seines Königs. Wenn es eine Königin gewesen wäre oder gar eine Prinzessin, um wieviel schlimmer noch. Auch bin ich überzeugt, dass so was, außer bei Kannibalen, niemals vorkommt. Denn ist auch nur ein Fünkchen Vernunft dabei, die Blume eines Königreichs im Kerker welken zu lassen? Ich denke viel zu gut von den Teufeleien einer Astaroth, eines Luzifer und anderer, um zu glauben, dass sie während ihrer Regierung auf den satanischen Gedanken gekommen wären, die Freude der Menschheit, das wohltätige Licht, das alle wärmt und tröstet, in ein Loch sperren zu wollen. Und es musste schon der schlimmste Satan, id est ein altes, böses, ketzerisches Weib, eines Tages auf den Thron kommen, um die schöne Maria von Schottland also einzusperren, zur Schande der gesamten christlichen Ritterschaft, als welche ohne Aufforderung und Aufruf hätte herbeieilen müssen, um von den Mauern von Fotheringhay auch nicht einen Stein auf dem andern zu lassen.

Seltsame Reden der Nonnen von Poissy

Die Abtei von Poissy ist durch die alten Chronisten berühmt geworden als die lustigste Abtei der Christenheit, wo die Ausschweifungen und Ausschreitungen der Nonnen ihren ersten Ursprung genommen haben und von wo sich so viel kribbelige Geschichten herschreiben und weitererzählt wurden zum Gaudium der Laien und auf Kosten unserer heiligen Religion. Die genannte Abtei hat Veranlassung gegeben zu zahlreichen Sprichwörtern und Redewendungen, die heute von den Gelehrten nicht mehr verstanden werden, als welche sie, wie sie dieselben auch kauen und wiederkauen, doch nicht verdauen können.

Wenn ihr einen von ihnen fragt, was das sind: ›die Oliven von Poissy‹, so werden sie euch würdevoll antworten, dass das eine Umschreibung für die Trüffel sei und dass die ›Art sie zuzubereiten‹, wovon man ebenfalls sprach, unter allerhand Anzüglichkeiten auf die tugendhaften Jungfrauen, eine ganz spezielle Salze oder Brühe zu bedeuten habe – ein Beispiel dafür, dass ein Schwein auch einmal eine Perle findet und dass ein Bücherwurm unter hundert Fällen auch einmal auf die Wahrheit stößt.

Um auf die guten Nonnen zurückzukommen, so wurde behauptet, im Jux natürlich, dass sie in ihren Hemden lieber eine Hure als eine tugendsame Frau fänden. Andere Spaßmacher warfen ihnen vor, dass sie das Leben der Heiligen auf eine eigene Art nachahmten, und sagten, dass sie in der heiligen Maria von Ägypten nichts so sehr verehrten als die Art und Weise, wie sie die bekannten Ruderknechte bezahlte; daher das Sprichwort: ›Die Heiligen verehren in der Weise von Poissy.‹ In diesem Sinn sprach man auch von dem ›Kruzifix von Poissy‹, das den Magen wärmte, ebenso wie von den ›Metten von Poissy‹, bei denen Chorknaben den Schluss machten. Endlich war es üblich, von einer ganz besonders gelehrigen und experten Jüngerin der Frau Venus zu sagen: ›Das ist eine wahre Nonne von Poissy.‹ Eine gewisse Sache, die ihr kennt und die der Mann nicht vergeben, sondern nur verleihen kann, nannte man den ›Schlüssel der Abtei von Poissy‹. Von dem ›Portal‹ der Abtei oder deren Pforte, Tor oder Tür sagte man, dass sie immer angelwagenweit offen stände, überhaupt leichter zu öffnen als zu schließen wäre und unausgesetzt in Reparatur begriffen sei.

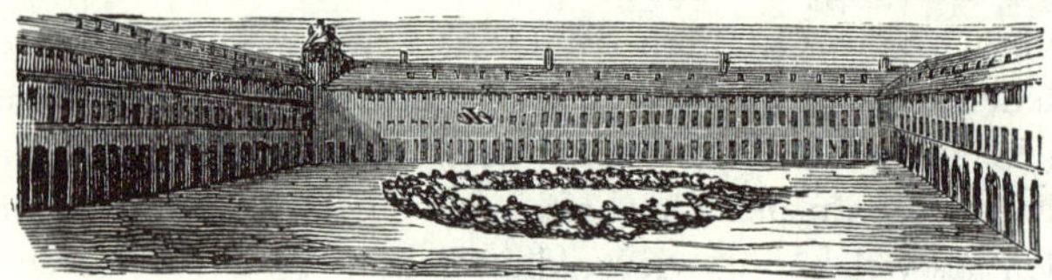

Kurz, was man auch von Liebesschelmereien in jener Zeit erdichtete, wurde unfehlbar dem guten Kloster von Poissy angehängt. Ihr werdet begreifen, dass in allen diesen Sprichwörtern, Witzreden und verschmitzten Reden, in allen diesen Epigrammen und Anzüglichkeiten, die oft gar nicht angezogen waren, viel Lügereien und hyperbolische Übertreibungen mit unterliefen.

Die Nonnen des genannten Poissy waren ganz liebe Fräulein, die wohl hie und da einmal den lieben Gott zugunsten des Teufels hintergingen, wie so viele andere auch, da die menschliche Natur gebrechlich ist und auch Nonnen, so nönnisch sie sein mögen, keine vollkommenen Wesen sind.

Auch in ihnen gibt es notwendig eine Stelle, wo das Zeug oder der Stoff nicht hinreicht, um dem Teufel den Weg zu versperren.
Und so war freilich manches wahr, insonderheit was sich auf jene Äbtissin bezog, die vierzehn Kinder hatte, als welche, weil sie recht mit Vergnügen gemacht waren, auch alle recht vergnüglich lebten. Die fantastischen Liebesabenteuer und Tollheiten dieser Dame, die eine Prinzessin von königlichem Geblüt war, machten also das Kloster von Poissy sprichwörtlich, sodass denn jede Gaudi, die sich nur in irgendeinem Kloster des Königreichs zugetragen oder auch nicht zugetragen haben mochte, den armen Mädchen von Poissy in die Sandalen geschoben wurde, die froh gewesen wären, wenn auch nur der hundertste Teil der Wahrheit entsprochen hätte. Später wurde dann die Abtei reformiert, wie jedermann weiß, wobei den heiligen Nönnchen das bisschen Freiheit und Vergnügen, dessen sie sich bisher erfreut hatten, vollends entzogen wurde.
In einer alten Urkundensammlung der Abtei von Tulpenau, bei Chinon, die in den letzten unruhigen Zeiten in der Bibliothek von Ridel-Alzay untergebracht und vom Schlossherrn gut aufgenommen worden ist, habe ich ein Bruchstück entdeckt unter dem Titel: ›Die Stundengebete von Poissy‹, das offenbar von einem übermütigen Abt von Tulpenau zur Ergötzung seiner Nachbarn, der Mönche von Ussay, Alzay, Monganger, Sachez und anderer Klöster der Umgegend, verfasst worden ist. Ich bringe es hier unter Verantwortung des gesalbten Autors, aber in meinem Stil, sintemal ich mich genötigt sah, es aus dem Lateinischen ins Französische (ja aus dem Französischen ins Deutsche) zu übertragen.
Die Nonnen von Poissy hatten also die Gewohnheit, wann ihre Dame Äbtissin, die Tochter des Königs, schlafen gegangen war … Sie war es, von welcher der Name ›Klein-Gänschenspiel‹ herrührt, als welches darin bestand, sich damit zu begnügen, was bei geistreichen Schriftstellern dem Haupt-,

Grund- und Urtext ihrer Liebeswerke voranzugehen und voranzustehen pflegt, als Präambula, Präliminarien, Prolegomena und Prologe, als Protokolle, Vorwörter und Vorreden, Hinweisungen und Anmerkungen, Prospekte und Inhaltsanzeigen, Kapitelverzeichnisse und Summarien, Titel und Untertitel, Scholien und Randglossen, Titelkupfer und Vignetten, Einbandpressung und Schnittvergoldung, Rückenrosetten und Rand- und Kopfleisten, kurz, all die tausenderlei sinnreichen Ausschmückungen, die auch bei geschlossenem Buch seinen lustigen Inhalt ahnen, ja quasi lesen und studieren, ergreifen und begreifen lassen. Sie zuerst, die genannte Äbtissin, fasste alle dieses Spiel betreffenden Regeln und Gesetze in einem Lehrbuch zusammen, schrieb sozusagen als erste eine Grammatik jener kitzeligen Sprache, die wohl von den Lippen hervorgebracht wird, aber doch lautlos ist, und verfolgte die Theorien in der Praxis so genau, dass sie nach authentischen Dokumenten in jungfräulicher Unverletztheit gestorben ist. Diese vergnügliche Wissenschaft wurde seitdem vertieft und erweitert, besonders von den Damen des Hofs, die sich mehrfach nach der genannten Methode Liebhaber nahmen, teils spieleshalber, teils ehrenhalber, einige andere in der Absicht und zu dem Zweck, alle Rechte, die hohe und die niedere Gerichtsbarkeit und jede Art Herrschaft über sie auszuüben, ein ganz absonderliches Vergnügen, das gar oft jedem anderen vorgezogen wird …

Ich komme auf meine Hammel, will sagen auf meine Lämmlein, zurück. Wenn also die besagte tugendhafte Königstochter sich nackt und ohne alle Scham ihren Matratzen und Betttüchern anvertraut hatte, so war es an der Zeit, dass die Horen der Nönnchen, derjenigen mit glattem Kinn und lustigem Sinn, ihren stillen Anfang nahmen. Geräuschlos schlüpften und huschten sie aus ihren Zellen und schlichen auf den Zehen nach dem Kämmerlein irgendeiner Schwester, die von allen ganz besonders geliebt wurde. Da gab es dann ein Getuschel und Gemuschel, ein Gezirp und Gezwitscher, gewürzt mit Konfitüren, Zuckerwerk und Schleckertrünkchen, mit mutwilligen Stänkereien und Zänkereien, recht nach Mädchenart; sie foppten und agierten die Alten, ließen in unschuldiger Weise ihren Unwillen an ihnen aus, erzählten sich Geschichten zum Totlachen, kurz, trieben tausenderlei Schabernack. Sie maßen ihre Füße aneinander, um die kleinsten und zierlichsten herauszufinden, sie verglichen die Rundheit ihrer Hüften und Arme, sie stellten fest, welche Nase die unangenehme Gewohnheit hatte, nach dem Essen sich zu röten, sie zählten ihre Sommerflecken, zeigten sich ihre Muttermale und stritten sich, welche unter ihnen die zarteste, weißeste Haut und den zierlichsten Wuchs hätte. Ihr könnt euch denken, dass es unter diesen Bräuten Gottes allerlei gab, rundliche und glatte, steckensteife und geschmeidige, übervolle und überschlanke, von jeder erdenkbaren Art eben. Dann wieder stritten sie, welche unter ihnen am wenigsten Stoff zu ihrem Gürtel brauchte, und diejenige, die am wenigsten spannte, war ganz glücklich, ohne eigentlich zu wissen warum. Sie erzählten sich ihre Träume und kleinen Beobachtungen, und oft hatte eine oder die andere, manchmal auch alle, vom Schlüssel der Abtei geträumt. Dann wieder befragten sie sich untereinander wegen ihrer kleinen Weh-Wehs. Da hatte die eine den Finger verschunden; die andere hatte den Nagelfluss; diese war aufgewacht mit einem Blutäderchen im Weiß des Auges; jene hatte sich beim Beten des Rosenkranzes den Daumen ausgerenkt. Jede hatte ihren kleinen Schmerz.

»Ah, du hast unsere Mutter angelogen. Deine Nägel sind weiß getüpfelt«, sagte eine zu ihrer Nachbarin.

»Du bist lange im Beichtstuhl geblieben heute Morgen, meine Schwester«, versetzte die andere. »Du hattest wohl viele kleine Sünden zu beichten?«

Und dann, da nichts so sehr einer Katze gleicht als eine Katze, schlossen sie schwärmerische Freundschaften und entzweiten sich, trutzten und schimpften wie die Rohrspatzen, versöhnten und verküssten sich wieder, führten Eifersuchtsszenen auf, pfetzten sich, um zu lachen, lachten und kicherten, um sich zu pfetzen, und trieben Schindluder mit den Novizen. Sagte eine:

»Wenn uns nun ein hübscher Junker vom Himmel fiele, wo könnten wir ihn am besten verstecken?«

»Bei der Schwester Olivia«, erwiderte eine andere, »sie hat die größte Zelle, da ginge er hinein mitsamt Helm und Pike.«

»Was soll das heißen?«, rief Schwester Olivia. »Sind denn unsere Zellen nicht gleich groß?«

Und der ganze Schwarm fing an vor Lachen zu platzen wie reife Feigen.

Eines Abends zogen sie eine hübsche Novize zu ihrem kleinen Konzil hinzu. Sie war erst siebzehn, schien unschuldig wie ein neugeborenes Kind, und man hätte ihr den Fronleichnam ohne Beichte gegeben. Der lief das Wasser im Munde zusammen bei diesem heimlichen Getuschel und all dem Jux und Geschluchz, womit die guten Nönnchen ihre sakrosankte, göttliche Leibeigenschaft sich versüßten. Sie würde geweint haben, wenn sie nicht mehr zugelassen worden wäre.

»Nun«, sagte Schwester Olivia, »hast du auch gut geschlafen, mein sanftes Täubchen?«

»Gar nicht«, antwortete sie, »ein garstiger Floh hat mich keinen Augenblick in Ruhe gelassen.«

»Ah, du hast Flöhe in deiner Zelle? Aber da musst du sofort deine Zelle säubern. Weißt du nicht, dass die Regel unseres Ordens dies gebietet? Nicht den Schwanz von einem Floh soll eine Schwester in ihrem klösterlichen Leben zu sehen bekommen.«

»Aber was tun?«, fragte die Novize.

»Das sollst du hören. Schau dich um, siehst du einen Floh in meiner Zelle? Siehst du auch nur ein Flohschisschen? Siehst du auch nur die Spur von einem Floh? Riechst du den Geruch von einem Floh? Ist auch nur eine Ahnung von einem Floh in meiner Zelle? Spür und stür, wo du willst.«

»Ich kann nichts finden,« sagte die Kleine, die ein Fräulein von Finebold war, »ich rieche auch nichts, es sei denn unser eigener Geruch.«

»Also tue, was ich dir sage, und du wirst nicht mehr gebissen werden. Sobald du wieder einen Flohstich an dir bemerkst, meine Tochter, musst du deinen Körper aussuchen in allen Gegenden und Richtungen und das Hemd aufheben von oben und unten, aber ohne sündige Gedanken, was du auch sehen magst, das merke dir. Du darfst mit nichts beschäftigt sein, als mit dem kleinen Teufel von Floh, du musst ihn suchen mit allem Eifer und darfst sonst auf nichts achthaben; an nichts darfst du denken, als wie du den Floh erwischen magst, was ohnedies keine leichte Sache ist, umso mehr, als dich vielleicht ein kleines braunes Fleckchen von Muttermal leicht irreführen kann. Hast du ein Muttermal oder mehrere?«

»Gewiss«, antwortete die Kleine, »ich habe zwei violette Linschen, das eine auf der Schulter, das andere auf dem Rücken, das heißt ein wenig tief, man kann es übrigens nicht sehen, es sitzt zwischen …«

»Woher weißt du denn das?«, fragte die Schwester Perpetua.

»Ich wusste nichts davon, der Herr von Maybusch hat es entdeckt.«

»Oho«, riefen die Schwestern, »und hat er sonst nichts gesehen?«

»Er hat alles gesehen«, antwortete sie. »Ich war noch ein ganz kleines Ding, er war so an die neun Jahre, und wir spielten zusammen …«

Da merkten die Nonnen, dass sie zu früh gelacht hatten.

»Der gedachte Floh«, nahm Schwester Olivia wieder das Wort, »der gedachte Floh hat also gut seine Sprünge machen, vom Knie zum Nabel, vom Nabel zum Auge, und sich zu verschanzen hinter Wällen, sich zu verkriechen in den Gräben, sich zu verstecken in den Wäldern und dir immer und immer wieder zu entwischen. Die Regel unseres Ordens gebietet, ihn zu verfolgen mit der äußersten Hartnäckigkeit, indem du andächtig dein ›Gegrüßet seist du‹ betest. Beim dritten ›Gegrüßet seist du‹ bekommt man ihn übrigens fast immer.«

»Den Floh?«, fragte die Novize.

»Nichts als den Floh«, erwiderte Schwester Olivia. »Um aber die Gefahren dieser Jagd zu vermeiden, ist es nötig, wo du auch den Finger auf das Tier setzest, nicht etwas anderes mitzugreifen, kein Härlein und nichts. Und dann darfst du dich nicht erweichen lassen von seinem Geschrei, Gewimmer und Geseufz, und wie er sich auch wehrt und windet und sich gegen dich aufbäumt, was oft vorkommt, du musst ihm den Daumen aufs Auge setzen oder auch einen andern Finger, der gerade zur Hand ist, und mit der andern freien Hand musst du nach einem Stück Band greifen und ihm das Gesicht verbinden, dass er dir nicht davonhüpft. Denn wenn er nicht mehr sieht, kann er auch den Weg nicht mehr finden. Übrigens könnte er dich immer noch beißen, denn so ein Floh kann mordswütig werden in seinem Zorn; du musst ihm also sachte das Maul ein wenig aufreißen und ihm einen Keil hineinstoßen, und zwar muss das ein Spreißel sein von dem Buchsbaumzweig, dessen du dich sonst bedienst, um dich mit Weihwasser zu besprengen. So zwingst du den Floh, artig zu bleiben. Aber bedenke wohl, dass die Disziplin unseres Ordens uns auf nichts in dieser Welt ein Eigentumsrecht gibt, du darfst also auch den Floh nicht für dich behalten. Du musst vielmehr nicht vergessen, dass dieser Floh ein Geschöpf Gottes ist, dein Trachten muss darauf ausgehen, ihn Gott wohlgefällig zu machen. Es ist darum vor allem nötig, drei wichtige Dinge festzustellen, als da sind: ob der Floh ein Männchen ist, ob er ein Weibchen ist, und drittens, ob er noch jungfräulich ist. Nehmen wir an, er sei noch jungfräulich, was aber selten vorkommt, da diese Biester keine Religion haben und insgemein ein wahres Luderleben führen, indem sie sich von jedem greifen lassen, den nur die Lust ankommt. Du packst seine Hinterbeine, ziehst sie ihm nach oben über den Brustkorb, bindest sie mit einem Haar aus deinem Zopf zusammen, und so bringst du ihn zur Priorin, die, nachdem sie ihrerseits das Kapitel zurate gezogen, über den Fall entscheidet. Wenn es ein Männchen ist …«

»Woran kann man aber sehen, dass ein Floh jungfräulich ist?«, fragte die neugierige Novize.

»Zunächst«, antwortete Schwester Olivia, »ist er schwermütig, lacht nicht wie die andern, beißt nicht so heftig, sperrt das Maul weniger weit auf und errötet, wenn man ihn, du weißt schon wo, berührt.«

»Da muss ich wohl von einem Männchen gebissen worden sein«, sprach die Novize.

Darüber ein erschütterndes Lachen aller Nonnen. So heftig mussten sie lachen, dass einer unter ihnen ein Ton in B-Moll entwischte, wovon sogar der Boden feucht wurde.

»Da seht ihr wohl«, sagte Schwester Olivia, »auf einen Wind folgt immer auch ein Regen.«

Die Novize musste selber lachen, sie meinte, die Schwestern hätten nur über den Knalleffekt gelacht.

»Wenn es also ein Männchen ist«, begann Schwester Olivia von Neuem, »da nimmst du deine Schere oder den Dolch deines Geliebten, wenn er ihn dir vielleicht bei deinem Eintritt ins Kloster zum Andenken geschenkt hat, kurz, du nimmst irgendein scharfes Instrument und machst ihm mit aller Vorsicht einen Einschnitt in die Lenden. Du musst dich drauf gefasst machen, dass er nun anfängt zu husten und zu prusten, zu würgen und zu schnappen, zu wimmern und zu jammern; schaue nicht hin, wie er sich wälzt und windet, wie ihm der Angstschweiß ausbricht, wie er dich jammervoll anfleht, oder was ihm sonst einfallen mag, um sich der heilsamen Operation zu entziehen. Beiße die Zähne aufeinander und bedenke, dass du ihm nur wehtust, um ihn auf den Weg des Heils zu bringen. Nimm dann geschickt seine Eingeweide heraus, die Gedärme, die Leber, die Lunge, das Herz, den Kropf, die edlen Teile; das alles tauche behutsam, und zwar zu wiederholten Malen, in deinen Weihwasserkessel, sie also waschend und reinigend unter fortwährender Anrufung des Heiligen Geistes, dass das Unreine möge rein werden. Endlich bringst du den ganzen Plunder rasch, aber vorsichtig, wieder in den Körper des Flohs, der ohnedies seine Geduld längst verloren hat. Derart hast du ihn getauft und einen Christen aus ihm gemacht. Nimm dann endlich Nadel und Faden und vernähe ihm sein Bäuchlein mit all der Schonung und Rücksicht, die du einem Bruder in Jesu Christo schuldig bist. Bete sogar für ihn; an seinen Kniebeugungen und an den Blicken, die er dir zuwirft, wirst du sehen, dass er nicht unempfindlich dafür ist. Er wird nicht mehr schreien und zappeln, er wird dich auch nicht mehr beißen, und es sind schon Fälle vorgekommen, wo ein solcher Floh vor lauter Glück, zu unserer heiligen Religion bekehrt worden zu sein, gestorben ist. Du machst es so mit jedem, den du nur erwischen und erhaschen kannst; wenn das die andern sehen, werden sie bald die Flucht ergreifen, nachdem sie sich über die Konversion ihrer Brüder nicht wenig verwundert haben, denn so eine schwarze Flohseele hat eine höllische Scheu vor dem Christentum.«

»Das ist nicht schön von den Flöhen«, sagte die Novize. »Denn kann es ein höheres Glück geben, als in einem Kloster Gott zu dienen?«

»Da hast du recht«, sprach Schwester Ursula. »Hier sind wir wohlbehütet vor allen Gefahren der Welt, besonders vor der Liebe, in der einem ganz schlimme Sachen passieren können.«

»Noch andere, als unversehens ein Kind zu bekommen?«, fragte eine junge Schwester.

»Unter der Regierung des neuen Königs«, antwortete Schwester Ursula achselzuckend, »ist Gott Amor vom Aussatz befallen worden, wie der heilige Antonius selig, von Schlimmerem als dem Aussatz, von einer scheußlichen

Krankheit, die der Teufel erfunden, und hat das furchtbare, gärende und schwärende Gift mit seinem Gefolge von Fiebern, Todesängsten, Salbereien und Schmierereien überall herum ausgespritzt zum Glück für die Klöster, da unzählige Damen aus Furcht und Entsetzen davor tugendhaft geworden sind.«

Entsetzt von diesen Worten drängten sie sich ängstlich aneinander, hätten aber doch gern mehr erfahren.

»Und also braucht man nur zu lieben, um elend zu werden?«, fragte eine Schwester.

»Nicht anders, mein Lämmlein«, beteuerte Schwester Olivia.

»Du brauchst nur«, fuhr Schwester Ursula fort, »du brauchst nur ein einziges klein winziges Mal einen hübschen Junker zu lieben, und bald, wenn es dein Unglück will, wird dir ein Zahn nach dem anderen schwarz werden, werden dir eins ums andere unter grässlichem Schmerz die Haare ausfallen und die Augenwimpern, und wo sonst deine Haut rosig war, wird sie blau werden … oh, wie schmerzlich der Abschied von all den schönen Dingen. Es gibt Frauen, denen ein ekelhafter Krebs die Nase zerfrisst, andere haben ein scheußliches, tausendfüßiges und tausendmäuliges Tier im Leib, das ihnen bei lebendigem Leibe das frisst und verzehrt, was sie Zartestes an sich haben. Kurz, so ruchlos ist die Natur dieser Liebe, dass der Papst sich genötigt gesehen hat, die Exkommunikation über sie zu verhängen.«

»Gott, wie bin ich glücklich«, rief die kleine Novize aus, »dass ich so fürchterlichen Qualen glücklich entronnen bin.«

Bei diesem Ausruf sahen sich die Nonnen untereinander an. In dieser Kleinen hatten sie sich geirrt. Die war also längst irgendwo mit dem Kruzifix von Poissy in Berührung gekommen und hatte Schwester Olivia schön über den Löffel barbiert. Sie freuten sich dessen und dass der Gelbschnabel eine so lustige Haut war. Nur hätten sie gern gewusst, durch welches Abenteuer sie hinter die Klosterriegel geraten war.

»Ach«, sagte sie, »ich habe mich von einem großen Floh beißen lassen, der schon getauft war.«

Bei diesen Worten entschlüpfte der Schwester in B-Moll ein zweiter hörbarer Seufzer.

»Ah«, rief Schwester Olivia, »nun nur noch den dritten. Hüte dich aber, im Chor eine solche Sprache zu führen. Es könnte der Äbtissin einfallen, dich zur Diät der Schwester Petronella zu verdammen. Ich rate dir, deiner Musika einen Dämpfer aufzusetzen.«

»Du hast ja Schwester Petronella bei ihren Lebzeiten gekannt«, sprach nun Schwester Ursula, »ist es wahr, dass Gott ihr die Gnade verliehen hatte, nur zweimal im Jahr – wie sagt gleich das Volk – auf dem Unterhofgericht zu erscheinen?«

»So ist es«, erwiderte Schwester Olivia. »Dafür musste sie aber auch einmal, als sie sich am Abend schon gestellt hatte, harren bis zu den Frühmetten. Sie sagte aber immer nur: ›Herr, dein Wille geschehe.‹ Beim ersten Glockenzeichen aber wurde sie von dem, was sie gedrückt hatte, befreit, damit sie die Messe nicht versäume. Dennoch wollte die verstorbene Äbtissin nicht zugeben, dass irgendein Wunder oder spezielle Gunst von oben dabei im Spiel sei; sie sagte, die Augen Gottes tauchten nicht in diese Regionen. Ich will euch aber die Geschichte in der Ordnung erzählen: Unsere Schwester selig, deren Heiligsprechung unser Orden im Augenblick am päpstlichen Hof betreibt und auch bereits erlangt hätte, wenn er imstande wäre, die gesetzlichen Gebühren zu bezahlen, diese Schwester Petronella hatte frühzeitig den Ehrgeiz, ihren Namen in den Kalender zu bringen, was ja dem Orden kein Schaden war. Sie lebte in ewigem Gebet, hatte Ekstasen vor dem Bild der Heiligen Jungfrau drüben bei den Wiesen, und wie es Hanswurste gibt, die das Gras wachsen hören wollen, so behauptete sie, den Flug der Engel zu hören droben im Himmel, ja, sie war sogar imstande, deren Flügelschwingungen in Musik umzusetzen, und ihr entzückender Kantus ›Adoremus‹, den jedermann kennt und den kein Mensch je hätte erfinden können, ist in der Tat aus jener Quelle geflossen. Ihr Blick war oft tagelang unbeweglich wie ein Stern, sie fastete jeden Tag des Jahrs und nahm kaum mehr Nahrung zu sich, als auf einem Fingernagel Platz gehabt hätte. Sie hatte ein Gelübde getan, niemals an Fleisch zu rühren, gekochtes oder rohes, und ein wenig Brotrinde war ihre tägliche Nahrung; nur an den Hauptfesttagen des Jahres gönnte sie sich ein wenig getrockneten Fisch mit Salz, ohne eine Spur von Brühlein.

Bei dieser magern Kost wurde sie selber mehr als mager, wurde gelb wie Safran und ausgetrocknet wie ein Knochen, den man auf dem Kirchhof aufliest. Zu alledem wurde sie verzehrt von einem innern Feuer, und wenn einer sie zufällig angestoßen hätte, würde sie Funken gesprüht haben wie ein Kieselstein. Doch so wenig sie auch aß, konnte sie sich doch nicht ganz von der Notdurft emanzipieren, der wir alle zu unserm Glück oder Unglück mehr oder weniger Opfer bringen müssen, worüber wir uns nicht beklagen sollen, da wir ohne diese Opferungen manchmal übel daran wären. Und darin besteht dieser Tribut und die Notdurft der Natur, dass wir, nachdem wir gegessen und getrunken haben, ganz nach Art der Tiere einen Teil davon in schmutziger Weise wieder abgeben müssen, mehr oder weniger stinkend, je nach der Natur jedes Einzelnen. Hierin war nun Schwester Petronella von andern Menschen nur insoweit verschieden, als das gedachte Produkt bei ihr trocken und hart war, ähnlich der Losung einer Hirschkuh zur Zeit der Brunst, als welche ein Gebäck ist gleich Kieselsteinen, wie ihr vielleicht zufällig einmal auf einem Pfad im Park zu beobachten Gelegenheit hattet und das denn auch wegen seiner Härte in der höheren Jagdsprache mit Ausdrücken wie Knoten oder Knöpfe bezeichnet wird.

Es handelte sich also bei der Schwester Petronella, die ja auch infolge ihres fortgesetzten Fastens immerwährend von einer innern Glut verzehrt wurde, keineswegs um eine

übernatürliche Sache; denn noch heut wissen ältere Schwestern von ihr zu erzählen, wie sie derartig von göttlichem Feuer durchflammt war, dass sie, ins Wasser gelegt, zischte wie eine feurige Kohle. Einzelne Schwestern haben ihr nachgesagt, sie habe sich öfter in der Nacht unter ihren Achselhöhlen Eier hart gekocht, um ihre Fasten besser auszuhalten; aber das waren niederträchtige Verleumdungen, um diese große Heiligkeit zu verdächtigen, welche längst die Eifersucht anderer Klöster erregt hatte. Unsere Schwester hatte aber auf dem Weg zum Heil und zur göttlichen Vollkommenheit einen vortrefflichen Lotsen in dem Abt des Klosters von Sankt German bei den Wiesen, draußen vor der Stadt Paris, der ein heiliger Mann war und seinen frommen Ratschlägen immer diesen letzten hinzufügte: all unsere Pein und Schmerzen Gott aufzuopfern und uns seinem Willen zu unterwerfen, ohne dessen Zulassung uns kein Haar vom Haupte fällt.
Diese Auffassung und Lehrmeinung, so fromm sie aussieht, hat dennoch den Gegenstand zu heftigen Kontroversen abgegeben und ist schließlich auf den Vorschlag des Kardinals von Chastillon verdammt worden, weil eine solche Lehre jede Sünde ausschlösse, was notwendig die Einkünfte der Kirche vermindern müsste.
Aber Schwester Petronella lebte in dieser Lehre, ohne etwas von der Ketzerei zu riechen, die darin stak.
Nun geschah es, dass sie nach der Zeit der großen Fasten, im verflossenen Jubiläumsjahr, zum ersten Mal nach acht Monaten sich wieder gedrängt fühlte, das goldene Gemach aufzusuchen, was sie denn auch tat. Schamhaft hob sie ihre Röcke in die Höhe und brachte ihren heiligen Körper in die Positur, die nötig ist, das zu vollbringen, wozu wir gewöhnlichen armen Sünderinnen uns ein wenig öfter veranlasst fühlen. Aber die gute Schwester Petronella brachte das Werk nicht über seinen ersten Anfang hinaus, und wie ein gewisser Dichtersmann einmal geseufzt hat: ›Hier stock ich schon, wer hilft mir weiter fort‹, so hätte auch der sagen

können, der jetzt seinen Kopf zu einem gewissen Fenster hinausstreckte, aber wenig Lust zu verspüren schien, das gebenedeite Haus zu verlassen, trotzdem dieses die närrischsten Anstrengungen machte, den Gast loszuwerden, – solche Anstrengungen, dass die Sparren krachten und das ganze Gebälk aus den Fugen zu gehen drohte. Wie ein Frosch, der nach Luft schnappt, sah der Kerl aus dem gedachten Fenster hervor, wollte aber um keinen Preis den Weg nehmen, den so viele seiner Kameraden schon genommen hatten. Wahrscheinlich fürchtete er, dort unten den Geruch der Heiligkeit zu verlieren. Und wahrlich, als einfacher Dreck, der er war, war er zu dumm. Die gute Heilige, die es nach und nach mit jedem Zwangsmittel versucht hatte, dass zuletzt die Backenmuskeln ihres mageren Gesichts sich über Gebühr und die Nerven ihrer Schläfen sich bis zum Zerspringen spannten, musste sich gestehen, dass es auf der Welt kein furchtbareres Übel gäbe. Als aber ihre sphinkteriale Folterspannung den letzten möglichen Grad erreichte: ›Oh, mein Gott‹, rief sie, indem sie eine letzte Anstrengung machte, ›ich opfere ihn dir!‹ Bei diesem Stoßgebet barst die steinerne Masse und kollerte wie ein Kieselstein, an der Mauer hin und wieder prallend, in die Tiefe, man hörte klick, klack, plumps. Ihr begreift, meine Schwestern, dass sie kein Arschwischlein nötig hatte.«
»Und diese Heilige hat die Engel im Himmel gesehen?«, fragte eine Schwester.
»Haben die Engel auch einen Hintern?«, fragte eine andere.
»Aber nein doch«, antwortete Schwester Ursula; »weißt du denn nicht, dass eines Abends bei einer großen Festgesellschaft der liebe Gott in der Vergesslichkeit den Engeln befahl, sich zu setzen, worüber sie in die größte Verlegenheit gerieten, worauf sie sich setzen sollten.«
Endlich gingen die guten Nönnchen schlafen, die einen allein, die anderen fast allein; es waren liebe Kinder, die niemand schadeten als sich selber.
Ich kann mich auch gar nicht von ihnen trennen, ich muss

noch ein Abenteuer erzählen, das sich in ihrem Kloster ereignet hat, zur Zeit als die Reform mit dem Schwamm darüberfuhr und sie alle zu Heiligen machte, wie ich es bereits erwähnt habe.

Zu dieser Zeit saß auf dem erzbischöflichen Stuhl zu Paris ein wahrhaft heiliger Mann, der seine guten Werke nicht an die große Glocke hing und sich um nichts sorgte als um die Armen und Leidenden, die er alle in sein Herz, das goldene Herz eines alten, frommen Bischofs, eingeschlossen hatte. An sich selber dachte er nicht im Geringsten, sondern war nur immer auf der Suche nach armen Unglücklichen, um sie zu trösten mit Worten und Werken, mit Geld und guten Dingen, wie es die Umstände verlangten, und ging zu den Reichen nur in ihrer bösen Stunde, ihre Seelen aufrichtend und auf Gott hinweisend. So wachte er Tag und Nacht über die ihm anvertraute Herde und war ein guter Hirte in aller Strenge des Worts. Es focht ihn nicht an, dass sein Mantel und seine Soutane, seine Strümpfe und seine Überdenstrümpfen alt und abgetragen waren; die Blößen der Armen zu decken, lag ihm näher am Herzen. Seine Mildtätigkeit ging so weit, dass er am liebsten seine eigene Person ins Pfandhaus geschickt hätte, wenn es galt, einem Nebenmenschen, und wäre er auch der ärgste Ketzer gewesen, lindernd und helfend beizuspringen.

Für ihn selber musste seine Dienerschaft sorgen. Und oft genug schalt er und wurde ungehalten, wenn man ihm, ohne ihn zu fragen, seine alten Kleider, solange sie ihm nicht wie Zunder vom Leib fielen, durch neue ersetzte; er ließ die alten flicken und ausbessern bis in extremis.

Diesem frommen alten Erzbischof war zu Ohren gekommen, dass der Schlossherr von Poissy seine Tochter ohne Heller und Hemd von sich gestoßen, nachdem er, sollte man es für möglich halten, ihr Erbe in Fressen und Saufen, Huren und Würfelspiel verludert und verloren hatte. Das arme Fräulein wohnte in einem elenden Loch, wo im Winter kein Feuer und im Frühling kein Sonnenstrahl anzutref-

fen war, und verdiente ein elendes Stück Brot durch seiner Hände Arbeit, da es sich weder unstandesgemäß verheiraten, noch seine Schönheit verkaufen mochte. Schon lange dachte der hohe Prälat darüber nach, einen würdigen Gemahl für sie zu finden; da ihm das noch nicht gelungen war, hatte er den Einfall, sie einstweilen mit dem Modell eines Manns zu versehen und zu versorgen, indem er ihr jeweils seine brüchigen Unaussprechlichen zur Ausbesserung schickte, wofür das ganz und gar entblößte Mädchen ihm unendlich dankbar war. Einmal nun, als der Erzbischof bei sich überlegte, ob er nicht im Kloster von Poissy einen Besuch machen wolle, wie es die neue strenge Kirchenzucht ihm vorschrieb, trat eben sein Johann herein. Diesem reichte der Erzbischof ein Paar alte Kurzhosen in bedenklichem Zustand. »Bringe das«, sagte er, »den Damen von Poissy.« Er hatte aber sagen wollen: dem Fräulein von Poissy. Und da all seine Gedanken auf die Sorge um das Kloster gerichtet waren, vergaß er ganz, dem Diener die Wohnung des Fräuleins anzugeben, von dem er überdies aus zarter Schonung noch nie gesprochen hatte.
Also packte der Diener die gedachten Hosen mit dem altfränkischen großen Laden unter den Arm und machte sich wie ein lustiger Zeisig auf den Weg nach Poissy, nicht jedoch ohne des Öfteren mit einem Freund da und einem Kameraden dort eine Kanne zu leeren, da mehr als eine Kneipe am Weg lag, wobei dann der Hosenlatz des würdigen Erzbischofs manches zu sehen und zu hören bekam, was ihm in seiner Unschuld noch nicht vorgekommen war. Er gelangt aber doch zum Schluss bei Frauenzell zu Poissy an und sagt zur hochwürdigen Äbtissin, dass sein Herr ihn schicke, um ihr dies zu überbringen. Darauf trottete er sich ohne Weiteres davon und ließ die heilige Mutter allein mit dem nicht zu nennenden Kleidungsstück, das schon so lange gewohnt war, die erzbischöflichen Formen in Hoch- und Basrelief zu modellieren, ebenso wie den Abdruck dessen, was nach dem Sagen der Schwester Ursula der liebe Gott seinen Engeln

vorenthalten hat und wovon diesem guten Prälaten auch nicht übermäßig viel beschert worden war. Ohne das hochwürdige Geschenk, unter dem sie sich keine kleine Kostbar-

keit dachte, erst auszupacken, rief die Äbtissin ihre Nonnen herbei. Neugierig huschte es aus allen Zellen hervor, und in einer Aufregung, wie sie in einem Ameisenhaufen entsteht, in deren Republik die Bombe einer fallenden Kastanie hineingefahren ist, kamen sie von allen Seiten getrippelt, streckten die Hälse und drängten sich um die geheimnisvolle Sendung. Als sie aber plötzlich den Hosenlatz klaffen sahen – er sperrte ganz fürchterlich das Maul auf –, da stießen sie einen einzigen Schrei des Entsetzens aus, drückten die Hände vor das blasse Gesicht, und einige sahen schon den Teufel sich leibhaftig daraus emporrecken.

»Bedeckt euer Antlitz, meine Töchter«, sprach die Äbtissin, »das ist die Wohnung der Todsünde, die Fleisch geworden ist.«

Die Oberin der Novizen stellte fest, indem sie sich selber durch die Finger schaute, dass nichts Lebendiges in der Hülle sei, worüber sich die ganze Gesellschaft ein wenig beruhigte und mit ganz behaglichem Erröten das seltsame Habitaculum beaugenscheinigte. Dann berieten sie sich, ob es vielleicht die Absicht des heiligen Priesters gewesen sei, ihnen mit diesem Symbol, ungefähr wie in Form einer biblischen Parabel, eine heilsame Ermahnung zukommen zu lassen. Es waren ohnedies lauter sehr tugendhafte Kinder, und wenn auch manches Herzchen nicht ganz ruhig dabei blieb, sie achteten dessen nicht weiter, und nachdem sie ein wenig Weihwasser in den teuflischen Abgrund gespritzt, wurden sie allmählich ganz vertraut damit und wagten nicht nur hinzusehen, sondern auch dran zu rühren. Auch die Äbtissin hatte sich von ihrem Schrecken soweit erholt, dass sie bereits die Sprache wiederfand.

»Was ist denn nur dem guten Seelenhirten eingefallen«, rief sie aus; »was für eine Absicht kann unser ehrwürdiger Vater gehabt haben, uns eine Sache zu schicken, die eine Fallgrube der weiblichen Tugend ist?«

»Seit länger als fünfzehn Jahren«, erklärte eine Schwester, »haben meine keuschen Blicke nicht mehr auf diesem Felleisen des Teufels geruht.«

»Schweige, meine Tochter, du hinderst mich daran, ernstlich darüber nachzudenken, was hier zu tun ist.«

Und so lange und so oft wurde nun der genannte erzbischöfliche Hosenlatz um und um gedreht, nach außen und nach innen, beschnüffelt und betüftelt und in Betrachtung bewundert, so viel wurde auch darüber beraten und deliberiert, so viel daran gedacht und davon geträumt, zuerst bei Tag und dann in der Nacht, bis endlich am anderen Morgen nach der Mette, wobei die Schwestern einen Vers und zwei Responsorien ausgelassen, eine der jüngsten folgenden Einfall hatte:

»Meine Schwestern«, sprach sie, »ich kann euch die Parabel des Erzbischofs deuten: Er hat uns einfach seine Unaussprechlichen zum Ausbessern geschickt, weil er uns damit ermahnen wollte, den Müßiggang zu fliehen, als welcher der Anfang ist aller Laster.«

Darauf begann ein wahrer Wettstreit, wer zuerst Hand ans Werk legen dürfe; aber die Äbtissin brauchte ihre Autorität und behauptete, das sei ihr Vorrecht und Privilegium. Und zusammen mit der Priorin war sie über acht Tage beschäftigt, das hochwürdige Kleidungsstück von Grund aus zu reparieren, neues seidenes Futter einzusetzen, einen doppelten Saum anzunähen, alles in tiefer Demut. Darauf wurde das Kapitel einberufen und beschlossen, dem Herrn Erzbischof für sein liebevolles Gedenken an seine Töchter in Gott ein Zeichen der Dankbarkeit zu übergeben. Alle Schwestern, bis auf die jüngste Novize hinunter, sollten zusammen eine hübsche und kunstreiche Arbeit machen, und damit sollte der gute tugendhafte Erzbischof überrascht werden.

In all dieser Zeit hatte der genannte Prälat wieder so alle Hände voll Arbeit im Dienst für andere, dass ihm seine Hosen ganz und gar aus dem Gedächtnis gekommen waren. Er lernte nämlich bei Hof einen Edelmann kennen, der eben seine Frau verloren, als welche ein Teufel und eine Teufelin in einer Person war. Dieser trauernde Witwer hegte den lebhaften Wunsch, anstelle der Verstorbenen eine Sanfte und Fromme zu nehmen, bei der er sich von der anderen erholen und ohne Fährlichkeit für seine Ehre schöne und wohlgeratene Kinder zeugen könne. Er wandte sich mit diesem Anliegen an den Erzbischof, zu dem er volles Vertrauen hegte. Und der heilige Mann lobte ihm so über allen Schellenkönig das edle Fräulein von Poissy, dass die arme Schöne in kürzester Frist Frau von Gnäulhag wurde.

Die Hochzeit wurde im erzbischöflichen Palast zu Paris gefeiert, und ein Kranz schöner Damen aus der besten Gesellschaft, ja vom Hof selber, schmückte das Fest; die Schönste aber von allen war die Braut in der Blüte ihrer Jungfräulichkeit, die vom Erzbischof verbürgt wurde.

Als schon Früchte, Eingemachtes und Gebackenes aufgetragen wurde in allerlei Schmuck und künstlicher Verzierung, trat plötzlich der Johann hinter den Erzbischof.

»Gnädiger Herr«, sagte er, »Eure geliebten Töchter in Gott von Frauenzell zu Poissy schickten soeben eine Schüssel für Eure Tafel.«

»Setze sie in die Mitte«, sprach der freundliche Priester, der zu seiner Verwunderung einen hohen Aufbau vor sich sah von Samt und Seide, mit Stickereien in Gold und Silber, das Ganze in Form einer antiken Vase, der die feinsten Wohlgerüche entströmten.

Die Braut nahm den Deckel ab, und siehe, da war der Bauch ganz gefüllt von Zuckersachen, Spezereien, Marzipanen und tausend köstlichen Konfitüren, die man denn auch unverzüglich den Damen herumbot. War nun eine darunter, ebenso neugierig wie bigott, die unter all den Süßigkeiten ein seidenes Zipfelchen hervorragen sah und dem Verlangen nicht widerstehen konnte, daran zu zupfen und zu ziehen, so lange, bis das bewusste Habitaculum des männlichen Kompasses glorreich aus seiner Versenkung emporstieg, zur großen Verwirrung des guten Erzbischofs, zum allgemeinen Gaudium aber und Lachen der übrigen Gesellschaft.

»Wahrhaftig«, rief der Neuvermählte, »diese Schüssel verdiente den Ehrenplatz auf der Tafel. Die Fräulein von Poissy sind nicht dumm. Ihr Zuckerwerk ist bei einer Hochzeit wohl angebracht.«

Ich aber frage, ob es eine bessere Moral geben kann, als die der Herr von Gnäulhag damit aussprach? Und so kann ich es unterlassen, eine weitere hinzuzufügen.

Wie das Schloss von Ridel-Alzay erbaut wurde

Johann, der Sohn des Simon Fournier, genannt Simonsohn, ein Bürger von Tours, der aber aus dem Dorf Moulinot bei Baune stammte, von welcher Stadt er später, nachdem er das Amt eines Schatzmeisters bei Loys dem Elften erhalten hatte, nach dem Beispiel anderer den Namen annahm, floh eines Tages, da er bei dem König in Ungnade gefallen war, mit seiner Frau in die Languedoc und ließ seinen Sohn Jakob arm und nackt in der Stadt zurück. Dieser, der außer seiner Person nichts in der Welt besaß als seinen Mantel und seinen Degen, den aber die Alten, deren Hosenladen längst die Seele aufgegeben, als ungeheuer reich beneiden durften, brütete in seinem Gehirn den festen Entschluss aus, seinen Vater zu retten und sein Glück am Hof zu machen, der damals die gute Stadt Tours zu seiner Residenz erwählt hatte. Alltäglich in aller Frühe verließ der Fant seine Wohnung, und in seinen Mantel eingewickelt bis an die Nase, die er als Wegweiser benutzte, durchstreifte er kreuz und quer die Stadt, ohne von seiner Verdauung belästigt zu sein. Er trat in die Kirchen ein und bewunderte ihre Schönheit, inspizierte die Kapellen, beaugenscheinigte die Bilder, zählte Säulen und Pfeiler, kurz, betrug sich wie einer, der nicht weiß, was er mit seiner Zeit und mit seinem Geld anfangen soll. Manchmal tat er, als ob er einen Rosenkranz betete, aber in Wahrheit richtete er stumme Gebete an die Damen, bot ihnen beim Ausgang aus der Kirche das Weihwasser, folgte ihnen von Weitem und war darauf bedacht, mit allerlei kleinen Aufmerksamkeiten ein hübsches Abenteuerchen zu ergattern, worin er, wenn er dabei nicht gerade in eine Degenklinge rannte, vielleicht einen mächtigen Beschützer oder eine huldreiche Geliebte finden könnte. Er hatte in seinem Beutelchen zwei Dublonen, die er sorgfältiger schonte als seine Haut, da eine Haut nachwächst, zwei Du-

blonen aber keineswegs. Er nahm täglich nur so viel von seinem Schatz, um sich ein Brot und einige runzlige Äpfel für seine Mahlzeit zu kaufen, dazu trank er, so viel ihm nur schmeckte, Wasser aus der Loire. Diese vorsichtige und vernünftige Lebensweise war nicht nur seinen Dublonen gesund, sie erhielt ihn auch selber frisch und behänd wie einen Windhund und bewirkte, dass sein Kopf kühl und sein Herz warm blieb, denn das Wasser der Loire ist ein wahrhaft erwärmender Likör, da es von weither kommt und sich also sehr erhitzt, indem es überall die Kiesel rollt und rundet, bevor es die gute Stadt Tours erreicht.

Auch könnt ihr euch denken, dass sich der arme Schwartenhals tausendundein Abenteuer mit den wunderbarsten und seltsamsten Glücksfällen träumte, und es fehlte nur ein Haar, dass sie alle wahr und wahrhaftig geworden wären. Oh, die schönen Tage!

Eines Abends nun, als Jakob von Baune – er schmückte sich mit diesem Namen, obwohl er in seinem Leben nicht an der Herrschaft von Baune gerochen hatte –, als Jakob, sagte ich, den Wall entlangflanierte und gerade seinen Stern und die ganze Welt verfluchte, da just seine letzte Dublone Miene machte, ohne Urlaub das Weite zu suchen, wäre er, um eine Wegecke biegend, fast wider eine verschleierte Dame gerannt, die ihn einstweilen mit einer ganzen Nase voll köstlicher Spezereigerüche beschenkte.

Ihre Füße waren mit den feinsten Stiefelchen bekleidet, sie trug ein Kleid von italienischem Samt, mit langen, seidengefütterten Hängeärmeln, und – was dem Junker besonders vielversprechend in die Augen stach – durch ihren Schleier hindurch sah er einen weißen Diamanten von seltener Größe im Strahl der untergehenden Sonne zwischen einem Haargebäude blitzen, das so kunstreich gerollt, gelockt, gezopft und so akkurat aufgesteckt war, dass ihre Zofen wohl drei Stunden dazu gebraucht haben mochten. Ihr Gang war der einer Dame, die gewohnt ist, nur in der Sänfte auszugehen. Ein bewaffneter Leibwächter folgte ihr. Es war gewiss ein buhlerisches Weib, das mit Leib und Leben einem hohen Herrn zu eigen gehörte, oder auch eine Dame vom Hof,

denn sie hob ihre Röcke ein wenig hoch auf; und wie nur allein die Damen der genannten Art, hatte sie ein gewisses wollüstiges Sichwiegen in den Hüften. Aber Herrin oder Hure, sie gefiel dem Herrn Jakobus, der nicht den Heikeln spielte, sondern es sich in den Kopf setzte, so verzweifelt war er, sich der Unbekannten an die Fersen zu heften, und wenn es ihn das Leben kosten sollte. Er beschloss also, so lange hinter ihr her zu sein, bis er wüsste, wo sie wohnte, im Paradies oder im Pfuhl der Hölle, unterm Galgen oder im Bordell: Alles schien ihm besser als seine jetzige Hungerleiderei. Die Dame ging an der Loire hin, flussabwärts in der Richtung auf die Plessenburg (die von anderen auch Schloss Blitz-in-Turm genannt wird) und atmete wie ein Karpfen die Kühle des Wassers. Sie schlenderte in aller Behäbigkeit und Gemächlichkeit und ließ neugierig ihre Augen umgehen nach allen Seiten, wie eine Maus, die sich aus ihrem Loch gewagt hat und sich helläugig ein wenig die Welt beschaut. Als der schon erwähnte Leibwächter darauf aufmerksam wurde, dass Jakob von Baune nicht Miene machte, die Fährte seiner Herrin aufzugeben, und ihr nicht nur Schritt für Schritt folgte, sondern auch anhielt, wenn sie stehen blieb, und sie rücksichtslos und frech musterte, wie wenn er die Erlaubnis dazu habe, kehrte er sich einmal barsch um und drohte ihm mit einer Miene, die von derjenigen eines wütenden Bulldoggen nicht sehr verschieden war.

Aber der gute Touraner ließ sich nicht einschüchtern; er meinte, wenn ein Hund, ohne dass es ihm jemand wehrt, zuschauen darf, wenn der Papst vorüberzieht, so werde es ihm, einem getauften Christen, doch nicht verwehrt sein, nach einer hübschen Frau hinzuschielen. Er ging jetzt der Dame voraus und tat so, als ob er dem Mann in Waffen freundlich

zulächle, indem er zugleich bestrebt war, sich vor der Dame ein stolzes Ansehen zu geben. Sie ihrerseits sagte kein Wort, sie betrachtete den Himmel, der bereits sein Taggesicht mit dem Nachtgesicht vertauscht hatte. Die aufgehenden Sterne schienen ihr ein besonderes Vergnügen zu machen, und so weit ging alles gut. Als sie gegenüber von Portillon angelangt war, blieb sie einmal plötzlich stehen, warf, um besser zu sehen, den genannten Schleier auf die Schulter zurück und musterte den Gesellen mit dem Blick eines gewitzigten Weibleins, das sich vergewissern möchte, wie es mit dem respektiven Männlein daran ist.

Nun müsst ihr aber wissen, dass Jakob von Baune unter gewissen Umständen die Arbeit von drei Ehemännern zu leisten vermochte und sich selbst an der Seite einer Prinzessin hätte sehen lassen dürfen, ohne ihr Schande zu machen, auch kühn und entschlossen dreinsah, wie es die Damen lieben. Auch konnte man nicht zweifeln, dass seine Haut, wenn er jetzt auch ein wenig gebräunt aussah von seinem vielen Herumflanieren unter der Sonne Gottes, im Schatten der Bettgardinen wie schönstes Elfenbein schimmern werde.

Bei dem schlangenartig flüchtigen Blick der Dame sagte er sich, dass sie ganz gewiss ihr Messbuch nicht oft mit solchen Augen ansah. Schöpfte also aus diesem verteufelten Blick die schönste Hoffnung auf ein nahes Liebesglück und war fest entschlossen, sein Abenteuer weiterzutreiben als nur bis zum Saum ihrer Schleppe, weiter und höher, selbst wenn es ihm nicht nur das Leben – daran lag ihm nichts –, sondern auch beide Ohren und vielleicht noch etwas anderes kosten sollte.

Also hielt er sich weiterhin hart hinter der Dame, die durch die Jungferngasse wieder in die Stadt einlenkte und durch ein Gewirr von engen Gässchen auf den viereckigen Platz gelangte, wo man später den Gasthof ›Zum goldenen Kreuz‹ gebaut hat. Hier, vor dem Portal eines vornehmen Hauses, hielt sie an, und ihr Begleiter klopfte an das Tor. Nachdem ein Diener von innen geöffnet, trat die Dame ein, und die Tür fiel ins Schloss. Der Junker von Baune aber stand mit aufgerissenem Mund davor und sah so dumm aus wie Sankt Dionys auf dem Monte Martyrium, ehe ihm der Einfall kam, seinen abgeschlagenen Kopf vom Boden aufzuheben und damit seines Weges zu ziehen. Er drehte seine Nase in die Höhe, um zu sehen, ob nicht aus einem Fenster ein Tröpfchen Gunst für ihn herunterfalle; aber er sah nichts als ein Licht, das erst die Treppe hinaufstieg, dann die Halle durchquerte und in einem hübschen Erker anhielt.

Dort musste also die schöne Dame wohnen. Da stand der arme Verliebte ganz melancholifiziert, ganz in Träume versunken, ratlos, was er beginnen solle. Plötzlich aber ging oben das Erkerfenster auf. Das gab ihm einen Ruck; er dachte nicht anders, als dass seine Dame ihm ein Zeichen geben wolle, und wieder drehte er die Nase in die Höhe. Aber ohne den vorspringenden Erker, der ihm nun als Regenschirm dienen musste, wäre er über und über mit kaltem Wasser begossen worden, nicht zu reden vom Topf selber, von dem die Person, die dem Verliebten also den Kopf abzukühlen gedachte, auf einmal nur noch den Henkel in der Hand hielt.

Jakob von Baune war nicht übel zufrieden, dass die Sache so ablief, und er blieb die Antwort nicht schuldig; er ließ sich platt auf den Boden fallen und stöhnte wie ein Sterbender. Dann blieb er steckensteif zwischen den Scherben liegen und stellte sich tot, abwartend, was nun kommen werde. Da hörte er, wie drinnen eine große Bewegung unter dem Gesinde entstand, das offenbar in großer Angst vor der Dame war, der sie den Streich gestehen mussten.

Dann öffnete sich rasch die Tür, und die Dienerschaft schickte sich an, den tödlich Verwundeten aufzuheben und ins Haus zu befördern. Jakob musste sich Gewalt antun, um nicht über seinen eigenen Leichenzug die Treppe hinauf laut herauszulachen.

»Er ist schon kalt«, sagte ein Page.

»Er ist ganz blutübergossen«, bemerkte der Hausmeister, der ihn betastete und das Wasser für Blut hielt.

»Wenn er wieder zu sich kommt, will ich zu Sankt Gatian eine Messe stiften«, gelobte der Schuldige.

»Unsere Frau ist nicht umsonst die Tochter ihres Vaters; wenn sie dich nicht aufhängen lässt, so wird es das Geringste sein, dass sie dich aus ihrem Haus und ihrem Dienst jagt,« bemerkte ein Dritter, »denn er ist wahrhaftig tot, er wäre sonst nicht so schwer.«

›So bin ich denn wirklich bei einer hohen Frau‹, dachte Jakob.

»Riecht er schon?«, fragte der Junker, der das Unheil angerichtet hatte.

Wie sie also mit großer Mühe den Touraner die Wendeltreppe hinaufbeförderten, verfing sich einmal sein Wams in einem Haken des Geländers, und unwillkürlich rief der Tote: »Achtung, mein Wams!«

»Er hat gestöhnt«, rief der Schuldige und atmete auf.

Die Dienerschaft der Frau Regentin – denn es war der Palast dieser Dame, der Tochter des verstorbenen Königs Loys des Elften tugendhaften Angedenkens –, die Dienerschaft, sagte ich, trug Jakob von Baune in die Halle, wo sie ihn der Länge nach über einen Tisch legten, überzeugt, dass der hübsche Fant zum letzten Mal in seinem Leben gefenstert hatte.

»Geht, lauft, ruft einen Arzt herbei!«, befahl die Frau Regentin.

In weniger als einem Vaterunser waren sie die Treppe hinuntergestiebt, dann schickte die Königstochter ihre Frauen fort nach Salben, Wundleinwand, Hoffmännischen Tropfen, kurz, nach tausend Dingen, nur um mit dem Toten allein zu bleiben. Sie betrachtete den schönen ohnmächtigen Mann, und indem sie seine stattliche Körperlichkeit und seine vom Tod keineswegs verstellten Züge heimlich bewunderte:

»Ah!«, rief sie aus. »Gott straft mich allzu hart. Für ein armes einziges Mal in meinem ganzen Leben, dass sich ein sündhafter und verdammlicher Wunsch in meiner Natur geregt und sie zum Aufruhr gebracht hat, zürnt mir noch immer meine heilige Patronin und stibitzt mir den schönsten Edelmann, den ich je gesehen, vor der Nase weg. Aber, Herrgott, Himmelsakrament, bei der Seele meines Vaters, ich werde sie alle aufhängen lassen, die an dem Unglück schuld sind.«

»Hohe Frau«, rief Jakob von Baune, indem er von der Tischplatte heruntersprang und der Regentin zu Füßen fiel, »ich lebe, um Euch zu dienen, und bin so wenig beschädigt, dass ich Euch für die Nacht so viele Seligkeiten verspreche,

als das Jahr Monate hat, in Nachahmung jenes berühmten heidnischen Barons, des Herrn Herkules. Seit zwanzig Tagen«, fuhr der Geselle fort, dem es schwante, dass er hier ein wenig lügen müsse, um seine Sache ins rechte Geleis zu bringen, »seit zwanzig Tagen«, sagte er, »bin ich Euch, ich weiß nicht wie oft, begegnet, worüber ich bis zur Tollheit verliebt wurde, ohne, aus Ehrfurcht vor Eurer Person, den Mut zu finden, Euch nahezukommen; Ihr könnt Euch aber denken, wie berauscht ich sein musste von Eurer königlichen Schönheit, um zuletzt diese Posse zu erfinden, dank welcher ich hier zu Eurer Herrlichkeit Füßen liege.«

Darauf küsste er diese mit äußerster Verliebtheit und sah zu der guten Dame auf mit einem Blick, dass sich ihr dabei das Herz im Leib umdrehte.

Eine verfluchte Sache das Alter, nicht einmal auf Königinnen nimmt es Rücksicht. Die genannte Regentin aber, wie jedermann weiß, stand zur Zeit in der Blüte ihrer Jugend, nämlich, wohlverstanden, jener zweiten Jugend der Frauen, die eine kritische und gefährliche Jahreszeit ist, wo selbst die frömmsten, die bis dahin die Tugend selber waren, toll werden nach der entbehrten Liebe und alle Rücksicht beiseitesetzen, wenn sie sicher sind, dass es außer Gott niemand erfährt; denn sie möchten gar nicht gern mit leeren Händen, mit leerem Herzen und, was weiß ich, mit was sonst noch für einem leeren Ding in den Himmel kommen, ohne eine gewisse Sache, ihr wisst schon welche, näher kennengelernt zu haben.

Die genannte Frau Regentin, Dame von Beaujeu mit Namen, tat also gar nicht erstaunt bei dem Versprechen des jungen Manns, da königliche Personen ohnedies gewohnt sind, alle Portionen zwölffach zu bekommen, sondern bewahrte das großmäulige Wort treu in ihrem Herzen oder auch an einem anderen Örtchen, wo es ihr schon ganz kribbelig davon wurde. Darauf nötigte sie den Touraner, sich zu erheben, welcher bei all seinem Elend den Mut fand, der strengen Herrin zuzulächeln. Diese aber strahlte

in der Majestät einer welkenden Rose, hatte Ohren wie von Juchtenleder und eine Haut glatt wie eine räudige Katze; dafür war sie aber königlich geschmückt und aufgetakelt, auch von wahrhaft königlichem Wuchs, von zierlichem Fuß und mächtigen Hüften, dass der Touraner immerhin hoffen konnte, in dem verdammten Glücksfall auf einige Verdecktheiten und Verstecktheiten zu stoßen, die ihm die Einlösung seines Versprechens erleichtern könnten.

»Wer seid Ihr?«, fragte die Regentin, indem sie die Polizeimeistermiene des verstorbenen Königs aufsetzte.

»Ich bin Euer allertreuester Untertan Jakob von Baune, der Sohn Eures Säckelmeisters, der trotz seiner redlichen Dienste in Ungnade gefallen ist.«

»Gut«, antwortete die hohe Frau; »aber nun kuscht Euch wieder auf Eure Tischplatte, ich höre kommen, und es wäre nicht gut, wenn die Leute meines Hauses denken könnten, dass ich in dieser Posse und Narretei Eure Mitwisserin bin.« An dem sanften Ton ihrer Stimme hörte der Fant, dass die gute Dame die Ungeheuerlichkeit seiner Liebe in Gnaden aufnahm. Er kletterte also wieder auf den Tisch und dachte bei sich, dass schon mancher Edelmann mittels eines alten Steigbügels das Ross bestiegen hat, das man Glück bei Hofe nennt; damit tröstete er sich über sein eigenes Glück.

»Es ist schon gut«, sagte die Regentin zu ihren Zofen, »hier ist weiter nichts nötig, es geht dem Edelmann besser, sagen wir Gott und der Allerheiligsten Jungfrau Dank, dass sie den Mord von meinem Hause abgehalten haben.«

Indem sie so sprach, streichelte sie das Haar des Geliebten, der ihr recht eigentlich vom Himmel gefallen war; dann nahm sie von dem Kölnischen Wasser (oder wie man das Zeug damals genannt hat) und rieb ihm ein wenig die Schläfen. Sie knüpfte ihm auch das Wams auf, und unter dem Schein zärtlich mütterlicher Besorgtheit stellte sie bei sich fest, besser als ein geschworener Sachverständiger, wie zart und jung die Haut dieses prahlerischen Versprechers sich anfühlte. Die ganze Dienerschaft, Männer wie Frauen, waren über dieses Gehabe ihrer Herrin nicht wenig erstaunt; aber Menschlichkeit ist königlichen Personen keine Schande. Unterdessen richtete Jakob sich auf, spielte den Verwirrten, dankte in tiefster Demut der Regentin und beurlaubte die Physikusse, Pflasterschmierer, Quacksalber und die anderen schwarzen Teufel, indem er erklärte, sich vollkommen erholt zu haben. Dann nannte er seinen Namen und wollte sich drücken, indem er die Dame von Beaujeu angstvoll grüßte, wahrscheinlich weil sein Vater in Ungnade war, vielleicht aber auch, weil ihr fürchterlicher Anblick ihn in Schrecken setzte.

»Noch einen Augenblick!«, sagte sie. »Wer in mein Haus kommt, darf nicht empfangen werden, wie Ihr empfangen worden seid. – Der Junker von Baune wird hier zu Abend essen«, wandte sie sich an den Hausmeister. »Derjenige unter euch, der ihm so übel mitgespielt hat, soll ihm auf Gnade oder Ungnade überlassen sein; wenn sich der Mann nicht von selber meldet, wird ihn der Hausprofos unverzüglich zu finden wissen, und er wird zum Galgen keinen weiten Weg haben.«

Bei ihren Worten trat der Leibwächter hervor, der sie auf ihrem Gang begleitet hatte.

»Hohe Herrin«, sprach Jakob, »möge ihm Gnade und Verzeihung zuteilwerden, da ich ihm ja das Glück verdanke, vor Euch zu stehen, und die Gunst, in Eurer Gesellschaft zu Abend zu speisen, vielleicht sogar die, meinen Vater von Neuem in sein Amt eingesetzt zu sehen, das ihm in Gnaden zu übertragen Eurem glorreichen Vater gefallen hat.«

»Wohlgesprochen!«, erwiderte die Regentin. »Und du, plumper Wasserspeier«, wandte sie sich an den Leibwächter, »du erhältst eine Kompagnie Bogenschützen, aber wirf nichts mehr zum Fenster hinaus in Zukunft.«

Und die Regentin, schon dreiviertel verliebt in den Junker von Baune, reichte ihm huldreich die Hand, und er führte sie mit Grazie in den Saal, wo sie Rede und Widerrede pflogen bis zur Stunde des Essens.

Jakob verfehlte nicht, reichlich Witz und Wissen auszupacken, seinen Vater zu rechtfertigen und sich selber vor der hohen Dame ins beste Licht zu stellen, die, wie jeder weiß, nach dem Beispiel ihres Vaters selig bei jeder Art Geschäft wenig Federlesens machte. Bei sich dachte Jakob von Baune, dass es wohl einige Schwierigkeiten haben werde, bei der Regentin zu schlafen, was eben nicht so einfach sein mochte. Den Katzen war so was leichter gemacht, die fanden immer ein Dach oder eine Dachrinne über den Häusern, um sich dort nach Wohlgefallen anzumiauen. Er freute sich schon im Geheimen, bei der Regentin auf seine Rechnung zu kommen, ohne das verteufelte Dutzend, das er etwas unvorsichtigerweise versprochen, in barer Münze bezahlen zu müssen, weil denn dazu doch nötig gewesen wäre, das ganze Hausgesinde beiseitezubringen, um die Ehre zu retten. Nichtsdestoweniger war es ihm, wenn er zwischenhinein die Regentin mit kennerischem Blick musterte, angst und bange, ob er auch bestehen werde für den Fall, dass sie es darauf ankommen lasse. Ungefähr an dieselbe Sache dachte, zwischen all den höfischen Reden, auch die gute Regentin, der doch schon viel schwierigere Dinge vorgekommen waren. Und da noch feine Redensarten drechseln zu müssen! Sie winkte plötzlich einem ihrer Sekretäre, so einem, der, was Staats- und Regierungsgeschäfte anbetraf, mit allen Hunden gehetzt war, und gab ihm Befehl, ihr während der Mahlzeit heimlich eine erfundene Botschaft zu überbringen.

Das Essen wurde aufgetragen, ohne dass die Herrin daran rührte, deren Herz übervoll war und dem Magen allen Platz wegnahm. Sie dachte nur an den schönen und stattlichen Mann und hatte nach nichts Appetit als nach ihm. Jakob aber aß für sieben aus mehr als einem Grund. Kommt dann plötzlich der Bote, und die Frau Regentin beginnt in ein Toben auszubrechen, wütige Blicke zu werfen und ganz in der Art des seligen Königs auszurufen: »Wird man denn nie einen Augenblick Ruhe haben in diesem Staat? Herrgottsakra, wird einem jede Feierstunde verdorben?«, und dann aufzuspringen und mit großen Schritten auf und ab zu gehen.

»Meinen Zelter! Wo ist mein Stallmeister? Natürlich, er muss gerade jetzt in der Pikardie sein. Ihr aber, Herr Topfausgießer, Ihr werdet mit Eurem Fähnlein meinen Hof halt nach Schloss Amboise begleiten. Und Ihr«, sich an Jakob wendend, »Ihr sollt mein Stallmeister sein, Herr von Baune. Ihr wollt dem König dienen, die Gelegenheit ist gut. Himmelsakra, kommt! Ein Aufstand ist ausgebrochen, ich brauche treue Diener.«

Und in kaum der Zeit, die ein alter Bettler gebraucht haben würde, um ein Dutzend Ave zu beten, war alles fertig, die Pferde gesattelt und gezäumt, die Regentin auf ihrem Zelter, der junge Touraner ihr zur Seite, und auf und davon

im Galopp nach Schloss Amboise, ein großer Haufen Kriegsvolk hinterdrein.

Um hier kurz zu sein und ohne Umschweife zur Hauptsache zu kommen, ist zu sagen, dass der Junker von Baune um ein Dutzend Klafterlängen von der Regentin entfernt ein-

quartiert wurde, weit weg von den Mauern und Wällen. Die Hofleute aber und alles Volk fragten sich voll Verwunderung, wo denn nur der Feind versteckt sei; der Mann der Dutzendprahlerei, der sich beim Wort genommen sah, hätte es ihnen wohl sagen können.

Im ganzen Königreich war die Tugend der Regentin bekannt und ihr Betragen daher über jeden Verdacht erhaben. Die strenge Frau galt für mindestens so uneinnehmbar, um in einem damals geläufigen Sprichwort zu reden, wie die Festung von Peronne. Zur Stunde nun, da alle Feuer gelöscht, das ganze Schloss stumm und alles geschlossen war, die Ohren und die Augen, verabschiedete die Frau Regentin ihre Zofen

und ließ ihren Stallmeister kommen, der sich wohl hütete, zu zögern. Dann saßen sie, die hohe Frau und der Abenteurer, unter dem Mantel des hohen Kamins, Seite an Seite auf der samtüberzogenen Bank, und die neugierige Regentin, indem sie den Junker mit einem zärtlichen Blick streichelte:

»Seid Ihr auch nicht in allen Gliedern zerschlagen?«, fragte sie. »Es war recht grausam von mir, einem treuen Diener, den meine Leute vorher auf den Tod verwundet hatten, gleich darauf einen zwölf Meilen weiten Ritt zuzumuten. Wahrlich, das tat mir so leid, dass ich nicht schlafen gehen konnte, ohne Euch vorher gesehen zu haben. Habt Ihr wirklich nicht Schmerz und Wunde?«

»Meine Ungeduld ist mein Leiden«, entgegnete der Dutzendmann, der bei sich bedenken mochte, dass jetzt nicht der Ort und die Stunde sei, den Widerborstigen zu spielen. »Doch«, fügte er hinzu, »zu meinem Glück sehe ich, meine allerschönste hohe Herrin, dass Euer Diener Gnade gefunden hat in Euern Augen.«

»Hört einmal«, sprach sie, »habt Ihr nicht ein wenig gelogen, als Ihr mir sagtet …«

»Was?«

»Als Ihr mir sagtet, dass Ihr mir wohl ein Dutzend Mal nachgefolgt wäret, in Kirchen und an anderen Orten, wohin ich mich mit meiner Person verfügte?«

»Aber ganz gewiss«, antwortete er.

»Da muss ich mich füglich verwundern«, erwiderte die Königstochter, »dass ich erst heut einen braven Jüngling bemerkt habe, dem doch die Tapferkeit auf dem Gesicht geschrieben steht. Ich widerrufe nichts von allem, was Ihr etwa gehört haben mögt, als ich Euch auf den Tod verwundet glaubte. Ihr habt mein Wohlgefallen erregt, ich will Eure Wohltäterin sein.«

Da merkte Jakob von Baune, dass die Stunde des kleinen Teufels, den die unwissenden Heiden Gott Amor nannten, gekommen sei; er warf sich der Regentin zu Füßen, küsste ihre Hände, ihre Knie und alles, und unter Küssen und Liebkosungen bewies er der etwas ältlichen Tugend seiner Herrscherin mit vielen treffenden Argumenten, dass eine

Dame, die die Last eines Staates auf ihren Schultern trug, das Recht habe, sich einigermaßen zu verteidigen. Die Regentin auch wollte ihrer Souveränität nichts verdanken, sie wollte mit Gewalt genommen sein, um die ganze Sünde auf ihren Geliebten abschieben zu können. Im Übrigen könnt ihr euch denken, dass sie sich mit Wohlgerüchen und Spezereien weislich versehen hatte, recht wie eine Königin geschmückt war, und dass das Feuer der Liebe ihr aus allen Poren leuchtete und ihre Hautfarbe besser illuminierte als die kostbarste Schminke. Auch geschah es, trotz ihrer Verteidigung, die ja nicht allzu ernst gemeint war, dass sie wie ein junges Ding genommen und auf das königliche Lager getragen wurde, allwo die gute Dame und der Junker von Dutzendmalingen die Brautnacht ihrer Gewissensehe im Sturm einläuteten.

Und da, unter Spiel und Kampf, unter Lachen und Gerauf behauptete die Regentin, eher an die Jungfrauschaft der Königin Maria zu glauben, als an das Dutzendversprechen ihres Ritters. Jakob von Baune aber fand die hohe Dame unter den Betttüchern auf einmal gar nicht mehr alt, so hatte der Schein der Nachtampel sie verwandelt. Ach, so manche Frauen, die bei Tag fünfzig haben, haben um Mitternacht kaum zwanzig, wie andere, die um Mittag zwanzig sind, hundertjährig werden, wenn die Sterne aufgehen. Er war also glücklicher von diesem Zusammentreffen, als einer, der zum Galgen geführt wird, von einer Begegnung mit dem König, und beteuerte von Neuem seine Wette; die Frau Regentin aber war nicht wenig verwundert und versprach ihm, außer redlicher Mithilfe, die Herrschaft von Ridel-Alzay mit zugehörigen Lehen, sowie die Begnadigung seines Vaters, wenn sie als die Besiegte aus dem Kampf hervorginge.

Jakob von Baune war ein guter Sohn, er sprach bei sich: ›Das, um meinen Vater aus der Ungnade zu lösen, das für den Lehnsbrief, das für den Zehnten und Gülten, das für den Wald von Alzay, item für das Fischrecht, item für die Flussinsel, noch eins für das Weideland; und gewinnen wir auch die Ablösung der Gerichtsbarkeit auf der Herrschaft Distelhofen, die mein Vater so teuer gekauft hat; und dann ist ein Hofamt nützlich und angenehm …‹

Als er ohne Hindernisse in der Abzahlung so weit gekommen war, fühlte er wohl, dass sein Beutel leer werde. Er sagte sich aber, dass es hier nicht um seine, sondern auch um die Ehre der Krone gehe; darum gelobte er seinem Patron, dem heiligen Jakobus, auf Ridel-Alzay, das von da ab auch Fidel-Alzay genannt wurde, eine Kapelle zu seinen Ehren zu erbauen; und davon ermutigt, leistete er der Regentin einen neuen Vasalleneid, er leistete ihn laut, deutlich, aufrichtig und ohne Umschweife. Das letzte Wort aber und den Epilog seiner bauchrednerischen Leistungen gedachte der freche Touraner bis zum Erwachen aufzusparen, wo er seiner Lehnsherrin ohnedies einen Morgengruß und Tribut schuldete als neugebackener Lehnsmann von Fidel-Alzay.

Das war wohl und weise gedacht, aber die Natur ist manchmal tückisch und unberechenbar; sie gebärdet sich oft geradezu wie ein Pferd, das, wenn es sich einmal hingeworfen hat und alle Viere von sich reckt, durch keine Macht der Peitsche in die Höhe zu kriegen ist, das lieber krepiert als sich rührt, sondern sich nur aufrichtet, wenn es ihm eben gefällt. Und siehe, als die Salutkanone von Schloss Alzay am anderen Morgen die Tochter Ludwigs des Elften begrüßen sollte, da wurde es, trotz aller schuldigen Reverenz, ein blinder Schuss, womit übrigens im Allgemeinen die Souveräne begrüßt zu werden pflegen. Aber die Regentin, die sich nun von ihrem Lager erhoben und mit Jakob von Baune, jetzt legitimer Schlossherr von Alzay, an den Frühstückstisch gesetzt hatte, beschwerte sich höchlich über den mangelhaften Morgensalut und behauptete, wenn auch nur um ihren Stallmeister ein wenig zu necken, dass er weder seine Wette, noch infolgedessen Lehnsherrschaft und was davon abhängen sollte, gewonnen habe.

»Beim heiligen Leib des heiligen Praktikus«, rief der Junker, »Ihr werdet nicht leugnen, dass ich fast gewonnen habe; doch weder Euch, Herrin meiner Seele und hohe Monarchin, noch mir steht es an, in eigner Sache Richter zu sein. Unser Fall ist aber ein Allodialfall und gehört vor Euren Hohen Rat, da das Lehen von Ridel-Alzay reichsunmittelbar von der Krone abhängt.«

»Bei der Heiligen Jungfrau«, schwor die strenge Dame lachend, und es kam selten vor, dass sie lachte, »ich mache Euch zu meinem Ersten Kammerherrn, ich stelle die Verfolgung Eures Vaters ein, ich belehne Euch mit der Herrschaft Alzay und verschaffe Euch ein Amt beim König, wenn Ihr Euch getraut, die Sache, ohne meiner Ehre nahezutreten, vor den Hohen Rat zu bringen. Aber wenn Ihr auch nur mit einem einzigen Wörtlein, nur mit einem Spritzerchen den blanken Schild meiner Frauenehre trüben solltet, so schwöre ich …«

»Gehängt will ich werden!«, rief der Dutzendmann, indem er scherzhaft auszuweichen suchte, da er eine Spur von Unwillen in den Augen der Regentin zu bemerken glaubte.

In der Tat war es der Tochter Ludwigs des Elften viel mehr um ihren königlichen Vorteil zu tun, als um ein vollzähliges Dutzend von Zuckernüssen oder Knackmandeln, woraus sie sich in Wahrheit gar nichts machte, besonders jetzt im Augenblick, wo sie sich daran satt gegessen hatte, ohne, wie sie bestimmt dachte, den königlichen Beutel dafür aufmachen zu müssen. Sie verzichtete deshalb darauf, es noch einmal, wie ihr der Touraner anbot, auf die Wette ankommen zu lassen. Auch war sie als Weib viel zu neugierig darauf, was er dem Hohen Rat für eine Rede vorbringen werde.

»So werde ich also sicher«, sprach der Geselle, »Euer Erster Kammerherr sein.«

Die Schlosshauptleute, Sekretäre, Räte und anderes Volk, die durch Amt und Dienst der Regentin verpflichtet waren, hatten sich alle zusammen, nachdem sie mit Erstaunen die plötzliche Abreise ihrer Herrin vernommen, unverweilt auf den Weg nach Schloss Amboise gemacht, voll Neugierde, was diesen überstürzten Aufbruch veranlasst habe, und hielten sich hier in aller Frühe zur Ratssitzung bereit, zu der die Regentin sie auch sofort zusammenrief, um jeden Verdacht zu vermeiden, als ob sie gewillt sei, ihrer zu spotten. Sie band ihnen auch keine anderen Bären auf, als die Hochweislichen sich freiwillig aufbinden ließen. Gegen Ende der Sitzung erschien der neugebackene Kammerherr, um seine Herrin zurückzubegleiten. Die hohen königlichen Räte hatten sich bereits von ihren Sitzen erhoben, der kühne Touraner aber nahm ohne Umstände das Wort und bat sie um ihr Urteil in einer Streitfrage, die sowohl für ihn als für das königliche Krongut von höchster Wichtigkeit wäre.

»Er spricht die Wahrheit«, sagte die Regentin, »hört ihn.«

Und ohne sich um die Formenfaxen und andern Hokuspokus eines Hohen Gerichtshofes weiter zu kümmern, begann Jakob von Baune ungefähr folgendermaßen seine Rede:

»Sehr edle Herren, ich bitte euch inständigst, mir aufmerksamst zuzuhören, wenn ich auch gleich nur von Nussschalen reden werde, und mir die Ungefügigkeit meiner Rede in Gnaden zu verzeihen. Nämlich ein Edelmann, der mit einem andern Edelmann in seinem Baumgarten lustwandelte, gewahrte vor sich einen schönen Nussbaum Gottes, einen Nussbaum, wohlgewachsen, schön zu sehen und anzuschauen, wenn er auch gleich ein wenig hohl war, einen grünen, frischen Nussbaum, der einen guten Geruch ausstreute, einen Nussbaum, der auch euch angestanden haben würde, wenn ihr ihn gesehen hättet – ein wahres Wunder von einem Nussbaum, der wahrlich dem Baum der Erkenntnis glich, dem Baum des Guten und des Bösen, den der Herr unser Gott verboten hatte und um dessentwillen unsere Stammmutter Eva mitsamt ihrem Herrn Gemahl aus dem Paradies verstoßen wurde. Dieser Nussbaum, meine ehrwürdigen und hohen Herren, wurde der Gegenstand eines kleinen Streits zwischen den beiden Edelleuten und einer lustigen Wette, wie man sie unter Freunden einzugehen pflegt. Der jüngere von beiden rühmte sich, in die Krone des belaubten Nussbaums zwölfmal hintereinander seinen Stock zu werfen, den er in der Hand trug, wie jeder von uns gelegentlich einen Stock in der Hand trägt, wenn er in seinem Baumgarten lustwandelt, und verschwor sich, mit jedem Wurf des genannten Stocks wolle er unfehlbar eine Nuss herunterwerfen … Habe ich den Streitpunkt klar und richtig expliziert, definiert und annonciert?«, fragte er mit einer leichten Wendung gegen die Regentin.

»Ja, meine Herren«, nickte diese, erstaunt über die Gewandtheit ihres Stallmeisters.

»Der andere wettete dagegen«, fuhr der Touraner fort. »Und also fing der erste an zu werfen und warf seinen Stock mit solcher Zuversicht und Gewandtheit und also geschickt und sicher, dass alle beide ihr Vergnügen dran hatten. Und siehe, durch die besondere Gunst der Heiligen, die ohne Zweifel desgleichen ein Vergnügen hatten, sie an der Arbeit zu sehen, geschah es, dass bei jedem Streich eine Nuss zur Erde fiel, und waren zuletzt ein volles und rundes Dutzend Nüsse. Doch wollte es das Unglück, dass die letzte Nuss hohl war, ohne Keim und Samen, woraus ein neuer Nussbaum hätte kommen können, wenn ein Gärtner sie in die Erde gelegt hätte. Hat nun der Mann mit dem Stock gewonnen? Dixi, ich habe gesprochen. An euch, meine Herren, das Urteil.«

»Alles ist gesagt«, antwortete der hochgelehrte und beider Rechte Doktor, mit Namen Fumatus, sive Rauchfleisch, ein Touraner, der zur Zeit die Siegel des Königreichs in Verwah-

rung hatte. »Dem andern bleibt nur eins übrig …«

»Was?«, fragte die Regentin hastig.

»Zu bezahlen, hohe Herrin.«

»Er ist allzu fein«, sprach die Regentin, indem sie ihrem Stallmeister einen leisen Backenstreich versetzte; »er kommt sicher eines Tages an den Galgen.«

Sie dachte zu scherzen. Aber ihr Wort wurde das wahrhaftige Horoskop des nachherigen königlichen Schatzmeisters, der, nachdem er auf der Staffel der königlichen Gunst sehr hoch gestiegen, zuletzt noch höher stieg, nämlich die Leiter hinauf, wo oben der hänfene Strick hängt, und zwar infolge der Rache eines anderen alten Weibes und der niederträchtigen Verräterei eines Herrn aus Ballin, seines Schreibers, dessen Glück er gemacht hatte und der mit Namen Prefost hieß, nicht René Gentil, wie ihn einige mit großem Unrecht genannt haben. Dieser Ganelon und untreue Diener lieferte, wie erzählt wird, der Herzogin von Angoulême die Quittung aus für das Geld, das ihr Jakob von Baune ausgezahlt hatte, der unterdessen Baron von Semblançay, Schlossherr von Carte und Alzay und einer der höchsten Würdenträger des Staats geworden war. Von seinen zwei Söhnen war der eine Erzbischof von Tours, der andere Steuerpächter und Gouverneur des Landes Touran. Aber das hat mit diesem Abenteuer am Ende nichts zu tun.

Um auf die Jugendgeschichte unseres Jakob von Baune zurückzukommen, so ist zu sagen, dass die Frau Regentin, die Regentin ein wenig spät und Frau noch später geworden war, mit großer Befriedigung die hohe Wissenschaft und Tüchtigkeit in öffentlichen Geschäften bei ihrem Günstling und Geliebten gewahr wurde; sie machte ihn zum Verwalter der königlichen Kasse, in welchem Amt er sich so umsichtig zeigte und auf fast mirakulöse Art die königlichen Taler verdutzendfachte, dass er eines Tages zum Generalverwalter der Finanzen ernannt wurde, die er ebenfalls sehr vermehrte, fast wie seine eigenen, denn auch diese vergaß er darüber keineswegs, was nur recht und billig war. Auch zahlte die gute Regentin ihre Wette und ließ ihrem Stallmeister die Herrschaft von Ridel-Alzay ausliefern, dessen Schloss, wie jedermann weiß, als erstes in Touran von bombardierenden Kanonieren zusammengeschossen worden. Wegen dieses höllischen Wunders mit Blitz und Donner wären die neumodischen Kriegskumpane vor dem Geistlichen Gericht des Kapitels, wenn der König sich nicht dazwischen gelegt hätte, fast als Ketzer und der teuflischen Zauberei überwiesen verurteilt worden.

Zu jener Zeit baute ein gewisser Generalpächter, namens Herr Bohier, das Schloss von Schönweide und hatte den spaßigen Einfall, das Grundgemäuer so anzulegen, dass das Haus sozusagen rittlings über den Fluss, die Cher genannt, zu stehen kam.

Um nun auch etwas Besonderes zu haben, baute der Baron von Semblançay das neue Schloss mitten in den Fluss Indre hinein. Er baute es auf Pfähle und so fest und wohlgefügt, dass es heute noch aufrecht steht, als das schönste Kleinod dieses freundlichen grünen Flusstals. Jakob von Baune gab dafür auch dreißigtausend Taler aus, die Frondienste seiner Untergebenen ungerechnet. Ihr müsst aber wissen, dass dieses Schloss eines der schönsten, der herzigsten, der entzückendsten, eines der kunstreichst erbauten Schlösser des entzückenden Touraner Landes ist und sich gleich einem fürstlichen Liebchen in der Indre badet bis auf den heutigen Tag, geschmückt mit hochbogigen Fenstern und Altanen, wie Spitzen gearbeitet, mit stolzen Kriegern auf den Türmen, die sich als Wetterfahnen drehen, weil sich nichts so leicht nach dem Wind dreht wie ein Kriegsmann. Dennoch war es noch nicht ganz vollendet, als der gute Semblançay gehängt wurde, auch hat sich niemand seither gefunden, der genug Taler gehabt hätte, um es vollends auszubauen. Das Schloss hat trotzdem den König Franziskus, den Ersten dieses Namens, als Gast beherbergt, und noch heut zeigt man das Zimmer, worin der König geschlafen hat. Der gute Semblançay, derselbe, der später gehängt wurde, erfreute sich der Gnade, vom König nicht anders als ›mein Vater‹ angeredet zu werden, so ehrwürdig war sein Aussehen im Schmuck seiner weißen Haare. Als nun der König, den der Baron von Semblançay zärtlich liebte, sich damals anschickte schlafen zu gehen, sagte er zu seinem Wirt, da eben die Schlossglocke Mitternacht schlug:

»Es scheint, dass Eure Uhr zwölf schlägt, mein Vater.«

»Ach, königlicher Herr«, antwortete der königliche Säckelmeister und Finanzverwalter, »zwölf wohlgezählten und wohlgezielten Schlägen eines Hammers, der jetzt alt und morsch ist, verdanke ich mein Baronat, das Geld, womit ich mein Schloss erbaut habe, und das Glück, Euch zu dienen.«

Der gute König war neugierig, was diese rätselhaften Worte sagen wollten, und indessen er unter die Betttücher kroch, erzählte ihm Jakob von Baune die Geschichte, die ihr bereits kennt.

Der genannte König Franz der Erste war ein großer Freund von guten Geschichten, und die seines Wirts fand er ganz besonders artlich, und erlustigte sich umso mehr darüber, als um diese Zeit seine Frau Mutter, die Herzogin von Angoulême, auch eine zweite Jugend in sich verspürte und dem Konnetabel von Bourbon nicht wenig zusetzte in Absicht eines oder mehrerer Dutzend, wovon ihr wisst. Das aber war die böse Liebe einer bösen Frau, wodurch das Königreich in Gefahr kam, der gute König gefangen wurde und der arme Semblançay, wie ich es schon gesagt habe, am Galgen baumeln musste.

Ich habe es mir sehr angelegen sein lassen, deutlich darzutun, wie das Schloss von Fidel-Alzay gebaut wurde, dass jedermann erkenne Grund und Ursprung des außerordentlichen Reichtums, den Herr von Semblançay zum Teil aufwandte zum Schmuck und zur Zierde seiner Vaterstadt, wo er denn auch mit ungeheuren Summen die beiden Türme der Kathedrale ausbauen ließ.

Auf dem genannten Schloss Fidel-Alzay oder Alzeyt-Fidel aber wurde die lustige Geschichte weitererzählt von Vater zu Sohn, von einem Schlossherrn zum andern. Und also könnt ihr sie heute noch dort hören. Die königlichen Bettgardinen kichern sie – man hat sie aus Ehrfurcht unberührt gelassen bis auf den heutigen Tag. Es ist deshalb erstunken und erlogen, wenn man, wie einige möchten, das genannte ›Touraner Dutzend‹ einem deutschen Ritter zuschreibt, der dadurch das Herzogtum Österreich an das Haus Habsburg gebracht haben soll. Derjenige neuere Schriftsteller, der diese Mistifikatio, will sagen diesen Mist, ausgegraben hat, hat sich trotz seiner Gelehrsamkeit von obskuranten Chronisten an der Nase führen lassen; denn die Kanzlei des Römischen Reichs tut in ihren Akten und Protokollen dieses Modus bei der Erwerbung Österreichs keinerlei Erwähnung. Was ich aber dem genannten neueren Schriftsteller besonders übel nehme, ist der Umstand, dass er uns glauben machen wollte, ein deutscher Bierschlauch könnte ein Werk leisten, dessen nur ein touranischer Weinhahn fähig ist, davon schon Meister Rabelais mit Bewunderung gesprochen hat. Und also habe ich mich aufgerufen gefühlt, zum Vorteil des Landes, zum Ruhm von Fidel-Alzay oder Alzeyt-Fidel, zur Ehre des Schlosses und zugunsten der Fama des Hauses von Baune, wovon andere berühmte Geschlechter, wie die von Sauvs und Noirmoustier, sich abgezweigt haben, die Geschichte in ihrer wahren historischen, honorischen, unverdrehten und unverdreckten Gestalt wiederherzustellen. Sollte es nun schönen Damen einfallen, dem Schloss Fidel-Alzay daraufhin einen Besuch abzustatten, so werden sie gewiss einige der gedachten Dutzend, wenn auch stark verzettelt, noch immer in dem schönen Land antreffen.

Wie die schöne und tugendsame Frau zur Hure gemacht werden sollte

Über die Ermordung des Herzogs von Orleans, des Bruders Karls VI., kennen nur wenige die volle Wahrheit. Dieser gewaltsame Tod hatte verschiedene Ursachen, deren wichtigste aber ist der Gegenstand folgender Geschichte.

Dieser Prinz war, daran ist kein Zweifel, der größte und unverschämteste Matratzenheld, der geriebenste Lüstling und Wüstling aus dem königlichen Geschlecht des weiland heiligen Ludwig, der zu seinen Lebzeiten König von Frankreich war, ohne übrigens die lasterhaften Ausschweiflinge dieser illustren Familie auszuroden, als welche Familie mit den lästerlichen und auch sonst ganz besonderlichen Eigenschaften unserer braven und immer lustigen Nation so verwandtschaftlich verwachsen ist, dass man sich eher die Hölle ohne den Junker Teufel denken kann, als das schöne Frankreich ohne diese tapferen, glorreichen und unwiderstehlichen Unterrockshelden und Strohsackpurzler von Königen.

Lacht also mit mir, meine Freunde, nicht nur über die armseligen Philosophaster, die behaupten, unsere Väter seien besser gewesen als wir, sondern auch über die Leimsieder von Philanthropaster, die den Satz verteidigen, dass die Menschen in der Vervollkommnung fortschritten. Das sind alles Blinde, die das Gefieder der Austern und die Muschelschalen der Vögel gar schlecht beobachtet haben, die sich doch in alle Ewigkeit nicht ändern, so wenig wie unser eigenes Gehaben und Gebaren. Darum esst warm, trinkt frisch, lacht lieber, als ihr weint, und bedenkt, dass eine Unze Schwartenmagen mehr wert ist als ein Zentner Melancholie.

Die Ausschweifungen des genannten Prinzen, des Geliebten der Königin Ilsebill, dieser Bayerin, die sich aufs Hand-

werk verstand, verwickelten ihn in mancherlei ergötzliche Abenteuer; denn dieser königliche Sprössling war stets zu den tollsten Tollheiten aufgelegt, er hatte einen wahrhaft aleibiadischen Witz und war mit einem Wort ein echter Franzose der alten Rasse.

So war er es, der zuerst den Gedanken fasste, sich auf den Poststationen nicht nur Pferde, sondern auch Weiber in Bereitschaft halten zu lassen, derart, dass, wenn er von Paris nach Bordeaux reiste, er überall, wo er aus dem Sattel stieg, außer einer guten Mahlzeit auch ein Bett vorfand, nicht nur mit weißem Leinen, sondern auch mit weißen

Armen und Beinen. Der glückliche Prinz! Er starb im Sattel. Und im Sattel hatte er sein Leben vollbracht, die Zeit zwischen den Betttüchern mit eingerechnet. Von seinen ausgelassenen Possen aber hat der allerfürtrefflichste König Loys der Elfte eine der verwunderlichsten in dem Buch der ›Hundert Neuen Historien‹ aufzeichnen lassen, welche kostbaren Geschichten während seiner kronprinzlichen Verbannung am Hof von Burgund unter den Augen des Prinzen niedergeschrieben wurden und die so entstanden sind, dass der Verbannte und sein Vetter, der Herzog von Charolais, wenn sie an den Abenden Langweile hatten, sich die galanten Hofgeschichten ihrer Zeit erzählten, und die Höflinge, wenn es an wahrhaftigen fehlte, ihnen erfundene zum Besten gaben, eine toller als die andere. Aus schuldigem Respekt vor dem königlichen Blut hat der genannte Prinz Loys die Sache, die der Dame von Cany zugestoßen ist, einem Bürgersmann in die Schuhe geschoben, und zwar unter dem Titel ›Die Kehrseite der Medaille‹, wie jedermann in den ›Hundert Neuen Historien‹ nachlesen kann, wo sie eine der lustigsten und bestgedeichselten ist und nicht mit Unrecht an der Spitze der ganzen Sammlung steht.

Hört nun aber die meinige.

Hatte da der mehrfach genannte Herzog von Orleans einen treuen Diener und Vasallen, pikardischer Edelmann seines Herkommens, genannt Raoul von Hocquetonville. Dieser heiratete, sehr zum nachherigen Schaden des Herzogs, ein reiches Fräulein aus dem herzoglichen Hause von Burgund, die im Gegensatz zu dem, was bei Erbtöchtern herkömmlich ist, von einer so verblüffenden Schönheit war, dass in ihrer Gegenwart alle Damen des Hofs, die Königin und Prinzessin Valentine nicht ausgenommen, wie in den Schatten gestellt erschienen. Aber die reiche Sippschaft und Erbschaft, wie auch Schönheit und anmutsvolles Wesen waren das Geringste bei der Dame von Hocquetonville; diese seltenen Vorzüge erhielten durch eine engelhafte Unschuld,

keusche Erziehung und anmutsvolle Bescheidenheit erst ihre Weihe und wahren Wert.
Der seltene Blütenschmelz dieser vom Himmel gefallenen Blume stach alsobald dem Herzog in die Augen, der sich an ihrem Duft bis zur Tollheit berauschte. Er verfiel in Melancholie, fand auf einmal alle Hurenhäuser stinkend, und wenn er seiner Bayerin, der Königin Ilsebill, die doch kein schlechter Brocken war, noch hie und da ihren Gefallen tat, geschah es nur missmutig und widerwillig. Er geriet nach und nach in eine wahre Wut und schwor, dass er, sei es mit geheimer Zauberei oder offenbarer Gewalt, mit List oder Hinterlist – oder auch mit ihrer einfachen Einwilligung, die sehr anmutreiche Dame haben wolle, als welche allein schon durch ihre graziöse Erscheinung ihm Schlaf und Ruhe raubte, dass all seine Nächte trist und trostlos wurden. Er begann zunächst damit, sie mit zuckrigen Worten zu ködern, erkannte aber bald an ihrem heiteren und offenen Wesen, dass sie bei sich fest entschlossen war, tugendhaft zu bleiben; sie zeigte gar kein Erstaunen über seine Anträge und trug auch nicht nach der Art dummer Gänse eine geheuchelte Entrüstung zur Schau.

»Mein hoher Herr«, sagte sie lächelnd, »ich muss Euch frei heraus erklären, dass ich mit unerlaubter Liebe nichts zu tun haben will, nicht aus Verachtung der Ergötzungen, die man uns dabei verspricht und die wahrlich nicht gering sein müssen, da eine Menge Frauen alles dieser Sache opfern, sich und ihr Haus, Ehre, Zukunft und Glück, vielmehr allein aus Liebe zu meinen Kindern, denen ich Vorbild und Exempel sein soll. Ich will nicht, dass mir die Schamröte auf die Stirn tritt, wenn ich einst meinen Töchtern einrede, dass unsere wahre Glückseligkeit allein in der Tugend liegt. Und sehet, hoher Herr, da wir mehr alte Tage haben als junge, müssen wir nicht öfter an jene denken als an diese? Durch diejenigen, so mich erzogen haben, habe ich das Leben nach seinem wahren Wert schätzen gelernt und weiß, dass alles darin vergänglich ist, außer die ehrbaren Zuneigungen in der Familie. Ich bedarf der Achtung aller, am meisten aber der meines Gemahls, der für mich die Welt ist. Darum bin ich entschlossen, ehrbar zu bleiben in seinen Augen. Ihr kennt nun meinen Bescheid, hoher Herr, und so bitte ich Euch inständig, mich in Frieden meinen häuslichen Pflichten nachgehen zu lassen; wenn nicht, so will ich ohne Erröten alles meinem Herrn und Meister gestehen, der sich auf der Stelle von Euch zurückziehen wird.«

Auf diese tapfere Rede hin wurde der Bruder des Königs nur noch verliebter, und er beschloss bei sich, der edlen Frau eine Falle zu stellen, wo sie unfehlbar, tot oder lebendig, in seine Gewalt fallen musste. Er war sicher, dass ihm das vornehme Wild nicht entgehen werde. Denn er rühmte sich mit Recht einer großen Wissenschaft und Gelehrtheit in dieser Art Jagd und Venerie, der lustigsten von allen, wo man Witz und List aller anderen Jagden brauchen kann, da, wohlgemerkt, das hübsche Wild sich auf alle Arten fangen lässt: mit der Hatz, mit Spiegeln und mit Lockfeuern, bei Nacht und bei Tag, in der Stadt und auf dem Land, im Dickicht und an Flussufern, mit Netzen am Boden und mit hochsteigenden Falken, auf dem stillen Anstand und mit Hussasa und Halali, mit dem Schießgewehr und mit Lockvögeln, mit Angeln, mit Schleiern und Leimruten, mit Schalmeien und Hörnern, im Schlaf und im Flug, mit Fallen und Fangeisen, kurz, mit allen Listen und Hinterlisten, die man seit der Verbannung Adams aus dem Paradies erfunden hat. Und zuletzt erhalten sie den Gnadenstoß, die armen Opfer.

Der königliche Frechling piepste also nicht mehr von seiner

Liebe, aber er wusste es so einzufädeln, dass die Dame von Hocquetonville ein Amt in der Hofhaltung der Königin übertragen erhielt. Und da begab es sich nun eines Tages, dass die mehrfach genannte Ilsebill nach Vincennes ging, um den kranken König zu besuchen, also dass der Herzog als Herr des Palastes allein zurückblieb. Bestellte nun der königliche Fallensteller für diesen Abend beim Koch ein wahrhaft königliches Mahl und gab Befehl, dass es in den Gemächern der Königin aufgetragen wurde. Dann ließ er seine spröde Dame durch einen Pagen der Königin nach dem Schloss ordinieren. Die Gräfin von Hocquetonville dachte nicht anders, als dass sie in Angelegenheiten ihres Amts oder als Gast einer augenblicklich ersonnenen Belustigung von der Frau Königin gerufen werde, und kam in aller Eile herbei. Der heimtückische Liebhaber hatte Anstalt getroffen, dass niemand sie von der Abwesenheit ihrer Patronin unterrichten konnte, und so begab sie sich unverzüglich nach dem Saal des Palastes, der an das Schlafzimmer der Königin grenzte. Dort fand sie den Herzog von Orleans allein. Sie argwöhnte sofort ein tückisches Unternehmen und trat rasch in das Schlafzimmer, fand aber keine Königin, sondern hörte nur hinter sich das laute Lachen des Herzogs.
›Ich bin verloren‹, sprach sie bei sich.
Dann wollte sie fliehen.
Aber der ausgelernte Frauenjäger hatte überall ergebene Diener aufgestellt, die, ohne zu wissen, worum es sich handelte, alle Türen des Schlosses verriegelten und verbarrikadierten. Und wahrlich, die Dame von Hocquetonville wäre in einer Wildnis besser daran gewesen als in diesem Palast, der so groß war, dass er ein ganzes Viertel von Paris einnahm, und wo sie sich, außer von Gott und den Heiligen, von aller Hilfe verlassen sah. Da befiel sie eine schlimme Ahnung, und schrecklich zitternd am ganzen Körper sank die arme Dame in einen Stuhl, während der Prinz, mit der heitersten Laune von der Welt, die Fäden, die er so fein gesponnen, zusammenzuziehen begann. Als aber der Herzog

Miene machte, ihr nahezutreten, erhob sie sich, bewaffnete sich mit strengen Worten, und mehr als ihre Rede sagte ihr Blick.

»Ihr werdet mich haben, aber nicht bei lebendigem Leibe«, rief sie aus. »Ach, hoher Herr, zwingt mich nicht zu einem Kampf, dessen Ausgang keinen Zweifel leidet. Noch ist die Möglichkeit, mich zurückzuziehen, ohne dass der Graf von Hocquetonville den Schimpf ahnt, den Ihr mir für immer angetan habt. Ihr, Herr Herzog, schaut viel zu viel in die Augen schöner Frauen, um noch Zeit übrig zu haben, den Blick der Männer zu studieren. Ihr seid ohne Ahnung, wer der ist, der Euch so treu dient. Der Herr von Hocquetonville ist imstande, sich für Euch in Stücke hauen zu lassen, so sehr ist er Euch ergeben aus Dankbarkeit für Eure Wohltaten und auch, weil er Euch liebt. Aber so stark wie seine Liebe, so heftig ist sein Hass, und ich bin überzeugt, dass er Manns genug ist, Euch ohne Furcht den Schädel zu spalten für einen einzigen Angstschrei, den ich Euretwegen ausstoßen müsste. Wollt Ihr meinen Tod und den Eurigen, Ungeheuer? Seid sicher, dass ich mein Unglück nicht würde verheimlichen können, es würde sichtbar auf meiner reinen Stirn geschrieben stehen. Und nun noch einmal: Wollt Ihr mich freigeben oder nicht?«

Der Wüstling tat einen hellen Pfiff. Als die Dame das hörte, stürzte sie in das Zimmer der Königin, dort ergriff sie – an einem bekannten und vertrauten Ort – ein eisernes Werkzeug mit scharfer Spitze; und als der Herzog ihr folgte, um zu sehen, was ihre Flucht zu bedeuten habe:

»Wenn Ihr diesen Strich überschreitet«, rief sie ihm entgegen, indem sie auf eine Fuge des Fußbodens deutete, »so werde ich mich töten, seid dessen sicher!«

Der Herzog aber nahm in aller Gelassenheit einen Stuhl und fing an, indem er sich hart vor sie hinsetzte, zu unterhandeln und auf sie einzureden, in der Hoffnung, die Lebensgeister des scheuen Weibs aus ihrer kühlen Ruhe aufzupeitschen, sie dahin zu bringen, dass ihr Sehen und Hören verging, und durch verführerische und laszive Bilder ihr Gehirn, ihr Herz und all ihr Blut zu hellem Aufruhr zu entzünden. In wohlgesetzten und fein gewählten Ausdrücken, wie es Prinzen gewohnt sind, erklärte er ihr, dass den tugendhaften Frauen die Tugend wahrlich allzu teuer zu stehen komme, indem sie, mit Rücksicht auf eine unsichere Zukunft, die höchsten Ergötzlichkeiten der Gegenwart verschmähten; denn ihre Eheherren hüteten sich wohl aus Gründen einer hohen Politik der Ehe, ihre Neugierde zu reizen, und hielten die Schatulle mit den wahren Kleinodien der Liebe aufs sorgfältigste vor ihnen versteckt. Denn diese Kleinodien hätten ein allzu heftiges Feuer und strahlten eine solche Wonne und wollüstige Regung in Herz und Hirn, dass es so einer armen Frau aus den lauen Regionen der Häuslichkeit dabei wind und wehe würde. Eine solche Ehemanns- und Ehestandspolitik sei aber eine rechte Scheußlichkeit von Seiten des Gemahls, der im Gegenteil, aus Dankbarkeit für das tugendsame Leben und die unschätzbaren Verdienste der Frau, sich kreuzlahm und lendenlahm arbeiten müsste, um ihr im üppigsten Übermaß die seltensten und ausgesuchtesten Leckerbissen der Liebe und die süßen, berauschenden Tränklein von tausenderlei Couleuren und von tausenderlei Namen auf ihren Tisch zu besorgen. Er versicherte ihr, wenn sie erst die leckeren Dinge kennenlernte, die ihr bis jetzt böhmische Dörfer wären, so würde sie gern all ihr übriges Leben für einen Pfifferling hingeben; und dann schwor er, wenn sie ihm zu Willen sein wolle, stumm zu sein wie das Grab, also dass auch kein Spritzerchen eines Verdachts ihren Ehrenschild besudeln werde.

Als der geriebene Lüstling sah, dass sich die Dame keineswegs die Ohren verstopfte, fing er an, ihr im Stil der Arabesken- und Groteskenmalerei, die damals sehr beliebt war, die lasziven Erfindungen der famosesten Ausschweiflinge zu schildern und auszumalen. Seine flammenden Worte begleitete er mit flammenden Blicken, immer einschmei-

chelnder wurde seine Rede, er berauschte sich selber an der Erinnerung seiner Laster wie derjenigen seiner edlen Freunde. Mit nichts verschonte er die Dame von Hocquetonville, nicht einmal mit den lesbischen Schleckereien und Leckereien auf der Tafel der Königin Ilsebill. Immer einschmeichelnder, immer eindringlicher wurde die Eloquenz des Versuchers, und einen Augenblick schien es ihm, als ob seiner Dame die scharfe Waffe aus der Hand gleiten wollte. Er trat ihr rasch näher. Sie aber war voll Scham, dass der Satan in Menschengestalt sie über einer augenblicklichen Träumerei ertappt hatte:
»Schöner Herr«, sagte sie, »ich danke Euch. Ihr lehrt mich meinen edlen Gemahl doppelt und dreifach lieben; aus Euren Reden ersehe ich, wie hoch er mich achtet und welche Ehrerbietung er mir erzeigt, indem er es verschmäht, das eheliche Lager mit den Verruchtheiten und Scheußlichkeiten verworfener Dirnen und den Hurensitten von Euresgleichen zu beschmutzen und zu verunehren. Ich hielte mich für geschändet und der ewigen Verdammnis sicher, an solche unreinen Sachen nur zu rühren. Etwas anderes ist die Frau und etwas anderes das Liebchen eines Mannes.«
»Dennoch wette ich«, sagte der Herzog lächelnd, »dass Ihr von heute ab Eurem Gemahl bei dem gewissen Spiel lebhafteren Widerpart leisten werdet.«
Die Dame erbebte am ganzen Körper bei diesen Worten.
»Ihr seid ein Monstrum!«, rief sie aus. »Ich verachte und verabscheue Euch. Meine Ehre könnt Ihr mir nicht nehmen, dafür wollt Ihr mir meine Seele besudeln. Ah, hoher Herr, diese Stunde wird Unheil über Euch bringen.

Auch wenn ich zu verzeihen wüsst,
Euch Gott vermaledeien müsst!

Seid nicht Ihr es, der das Verslein gemacht hat?«
»Schöne Frau«, sprach der Herzog blass vor Zorn, »ich kann Euch binden lassen …«

»O nein!«, rief sie, indem sie ihr Eisen schwang. »Ich halte meine Freiheit in meiner Hand.«

Der Lotterbube lachte.

»Langsam!«, versetzte er. »Ich kann Euch mit den Scheußlichkeiten loser Dirnen, wovor Euch so sehr graut, in allernächste Berührung bringen.«

»Nicht bei lebendigem Leib.«

»Im Gegenteil, mit Seele und Leib sollt Ihr dabei sein, auf beiden Beinen, mit beiden Händen, mit Euren beiden Brüsten wie Elfenbein, mit Euren beiden Schenkeln weiß wie Schnee, mit Euren Zähnen, mit Euren Haaren, mit allem … Freiwillig sollt Ihr dabei sein und schamlos Eurer Lüsternheit die Zügel schießen lassen, einer wild gewordenen Stute gleich, die wiehernd über die Stränge schlägt, aufsteigt, sich bäumt, die Nüstern bläht … ich schwöre es bei Sankt Luzifer!«

Und wieder pfiff er. Den Leibdiener, der erschien, nahm er auf die Seite und befahl ihm insgeheim, den Herrn von Hocquetonville aufzusuchen, ferner den Savetz, den Tannepurg, den Hinzpeter und andere feine Gesellen seiner Bande, und sie hierher zum Nachtmahl einzuladen, danach aber, wenn das geschehen, eine Anzahl hübscher Weiberhemden nebst Inhalt herbeizuschaffen.

Er selber kehrte wieder auf seinen Stuhl zurück in einer Entfernung von zehn Schritten von der Dame, die er, auch während er heimlich mit dem Pagen verhandelte, nicht aus dem Auge verloren hatte.

»Raoul ist eifersüchtig«, sagte er, »ich möchte Euch also einen guten Rat geben. Hinter diesem Verschluss« – er zeigte auf eine heimliche Tür – »bewahrt die Königin ihre Salben, wohlriechenden Öle und kostbaren Spezereien. Dort in dem anderen Kämmerlein wäscht und badet sie sich in kosmetischen Essenzen und verrichtet ihre anderen weiblichen Obliegenheiten. Ich weiß aus vielfacher Erfahrung, dass eine jede von euch in ihrem geheimen Müschelchen einen ganz besonderen und eigenen Duft mit sich trägt, woran man euch erkennt. Wenn also Raoul, wie Ihr sagt, wie sieben Teufel eifersüchtig ist – die schlimmste Leidenschaft von allen –, könnt Ihr nichts Besseres tun, als Euch da drinnen, den anderen gleich, nach Gefallen zu bedienen.«

»Was soll das heißen?«

»Ihr werdet es erfahren, wenn es an der Zeit ist. Ich bin Euch nicht bös und gebe Euch mein ritterliches Wort, dass ich Euch mit allem schuldigen Respekt behandeln und auch über meinen Korb schweigen will in saecula saeculorum. Kurz, Ihr werdet bald sehen, dass der Herzog von Orleans ein guter Kerl ist, der sich an den Damen, die ihn verachten, auf eine edle Weise rächt, indem er ihnen den Schlüssel zum Paradies in die Hand gibt. Nur empfehle ich Euch, spitzt Eure Ohren und gebt mir wohl acht auf die lustigen Reden, die man im Gemach nebenan zum Besten geben wird; vor allem aber tut keinen Muckser, wenn Euch Eure Kinder lieb sind.«

Das königliche Schlafzimmer hatte keinen zweiten Ausgang, und die Fenster waren zu eng vergittert, um auch nur den Kopf hinauszustrecken, sodass der Herzog, der die Tür hinter sich abschloss, sicher sein konnte, die Dame in gutem Gewahrsam zu halten, der er vor dem Weggehen noch einmal anempfahl, vor allem mäuschenstill zu sein.

Kam alsdann ein Bruder Liederlich nach dem anderen, und bald war die ganze herzogliche Bande beisammen und fand auf zierlich gedeckter und hell erleuchteter Tafel ein üppiges Nachtmahl in vergoldeten Schüsseln, und in silbernen Kannen königlichen Wein die Fülle.

»Zu Tisch, zu Tisch, meine Freunde!«, rief ihr herzoglicher Meister. »Ich habe mich gelangweilt, und da habe ich an euch gedacht, um in eurer Gesellschaft zu bankettieren und zu pokulieren nach antik-lustigem Brauch aus der Zeit, wo Griechen und Römer ihre Paternoster an Sankt Priapus richteten und an den gehörnten Gott, der Bacchus mit Namen heißt in allen Ländern und Sprachen. Nichts soll fehlen bei unserm Gelag, und zum Nachtisch soll es Schnepfen

geben, von der Art derer mit drei Schnäbeln, wovon, wie ich aus der Praxis langer Jahre weiß, einer immer besser schnäbelt als der andere.«
Daran erkannten sie ihren Meister, Meister in jeder Beziehung; sie stimmten bei seiner ausgelassenen Rede ein unbändiges Gelächter an mit Ausnahme des Herrn Raoul von Hocquetonville, der, hervortretend, zu dem Prinzen also sprach:
»Hoher Herr«, sagte er, »ich mag Euch gern zur Seite stehen in der Männerschlacht, nicht aber in einem Gefecht mit Unterröcken, gern beim Waffenklingen, aber nicht beim Becher- und Fächerschwingen. Die guten Gesellen hier haben keine Frau zu Hause; so steht es nicht mit mir, ich habe eine edle Gemahlin, der allein gehör ich mit meiner Person, ihr bin ich Rechenschaft schuldig über mein Tun und Lassen.«
»Und ich«, antwortete der Herzog, »bin ich nicht verheiratet? Seit wann halten meine Freunde mir Strafpredigten?«
»Oh, teurer Herr«, rief Raoul, »Ihr seid ein Fürst, Ihr tut, was Euch gefällt.«
Bei diesen herzhaften Worten ihres Gemahls lief es der eingesperrten Dame, wie ihr euch denken könnt, heiß und kalt zugleich über den Rücken.
›Oh, mein Raoul‹, sprach sie bei sich, ›du bist ein edler Mann.‹
»Du bist«, sprach der Herzog, »ein Mann, den ich liebe, den ich für meinen treuesten und besten Diener halte, wir andern«, – dabei warf er den drei Edelleuten einen Blick zu – »wir sind rechte Luder. Aber setze dich, Raoul, wenn die Schnabelviecherchen kommen, die schon Viecherchen höheren Grades sind, sollst du Urlaub haben, wir wollen dich deiner Hausfrau nicht vorenthalten. Aber, beim Tod Gottes, siehst du, ich hatte dich für einen Tugendhelden gehalten, dem alle außerehelichen Liebesergötzungen böhmische Dörfer sind, und so hatte ich dir hier in dem Schlafgemach der Königin eine Königin anderer Art zugedacht, eine Kö-

nigin von Lesbia, eine wahre Teufelin und Ausbund von einer Weibsmaschine. Und da wollte ich, dass du, der allzeit wenig Geschmack an den Konfitüren der Liebe finden konnte und nur von Jagden und Schlachten träumte, dass du wenigstens einmal in deinem Leben deine Nase mit dieser absonderlichen Spezerei in Berührung brächtest, denn wahrlich, es ist eine Schande für einen meiner Leute, in der vornehmsten Wissenschaft seines Herrn und Meisters ein Unwissender zu sein.« Raoul setzte sich. Er wollte seinem Herrn gern in allem, was recht und billig war, zu Gefallen sein.

Und also ging es nun los in der Tafelrunde mit Lachen und liederlichen Reden über die Frauen; denn so war es bei ihnen Herkommen. Sie erzählten ihre Abenteuer und Wüst-

heiten, und außer der Dame ihres Herzens schonten sie keine Frau, sondern verrieten mit Geprahl die absonderlichen Bettgeheimnisse einer jeden. Sie gestanden sich Ungeheuerlichkeiten und Niederträchtigkeiten der schmutzigsten Art, die immer saftiger wurden, je weniger Saft in den Bechern und Kannen blieb. Der Herzog, aufgeräumt wie ein Universalerbe, reizte die Bande zum Äußersten und gab falsche Geschichten zum Besten, um aus den anderen die wahren herauszulocken, und also überboten sie sich immer mehr im Sauen und Saufen.

Dem Herrn von Hocquetonville stieg die Schamröte ins Gesicht. Aber allmählich und unmerklich gewöhnte er sich fast ein klein wenig daran, die empörenden Dinge zu hören. Trotz all seiner Tugend regte sich in ihm etwas wie Neugierde, immer mehr schlug ihm der Schmutz über dem Kopf zusammen, dass er darin untertauchte wie ein Heiliger in seinem Gebet. Mit heimlicher Freude und einem Vorgeschmack süßer Rache sah das der Prinz. Geräuschvoll stieß er mit dem Nebenmann an.

»Bei Sankt Luzifer, Raoul,« sagte er, »unter uns heißt's ›gleiche Brüder, gleiche Kappen‹, oder auch umgekehrt, und außer bei Tafel sind wir sehr verschwiegene Leute. Genier dich nicht, wir werden der Gnädigen nichts verraten. Beim Leib des Herrn, du sollst heut die Wonnen des Paradieses kennenlernen …«

»Hier drinnen« – er stieß bei diesen Worten gegen die Kammertür, hinter welcher er die Dame von Hocquetonville gefangen hielt –, »hier drinnen ist eine Dame des Hofs und Freundin der Königin, eine Venuspriesterin, wie es größer keine je gegeben, die in ihrem Handwerk alle übertrifft: Kurtisanen, Freudenmädchen, Straßenhuren, Kupplerinnen und wie man sie alle nennen mag in dem zahlreichen und umfänglichen Geschlecht der Horizontalen … Sie ist gezeugt worden in einem Augenblick, wo das Paradies berauscht war, wo die Natur neu wurde, wo Blumen und Bäume Hochzeit hielten, wo in Brunst loderte alle Kreatur. Sie ist imstande, einen Altar für ein Bett anzusehen. Aber sie ist eine zu große Dame, um sich sehen zu lassen, und ist eine zu bekannte Dame, darum bleibt sie stumm, die Schreie der Lust ausgenommen. Man braucht auch bei ihr kein Licht, ihre Augen leuchten wie Flammen, und noch weniger bedarf es ihrer Worte, sie spricht mit ihrem Leib eine wildere Sprache als die Tiere des Waldes in ihrer Berauschtheit. Das aber will ich dir sagen, Raoul, mit einem so aufbäumenden Ross ist jeder verloren, der sich nicht in der Mähne des tollen Tieres festhält. Du würdest,

ohne zu wissen wie, aus dem Sattel fliegen, und mit einem einzigen Ruck ist sie imstande, dich, wenn du etwa Pech am Hintern haben solltest, an einen Balken der Zimmerdecke zu leimen. Es ist ein Weib, das nur lebt, wenn es eine Matratze unter sich hat. Sie ist mannstoll. Unser armer Freund selig, der Junker von Bärenklau, hat sich an ihr den Tod geholt; in weniger als einem halben Frühling hat sie ihm das Mark aus den Knochen gesaugt. Aber bei Gott auch, welcher Mann gäbe nicht ein Drittel seines Lebens und künftigen Glückes dafür, sich an das Bankett setzen zu dürfen, zu dem sie die Glocken läuten lässt und die Fackeln anzündet. Wer sie gekannt hat, gibt gern für eine zweite Nacht seiner Seele ewige Seligkeit.« - »Sagt mir nur«, erwiderte Raoul, »wie es in einer so natürlichen und ewig gleichen Sache so ungeheure Unterschiede geben kann?«
Ein wieherndes Gelächter der Tafelrunde antwortete ihm. Und dann, vom Wein erhitzt und aufgefordert durch einen Wink ihres Meisters, begannen sie die ganze Geheimwissenschaft des Lasters vor den Ohren des unschuldigen Schülers auszukramen. Sie lärmten wie Tolle, wurden von ihren Worten noch berauschter als vom Wein und erzählten Dinge und hatten Ausdrücke und Redewendungen, dass die Skulpturen des Kamins und des Getäfels hätten erröten mögen. Sie selber hatten längst alle Scham im Wein ertränkt. Alle aber übertraf der Herzog. »Die Dame, die in der Kammer eines Verliebten harre«, sagte er, »sei die Kaiserin aller Venuskünste und so unerschöpflich, dass sie jede Nacht deren neue erfinde, eine unerhörter als die andere.«
Unterdessen waren die Kannen leer geworden, und Raoul ließ sich, so weit war es schon mit ihm gekommen, ohne viel Widerstreben von dem Prinzen in die Kammer stoßen, der also die Dame nötigte, sich zu entscheiden für den einen oder anderen Dolch, für Leben oder Sterben.
Gegen Mitternacht verließ der Graf von Hocquetonville fröhlichen Herzens das Gemach, und nur in seinem Gewissen bedauerte er, seine gute Frau betrogen zu haben. Der

Herzog von Orleans aber ließ durch eine geheime Gartentür die Dame von Hocquetonville nach ihrem Palast geleiten, wo sie noch rechtzeitig vor ihrem Gemahl ankam.

»Dies wird unselig ausschlagen für uns alle«, hatte sie dem Herzog ins Ohr gesagt, als er sie an die Pforte brachte.

Und gerade ein Jahr später war es, dass Raoul von Hocquetonville, der inzwischen den Dienst des Herzogs mit dem Johanns von Burgund vertauscht hatte, in der Alten Tempelgasse als Erster mit einem Beil das Haupt des Herzogs traf, des königlichen Bruders, seines früheren Herrn, und ihn tödlich verwundete, wie jedermann weiß.

Schon vorher war die Dame von Hocquetonville gestorben; gleich einer Blume, die ein giftiges Insekt gestochen, war sie hingewelkt. Noch heut ist in einem Kloster zu Peronne ihr Grabstein zu sehen und darauf folgende Inschrift zu lesen, die ihr Gemahl eingraben ließ:

Hier liegt
Berta von Burgund
die edle und anmutige Frau
des
Herrn Raoul Grafen von Hocquetonville
Ach, betet nicht für ihre Seele
Sie
Ist im Himmel neu erblüht
Den elften Januar
Im Jahr des Heils
MCCCCVIII
Im Alter von zweiundzwanzig Jahren
Mit Hinterlassung zweier Töchter und ihres Gemahls,
Die um sie trauern.

Die Inschrift war in schönem Latein abgefasst. Aber zur Bequemlichkeit der Leser war es nötig, sie zu verdeutschen, wobei man beachten mag, dass ›anmutig‹ ein schwacher Ausdruck ist für ›formosa‹, als welches bedeutet: ›voller Grazie in der Erscheinung‹.

Der Herr Herzog von Burgund, genannt Ohnefurcht, dem eines Tages vor seinem Tod der Graf von Hocquetonville sein schweres und bekümmertes Herz ausgeschüttet und der sich sonst nicht leicht weichmachen ließ von menschlichen Dingen, hat dennoch öfter bekannt, dass ihn diese Grabschrift einen ganzen Monat lang traurig gemacht habe und dass unter den Scheußlichkeiten seines Vetters von Orleans eine sei, für welche er, der Burgunder, wenn es möglich wäre, diesen Unmenschen von Neuem töten würde, der das Gift des Lasters in ein Gefäß göttlichster Tugend geträufelt und zwei edle Herzen vergiftet hatte, das eine durch das andere. Er dachte bei diesen Worten an die Dame von Hocquetonville, aber auch an die seinige, deren Bildnis von dem frechen Vetter in demselben Kämmerlein aufgehängt worden war, wo er auch die Bilder seiner Huren aufzuhängen pflegte.

Die ganze Geschichte hatte etwas so Verruchtes, dass der Thronfolger Loys, nachheriger König Ludwig der Elfte, dem sie vom Grafen von Charolais erzählt wurde, seinem Sekretär verbot, sie in seine Sammlung der ›Hundert Neuen Historien‹ aufzunehmen, aus Rücksicht auf seinen Onkel, den Herzog von Orleans, und dessen Bastardsohn Dunois, der ihm ein alter Freund und Gesellschafter war. Aber die Persönlichkeit der Dame von Hocquetonville ist so schön im Licht ihrer Tugend und von so melancholischer Liebenswürdigkeit, dass man die Aufzeichnung ihrer Historie an diesem Ort verzeihen wird, trotz der teuflischen Erfindung und Rache des mehrfach genannten Herzogs von Orleans.

Das gerechte Ende dieses Lüstlings hat übrigens mehrere große Kriege verursacht, denen erst Ludwig der Elfte mit der Macht seines Schwertes ein Ende setzte.

Aus dieser Geschichte sehen wir, dass nichts geschieht, in Frankreich und anderwärts, wo nicht das Weib im Spiel ist, und außerdem: dass wir für unsere Verbrechen früher oder später teuer bezahlen müssen.

Die Brautnacht des Mönchs

Der Edle von Moncontour, ein alter Touraner Kriegsmann, ließ zum Andenken an die Schlacht, die der Herzog von Anjou, der nachmalige glorreiche König von Frankreich, gewann, das Schloss Vouvray bauen, von dem er selber den Namen annahm. Solche Gunst gewährte ihm der König, weil er sich in der genannten Schlacht vor vielen anderen ausgezeichnet und dabei den gefürchtetsten aller Ketzer mit eigener Hand erschlagen hatte. Dieser verdienstvolle Kriegshauptmann erfreute sich zweier Söhne, sie waren beide gute Katholiken und der ältere in hoher Gunst bei Hofe.

Während des Waffenstillstands, der dem berühmten Handstreich in der Nacht von St. Bartholomäi voranging, kam der genannte Krieger nach langer Zeit wieder einmal auf sein Schloss, das damals noch eine finstere Burg war und noch nicht das Aussehen darbot wie heute. Hier empfing ihn die traurige Nachricht von dem Tod seines ältesten Sohns, der in einem Zweikampf mit dem Edlen von Villequier gefallen war. Diesen Tod empfand der arme Vater umso schmerzlicher, als die Verheiratung des genannten

Sohns mit einer Tochter aus dem Hause Amboise bereits als ein abgemachter Handel gelten konnte. Der plötzliche Todesfall bedeutete für ihn ein verdammtes Unglück. Alle Vorteile für seine Familie, die er zu einer mächtigen Dynastie zu erheben gedachte, kurz, seine stolzesten Hoffnungen sanken mit diesem Sohn ins Grab; denn aus den gleichen ehrgeizigen Absichten hatte er seinen zweiten Sohn in ein Kloster gesteckt und seine Leitung und christliche Erziehung einem Mann übertragen, der für einen Heiligen galt. Aus diesem zweiten Sohn wollte der väterliche Ehrgeiz zum wenigsten einen Kardinal machen. Nach der Weisung des Vaters hielt der heilige Mann, der der Abt jenes Klosters war, den jungen Mann in besonderer Zucht und Aufsicht; er ließ ihn in seiner eigenen Zelle schlafen, behütete ihn streng vor jedem bösen Gedanken und erzog ihn in vollkommener Reinheit und Zerknirschung des Herzens, die einem jeden Priester zu wünschen wäre. Mit zwanzig Jahren kannte der junge Kleriker noch keine andere Liebe als die Liebe Gottes und keine andere Vertrautheit als die mit den Engeln, die nichts haben von unseren Fleischlichkeiten und die also auch keinen schlechten Gebrauch davon machen können und, ob es ihnen gefällt oder nicht, in ewiger Reinheit leben müssen. Der König da oben in den himmlischen Reichen hat wohl gewusst, was er tat; er wollte ein fein ordentliches Hausgesinde haben, und wie seine Pagen beschaffen sind, können sie nicht wie die unsrigen in der Kneipe herumpokulieren und heimlich in liederliche Häuser schleichen, und er ist darum vortrefflich bedient; er hat es eben gut machen, er ist der Herr über alles.

Um aber auf den Herrn von Moncontour zurückzukommen. Dieser sah jetzt keinen anderen Ausweg in seiner hochstrebenden Familienpolitik, als den nachgeborenen Sohn aus dem Kloster zu nehmen und ihn mit Verzicht auf den Purpur der Kirche in den Harnisch und das Höflingsgewand seines Bruders zu stecken, alles zu dem Zweck, ihn mit der hinterlassenen Braut des anderen zu verheiraten, wozu sich ohnedies das wohlbewahrte Mönchlein, das ganz in Enthaltsamkeit groß geworden war, besser eignen musste als der Verstorbene, den die Damen des Hofs bereits übel zugerichtet hatten. Das entkuttete Kuttenmännlein, dem der Gehorsam zur zweiten Natur geworden, fügte sich denn auch ohne Widerspruch in den geheiligten Willen des Vaters und willigte in die vorgeschlagene Heirat ein, ohne eine Ahnung davon zu haben, was das für Dinger sind, die man Frauen oder gar Mädchen nennt.

Durch die Kriegsunruhen der Zeit wurde seine Reise nach dem väterlichen Schloss mehrmals verhindert, und so wollte es der Zufall, dass der entmönchte Jüngling, der aber mönchischer war als hundert Mönche, just am Vorabend seiner Hochzeit, für welche der Vater in der erzbischöflichen Kanzlei zu Tours die nötigen Dispense längst gekauft hatte, auf dem Schloss von Moncontour ankam.

Hier ist ein Wort über die Braut zu sagen. Ihre Mutter, die Herzogin von Amboise, war seit langer Zeit Witwe und wohnte in dem Haus des Herrn von Braguelongne, eines Polizeirichters am Chastelet zu Paris, dessen Frau ihrerseits mit einem Herrn von Lignières zusammenlebte. Das war eigentlich eine skandalöse Geschichte; aber zu jener Zeit hatte jedermann viel zu viel Balken im eigenen Auge, um sich um die Splitter im Auge seines Nächsten zu kümmern. Alles befand sich damals ein wenig auf der breiten Straße, die ins Verderben führt, ohne dass einer sich über den anderen wunderte; nur im Tempo unterschieden sie sich, bei den einen ging's im Trab, bei den anderen im Galopp, bei den wenigsten im langsamen Schritt, der sich auf einer so abschüssigen Straße schnell verlernt. Noch selten hat dem Teufel der Weizen so üppig geblüht. Das Laster machte sich breit auf offenem Markt. Die alte Dame Tugend hatte sich schaudernd, man wusste nicht wohin, zurückgezogen; man fand sie nur noch hie und da in der Gesellschaft ehrbarer Frauen, mit denen zusammen sie ihr kümmerliches Dasein fristete.

In dem sehr edlen Hause von Amboise gab es aber noch eine verwitwete Altherrin, die sich nach ihrem Witwensitz von Chaumont nannte, eine der tugendsamsten Frauen ihrer Zeit, in der die christliche Sittenstrenge und der Adel dieser berühmten Familie noch allein lebendig waren. Diese Großmama hatte die Enkelin, nämlich eben die genannte Braut des Herrn von Moncontour, von ihrem zehnten Jahr an zu sich genommen und unter ihren Augen erziehen lassen, was der Mutter des Mädchens, der Herzogin von Amboise, äußerst willkommen war; sie konnte sich nun ihrem vergnüglichen Leben nur umso mehr überlassen und begnügte sich damit, ihre Tochter alle Jahre einmal zu besuchen, wenn gerade der Hof in der Gegend vorüberkam. Trotz ihres wenig mütterlichen Verhaltens wurde sie jetzt zur Hochzeit ihrer Tochter geladen und mit ihr der Herr von Braguelongne; denn der alte Moncontour, der sein Leben in Feldlagern zugebracht, wusste doch, was sich schickte.

Nicht nach Moncontour aber kam die Altherrin von Chaumont, weil ihre Gicht, ihr Rheuma und der Zustand ihrer geschwollenen Beine eine solche Reise nicht erlaubten. So musste sie also das edle Jungfräulein, ihr Pflegekind, das schön war, wie nur ein hübsches Mädchen schön sein kann, allein hinausziehen lassen in die Gefahren der Welt und des Hoflebens, worüber sie bitterlich weinte, und blieb ihr ferner nichts übrig, als für das Glück der Kleinen zu beten und Messen und Oratorien haufenweise für sie abhalten zu lassen. Ein Trost war es ihr, zu wissen, dass der Verlobte des geliebten Kindes, das bis jetzt der Stab ihres Alters war, von seinem Abt, den sie kannte, zu einem fast heiligen Mann erzogen worden, woraus sie für die Eheleute ein gutes Omen entnahm.

Unter heißen Tränen umarmte sie das Bräutchen und gab ihr noch die letzten Ermahnungen, wie Frauen in solchen Fällen pflegen, mit auf den Weg, als besonders: ihrer Frau Mutter Ehrfurcht zu erweisen und ihrem Mann zu gehorchen in allen Stücken.

Mit großem Pomp vollzog sich die Reise. Eine ganze Anzahl von Mägden, Kammerfrauen, Stallmeistern, Wappenträgern und Edelleuten aus dem Hause von Chaumont begleitete die Braut, sodass es einen Zug gab, gegen welchen der eines Kardinallegaten ein Dreck gewesen wäre. Und zu gleicher Zeit kamen die Verlobten an, beide am Vorabend ihres Beilagers.

Mit erstaunlicher Pracht wurde die Hochzeit gefeiert. Am Tag des heiligen Fronleichnam war es, und der Bischof von Blois, ein großer Freund des Herrn von Moncontour, vollzog die Zeremonie nach der Messe in der Schlosskapelle. Tanz und Bankettieren dauerten bis zum anderen Morgen. Doch bevor noch die Mitternachtsglocke schlug, begleiteten die Jungfrauen des Festes die Neuvermählte nach dem bräutlichen Gemach, ganz wie es die landesüblichen Sitten vorschrieben, während die Männer dem Bräutigam mit tausend Scherzen und Neckereien zu Leibe gingen, der darüber nicht im Geringsten errötete, zur größten Verwunderung dieser Haudegen und Höflinge, die nicht wussten, wie unwissend er war. Solchen Scherzen machte der alte Herr von Moncontour ein Ende, indem er den Sohn an seine Pflicht erinnerte. Und also begab sich der mönchische Bräutigam in die Kammer zu der Neuvermählten, die ihm schöner und lieblicher dünkte, als alle heiligen Madonnen auf italienischen, flämischen und anderen gemalten Tafeln, zu deren Füßen er je seinen Rosenkranz gebetet. Umso verlegener machte ihn nun sein neues Amt eines Ehemannes, von dessen Obliegenheiten er keine Ahnung hatte, als dass er wusste, dass irgendetwas, und zwar bald zu geschehen habe. Aus Scham hatte er niemand zu fragen gewagt, nicht einmal seinen Vater.

»Du weißt, was du zu tun hast«, hatte dieser gesagt, »und also mach es gut!«

Vor ihm in dem Ehebett lag seine Braut, die ihm so unversehens beschert worden, zwischen den Tüchern, mit abgedrehtem Gesicht, aber voll Neugierde wie ein kleiner Teufel, also dass ihn manchmal ihr Blick streifte wie der Blitz einer Hellebarde.

›Ich bin ihm Gehorsam schuldig‹, sagte sich das Jungfräulein unter der Decke, und also wartete sie in ihrer Unwissenheit der Dinge und was das Begehren sei des jungen Edelmannes, der doch halb ein Mönch war und dem sie gehören sollte mit Leib und Seele. Der neugebackene Ritter und Ehemann näherte sich endlich dem Bett, kratzte sich hinter den Ohren und ließ sich dann, woran er gewöhnt war, auf die Knie nieder.

»Habt Ihr Euer Gebet schon gesprochen?«, fragte er in einem Ton, als ob er ihr Beichtvater gewesen wäre.

»Aber nein, wahrhaftig«, antwortete sie, »ich habe es vergessen. Wollt Ihr mir vorbeten?«

Und also fingen die beiden Neuvermählten ihre Ehe damit an, dass sie gemeinsam zu Gott beteten. Das war wohlgetan; aber zum Unglück hörte und beantwortete der Teufel allein ihre Bitten. Der liebe Gott hatte damals zu viel mit den verfluchten Ketzern und Hugenotten zu tun.

»Wozu hat man Euch ermahnt?«, fragte der Bräutigam.

»Euch zu lieben«, antwortete sie unschuldig.

»Mir hat man das nicht aufgegeben, aber ich liebe Euch mehr, als ich je Gott geliebt habe, sodass ich mich fast schäme.«

Diese Rede machte die Braut nicht unglücklich.

»Ich möchte wohl«, begann der Neuvermählte wieder, »mich ein wenig an Eure Seite legen, wenn es Euch nicht allzu sehr belästigte.«

»Ich mache Euch gern Platz, denn Ihr seid ja nun mein Herr und Gemahl, wie man mir gesagt hat.«

»Gut«, sprach er, »so schaut ein wenig zur Seite, dass ich mich entkleide.«

Auf diese sittsamen Worte hin kehrte sich das Jungfräulein um nach der Wand und war in großer Neugierde, denn mit einem Mann so beisammen zu sein, dass nur noch ein Hemd sie von ihm trennte, war ihr noch nicht vorgekommen. Schlüpfte darauf der Klosterschüler sachte unter die Decke, sodass sie nun eng genug vereinigt waren und doch so weit als je von der Sache, die ich euch nicht näher zu nennen brauche.

Habt ihr aber einmal einen Affen beobachtet, der frisch von seiner überseeischen Heimat zu uns gekommen ist und dem jemand eine welsche Nuss zugeworfen hat, die noch fest in ihrer grünen Hülle stak? Ein solcher Affe ahnt aus angeborner Instinkthaftigkeit und Affenwissenschaft, dass hinter der bittren Schale etwas Süßes und Köstliches stecken muss, er wendet die Nuss hin und her, beriecht sie von allen Seiten, scheint sie zu behorchen, ob sie ihm nicht etwas sage, und was dergleichen affige Gewohnheiten mehr sind. Immer aufmerksamer studiert er sie, beschnüffelt und behorcht sie, tappt nach ihr, schlägt nach ihr, wirft sie in die Höhe, rollt sie am Boden, gerät endlich in Zorn und Ungeduld, und wenn er einer von den Dummen ist, ein Affe mit allzu kurzem Verstand, so kann es vorkommen, dass er die Nuss einfach liegen lässt. Also tat der jungfräulich mönchische Bräutigam, der, als nun der Tag zu den Fenstern hereinschaute, der geliebten Frau und Braut gestehen musste, dass er keine Ahnung habe, was die Pflicht und das Werk sei, wovon ihm sein Vater gesprochen, noch wie und wo es zu beginnen und fortzusetzen; dass er sich aber erkundigen und um Hilfe und Beistand ausschauen wolle.

»Ja«, sagte sie, »Ihr müsst Euch wohl erkundigen, da ich zum Unglück nicht mehr weiß als Ihr.«

In der Tat waren ihre Versuche, Erfindungen, Einbildungen, Neugierigkeiten, kurz, die tausend Seltsamkeiten, auf die so zwei Neulinge verfallen können und wovon die Erfahrenen auf diesem Gebiet sich nichts träumen lassen, vergeblich und fruchtlos geblieben, worüber sie denn einschliefen, ohne das Rätsel der welschen Nuss gelöst zu haben.

Am anderen Morgen aber kamen sie dahin überein, vor den Leuten so zu tun, als ob alles gewesen sei, wie es solle; und nachdem die Braut aufgestanden war, immer noch als Fräulein, da sie ja nicht gefraut oder gefreit worden, sprach sie jedermann prahlerisch von der schönen Brautnacht, rühmte, dass sie einen König von Gemahl habe, und fand in dem Geneck und Geplauder mit den andern Damen so kühne Reden und Gegenreden, wie nur eine imstande ist, die vom Zentner auch nicht ein Quentlein weiß. Und wahrlich, man fand dieses Jungfräulein ein wenig allzu rasch aufgetaut. Eine Dame aus Ravenstein hatte aus Jux ein etwas dummes Fräulein, das auch nichts von der Sache wusste, angestiftet, die Neuvermählte zu fragen, wieviel Brote sich ihr Mann die Nacht über aus ihrem Ofen genommen, und ohne sich zu besinnen, hatte sie geantwortet ›vierundzwanzig‹. Und da nun überdies der Herr Bräutigam in Sorgen umherschlich und eine fast traurige Figur machte, was wiederum seiner jungen Frau sehr zu Herzen ging, die nur zu gut wusste, wo ihn der Schuh drückte, lächelten die anderen heimlich ob der überlustigen Nacht und glaubten der Neuvermählten vom Gesicht die Reue abzulesen, weil sie ihrem Bräutigam zu viel zugemutet und ihn nun so elend sehen musste.

Und dann beim hochzeitlichen Frühimbiss ging unter den Männern herum das Gestichel erst recht los und das Schwelgen in schlechten Witzen, wie sie damals im Geschmack der Zeit lagen und für geistreich galten über alles.

»Das ist eine offenherzige Neuvermählte«, sagte der eine. Der andere: »Diese Nacht scheint es gut Wetter gegeben zu haben im Schloss.« Der dritte: »Wie heiß es hier ist, die müssen die Nacht über gut eingekachelt haben.« Und wieder ein anderer: »Die guten Leute haben heut Nacht etwas verloren, was sie in ihrem Leben nicht wiederfinden werden.« Einer suchte den anderen zu übertrumpfen von diesen Haudegen und ausgelernten Höflingen, ohne dass, zu seinem Unglück, dem Neuvermählten eine Ahnung dämmerte, wo die Späße aus und ein wollten. Die anderen aber waren nicht umsonst in so gutem Zug, die ganze zahlreiche

Gesellschaft, die von allen Seiten zusammengeströmt war, hatte die ganze Nacht durchgetollt und, wie es bei so hochherrschaftlichen Hochzeiten Sitte war, getanzt, gespielt und bankettiert bis in den hellen Morgen hinein. Niemand war zu Bett gegangen zur größten Genugtuung des Herrn von Braguelongne, dem die Dame von Amboise, die nur immerfort an das Glück ihrer Tochter denken musste, mit heißen Blicken und Zeichen vergeblich die süßesten Einladungen zukommen ließ. Der arme Polizeihauptmann, der es doch das ganze Jahr mit den Spitzbuben von Paris zu tun hatte und sich auf geheime Zeichensprache verstehen musste, tat, als ob er nichts merkte, ließ die gute Dame zappeln und kümmerte sich den Teufel um ihre Aufmunterung.

Ihr müsst nämlich wissen, dass die Liebe dieser Herzogin anfing, ihm lästig zu fallen. Nur ein Gefühl für Gerechtigkeit band ihn noch an sie, da es nicht anging, dass ein Mann der hohen Polizei seine Geliebte wechselte wie ein Mann vom Hof. Als Wächter der Sitten, der Sicherheit und der Religion musste er ein gutes Beispiel geben. Doch war er entschlossen, das Joch abzuschütteln, und wartete nur darauf, bis er sich schicklich aus der Schlinge ziehen konnte.

Am zweiten Tag verabschiedete sich die Mehrzahl der Gäste, die näheren Verwandten brauchten sich nun weniger Zwang anzutun, und schon bei der Abendmahlzeit erhielt der arme Polizeihauptmann, teils mit Mund, teils mit Auge, eine Aufforderung, auf die er nicht wie in seinen prozessualen Verfahren mit Aufschub und Terminverlegung antworten durfte.

Bereits vor dem Essen hatte die Dame von Amboise ihre ganze Kriegslist aufgewandt, um den guten Braguelongne aus dem Saal zu ziehen, wo er mit der Neuvermählten zusammensaß. Der Polizeihauptmann war aber wie festgeleimt. Statt seiner erhob sich der Bräutigam, um mit der Mutter seiner geliebten Frau sich ein Stündchen im Garten zu ergehen; denn in dem Gehirn dieses immer noch nicht ganz entmönchten Mönchleins war ganz plötzlich, wie ein Pilz in der Nacht, ein rettender Gedanke aufgeschossen, nämlich der: diese gute Dame, die er für ein Muster der Sittsamkeit hielt, um Rat und Beistand anzugehen in seiner vertrackten Lage. Er erinnerte sich der weisen Lehren seines Abtes, der ihn stets ermahnt hatte, sich in allen Zweifeln an ältere und erfahrene Leute zu wenden, die das Leben kennen. Aber er war so schüchtern und verschämt, dass er wohl ein halbes Dutzend Mal in der Galerie auf und ab wandelte, ohne ein Wort hervorzubringen. Auch die Dame schwieg hartnäckig. Sie kochte innerlich vor Wut über die gespielte Blindheit, Taubheit und Lahmheit des Herrn von Braguelongne; und indem sie an der Seite dieses wunderlichen Junggesellen wandelte und sich nicht denken konnte, dass der galante Kater an ihrer Seite nach ranzigem Speck lüstern sein könnte, während er mit frischem wohlversehen war, verbohrte sie sich innerlich immer tiefer in ihren Groll. ›Dieser Hannepampel‹, sagte sie in sich hinein, ›dieser Zottelbart, dieser alte, graue, zerzauste, zerknitterte Bart, dieser Dummerian von Bart, dieser Bart ohne Scham und Respekt vor der Frau, dieser hängende Schnauzbart, der so tut, als ob er nicht höre, nicht sehe, nicht verstehe, dieser niederträchtige, niederschlächtige, dieser schimmelige Bart! Möcht er doch die französischen Pocken kriegen, der Lumpenkerl, dieser Kerl mit seiner grüngelben Nase, mit seiner unsauberen Nase, mit seiner kalten, welken, runzligen Nase, mit seiner Nase ohne Tugend und Religion, mit seiner hundsschnauzigen Nase, mit seiner Nase, die längst den Geist aufgegeben hat, die nur noch der Schatten von einer Nase ist, die zusammengeschnurrt ist wie ein dürres Weinlaub, mit dieser Nase, die ich hasse, dieser alten Nase, dieser windbeuteligen Nase, dieser Totennase! Wo hab ich nur meine Augen gehabt, mich an diese Knollennase, diese Kartoffelnase zu hängen … an diesen alten, eingerosteten Riegel, der seine Öse nicht mehr findet. Mag sie doch zum Teufel fahren, diese alte ehrlose Nase, dieser Bart ohne Kraft und Saft, dieses alte graue Haupt, dieses Nussknackergesicht, dieser Pinsel von einem Menschen, dieser Lumpensäckel, dieser – ich weiß nicht was. Ich will mir einen jungen Mann nehmen, der mich liebt, sehr liebt, der mich alle Tage liebt und zu jeder Stunde, der mich …‹

Bei diesem weisheitsvollen Gedanken war sie angekommen, als der gelbschnäblige Nestling an ihrer Seite sich endlich ermannte, ihr sein kurioses Liedlein zu pfeifen. Das war Musik für ihre gekitzelten Ohren, und sie wurde Feuer und Flamme, sobald sie begriff, welches der Text sei zu seinen seltsamen Glossen. Ein alter mürber Zunder auf dem Feuerschloss eines Landsknechts kann sich nicht rascher entzünden. Aber sie hielt es für klug, ihrem Herrn Schwiegersohn nicht sofort zu antworten.
›O Bart voll duftender Wohlgerüche‹, sagte sie sich in ihrem Innern, ›du frischer, blühender jungfräulicher Bart, du flügge gewordener Nestlingsbart, du Milchbart, du Erstlingsbart, du Frühlingsgewächs … du Nase voll Stolz und Kraft, du goldene Gelbschnabelnase, du Liebtrost, du Liebreiz von einer Nase.‹
Sie hatte Zeit, ihre Litanei noch lange fortzusetzen; denn durch den ganzen Garten hin und zurück hielt sie den Jüngling in Hangen und Bangen. Zuletzt machte sie mit ihm aus, dass er in der Nacht, sobald es anginge, seine Schlaf-

kammer verlassen und zu der ihrigen hinaufsteigen solle, dann wolle sie ihn unterrichten, dass er gelehrter sein werde als sein Vater, wenn er sie verlasse. Der mönchische Ehegemahl war ganz glücklich über diesen Bescheid, er bedankte sich bei der Dame von Amboise, und indem er sie bat, niemand etwas von dem Handel zu verraten, nahm er Urlaub von ihr.

Auch der gute alte Braguelongne hatte sich unterdessen seinem Unmut überlassen.

›Verfluchte alte Schachtel‹, hatte er in sich hineingebrummt, ›dass du doch den blauen Husten kriegtest, du altes Reibeisen, du zahnloser Striegel, du alter Pantoffel, du Schlappen, der an keinem Fuß mehr hält, du alte getrocknete

Flunder, du ekle Spinne, du gräuliche Kreuzspinne, du Totenkopf mit sehenden Augen, du Schaukelstuhl des Satans, du alte Nachtwächterlaterne, so alt, dass du Unglück bringst, wem du über den Weg läufst, du alte Vettel mit grauem Schnurrbart, du bist so alt, dass der Tod sich vor dir fürchtet, du alte Kirchenschwelle, über die tausend Knie gerutscht sind, du ausgeleiertes Futteral, du alter Opferstock, wo zwei Generationen ihr Scherflein niedergelegt haben. Was würde ich nicht darum geben, wenn ich loskommen könnte von dir.‹

In solchen zärtlichen Gedanken unterbrach ihn die schöne Neuvermählte, der es keine Ruhe ließ, ihren jungen Gemahl in Sorgen zu wissen wegen seiner Unwissenheit in Sachen des Ehebetts. Und selber nicht ahnend, worum es sich handelte, dachte sie vielleicht ein Unglück zu verhüten und doch dem Geliebten eine große Beschämung zu ersparen, wenn sie sich selber unterrichtete, um ihn in der nächsten Nacht mit ihrer neuen Weisheit zu überraschen, wobei sie sich vorstellte, was er für ein verwundertes Gesicht machen werde, wenn sie ihm sagte: ›Nun gib acht, ich will dir's zeigen.‹

Von ihrer guten Großmama, der Altherrin von Chaumont, war ihr nichts so sehr in die Seele gepflanzt worden als die Ehrfurcht vor dem Alter. Und also hatte sie den Entschluss gefasst, dem guten, alten, höflichen Polizeihauptmann ein wenig um den grauen Bart zu gehen und ihm ganz unvermerkt abzuschmeicheln, was sie wissen wollte. Und da war denn der Herr von Braguelongne doch fast beschämt darüber, dass er in seinem Ingrimm des geleimten Liebhabers die junge schöne Braut unartigerweise gar nicht beachtet, ihr nicht ein einziges verbindliches Wort gesagt hatte. Er wollte darum rasch das Versäumte nachholen.

»Ihr müsst recht glücklich sein«, sagte er, »mit einem so jungen und tugendhaften Ehegemahl.«

»Ja, er ist sehr tugendhaft.«

»Zu sehr vielleicht?«

Der Hauptmann lächelte.
Kurz, das Gespräch einmal eingefädelt, konnte es nicht lange dauern, dass der Hauptmann merkte, wo der Has im Pfeffer lag. Er weigerte sich auch nicht im Geringsten, dem jungen Ding den Verstand aufzuschließen, die gewünschte Lektion zu geben, wenn sie ihn auf seiner Kammer aufsuchen wollte, sobald es ihr möglich wäre, sich unvermerkt von ihrem Gemahl wegzustehlen, was ihm die hübsche Frau mit vielem Dank zusagte. Auf die liebliche Musik aber, die ihm die gute Dame von Amboise nach dem Essen zugedacht hatte, hätte der Polizeihauptmann am liebsten verzichtet. Diese Melodie, in höchster Stimmlage vorgetragen, war nicht nach seinem Geschmack. Wie ein Mensch nur so undankbar sein könne, hieß es da, alles verdanke er ihr, sein Amt, sein Einkommen, die Treue eines liebenden Herzens et cetera. Eine Stunde hatte sie schon gesprochen und hatte noch nicht den vierten Teil ihres Zorns über ihn ausgeschüttet. Wie mit tausend Dolchen traf ihn ihre Zunge.
Unterdessen waren die Neuvermählten zusammen zu Bett gegangen, und ein jedes von ihnen dachte heimlich, wie es loskommen könne, um dem anderen nachher eine Freude zu machen. Der Herr Gemahl kam zuerst zu einem Entschluss. Er sagte, dass es ihn heute nicht leiden wolle im Bett und dass er das Bedürfnis fühle, sich noch ein wenig in der frischen Luft zu ergehen. Die jungfräuliche Frau bestärkte ihn lebhaft in seinem Vorhaben. Er, seinerseits, konnte nicht genug bedauern, sein liebes Weibchen einen Augenblick alleinzulassen. Kurz, die beiden schlichen sich, eins nach dem anderen, aus dem warmen ehelichen Bett und eilten, eins ungeduldiger wie das andere, zu ihren Lehrern in der so heiß ersehnten Wissenschaft. Sie erhielten beide guten Unterricht. In welcher Methode? Das wüsste ich nicht zu sagen. Denn jeder Meister hat seine besondere geheime Praxis, und diese Kunst hat weniger feste Prinzipien als irgendeine. Ihr werdet aber glauben, dass nie ein Schüler die Regeln der Grammatik lebhafter erfasst und

schneller begriffen hat. Und so schnell als möglich kamen die Gatten in ihr Nest zurück, und wie alle Neulinge der Wissenschaft brannten sie vor Ungeduld, das kaum Erlernte auch schon zu lehren.

»Oh, mein Freund«, sagte die Neuvermählte, »du weißt schon mehr als mein Meister.«
Seit dieser Nacht lebten die beiden in ungetrübtem Glück und vollkommener ehelicher Treue, worüber sich niemand verwundern wird, da sie zuvor an anderen, die doch ihre Meister sein wollten, viel Unvollkommenheit und Unzulänglichkeit gefunden hatten und also keine Lust verspürten zu neuen Versuchen, sondern ein für alle Mal überzeugt blieben, dass das Brot nirgends so wohlschmeckend sei als im eigenen Haus, weswegen der Herr von Moncontour in seinem Alter zu sagen pflegte:
»Macht es wie ich, lasst euch lieber in euern Apfel beißen, wenn er noch grün, als wenn er mürb ist.«
Oder gefällt sie euch nicht, diese Ehestandsmoral?

Eine teure Liebesnacht

In dem Winter, als die ersten Religionsunruhen ausbrachen und die Reformierten oder Hugenaulten allseitig zu den Waffen griffen und die sogenannte Rebellion von Amboise anzettelten, hatte ein Advokat namens Affenschnell ihnen sein Haus in der Stadt Tours in der Hampelmannsgasse zu ihren Zusammenkünften und Konventikeln überlassen, da er heimlich zu ihnen gehörte, obwohl er nicht ahnte, dass der Fürst von Condé, die Regnaudie und andere bereits beschlossen hatten, sich des Königs mit Gewalt zu bemächtigen.

Dieser Affenschnell war ein hässlicher rotbärtiger Kerl, sein eingetrocknetes Gesicht war käsegrau, wie man es oft antrifft bei diesen Schikanenmachern, die im Düster der Gerichtshöfe vegetieren wie der Schimmel im Keller, kurz, er war der ausverschämteste Gesell von einem Advokaten, den man sich denken konnte. Alles war ihm feil, er war ein richtiger Judas Ischariot, und eine Hinrichtung machte ihn vergnügt wie eine Hochzeit. Nach einigen Autoren war er bei der genannten Angelegenheit, nämlich in der hugenaultischen, als ein richtiger Schlaukopf, halb Fisch, halb Fleisch, halb hüben, halb drüben, und aus der folgenden Geschichte geht deutlich hervor, dass die genannten Autoren um den Mann gut Bescheid wussten.

Dieser Gescheitle von Rechtsverdreher hatte ein hübsches Pariser Bürgerkind zur Frau und war so eifersüchtig auf sie, dass er sie um eines Fältchens im Betttuch willen, das sie ihm nicht zu erklären vermochte, zu erwürgen imstande gewesen wäre, nicht bedenkend, dass es auch unschuldige Fältchen geben kann. Seine gute Frau aber glättete ihre Tücher mit solcher Sorgfalt, dass er auch nicht den Schatten von einem Knitterchen darin finden konnte. Sie kannte den bösartigen Charakter ihres Mannes und nahm sich zusammen. Sie stand immer bereit wie ein Leuchter und entfernte sich so wenig von ihrer Pflicht, wie ein Schrank von der Wand, der sich nie von selber öffnet, sondern wartet, dass man ihn aufschließe. Dessen ungeachtet hatte der Advokat sie unter die Aufsicht und Vormundschaft von einer alten Magd gestellt, einem Ausbund von Hässlichkeit, die den Affenschnell mit ihrer Milch aufgepäppelt hatte und ihm anhing wie einem Landsknecht sein Säbel.

Die einzige Abwechslung, die sich das arme Frauchen in dem tristen Einerlei der Haushaltung gönnte, war ihr täglicher Gang zur Messe in der Johanniskirche am Greveplatz, wo damals, wie jedermann weiß, die schöne Welt sich ihr

Stelldichein gab. Indem sie nun hier ihre Paternoster murmelte, ließ sie fleißig ihre Augen spazieren gehen und machte sich ein Vergnügen daraus, die hübschen Scharwenzel zu bewundern, die gebügelt und geschniegelt, gesalbt und parfümiert, wie bunte Schmetterlinge da umhergaukelten und worunter ihr besonders einer in die Augen stach, in den sie sich verliebte, ohne es zu merken. Denn er war schön in der Maienblüte seiner Tage, war stets in die kostbarsten Stoffe gekleidet, hatte das stolzeste Aussehen und die kühnste Haltung.

Kurz, er hatte alles, um einem kleinen Weibchen den Kopf zu verdrehen, das in seine Haushaltung eingezwängt ist wie eine Auster in ihre Schale, was ihr nach und nach unerträglich dünkt, dass sie, wie ein Füllen in den Strängen, sich aufbäumt gegen alle ehelichen Zäume und Zügel. Er selber, ein junger italienischer Edelmann und Freund der Königin-Mutter, hatte längst ein Auge auf die kleine Advokatin geworfen, deren stumme Liebe, der Teufel musste sie ihm verraten haben, in seinem eigenen Herzen einen Widerhall fand.

Begann also zwischen den beiden die beliebte stumme Korrespondenz, die ihr kennt, und von Tag zu Tag legte die Advokatin einen größeren Staat an für die Messe in der Johanniskirche, wo sie nicht einen Augenblick mehr an den lieben Gott dachte, was den lieben Gott nicht wenig ärgern musste, sondern nur noch an ihren schönen Edelmann, dem all ihre Gebete und Seufzer galten, dem ihr Herz entgegenflammte, dem ihre feuchten Blicke folgten, nach dem ihre feuchten Lippen schmachteten: »Oh«, sagte sie oft in heimlichen Stoßgebeten, »wie gern wollt ich mein Leben hingeben für einen Kuss des schönen Geliebten, der mich wieder liebt.« Und wie oft, wenn sie die Litanei an die Heilige Jungfrau betete, fiel sie aus dem Text, vergaß die Heilige Jungfrau und das ora pro nobis und dachte einzig an die blühende Jugend des Geliebten, und dachte sich alle Seligkeiten mit ihm aus, wofür sie sich gern auf den Scheiterhaufen hätte werfen lassen, wo man die Ketzer verbrannte. Der Italiener aber las ihr ihre Gebete und Stoßseufzer von den Augen ab, er stellte sich nur noch in die Nähe ihrer Bank, und seine Augen sagten ihr, dass er alles wisse, in einer Sprache, die alle Frauen verstehen. Heimlich in seinem Innern tat er einen heiligen Schwur: »Bei dem Doppelgehörn meines Vaters«, so schwor er, »diese Frau soll mein sein, und wenn ich mein Leben dabei lassen müsste.«

Wenn dann die Amme sich ein wenig wegwandte, war das ein verstohlenes Händedrücken, Seufzen, Schmachten der Augen und ein sich Begegnen und Küssen der Blicke, solcher Blicke, dass die Lunte eines Musketiers Feuer gefangen hätte, wenn ein Musketier in der Nähe gewesen wäre. So war die Suppe eingebrockt und wollte ausgegessen werden.

Und also verkleidete sich der Italiener als Schüler der Sorbonne und machte sich an die Schreiber des Advokaten, pokulierte und trank Brüderschaft mit ihnen, um die Gewohnheiten ihres Herrn auszukundschaften, die Stunden seiner Abwesenheit, wann er verreiste und was ihm sonst zu wissen nützlich schien, um ihn ans Ziel zu bringen.

Und zu seinem Verderben klappte alles aufs Beste. Obwohl der Advokat, wie wir gehört haben, nur halb und halb von der Partei und entschlossen war, wenn es ihm vorteilhaft schien, die Sache seiner Glaubensbrüder an die Guisen zu verraten, wurde er jetzt von der hugenaultischen oder hugenottischen Verschwörung veranlasst, nach der Stadt Blois zu reisen, wo damals der Hof sich aufhielt und der Gewaltstreich dieser Hugenotten gegen den König zur Exekution kommen sollte. Das alles erfuhr der Italiener.

Er reiste darum dem Advokaten voraus nach der Stadt Blois, um dem Herrn Gemahl daselbst eine Falle zu bereiten, eine Meisterfalle, aus der der gute Affenschnell, seiner Schlauköpfigkeit zum Trotz, nicht ungehörnt hervorgehen sollte. Der liebestolle Italiener ließ von seinem zahlreichen Dienervolk und mittels seines Geldes die sämtlichen Herbergswirte der guten Stadt Blois dahin bearbeiten, dass der Advokat, als er drei Tage darauf mit seiner Frau und seiner Amme ankam, überall abgewiesen wurde, weil infolge der Anwesenheit des Hofs alles überfüllt sei. Das Gasthaus ›Zur Königlichen Sonne‹ mietete der Edelmann für sich ganz allein, unter der Bedingung, dass der Wirt die Dienerschaft des Hauses entferne und der Dienst durch die Leute des Italieners besorgt werde. Zu allem Überfluss schickte er den Bratendreher von Wirt und seine Leute aufs Land, also dass er mit den Seinigen vollständig über das Haus verfügte, wovon der Advokat keine Ahnung haben konnte.

Er gab seinen zahlreichen Freunden, die mit dem Hof in die Stadt gekommen waren, freies Quartier in dem Gasthaus, für sich aber behielt er ein einziges Zimmer, das über demjenigen lag, wo er seine schöne Geliebte, die Amme und den Advokaten unterzubringen gedachte. Beide Gemächer setzte er durch eine Falltür, die er in dem Fußboden des seinigen anbringen ließ, miteinander in Verbindung. Sein Küchenmeister musste den Wirt spielen, seine Pagen, Kammerdiener, Läufer, Stallknechte und ihre Weiber hatten sich in den Dienst des Hauses zu teilen.

Nachdem er so seine Vorbereitungen getroffen, erwartete er die Hauptpersonen der Komödie: Frau, Ehemann und Amme. Sie blieben nicht lange aus. Bei dem ungewöhnlichen Zusammenströmen von Herrschaften, Kriegsvölkern, Krämern und Kaufleuten jeder Art neben einer Unmasse von Bedientenpack, wie es der Aufenthalt des jungen Königs, zweier Königinnen, der Herren Guisen, kurz, des ganzen Hofs mit sich brachte, fand niemand Zeit und Lust, auf die strategische List des Italieners und die seltsamen Veränderungen in der ›Königlichen Sonne‹ weiter achtzugeben. Kommt unter dem vielen Volk auch Meister Affenschnell in der Stadt an, samt seiner Frau und der alten Amme, wird überall schlecht empfangen, wird von einer Herberge zur anderen geschickt und ist zuletzt überglücklich, in der ›Königlichen Sonne‹ unterzukommen, wo der Liebhaber seiner Frau das Feuer schürte und Gott Amor die Suppe kochte.

Während die Ankömmlinge sich installierten, schlenderte der Edelmann im Hof auf und ab, um vielleicht einstweilen von seiner Dame einen Blick zu erhaschen. Und nicht lange dauerte es, dass oben die hübsche Advokatin, nach der Gewohnheit aller Damen, ihre Nase heraussteckte und nicht ohne heftiges Herzklopfen den geliebten Edelmann bemerkte. Man denke sich ihr Glück. Und wahrlich, wenn die beiden jetzt nur eine Unze von Zeit hätten allein sein können, brauchte der Edelmann nicht lange auf sein Glück zu warten, so sehr brannte die Dame darauf, es ihm zu verschaffen.

»Oh, wie der Strahl deines Auges brennt!«, seufzte sie.

Sie glaubte von den Strahlen der Sonne zu reden. Bei ihren Worten näherte sich der Advokat dem Fenster und gewahrte den Edelmann.

»Ei, mein Schatz«, rief er, »hast du das mir gesagt oder dem dort unten?« Er packte sie dabei am Arm, und wie einen Sack warf er sie auf das Bett. »Meinst du, weil ich nur eine Federspule an der Seite trage anstatt eines Degens, lasse ich Schindluder mit mir treiben? In der Spule ist auch ein Federmesser, nimm dich in Acht, dass ich dir's nicht ins Herz stoße bei dem geringsten Verdacht. Den Junker da drunten, scheint mir, habe ich schon einmal irgendwo gesehen.«

»So tötet mich doch!«, rief die Frau empört. »Und wahrlich, Ihr sollt mich nicht mehr anrühren nach einer solchen Drohung. Ich will Euch nicht betrügen, ich würde mich schämen; aber von heut an werde ich mir einen Geliebten und Bettgenossen suchen, der höflichere Manieren hat als Ihr.«

»Nanu, mein Mäuschen«, antwortete der Advokat ganz betroffen, »ich war ein wenig allzu hitzig. Komm, gib mir einen Kuss, und alles soll verziehen sein.«

»Nichts soll verziehen sein«, rief sie schnippisch, »lasst Euch von Eurer lieben Amme küssen, Ihr seid ein Scheusal!«

Gereizt von dieser Rede seiner Frau, wollte er sich mit Gewalt nehmen, was ihm die Advokatin verweigerte, und es entstand ein Geraufe, in dem Meister Affenschnell mehr als einen blutigen Kratzer davontrug. Das schlimmste aber war, dass der verkratzte Advokat längst in dem geheimen Konventikel erwartet wurde und also wohl oder übel seine junge Frau in der Hut des alten Drachen, seiner Amme, zurücklassen musste.

Der Federfuchser war kaum aus dem Haus, als auch schon der Edelmann, nachdem er einen seiner Diener an der Straßenecke als Wache aufgestellt hatte, wie auf Flügeln zu seiner Falltür hinaufeilte. Geräuschlos hob er sie ein wenig in die Höhe, machte seiner Dame ein leises, kaum hörbares ›Pst‹, das die Geliebte hörte mit ihrem Herzen. Denn ein liebendes Herz hört alles. Richtet also das Weibchen ihre Augen in die Höhe und erblickt, kaum vier Flohsprünge über sich, den Geliebten. Zugleich fallen ihr zwei dicke seidene Schnüre in die Augen, mit zwei silbernen Ringen am Ende, die weit genug waren, um zwei Arme durchzulassen. Sie versteht im Nu, schiebt sich die Ringe unter die Achselhöhlen, und in weniger Zeit als einem halben Vaterunser ist sie mittels einer Winde hinaufgezogen und hinter der Falltür verschwunden, die sich geschlossen hat, als ob nichts gewesen wäre. Als da die Amme sich nach ihrer Herrin umsehen will … nichts! Nicht ein Zipfelchen ihres Kleids! Wie weggeblasen! Was war denn das? O du heilige Mutter Gottes! Konnte denn das mit rechten Dingen zugegangen sein? Sie begriff in der Sache nicht mehr als ein Alchimist von

seinem Hokuspokus. Da stand sie ganz verdattert. Aber als alte Hechel war sie nicht ohne Ahnung von Fäden, groben und feinen, die hier angesponnen wurden.
In Zittern und Zagen erwartete sie den Advokaten, oder man könnte auch sagen den Tod, denn von der blinden Wut des Rasenden war alles zu befürchten. Sie musste ihn aber wohl erwarten, denn dieser Schlaukopf von Affenschnell hatte bei seinem Weggehen vorsichtig die Tür hinter sich abgeschlossen und den Schlüssel in die Tasche gesteckt.
Oben aber, im besseren Jenseits der Falltür, fand die hübsche Advokatin ein leckeres Abendmahl bereitet, fand im Kamin ein gutes Feuer und ein noch besseres im Herzen ihres Geliebten, der sie, Freudentränen in den Augen, in seine Arme schloss und auf die schönen Augen küsste, um ihr endlich zu danken für die andächtigen Blicke in der Johanniskirche am Greveplatz. Die Advokatin entzog sich ihm nicht, sie ließ sich küssen und pressen und wieder küssen, wie nur heißhungrige Verliebte tun können, und dann schworen sich beide, die ganze Nacht zusammenzubleiben, und wenn der Himmel einfallen sollte, wobei die Advokatin allein an das Glück dachte, das sie erwartete, und der Edelmann seinem Degen vertraute, mit dessen Beistand es ihm um weitere Nächte nicht bange war.
Kurz, die beiden waren wenig bekümmert um ihr Leben, wenn es ihnen nur jetzt vergönnt war, in einem Zug alles auszutrinken, die Lust von tausend Leben, und sich, eins dem andern, tausend süße Seligkeiten zu geben. Sollten sie auch in einen Abgrund stürzen, wenn es nur vereint geschah in süßer Umklammerung. So setzten sie alles auf den einen Wurf und schenkten sich alles Maß und Übermaß der Liebe auf einmal ein. Habt ihr einen Begriff von solcher Liebe, ihr armen guten Bürger an der Seite eurer hausbackenen Ehefrauen? Habt ihr von fern eine Ahnung von den heftigen Erschütterungen, heißen Wallungen und gewaltsamen Umarmungen junger Liebenden, die in heller Inbrunst sich vermengen im grausen Angesicht des sicheren Todes?

Rührten also beide wenig an das lecker zubereitete Essen, sondern suchten ohne Verzug das Lager auf, wo wir sie allein lassen müssen, da keine Sprache der Welt, außer der des Paradieses, die wir nicht kennen, ihre verzückten Todesängste und ihre todesbangen Verzückungen auszusprechen vermöchte, unter denen alle Erinnerungen an das Ehebett elend verblassten.

Unterdessen sah sich der Herr Gemahl in Händel verwickelt, die ihn verhinderten, sich um seine Frau zu kümmern. In dem Konventikel der Hugenotten war der Fürst von Condé mit allen Häuptern der Verschwörung erschienen, und es wurde beschlossen, sich der Königin-Mutter, des jungen Königs, der jungen Königin und aller Guisen mit Gewalt zu bemächtigen und eine neue Ordnung des Staats zu gründen.

Wie der Advokat sah, dass die Sache so ernst wurde, fiel ihm das Herz in die Hose. Er begriff, dass es hier um den Kopf ging; kein Wunder, dass er das Gewächs nicht spürte, das ihm eben darauf wuchs.

Er lief also von den Hugenotten hinweg schnurstracks zu dem Haupt der Guisen, dem Kardinal von Lothringen, und überbrachte ihm brühwarm die hugenottische Abendsuppe. Der Kardinal aber nahm ihn sofort mit sich zu seinem Bruder, dem Herzog, wo die drei lange ernstliche Beratungen pflogen, dergestalt, dass es Mitternacht wurde, bis der Advokat, dem sie die wunderbarsten Versprechungen machten, das Schloss heimlich verlassen konnte. Zu dieser Stunde ging es hoch her in der Herberge ›Zur Königlichen Sonne‹. Das ganze Dienervolk des Edelmanns gab sich ein Fest zu Ehren der Hochzeit ihres Herrn, und man kann sich denken, mit welchen Späßen, Frechheiten und Gelächter diese ausgelassene, tolle, berauschte Spitzbubenbande den armen Advokaten empfing, der schon jetzt den Braten roch und zitternd und totenbleich nach seinem Zimmer stürzte, wo er niemand fand als die arme Amme. Sie wollte sprechen, aber Affenschnell packte sie an der Kehle und gab ihr zu verstehen, dass sie schweigen solle. Er holte aus seinem Koffer einen guten Dolch hervor, und in dem Augenblick, wo er ihn aus der Scheide zog, drang durch die Falltür herunter ein freies, lustiges, verliebtes, himmlisch-seliges Lachen, begleitet von Worten, die nicht schwer zu verstehen waren. Da sah der Advokat, der schlauerweise seinen Leuchter auslöschte, durch die Spalten der Falltür ein Licht und erkannte die Stimme seiner Frau und die ihres Ritters, worüber ihm noch ein ganz anderes Licht aufging. Er ergriff den Arm seiner Magd, stieg mit ihr die Treppe hinauf und suchte schleichenden Schrittes die Tür zu dem Zimmer der Liebenden. Er brauchte nicht lange zu suchen, und mit der Kraft des Verzweifelten drückte er die Tür ein und stürzte wütend nach dem Bett, wo er seine halb nackte Frau in den Armen des Edelmannes überraschte.

»Ah!«, stieß seine Frau aus.

Der Edelmann war seinem Stoß ausgewichen und suchte nun dem Advokaten den Dolch aus der Hand zu winden. Es entstand ein Kampf auf Leben und Tod. Dabei bekam der arme Advokat nicht nur die eisernen Fäuste seines Gegners und Platzhalters, sondern auch die schönen Zähne seiner lieben Frau zu spüren, die ihn nicht übel zurichteten. In seiner Verzweiflung kam ihm eine List. Er befahl der Magd in seinem Dialekt, das verliebte Paar mit den seidenen Kordeln von der Falltür zu umwickeln, er selber warf den Dolch von sich und half der Amme ihr Werk vollenden. Den also fest Verschnürten verstopfte er den Mund mit den Betttüchern, um sie am Schreien zu verhindern, und ohne ein Wort zu verlieren, griff er von Neuem nach seinem furchtbaren Dolch.

In diesem Augenblick erschien unter der Tür die Wache des Herzogs von Guise, die den Affenschnell suchte. Im Tumult des Kampfes hatte niemand die Soldaten kommen hören, die bereits im Gasthof alles über den Haufen geworfen hatten. Durch das Geschrei eines Pagen aufmerksam gemacht, fanden sie den Edelmann gebunden, geknebelt und wie halb tot am Boden. Sie warfen sich im Nu zwischen den Ehemann und die Verliebten, entwaffneten den Advokaten und erklärten ihm, dass sie gekommen seien, ihn zu verhaften und ihn mit seiner Frau und seiner Amme in das Gefängnis auf dem Schloss zu bringen.

Nun erkannten die Offiziere des Herzogs von Guise auch den Freund ihres Herrn, nach dem die Königin sich wiederholt erkundigt hatte an diesem Abend. Davon machten sie dem Edelmann Mitteilung und forderten ihn auf, ihnen zu folgen, weil er im Rat erwartet werde. Während der Edelmann sich aus seiner Verschnürung loswickelte und nach seinen Kleidern umhersuchte, fand er Gelegenheit, dem Hauptmann der Scharwache ins Ohr zu flüstern, dass er ihm zuliebe und auf seine Verantwortung den Ehemann

und seine Frau in getrenntes Gewahrsam bringen möge, wofür er dem Mann seine Gunst, Beförderung und nicht wenig Gold versprach, sodass dieser kaum noch schwankte, ihm zu gehorchen. Um dem Offizier mehr Vertrauen einzuflößen, erklärte er ihm den Zusammenhang der ganzen Sache und fügte hinzu, dass der Advokat seine herzige Frau unfehlbar töten würde, wenn er sie je in seine Gewalt bekäme. Zuletzt legte er dem Offizier nahe, die Frau in einem der heitersten Gefängnisräume unter denjenigen, die ebenerdig auf die Gärten hinausgingen, zu verwahren, den Mann dagegen im untersten und finstersten Loch an Ketten legen zu lassen. Der Offizier versprach, alles nach dem Wunsch des gnädigen Herrn zu tun, und dieser, der seiner Dame Gesellschaft leistete bis in den Hof des Schlosses, versicherte ihr hundertmal, dass sie als freie Witwe aus dem schlimmen Handel hervorgehen werde und dass er entschlossen sei, sie vielleicht in rechtmäßiger Ehe zur Frau zu nehmen.
Wurden also die Gefangenen untergebracht, ganz wie es der Geliebte der Frau angeordnet, der Mann in einem luftlosen Loch unter dem Boden, die Frau in einem behaglichen Kämmerlein bei den Gärten; denn der verliebte Italiener war kein anderer als Herr Scipio Sardini, ein vornehmer, sehr reicher Luccaner und, wie es bereits gesagt worden, einer der nächsten Freunde der Königin Kathrein von Medici, die damals im Einverständnis mit den Guisen das ganze Konzert dirigierte. In dem Großen Rat, der in diesem Augenblick heimlich bei der Königin abgehalten wurde, erfuhr der Italiener, um was es sich handelte und in welcher großen Gefahr der Hof schwebte. Es war in der Tat keine Minute Zeit zu verlieren, und die Herren Räte waren ratlos. Sardini musste ihnen ein Licht aufstecken. Er überraschte sie alle mit dem Vorschlag, die Verschwörung zu ihrem eigenen Vorteil zu wenden, den jungen König im Schloss von Amboise unterzubringen, dort die verdammten Ketzer zu fangen wie den Fuchs in der Falle und sie alle niederzumachen. Also geschah es. In der Tat weiß jeder-

mann, wie geschickt die Königin-Mutter und die Guisen dieses Stücklein voll listiger Verstellung durchgeführt haben, und wie der Aufruhr von Amboise verlaufen ist. Aber das gehört nicht zu dieser Geschichte.

Als dann gegen Morgen ein jeder das Zimmer der Königin verließ, wo die Nacht über mehr als ein feiner Faden gesponnen worden, hatte Signor Sardini, trotz seiner Verliebtheit in die schöne Limeuil, eine Tochter der Königin-Mutter und ihm durch das Haus Latour-Turenne ein wenig verwandt, seine Advokatin nicht vergessen und fragte, warum eigentlich der rotbärtige Ischariot in den Käfig gesperrt sei? Der Kardinal von Lothringen antwortete ihm, dass es nicht seine Absicht sei, dem Federfuchser auch nur ein Haar zu krümmen; weil man aber seinen Wankelmut kannte und sich nicht auf seine Verschwiegenheit verlassen konnte, habe man ihn einstweilen in Numero Sicher gebracht, von wo man ihn freigeben werde, sobald man es an der Zeit halte.

»Freigeben?«, rief der Luccaner. »Steckt ihn lieber in einen Sack und werft mir den Schwarzrock in die Loire. Glaubt mir, ich kenne ihn, er ist keiner, der Euch seine Gefangenschaft verzeihen wird. Er wird sicher zu seinen Predigern zurückkehren. Einen Ketzer zu töten aber ist allezeit ein gottgefälliges Werk. Sein Tod ist übrigens das einzige Mittel, Euer Geheimnis zu sichern, und seine eigenen Anhänger werden von Euch keine Rechenschaft über ihn fordern; denn er war ein Verräter an ihrer Sache. Wenn Ihr mich gewähren lassen wollt, ich werde seine Frau retten, das Übrige wird sich geben, er soll Euch nicht mehr in den Weg laufen.«

Der Kardinal lachte.

»Euer Rat ist gut«, sagte er. »Und damit Ihr seht, dass ich ihn zu nutzen weiß, will ich sogleich Befehl geben, die Gefangenen noch enger einzuschließen. – Holla!«

Erschien der Gefängnismeister, und der Kardinal befahl ihm, jedermann von den beiden Gefangenen fernzuhalten, wer es auch sein möge; dann bat er Sardini, in seiner Herberge zu verbreiten, dass der Advokat von Blois abgereist und zu seinen Prozessen nach Paris zurückgekehrt sei.

Den Offizieren, die den Advokaten verhaftet hatten, war aufgetragen worden, ihn als einen Gefangenen von Rang und Wichtigkeit zu behandeln und ihn also von den Scharwächtern weder berühren noch berauben zu lassen. So kam es, dass Affenschnell noch dreißig Goldgulden in seiner Börse bei sich trug. Er wollte sie aufwenden zum Zweck seiner Rache, da er mit Recht voraussetzte, dass sie den Wächtern ein hinlängliches Argument wären und sie überzeugen müssten, wie sehr es sein gutes Recht sei, seine Frau zu sehen, nach der ihn verlangte, und sich mit dieser Frau in näheren Rapport zu setzen, die doch seine legitime Gattin war und nicht die eines anderen.

Signor Sardini traute dem Handel auch gar nicht, fürchtete von der Nachbarschaft des rothaarigen Federfuchsers die größte Gefahr für seine Geliebte und beschloss bei sich, sie noch in der Nacht zu entführen und an einen sicheren Ort zu bringen. Er mietete also einen Kahn samt den Ruderern und postierte sie in einen Hinterhalt bei der Brücke; drei seiner geschicktesten Diener betraute er mit dem Auftrag, die Eisenstangen der Gefängniskammer zu durchfeilen, wo er die Advokatin gefangen wusste, sich dann der Dame zu bemächtigen und sie nach der Gartenmauer zu bringen, wo sie ihn finden würden.

Nachdem gute Feilen gekauft und alle Vorbereitungen getroffen waren, bat der Italiener um eine Audienz bei der

Königin-Mutter, deren Gemächer über den Gräben lagen, allwo der Advokat und seine Frau in Gefangenschaft schmachteten. Sardini brauchte die Einwilligung der Königin zu dieser Flucht, wenn nicht der ganze Anschlag im letzten Augenblick zunichte gemacht werden sollte. Er wurde auch von ihr empfangen und bat sie, ihm die Gunst zu gewähren, seine schöne Gefangene ohne Vorwissen des Kardinals und des Herzogs von Guise befreien zu dürfen. Dann setzte er ihr ebenfalls die Gründe auseinander, die es nötig machten, dass der Kardinal den Advokaten ins Wasser werfen lasse, und die Königin sagte zu allem ja und Amen. In einem Gurkensalat schickte er darauf der Dame seines Herzens ein Zettelchen, das der schönen Advokatin ihre bevorstehende Witwenschaft und die Stunde ihrer Befreiung aus dem Kerker ankündigte, dessen die Bürgerin wohl zufrieden war. Durch einen geheimen Befehl der Königin wurden bei einbrechender Nacht die Wachsoldaten von den Gräben entfernt, um ein wenig nach dem Mondschein auszusehen, den man dennoch bei der Sache nicht benötigte, dann das Gitter im Handumdrehen von den geschickten Italienern abgehoben, die Dame mit einem ›Pst‹ herbeigerufen und nach der Gartenpforte dem harrenden Geliebten in die Arme geführt.

Das Pförtchen aber war kaum hinter den beiden geschlossen, als die Dame ihren Mantel abwirft und sich in einen Advokaten verwandelt, einen Advokaten, der den Frauenräuber an der Gurgel packt und würgt und gegen das Wasser stößt, um ihn in der Loire zu ersäufen. Und Sardini war genötigt, sich zu verteidigen, zu kämpfen, zu rufen, aber alles, ohne sich, trotz seines Dolchs, losmachen zu können von diesem Teufel im schwarzen Talar.

Plötzlich aber wurde es still. Sardini war in ein tiefes Loch von Sumpf und Morast gestürzt. Er sah noch einen Augenblick im Licht des Mondes das Gesicht des Advokaten über sich, ganz besudelt mit dem Blut seiner Frau; dann ergriff sein Angreifer, der ihn für tot hielt, die Flucht, denn schon

näherten sich die Leute des Italieners mit Waffen und Fackeln. Auf dem von Sardini bereitgehaltenen Kahn entkam der Advokat.
So geschah es, dass allein die schöne Advokatin das Leben lassen musste. Den Signor Sardini hatte sein Würgengel nur halb erwürgt, er wurde von seinen Leuten aus dem Morast gezogen und erholte sich nach und nach von den Misshandlungen des Advokaten. Später heiratete er, wie jedermann weiß, die schöne Limeuil, nachdem sie im Zimmer der Königin heimlich mit einem Kindlein niedergekommen war, welchen Unfall die Königin-Mutter um jeden Preis zu verheimlichen und den Sardini aus großer Liebe durch Heirat gutzumachen suchte. Zum Dank erhielt er von der Königin Kathrein die Herrschaft Chaumont-sur-Loire mitsamt dem Schloss. Aber er war doch von seinem Advokaten so gekrallt, gewürgt, geknufft und mit Füßen getreten worden, dass er die schöne Limeuil noch im Frühling ihres Lebens zur Witwe machte. Der Advokat wurde nicht verfolgt. Er brachte es im Gegenteil dahin, dass er im letzten Friedensedikt unter denjenigen verzeichnet stand, denen alles vergeben und vergessen sein sollte. Er ergriff von Neuem die Sache der Hugenotten, denen er später in Deutschland große Dienste erwies.
Die arme Advokatin! Betet für ihre Seele; ihr schöner Körper wurde wer weiß wohin geworfen, ohne Gebet und ohne christliches Begräbnis. Denkt an sie, schöne Damen, wenn euch Gott Amor günstig ist.

Die Predigt des Pfarrers von Meudon

Als Meister Franziskus Rabelesius zum letzten Mal an den Hof König Heinrichs kam, des Zweiten seines Namens, war er bereits darauf gefasst, dem Gesetz der Natur zu folgen und sein schlampig gewordenes Wams, will sagen sein Fleisch, von sich zu legen (wie es auch noch in demselben Winter geschah), um allein in dem pracht- und machtvollen Geist, in dem herrlichen Geist jener exzellenten menschlichen Philosophie, auf die wir immer wieder zurückkommen, durch alle Ewigkeit weiterzuleben. Der gute Mann hatte damals siebzig wohlgezählte Frühlinge hinter sich, sein harmonisches Haupt war längst kahl geworden, aber war umrahmt von einem wahrhaft patriarchalischen Bart, seine Stirn strahlte vom Glanz des Gedankens, und das stumme Lächeln seines Mundes sprach von einem ewig jungen Herzen. Kurz, er war ein schöner Greis, wie es alle die bezeugen, die das Glück gehabt haben, ihm noch ins Antlitz zu schauen, in dem die Züge des Sokrates und des Aristophanes, zweier Geister, die sich im Leben gehasst, aber hier Freunde geworden waren, in eins zusammenflossen.

Da nun also in dem genannten Winter dem guten Mann die Ahnung kam, dass über kurz oder lang sein letztes Stündlein schlagen werde, beschloss er bei sich, dem König von Frankreich noch vorher seine Aufwartung zu machen, als welcher in sein Schloss Tournelles gekommen war, infolge-

dessen Meister Franziskus, der in einem Haus bei den Gärten von Sankt Paul wohnte, sich den Hof fast auf Steinwurfweite nahe gerückt sah.

Befanden sich aber, als er ankam, in den Gemächern der Königin Kathrein: Frau Diana, die von der Königin aus Gründen der hohen Politik empfangen wurde, der König, der Herr Feldzeugmeister, der Kardinal von Lothringen und der Kardinal Dubellay, die Herren von Guise und mehrere Italiener, die bereits anfingen, sich unter den Fittichen der Königin in großer Zahl am Hof einzuschmuggeln. Waren auch gegenwärtig der Admiral, der Herzog Montgomery, die Herren vom Dienst und einige Hofpoeten, wie Melin de Saint-Gelais, Philibert de l'Orme und Meister Brantôme.

Als der König den Meister Franziskus bemerkte, den er, wie viele, für nichts weiter als einen ausgelassenen Spaßvogel achtete, richtete er sofort das Wort an ihn, und nach einigem Hin- und Herreden:

»Hast du denn«, sagte er, »deinen Pfarrkindern von Meudon auch einmal eine Predigt gehalten?«

Meister Franziskus nahm dies für einen Scherz, denn er hatte sich in seinem Leben um seine Pfarrei nicht weiter gekümmert, als dass er deren Einkünfte erhoben.

»Herr König«, antwortete er, »meine Pfarrkinder wohnen allerorten, und meine Predigten hört man, so weit die Christenheit reicht.«

Mit einem ruhigen Blick streifte der Meister diese Höflinge, die, ausgenommen die Herren Dubellay und von Castillon, nichts anderes in ihm sahen als so eine Art gelehrten Tri-

boulet, da er doch der König der Geister war, in einem höheren Sinn König als derjenige, vor dessen gnadenspendender Krone sie alle sich beugten. Und den Guten, der sich bereits mit einem Fuß im Grabe fühlte, wandelte plötzlich die boshafte Lust an, dem Geschmeiß einmal gehörig die Köpfe zu waschen und ihnen, figürlich versteht sich, auf die hohlen Schädel herunterzupissen, wie Gargantua auf die der guten Pariser von den Türmen Unserer Lieben Frau.

»Wenn Eure Majestät guter Laune ist«, sagte er, »könnte ich Höchstderselben wohl mit einer kleinen Predigt dienen, die ich mir längst zu gelegentlichem Gebrauch hinters Ohr geschrieben habe und wobei es nichts zu bedeuten haben soll, dass mein Sermon auf eine mehr redliche als hofrätliche Parabel hinausläuft.«

»Meine Herren«, antwortete drauf der König, »Meister Franziskus hat das Wort. Und da es sich um unser Seelenheil handelt, so haltet euch ruhig und spitzt mir die Ohren. Der gute Meister steckt voll von spaßigen Evangelien.«

»Majestät«, erwiderte Meister Rabelais, »ich fange an.« Das Geplauder der Höflinge verstummte, sie traten in einem geschmeidigen Halbkreis um den Pfarrherrn in partibus, den Vater des Pantagruel, der ihnen in Worten, deren Poesie und Beredsamkeit kein Mensch auf Erden zu wiederholen vermöchte, die folgende Historie zum Besten gab. Sie ist uns nur mündlich überliefert worden, und so möge es dem Autor verstattet sein, sie hier in seiner Weise nachzuerzählen.

*

»In seinen alten Tagen war Gargantua ein wenig seltsam geworden, worüber die Leute seines Hauses sich sehr verwunderten, ohne es ihm aber übel zu nehmen, denn er war rund siebenhundertvierzig Jahre alt, wenn auch der heilige Klemens von Alexandrien in seinen ›Stromates‹ zu beweisen sucht, dass er zu dieser Zeit einen ganzen Viertelstag jünger war, was uns aber wenig kümmert. Wie nun der väterliche Herr so sah, dass man ein wenig allzu sehr in Saus und Braus lebte in seinem Haus und seine Gäste sich nicht nur satt aßen, sondern auch noch obendrein die Taschen füllten, bekam er es mit der Angst, es könnte ihm zuletzt am Nötigsten fehlen. Und er beschloss, eine vollkommenere Verwaltung seiner Domänen einzurichten. Das war weise und vernünftig gedacht. Er ließ also auf einem Speicher des gargantualischen Schlosses seine besten Vorräte zusammentragen, einen großen Haufen roter holländischer Käse, zwanzig gewaltige Töpfe eingemachter Mustarde, ganze Kübel voll Zwetschgenmus, Latwergen und Touraner Pflaumen, große Fässer eingesalzener Butter, ganze Kisten voll Hasenpasteten, in Fett gelegte Enten, im Schmalz vergrabene Schweinsfüße und Gänsekeulen, dreihundertsiebenundneunzigtausend Büchsen voll grüner Erbsen und Bohnen, siebenhundertdreiundfünfzigtausend Gläser des feinsten Orleaner Quittengelees, viele Fässer getrockneter Lampreten, marinierter Heringe, geräucherter Aale und eingepökelter Seezungen, ganze Kufen eingetrockneter Weintrauben, endlich Eingezuckertes für die Gargamella an den Feiertagen und tausend andere gute Sachen, die ins Einzelne aufgezählt sind in den ripuarischen Gesetzen und auf gewissen Seiten der königlichen Kapitularien, Edikte, Pragmatiken, Ordonnanzen und Institutionen jener Zeit.

Klemmte dann der Gevatter sein Binokel auf die Nase und seine Nase in das Binokel und ging aus, einen fliegenden Drachen oder ein Einhorn zu suchen, die ihm seine kostbaren Schätze bewachen könnten. Also suchend und in Sorgen durchwanderte er seine Gärten. Er wollte keinen geschopften Kranich, mit dem schon die Ägyptianer, wie aus den Hieroglyphen hervorgeht, schlechte Erfahrungen gemacht haben. Mit einer Handbewegung scheuchte er die Kohorten der Kobolde und Alraunen hinweg, weil er wusste, dass diese schon den Kaisern und auch den alten Römern zuwider waren, wie ein gewisser Fürwitz namens Tacitus überliefert hat. Auch das Geschlecht der Pikrokoller verwarf er. Ebenso die Legionen der Druden, Wichtelmänner, Nachtmahre, Zwerggeschlechter der Erdhöhlen und ähnliches Gesindel, die wie Hundszahn wucherten und alles Gegründ und Geschlucht erfüllten mit ihrem Gewimmel und Gewusel, also wie es in der Reisebeschreibung des Sohnes Pantagruel zu lesen war. Er ging im Geist alle Historien, Genealogien und Geschlechtsregister seines Reichs durch, aber zu keiner einzigen gallischen Rasse konnte er ein Vertrauen fassen. Er hätte sich am liebsten eine neue geschaffen, unbekannt selbst dem Schöpfer aller Dinge. Je länger er erwog, umso unmöglicher schien es ihm, eine Wahl zu treffen, und er fürchtete schon, seine kostbaren Schätze und Reichtümer dem Verderben preisgeben zu müssen. In dieser sorgenvollen Lage begegnete er einem kleinen hübschen Spitzmäuserich, aus dem alten und edlen Geschlecht der Spitzmäuseriche, die als Wappen einen roten Balken im blauen Schilde führen. Und was für ein Prachtkerl das war! Er trug den schönsten Schwanz seiner Familie und spreizte und spiegelte sich in der Sonne als ein echter edler Spitzmäuserich von Gottes Gnaden. Man sah es ihm an, wie er stolz darauf war, seine Ahnenreihe bis auf die Sintflut zurückverfolgen zu können in ununterbrochenen Geschlechtsregistern, von Fall zu Fall, gestützt auf Brief und Siegel und Parlamentsakten, wie denn ein Protokoll ausdrücklich und unwiderleglich bezeugte, dass bereits ein Spitzmäuserich mit dem Patriarchen Noah in die Arche gegangen ist …«

*

Hier lüpfte Meister Algofripas ein wenig seine Mütze, und in salbungsvollem Predigerton fuhr er fort:
»Noah, meine Herren, gemeint ist jener Noah, der die Rebe gepflanzt hat und zuerst das Glück hatte, sich im Wein zu berauschen. Denn es steht fest und sicher, dass ein Spitzmäuserich auf dem Schiff war, aus dem wir alle hervorgegangen sind. Aber die Menschen haben sich untereinander vermischt und ihre Rasse verunreinigt. Nicht so die Spitzmäuseriche. Sie sind stolzer auf ihr Wappen als alle andern Tiere, sie würden niemals einen Hamster in ihre Familie aufnehmen, und wenn er auch alle Reichtümer der Welt in seinem Bau zusammengetragen hätte. Dieser echt edelmännische Geist gefiel dem guten Gargantua. Und kurzerhand übertrug er dem Spitzmäuserich die Statthalterschaft auf seinen Speichern mit den ausgedehntesten Rechten, Privilegien und Machtvollkommenheiten, hoher und niederer Gerichtsbarkeit, Committimus, Missi Dominici, mit Gewalt über den Klerus und dem Oberbefehl im Heer, kurz, mit allem, was sich nur denken lässt. Der Spitzmäuserich versprach, sein Amt getreu zu verwalten und seine Pflicht zu tun, wie man von einem feudalen Spitzmäuserich erwarten kann; er stellte nur die eine Bedingung, auf dem Kornhaufen wohnen zu dürfen, was der gute Gargantua gerecht und billig fand.

Und also hättet ihr den Spitzmäuserich sehen müssen in seinem neuen Palast: wie er Sprünge machte, wie er glücklich war, glücklich wie ein Fürst, der glücklich ist; wie er stolz seine Länder und Reiche inspizierte, seine Schinkenprovinzen, seine Latwergengrafschaften, seine Domänen von Mustarden, seine Traubenherzogtümer, seine Blutwurstfürstentümer, seine Baronate jeder Art; wie er auf Bergen von Weizen thronte und mit seinem Schwanz die Körner peitschte. Wo der Spitzmäuserich erschien, standen ehrfurchtsvoll und begrüßten ihn stumm alle Töpfe. Und wo zwei goldene Becher beieinanderstanden oder auch ein silberner Humpen bei einem goldenen Becher, stießen sie aneinander und machten ein Geläute wie mit Kirchenglocken, wenn der Fürst einzieht, dessen der Spitzmäuserich sehr zufrieden war und sich freundlich bedankte mit einem leisen Nicken des Kopfes nach rechts und nach links.
Auf seinem Kornhaufen setzte er sich gern in einen Streifen Sonne, der durch die Dachluke fiel. Da leuchtete dann sein seidenweiches glattes Fellchen in einem bläulichen Schimmer, und er sah ganz und gar aus wie ein nordischer König in seinem Zobelpelz. Oft auch vergnügte er sich mit Springen und Tanzen, mit Kapriolen und Purzelbäumen, dann bekam er guten Appetit, ließ sich ein, zwei Weizenkörner schmecken, die er mit Behagen knusperte, und saß dann wieder zuoberst auf dem Haufen, wie ein König auf dem Thron vor dem versammelten Hof, und mit dem Bewusstsein, der tapferste und treueste Spitzmäuserich der Welt zu sein.
Erschienen da an ihren gewohnten Schlupflöchern und sonstigen Vorposten unheimliche nachtwandlerische Völker, lichtscheues Gesindel, das auf vier Pfoten läuft, an Wänden und Balken klettert, in versteckten Höhlen haust, kurz, das zahlreiche Geschlecht der Mäuse, Ratten, Hamster und anderer Nager, die alles beknuppern und beschnuppern, bebeißen und bescheißen und der Schreck und die Landplage aller guten Hausfrauen sind. Als sie den Spitz-

mäuserich erblickten, schreckten sie zurück und drückten sich hinter die Schwelle ihrer Wohnungen, nur ängstlich hinblinzelnd nach dem neuen unerwarteten Feind. Ein alter grauer Mausling aber, aus dem wispernden, knuspernden Geschlecht der Mauselinge, ein frecher und respektwidriger Geselle, streckte trotz aller Gefahr seinen Kopf ein wenig aus dem Fenster und besah sich fast furchtlos den Spitzmäuserich, der auf der Höhe des Weizenbergs mit aufgerichtetem Schwanz auf seinem Hintern saß, kam aber bald zu der Überzeugung, dass das der Teufel sei, vor dessen Krallen man sich in Acht nehmen müsse; denn der gute Gargantua hatte seinem Statthalter, damit er den anderen Spitzmäusen und Mäusen, Ratten und Ratzen, den Hamstern, Wieseln, Iltissen und Katzen, kurz, dem ganzen nächtlichen Raub- und Diebsgesindel umso mehr Respekt einflöße, hatte dem Statthalter, sage ich, ein wenig Muskatöl um die spitzige Schnauze geschmiert, dessen Geruch seitdem alle Spitzmäuse geerbt haben, da der Statthalter trotz dem weisen Rat Gargantuas die Mitglieder seiner Sippe nicht immer in gehörigem Abstand gehalten hat, infolgedessen die berühmten und langwierigen Spitzmäusekriege entstanden sind, die ich euch in einem ernsten weltgeschichtlichen Werk erzählen würde, wenn ich die Zeit dazu hätte.

An diesem Muskatgeruch erkannte der graue Mausling oder Ratterich – denn die Gelehrten des Talmud sind über die beiden naturgeschichtlichen Spezies nicht im Klaren und verwechseln oft die eine mit der andern –, erkannte der Mausling, dass dem Spitzmäuserich da oben Amt und Vollmacht geworden, über das Getreide des Gargantua zu wachen, durch welche Investitur er quasi ein anderes Wesen geworden, ein Tier, das nur noch Pflicht war, nur noch Spion, Aufpasser und Leuteschinder, kurz, ein Amtsmensch vom Kopf bis zu den Füßen, ganz in Waffen, ganz nur Drohung und Gefahr, der alle mausigen Schwächen, Sitten und Gewohnheiten weit von sich getan, alle Liebhabereien seiner Sippschaft, wie Specklecken, Krümchenknuppern, Kä-

sebeschnuppern, Rindenbenagen und anderes als pöbelhaften Geschmack verachtete und nichts mehr davon hören wollte, sondern dergleichen tat, als ob er nie eine Käserinde geknappert, nie sein Zünglein an einer Speckschwarte gewetzt hätte.
Dennoch beschloss der Mausling, ein Kerl, gerieben wie ein alter Höfling, der zwei Regentschaften und drei Könige überdauert hat, dem guten Spitzmäuserich ein wenig auf den Zahn zu fühlen und, wenn es möglich wäre, die Würmer aus der Nase zu ziehen, zum Heil und Segen aller ratamorphen Kinnbacken auf zehn Meilen im Umkreis.
Sich dergestalt zum Nutzen anderer in die Gefahr zu begeben, wäre schon für einen Menschen eine schöne Tat gewesen, umso mehr bei einem Parlamentarier der Mäuse und Ratten, die ohne Gemeinsinn in egoistischer Vereinzelung leben und keine Scham und Tugend kennen, die ohne Gewissen in der Angst eine Hostie bepissen, die ein Messgewand benagen und blasphemisch, Gott hin, Gott her, aus dem Kelch des Altars trinken würden. Wagte sich also der kühne Mausling unter zierlichen Bücklingen ein paar Schritte vor, dann wieder ein paar Schritte, bis er dem Spitzmäuserich ganz nahe stand, der an Kurzsichtigkeit litt wie alle seine Brüder und Vettern. Alsdann begann dieser Mirabeau des Nagervolks mit pathetischer Rede, nicht im Dialekt der Mäuse, sondern im schönsten und reinsten spitzmäuserischen Hochdeutsch, den Gefürchteten folgendermaßen zu harangieren:
»Hoher Herr«, sprach er, »viel Ruhmreiches habe ich vernommen über Eure glorreiche Familie, dessen untertänigsten Diener ich mich zu nennen die Ehre habe, ich kenne alle Chronikbücher, Legenden und Sagen Eurer Vorfahren, die bei den alten Ägyptianern göttlich verehrt wurden, wie das Krokodil und andere heilige Vögel. Aber Euer Pelzmantel verbreitet einen so königlichen Duft und ist so unerhört von Farbe und von einem so mirakulös schillernden Glanz, dass ich Mühe habe, Euch als einen Eurer Rasse zu erken-

nen, da ich noch nie einen Vetter von Euch in solcher Herrlichkeit angetroffen habe. Ich sehe Euch dennoch das Korn knappern nach der guten alten spitzmausigen Methode, Eure Schnauze ist eine unverfälschte Spitzmausschnauze; ich sehe auch, dass Ihr Euch im Kampf haltet wie ein echter, edler, alter Spitzmäuserich. Aber ein so vollkommener und ganzer Spitzmäuserich Ihr auch sein mögt, so müsst Ihr dennoch, ich weiß nicht in welchem Winkel Eures Ohrs einen, ich weiß nicht was für besonderen Gehörgang haben, den, ich weiß nicht was für eine mirakulöse Klappe auf –, ich weiß nicht was für eine besondere Art schließt, und zwar nur auf Euren heimlichen Befehl in gewissen, ich weiß nicht welchen Augenblicken, um Euch in den Stand zu setzen, gewisse, ich weiß nicht was für Dinge nicht zu hören, die Euch, ich weiß nicht aus welchem Grund, missfallen könnten, weil ihr Anhören Euer feines sakrosanktes, Euer göttliches Ohr, ich weiß nicht warum, unheilbar verletzen müsste.«

»So ist es«, antwortete der Spitzmäuserich, »eben hat sich die Klappe geschlossen, ich höre nichts mehr.«

»Lasst uns sehen«, antwortete der mausige Frechling oder freche Mausling. Dann bestieg er den Kornhaufen und fing an, sich seinen ganzen Proviant für den Winter aufzuladen.

»Hört Ihr etwas?«, fragte er.

»Ich höre das Klopfen meines Herzens.«

»Kui, kui«, riefen alle Mäuse, »den können wir über den Löffel barbieren.«

Unser Spitzmäuserich aber, der geglaubt hatte, einen ergebenen Diener vor sich zu haben, öffnete plötzlich die Klappe zu seinem übernatürlichen Gehörgang und hörte das Geräusch von Weizenkörnern, die in Mauselöcher rollten. Da ergrimmte er so sehr, dass er, unbekümmert um die Prozessordnung, unbekümmert um mündliches und schriftliches Verfahren, sich über den alten Mausling warf und ihn erwürgte. Glorreicher Tod! Dieser Held starb auf dem Feld der Ähren, will heißen der Kornähren oder ihres Inhalts; er wurde als Märtyrer kanonisiert. Der Spitzmäuserich aber nahm ihn und nagelte ihn mit beiden Ohren an das Speichertor, wie man im Reich der ›Hohen Pforte‹ zu tun pflegt, wo man um ein Haar meinen guten Panurg festgenagelt hätte.

Bei dem Todesschrei des Mauslings verschwanden entsetzt alle Ratten und Mäuse, das ganze Volk, in seinen Löchern. Die Nacht darauf aber versammelten sie sich im Keller zu einer großen Volksversammlung, um über die öffentlichen Angelegenheiten zu beraten, wobei nach der Lex papyria unter andern auch die legitimen Ehefrauen Sitz und Stimme hatten. Hier wollten nun die Ratten den Mäusen vorangehen, und der Streit um den Vortritt hätte fast das ganze Vorhaben zunichte gemacht. Da bot ein dicker Ratterich einem zierlichen Mäuschen seinen Arm, diesem Beispiel folgten die Übrigen, und bald saßen sie also in gemischter Reihe im Kreis, Herr Rattemann mit Frau Mausin, jeder auf seinem Hintern, den Schwanz hochgestellt, die Nase in der Luft, die feinen Schnurrbärtchen zitternd vor Aufregung, die kleinen Äuglein funkelnd wie schwarze Diamanten.

Dann begannen die Verhandlungen. Sie liefen bald in ein wirres Geschimpf und Geschelte aus, kurz, es ging zu wie auf einem ökumenischen Konzil. Die einen sagten ja, die anderen sagten nein; einer Katze, die in der Nähe vorüberkam, wurde es angst und bang. War das ein Stimmengewirr mit: Zwiwiwi! Bu bu bu! Mit: Nak nak! Zwiwiwi! Mit: Zrr zrr zrr zrr! Mit: Ui ui ui! Mit: Za za zazazaa! Mit: Fui, fui,

zwiwi zwiwi zwiwi! Alles floss zusammen in ein einziges Tohuwabohu. Die Stadtväter auf dem Rathaus hätten es nicht schöner gekonnt.
Ein kleines Mäuschen, das nicht ganz volljährig war und keinen Zutritt zum Parlament hatte, kam während dieses Tumults an die Tür und streckte sein vorwitziges Schnütchen durch die Ritze, denn das kleine Ding war gar zu neugierig. Und ein Fellchen hatte es, so glänzend, als nur ein jungfräuliches Mäuschen haben kann. Wie nun der Lärm immer größer wurde, drückte es sich so ungestüm in den Spalt, dass es sich endlich mit seinem ganzen Körperchen hindurchzwängte und drin zu Boden gefallen wäre, wenn es sich nicht an einem Fassreif, der an der Tür hing, festgehalten hätte. Darauf saß es nun so zierlich, man hätte glauben können, es sei ein kleines Meisterwerk in einem gotischen Relief.
In diesem Augenblick geschah es, dass ein alter Ratterich mit einem frommen Augenaufschlag ein Stoßgebet zum Himmel sandte in dieser höchsten Not des gemeinen Wesens. Da gewahrte er plötzlich das zierliche, weiße, weichfellige Mäuschen und erklärte laut vor der ganzen Versammlung, das sei eine Erscheinung des Himmels, gesandt zum Heil des Volks und zur Rettung des Staats.
Sofort wandten sich alle Schnauzen erstaunt nach dieser Lieben Frauen von der göttlichen Hilfe, und eine große Stille trat ein. Zuletzt aber beschloss das Parlament, trotz der Einsprache einiger Neidhammel, das hübsche Weibsen dem Spitzmäuserich zum Geschenk zu machen. Im Triumph wurde sie vor die Versammlung geführt, und wenn ihr sie gesehen hättet, wie sie mit kleinen zierlichen Schrittchen einhertrippelte, mit Grazie ihren Hintern schwenkte, das feine Köpfchen ein wenig auf die Seite neigte, wie sie unnachahmlich mit den dünnen durchsichtigen Öhrchen wackelte und sich mit ihrem Rosenblättchen von Zunge den zarten Flaum ihres Schnütchens leckte, wenn ihr sie gesehen hättet, ihr würdet euch nicht verwundern, dass die al-

ten, dickbäuchigen, runzelgesichtigen, graubärtigen Rattenhäuptlinge sich, einer wie der andere, bis über die Ohren in das hübsche Ding verliebten und, wie sie vorüberzog, Maul und Augen aufsperrten und sich Hals und Augen verrenkten, gleich den Wackelgreisen von Troja, wenn die schöne Helena aus ihrem Badehaus kam.

Und also wurde das zarte weiße Fräulein nach den Speichern abgesandt, ob sie vielleicht den Spitzmäuserich lüstern machen und Gnade finden möchte vor seinen Augen, zum Heil des ganzen nagenden, leider jetzt am Hungertuch nagenden Volks, gleich jenem hebräischen Weib mit Namen Esther, auf die der Sultan Ahasver ein Auge geworfen hatte und die sein Herz wendete und günstig stimmte ihrem unterdrückten Volk, wie es geschrieben steht im Buch der Bücher, nämlich der Bibel, welches Wort von dem griechischen Wort ›Biblos‹ kommt, id est das Buch an sich.

Die schöne Maus versprach zu tun, was in ihren Kräften stände, und sie durfte sich schon etwas zutrauen, denn wahrlich, sie war die Königin der Mäuse, eine Maus so zartfellig und so zartfühlig, so mockelig, so hell-lichtblond, kurz, das lieblichste Fräulein, das nur je an Balken hingeklettert, an Wänden hinaufgekrabbelt ist und kindische Juchzer und Freudenschreie ausgestoßen hat, wenn es auf seinem Weg eine Apfelschale gefunden, ein Stückchen von einem Nusskern oder ein Brotkrümelchen. Eine wahre Nymphe war's, eine wahre Fee von einer weißen Maus, mit einem Köpfchen voller Tollheiten und Lustigkeiten, einem so kleinen, zierlichen Köpfchen, mit einem Blick so hell wie ein Diamant, mit einem Haar, feiner wie Sonnenstrahl und weicher wie Seide, mit einem so weißen, kitzligen, molligen Körperchen, mit einem Schwanz wie Samt, mit Pfötchen wie Rosenblätter; ein wohlgebornes Mäuslein war's, mit einem flinken Zünglein und wohlgewandter Rede, ein Mäuslein, das sich nicht gern plagte, sondern seiner Natur nach lieber herumlag auf weichen Unterlagen, ein listiges, schlaues, durchtriebenes Mäuslein, schlauer als ein alter Doktor der Sorbonne, der die Dekretalien auswendig weiß; ein Mäuslein war's mit weißem Bauch und gestreifeltem Rücken, mit allerliebsten kleinen Zitzen, mit Grübchen in den Wangen, mit einer Reihe Zähnchen, die schimmerten wie Perlen, mit einem Wort: ein Fressen für einen König.«

⋆

Die Schilderung war so kühn, und so auf ein Haar war die geschilderte Maus ein Ebenbild der gegenwärtigen Frau Diana, dass alle Höflinge zitterten für den verwegenen Erzähler. Die Königin Kathrein lächelte boshaft, aber dem König war's nicht ums Lachen. Meister Franziskus jedoch fuhr fort, ohne auf das verstohlene Zublinzeln der Kardinäle Dubellay und von Castillon zu achten, die das Schlimmste für den Gevatter befürchteten.

⋆

»Diese hübsche Maus«, fuhr er fort, »verlor ihre Zeit nicht, und schon am ersten Abend verdrehte sie dem guten Spitzmäuserich ganz und gar den Sinn und nahm ihn für immer gefangen mit ihrem Liebäugeln und verschmitzten Schöntun, mit Lüsternmachen und zimperlichem Verweigern, mit all den Kniffen eines entzückenden Luderchens, das möchte und nicht wagt, mit tausend halben Liebkosungen und Hinhaltungen, mit all den vertrackten Vorbereitungen und Einleitungen einer Maus, die weiß, was sie wert ist, die ihren Preis kennt; mit all den kitzligen Aufreizungen, versprechenden Blicken, versagenden Zurückweisungen, mit Böswerden zum Scherz und Scherzen zum Böswerden, kurz, all den verfänglichen und fänglichen Teufeleien, wie sie die Weibsen aller Länder mit so großer Meisterschaft handhaben: bis endlich, nach unendlichem Kurbettieren und Pfötchenlecken und was die sonstigen spitzmäuserigen verliebten Galanterien mehr sind, nach so viel zornigem Stirnrunzeln, unendlichen Seufzern, Serenaden und nächtlichen Liebesmählern auf dem Kornhaufen und Mahlzeiten zu allen Tageszeiten – bis endlich es so weit kam, dass der Statthalter aller Kornkammern über die Gewissensskrupel und religiösen Bedenken des leckeren Frauenzimmerchens den Sieg davontrug.

Und alsbald fanden beide so viel Geschmack an der blutschänderischen und verbrecherischen Liebe, dass die verdammte kleine Maus den Spitzmäuserich am Bändel hielt, wie nur eine, und die wahre Königin wurde in seinen Reichen, die von allem naschte, wo es nur zu naschen gab, Süßem und Herbem, kurz, über alles verfügte, ohne dass der Spitzmäuserich im Geringsten zu mucksen sich erlauben durfte. Er war dieser Königin seines Herzens zu Willen in allem und jedem und vergaß, trotz warnenden Gewissens, alle Treuschwüre gegen den guten alten Gargantua.

Die schlaue Maus merkte bald, dass er ihr nichts mehr versagen könne, und in einer schönen Nacht, als sie wieder einmal anderes zusammen taten als Paternoster beten, erinnerte sich das gute Kind an seinen armen Vater daheim, den ein Körnlein von ihrem Überfluss glücklich machen konnte, und sie drohte dem Spitzmäuserich, ihn zu verlassen und wegzugehen aus seinem Palast, wenn er ihr nicht erlauben wolle, ihre kindliche Pflicht gegen ihren Vater zu erfüllen. Ein klein wenig leistete der Statthalter Widerstand, aber nicht lange, sondern lieferte ihr ein Patent aus mit dem großen königlichen Siegel, in grünem Wachs und mit hochroten seidenen Schnüren, kraft dessen dem Vater des Weibsen das Privilegium zugestanden wurde, in dem gargantuanischen Palast frei aus und ein zu gehen und seine tugendhafte Tochter zu sehen und ans Herz zu drücken, wann es ihm beliebte, auch von allem zu essen, wonach ihm das Herz stand. Doch sollte er seine Mahlzeit in der Küche halten.

Erschien also im Schloss ein ehrwürdiger Greis mit weißem Schwanz, ein fünfundzwanzig Unzen schwerer Ratterich, gravitätisch wie ein Kanzler von Frankreich, mit wackligem Kopf, begleitet von einem Stücker zwanzig Neffen, ein jeder dünn wie eine Säge, die alle dem Spitzmäuserich ihre Aufwartung und in wohlgesetzten Reden und Argumentationen begreiflich machten, dass er keine treueren und ergebeneren Diener finden könne als sie, seine Anverwandten, Blutsverwandten, Vettern und Schwäger. Darum möge er seine drückendsten Lasten auf ihre jungen Schultern abladen, sie wollten Ordnung in die Verwaltung bringen, alles aufs Sorgfältigste notieren, registrieren und etikettieren, gute Buchhaltung führen, also dass Gargantua, wenn er einmal eine Visitation halten werde, mit dem Stand der Finanzen, Ersparnisse und Vorräte zufriedener sein solle als je.
Ihre Gründe schienen durchaus einleuchtend. Dennoch war es dem armen Spitzmäuserich nicht ganz wohl bei der Sache, und sein Gewissen warnte ihn, denn das war nicht nur ein spitzmausiges, sondern auch ein spitzfindiges Gewissen. Und nicht umsonst fürchtete er seinen Herrn, der Macht über ihn hatte. Er verlor seine gute Laune und wurde düster und sorgenvoll; das bemerkte eines Morgens, als sie sich miteinander vergnügten, die Dame Maus, die um diese Zeit schwanger war, und beschloss bei sich, durch eine sorbonnistische Konsultation und das Befragen einer hohen theologischen Fakultät seine Zweifel zu heben und sein Gewissen zu beruhigen.
War da ein gewisser Herr Maultasch, der als Einsiedler in einem Käse lebte, der Abstinenz wegen, ein alter und hoch angesehener Beichtvater im Land der Ratten und Mäuse, ein fettes, wohlgemästetes Mönchlein mit einem lachenden Gesicht über der schwarzen Kutte, mit einer winzigen Tonsur auf dem Haupt, die ihm eine Katze beigebracht, der er eines Tages in die Krallen geraten. War ein wahrhaft ehrwürdiger Ratterich, ein Ratterich im geistlichen Gewand, der sich auf die höchsten Autoritäten der Wissenschaft be-

rufen konnte, der die Dekretalien und Klementinischen Gesetze Paragraphos für Paragraphos auswendig wusste, vielmehr er hatte sie inwendig, weil er an allen diesen Büchern schon genagt, papierenen und pergamentenen, und viele davon ganz aufgefressen hatte.

Sein Ruf in den hohen Wissenschaften, verbunden mit der tiefsten christlichen Demut, und besonders sein heiliges Einsiedlerleben in der Käsehöhle hatten ihm eine große Schar Jünger gewonnen, und wo er ging und stand, folgte ihm ein Haufen schwarzer Ratteriche nebst zugehörigen hübschen Mäuschen, denn die kanonischen Gesetze des Konzils von Ratzenburg waren damals noch nicht in Kraft getreten, also dass es jedem Kuttenmann freistand, seine Konkubine offen mit sich herumzuführen. Dieser heilige Mann nebst seinem präbendierten und benefizierten Anhang war der Dame des Statthalters sehr ergeben, die die ehrwürdige Gesellschaft eiligst herbeirufen ließ. In feierlichem Aufzug, in zwei Reihen geordnet, sodass es aussah, als ob die ganze Pariser Universität in Prozession nach dem Münster zöge, erschienen sie vor dem Statthalter. Ihre Nasen schnüffelten links und rechts nach den aufgehäuften Vorräten.

Nachdem der Zeremonienmeister einem jeden seinen Platz angewiesen, nahm ihr Meister und Oberratterich, sozusagen Kardinalratterich, das Wort und hielt im schönsten Rattenlatein oder radodatischen Latein eine Ansprache, worin er dem Spitzmäuserich bewies, mit Gründen aus der Schrift und den Vätern: dass über ihm niemand stehe als Gott allein, dass er niemand Rechenschaft und Gehorsam schuldig sei außer Gott, und dass er allein Gott zu fürchten brauche, aber sonst niemand auf der Welt.

Diese Ansprache, geschmückt mit unendlichen Periphrasen und Zitaten aus den Evangelien, und alles so kunterbunt ineinander gequirlt, mit alten Fetzen gesunden Menschenverstandes, dass es den Zuhörern grün und gelb vor den Augen wurde, endete mit einer Lobrede auf das erlauchte Geschlecht der Spitzmäuseriche im Allgemeinen und des hochselbst hier anwesenden Herrn Statthalters im Besonderen, von dem gesagt wurde, dass er seine Vettern an Gött-

lichkeit übertreffe, wie die Sonne die Sterne. Dem gargantuanischen Speicherverwalter wurde ganz schwindlig bei so viel Lob.

So sehr hatte ihm die Rede den Kopf verdreht und mit dem Kopf den Sinn, dass er der ganzen wohlrednerischen schwarzen Schar Wohnung anweisen ließ in seinem Palast, als welche sich hingegen verpflichtete, ihn Tag und Nacht mit Schmeichelworten zu füttern, auch seine Dame zu preisen und anzusingen und ihr den Hintern zu küssen, sooft sie es haben wollte.

Diese aber, die wohl wusste, wie hungrig ihr Volk war, wollte ihrem Werk die Krone aufsetzen. Sie gebrauchte also ihre Zunge, öffnete die Schleusen ihrer verliebten Beredsamkeit und beklagte sich zugleich bitter in verliebten Vorwürfen bei ihrem Spitzmäuserich, dass er die schönste Zeit auswärts zubringe, immer auf Reisen und Inspektionen sei, immer unterwegs, sodass sie auch gar nichts mehr von ihm habe. Wie oft rufe sie nach ihm in schmerzlicher Sehnsucht, und immer sei er weit weg, auf den Hohlziegeln oder in der Dachrinne, immer auf der Jagd nach Missetätern, während

sie ihn allezeit bei sich haben möchte, bereit wie eine Lanze und lustig wie ein Vogel.
Also beklagte sie sich, riss sich ein graues Haar aus, nannte sich die unglücklichste Maus der Welt und weinte bitter-

lich. Der Spitzmäuserich bewies ihr, dass sie Herrin sei über ihn, über alles, und dass sie sich mit Unrecht beklage. Aber ein Strom von Tränen erweichte ihn, er entschuldigte sich und erklärte sich bereit, alles zu gewähren.
Da versiegten plötzlich ihre Tränen, und indem sie ihm die Pfote zu küssen gab, riet sie ihm, er möge doch diese Schwarzen da als Soldaten bewaffnen, es seien sichere, erprobte Leute, ehemalige Kondottieri, die mit Vergnügen für ihn die Runde machten und besser Polizei und Ordnung hielten als er selber. Und der Spitzmäuserich erließ unverzüglich die gewünschten Verfügungen. Er hatte nun das herrlichste Leben von der Welt. Er brauchte nichts mehr zu tun, als zu tanzen, zu spielen, die Madrigale und Balladen seiner Hofpoeten anzuhören, auf der Laute und auf der Mandoline zu spielen, witzige Rätsel aufzugeben und, wenn er Hunger und Durst oder auch wenn er weder Durst noch Hunger hatte, zu essen und zu trinken und zu trinken und zu essen.
Eines Tages, als seine Liebste vom Wochenbett aufstand,

wo sie ihm ein allerliebstes mausiges Spitzmäuschen oder spitzmausiges Mäuschen geschenkt, ich weiß nicht welchen Namens, das, ihr könnt euch denken, die Pelzmützen des Parlaments so rasch als möglich legitimierten, da …«
Hier bekam der Konnetabel von Montmorency, der seinen Sohn mit einer Bastardtochter des genannten gegenwärtigen Königs verheiratet hatte, einen roten Kopf, fuhr mit seiner Faust an den Schwertknauf und rollte mit seinen Augen, um dem Teufel Angst zu machen.
»… da wurden« – fuhr Meister Franziskus fort – »auf den Speichern solche Feste gefeiert, dass kein Galafest des Hofs sich damit vergleichen kann, das Ordensfest vom Goldenen Vlies nicht ausgenommen. Nie hatten die Mäuse ein solches Hochzeiten gesehen. Das war ein Tanzen der Ratten und der Ratzen – Walzer, Galopp und Mazurka – ein Schmausen und Bankettieren, ein Hochausbringen und Hurrarufen, kurz, ein Lärmen und Tollen, als ob sie den Speicher zu den Dachluken hinauswerfen wollten. Die Ratten hatten alle Konservenbüchsen erbrochen, alle Töpfe zerschlagen, alle Fässer angebohrt. Da flossen Ströme von Senf und Latwergen, da lagen ganze Haufen angenagter Schinken umher. Alles ging zum Teufel. Die jungen Ratten wälzten sich nur so in der Kapernsauce, die Mäuschen spielten Huschhusch und Blindekuh in den ausgehöhlten Pasteten. Andere taten mit geräucherten Ochsenzungen wie Kinder mit ih-

ren Steckenpferden. Wieder andere schwammen in Fluten von Honig oder tauchten unter in Töpfen von Schmalz, die Klügsten schafften das Korn haufenweise in ihre Löcher und benutzten den allgemeinen Saus und Braus, um auf die Seite zu bringen, was nur auf die Seite zu bringen war, kurz, es ging zu wie auf einem römischen Karneval.

Das Knistern der Öfen, das Zischen des heißen Schmalzes, das Krachen der Kisten und Fässer, das Gesing der Drehspieße, das Rascheln in Körben und Näpfen, das Bumbum der Mörser, das Gluckgluck der Flaschen und Krüge, das Klingling der Gläser und Kelche und tausend andere unbestimmbare Geräusche machten zusammen eine unsagbare, lukullische Musik oder Symphonia gastronomica. Ein wahrhaft hochzeitliches Treiben war's, ein Hin und Her, ein Kommen und Gehen von Mundschenken und Mundbäckern, Kämmerern und Stallmeistern, Kellnern und Köchen, Küchenjungen und Trossbuben, von Musikanten, Tänzern, Jongleuren und anderen Spielleuten ohne Zahl. Das war ein Tuschblasen, ein Tamburinengesurr, ein Beckengerassel, ein Paukenschlagen. Immer ausgelassener wurde die Lust, immer berauschter die Berauschtheit, immer toller die Tollheit dieser närrischen Nacht.

Da plötzlich hörte man den schrecklichen Gargantua, der mit schweren, dröhnenden Schritten die Treppe heraufstieg und unter dessen Last die Balken sich bogen und die Sparren knarrten. Einige alte Ratteriche hörten zuerst das verdächtige Gedröhn, aber sie wussten nicht, was es zu bedeuten habe; denn sie kannten ja noch nicht den Tritt des fürchterlichen Großherrn. Sie ergriffen aber vorsichtigerweise die Flucht und taten wohl daran, denn schon in diesem Augenblick erschien Gargantua unter dem Tor des Speichers.

Mit einem einzigen Blick übersah er die saubere Wirtschaft, sah seine Konserven am Boden zerstreut, seine Krüge und Flaschen geleert, seine Fässer angebohrt, den ganzen Boden bedeckt mit Brühen und Saucen, sah seine Käse ausgehöhlt, seine Schinken zerfressen und bepisst, bebissen und beschissen. Da erfasste ihn eine Wut, dass er mit einem einzigen gewaltigen Fußtritt das lustige Geschmeiß über den Haufen warf und zertrat, mitsamt ihren schönen Pelzen und Perlen, samtenen und seidenen Gewändern. Also machte er dem Schmaus einen entsetzlichen Garaus.«

⋆

»Und was geschah mit dem Spitzmäuserich?«, fragte der König, nachdem er eine Zeit lang träumerisch vor sich hingeblickt.

»Majestät«, antwortete Meister Franziskus, »in dem Punkt war Gargantua ungerecht. Der Spitzmäuserich wurde zum

Tode verurteilt, und zwar, wegen seines hohen Adels, zum Tode mit dem Schwert, und er war doch nur übertölpelt worden.«

»Du gehst ein wenig weit, Gevatter«, brummte der König.

»Nein, Majestät«, erwiderte Rabelais, »ich ziele nur ein wenig hoch. Habt Ihr nicht selber die Kanzel über die Krone gestellt? Ihr habt mich aufgefordert, eine Predigt zu halten, und ich habe sie gehalten, im Geist und nach der Vorschrift des Evangeliums.«

»Was meint Ihr, mein lieber Hofprediger«, flüsterte ihm die Dame Diana ins Ohr, »wenn ich nun bösartig wäre?« »Schöne Frau«, entgegnete ihr Meister Franziskus, »findet Ihr nicht auch, dass es höchste Zeit war, den König, Euern Herrn, vor diesen Italienern zu warnen, die wie Mückenschwärme hinter der Königin her sind, Seine Majestät belästigen und unser schönes Land verfinstern?«

»Herr Pfarrer, Herr Pfarrer«, sagte ihm der Kardinal Odet ins Ohr, »brennt Euch nicht der Boden von Frankreich unter den Füßen? Seid klug, sucht Euch jenseits der Grenze ein Örtlein.«

»Ich werde bald abreisen, hoher Herr«, antwortete Meister Franziskus, »aber in ein besseres Jenseits.«

»Beim Fleisch Gottes, Herr Schriftenmacher«, sagte der Feldzeugmeister – dessen Sohn, wie jedermann weiß, das Fräulein von Piennes, seine Verlobte, treulos verlassen hatte, um Diana von Frankreich zu heiraten, eine Tochter des Königs und einer Dame von jenseits der Alpen –, »beim Fleisch Gottes, du bist kühn, mein lieber Tintenkleckser. Mit Personen so hohen Ranges hat noch keiner ungestraft angebunden. Du greifst hoch hinauf, Poetlein, und bei meinem Ritterwort, du sollst eine Leiter hinaufsteigen …«

»Ja, die Himmelsleiter, Herr Konnetabel. Wir werden sie alle einmal hinaufsteigen. Wenn Ihr aber ein Freund des Staats und des Königs seid, so müsst Ihr mir danken, dass ich den König vor diesen Lothringern gewarnt habe, diesen hungrigen Ratten, die uns hier arm fressen.«

»Mein Gevatter«, sagte ihm der Kardinal Karl von Lothringen ins Ohr, »wenn du einige Goldgulden brauchst, um das fünfte Buch deines Pantagruel ans Licht zu bringen, stehen sie dir gern zur Verfügung, zum Dank dafür, dass du es dieser Hure des Königs und ihrem Anhang einmal ordentlich gesagt hast.«

»Nun, meine Herren«, sprach der König laut, »was ist eure Meinung über die Predigt?«

»Majestät«, antwortete Melin de Saint-Gelais, als er merkte, dass alles wohl zufrieden war, »ich habe in meinem Leben keine bessere pantagruelistische Parabel gehört; sie war aber auch nicht anders zu erwarten von einem, der in seiner Abtei Thelesma dieses wahrhaft Leoninische Carmen über das Tor geschrieben hat:

Hier dieser Ort sei euch ein Hort,
Zuflucht - und stürmesichrer Port,
Die ihr bekämpft mit kühnem Wort,
Der Pfaffheit Meuchelei zum Trutz,
Lug, Schlaffheit, Heuchelei und Schmutz.«

Und also lobten und rühmten alle Höflinge einstimmig den Meister Franziskus, der sich empfahl und auf den Heimweg machte, ehrenvoll begleitet von zwei Pagen, die ihm auf ausdrücklichen Befehl des Königs die Fackeln vorantrugen.

⋆

Einige Scheißkerle haben diesem Meister Franziskus, der höchsten Zierde unseres Landes, den Vorwurf gemacht, dass er mit pöbelhaften Hanswurstiaden und boshaften Affereien die ganze Welt zum Narren gehalten, und haben gemeint, diesen philosophischen Homerus, diesen Fürsten der Wissenschaft, dieses göttliche Urzentrum, auf das so viel große und unsterbliche Werke zurückgehen, zu beschmutzen und herabzusetzen in den Augen der Menschen. Aber Tod und

Teufel über ein Gesindel, das geglaubt hat, diesem leuchtenden Genius auf den Kopf scheißen zu dürfen! Mögen sie doch nichts als leeres Stroh und Häcksel zu fressen kriegen und taube Spreu, die die kräftige und gesunde Nahrung dieses Touraners nicht zu würdigen wissen. Du Trinker klaren Wassers, du Bewahrer des höchsten Ideals klösterlicher Enthaltsamkeit, du Gelehrter aller Gelehrten, in was für ein unbändiges und nie endendes Lachen müsstest du ausbrechen, wenn du heut unter uns erscheinen und das Gesudel lesen könntest, dieses Gestänk und Gezänk, dieses Getratsch und Geschimpf, das täglich über dich losgelassen wird, in B-Moll und in B-Quadrat, von Leuten, die dich herausgeben, die dich kommentieren und interpretieren, die dich zerreißen, schelten, brandmarken, die nach Schmutz und Unrat in dir schnüffeln, dich den Hunden hinwerfen und dich so grandios missverstehen in jedem Wort. Gleich den panurgischen Hunden, die geifernden Mauls und mit lang heraushängender Zunge hinter der Dame in der Kirche her waren, so ist hinter dir her die zweibeinige akademische Meute, Kerle mit schlaffem Gehirn und schlaffem Diaphragma, und wissen nichts Gescheiteres zu tun, als die leuchtende Marmorpyramide zu besudeln, auf der deine großartigen gargantualischen Fantasien und Lehren der Weisheit für die Ewigkeit eingegraben sind.

Wenn nun aber auch nur wenige imstande sind, dem kühnen Flug deines Schiffs auf dem Ozean der Ideen zu folgen und deine Methoden, Philosophien, Religionen, Wissenschaften und die Wahrheit der ganzen menschlichen Komödie und Narretei in deinem Werk vollkommen zu erfassen und zu würdigen, so hast du doch einige aufrichtige Verehrer. Ihre Bewunderung ist wenigstens ohne heuchlerische Beimischung, und klar erkennen sie und tapfer bekennen sie deine wissenschaftliche, moralische, philosophische und sprachliche Omnipotenz und Allgewalt. Und also hat ein armer Sohn des lustigen Touraner Landes es unternommen, dich zu rechtfertigen und, wenn auch mit unzulänglichen Mitteln, dein Bild zu reinigen und laut zu rühmen deine ewigen und unsterblichen Werke, deine konzentrierten Werke, wo eng zusammengepresst, wie Sardinen in einer Büchse, alle philosophischen Ideen enthalten sind, alle Wissenschaften, alle Künste, alle Beredsamkeiten mitsamt dem ganzen tollen Komödienspiel und Mummenschanz des Lebens.

LE SUCCUBE

Einige Herren und Damen aus unserm edlen Touraner Land waren so begeistert von dem Autor und seinem patriotischen Werk, in dem so viel Altertümer, Aventiuren, gelungene Streiche und Schwänke aus jenen Gegenden von Neuem aufleben, dass sie nicht anders meinten, als der genannte Autor müsse alles wissen, was nur irgendwie mit jenem gesegneten Land zusammenhängt, und eines Tages, nach reichlichem Trinken versteht sich, wandten sie sich an ihn mit der Frage, ob er nicht den etymologischen Grund wisse, warum eine Straße in Tours die Brenzelgasse heiße, worüber sich besonders die Damen schon oft den

Kopf zerbrochen hätten. Er hat ihnen zur Antwort gegeben, wie sehr er sich verwundern müsse, dass selbst die ältesten Bewohner der Stadt die zahlreichen Klöster vergessen hätten, die man vor Zeiten in dieser Straße gefunden, wo denn die notgedrungene Enthaltsamkeit der Mönche und Nonnen die ganze Gegend also brenzlig gemacht habe, dass einige Frauen, die etwas langsam aus der Vesper zurückkehrten, in dieser Straße schwanger geworden sind. Ein Landjunker, der sich auf den Gelehrten hinausspielte, bestritt aber diese Konjunktur; nicht die Klöster, behauptete er, sondern die sämtlichen Hurenhäuser der Stadt hätten in der Straße gelegen. Ein anderer verlor sich ganz und gar in dem Irrgarten der Wissenschaft und kramte eine solche Gelehrsamkeit aus, dass ihn kein Mensch verstand. Er sprach von Wortwurzeln und Wortstämmen, von Suffixen und Präfixen, von Lautwandlungen und Lautverschiebungen, von Alliteration und Assimilation und was dergleichen Gallimathias mehr ist. Er zog hundert Beispiele aus allen Sprachen der Welt seit der Sintflut sozusagen an den Haaren herbei, aus dem Hebräischen, Chaldäischen, Ägyptianischen, Griechischen und Lateinischen; er sprach von Turnus, der die Stadt Tours gegründet hat, und endete damit, zu behaupten, dass Brenzel ein ganz verderbtes Wort sei und dass die Straße ehemals Brünzelgasse geheißen habe. Die Damen begriffen von alldem nur den Schluss.

Ein Greis aber stimmte ihm zu, indem er versicherte, dass es ehemals einen warmen Brunnen in dieser Straße gegeben, wovon sein Ur-Urgroßvater noch getrunken habe. Kurz, in weniger Zeit, als ein Mückerich braucht, um seine Frau Nachbarin zu notzüchtigen, kam ein solcher Sack voll Etymologien zusammen, dass eine Laus in dem schmutzigen Bart eines Kapuziners leichter zu finden gewesen wäre, als die Wahrheit in diesem bunten Haufen von Meinungen und Ansichten.

Befand sich da aber auch ein wirklicher Gelehrter, der dafür bekannt war, dass er mehr Groschen für Öl ausgegeben als für Wein, mehr dicke Folianten verschlungen als fette Schnepfen, und aus alten Klöstern und Sakristeien mehr altes Gerümpel und verstaubte Pergamente, mehr Tryptiken, Dyptiken, mehr Archivkästen und Aktentruhen, mehr Regesten und Registraturen über die Geschichte des Touraner Landes zusammengetragen hatte, als ein Hamster Weizenkörner im Monat August. Dieser Kauz, ganz Haut und Knochen, mit dem Podagra in allen Gliedern, schlürfte in der Ecke seinen Wein, ohne zu piepsen. Doch lag um seine Lippen ein verächtliches Lächeln, das richtige verächtliche Gelehrtenlächeln, bis ihm zuletzt der Ausruf ›Dummes Volk!‹ entfuhr, woraus der Autor schloss, dass der Mann im Geheimen mit dem Embryo einer guten und wahrhaftigen Historie schwanger gehen müsse, die ihm für seine gegenwärtige Sammlung vielleicht willkommen sein dürfte.

Kurz, er besuchte am anderen Morgen das Podagramännlein, als welches ihm die folgende Rede hielt:

»Durch Euer Gedicht ›Die lässliche Sünde‹«, so begann er, »habt Ihr für immer meine Hochachtung gewonnen, weil darin von A bis Z alles wahr ist, was bei einem solchen Gegenstand nicht hoch genug angeschlagen werden kann. Aber, wie mir scheint, ist Euch ganz und gar unbekannt, was sich mit jener Mohrin, die durch den Herrn Bruyn von Ravenstein eine Nonne bei den Karmeliterinnen wurde, weiterhin zugetragen hat. Ich kann Euch darüber aufklären. Wenn Euch also jene Straßenetymologie wie auch das Schicksal der ägyptischen Nonne ernstlich am Herzen liegen, so will ich Euch ein sehr kurioses, uraltes Aktenbündel leihen, das aus den Altertümern des erzbischöflichen Palastes stammt, dessen Archiv und Bücherei in jenen Tagen, wo niemand am Morgen wusste, ob ihm am Abend der Kopf noch zwischen den Schultern säße, ein wenig in alle Winde zerstreut worden ist. Würde Euch die Sache Spaß machen?«

»Sehr!«, antwortete der Autor.

Und also übergab dieser würdige Sammler von Dokumenten der Wahrheit dem Autor einige staubige Pergamente,

J. GAUCHARD. SC.

welche dieser, ich kann es euch gestehen, nicht ohne große Mühe in sein Deutsch übertragen hat. Es waren uralte Aktenstücke eines geistlichen Gerichtsverfahrens. Der Autor war der Meinung, dass es nichts Verwunderlicheres und Kurioseres geben könne als die Auferweckung aus Staub und Moder dieser seltsamlichen Stücke, die ein so grelles Licht werfen auf die kindische Unwissenheit der guten alten Zeit. Höret also! Ich bringe die Schriftstücke in der Ordnung, in der ich sie vorgefunden; nur habe ich sie mir auf meine Weise zurechtgemacht, denn die Originale waren in einem teufelsmäßig brenzligen Stil abgefasst.

Der Succubus

I. Was das war, der Succubus

† In nomine Patris, et Filii, et Spiritus Sancti. Amen.

Im Jahre nach Unseres Herrn Geburt Eintausendzweihunderteinundsiebzig. Vor Uns, Hieronymus Kornill, Groß-Pönitentiario und oberstem Strafrichter in kirchlichen Angelegenheiten und Bevollmächtigtem des Kapitels von St. Moritz, der Kathedrale von Tours, sind heut auf Unsere Vorladung, nachdem Wir zuvor Beratschlagung gepflogen mit Unserem gnädigen Herrn, dem Erzbischof, über die Beschwerden mehrerer Bürger der Stadt, deren Klageschrift unten angefügt ist: sind erschienen einige Edelleute, Bürger und Bauern der Diözese und haben die unten folgenden Aussagen gemacht über die großen Ausschweifungen und Ausschreitungen eines Dämons in Weibsgestalt, der den Seelen der Diözese ein groß und schwer Ärgernis gegeben und in die-

sem Augenblick festgehalten ist in dem Gefängnis des Kapitels. Und haben Wir darum zur Feststellung und Bekräftigung der Wahrheit am heutigen Montag, den 11. Dezember, nach der Messe, dies gegenwärtige Verhör eröffnet und zu Protokoll gebracht, zu dem Zweck und Ende, dass die Aussagen der Geladenen und Augenzeugen dem Dämon zur Beantwortung vorgelegt und das Urteil über ihn gefällt werde, kraft Unserer Gesetze contra daemonios.
Bei diesem Verhör war gegenwärtig und mit der Niederschrift des Protokolls beauftragt der gelehrte Herr Wilhelm Turnebusch, Rubrikator im Archiv des Kapitels, ein gelehrter Mann.
Und ist als Erster vor Uns erschienen ein gewisser Johann, genannt Schlenkerarm, ein Bürger von Tours, der mit obrigkeitlicher Genehmigung die Herberge ›Zum Storchen‹ auf dem Platz bei der großen Brücke hält, und hat, seine rechte Hand auf den heiligen Evangelien, beim Heil seiner Seele geschworen, dass er nichts aussagen wolle, als was er selber gesehen und gehört hat. Er hat dann ausgesagt und bezeugt wie folgt:

†

»Ich sage aus, dass ungefähr zwei Tage vor Sankt Johannis, wo wir die Freudenfeuer anzünden, ein Edelmann mich aufsuchte, der mir beim ersten Blick unbekannt vorkam, der aber, wie ich nachher erfuhr, zum Hof des Königs gehörte und vor Kurzem aus dem Heiligen Land zurückgekehrt war. Dieser Edelmann machte mir den Vorschlag, ihm ein mir gehöriges

und von mir selber erbautes Landhaus bei einem Ort, genannt Weihensteffen, der dem Kapitel zinspflichtig ist, zur Miete zu überlassen, und hat dieser Edelmann besagtes Landhaus für die Dauer von neun Jahren in Pacht genommen und dafür drei gute goldene Pfennige hinterlegt, worauf er mit einem sehr schönen Weibsbild, das ihm zu gehören schien, sich dort eingerichtet hat.

Dieses Luder hatte ganz das Aussehen einer leibhaftigen Frau, war nach sarazenischer und mohammedanischer Mode gekleidet, hatte einen seltsamen Kopfputz aus bunten Federn, eine unnatürliche Hautfarbe und Augen, die so verzehrend brannten wie das höllische Feuer, was ich alles nur in einem kurzen Augenblick wahrnehmen konnte, da der edle jetzt verstorbene Herr, mein Mieter, niemand dieser schönen Zauberin weiter, als eine Armbrust trägt, nahekommen ließ und jeden mit dem Tod bedrohte, der es sich einfallen lassen sollte, an besagtes Haus auch nur von fern zu schnüffeln. So habe ich aus großer Furcht mich ferngehalten und habe bis zum heutigen Tag meine Vermutungen und Zweifel über die seltsame Frauensperson, die so schön war, wie ich nie etwas Ähnliches gesehen, in meinem Innern verwahrt.

Gegenüber den Reden gewisser Leute von allerlei Herkunft, welche behaupten, der edle Herr sei überhaupt schon tot gewesen und nur durch Salben, zauberische Tränklein und teuflische Hexereien von diesem Satan, der in Weibsgestalt unser Land heimsuchen wollte, bei einem künstlichen Leben erhalten worden, erkläre ich hiermit, dass ich den edlen Herrn immer so bleich gesehen, dass ich seine Gesichtsfarbe nur mit der Farbe einer Osterkerze vergleichen konnte. Wie alle meine Leute in der Herberge ›Zum Storchen‹ wissen, hat man den Ritter neun Tage nach seiner Ankunft begraben. Nach Aussage seines Stallmeisters ist der Verstorbene vor seinem Tod ohne Unterbrechung volle sieben Tage in der Verkuppelung mit der genannten Mohrin verharrt, und ich selber habe das Geständnis dieser Scheuß-

G. Doré
DEGHOUY

lichkeit, als ihm schon der Tod auf den Lippen saß, aus seinem eignen Munde vernommen.
Einige sagten damals, dass diese Teufelin den edlen Herrn mit ihren langen Haaren über sich festgebunden; dass in diesen Haaren das höllische Feuer wohnt, das sich in Gestalt von Liebesraserei den armen Christenmenschen mitteilt und ihnen so lange zusetzt, bis ihnen die Seele aus dem Leib fährt, eine reife Frucht für die Hölle. Aber ich muss bekennen, dass ich davon nichts wahrgenommen, dass ich aber den Ritter gesehen, wie er, halb tot, ausgemergelt, hüftenlahm, nicht mehr imstande sich zu rühren, in Gegenwart seines Beichtvaters immer wieder nach dem Weibsbild verlangte. Dieser Ritter aber wurde als der edle Herr von Bueil erkannt, der ins Heilige Land gezogen war und der dort, so sagen die Leute, in dem Land Damaskus oder anderswo im Asiatischen dem Zauber eines Dämons anheimgefallen ist.

Gemäß den Klauseln, wie sie in unserm Mietsvertrag verzeichnet waren, habe ich der unbekannten Dame mein Haus überlassen, und da der Gestrenge nicht mehr am Leben war, habe ich es gewagt, mich in mein Haus zu begeben, um die Fremde zu fragen, ob sie den Wunsch habe, ferner in meiner Wohnung zu verbleiben. Es gelang mir nur unter vielen

Schwierigkeiten, sie zu sehen. Ich wurde durch einen halb nackten schwarzen Mann mit weißen Augen zu ihr geführt. Da saß sie auf einem asiatischen Teppich, in einem mit Gold und Edelsteinen übersäten Gewand, das seltsam flimmerte und glitzerte, aber sie nur wenig bekleidete, und neben ihr ein neuer Edelmann, der seine Seele, das sah ich, bereits ganz und gar an sie verloren hatte. Ich wagte kaum sie anzuschauen, da ich merkte, wie mich schon ihre Augen behexten, wie ihre Stimme mir das Herz im Leib umdrehte, das Gehirn verwirrte und die Seele verbrannte. Ich lief also auf und davon aus Furcht Gottes und der Hölle, überließ ihr mein Haus, solange sie es haben wollte, und hatte seitdem nie mehr den Mut, es wieder zu betreten, so sehr fürchtete ich mich davor, diese braunhäutige Mohrin zu sehen, die wie geladen schien mit Feuer und Funken, diesen kleinen Fuß, der viel zu klein ist, als dass er einer wahrhaftigen Frau gehören könnte, diese Stimme zu hören, die alle Eingeweide in Aufruhr brachte. Und wahrlich, ich hätte gefürchtet, mich geradeswegs in den Abgrund der Hölle zu stürzen, wenn ich es gewagt haben würde, den Fuß über die Schwelle meines Hauses zu setzen. Ich habe gesprochen.«

Dem genannten Hans Schlenkerarm haben Wir sodann einen abessinischen, äthiopischen oder nubischen Mann vorgeführt, der schwarz vom Kopf bis zu den Füßen war und beraubt seiner Vorteile der Männlichkeit, mit denen gute Christenmenschen sonst versehen sind. Und haben Wir aus diesem schwarzen Afrikaner nach mehrfach angewandter Tortur, wobei er viel gestöhnt und gejammert, aber nichtsdestoweniger in ein hartnäckiges Stillschweigen sich versteift hat, so viel herausgebracht und ihn überführt, dass er die Sprache unseres Landes nicht sprechen konnte.

Besagter Schlenkerarm hat ausgesagt und beglaubigt, den abessinischen Heiden in seinem Hause in Gesellschaft des weiblichen Teufels gesehen zu haben, und liegt daher die Vermutung nah, dass dieser Teufel in schwarzer Gestalt dem andern Helfershelfer und Sozius war.

Hat darauf besagter Schlenkerarm bei dem heiligen katholischen Glauben geschworen, außer den bereits notierten Punkten nichts weiter zu wissen, als vom Hörensagen die verschiedenen umlaufenden Gerüchte, wie sie jedermann bekannt sind.

†

Ist sodann auf Unsere Vorladung erschienen ein sicherer Mann namens Matthias, genannt Kraftfurzer, Taglöhner auf dem Kirchengut von Weihensteffen, welcher, nachdem er auf die heiligen Evangelien geschworen, die Wahrheit zu sagen, Uns gestanden hat: dass er die Wohnung des genannten fremden Weibsen immer hell erleuchtet gesehen, dass er bei Tag und bei Nacht, an den heiligen Festtagen, den höchsten Feiertagen und insbesondere in der Woche vor Weihnacht und der heiligen Karwoche tolles und teuflisches Lachen von dort vernommen, wie wenn eine große Anzahl von Menschen daselbst versammelt gewesen wäre. Sodann hat er behauptet, durch die Fensterläden des besagten Hauses frische Blumen gesehen zu haben, jede Art von schönen Blumen, besonders Rosen, die zu ihrem Wachstum eine große Wärme nötig haben, und dies alles mitten im Winter, bei frostigem Wetter, einzig durch Zaubermittel hervorgebracht. Aber darüber habe er sich nicht so sehr verwundert, da er bemerkt, dass die sonder-

bare fremde Person eine solche Hitze um sich verbreitet, dass von einem Tag zum andern ihre Gemüse gewachsen, an denen sie am Abend entlanggegangen, und dass jedes Mal, wenn ihr Gewand die Bäume gestreift, der Saft aus den Zweigen gequollen und die Knospen hervorgebrochen seien. Zum Schluss hat der genannte Kraftfurzer erklärt, nichts weiter zu wissen, außer dass er vom frühen Morgen an arbeite und abends mit den Hühnern zu Bett gehe.
Ist danach die Ehefrau des Genannten aufgerufen worden, auf Eid auszusagen, was in Sache dieses Prozesses zu ihrer Kenntnis gekommen, und hat solche beteuert und sich darauf versteift, nichts als Gutes von der Fremden aussagen zu können, da seit der Ankunft der schönen Fremden, die um sich her Liebe verbreite wie die Sonne Strahlen und Wärme, sogar ihr Kraftfurzer sie besser behandle, und anderes ungereimtes Zeug, das Wir nicht von Belang und der Mühe wert gefunden, hier aufgezeichnet zu werden.
Dem vorhin genannten Kraftfurzer und seiner Ehefrau haben Wir danach den besagten unbekannten Afrikaner vorgeführt, der von ihnen beiden in den Gärten des Hauses gesehen und als dem weiblichen Dämon zugehörig erkannt worden ist.

†

Ist, als Dritter, vor Uns erschienen der edle Herr Harduin V., Schlossherr von Mayen, und wurde in schuldiger Ehrfurcht von Uns gebeten, seinen katholischen Glauben zu bekennen. Dazu hat derselbige sich bereit erklärt und Uns noch obendrein sein ritterliches Ehrenwort verpfändet, nichts anderes auszusagen, als was er gesehen hat.
Erklärte und bezeugte er darauf, den Dämon, um den es sich hier handelt, in dem Heer der Kreuzfahrer gesehen zu haben.
In der Stadt Damaskus war er Zeuge, wie der verblichene Herr von Bueil sich vor den Schranken in den Zweikampf

begeben, zu dem Zweck, der alleinige Herr des besagten Teufels in Weibsgestalt zu sein, der um diese Zeit dem Herrn Geoffroy IV., Schlossherrn von Roche-Pozay, zugehörte, als welcher die Teufelin, wie er sagte, obwohl sie eine Sarazenin und Mohammedistin war, aus unserem Touran mit ins Heilige Land genommen hatte. Darüber haben sich die Edelleute von Frankreich höchlich verwundert, ebenso sehr wie über die Schönheit der Teufelin, die großes Auf-

sehen im Feldlager machte und Veranlassung zu viel Ärgernis und tausend tollen Händeln gab. Schon auf der Fahrt war die Hexe Schuld und Ursache von verschiedenen Morden gewesen, indem der edle Herr von Roche-Pozay mehrere Kreuzfahrer erschlug, die die Absicht verraten hatten, das Teufelsweib für sich gewinnen zu wollen, als welches, wie einige insgeheim von ihr begünstigte Edelleute aussagten, den Männern eine Wollust zu kosten gab, wie kein anderes Weib der Welt.

Aber zuletzt war es der Herr von Bueil, der, nachdem er seinen Nebenbuhler, den von Roche-Pozay, aus dem Weg geräumt, alleiniger Besitzer und Herr dieser mörderischen Weibsperson wurde und sie in ein Kloster oder, wie man auf sarazenisch sagt, in einem Harem einschloss. Wer sie vorher, bei ihren Festereien gekannt, der hat sie in den verschiedensten transmediterraneischen Sprachen kauderwelschen hören, als: Arabisch, Neugriechisch, Latein, Maurisch, bis auf unser christliches Touranisch und das besser als irgendeiner im Kriegsvolk der Christen, auch wenn einer sein Fränkisch noch so gut konnte, woraus zuerst der Glaube aufgetaucht ist, dass sie mit dem Teufel im Bund sein müsse. Der genannte Herr Harduin hat ferner ausgesagt: Wenn er selber nicht ihrem Zauber verfallen sei im Heiligen Land, so schreibe er das nur einem Splitter des Heiligen Kreuzes zu, den er immer auf seinem Herzen getragen, und außerdem der Liebe eines griechischen Weibs, das ihn solchergestalt mit Zärtlichkeit eingehüllt Tag und Nacht und ihm von seinem Herzen und sonst so viel weggenommen, dass ihm für kein anderes Weib mehr etwas übrig geblieben.

Und hat derselbige Herr Harduin die Dame in dem Haus des Hans Schlenkerarm als diejenige erkannt, die er in dem Land Syrien gesehen. Diese Bewahrheitung hat er konstatiert bei Gelegenheit eines Gastmahls, das der junge Herr von Croixmare ihr gegeben, allwo er, Herr Harduin, unter den Geladenen gewesen. Dieser Jungherr von Croixmare aber sei sieben Tage nach jenem Festmahl gestorben, beraubt von allem durch jene Teufelin, wie die Dame von Croixmare, seine Mutter, aussagte: von seinen Lebensgeistern und Lebenskräften nicht nur, sondern auch von seinen guten goldenen und silbernen Gulden.

Hierauf, von Neuem von Uns befragt, in seiner Eigenschaft als Mann von Rang, Wissenschaft und Ansehen in diesem Land, und aufgefordert, über die Meinung, die er von der genannten Dame hege, alles zu bekennen, was ihm noch auf der Seele liege, in Anbetracht dessen, dass es sich um

einen ganz außerordentlich peinlichen Fall handle in Sachen der christlichen Kirche und der göttlichen Gerechtigkeit, hat Uns der edle Herr Harduin erwidert:
Von allen denen Kreuzfahrern, die sich mit der Teufelin eingelassen, sei behauptet worden, dass sie für jeden immer wieder von Neuem eine Jungfrau war, dass Mohammed ihr für jeden neuen Liebhaber wieder eine neue Jungfernschaft gemacht habe und was dergleichen Geschwätz mehr ist unter berauschten Männern, deren Aussagen nicht, so sagte Herr Harduin, als ein fünftes Evangelium aufgenommen zu werden brauchen.
Aber so viel sei wahr und sicher, dass er selber, ein Greis auf der Neige seiner Tage, der nichts mehr habe wissen wollen von den Weibern und der Liebe, sich auf jenem Gastmahl des Herrn von Croixmare wieder plötzlich als Jüngling gefühlt, dass die Stimme der Teufelin, ohne seine Ohren zu berühren, ihm gerade ins Herz gedrungen und er eine so brennende Liebe in seinem Körper gefühlt, infolge davon alles Leben an dem einen Punkt zusammenströmt, von wo das Leben ausgeht, in einem solchen Grad, dass, wenn er sich nicht dem Wein von Zypern mit Leidenschaft hingegeben und davon, um die flammenden Augen der teuflischen Gastgeberin nicht mehr zu sehen, so viel getrunken hätte, bis er unter den Tisch gesunken, er gewiss den Herrn von Croixmare umgebracht haben würde, um die schöne Hexe auch nur ein einziges Mal besitzen zu können. Inzwischen habe er alles getan, diese bösen Gedanken zu beichten und abzubüßen. Auch habe er, auf höhere Eingebung, seinen Splitter vom Heiligen Kreuz von seiner Gemahlin zurückverlangt, wieder an sich genommen, und sei ruhig auf seinem Schloss verblieben; aber trotz dieser christlichen Vorsichtsmaßregeln klinge ihm noch manchmal die süße Stimme der Teufelin im Ohr, und oft des Morgens sehe er das Weib vor sich, an dem das Herz des Manns sich entzünde, wie Zunder am springenden Funken.
Und deswegen, weil die schöne Hexe ein solches Feuer aus-

strahle, dass sie ihm, dem schwachen Greis, der schon bald ein Toter, noch einmal wie einem Jüngling das Herz versengt hatte, nicht anders, als wie einer grauen Motte geschieht in flackernder Flamme: hat Uns der edle Herr ersucht, ihn nicht dieser Allgewaltigen in der Liebe gegenüberzustellen, die, wenn nicht vom Teufel, so doch sicher von Gott-Vater mit übernatürlicher Macht über die Menschen begabt worden sei, also dass er um Seele und Leben Schlimmstes befürchten müsste. Hierauf, nach Lesung des Protokolls, hat sich der Herr Harduin von Mayen zurückgezogen, nicht ohne vorher den afrikanischen Mann als Diener und Leibwächter der Dame erkannt zu haben.

†

Als Vierter ist sodann vor Unserm Richterstuhl erschienen und von Uns versichert worden im Namen des Kapitels und Unseres Herrn Erzbischofs, dass er nicht gefoltert, noch mit glühenden Eisen gezwackt, dass er weder an seiner Person oder seiner Habe in irgendeiner Weise geschädigt, noch auch nach getaner Aussage verhindert werden solle, frei von hinnen zu gehen und seinen Reisen und Handelsgeschäften unbelästigt obzuliegen: ein Jude mit Namen Salomon al Rastschild.

Und ist dieser genannte Jude, trotz der Ehrlosigkeit seiner Person und seines judäischen Glaubens, zu dem Zweck verhört worden, um alles zu erfahren, was über die Aufführungen des infrage kommenden Teufels in Weibsgestalt einige Aufklärungen geben könnte. Nicht aufgefordert worden ist genannter Salomon, irgendeinen Eid zu schwören, da er außerhalb unserer Kirche steht und durch das Blut Unseres Herrn und Heilands von uns getrennt ist (trucidatus Salvator inter nos).

Von Uns befragt, warum er ohne die grüne Mütze auf dem Kopf und ohne das gelbe Rad auf der Brust, wie es die königlichen und geistlichen Gesetze vorschreiben, erschienen sei, hat Uns der besagte Salomon Rastschild einige von Unserm Herrn König ausgefertigte und von den Herren Seneschalken von Touran und Poitou bestätigte Dispense und Verbriefungen vorgezeigt.

Hat Uns dann der vorher genannte Jude bekannt, mit der im Haus des Meisters Schlenkerarm wohnhaften Dame ein großes Geschäft gemacht und ihr eine Menge Kostbarkeiten, als wie verschiedene kunstreich gearbeitete Leuchter, silberne Teller und Schüsseln, reiche, mit Smaragden und Rubinen geschmückte Trinkgefäße, goldene Kannen und Kelche, ferner aus der Levante eine Unmenge kostbarer Stoffe, persische Teppiche, leinene und seidene Gewänder, endlich so prächtige Geräte für Haus und Küche verhandelt zu haben, dass keine Königin der Christenheit sich rühmen könne, mit Zierschmuck, Kleinodien und Hausrat so wohl versehen zu sein; auch dass er allein für allerlei seltene Spielereien, wie indische Blumen, Papageien und andere fremdartige Vögel, Straußenfedern und Diamanten, Spezereien, Gewürze und griechische Weine an Geldwert dreihunderttausend Touraner Pfund von ihr erhalten habe.

Von Uns, dem Richter, aufgefordert, zu bekennen, ob er ihr keine Ingredienzen zu zauberischen Tränklein, wie Blut von Neugebornen, keinerlei Zauberbücher oder ähnliche Dinge, wie sie Hexen brauchen, verschafft habe, hat der Jude Rastschild, nachdem Wir ihm versichert, dass er weder bestraft, noch verfolgt, noch sonst beunruhigt werden solle, auf seinen hebräischen Glauben geschworen, keinerlei Handel dieser Art zu treiben. Dann hat er erklärt, dass er viel zu sehr von großen Negoziationen und Geschäften von hoher Importanz in Anspruch genommen sei, um sich mit solchen Lappalien abzugeben; er sei der Bankmann und Geldversorger verschiedener, sehr mächtiger Herren, wie des Markgrafen von Montferrat, des Königs von England, des Königs

von Zypern und Jerusalem, des Grafen von der Provence, des Hohen Rats von Venedig und vieler deutschen Fürsten. Er sei außerdem der Besitzer einer Flotte von Handelsschiffen, die unter dem Schutz des Sultans nach Ägypten und anderen Ländern des Morgenlandes ginge. Besonders handle er mit Gold und sonstigen edlen Metallen, durch welchen Handel er öfter mit der Münze von Tours geschäftlich verkehre. Zum Überfluss hat er noch versichert, dass er die genannte Dame, um die es sich handelt, für sehr redlich und durchaus für ein natürliches Weib halte; allerdings mit so viel Liebreiz der Form und solcher Grazie des Wesens, wie er noch keine gekannt habe; er hat auch gestanden, dass er, angezogen von ihrem Ruf, eine Zauberin, Hexe oder teuflischer Dämon zu sein, und auch aus Verliebtheit, sie eines Tages, da sie gerade ledig war, um ihre Gunst angegangen, die ihm denn auch nicht verweigert worden sei.
Aber obwohl er die Wirkungen jener Nacht noch lange Zeit in seinen Knochen und Lenden gespürt, habe er doch keineswegs die Erfahrung gemacht, wovon so viele fabelten, dass der Mann, der sich einmal mit ihr abgegeben, nicht mehr von ihr loskommen könne, sondern von ihr verzehrt werde und hinschmelze wie Blei in dem Tiegel eines Alchimisten.
Obwohl die Aussagen des genannten Salomon Rastschild mehr als zur Genüge sein Einverständnis und seine Mitschuld an dem satanischen Komplott bewiesen und bis zur Evidenz dartaten, da er heil davongekommen, wo alle guten Christen ihr Verderben gefunden, konnten Wir infolge des ihm zugesagten freien Geleits ihn in seiner Person nicht behelligen oder beeinträchtigen, und hat Uns derselbe darauf einen Vertrag in Sachen des oben genannten Dämons unterbreitet, dahin lautend: dass er das Anerbieten mache, dem Kapitel der Kathedrale für den genannten Dämon in Weibsgestalt, wenn solcher zum Scheiterhaufen verurteilt werden sollte, als Lösegeld eine hinlängliche Summe zu bezahlen, damit der eben in Angriff genommene höchste

Turm der Kathedrale von St. Moritz bis zu seiner Vollendung ausgebaut werden könnte.
Diesen seinen Vorschlag haben Wir zu den Akten genommen, um ihn dem versammelten Kapitel, wenn es an der Zeit wäre, zur Beratung vorzulegen. Hat sich alsdann der genannte Salomon Rastschild zurückgezogen, sich aber hartnäckig geweigert, Uns seine Wohnung zu bezeichnen, sondern nur bemerkt, dass er von den Entschlüssen des Kapitels durch einen Juden der Touraner Judenschaft mit Namen Tobias Nathan unterrichtet werden könne. Dem genannten Juden Salomon ist vor seinem Abtritt der Afrikaner gegenübergestellt worden, den er als den Diener jenes Dämons erkannt hat. Er hat Uns erklärt, dass die Sarazenen ihre Sklaven, die zur Überwachung der Frauen bestimmt sind, auf diese Weise ihrer Männlichkeit beraubten, als welches ein uralter Brauch sei, wie aus verschiedenen Profanhistorikern, zum Beispiel der Geschichte des Narses, eines konstantinopolitanischen Feldherrn, unter anderem hervorgehe.

†

Am anderen Tag nach der Messe ist in fünfter Linie vor Uns erschienen die sehr edle und hochgeborne Dame von Croixmare. Dieselbige hat auf ihren Glauben und die heiligen Evangelien geschworen und weinenden Auges ausgesagt,

dass sie erst jüngst ihren ältesten Sohn begraben, als welcher an der seltsamen und extravaganten Liebe zu einem weiblichen Dämon gestorben war. Der junge Edelmann stand im Alter von dreiundzwanzig Jahren, so sagte die Mutter aus, war von männlich kräftiger Komplexion und starkem Bartwuchs, wie sein verstorbener Vater. Ungeachtet seiner gesunden Natur sei er in einem Zeitraum von neunzig Tagen langsam dahingesiecht, ganz verstört durch seine Verbindung mit dem Succubus in der Brenzelgasse, wie das gemeine Volk allenthalben erzähle.

Ihre mütterliche Autorität habe keinerlei Einfluss mehr auf diesen Sohn ausüben können, und in seinen letzten Tagen habe er nur noch einem halb toten Nachtfalter geglichen, den die Stubenmagd beim Reinmachen manchmal in einer Zimmerecke findet und hinauskehrt. Aber solange noch ein Fünkchen Leben in dem Armen gefunden worden, habe er sich nicht enthalten können, mit der verfluchten Hexe zusammenzukriechen.

Sein ganzes väterliches Erbe sei ebenfalls in diesem Abgrund versunken. Nachher, so fuhr die Dame von Croixmare fort, als er sich nicht mehr vom Lager erheben konnte und sein letztes Stündlein herannahen fühlte, fluchte er, tobte, raste, sagte mir, seiner Mutter, seinen Geschwistern, ja dem Priester tau-

send Beleidigungen und harte Worte ins Gesicht, verleugnete Gott und wollte als Verdammter sterben, sodass alle Diener des Hauses entsetzt waren und zur Rettung seiner Seele aus den Qualen der Hölle zwei jährliche heilige Messen in der Kathedrale von St. Moritz gestiftet haben. Um dem Armen ein Begräbnis in geweihter Erde zu sichern, habe das Haus Croixmare sich verpflichtet, dem Kapitel für seine Kirche nebst sämtlichen Kapellen auf hundert Jahre hinaus das Wachs zu den Osterkerzen zu liefern. Zum Schluss hat die edle Dame beteuert: Abgesehen von den gottlosen und erschrecklichen Reden, die ihr der Beichtvater ihres Sohns von ihm berichtet, der hochwürdige Dom Luis Pot, ein Benediktiner von Sankt-Marienmünster, der dem Unglücklichen in seiner letzten Stunde beigestanden, habe sie selber aus seinem Munde kein einziges Wort vernommen, so sich auf die Teufelin, die sein Leben ausgetrunken, bezogen hätte.
Und hat sich darauf die sehr edle und hochgeborne Dame in großer Trauer zurückgezogen.

†

Ist zum Sechsten sodann vor Uns erschienen Jakobine, genannt Dreck-Schminke, die als Putz- und Spülmagd von Haus zu Haus ihr Brot sucht und gegenwärtig am Fischmarkt wohnt. Und hat dieselbe auf ihren heiligen Glauben geschworen, nichts anderes zu sagen, als was sie für wahr hält. Folgendes aber hat die Genannte ausgesagt: Eines Ta-

ges, als sie sich in der Küche des besagten weiblichen Dämons befand, will sie die Angeklagte gesehen haben, die ihr, als nur den Männern gefährlich, keinerlei Furcht eingeflößt. Jene Hexe sei, ganz wie eine vornehme Dame, reich gekleidet und in Gesellschaft eines jungen Edelmanns, mit dem sie scherzte und lachte wie eine natürliche Frau, in ihrem Garten spazieren gegangen. Die genannte Dreck-Schminke habe bei dieser Gelegenheit in dem angeklagten weiblichen Dämon das wahre Ebenbild einer Mohrin erkannt, die man zu ihrer Zeit in dem Kloster Unserer Lieben Frauen zu Esgrinoll als Nonne eingekleidet hatte. Diese Mohrin sei vor ungefähr achtzehn Jahren von einer Truppe Ägyptianer im Dom anstelle des Bildes der Heiligen Jungfrau und Mutter Unseres gebenedeiten Heilands in der Mauernische zurückgelassen und durch den Herrn Bruyn, Seneschalken von Touran und Poitou, Grafen von Ravenstein-Weiberfreyt,

vor dem Scheiterhaufen bewahrt worden, indem sie, anstatt lebendig gebraten zu werden, die heilige Taufe empfangen, wobei der selige Herr Seneschalk und die selige Frau Seneschalkin selber in Person zu Gevatter gestanden. Durch anderweitige große Unruhen in der Stadt sei es gekommen, dass dieses Höllenkind, ungefähr zwölf Jahre alt bei seiner Taufe, nachher gänzlich vergessen worden. Sie aber (die Zeugin), damals als Spülmädchen im Kloster angestellt, erinnere sich noch an die Flucht, die, zwanzig Monate nach ihrer Einkleidung, von besagter Ägyptianerin so fein ins Werk gesetzt worden ist, dass man nie herausgebracht hat, auf welche Weise und durch welchen Ausgang sie so spurlos entkommen sein mochte. Von allen Einwohnern des Klosters wurde angenommen, dass sie mithilfe des Teufels durch die Luft geflogen sei, da trotz Nachforschung und Untersuchung keinerlei Spur mehr von ihr zu finden und im Kloster alles in unverrückter Ordnung geblieben war.

Nachdem Wir der Sprecherin den Afrikaner vorgeführt, hat sie ausgesagt, ihn nicht gesehen zu haben, trotzdem sie sehr neugierig danach gewesen wäre, da dieser Afrikaner als Wache an dem Platz aufgestellt war, wo die Mohrin mit den eingefangenen Männern ihre Ludereien trieb.

†

Ist als Siebenter vor Uns geführt worden der zwanzigjährige Sohn des Herrn von Bridoré, Hugo Dufou, der, als der väterlichen Gewalt unterstellt, von seinem für ihn verantwortlichen und mit seiner ganzen Herrschaft für ihn haftenden Vater hierher geleitet worden, weil er verdächtig und überführt war, dass er mithilfe einiger schlimmen Gesellen unbekannten Namens das Gefängnis des erzbischöflichen Kapitels belagert und mit Gewalt zu erbrechen gesucht, um den mehrgenannten Dämon zu befreien und der kirchlichen Justiz zu entziehen. Ungeachtet seiner bösen Absichten haben Wir den eben genannten Hugo Dufou aufgefordert und ermahnt, der Wahrheit gemäß alles zu bekennen, was er von dem besagten Dämon wisse, mit dem viel verkehrt zu haben er im Ruf stehe, und haben Wir nicht versäumt, ihm einzuschärfen, dass es sich um sein ewiges Heil und um das Leben der genannten Teufelin handle. Hat selbiger danach auf seinen Schwur hin ausgesagt:

»Ich schwöre bei meiner ewigen Seligkeit und bei den Heiligen Evangelien, auf denen meine Hand liegt, dass ich die Frau, die im Verdacht steht, eine Teufelin zu sein, für einen

Engel halte, für eine Frau mit allen Vollkommenheiten, noch mehr der Seele wie des Körpers; für eine Frau, die, aufrichtig und edel, keinen bösen Gedanken im Herzen hat, die mildtätig und hilfreich gegen die Armen und Elenden sowie voll Sanftmut und tausend anmutiger Liebreize ist. Ich bezeuge hiermit, dass ich sie bittere Tränen vergießen sah beim Tod meines Freundes, des Herrn von Croixmare, und dass sie an diesem Tag das Gelübde zu Unserer Lieben Frau getan hat, keine jungen Edelleute mehr zu ihrem Körper zuzulassen, die des harten Dienstes nicht gewachsen wären. Sie hat mir mit großer Beständigkeit den Genuss ihres Schoßes verweigert und hat mir bloß den Besitz ihres Herzens gewährt, in dem ich den ersten Platz einnehmen durfte. Meiner wachsenden Liebe hartnäckigen Widerstand entgegensetzend, ist sie ohne einen andern Mann in ihrer Wohnung verblieben, in der ich den größten Teil meiner Tage in ihrer Gesellschaft verbrachte, zufrieden, sie nur zu sehen und zu hören, dieselbe Luft zu atmen, die sie atmet, das Licht zu sehen, wie es sich in ihren Augen spiegelt, und mich glücklicher fühlend als die Engel im Paradies. Ich Armer, die ich mir sie erwählt habe, um für immer meine Dame zu sein, meine Geliebte, meine Freundin, mein ein und alles, ich armer Tor, ich habe von ihr noch nicht die geringste kleine Abschlagszahlung auf künftige Freuden bekommen, dafür aber tausend tugendhafte Ratschläge: wie ich ein tapferer Ritter werden solle, ein starker, schöner Mann, der nichts fürchtet außer Gott, der die Frauen ehrt, aber in Erinnerung ihrer, der Mohrin, nur einer dient und sie liebt; wenn ich aber, gestärkt und gestählt durch das Kriegshandwerk, eines Tages zurückkehren sollte und ihr Herz dem meinigen immer noch wert und teuer sei, dann wolle sie mir gehören; sie könne auf mich warten, denn ihre Liebe zu mir sei stark genug …«

So sprechend, weinte der junge edle Herr, und weinend fügte er hinzu, dass diese zarte Frau, deren weißen Arm schon die leichte Last ihrer goldenen Zierraten hart zu drücken schien, nun in eisernen Ketten liege und im Düster des Gefängnisses unschuldig schmachte: Diesen Gedanken habe er nicht zu ertragen vermocht und darum den Versuch gemacht, sie mit Gewalt zu befreien. Hier aber, angesichts des kirchlichen Gerichts, erkläre er frei heraus: So eng verbunden hänge sein Leben mit dem seiner geliebten Herrin und Freundin zusammen, dass er an dem Tag, wo ihr ein Leid geschehen würde, sich unfehlbar das Leben nehmen wolle.

Hat auch des Weiteren besagter junger Edelmann noch tausend Lobeserhebungen über den genannten Dämon hervorgebracht, was augenfällig aufs Neue beweist, wie schrecklich, teuflisch, trügerisch, wie unerhört der höllische Zauber sein muss, dem er zum Opfer gefallen ist. In dieser Sache wird Unser gnädiger Herr, der Erzbischof, das Urteil fällen und dem armen Verführten zu dem Zweck, diese junge Seele aus den Klauen der Hölle zu befreien, die geeigneten Bußen und Exorzismen auferlegen.

Hierauf haben Wir den edlen Jungherrn, nachdem von ihm der Afrikaner als Diener der Angeklagten erkannt worden ist, dem Herrn von Bridoré, seinem Vater, wieder überantwortet.

†

Zum Achten haben die Diener Unseres gnädigen Herrn, des Erzbischofs, in großer Ehrfurcht vor Uns geführt die hochgeborne und hochwürdige Dame Jacqueline von Champchevrier, Äbtissin des Klosters Unserer Lieben Frauen zu Esgrinoll, Filiale der Kongregation vom Berg Karmel, deren Händen die genannte Ägyptianerin, die in der Taufe den Namen Blancheflor Bruyn erhalten, als Novize übergeben worden durch den Herrn Seneschalken von Tours, den Vater des gegenwärtigen Grafen von Schloss Ravenstein, zur Zeit Vogt des genannten Klosters.

Der hochwürdigen Dame haben Wir in Bündigkeit erklärt,

dass es sich in dem gegenwärtigen Fall um die heilige christliche Kirche, um den Ruhm Gottes, um das ewige Heil unzähliger Menschen unserer Diözese, die von einem Teufel in Weibsgestalt beunruhigt wird, und um das Leben eines Geschöpfs handle, dessen Unschuld möglicherweise bewiesen werden kann. Hierauf, nachdem Wir den Fall also vorgetragen, haben Wir die hochgeborne und hochwürdige Frau Äbtissin ersucht, Uns mitzuteilen, was zu ihrer Kenntnis gelangt sei über das wunderbare und unerklärliche Verschwinden ihrer Tochter in Gott Blancheflor Bruyn, als Braut Unsers Heilands Schwester Klara genannt.

Hierauf hat die sehr edle, hochgeborne und hochwürdige Dame ausgesagt wie folgt:

»Die Schwester Klara, von unbekannter Herkunft und also wahrscheinlich von ketzerischen Eltern und Feinden unserer christlichen Religion abstammend, ist schlecht und recht in dem Kloster eingekleidet worden, dessen Regierung und Verwaltung mir, obwohl ich dessen unwürdig bin, nach den Vorschriften des kanonischen Rechts übertragen worden ist. Sie hat ihr Noviziat tapfer bestanden und dann nach der heiligen Regel des Ordens ihre Gelübde abgelegt.

Bald darauf aber ist sie in große Traurigkeit verfallen und ist hingewelkt vor unsern Augen. Von mir, der Äbtissin, über ihre Krankheit und Melancholie befragt, hat sie unter Tränen geantwortet, dass sie selber nicht wisse, warum, dass sie aber manchmal meine, an ihren Tränen ersticken zu müssen, wenn sie ihre schönen Haare nicht mehr auf dem Kopf fühle; dass sie außerdem eine unbezwingliche Sehnsucht nach der freien Luft und den unwiderstehlichen Drang in sich spüre, zu springen, auf Bäume zu klettern, sich zu schaukeln und im Tanz ihre Glieder zu üben, wie sie es von ihrem Leben unter freiem Himmel gewohnt war; dass sie ganze Nächte mit Weinen verbringe und von den Wäldern träume, in denen sie einst im Laub übernachtet, dass sie in solchen Erinnerungen die eingeschlossene klösterliche Luft entsetzlich finde, dass sie oft meine, nicht mehr atmen zu können und ersticken zu müssen; dass sie oft in der Kirche und im Gebet auf die tollsten Gedanken verfalle und manchmal ganz und gar den Kopf verliere. Ich habe dann die Arme auf die heiligen Lehren der Kirche hingewiesen, habe sie an die unaussprechliche Seligkeit erinnert, deren die gottgeweihten, reinen Jungfrauen im Paradies teilhaftig

werden, und wie vergänglich das irdische Leben, wie unerschöpflich und ohne Grenzen aber die Güte Gottes sei, der uns in seiner unendlichen Liebe für die flüchtigen Entbehrungen im Diesseits ewige Freuden bereitet hat im Jenseits. Ungeachtet dieser mütterlichen Zusprüche verharrte die Unglückliche in ihrer boshaften Verstocktheit. Immer sah sie während der Messe und dem Gebet durch die Fenster nach dem Laub der Bäume und den Blumen der Wiese. Aus reiner Bosheit wurde sie immer blasser, wie Linnen auf der Bleiche, um zuletzt die Erlaubnis zu erhalten, in ihrem Bett bleiben zu dürfen. Dann wieder lief sie durch die Säle und Kreuzgänge des Klosters wie eine Ziege, die sich von ihrem Pflock losgerissen hat. Zuletzt ist sie ganz abgemagert, hat ihre Schönheit, die von allen bestaunt wurde, verloren und ist umhergeschlichen wie der Schatten an der Wand. In diesem Zustand haben Wir, als die Äbtissin und Mutter, weil Wir fürchteten, dass sie Uns unter den Händen wegsterbe, verordnet, dass sie in den Saal der Kranken gebracht werde. Und dann, eines Morgens im Winter, war sie spurlos verschwunden, ohne dass eine Tür erbrochen, ein Riegel abgerissen, ein Fenster geöffnet worden oder sonstige Anzeichen sich gezeigt, die auf ihre Flucht hätten hindeuten können. Es war ein unheimlich grausig Ding um diese Flucht, und Wir konnten nicht anders glauben, als dass der Dämon, der sie so lange behelligt und gequält hat, ihr dabei behilflich war. Unterdessen wurde von den höchsten Autoritäten unserer Metropolitankirche der schreckliche Fall so erklärt, dass dieses Kind der Hölle die Sendung erhalten habe, unsere Nonnen von ihrem heiligen Weg abspenstig zu machen, und dann, geblendet von unserm Leben in der Reinheit, durch die Luft wieder zurückgekehrt sei zu den unreinen

PREDHOMME

Geistern und Zauberern, die sie, um unsere katholische Religion zu verhöhnen, seinerzeit in der Kathedrale anstelle der Heiligen Jungfrau zurückgelassen hatten.«
Nachdem die edle Frau Äbtissin so gesprochen, ist sie gemäß der Weisung Unseres gnädigen Herrn, des Erzbischofs, mit großen Ehren zu ihrem Kloster, als welches das Unserer Lieben Frau vom Berg Karmel genannt wird, zurückgeleitet worden.

†

Ist als Neunter auf Vorladung vor Uns erschienen ein gewisser Joseph, genannt der Ruderer, Wechsler seines Zeichens und wohnhaft oberhalb der Brücke in dem Haus ›Zum goldenen Pfennig‹, der, nachdem er auf seinen katholischen Glauben geschworen, in Sachen des Prozesses, der vor Unserm geistlichen Gericht zur Verhandlung steht, nichts anderes auszusagen als die Wahrheit, soweit er sie wisse, gesprochen hat wie folgt:
»Ich bin ein armer, von Gott geschlagener Mann. Vor der Erscheinung des Succubus in der Brenzelgasse hatte ich als einziges Gut einen Sohn, der schön war wie nur ein Edelmann und gelehrt wie ein studierter Herr, da er weit in der Welt umhergekommen und viel von den fremden Ländern erzählen konnte. Als ein guter katholischer Christ, der er war, hielt er sich fern von den Lockungen der Liebe und war auch jedem Gedanken an eine Heirat abhold. Er zog es vor, die Stütze meiner alten Tage, die Freude meiner Augen, das

Glück meines Herzens zu sein. Er war ein Sohn, auf den der König von Frankreich hätte stolz sein können, ein Sohn mit einem goldenen Herzen, voll Mut und Tugend, die Freude des Hauses, die Seele des Geschäfts, mit einem Wort: ein unschätzbarer Reichtum in Anbetracht dessen, dass ich allein bin auf dieser Welt, da ich zu meinem Unglück meine Gefährtin verloren habe und zu alt bin, mir eine andere zu suchen. Dieser Schatz ohnegleichen ist mir durch einen Teufel verführt worden und muss nun in der Hölle braten. Oh, mein Herr Richter, von dem Augenblick an, wo mein armes Kind auf diese Teufelin gestoßen ist, auf diese Scheide für tausend Klingen, diese Werkstatt der Wollust, diesen Ausbund von Verderbnis, diese mörderische Schlinge, diese giftige Schlange, an der alles Verführung, alles Versuchung ist, stürzte der Unglückliche mit seinem ganzen Hunger nach Liebe hinein in diese Fanggrube, in diesen weiblichen Zwinger, und lebte seitdem einzig in diesem Tempel der Venus, und lebte nicht lange darin, denn an diesem Ort brennt eine solch höllische Glut, dass die Quellen der ganzen Welt sie nicht löschen würden. Ach, mein armer Sohn, all sein Ehrgeiz, seine Hoffnung auf Nachkommenschaft, all sein Vermögen, sein ewiges Heil, sein ganzes Sein, mehr noch, alles verlor sich in diesem Abgrund, wie ein Körnlein Hirse im Rachen eines Stiers.

So bin ich verwaist worden in meinen alten Tagen, und nun hab ich keinen andern Wunsch mehr, als diese Blutsaugerin, die mehr Christenmenschen ausgesaugt hat, mehr Ehen zerstört, mehr Brautfackeln ausgelöscht, als es Aussätzige gibt in allen Hospitälern der Welt, diese Giftspinne, sage ich, die sich nährt von Blut und Gold, lebendig braten und schmoren zu sehen. Martert diese Hexe, rädert sie, röstet sie lebendigen Leibs, diese blutdürstige Tigernatur, diese giftgeschwollene Schlange! Verschüttet ihn, diesen Schlund, wo kein Mann sich wieder herausfindet! Ich will euch das Holz zum Scheiterhaufen liefern, ich will ihn selber anzün-

den … Bindet sie mit Ketten, die Teufelin, sie hat die Kraft des Samson in ihren Haaren, sie hat das Feuer der Hölle in ihrem Schoß, sie scheint euch himmlische Musik in ihrer Stimme zu haben, sie tötet mit ihrem Hexenzauber Körper und Seele. Ihr Lächeln schon ist Verderben, und ihre Küsse wollen euch verschlingen. Sie würde einen Heiligen verführen und ihn zum Gottesleugner machen.

Mein Sohn, mein Sohn! Wo bist du jetzt, du Blume meines Lebens, nun vergiftet vom Biss einer Schlange, der deinen Saft vertrocknete und deine Kraft ausdorrte mit dem Pesthauch seines Odems? Meine hohen Herren, warum habt ihr mich gerufen? Könnt ihr mir meinen Sohn wiedergeben, dessen Seele von einem Leib verschlungen worden, der allen das Leben nimmt und keinem das Leben gibt? Unfruchtbar aber ist allein der Teufel. Dies ist mein Zeugnis, ihr Herren, und ich bitte den Meister Turnebusch, kein Jota davon auszulassen in seiner Niederschrift. Auch bitte ich ihn, mir eine Abschrift davon zu geben, um sie täglich in meinen Gebeten Gott vorzutragen, damit das vergossene Blut der Unschuld zum Himmel schreie und ich von seiner unendlichen Barmherzigkeit die Verzeihung erflehe für meinen Sohn.«

†

Folgen danach im Protokoll des Meisters Turnebusch noch siebenundzwanzig andere Aussagen, die hier wiederzugeben nach ihrem Wortlaut und vollem Umfang den Verlauf der Geschehnisse zu sehr in die Länge ziehen, den Faden unseres prozessualen Verfahrens verwirren und unsere seltsame Geschichte vom geraden Ziel ablenken würde, da doch, wie schon die Alten in ihren Vorschriften betonen, eine gute Geschichte darin einem Stier gleichen soll, der geradeaus und ohne Umschweife auf die Sache losgeht. Sei also in wenigen Worten nur die Quintessenz dieser verschiedenen Zeugenaussagen niedergelegt.

Durch eine große Anzahl guter Christen, Bürger und Bürgerinnen, Bewohner der edlen Stadt Tours, wurde eidlich ausgesagt:
Dieser Dämon habe tagtäglich tolle Hochzeiten und wahrhaft königliche Feste gehalten; niemals habe man ihn in einer Kirche gesehen; er habe Gott verflucht; er habe über die Priester gespottet; er habe sich niemals mit dem Zeichen des Kreuzes bezeichnet; er habe in allen Zungen der Erde geredet, welche Gnade doch allein den Aposteln von Gott verliehen worden; er sei oft im Freien gesehen worden, reitend auf einem seltsamlich fremden Tier, das vor den Wolken herzog; er habe nie gealtert, sondern sei immer

jung geblieben in seinem Aussehen. Dieses Weib, eigentlich der Teufel, habe sich den Gürtel lösen lassen von Vater und Sohn an demselben Tag und gesagt, bei ihr sei das keine Sünde; sichtbar sei ein bösartiger und zwingender Zauber von ihr ausgegangen, dergestalt, dass ein Schneider, an dessen Bude sie vorübergegangen, so durch ihren Anblick von der Brunst übermannt worden, dass er sich auf seine Frau gestürzt und am anderen Morgen tot aufgefunden worden, das Weib immer noch umschlingend im Starrkrampf der Liebe. Alte Männer der Stadt hätten den schwachen Rest ihrer Tage und ihrer Taler ihr zugetragen, um noch einmal in den Sünden ihrer Jugend zu schwelgen, und seien darüber hingestorben wie die Mücken zum Gewinn der Hölle, wobei einige schwarz geworden gleich den Mohren. Niemals habe dieser weibliche Dämon jemand bei seinen Mahlzeiten zugelassen, Frühimbiss, Mittagsmahl oder Vesperbrot, sondern habe stets einsam und allein gespeist, weil er sich von menschlichem Gehirn genährt. Er sei öfter bei Nacht auf Kirchhöfen gesehen worden, wo er junge männliche Leichname ausgegraben, da der Teufel, der wie ein eingeschlossener Gewittersturm in den Eingeweiden dieses Weibs hauste, sich an den Lebendigen nicht genugtun konnte. Durch diesen Teufel in ihrem Leib sei die Hexe zu einer wahren Furie und Windsbraut geworden in ihren Umarmungen, Umklammerungen und sonstigen Teufeleien der Liebe und Wollust, aus denen die Männer zurückkamen mit blauen Mälern und zerschlagenen Gliedern, zerrissen, zerkratzt, zerquetscht, also dass seit der Zeit, da Unser Heiland den Oberteufel in eine Sauherde verbannt, kein so bösartiges, giftiges, unheilvolles Tier auf dieser Erde gesehen worden, dergestalt, dass, wenn man ihm die ganze Stadt Tours zum Fraß hinwürfe, die Bestie sie wegschnappen würde nicht anders wie eine Erdbeere.

Außerdem standen noch eine ganze Menge anderer Aussagen, Zeugnisse und Beweise in dem genannten richterlichen Instrumentum, aus denen die infernalische Abstammung dieser Muhme, Schwester, Hausfrau, Großmutter oder Tochter des Teufels klar erhellet, abgesehen von den schon an und für sich genügenden Proben ihrer bösartigen Handlungen und des vielerlei Unglücks, das sie über zahlreiche Familien der Stadt gebracht. Und wenn es möglich wäre, allen diesen Missetaten und Gräueln hier Raum zu geben, so wie sie in der Anklageschrift eins nach dem andern von Meister Wilhelm Turnebusch aufgeführt sind und mehrere Hefte füllen, würde man einen Begriff bekommen von dem furchtbaren Entsetzen der Ägyptianer am Tag ihrer siebenten Plage. Denn wahrlich, der genannte Meister Turnebusch hat sich keinen kleinen Ruhm erworben und ein wahres Meisterstück geleistet mit seinen Protokollen.

LAVIEILLE
DORE

Nach der zehnten Tagfahrt wurden die Zeugenverhöre abgeschlossen, da nun genügendes Material von authentischen Zeugnissen, Einzelheiten, Behauptungen, Gegenbehauptungen, Anklagen, öffentlichen und geheimen Beichten, Schwüren, Vergleichen und Kontroversen, Vertagungen, Vorladungen et cetera sich angehäuft hatten, auf die der Dämon nun zu erwidern haben wird; kurz, so viel schriftliches Beweismaterial, dass die Bürger von Tours den Ausspruch getan: Auch wenn diese Frau eine wirkliche Teufelin und mit inwendigen Krallen und Hörnern versehen sein sollte, womit sie die Männer gegabelt und zerbrochen, würde es ihr doch schwer werden, sich durch dieses Maschenwerk von geschriebenen Anklagen hindurchzuwinden, um heil und sicher die Hölle wieder zu erreichen.

II. Wie dem Teufel in Weibsgestalt nun der Prozess gemacht wurde

† In nomine Patris, et Filii, et Spiritus Sancti. Amen.

Im Jahre nach Unseres Herrn Geburt Eintausendzweihunderteinundsiebzig sind vor Uns, Hieronymus Kornill, Groß-Pönitentiario und Strafrichter in Sachen der kirchlichen Gerichtsbarkeit, erschienen:
der edle Herr Philipp von Ydré, Amtmann der Stadt Tours und Kreishauptmann der Provinz Touran, wohnhaft in seinem Hause an der Garküchengasse zu Neuenbürg; Meister Hans Rübau, Schöffe und Gildemeister der Tuchmacherbruderschaft, aus dem Hause mit dem Bild der ›Befreiung Petri‹ am Brittendamm; Meister Anton Jahan, Obmann und Zunftrichter der Wechslerinnung, wohnhaft vor der Brücke, in dem Haus mit dem Bild des ›Heiligen Markus, wie er Touraner Gulden aufzählt‹; Meister Martin Klammhaken, Hauptmann der städtischen Bogenschützen, mit seinem Quartier im Schloss; Hans Rabelais, Schiffbaumeister und Schatzhalter der Schifferbruderschaft, mit einem eignen Haus am Hafen der Jakobi-Insel; Markus Hieronymus, genannt Mascheffer, Schuster im Hause ›Zum heiligen Sebas-

tian‹ und Vorstand der Zunftmeister; und endlich Jakob, genannt Omerstädter, Weinbauer und Herbergsvater ›Zum goldenen Tannenzapfen‹ in der Breiten Straße:
Diesem genannten edlen Herrn von Ydré, Kreishauptmann, wie den genannten Bürgern von Tours haben Wir die folgende Beschwerdeschrift vorgelesen, die von ihnen aufgesetzt und unterzeichnet worden, um dem geistlichen Gerichtshof vorgelegt zu werden.

Klageschrift

»Wir Endesunterzeichnete, Bürger von Tours, haben uns im Haus unseres gnädigen Herrn von Ydré, Kreishauptmanns von Touran, in Abwesenheit unseres Herrn Bürgermeisters versammelt und haben ihn ersucht, unsere Beschwerden und Klagen entgegenzunehmen über die folgenden Tatsachen, die wir dem geistlichen und erzbischöflichen Gericht zu unterbreiten gewillt sind, als welches in dieser Materie zuständig ist.
»Seit einer geraumen Zeit lebt in unserer Stadt, auf dem Gut Weihensteffen, in dem Haus des Schankwirts Hans Schlenkerarm, zur Domäne des erzbischöflichen Kapitels gehörig und unter der weltlichen Gerichtsbarkeit des Erzbischofs stehend, ein Teufel in Weibsgestalt. Diese Braut des Satans treibt das Handwerk einer öffentlichen Hure, das sie solchergestalt überbietet und missbraucht, dass diejenigen, so hingehen sie zu besuchen, mit verlorner Seele zurückkehren und in grässlicher Weise die heilige Kirche und ihre Hilfe verspotten, woraus unserer heiligen katholischen Religion große Gefahr erwächst.
»In Anbetracht nun, dass eine Anzahl derjenigen, die sich mit ihr verbunden, gestorben sind, und dass diese Teufelin, die nackt und bloß in unsere Stadt gekommen, nach dem Sagen der Leute unermessliche Reichtümer besitzt, königliche Schätze, die sie im Verdacht steht mit teuflischen Mit-

teln und durch übernatürliche und zauberische Anziehungskraft, wenn nicht durch Diebstahl, erworben zu haben;

»In Anbetracht, dass es sich um die Ehre und Sicherheit unserer Familien handelt, da man niemals in dieser Stadt eine Frau oder öffentliches Weib gekannt hat, welches das Gewerbe der Hurerei so auf den Gipfel getrieben und so offenkundig und schmählich die Sitten, die Religion, die Keuschheit, das Vermögen und die Gesundheit der Bewohner gefährdet hätte;

»In Anbetracht, dass es dringend geboten ist, die Person, die Habe und die Ausschreitungen dieses Weibsbilds einer Untersuchung zu unterziehen, um den Umstand aufzuklären, ob man ihre Aufführung in Sachen der Liebe, als gestalt es den Anschein hat, ihrer teuflischen Natur zuschreiben muss, wie denn oft solche Teufel in Gestalt von Weibern die Christenheit heimsuchen und es auch in den Evangelien geschrieben steht, dass Unser Heiland auf einen Berg geführt worden, von wo ihm Luzifer oder Astaroth die fruchtbaren Gegenden von Judäa gezeigt, und wie es auch sonst an andern Orten Hexen und Teufel gegeben, die in weiblicher Gestalt umgegangen sind und nicht mehr in die Hölle zurückkehren wollten, sondern ihren heißen höllischen Hunger mit christlichen Seelen gestillt haben;

»In Anbetracht ferner, dass dem besagten Weibe tausend Teufeleien nachgewiesen werden können, von denen jedermann offen spricht, und dass schon zur eigenen Sicherheit des genannten Weibsbilds eine gründliche Untersuchung und Schlichtung der Sache notwendig ist, damit nicht eines Tages diejenigen über sie herfallen, die sie durch ihre Gräuel ins Unglück gebracht hat:

»In Anbetracht alles dessen bitten wir untertänigst, dass es Euer Hochehrwürden gefalle, diese unsere Klage unserm gnädigen Herrn und geistlichen Vater, dem sehr edlen und hochwürdigen Herrn Erzbischof Johann von Monsoreau vorzutragen, damit er der Bedrängnis seiner betrübten

Herde abhelfe, und Ihr hiermit die Pflichten Eures Amts erfüllt, ebenso wie wir als Diener der Sicherheit dieser Stadt mit dem Gegenwärtigen die unsrigen erfüllen, jeder im Umkreis seiner amtlichen Befugnisse und Obliegenheiten.

»Und haben wir Gegenwärtiges unterzeichnet im Jahre nach Unseres Herrn Geburt Eintausendzweihunderteinundsiebzig, am Tage Allerheiligen, nach der Messe.«

(Folgen die Unterschriften.)

Nachdem nun von Meister Turnebusch die Verlesung beendet worden, wurde von Uns, Hieronymus Kornill, also zu den Klägern gesprochen:

»Besteht ihr, liebe Herren, auch heute noch auf euren Aussagen, habt ihr noch andere Beweise als die Uns zur Kenntnis gekommenen, und verpflichtet ihr euch, die Wahrheit zu bekennen vor Gott, vor den Menschen und vor der Angeklagten?«

Alle, außer Meister Hans Rabelais, sind auf ihren Aussagen stehen geblieben, der genannte Rabelais aber hat sich von der Anklage zurückgezogen, indem er sagte, dass er jene Mohrin für eine natürliche Frau und ein gutmütiges Weibsbild halte, das keinen andern Fehler habe, als dass die Temperatur ihrer Liebe ein wenig allzu hitzig sei.

Also haben Wir, der beauftragte Richter, nach reiflicher Überlegung beschlossen, der Anklage der genannten Bürger Folge zu geben und anzuordnen, dass der Frau, die im Gefängnis des Kapitels in Gewahrsam gehalten wird, nach den kanonischen Vorschriften und der Lex contra daemonios der Prozess gemacht wird.

Und sollen darum die genannten Vorschriften und Verordnungen in Form einer Vorladung veröffentlicht und vom Ausrufer der Stadt unter Trompetenstößen auf allen Märkten und Plätzen öffentlich ausgerufen werden, dass männiglich davon Kenntnis nehme und ein jeglicher Zeuge mit seinem Gewissen zu Rat gehe, bevor er dem genannten Dämon Aug in Aug gegenübergestellt wird. Soll auch der genannten Angeklagten nach Brauch und Herkommen ein

Verteidiger zugesprochen werden und darauf Verhör und Prozess, Unsern Satzungen und Ordnungen gemäß, ihren Verlauf nehmen.

(Gezeichnet:) Hieronymus Kornill.
(Weiter unten:) Turnebusch.

† In nomine Patris, et Filii, et Spiritus Sancti. Amen.

Im Jahre nach Unseres Herrn Geburt Eintausendzweihundertzweiundsiebzig, am zehnten mensis Februarii, nach der Messe, ist Uns, Hieronymus Kornill, geistlichem Straf-Oberrichter, auf unsern Befehl aus dem Gefängnis des Kapitels vorgeführt worden die Frau, welche, als wohnhaft in dem Haus des Gastwirts Hans Schlenkerarm, das auf der Domäne des Kapitels der Kathedrale von St. Moritz gelegen ist und unter die herrschaftliche und weltliche Jurisdiktion Unseres gnädigen Herrn Erzbischofs gehört, während das ihr vorgeworfene Verbrechen seiner Natur nach der geistlichen Gerichtsbarkeit unterliegt, was Wir ihr zu wissen und kundgetan haben, damit sie darüber nicht im Unklaren sei. Nachdem Wir diesem Weibsbild zuvörderst die Anklageschrift der Stadt und hierauf alle Aussagen und Zeugnisse, Anschuldigungen, Prozeduren und Verhöre, wie sie in zweiundzwanzig Heften von Meister Turnebusch niedergeschrieben worden und vorstehend eingeheftet sind, in allen Teilen ernst und deutlich vorgelesen und die Angeklagte versichert hat, alles verstanden zu haben, haben Wir unter Anrufung Gottes und des Beistands seiner Kirche das inquisitorische Verfahren, der Wahrheit auf den Grund zu kommen, eingeleitet und haben zunächst der Angeklagten folgende Fragen vorgelegt.

In erster Linie haben Wir an die Angeklagte die Aufforderung gerichtet, Uns zu sagen, in welcher Stadt und in welchem Land sie geboren sei.

Wurde von ihr, der Angeklagten, geantwortet:

»In Mauretanien.«
Haben Wir sodann die Angeklagte aufgefordert, Uns zu sagen, ob sie Vater, Mutter oder sonstige Anverwandte besitze, und wurde von ihr, der Angeklagten, geantwortet:
»Ich habe sie nie gekannt.«
Dann haben Wir sie gefragt, welches ihr Name sei.
Wurde von ihr, der Angeklagten, geantwortet:
»Zulma in arabischer Sprache.«
Haben Wir weiterhin dann die Frage an sie gerichtet, warum sie die Sprache unseres Landes spreche, und wurde von ihr, der Angeklagten, geantwortet:
»Weil ich in diesem Land gewohnt habe.«
Dann haben Wir, der Richter, sie gefragt, zu welcher Zeit sie in das Land gekommen.
Wurde von ihr, der Angeklagten, geantwortet:
»Vor ungefähr zwölf Jahren.«
Haben Wir sie weiterhin gefragt, wie alt sie damals war, und wurde von ihr, der Angeklagten, geantwortet:
»Ungefähr fünfzehn Jahre.«
Dann haben Wir erwidert:
»Also gebt Ihr zu, siebenundzwanzig Jahre alt zu sein?«
Wurde von ihr, der Angeklagten, geantwortet: »Ja.«
Haben Wir weiterhin die Frage gestellt:
»So seid Ihr also die Mohrin, die in der Nische Unserer Lieben Frau gefunden, die durch den Herrn Erzbischof getauft und über das Taufbecken gehalten worden ist von dem verstorbenen Herrn Grafen von Roche-Corbon und dem Fräulein von Alzay, seiner zukünftigen Gemahlin; dieselbe Mohrin, die hierauf in dem Kloster vom Berg Karmel eingekleidet worden und unter Namensanrufung und Beistand der heiligen Klara die Gelübde der Keuschheit, Armut, Schweigsamkeit und des Gehorsams in Gott abgelegt hat?«
Wurde von ihr, der Angeklagten, geantwortet:
»Die bin ich.«
Weiter haben Wir gefragt, ob die Angeklagte die Aussagen der hochwürdigen und hochedlen Frau Äbtissin vom Klos-

ter zum Berg Karmel und ebenso die Aussage der Jakobine, genannt Dreck-Schminke, ehemaligen Küchenmagd daselbst, für wahr anerkenne?

Wurde von ihr, der Angeklagten, geantwortet:

»Sie sind zum größten Teil wahr.«

Haben Wir dann gefragt:

»Also seid Ihr Christin?«

Wurde von ihr, der Angeklagten, geantwortet:

»Ja, mein Vater.«

Hier wurde die Angeklagte von Uns aufgefordert, das Zeichen des Kreuzes zu machen und aus einem Becken, das ihr Meister Wilhelm Turnebusch gereicht, Weihwasser zu nehmen. Solches tat sie, und haben Wir dies mit eigenen Augen gesehen, worauf von Uns festgestellt wurde: dass die hier gegenwärtige Zulma, Mauretanierin von Geburt, die hierzulande unter dem Namen Blancheflor Bruyn getauft, später in dem Kloster der Karmeliterinnen als Schwester Klara eingekleidet worden und die der Ketzerei und Zauberei beschuldigt vor Uns steht, die Kompetenz Unseres geistlichen Gerichts über sich anerkennt. Wir sind dann in Unserm Verhör fortgefahren.

»Meine Tochter, durch die ganz und gar übernatürliche Weise, wie Ihr aus dem Kloster entkommen seid, habt Ihr den Verdacht auf Euch gezogen, mit dem Teufel im Bündnis zu stehen und Euch seines Beistands zu erfreuen.«

Wurde von ihr, der Angeklagten, geantwortet:

Sie sei auf ganz natürliche Weise und gemeinem Weg und Ausgang entkommen, indem sie nach der Vesper, verborgen unter der Soutane des klösterlichen Visitators, des Herrn Johann von Marsilis, das Freie gewonnen habe. Dieser Herr Johann von Marsilis habe sie dann in einem kleinen, ihm gehörigen Häuschen in der Amorgasse nahe beim Stadttor versteckt gehalten und habe sie da sehr gründlich und mit viel Eifer in die süßen Mysterien der Liebe eingeweiht, die ihr, der Angeklagten, bis dahin ganz und gar unbekannt geblieben waren, ihr jedoch sehr schnell eingeleuchtet hätten.

Da habe sie eines Tages durch den Fensterladen der Herr von Amboise bemerkt und sei von einer großen Liebe zu ihr ergriffen worden. Und da ihr der edle Herr besser gefallen als der Mönch, der sie zu seinem Vergnügen gefangen gehalten, sei sie in großer Eile nach Amboise, dem Schloss des genannten Edelmanns, geflohen, wo man ihr tausend vergnügliche Zeitvertreibe geboten, wie die Jagd, den Tanz, und wo sie sich habe schmücken dürfen wie eine Königin. Eines Tages aber war, wie die Angeklagte weitererzählt, der Herr von Roche-Pozay von dem Herrn von Amboise zu Gast geladen worden, und als diese beiden vergnüglich beim Becher und Würfelspiel saßen, sei ihrem Herrn und Gebieter der Gedanke gekommen, sie, die Sprecherin, ohne ihr Wissen seinem Gast zu zeigen, wie sie, nackt, aus dem Bad gestiegen; da habe den von Roche-Pozay bei ihrem Anblick eine so heftige Liebe zu ihr erfasst, dass er am anderen Tag im Zweikampf seinen Freund erschlagen und sie selber trotz ihres heftigen Sträubens mit Gewalt an sich gerissen und mit sich ins Heilige Land genommen habe, wo sie das Leben derjenigen Frauen geführt, die dort ihrer Schönheit halber mit großer Liebe und Rücksicht behandelt werden. Nach vielen Abenteuern und seltsamen Erlebnissen sei sie, die Sprecherin, trotz Widerstrebens, da ihr Schlimmes ahnte, wieder in unser Land zurückgekommen, weil es der Wunsch ihres derzeitigen Gebieters, des Herrn von Bueil, gewesen, der sich in Asien krank sehnte nach dem Schloss seiner Väter und ihr versprochen habe, sie vor jeder Unbill zu schützen; das habe sie im guten Vertrauen

geglaubt, umso mehr, da sie ihn sehr geliebt. Aber kaum in seinem Vaterland angekommen, sei der Herr von Bueil vom Fieber ergriffen worden und eines elenden Todes gestorben, da er, trotz ihrer flehenden Bitten, keinerlei heilsame Tränklein zu sich genommen, auch von keinem Doktor, Physikus und Apotheker etwas habe wissen wollen. Alles dies sei die reine Wahrheit.

Haben Wir hierauf die Angeklagte gefragt, ob sie die Aussagen des Herrn Harduin und des Gastwirts Schlenkerarm als der Wahrheit entsprechend anerkenne, und hat die Angeklagte geantwortet, dass sie dieselben zum Teil für wahr und richtig, zum andern Teil aber für verleumderisch, boshaft und dumm bezeichnen müsse.

Haben Wir ferner die Angeklagte aufgefordert, zu erklären, ob sie all den Edelleuten, Bürgern und andern, die in den Zeugenaussagen und Klagen der Einwohner mit Namen angeführt werden, in Liebe und fleischlicher Vereinigung angehört habe?

Und wurde von ihr, der Angeklagten, mit frechem Ton geantwortet:

»In Liebe, ja. Aber von Weiterem weiß ich nichts.«

Haben Wir sodann der Angeklagten vorgehalten, dass diese alle durch sie das Leben verloren hätten.

Wurde von ihr, der Angeklagten, geantwortet:

Die Besagten seien nicht von ihr und nicht durch ihre Schuld getötet worden; vielmehr habe sie, die Sprecherin, sich ihnen immer verweigert. Aber je heftiger sie selber sich gesträubt, umso dringender seien die andern geworden und hätten sie in ungestümer Leidenschaft bedroht und zuletzt sich ihrer, der Angeklagten, mit Gewalt bemächtigt. Einmal so weit, habe sie sich allerdings in Gottes Namen selber mit größter Leidenschaft hingegeben, da sie eine große Freude darin gefunden und keine höhere Lust gekannt als diese. Wenn sie aber hier ihre heimlichsten Gefühle vor dem Richter entblöße, so tue sie das nur, weil ihr von Uns anempfohlen worden, in allem die Wahrheit zu sagen, und

weil sie große Angst vor den Foltern und Torturen habe, mit denen man ihr gedroht.

Haben Wir die Angeklagte, unter Androhung der Tortur, gefragt, was sie darüber zu sagen wisse, dass so viele junge Edelleute an den Folgen des Verkehrs mit ihr gestorben, und wurde von ihr, der Angeklagten, geantwortet: Sie sei darüber selber in die größte Trauer verfallen und habe oft daran gedacht, sich den Tod zu geben; sie sei sich vorgekommen wie eine bösartige Kreatur, die eine ansteckende Krankheit verbreitet, weil die edlen und tugendhaften Jünglinge, die sie geliebt, alle nach kurzer Zeit hingesiecht sind, worüber sie in großem Schmerz zu Gott, der Jungfrau Maria und den Heiligen gebetet habe, sie auch zu sich ins Paradies zu nehmen.

Ist dann die Angeklagte von Uns gefragt worden, wo sie denn ihre Gebete verrichte.

Und wurde von ihr, der Angeklagten, geantwortet, dass sie in ihrem Kämmerlein auf den Knien zu Gott bete, der, nach den heiligen Evangelien, alles sieht und hört und überall allgegenwärtig ist.

Wurde fernerhin die Angeklagte von Uns befragt, warum man sie nie in einer Kirche gesehen, weder an niedern noch an hohen Festtagen, worauf die Angeklagte geantwortet, dass diejenigen, die sie um der Liebe willen besuchten, am liebsten an Sonn- und Feiertagen zu ihr kamen und dass sie, die Sprecherin, in allem deren Willen getan.

Hierauf haben Wir der Angeklagten christlich ins Gewissen geredet, dass sie also dem Gebot der Menschen mehr gefolgt als den Geboten Gottes.

Wurde von ihr, der Angeklagten, erwidert, dass sie für diejenigen, die sie geliebt, sich hätte in Stücke hauen und verbrennen lassen, dass sie in allem nur ihrer Natur gehorcht und dass sie sich um keine Schätze der Welt einem Mann, auch wenn es der König gewesen wäre, ohne Liebe hingegeben hätte, kurz, dass sie nie das Gewerbe einer Dirne getrieben und einem Ungeliebten nicht um einen Deut Liebe verkauft habe. Aber wer sie einmal in seinen Armen gehalten, wer ihr einmal nur ein wenig die Lippen geküsst, dem habe sie angehört für sein ganzes Leben.

Sodann haben Wir gefragt, woher all die Schätze, wie goldene und silberne Schüsseln, kostbare Steine, prächtige Teppiche et cetera, nach dem Urteil von Sachverständigen im Wert von zweimal hunderttausend Dublonen, stammen, die Wir in ihrer Wohnung gefunden und dem Schatzmeister des Kapitels zur Aufbewahrung anvertraut haben; worauf die Sprecherin geantwortet: dass sie nebst Gott in Uns all ihre Hoffnung setze, dass sie aber dieser Frage nicht Rede stehen könne, da es sich um die süßesten Erinnerungszeichen der Liebe handle, die ihr teurer seien als das Leben selber. Hierauf, von Uns zum zweiten Mal aufgefordert zu sprechen, hat die Angeklagte folgendermaßen geantwortet: »Wenn Ihr, hochehrwürdiger Herr Richter, wüsstet, wie sehr ich denen ergeben bin, die ich liebe, wie ich ihnen gehorsam folge auf guten und bösen Wegen, wie ich an ihrem Munde, an ihren Augen hänge, um jeden ihrer leisesten Wünsche zu erraten, ja, wie ich sie anbete, so würdet selbst Ihr, hochehrwürdiger Herr, so alt Ihr seid, anerkennen müssen, dass kein Gold und keine Schätze eine solche Liebe erkaufen können. Von keinem Mann, den ich geliebt, habe ich je ein Geschenk erbeten, es war mir genug, dass sein Herz mir gehörte, und ich fand in diesem Besitz so köstliche, so unvergängliche Freuden, dass ich an nichts anderes dachte, als ihm diese Freuden tausendfältig wiederzuschenken. Aber trotz meiner Weigerungen bestanden die Liebenden darauf, mich zu beschenken. Einmal kam der eine mit einem Perlenhalsband und sagte: ›Lass sehen, mein Liebchen, ob deine Haut nicht glänzender ist als das Perlengeschmeide‹, und indem er mir den Zierrat um den Nacken legte, küsste er mich und war so glücklich, mich dergestalt geschmückt zu sehen, dass ich ihm seine Freude nicht hätte trüben mögen, indem ich sein Geschenk verweigerte. Ein jeder von ihnen hatte einen andern fantastischen Gedanken.

Der eine bekam die Laune, die kostbaren Gewänder, mit denen ich mich für ihn herausgeputzt, zu zerreißen, und der andere, mich vom Kopf bis zu den Füßen, am Hals, an Armen und Beinen und in den Haaren mit Edelsteinen und Perlen zu bedecken. Ein anderer wieder breitete die kostbarsten Teppiche vor mir aus und bettete mich auf lange seidene Tücher und schwarzen Samt und verweilte ganze Tage lang in Anbetung meiner Schönheit zu meinen Füßen: allwas mich denn überaus glücklich machte und ich ihnen gern alles zuliebe tat …

… Und«, so fuhr die Sprecherin fort, »da wir nichts so sehr lieben wie unser Vergnügen, und da es uns wohltut, wenn nach außen und nach innen alles in Schönheit und Harmonie leuchtet und zusammenstimmt, da alle, die mich liebten, mein Gewand mit den schönsten Dingen geschmückt sehen wollten, da alle sich vereinigten, mich mit Gold und Juwelen, mit Blumen, kostbaren Stoffen und Wohlgerüchen zu überschütten, und da ich sah, dass diese Dinge nichts verdarben, so hatte ich keine Kraft mehr, einem Edelmann oder auch reichen Bürger sein Geschenk zurückzuweisen. So wurden mir teure Spezereien, die ich so liebe, und andere Kostbarkeiten zuteil, und daher stammen die goldenen Geräte, die von den Personen des Gerichts bei mir gefunden worden sind.«

Hiermit schließt das erste Verhör der genannten Schwester Klara, die der Hexerei angeklagt ist, und da Wir, der Richter, und Meister Wilhelm Turnebusch, von großer Müdigkeit überwältigt, auch durch beständiges Anhören der Stimme der Angeklagten in unsern Gedanken verwirrt wurden, so ist von Uns, dem Richter, bestimmt worden, das zweite Verhör auf heute in drei Tagen anzusetzen, um weitere Beweise zu finden, ob die genannte Angeklagte von einem Teufel besessen ist.

Besagte Angeklagte wurde sodann auf Unsern, des Richters, Befehl und unter der Führung des Meisters Wilhelm Turnebusch in ihr Gewahrsam zurückgeleitet.

† In nomine Patris, et Filii, et Spiritus Sancti. Amen.

Am dreizehnten Tage des genannten Monats Februarii ist Uns, Hieronymus Kornill et cetera, die vorher genannte Schwester Klara zum andern Mal vorgeführt worden, zu dem Zweck, über die ihr zur Last gelegten und nachgewiesenen Missetaten verhört zu werden.

Und wurde durch Uns, den Richter, der Angeklagten erklärt, dass es nicht in der Macht eines natürlichen Weibs liege, welches auch ihre Fähigkeiten und ihr Beruf seien, solch vollkommene Bezauberungen und Behexungen zu bewirken, die sie selber durch ihre eignen Antworten auf

Unsere Fragen zugegeben, und so viel Menschen in den Tod zu treiben, außer unter dem Beistand eines Dämons oder Teufels, der in ihrem Körper Wohnung genommen und dem sie durch Vertrag ihre Seele verkauft hat; also dass es vollkommen erwiesen sei, dass unter ihrer, der Angeklagten, Maske und Gestalt ein Teufel sein Wesen treibe, der all das Übel angestiftet. Werde demnach die Angeklagte hiermit aufgefordert, zu offenbaren: in welchem Alter sie die

Verbindung mit besagtem Dämon eingegangen; welche die Bedingungen gewesen, unter denen sie ihm ihre Seele verkauft; wie auch über ihre gemeinsamen Missetaten die genaue Wahrheit auszusagen.

Die Angeklagte hat hierauf erwidert, dass sie Uns, dem Richter, antworten wolle, wie wenn sie vor Gott stünde, der unser aller Richter ist. Hat sodann die Sprecherin behauptet, niemals besagten Teufel gesehen oder gehört, noch auch ihn zu sehen oder mit ihm zu sprechen je gewünscht zu haben. Auch das Handwerk einer öffentlichen Hure ausgeübt zu haben, bestreitet die Angeklagte, da sie sich den genannten Freuden und Wollüsten der Liebe nur des Vergnügens wegen hingegeben, das Gott in diese Dinge gelegt hat, und mehr aus dem Wunsch, gut und sanft gegen ihren geliebten Herrn zu sein, als aus einem sie beständig drängenden Bedürfnis. Auch bitte sie Uns zu bedenken, dass sie, eine arme Afrikanerin, dergestalt von Gott mit heißem Blut und leichtem Auffassungsvermögen in Sachen der Liebe begabt worden sei, dass oft schon beim Anblick eines Mannes ihr Herz in hellen Aufruhr gerate. Sowie aber ein Verliebter sie an irgendeiner Stelle des Körpers berührt, sie streichelnd mit seiner Hand, sei sie ganz schwach geworden und ohne Kraft des Widerstands ihm verfallen. Allein schon durch eine solche Berührung seien in ihr alle Seligkeiten der Liebe zum Leben erweckt worden und hätten ein solches Feuer in ihren Adern entzündet, dass sie sich vom Kopf bis zu den Füßen wie eine einzige große Flamme gefühlt habe. Und seit dem Tag, wo Dom Marsilis sie die Freuden der Liebe gelehrt, habe sie keinen andern Gedanken mehr gehegt und sei ihr zum klaren Bewusstsein gekommen, wie ihr Wesen recht eigentlich zur Liebe geschaffen wäre und wie sie ohne Genuss des Mannes in jenem Kloster, in das die Menschen sie eingesperrt hatten, hätte elend dahinwelken und sterben müssen. Dagegen sei ihr (wie sie zur Bekräftigung dessen mit großer Freudigkeit versicherte) seit ihrer Flucht aus dem Kloster nicht Tag noch Stunde mehr in Traurigkeit hingegangen. Nicht ein Hauch von Melancholie habe sie mehr angeflogen; freudigen Herzens habe sie Gottes Willen erfüllt, der sie sichtbar entschädigen wollte für die im Kloster verlorene Zeit.

Hierauf wurde von Uns, Hieronymus Kornill, dem genannten Dämon erwidert, dass diese Rede eine offenkundige Blasphemie und Gotteslästerung sei, da wir alle zu Gottes Ruhm geschaffen sind, um ihn zu ehren und zu preisen, um seine heiligen Vorschriften vor Augen zu haben und ein heiliges Leben zu führen, eingedenk unseres zukünftigen Heils; nicht aber dazu, das ganze Leben hindurch immerfort nur das zu tun, was selbst die Tiere nur zu einer gewissen Zeit des Jahres bedürfen. Worauf besagte Schwester Klara geantwortet hat, dass sie, die Sprecherin, Gott alle Ehre erwiesen habe, dass sie in allen Ländern die Armen und Kranken gepflegt, sie mit Kleidern und Almosen beschenkt, dass sie geweint habe beim Anblick ihres Elends und dass sie hoffe, es werden am Tag des Jüngsten Gerichts ihre barmherzigen Werke auch da sein und Gott um Gnade für sie anflehen. Und wenn sie nicht gefürchtet hätte, den geistlichen Herren vom Kapitel zu missfallen, würde es ihr eine Freude gewesen sein, sich von all ihren Reichtümern zu entblößen, um eine Stiftung zum Heil ihrer Seele zu machen, womit die Kathedrale von St. Moritz vollendet werden könnte. Wenn ihr dieser Lieblingswunsch hätte erfüllt werden können, so würde sie an ihren Liebesnächten doppelte Freude gefunden haben, da jede von ihnen einen Stein bedeutet hätte zur Errichtung des heiligen Baus. Alle ihre Liebhaber würden zu diesem Zweck und zum ewigen Heil ihrer Seele bereit gewesen sein, freudigen Herzens ihr ganzes Vermögen zu opfern.

Hierauf wurde von Uns, dem Richter, besagter Hexe zur Antwort gegeben, dass sie sich dadurch nicht von dem Verdacht, mit dem Satan im Bunde zu stehen, reinigen könne, da ungeachtet ihrer vielen Liebesnächte nie ein Kind aus ihrem Leib hervorgegangen, was allein schon beweise, dass dieser Leib von einem Teufel bewohnt sein müsse. Zum Überfluss wisse jedermann, dass es außer den heiligen Aposteln nur dem Teufel Astaroth gegeben sei, in allen Sprachen der Welt zu reden; sie, die Angeklagte, aber wisse in der Zunge jeden Landes zu sprechen, was wiederum beweise, dass sie von einem Dämon besessen sei.

Hierauf hat die Angeklagte erwidert, dass sie, was ihre Bewandertheit in Sprachen betreffe, vom Griechischen nicht mehr wisse als ›Kyrie eleison‹, wovon sie oft im Gebet Gebrauch mache, und vom Lateinischen nicht mehr als ›Amen‹, als welches sie hiermit an Gott richte in der festen Hoffnung auf ihre Lossprechung und Befreiung. Und hat darauf die Angeklagte hinzugefügt: Dass sie kein Kind empfangen könne, sei ihr größter Schmerz, den sie aber in Ergebung in Gottes Willen ertrage, weil sie ja auch gewiss mehr Lust bei der Sache habe als die guten Hausmütter, denen Gott dafür Kinder schenkt. Und gewiss liege darin eine von Gott gewollte Ausgleichung, weil die Welt verderben müsste, wenn es allzu viel Glück in ihr gäbe.

Indem Wir dies alles und tausend andere Gründe angehört, die alle nur ein Beweis dafür sind, dass der Körper der Schwester Klara wirklich von einem Teufel besessen sein muss, da es die Eigenschaft Luzifers ist, solche häretische Gründe der Verteidigung zu finden, die der Wahrheit auf ein Haar ähnlich sehen: haben Wir angeordnet, dass die Angeklagte in Unserer Gegenwart der Tortur unterzogen werde, um den ihr innewohnenden Dämon durch Schmerzen zu bezwingen und unter die Autorität der Kirche zu beugen.

Zu diesem Zweck haben Wir den Meister Medicus des Kapitels, Herrn Franz Hangst, zugezogen und ihn durch eine weiter unten beschriebene Vollmacht beauftragt, die weibliche Natur und Beschaffenheit (virtutes vulvae) der Angeklagten zu begutachten, um unsere heilige Religion darüber aufzuklären, mit welchen Kunstgriffen sich der Teufel die Schlinge zubereitet, in welche sich so viele Seelen verfangen haben.

Hat die Angeklagte sehr geweint und zum Voraus gestöhnt und mit verzweifelten Bitten und Schreien den Widerruf Unseres Befehls zur Folterung zu erreichen gesucht. Und hat sich trotz ihrer Ketten Uns zu Füßen geworfen und Uns angefleht, ihr diese Tortur zu ersparen, da ihre Glieder so zart und schwach seien, dass sie dabei zerbrechen würden wie Glas; sie wolle sich mit all ihrem Gut vom Kapitel loskaufen und für immer das Land verlassen.

Wurde dieselbe des Weitern von Uns aufgefordert, freiwillig zu bekennen, dass sie immer ein Dämon gewesen von der Natur der Succubi, welche als weibliche Teufel dazu ausersehen sind, die Christenmenschen durch die Verblendungen und Bezauberungen der Liebe zu verderben, worauf die Angeklagte entgegnet hat, dass dieses zu bekennen eine ganz abscheuliche Lüge sein würde, da sie sich immer als ein natürliches Weib gefühlt habe.

Hierauf, nachdem ihr durch den Folterknecht die Ketten abgenommen worden, hat die Angeklagte sich ihrer Kleider entledigt und hat durch die brennende Pracht ihres Körpers, der in Wahrheit eine supernatürliche Coertionem auf den Mann ausübt, in teuflischer Bosheit und bewusster Absicht Uns den Geist verdunkelt und ganz und gar den Verstand verwirrt. Meister Wilhelm Turnebusch hat, bewältigt von der Natur, seine Feder niedergelegt und hat sich mit der Begründung zurückgezogen, dass es ihm unmöglich sei, dieser Sache ferner beizuwohnen, da er fühle, wie der Teufel über ihn Gewalt bekomme und ihm mit unerhörten Versuchungen das Gehirn verwirre.

† † †

Hier schließt das zweite Verhör, und da durch den Boten und Lader des Gerichts überbracht worden ist, dass Meister Franz Hangst über Land geritten, wurde die Folterung vertagt und auf den anderen Morgen für die Stunde nach der Elfuhrmesse anberaumt.

Diese letzten Zeilen sind von Uns, Hieronymus Kornill, in Abwesenheit von Meister Wilhelm Turnebusch dem Protokoll hinzugefügt worden, und also haben Wir unterzeichnet:

Hieronymus Kornill,
geistlicher Straf-Oberrichter.

Beschluss

Heute, am Vierzehnten des Monats Februar, sind vor Uns, Hieronymus Kornill, erschienen: die Meister Johann Rübau, Anton Jahan, Martin Klammhaken, Hieronymus Mascheffer, Jakob Omerstädter und der edle Herr Philipp von Ydré, in Vertretung des gegenwärtig abwesenden Bürgermeisters der Stadt Tours. Diesen Klägern und Beschwerdeführern, in Unserem früheren Protokoll und Verfahren bereits namhaft gemacht, haben Wir, auf Antrag der Blancheflor Bruyn, zuletzt Nonne bei den Karmeliterinnen unter dem Namen Schwester Klara, kundgemacht und zu wissen getan, dass die auf höllische Zauberei angeklagte Nonne Berufung eingelegt und sich anerboten hat, in einem Gottesgericht durch die doppelte Probe des Feuers und des Wassers, in Gegenwart des Kapitels und der ganzen Stadt Tours, ihre natürliche Weiblichkeit und Unschuld zu beweisen und darzutun.

Und sind diesem Ansuchen der genannten Nonne die genannten Kläger beigetreten, als welche unter der Voraussetzung, dass die Stadt Tours Gewähr und Bürgschaft übernehme, sich anheischig gemacht haben, unter Zustimmung der Paten angeklagter Nonne einen geeigneten Platz auszusuchen und den Holzstoß vorzubereiten.

Ist darauf durch Uns, den Richter, als Frist und Ziel der Gottesprobe festgesetzt worden der erste Tag nach dem Frühlingsvollmond, welcher nämlich für dieses Jahr der Tag des heiligen Osterfestes ist, und haben wir als Zeitpunkt bestimmt die Stunde nach der Elfuhrmesse, womit beide Parteien als einer hinreichenden Frist sich einverstanden erklärt und ihre Zustimmung ausgesprochen haben.

Soll darum gegenwärtiger Beschluss in allen Städten, Märkten und Burgen von Touran, wie auch des ganzen Königreichs, auf Wunsch, Kosten und Betreiben der Parteien öffentlich ausgerufen und kundgemacht werden.

Hieronymus Kornill.

III. Wie es der Succubus angefangen hat, sich der Seele des alten Richters zu bemächtigen, und welches die Folgen waren dieses neuen Hexenzaubers

Das Folgende ist die Beichte in extremis, feierlich und öffentlich abgelegt am Ersten des März im Jahre Eintausendzweihundertzweiundsiebzig nach Unseres Herrn Geburt, durch den Priester Hieronymus Kornill, Chorherrn im Kapitel der Kathedrale von St. Moritz, geistlichem Ober-Strafrichter, als welcher sich dieser Ämter und Ehren unwürdig erklärte und, wie sein letztes Stündlein herannahte, sich solchergestalt also von seinen Sünden, Übeltaten und Verfehlungen in seinem Gewissen beängstigt fühlte, dass er zur Verherrlichung der Wahrheit, zur größern Ehre Gottes, zur Rechtfertigung des Gerichtshofs, wie auch zur Erleichterung seiner Strafen in der andern Welt, mit einem öffentlichen und allgemeinen Sündenbekenntnis Genugtuung zu leisten wünschte. Der genannte Hieronymus Kornill lag auf den Tod danieder in seinem Bett, und waren, um seine Erklärungen entgegenzunehmen, herbeigerufen worden: Johann van dem Haag (de Haga), Vikar vom Münster zu St. Moritz, Peter Guyard, Schatzmeister des Kapitels, beauftragt von Unserm gnädigen Herrn, dem Erzbischof, die Worte des Beichtenden niederzuschreiben; außerdem Dom Luis Pot, ein Mönch von Marienmünster, vom Sterbenden zu seinem geistlichen Vater und Beichtiger erwählt; wohnte überdies dem Akt bei der hochgeborne und hochgelehrte Doktor Guilelmo de Censoris, römischer Archidiakonus und gegenwärtig in unserer Diözese anwesend als Abgesandter (legatus) unseres Heiligen Vaters, des Papstes. Vor den genannten geistlichen Herren und in Gegenwart einer großen Anzahl christlicher Mitbürger, die zum Tod des genannten Hieronymus Kornill herbeigeeilt waren, und nachdem dieser Wunsch und Willen bekanntgegeben, öffentliche Buße zu tun, weil die Fasten zu Ende gingen und seine Worte allen Christen, die auf dem Weg des Verderbens wandelten, die Augen öffnen könnten:

hat vor ihm, dem genannten Hieronymus, als welcher vor großer Schwäche nicht reden konnte, Dom Luis Pot unter großer Bewegung der genannten Versammlung die folgende Beichte vorgelesen:

»Meine Brüder, bis zum neunundsiebzigsten Jahr meines Lebens, in dem ich noch stehe, glaube ich, ausgenommen einige lässliche Sünden, deren sich wohl jeder Christ, so heilig er sein mag, gelegentlich schuldig macht und deren Verzeihung wir durch aufrichtige Reue von Gott erhoffen dürfen, ein christliches Leben geführt und das Los und die Ehrenstellung verdient zu haben, wie sie mir in unserer Diözese zugefallen sind, wo mir das hohe Amt eines obersten Strafrichters in geistlichen Angelegenheiten übertragen worden ist, dessen ich mich zuletzt so unwürdig gezeigt. In diesem Bewusstsein und in Anbetracht der unendlichen

G. Doré

Herrlichkeit Gottes, wie in Angst vor dem ewigen Strafgericht, das den Sünder und Übeltäter im Jenseits erwartet, habe ich gedacht, durch einen höchsten Akt der Buße, dessen ich in meiner letzten Stunde fähig bin, die Ungeheuerlichkeit meiner Missetaten abzuschwächen. Zu dem Ende habe ich von unserer heiligen Kirche, deren Rechte und juridische Gewalt ich verkannt und verraten habe, die Gnade erbeten und erlangt, mich öffentlich anklagen und Buße tun zu dürfen, wie die Christen der ersten Zeit gepflogen haben.

Um noch vollkommener meine Bußhaftigkeit an den Tag legen zu können, möchte ich wünschen, noch so viel Leben und Kraft in mir zu haben, um vor dem Portal der Kathedrale, ausgesetzt dem Schimpf und der Verhöhnung aller meiner Brüder, und mit bloßen Füßen, eine Kerze in der Hand und einen Strick um den Hals, einen ganzen Tag lang auf den Knien zu verharren, zur Sühne meiner ungeheuren Schuld. Aber in diesem großen Schiffbruch meiner zerbrechlichen Tugend, der euch zur Lehre dienen möge, das Laster und die Fallstricke des Satans zu fliehen und euch in den Schutz der Kirche zu flüchten, wo allein Heil und Sicherheit wohnt, bin ich durch teuflischen Zauber so geknickt und vernichtet worden, dass Unser Herr und Hei-

land Jesus Christus durch euer aller Fürbitten, um die ich flehe, Mitleid haben wird mit mir armem und verführtem Christen, dessen Augen schmelzen in Tränen der Reue und der sich ein neues Leben wünschen möchte, um es ganz hinzubringen in Kasteiung und bußfertiger Zerknirschung. Hört also meine Schuld und zittert! Erwählt und ausersehen vom versammelten Kapitel zur Einleitung, Sichtung, Instruktion und Durchführung des Prozesses in Sachen eines Dämons, der Weibsgestalt angenommen hat, in der Person einer flüchtigen, lasterhaften und gottesleugnerischen Nonne, die im Land der Heiden, woher sie gekommen, mit Namen Zulma geheißen, in unserer Diözese aber als Schwester Klara vom Kloster der Karmeliterinnen gekannt war, in welcher Gestalt der genannte Dämon viel Wehgeschrei und Klagen über die Stadt brachte und die Seelen einer großen Anzahl Männer den Fürsten der Hölle, als da sind Mammon, Astaroth und Satan, in den Rachen geliefert hat, indem er sie im Stand der Todsünde von dieser Welt in die andere expedierte und sie den Tod trinken ließ am Quell des Lebens selber: bin ich, erwählter Richter, auf der Neige meiner Tage selber in seine Schlingen gefallen und habe so ganz und gar den Verstand verloren, dass ich zum Verräter wurde an den Funktionen meines Amts und meines Auftrags, als welche mir in Anbetracht und mit Rücksicht auf mein hohes Alter von dem hochwürdigsten Kapitel in vollem Vertrauen übertragen worden sind. Vernehmet, wie fein die Fallstricke des Teufels sind, und lernt daraus, euch davor zu bewahren!

Indem ich zum ersten Mal den oben genannten Succubus zum Verhör vorführen ließ, sah ich mit Entsetzen, dass die schweren eisernen Ketten, die er an Händen und Füßen trug, dort nicht die leiseste Spur hinterlassen hatten, und diese geheime Kraft und Gewalt bei so augenscheinlicher Schwäche setzte mich in Erstaunen, von dem ich mich nicht erholen konnte. Mein Verstand verwirrte sich bei dem Anblick so hoher Vollkommenheiten der Natur, unter denen sich der Teufel versteckt hatte, die Musik seiner Stimme entzündete ein unbekanntes Feuer in meinem Blut, und ich hätte jung sein mögen, um, wie die andern Unglücklichen, mich ihm ohne Besinnen zu übergeben; denn mich dünkte die ganze ewige Seligkeit ein Spauz gegen die andere Seligkeit, die einer finden musste in den schneeigen Armen dieses verhexten und verzauberten Weibes. Alle Festigkeit und Strenge, die ein Richter haben muss, schmolzen bei ihrem Anblick dahin wie Märzenschnee in der Mittagssonne. Von mir befragt und in Verhör genommen, antwortete mir der Dämon in Weibsgestalt derart mit Worten und Reden, dass ich mich schon bei dem zweiten Verhör für überzeugt hielt, ein Verbrechen zu begehen, wenn ich die arme kleine Kreatur, als welche weinte wie ein unschuldiges Kind, den Schrecken der Folter und Tortur überantworten ließ. Da wurde ich durch eine Stimme von oben ermahnt, meine Pflicht zu tun und zu bedenken: dass die goldenen Worte und die scheinbar himmlische Musik nichts seien als eine Mummerei des Teufels; und dass dieser weiße und engelsüße Körper sich eines Tages in ein entsetzliches haariges Tier mit scharfen Krallen, seine sanften Augen in Kohlen aus dem höllischen Feuer, ihr wollustvoller Rücken und Bug sich in einen schuppigen Schwanz, ihre rosigen Lippen und ihr kleiner lieblicher Mund in einen Krokodilsrachen verwandeln müsse.

Und also fasste ich den festen Entschluss, den genannten Succubus foltern zu lassen, bis er eingestände, was Wir von ihm wissen wollten, wie es Brauch und Herkommen ist überall in der Christenheit. Als aber dieser Dämon fasernackt vor mir stand, um auf die Folterbank gestreckt zu werden, fühlte ich mich plötzlich von Neuem von der Gewalt seines Zaubers überwältigt. Mein Kopf wurde mir heiß, mein Herz schwoll an von Strömen Blutes, ich fühlte mich jung wie mit einem Schlag. Mein langes christliches Leben, das hinter mir lag, war plötzlich vergessen, und ich kam mir vor wie ein Knabe, der der Schule entlaufen ist

und süße Trauben maust in den Weinbergen. Ich hatte nicht einmal mehr die Kraft, das Zeichen des heiligen Kreuzes zu machen, und Kirche, Gott und Heiland waren wie weggelöscht aus meinem Gedächtnis. Wie ein Träumender wandelte ich durch die Straßen, immer die süße Stimme dieser Verdammten im Ohr, immer den satanisch lieblichen Körper dieses Dämons vor Augen, der mir unausgesetzt hässliche und schlechte Gedanken ins Ohr flüsterte.
Und endlich konnte ich dem Antrieb des Teufels nicht mehr widerstehen. Wie angestachelt von seiner glühenden Gabel trieb es mich hin zum Kerker der Unglücklichen, und es nützte nichts, dass mein heiliger Schutzengel mich von Zeit zu Zeit am Ärmel zupfte und warnte vor den Versuchungen der Hölle. Ungeachtet seiner Mahnungen und seines Beistands fühlte ich mich fortgezogen wie von scharfen Krallen, die sich in mein Herz einbohrten. So kam ich in den besagten Kerker. Die Tür wurde mir aufgetan, aber was ich da sah, glich keinem Gefängnis; denn der Succubus hatte mithilfe höllischer Genien oder sonstiger Zauberwesen ein Zelt von Purpur und Seide um sich her gebaut, wo es duftete wie auf einer Wiese im Frühling und wo das schöne Weib sich erlustigte, angetan mit köstlichen Kleidern und ohne die Spur einer Fessel an den Händen, am Hals oder an den Füßen. Ich ließ mir meine geistlichen Gewänder abnehmen und mich in ein duftendes Bad führen. Dann bekleidete mich der Dämon mit einem morgenländischen Gewand, ließ mir ein Festmahl anrichten, seltene Gerichte in kostbaren Gefäßen und morgenländischen Wein in goldenen Kannen; dazu ertönte eine bezaubernde Musik, und mit Gesang und süßen Schmeichelreden kitzelte sie meine Seele. Immer hielt sich der genannte Succubus an meiner Seite, und ihre satanischen Berührungen entzündeten neue Feuer mir im Herzen und Hirn. Mein heiliger Schutzengel verließ mich. Ich lebte ganz von der Kraft des Lichts, das aus den schrecklich schönen Augen der Mohrin leuchtete, und von der Zaubergewalt, die mit der Wärme

ihres Körpers in meinen Körper strömte. Ich wollte immerfort ihre roten Lippen fühlen, und ich hatte keine Angst vor den Bissen ihrer Zähne, die in den Schlund der Hölle zerren. Ich war glücklich, ihre weichen, zarten Hände zu fühlen, und dachte nicht daran, dass es in Wahrheit scheußliche Krallen waren; kurz, ich zitterte wie ein Bräutigam, der sich anschickt, zu seiner Braut zu gehen, und vergaß ganz und gar, dass diese Braut der ewige Tod war.

Ich vergaß Gott und die Welt und hatte nur die Liebe dieses Weibs im Kopf, die mich wie mit einer Flamme umgab. Und nach nichts brannte ich heißer, als mich in die ewige Höllenpforte zu stürzen, die sie mir auftat. Drei Tage und drei Nächte dauerte das, ohne dass, ich weiß selbst nicht wie, der Strom versiegte in meinen Lenden, in die sich die Hände des Succubus wie teuflische Klauen einkrallten. Zuerst war es eine sanfte Wollust, die mir wie süße Milch durch die Adern floss; doch immer heftiger und heftiger wurde sie und wurde wie ein brennender, schneidender Schmerz von scharfen Messern. Ich fühlte ihn in den Knochen, im Mark und Gehirn. Es war zuletzt die wahrhaftige Qual der Hölle. Wie mit glühenden Zangen fühlte ich mich gezwackt. Es war eine unglaubliche, unerträgliche, tödliche Wollust. Ihr üppiges Haar floss über meinen Körper, und es war mir, als ob Feuerströme sich über meine Haut ergössen. Ihre Strähnen brannten mich wie die Eisenstangen eines glühenden Rostes. Sie aber lachte und sagte mir tausend aufreizende Worte: wie, dass ich ihr Ritter wäre, ihr Herr und Gebieter, ihr heller Tag, ihre laute Freude, ihr Blitz und Donner, ihr Leben mit einem Wort. Unter dem Sporn dieser Reden, die mir die Seele aus dem Leib saugten, tauchte ich immer tiefer unter in den Abgrund der Hölle, in einen grundlosen, bodenlosen Abgrund, bis ich keinen Tropfen Blut mehr in den Adern fühlte, meine Seele weggelöscht war aus meinem Körper und nichts von mir übrig blieb als ein schwacher Leichnam. Sie aber war immer frisch und blühend, leuchtend von Jugend und Lust.

›Armer Narr‹, sprach sie lachend, ›mich für einen Dämon zu halten. Aber sage doch, wenn ich dich aufforderte, mir deine Seele zu verkaufen für einen Kuss, würdest du sie mir nicht mit Freuden geben?‹

›Mit tausend Freuden‹, antwortete ich.

›Und wenn das Blut Neugeborner dir die Kraft geben könnte, immer am Werk zu sein über meinem weißen Leib und dich auszuströmen in meinen Schoß, würdest du nicht von Herzen die Unschuldigen töten und ihr Blut trinken?‹

›Von ganzem Herzen‹, antwortete ich.

›Und um den Preis, immer mein Ritter zu sein und als ein Mann in der Blüte des Lebens mit vollen Zügen aus dem Becher der Lust zu trinken und immer von Neuem unterzutauchen in mir, wie ein Schwimmer untertaucht im Fluss, würdest du um diesen Preis nicht Gott verleugnen und deinem Jesus ins Angesicht speien?‹

›Ich würde es‹, antwortete ich.

›Wenn dir noch zwanzig Jahre eines klösterlichen Lebens gegeben wären, würdest du sie nicht hingeben für zwei Jahre dieser Liebe, deren Feuer dich zugleich verzehrt und erhält?‹

›Ja!‹, antwortete ich.

Da hatte ich ein Gefühl, wie wenn tausend Krallen sich in meine Lenden schlügen und tausend Raubvogelschnäbel sich in meine Brust hackten. Und reitend auf dem genannten Succubus, der seine Flügel ausbreitete, fühlte ich mich hingetragen durch die Lüfte, hoch über der Erde.

›Reite, reite, mein Reiter‹, rief sie mir zu, ›halte dich fest auf dem Bug deiner Stute, greif in ihre Mähne, umklammere ihren Hals, reite, mein Reiter, reite! Alles reitet.‹

Wie einen Nebel sah ich die Städte der Erde unter mir, und durch eine besondere Gabe des Hellsehens sah ich Millionen Menschen zusammengekuppelt mit weiblichen Dämonen in wilder, wüster Hurerei; ihre Schreie der Lust, ihr Liebesgestöhn erschütterten die Luft. Und immerfort dahinfahrend, an Bergen und Wolken vorüber, lächelte mein

Monstrum mit dem lieblichen Angesicht eines Weibs und zeigte mir, wie der Erdball mit der Sonne sich kuppelte und eine Milchstraße von Sternen sie umstiebte in ihrer Vereinigung. Und diese Millionen Sterne und Weltkörper kuppelten sich wieder, jeder männliche mit seinem weiblichen, und ihr Liebesgestöhn waren brausende Stürme von einem Weltufer zum andern, und Blitz und Donner waren ihre Schreie der Lust. Und mein Succubus setzte mich in das Zentrum des taumelnden Wirbels, wo ich mir vorkam wie ein verlorenes Sandkorn in der Unendlichkeit des brausenden Ozeans, und immer wiederholte mein weißes Pferd seinen Refrain: ›Reite, mein Reiter, reite!‹

Da fühlte ich, wie wenig ein armes Priesterlein ist in diesem Strom der Welten, in diesem Samenstrom der Schöpfung, ich sah das All in einem ewigen Taumel von Liebe und Begattung, die Steine und die Metalle, Wasser und Luft, Blitz und Donner, die Sonnen und die Planeten, die Tiere, die Menschen und die Geister aller Welten, und mit einem wilden Schwur verleugnete ich meinen Glauben.

Und immer weiter ging der Ritt, und mein Succubus zeigte mir Millionen Milchstraßen und sagte mir, jede Milchstraße sei ein Samentropfen aus dem großen Strom der zeugenden Weltkräfte. Und immer weiter ging der Ritt bei dem Schein von Millionen und Millionen Sternen, und reitend, immer weiterreitend hätte ich schauen und erkennen mögen die Natur dieser Millionen und Millionen Welten. Aber wie vernichtet in jeder Faser meines Wesens von dieser übermenschlichen Anstrengung, tat ich einen furchtbaren Fall und hörte das entsetzliche Hohnlachen der Hölle.

In meinem Bett fand ich mich wieder. Um mich her waren meine Diener, die unterdessen tapfer mit dem Dämon gekämpft hatten. Unter eifrigem Beten hatten sie einen ganzen Kübel Weihwasser über das Bett gegossen, in dem ich lag. Aber trotz ihres Beistands musste ich noch einen furchtbaren Kampf aushalten mit dem genannten Succubus, des-

sen Klauen sich noch immer in mein Herz krallten, dass ich unsagbare Schmerzen litt.
Ermuntert von meinen Dienern, meinen Verwandten und meinen Freunden, strengte ich mich an, das Zeichen des heiligen Kreuzes zu machen; aber da sah ich den Succubus auf meinem Bett, ich sah ihn zu meinen Häupten und zu meinen Füßen, ich sah ihn rings um mich, wie er lachte und Grimassen schnitt, wie er mir tausend Bilder der Unzucht vor die Augen stellte und mir tausend böse Begierden im Herzen weckte. Als aber hierauf Unser gnädiger Herr, der Erzbischof, in seiner Barmherzigkeit mir die Reliquien des heiligen Gatian schickte, da hatte kaum der heilige Schrein mein Bett berührt, als plötzlich der genannte Succubus die Flucht ergriff, indem er einen Gestank von Schwefel und andern höllischen Düften hinter sich zurückließ, dass meine Dienerschaft, meine Freunde und alle, die anwesend waren, den ganzen Tag nicht aus dem Niesen herauskamen.
Da fiel ein Strahl himmlischen Lichts in meine Seele, und ich sah, dass ich infolge meiner Sünden und der schweren Kämpfe mit dem höllischen Geist dem Tode nahe war; ich flehte aber zu Gott um die besondere Gnade, mir um der Verdienste Jesu Christi willen, der den Tod des Kreuzes erlitten zum Heil aller Christen, noch eine kurze Spanne Zeit das Leben zu schenken, um zu seiner Ehre und zum Ruhm der Kirche Genugtuung leisten zu können für meine schrecklichen Verbrechen. Durch dieses Gebet erhielt ich die Gunst, noch einmal so weit zu Kräften zu kommen, um mich meiner Sünden anzuklagen und den Beistand aller Mitglieder unseres Münsters zu St. Moritz anzuflehen, dass sie mir mit ihren Bitten und guten Werken zu Hilfe kommen in der Not des Fegfeuers, wo entsetzliche Qualen meiner warten.
Zum letzten Ende habe ich noch die Erklärung abzugeben: dass mein richterlicher Beschluss, wonach auf dessen Berufung der genannte Succubus durch ein Gottesurteil, id est

durch die doppelte Probe des Feuers und des Wassers, seine Unschuld darzutun ermächtigt und aufgefordert wird, auf einer höllischen List des Dämons beruhte, der auf diese Weise der Strafgewalt des geistlichen Gerichts und Unseres hochwürdigen Kapitels zu entrinnen trachtete, weil er, wie er mir heimlich gestanden hat, an seiner statt einen andern Dämon in die Probe zu schicken die Macht hatte, als welcher seit langer Zeit in diesen Übungen abgehärtet ist.

Um nun zum Schluss zu kommen, gebe und vermache ich dem Kapitel unseres Münsters zu St. Moritz all meine Habe und Besitztümer jeglicher Art zu dem Zweck, in dem genannten Münster eine Kapelle zu bauen, auszuschmücken und unter die Anrufung des heiligen Hieronymus und des heiligen Gatian zu stellen, deren einer mein Patron, wie der andere der Retter meiner Seele ist.«

Nachdem dies von den Anwesenden gehört worden, hat Herr Jan van dem Haag (Johannes de Haga) die also niedergeschriebene Beichte dem erzbischöflichen Gericht unterbreitet.

†

Erwählt von der Versammlung des Kapitels zu St. Moritz, nach Brauch und Herkommen dieser Kirche, zum obersten Pönitentiarius und Strafrichter in geistlichen Angelegenheiten und betraut mit der Wiederaufnahme und Fortführung des Prozesses gegen einen bösen Dämon von der Art der Succubi, gegenwärtig in den Gefängnissen des Kapitels, haben Wir, Jan van dem Haag (Johannes de Haga), befohlen und angeordnet:

Dass eine neue Untersuchung in dieser Sache eingeleitet und alle Mitglieder der Diözese, als welche davon Kenntnis erhalten, von Neuem vorgeladen und vernommen werden sollen. Und erklären Wir für null und nichtig alle andern Prozeduren, Verhöre und Beschlüsse und verdammen sie aus Auftrag und Machtvollkommenheit des versammelten

Kapitels unserer Kirche. Nicht stattgegeben werden soll vor allem der heuchlerischen Berufung des Dämons auf ein Gottesgericht in Anbetracht der Hinterlist und Tücke dieses Teufels, die dabei zu befürchten wären. Und soll dieses Verdikt unter dem Schall der Trompete öffentlich ausgerufen werden überall und an allen Orten der Diözese, wo vorher die falschen Edikte Unseres Vorgängers ausgerufen worden sind, die einzig und allein durch Verführung und Einflüsterung des Dämons zustande gebracht wurden, wie es der verstorbene Hieronymus Kornill selber eingestanden hat. Mögen alle guten Christen unserer heiligen Kirche und deren Ordnungen und Geboten ihren Beistand leihen.

Jan van dem Haag.

IV. Von der waghalsigen Flucht der Mohrin aus der Brenzelgasse und wie sie nur mit großer Mühe verbrannt und lebendigen Leibes gebraten wurde

(Das Folgende wurde im Mai des Jahres dreizehnhundertsechzig in Form eines Testaments niedergeschrieben)

Mein teurer und viel geliebter Sohn! Wenn du dereinst dieses lesen wirst, so werde ich, dein Vater, nicht mehr unter den Lebenden weilen. Bete alsdann für meine Seele und bedenke, dass ich dieses mein Testament für dich niedergeschrieben habe zu einer Zeit, wo mein Gemüt und mein Geist noch unter dem frischen Eindruck der ungeheuern menschlichen Ungerechtigkeit stand, wovon hier die Rede ist und woraus du dir eine Lehre und ein Beispiel nehmen mögest, wie du weise und in Ruhe und Sicherheit mit den Deinigen leben kannst.

In meinen Jünglingsjahren hatte ich den Ehrgeiz, mich dem geistlichen Stand widmen zu wollen, um mich darin zu den höchsten Würden aufzuschwingen, denn kein anderer Beruf dünkte mich so ehrenvoll wie dieser. Zu diesem Zweck und Ende lernte ich lesen und schreiben und gelangte darauf mit viel Mühe und Fleiß dahin, mich in die geistliche Zunft aufnehmen zu lassen. Aber da ich keine hohen Beschützer hatte, auch sonst mir keinen Rat wusste, wie ich zu meinem Ziel gelangen könnte, fasste ich den Entschluss, mich dem geistlichen Kapitel von St. Martin als Schreiber, Rubrikator und Registrator anzubieten. Da nämlich dieses Kapitel die angesehensten und reichsten Persönlichkeiten der Christenheit zu Mitgliedern zählt und sogar der König von Frankreich ihm als einfacher Chorherr angehört, hoffte ich, mit der Zeit in einem dieser hohen Herren infolge geleisteter Dienste einen Protektor zu finden, durch dessen Macht und Einfluss es mir gelingen könnte, in den höheren geistlichen Stand aufzurücken, mit der Mitra gekrönt zu werden so gut wie irgendein anderer und in einem, ich weiß nicht mehr wo, gerade vakant gewordenen Erzbistum Unterschlupf zu finden.

Aber ich hatte mir mein Ziel zu hoch gesteckt, und meine ehrgeizigen Pläne wurden mir bald genug durch Gott und die Ereignisse in ihrer Eitelkeit offenbar. An meiner statt wurde Herr Johann Omerstädter, der inzwischen Kardinal geworden ist, erwählt, und ich wurde zurückgesetzt. Als Pflaster auf die Wunde bekam ich durch die Güte des vortrefflichen Herrn Hieronymus Kornill, geistlichen Ober-Strafrichters von St. Moritz, die Stelle eines Protokollisten des erzbischöflichen Kapitels von Tours, welchem Amt ich mit Ehren vorstand, denn ich wusste die Feder mit großem Geschick zu führen und war dafür bekannt.

In demselben Jahr, wo ich mein Amt antrat, begann der große Hexenprozess der Brenzelgasse, von dem heute noch die alten Leute ihren Kindern und Enkeln erzählen, so wie damals in ganz Frankreich von nichts anderm gesprochen wurde. Bei dieser Gelegenheit wurde ich von meinem guten Meister aufgefordert und angestellt, die Akten des Prozesses zu führen und alle Protokolle und Schreibereien dabei zu übernehmen, weil er der Meinung war, dass ich für diese Unterstützung, die ich dem Kapitel durch meine

Schreiberdienste leistete, auf irgendeine höhere Würde für meine Person rechnen und meinen Ehrgeiz hierdurch befriedigen könne.

Nämlich der genannte hochwürdige Herr Hieronymus Kornill, damals sich den Achtzigern nähernd und ein Mann von großem Verstand, Gerechtigkeitssinn und Wohlwollen, witterte von Anfang an in dieser Sache viel Böswilligkeit. Trotzdem er keinerlei Vorliebe für die Weiber hegte, die ihren Leib zur Lust hingeben, und in seinem Leben nur mit heiligen und hochehrbaren Frauen verkehrt hatte (welcher großen Keuschheit er seine Wahl zum obersten geistlichen Richter verdankte), hatte er, trotz aller Zeugenaussagen und der eigenen Geständnisse jener Angeklagten, allmählich die sichere Überzeugung gewonnen, dass dieses arme Wesen zwar die Grenzen ihres Handwerks überschritten habe, aber von dem Verdacht der Hexerei ganz freizusprechen sei; dass ihr großer Reichtum ihren Feinden und andern Leuten, die ich dir hier vorsichtshalber nicht näher bezeichnen will, in die Nase gestochen (man sprach davon, dass sie damit die ganze Grafschaft von Touran hätte kaufen können) und dass der Neid ihrer Mitschwestern, der ehrbaren Frauen von Tours, über das arme Ding tausend Lügen und Verleumdungen ausgesprengt, die wie ein Lauffeuer sich verbreiteten und auf die geschworen wurde wie auf das Evangelium. Indem genannter Herr Hieronymus Kornill also nicht zweifelte, dass dieses Mädchen von keinem andern Teufel als dem Liebesteufel besessen war, hatte er sie im Geheimen aufgefordert, sich gegen ihre Kläger auf das Gottesurteil zu berufen, da er mit Sicherheit voraussetzte, wie es ihm auch von den Betreffenden in Aussicht gestellt worden, dass mehrere tapfere, angesehene und sehr reiche Edelleute Gut und Blut daran wagen würden, sie zu erretten. Hiernach sollte sie sich für den Rest ihrer Tage in ein Kloster zurückziehen, nachdem sie vorher, um den bösen Zungen das Maul zu stopfen, all ihr Gut dem Kapitel von St. Martin vermacht habe. Auf diese Weise sollte die süßeste Menschenblume, die je auf dieser Erde erblüht war, dass sie selbst ihre Verfolger verzauberte, und die allein aus allzu großer Schwäche und aus Mitleid gegen die Liebesschmerzen ihrer Verehrer gesündigt hatte, vorm Holzstoß bewahrt bleiben und an Leib und Seele gerettet werden.

Aber jetzt mischte sich der leibhaftige Teufel, in der Gestalt eines Mönchs, in diese Angelegenheit. Dieser, mit Namen Jan van dem Haag (Johannes de Haga), hatte erfahren, dass das arme Weib in seinem Gefängnis mit der Ehrfurcht einer Königin behandelt wurde, und da er längst darauf ausging, die Tugend, Keuschheit und Ehrenhaftigkeit des Herrn Hieronymus Kornill aus böser Feindschaft zu verdächtigen, erhob er gegen den geistlichen Richter den öffentlichen Vorwurf, die Angeklagte zu begünstigen, weil er selber in ihre Netze und Fallstricke geraten und durch ihre Zauberkünste innerlich zum Jüngling und glücklichen Liebhaber umgeschaffen worden. Auf diese boshafte Verleumdung hin starb der edle Greis aus Kummer in Zeit von vierundzwanzig Stunden, nicht ohne das Bewusstsein, dass Johann van dem Haag seinen Untergang geschworen hatte, um seines Amts und seiner Würden teilhaftig zu werden. Wirklich besuchte unser gnädiger Herr Erzbischof die Mohrin in ihrem Gefängnis und fand dieselbe ohne Ketten in einem anständigen Raum mit gutem Lager. Denn es war ihr gelungen, mithilfe eines Diamanten, den sie an einem Ort aufbewahrt hatte, wo ihn niemand vermutet und männiglich sich gewundert, wie er da habe festhalten können, die Gunst des Gefangenenwärters zu erkaufen. Nach dem Reden der Leute soll dieser Kerkermeister sogar, entweder aus Liebe zu seiner Gefangenen oder aus Furcht vor den edlen Herren, deren Liebhabern, im Geheimen ihre Flucht vorbereitet haben. Da nun der gute Hieronymus Kornill am Sterben lag, wusste Jan van dem Haag dem Kapitel einzureden, dass alle richterlichen Akte und Urteile des Oberrichters für null und nichtig zu erklären seien. Dazu sei erforderlich, so demonstrierte Jan van dem Haag, damals noch ein simpler Vikar an der Kathedrale, dass der Sterbende eine öffentliche Beichte ablege auf seinem Totenbett.

Wurde also der gute Herr Hieronymus Kornill, auf Betreiben des Jan van dem Haag, durch die Herren vom Kapitel zu St. Martin und zu St. Marienmünster, durch den Herrn Erzbischof und den päpstlichen Legaten, weil es der Vorteil der Kirche erheische, so lange gemartert und gequält, bis er nach langem Widerstreben mürbe wurde und sich zu der verlangten öffentlichen Selbstanklage herbeiließ, der die angesehensten Leute der Stadt beiwohnten und die eine unbeschreibliche Bestürzung und Aufregung in der Stadt hervorrief. In allen Kirchen der Diözese wurden öffentliche Gebete und Bußandachten abgehalten, um diese Schmach und Schande abzuwaschen. Ein jeder glaubte schon den Teufel bei sich durch den Kamin einreiten zu sehen.

Aber das Wahre an der Sache ist, dass mein guter Herr Hieronymus in wilden Fieberfantasien lag und auf diese Weise das falsche Geständnis von ihm erpresst wurde. Nachdem der Fieberanfall vorüber war und der heilige Mann von mir den üblen Handel erfuhr, vergoss er bittere Tränen. Er starb in meinen Armen, in Gegenwart seines Arztes, ganz in Verzweiflung über diesen teuflischen Mummenschanz, und seine letzten Worte lauteten, dass er sich vor dem Thron des Ewigen niederwerfen und Gott anflehen wolle, eine solche unerhörte Ungerechtigkeit nicht geschehen zu lassen. Die arme Mohrin hatte sein Herz durch ihre Tränen und durch ihre Reue sehr gerührt; in ihrer Beichte, die sie ihm vor ihrer Berufung auf ein Gottesurteil abgelegt, hatte sie ihre himmlisch reine Seele, die ihren Körper bewohnte, ganz vor ihm entblößt, und er sprach von dieser Seele als einem Diamanten, der würdig sei, nach beendigter zeitlicher Buße im Jenseits die Krone Gottes zu schmücken.

Als ich nun, mein lieber Sohn, durch das Gerede der Leute und die Aussagen des Sterbenden eingeweiht in das verruchte Treiben, sah, wie die Sachen standen, schützte ich auf Anraten des Franz Hangst, des oft genannten Meisters

G. Doré

Medicus unsers Kapitels, eine Krankheit vor und verließ den Dienst an der Kathedrale von St. Moritz, um nicht meine Hand in unschuldiges Blut tauchen zu müssen, das zum Himmel schreien wird bis an den Jüngsten Tag.

Damals wurde der genannte Kerkermeister abgesetzt, und der zweite Sohn des Folterknechts kam an seine Stelle. Dieser warf die Mohrin in einen finstern Kerker und beschwerte ihr in unmenschlicher Weise Hände und Füße mit fünfzig Pfund schweren Ketten, außer einem hölzernen Gürtel um die Hüften. Das Gefängnis wurde von den Armbrustschützen der Stadt Tours und den Waffenknechten des Erzbischofs bewacht. Die Arme wurde gefoltert, und mit zerbrochenen Gliedmaßen, vom Schmerz überwältigt, sagte sie alles aus, was Herr Jan van dem Haag von ihr zu hören wünschte. Sie wurde verurteilt, unter dem Portal der Kirche, mit einem Hemd von Schweltuch bekleidet, drei Tage öffentlich am Pranger zu stehen und hierauf am Hügel von Sankt Stephan auf dem Scheiterhaufen verbrannt zu werden. Ihre ganze Habe sollte dem Kapitel anheimfallen et cetera.

Dieser Urteilsspruch verursachte großen Aufruhr und Kriegslärm in der Stadt. Drei junge Ritter von Touran schworen, im Dienste des armen Weibs zu sterben und mit allen ihnen zu Gebote stehenden Mitteln ihre Befreiung zu erlangen. Sie kamen in die Stadt mit einer großen Schar von Kriegsleuten, begleitet von Tausenden alter Soldaten, Handwerkern, Kranken und Leidenden, die die besagte Mohrin vom Tod, vom Hunger errettet, die sie gepflegt, gekleidet, getröstet, denen sie in jeder Art Missgeschick beigestanden. Immer größer wurde deren Anzahl, aus allen Winkeln der Stadt kamen sie hervor, denen die Mohrin sich einst hilfreich erwiesen, und unter der Führung der genannten Edelleute und ihrer Krieger versammelten sie sich eines Morgens und zogen, vermehrt durch eine große Menge Gesindels, das auf zwanzig Meilen im Umkreis zusammengelaufen war, auf die Höhe des heiligen Ludwig, von wo sie sich gegen das erzbischöfliche Gefängnis in Be-

wegung setzten und zu dessen Belagerung schritten. Stürmisch verlangten sie die Auslieferung der Mohrin, scheinbar, um sie zu töten, in Wahrheit aber, um sie zu befreien und sie auf einem bereitgehaltenen Renner das Weite gewinnen zu lassen; denn sie wussten, dass die besagte Mohrin reite wie ein Stallmeister.

In diesem furchtbaren Aufstand wälzten sich mehr als zehntausend Menschen brüllend und johlend von der Brücke her gegen die Wälle und Gräben des erzbischöflichen Palastes, außer denen, die weithin auf Dächer und Zinnen geklettert waren, um den Spektakel mit anzusehen. Bis hinüber ans andere Ufer der Loire, bei St. Symphorion, konnte man das schreckliche Geschrei der Menge hören, von denen die einen in gutem Glauben den Tod der Hexe verlangten, die andern das Gefängnis stürmen wollten, um die Arme entkommen zu lassen. Das Gestoß und Gedränge war so fürchterlich in diesem wütenden und von dem zu vergießenden Blut der armen Mohrin bis zur Raserei aufgepeitschten Volkshaufen (die, wenn sie das Glück gehabt hätten, das wundersame Weib zu sehen, alle zu ihren Knien gesunken wären), dass sieben Kinder, elf Frauen und acht Bürger zerdrückt, unter die Füße getreten und wie zu Brei zerstampft wurden. Ganz entsetzlich waren die Schreie dieses schrecklichen Ungeheuers, dieses Leviathans, den man Volk nennt, dessen brüllende Stimme bis auf die Dörfer hinaus gehört wurde: »Heraus mit der Hexe!«, schrie es. »Liefert sie uns aus! – Reißt sie in Stücke! – Hierher! – Ich will ein Viertel von ihr! – Ich will ihr Haar! – Mir einen Fuß von ihr! – Mir den Kopf! – Mir ihr Ding! Ist es rot? – Darf man es sehen? Wird es gebraten werden? – Zum Tod mit ihr! – Zum

Tod!« – Jeder sagte sein Sprüchlein. Aber der Ruf: »Gerechtigkeit Gottes! In den Tod mit dem Succubus!«, wurde so einstimmig und in so wilder Raserei von der tobenden Menge herausgeschrien, dass einem das Herz hätte bluten können vor Erbarmen und dass vereinzelte Rufe um Gnade völlig erstickt wurden. Um diesen furchtbaren Sturm, der alles niederzufegen drohte, zu besänftigen, hatte der Erzbischof den Einfall, in großer und feierlicher Prozession das Allerheiligste durch die Straßen zu tragen. Damit rettete er das Kapitel vor seinem Untergang. Denn das fahrende Volk wie auch die Junker hatten geschworen, alles zu zerstören, das Kloster niederzubrennen und die Chorherren zu erwürgen. Vor dem Venerabile aber wich die Menge zurück, die Anstauung der Masse löste sich auf, die meisten trieb der Hunger nach Hause.
In der Nacht darauf aber hielten die Klöster, Bürger und adligen Geschlechter, die eine wilde Plünderung für den anderen Tag befürchteten, eine Versammlung ab und erklärten ihre Zustimmung zu den Beschlüssen des Kapitels. Zugleich wurde mit Stadtsoldaten, Bogenschützen, Rittern und Bürgern eine improvisierte Stadtmiliz zusammengebracht und alles niedergestochen und niedergeschlagen, was sich an Straßenräubern, Buschkleppern, Landstreichern und Vagabunden, von dem Gerücht des Aufruhrs angelockt, in der Stadt zusammengezogen und die Masse der Missvergnügten vermehrt hatte.
Der edle Herr Harduin von Mayen, ein ehrwürdiger Greis, nahm sich die losen Junker ad coram, die die Mohrin unter ihren Schutz genommen, und stellte ihnen mit ruhigen Worten vor, ob sie denn um der schönen Augen einer Frau willen ganz Touran mit Feuer und Schwert verheeren wollten? Ob sie sich denn getrauten, wenn sie wirklich zu ihrem Ziel gelangten, des räudigen Gesindels wieder Herr zu werden, das sie herbeigerufen hätten, und nicht vielmehr befürchteten, dass der unbotmäßige wilde Haufe, nachdem er die Schlösser ihrer Feinde zerstört, sich an die ihrer Rädels-

führer machen würde? Überdies gab er ihnen zu bedenken, dass sie wenig Hoffnung hätten, sich der Kirchenregenten von Tours zu bemächtigen, da nun der erste Ansturm niedergeschlagen, die Stadt gesäubert und genügend Zeit gewonnen sei, die Hilfe des Königs anzurufen.

Auf solche und tausend ähnliche Reden der Weisheit antworteten die Junker, dass es dem Kapitel ja ein leichtes wäre, das schöne Weib bei Nacht heimlich entkommen zu lassen, womit dem Aufruhr aller Grund und Vorwand genommen sei. Der päpstliche Legat aber, jener oben genannte De Censoris, widerstrebte solchen humanen Vorschlägen, er erklärte, dass die Kirche in Sachen der Religion nicht um ein Haarbreit nachgeben dürfe, und also musste das beklagenswerte Frauenzimmer für alle bezahlen, denn es wurde beschlossen, dass keine Untersuchung wegen des Aufruhrs eingeleitet werden sollte.

Nun hatte das erzbischöfliche Kapitel freie Hand und konnte die Hinrichtung des armen Weibs zum Vollzug bringen. Auf zwölf Meilen im Umkreis erschienen die Menschen zu dieser Zeremonie, und an dem Tag, wo die Hexe, nachdem der göttlichen Gerechtigkeit genuggetan, der Gewalt des weltlichen Richters überliefert werden sollte, um auf einem Scheiterhaufen öffentlich verbrannt zu werden, würde niemand mehr eine Wohnung in der Stadt Tours gefunden haben, und wenn er auch einen ganzen Goldgulden dafür geboten hätte, wenn er sogar ein mächtiger Abt gewesen wäre. Schon die Nacht vorher schlief eine große Menge auf freiem Feld, unter Zeltdächern und Strohhütten. Die Lebensmittel reichten bei Weitem nicht hin, und viele, die mit vollem Magen gekommen waren, kehrten mit leerem zurück und hatten doch nichts gesehen als den Schein des Feuers aus der Ferne. Den meisten Gewinn aber von der ganzen Sache hatten wieder die Wegelagerer und Schnapphähne längs der Heerstraße.

Das unglückselige Weib war quasi tot. Ihre Haare waren gebleicht, sie war nur noch Haut und Knochen, und ihre Ketten wogen schwerer als sie selber. Wenn sie überreichlich die Lust der Welt genossen hatte in ihrem Leben, an diesem Tag musste sie sie teuer bezahlen.

Diejenigen, die sie sahen, als sie vorübergeführt wurde, erzählten, wie so herzzerreißend sie weinte und jammerte, dass sie ihren erbittertsten Feinden hätte Mitleid einflößen müssen. In der Kirche musste man ihr einen Knebel in den Mund stecken, den sie zerbiss wie einen Strohhalm. Dann band sie der Henker an einen Pfahl, da sie sich nicht aufrecht halten konnte und alle Augenblicke aus übergroßer Schwäche zur Erde fiel. Plötzlich aber erhielt ihr Peiniger einen Faustschlag ins Gesicht. Das arme schwache Weib hatte, so erzählte man sich, die Stricke, mit denen sie gebunden war, wie morschen Zunder zerrissen und von sich abgeschüttelt. Ehe man sich's versah, war sie entschlüpft. In Erinnerung an ihr früheres Handwerk war sie mit unglaublicher Geschicklichkeit an den Säulen und Steinbildern der Kathedrale bis zu den obersten Galerien emporgeklettert und an den zackigen Kapitellen und Friesen wie ein Vogel hingehuscht. Schon war sie auf dem Dach angelangt, als ein Soldat ihr einen Pfeil nachsandte, der ihr den Fußknöchel zertrümmerte. Aber trotz unsäglicher Schmerzen lief das arme Weib wie besessen, mit blutenden Wunden und zerschmettertem Fuß, noch immer das Dach entlang, so entsetzlich war ihre Angst vor den Flammen des Holzstoßes.

Sie wurde schließlich ergriffen, gebunden, auf einen Karren geworfen und zum Richtplatz geführt, ohne dass noch ein Laut aus ihrem Munde gekommen wäre.

Ihre unbegreifliche und fast wunderbare Flucht aus der Kirche aber trug nur noch mehr zu dem Teufelsglauben des Volks bei, und viele sagten, sie sei in Wahrheit durch die Lüfte davongeflogen und habe nur einen elenden Leichnam an ihrer Stelle zurückgelassen.

Als der städtische Henker sein Opfer in die Flammen warf, machte sie noch zwei oder drei verzweifelte Sprünge, dann brach sie über den lodernden Scheiten zusammen, die noch

PISAN.

Tag und Nacht weiterbrannten. Am nächsten Abend ging ich hin, um zu sehen, ob von dem schönen, süßen Weib noch etwas übrig geblieben war, aber ich fand nichts als ein paar Knochen von ihr, und ihr Schambein, das sich trotz des Feuers noch feucht anfühlte und zu zittern schien. Ich kann dir nicht sagen, mein Sohn, denn es ist in Worten nicht auszudrücken, was für eine finstre und dumpfe Traurigkeit während ganzer zehn Jahre auf meiner Seele lastete.

Immer stand vor meinen Augen dieser Engel, den die verruchten Menschen also geschunden und zugerichtet hatten, immer sah ich voll Schmerz und Liebe ihre schönen Augen auf mich gerichtet: kurz, die übernatürliche Schönheit dieses liebreizenden Wesens umgaukelte mich als eine holdselige Erscheinung bei Tag und bei Nacht, und oft lag ich stundenlang in der Kirche, wo sie gemartert worden ist, und betete für ihre Seele. Nie konnte ich ohne Zittern und Beben den Großmeister und Ober-Strafrichter Jan van dem Haag ansehen, der später bei lebendigem Leibe von Würmern gefressen wurde. Der Aussatz hat diesen Richter gerichtet. Außerdem verzehrte eine Feuersbrunst sein Haus; seine eigne Frau und alle, die Hand an den Holzstoß der Mohrin gelegt, starben in den Flammen.

Dieses, mein viel geliebter Sohn, hat mich nachdenklich gemacht, und ich habe meine Gedanken niedergeschrieben, damit sie für alle Zeiten in unserer Familie als Regel und Richtschnur des Lebens dienten.

Ich verließ den Dienst der Kirche und heiratete deine nachmalige Mutter, die mich unaussprechlich glücklich machte und mit der ich alles teilte, mein Leben, mein Gut, meinen Leib und meine Seele. Sie stimmte auch vollkommen mit mir überein in den folgenden Lehren und Regeln der Weisheit. Diese aber sind:

Um glücklich zu leben, ist es vor allem nötig, dass man nichts zu schaffen habe mit den Mitgliedern der Geistlichkeit. Erweise ihnen alle schuldige Ehrfurcht, aber lass sie nie dein Haus betreten, so wenig wie alle diejenigen, die aus irgendeinem Grund, gerechtem oder ungerechtem, deine Vorgesetzten oder an Stand höher sind als du.

Als Zweites merke dir und mache dir zur unverbrüchlichen Regel, einen bescheidenen Stand zu wählen, darin zu verharren und allen Schein des Reichtums und der Wohlhabenheit zu vermeiden, um keines Menschen Neid herauszufordern. Hüte dich, irgendeinem Menschen zu nahe zu treten; denn man muss eine Eiche sein an Kraft und Stärke, die alle geringeren Pflanzen zu ihren Füßen tötet, um nicht das Opfer des Neids zu werden, den man erregt, und dann noch müsste man unterliegen, denn menschliche Eichen sind ein gar seltenes Gewächs, und kein Turnebusch soll sich jemals schmeicheln, eine Eiche zu sein, schon aus dem einfachen Grund, weil er ein Turnebusch, id est ein Schlinggewächs ist.

Zum Dritten merke dir: niemals mehr als ein Viertel deines Einkommens auszugeben, den Stand deines Vermögens zu verschweigen, deine Pläne und Absichten nicht an die große Glocke zu hängen und niemals Amt und Würden anzunehmen. Mache es dir zur Gewohnheit, in die Kirche zu gehen wie die andern und deine Gedanken für dich zu behalten, da sie ansonst nicht mehr dir, sondern den andern gehören, die Verleumdungen daraus spinnen und sich einen Mantel daraus machen, den sie nach dem Winde drehen.

Viertens lass dir gesagt sein, im Gewerbe der Turnebusche zu verharren, als welche Tuchmacher sind und Tuchmacher bleiben sollen, jetzt und immerdar. Verheirate deine Töchter an ehrliche Tuchmacher und schicke deine Söhne in die Tuchmachereien der andern Städte des Königreichs. Gib ihnen diese weisen Vorschriften auf den Weg, dass sie sich redlich nähren in der Tuchmacherei und jeden ehrgeizigen Gedanken weit von sich weisen. ›Tuchmacher wie ein Turnebusch‹ muss ihre Losung und ihr Ruhm sein, ihr Wappen und ihre Ehre, ihre Devise und ihr Leben. Indem sie also immer Tuchmacher sein und bleiben werden, kann es den Turnebuschen nicht fehlen, vergnüglich im Verborgenen sich hinzuschlingen und im Schatten ein Leben zu führen gleich den kleinen fleißigen Insekten, die, wenn sie sich in einem Balken eingenistet haben, ihre Löcher bohren und mit aller Sicherheit den Faden ihres Knäuels abspinnen, bis er zu Ende ist.

Fünftens sollst du nie eine andere Sprache reden als die der Tuchmacherei und niemals Reden führen über Religion und Regierung. Lass die Regierung des Staats und der Provinz, lass Gott und die Religion sich im Kreise drehen oder nach links oder rechts abbiegen, wenn sie die Laune ankommt, und halte dich in deiner Eigenschaft als Turnebusch still hinter deinen Ballen Tuch.

Also werden die Turnebüsche, von niemand in der Stadt weiter bemerkt, in Frieden leben mit ihren jungen Turnebüschchen, werden ihren Zehnten und ihre Abgaben bezahlen, wie alles, was sie Gott und dem König, der Kirche und der Gemeinde zu bezahlen mit Gewalt gezwungen werden; denn mit diesen Mächten soll niemand Streit und Händel anfangen. Darum ist es nötig, das Vermögen der Familie zusammenzuhalten, weil man sich damit die Sicherheit seiner Existenz gewährleistet, niemand etwas schuldig bleibt, immer Korn auf seinen Speichern hat und hinter geschlossenen Türen und Läden seines Lebens froh werden mag.

Dann wird weder der Staat, noch die Kirche, noch die hohen Herren den Turnebüschen etwas anhaben können. Wenn es gar nicht anders geht, mögt ihr diesen Herrschaften gelegentlich einige Taler leihen, doch ohne die Hoffnung zu nähren, sie, ich meine die Taler, je wiederzusehen. Dergestalt werden die Turnebüsche sich beliebt machen zu allen Zeiten und bei aller Welt, und spotten werden über die Turnebüsche nur die Taugenichtse und Habenichtse. Sie werden euch die krummbeinigen Turnebüsche, die struppigen Turnebüsche, die widerborstigen Turnebüsche nennen. Lasst sie reden, die Dummköpfe. Die Turnebüsche werden nicht verbrannt und gehängt werden, zum Vorteil des Königs, der Kirche und der andern; die klugen Turnebüsche werden heimlich ihre Säcke voll Geld und ihre Wohnungen voll Glück haben, ohne dass es die andern auch nur ahnen. Und also, mein, teurer und viel geliebter Sohn, befolge meine Ermahnungen zu einem unauffälligen und bescheidenen Leben. Bewahre diese Schrift in deiner Familie und halte sie heilig wie eine Charta magna. Als das heilige Evangelium der Turnebüsche möge sie jeder auf seinem Totenbett seinem Nachfolger vermachen, bis es Gott dem Allmächtigen gefallen wird, das Geschlecht und den Namen der Turnebüsche auszulöschen auf dieser Erde …

⋆

Dieser Brief wurde aufgefunden in der Verlassenschaft des Franz Turnebusch, Schlossherrn von Verretz, Kanzlers des königlichen Herrn Thronfolgers, der bei der Auflehnung dieses Prinzen gegen seinen Oberherrn und König durch Beschluss des Pariser Parlaments zum Tode und zur Konfiskation aller seiner Güter verurteilt worden ist. Später wurde der genannte Brief als historische Kuriosität dem Gouverneur von Touran übergeben und von mir, Pierre Gaultier, dem Gerichtsschöffen und Vorsitzenden der Zunftmeister, den Prozessakten des erzbischöflichen Archivs einverleibt.

⋆

Nachdem der Autor die Hieroglyphen und Paraphrasien dieser Pergamente aus ihren lateinischen Schnörkeln in unsere Muttersprache übersetzt und dem Eigentümer zurückgegeben hatte, hat ihm dieser gesagt, dass die ›Brenzelgasse‹ von Tours nach einigen also genannt werde, weil dort die Sonne mehr brenne und senge als irgendwo sonst. Dieser Version zum Trotz werden alle Leute von einer höheren Einsicht geneigt sein zu glauben, dass der genannte Straßenname gewiss irgendwie mit der brenzligen Geschichte zusammenhängt, die wir hier erzählt haben. Diesen kann der Autor nur beistimmen. Diese Historie lehrt uns, mit unserm Körper keinen Missbrauch zu treiben, sondern ihn allein anzuwenden zu unserem zeitlichen und ewigen Heil.

Die abgeschnittene Wange

Zur Zeit, als König Karl der Achte es sich in den Kopf setzte, das Schloss von Amboise in seiner späteren Gestalt auszubauen, brachte er von Italien eine große Anzahl Werkleute mit, Maler, Steinmetzen und Maurer oder Architekten, die aus der Galerie des Schlosses ein schönes und berühmtes Kunstwerk machten, das aber aus Achtlosigkeit wieder verdorben wurde.

Weilte also zu jener Zeit der Hof an diesem lustigen Ort, und liebte es der junge König, wie jedermann weiß, den Künstlern bei der Ausführung ihrer Erfindungen zuzuschauen. Nun war unter den fremden Meistern ein Florentiner mit Namen Angelo Cappara, ein verdienstvoller Mensch, Bildhauer seines Zeichens, der allgemein bewundert wurde, da er so geschickt und gelehrt war in der Kunst zu bilden und zu formen, obwohl er erst im Lenz seiner Jugend stand und ihm kaum der erste Flaum auf der Lippe spross.

Die Damen besonders waren alle in den Unbärtigen verschossen; denn er war schön wie ein Traum und melancholisch wie eine Taube, die allein im Nest zurückgeblieben ist, weil man ihr den Gefährten weggefangen hat. Und das hatte seine guten Gründe. Der gute Bildhauer krankte an der Armut, als welches eine Krankheit ist, die das Leben

verengt und verdüstert. Er lebte hart, aß wenig, und voll Missmut über seine armselige Lage warf er sich mit einer wahren Verzweiflung auf die Arbeit, um durch seine Kunst und mit übermenschlicher Anstrengung sich die Mittel zu einem müßigen Leben zu erwerben, das allen denen so köstlich scheint, deren Geist beschäftigt ist. Weil er sich seiner Armut schämte, kleidete er sich besser als die andern, wenn er zu Hofe ging. Auch wagte er nicht, aus jugendlicher Schüchternheit und Verschämtheit, seinen Sold zu verlangen vom König, der ihn wohlversorgt glaubte, da er ihn so reich gekleidet sah. Herren und Damen bewunderten seine Werke und nicht weniger den Autor, aber das war auch die einzige Bezahlung, die er erhielt. Besonders die Damen hielten ihn für reich genug in der Fülle und Pracht seiner Jugend, mit dem leuchtenden schwarzen Haar und den funkelnden Augen, und konnten sich nicht denken, dass ein Adonis unglücklich sein könne, weil es ihm an Groschen fehlte. Sie hatten auch vollkommen recht, da schon so mancher höfische Geck mit solchen körperlichen Vorzügen Rittergüter und Dukaten in Haufen gewonnen hat.

Ungeachtet seines knabenhaften Aussehens hatte Meister Angelo die Zwanzig bereits hinter sich. Er war auch kein Dummkopf, ein hoher Ehrgeiz schwellte ihm das Herz, und sein Kopf war erfüllt von poetischen Gedanken und schönen Bildern; aber die Bescheidenheit machte ihn zaghaft, und es ging ihm wie allen Armen, der Erfolg der Dummen schüchterte ihn noch mehr ein. Er dachte dann schlecht von sich selber, hielt sich für missraten an Leib und Seele und wurde immer kleinmütiger und verschlossener. Er würgte alle Gedanken in sich hinein, oder vielmehr er vertraute sie heimlich der Nacht und dem Schatten, den Sternen und dem Mond, vertraute sie Gott und dem Teufel. Er bedauerte sich selber, ein so heißes Herz in der Brust zu haben, dass ohne Zweifel die Damen sich davor hüteten wie vor einem glühenden Eisen. Dann sagte er sich oft vor, wie heftig er seine Geliebte lieben würde, wie er sie halten würde gleich einer Königin, wie er ihr in Treue anhängen und mit welchem Eifer er ihr dienen wollte, wie er ihr den leisesten Wunsch an den Augen ablesen und wie er sie aufheitern wollte mit seinen Erfindungen, wenn sie traurig

wäre oder auch nur ein Wölkchen von Melancholie sich am Himmel ihrer Seele zeigte.

Mit der Lebhaftigkeit seiner bildnerischen Fantasie stellte er sich vor und malte sich aus, wie er sich vor ihr niederwarf, wie er ihr den Fuß küsste, ihr die Hand streichelte, sie mit den Augen verschlang und liebkoste; und wahrlich, er glich dem Gefangenen, der durch ein Mauerloch einen Fleck Wiese sieht und sich alsbald hinausversetzt und lustwandelt über blühende Fluren. Immer mehr ging die Fantasie mit ihm durch, er führte ganze Reden mit der Geliebten, er schloss sie gewaltsam in seine Arme, trotz des hohen Respekts – und biss zuletzt seine Zähne in das Kissen, aus Wut, dass ja alles gar nicht war, nirgends eine Dame und er allein mit seiner Verlassenheit. Je kühner er träumte, umso schüchterner und befangener war er am anderen Tag, wenn er in Wirklichkeit einer Dame gegenüberstand.

Er ließ dennoch nicht von seinen verliebten Fantastereien, sie feuerten ihn an bei der Arbeit, und unter seinen Meißelhieben formten sich so die weiblichen Brüste, dass dem Beschauer das Wasser im Munde zusammenlief vor diesen Äpfeln der Liebe, von anderen Dingen nicht zu reden, die er rundete mit seinem Meißel, die er liebkoste mit seiner Feile, dass sie immer reiner in der Form, immer lebensvoller herauskamen und dem Dümmsten ihren Sinn verraten, den Tölpelhaftesten enttölpeln mussten. Und siehe, so manche Dame glaubte sich zu erkennen in den marmornen Schönheiten des Meisters Angelo und verliebte sich in den knabenhaften Wundertäter, der verstohlen nach den Gestrengen hinschielte und bei sich schwor, dass er die Erstbeste, die ihm auch nur einen Finger zum Küssen reichen sollte, haben wollte ganz und gar, mit Haut und Haar.

Eine dieser Damen, eine solche hohen Geblüts, wandte sich

eines Tages ohne Weiteres in Person an den herzigen Jüngling und fragte ihn, warum er so den Scheuen spiele und ob es wohl keiner der Damen am Hof gelingen werde, ihn kirre zu machen. Und unter vielen Schmeicheleien lud sie ihn für den Abend zu sich ein.

Und Meister Angelo beeilte sich, sich zu parfümieren, sich einen samtenen Mantel mit seidenen Fransen zu kaufen, sich bei einem Freund ein Wams mit langen Ärmeln und ein Paar durchbrochene, mit Seide gefütterte Pluderhosen zu leihen und also ausgerüstet die Treppe hinaufzusteigen zu seiner Schönen, die Seele geschwellt von Hoffnung und nicht wissend, wohin mit seinem Herzen, das hüpfte wie ein Zicklein am Ostermorgen, so groß war seine Liebe, so voll war er davon zum Voraus.

Die Dame war nämlich wirklich schön, und Angelo Cappara wusste es besser als irgendeiner; denn als Meister seines Handwerks hatte er sich eine vollkommene Kennerschaft erworben in Sachen des menschlichen Körpers und wusste Bescheid über seine Linien und Proportionen in Armen und Beinen und Hals und Brust und sonstigen kallipygischen Mysterien. Diese Dame aber erfüllte nicht nur alle noch so strengen Forderungen seines Künstlerauges, sie war nicht nur weiß wie ein Schwan und von zierlichen Formen, sie hatte außerdem eine Stimme, die tief zu Herzen drang oder wo sonst das Leben sitzt, um es aufzupeitschen und Seele und Hirn und alles in Flammen zu setzen. Kurz, sie war derart, dass sie in der Fantasie vom ersten Augenblick an die wollüstigen Bilder von Dingen aufregte, an die sie doch, worin eben die Stärke dieser verdammten Weibsen liegt, selber gar nicht zu denken schien.

Der Bildhauer fand sie in einem hohen Sessel am Kaminfeuer sitzend, und alsbald fing sie an, ihn mit ihrem süßen Geplauder ganz einzuspinnen, während Meister Angelo in seiner Schüchternheit nichts zu kennen schien von ihrer Sprache als ›Ja‹ und ›Nein‹, und außer den beiden armselig kahlen Vokabeln kein Wort in seiner Kehle, und in seinem

Gehirn keinen noch so kleinen Gedanken fand, sodass er sich wie der ärmste Tropf der Welt vorgekommen wäre, wenn er nicht das Glück gehabt hätte, sie anzuschauen und ihr zuzuhören, deren Geplauder so wohlig klang wie das Gesumse einer Mücke, die in einem Strahl der Frühlingssonne tanzt.

Seine stumme Bewunderung hinderte aber nicht, dass beide bis gegen Mitternacht zusammenblieben, dass sie ihn immer fester an sich fesselte mit den Rosenketten der Liebe und dass er mit noch kühneren Hoffnungen von ihr Urlaub nahm, als die waren, mit denen er gekommen. Wenn eine so vornehme Dame, sagte er bei sich, einen vier Stunden in der Nacht an ihre Röcke heftet, so kann es nicht fehlen, dass sie ihn das nächste Mal bis zum Morgen bei sich behält. Unter solchen Erwägungen wurde er immer entschlossener und nahm sich vor, nicht jede Nacht mit Präludien vorliebzunehmen. In seiner erhitzten Fantasie tötete er schon den Ehemann, der dazwischentrat, dann wieder die Fran in seiner Wut, dann sich selber aus Verzweiflung. Die Liebe war ihm schon so über den Kopf gewachsen, dass ihm das Leben in diesem Spiel ein geringer Einsatz, ein Tag mit der Geliebten mehr dünkte als tausend Leben.

Den ganzen Tag, während er auf seinen Stein einhieb, dachte er nur an den Abend, hieb oft daneben und verdarb manche Nase, während er ganz andere Dinge vor Augen hatte. Und um nicht noch größeren Schaden anzurichten, warf er Meißel und Feile von sich, schmückte sich und eilte zu seiner Schönen, in der festen Hoffnung, ihre süßen Schmeichelreden unvermerkt in Handlungen hinüberzuleiten. Aber in der Gegenwart seiner Herrin und getroffen vom Strahl weiblicher Majestät, fühlte sich der arme Cappara, so gewalttätig in Gedanken, in das frömmste Lämmlein verwandelt.

Nach und nach jedoch wurde er kühner und kühner, und nicht allzu lange dauerte es, so hatte er sich bereits mit List und Gewalt einen Kuss geraubt. Das war mehr, als wenn sie

ihn freiwillig gegeben hätte. Denn wenn eine Dame einen Kuss gibt, kann sie ihn das nächste Mal verweigern; wenn sie sich ihn aber rauben lässt, ist sie nicht imstande, zu verhindern, dass ihr der Geliebte zu dem einen tausend dazu nimmt. Aus diesem Grund sind die Damen längst übereingekommen, keine Küsse zu geben, sondern sie sich lieber nehmen zu lassen, die Küsse und das andere.
Auch der Florentiner war unterdessen längst nicht mehr beim ersten, und die Berauschtheit machte ihn so kühn, dass er von dem letzten Ziel seiner Wünsche nur noch um einen Strohhalm entfernt war, als die Dame, die sich durchaus in der Gewalt hatte, plötzlich ausrief:
»Mein Mann!«
Erschien in der Tat der Hausherr, der vom Ballspiel zurückkam, auf der Schwelle, und der Bildhauer konnte abkratzen, nicht ohne von seiner Angebeteten einen Blick voll Liebe und Bedauern mit auf den Weg zu nehmen.
Das war all sein Glück, Schmerz, Hoffnung und Verzweiflung während eines Monats. Immer in dem Augenblick, wo er im Begriff stand, die Schwelle seines Paradieses zu überschreiten, erschien der Herr Gemahl auf der Schwelle des Gemachs, erschien wie verabredet immer zwischen einer Weigerung und einer zärtlichen Besänftigung, womit die Damen ihre Körbchen, die sie geben, gleichsam wie mit Rosen bekränzen und dem Verliebten Mut machen, sich immer neuen Niederlagen auszusetzen und neue Körbe zu holen.
Der Bildhauer aber wurde mit der Zeit ungeduldig und begann von da ab den Kampf immer sofort bei seiner Ankunft. Auf diese Weise hoffte er, früher zum Sieg zu gelangen, als der Herr Gemahl nach Hause kam, um die Frucht der Liebe zu genießen, die in dem Feuer des andern gerade reif geworden. Die schöne Dame aber, die ihm seine Absicht an den Augen ablas, vereitelte durch ihr verändertes Betragen alle seine Hoffnungen. Sie verstand es aufs Vortrefflichste, jeden Abend einen anderen Zank vom Zaun zu

brechen, jeden Abend eine andere Komödie zu spielen und ihn nach ihrem Belieben hinzuhalten. Bald machte sie die Eifersüchtige, dass er sich in langen Liebesschwüren ergehen und schon glücklich sein musste, wenn sie sich ihm nur einigermaßen wieder gnädig zeigte, in welchem Moment ihn dann ein flüchtiger Kuss das Höchste deuchte. Bald versuchte sie es mit hinhaltenden Worten, öffnete alle Schleusen ihrer femininen Beredsamkeit, gab ihm eine Lektion nach der anderen in der höheren Philosophie der galanten Liebe, setzte ihm lang und breit auseinander, wie er vernünftig zu sein, wie er sich zu kuschen habe, wie der Wille der Herrin ihm höchstes Gesetz sein müsse, wenn er erwarte, dass sie ihm ihre Seele und ihr Leben gebe, und dass nicht viel dazu gehöre und es wenig heißen wolle, der Geliebten seine Wünsche entgegenzubringen, die ihrerseits viel mehr Mut nötig habe, mehr Liebe und mehr Wagnis, die tausendmal mehr opfere, tausendmal mehr aufs Spiel setze … Solche weise Reden unterbrach sie dann gelegentlich mit einem: »Lasst das!«, ausgesprochen mit dem Ton und der Miene einer erzürnten Königin, und wenn sich Cappara über ihre Härte beschwerte:

»Wenn Ihr nicht so sein wollt, wie ich Euch mir wünsche«, sagte sie schmollend, »werde ich Euch nicht mehr lieben.«

Kurz, der arme Italiener merkte endlich, dass er es nicht mit einem edlen und großen Herzen zu tun habe, einem Herzen, das nicht mit der Liebe schachert wie ein Krämer mit seiner Ware, vielmehr dass die Schöne sich ein Vergnügen daraus mache, ihn zappeln zu lassen an ihren Fäden und ihn mit faden Süßigkeiten hintanzuhalten und ihm alles zu gewähren, nur nicht das eine.

Cappara wurde wütend bei dieser Erkenntnis und beschloss, sich zu rächen. Er verabredete mit seinen Freunden, dass sie den Gemahl, wenn er abends aus der Gesellschaft des Königs zurückkehrte, ergreifen und an einem sicheren Ort festhalten sollten. Er selber begab sich zur gewohnten Stunde zu der Dame, wo alsbald das alte Spiel begann mit geraubten Küssen, mit zerwirrten Kleidern und Haaren, mit verliebten Bissen in den Arm, ins Ohr, in den Nacken, kurz, das ganze bekannte Geplänkel mit alleinigem Ausschluss dessen, was die anständigen Autoren mit Recht abscheulich finden.

»Mein süßer Schatz«, sagte der Florentiner nach einem etwas längeren Kuss, »liebst du mich auch über alles in der Welt?«

»Ich liebe dich über alles in der Welt«, antwortete sie. Denn mit Worten war sie immer freigebig.

»Wenn du mich also liebst«, entgegnete er, »so gehöre mir auch ganz.«

»Wenn ich sicher wäre vor meinem Gemahl.«

»Ist es nichts als das?«

»Nichts als die Furcht.«

»Ich habe mit meinen Freunden verabredet, dass sie ihn ergreifen heute Abend und so lange festhalten, bis ich einen Leuchter an das Fenster stelle. Wenn er sich beim König beklagen sollte, werden sie sagen, sie hätten ihn für einen der Unsrigen gehalten, dem sie einen Possen spielen wollten.«

»Oh, mein Freund«, antwortete sie, »so lass mich einen Augenblick, dass ich nachsehe, ob meine Leute zu Bett gegangen und alles im Haus ruhig ist.«

Mit diesen Worten erhob sie sich und stellte das Licht ans Fenster. Als der Florentiner das sah, löschte er die Kerze, ergriff seinen Degen und richtete sich stolz auf vor dem Weib, dessen verächtliche kleine Seele er nun erkannte.

»Ich werde Euch nicht töten, schöne Frau«, sprach er; »nur zeichnen will ich Euch im Gesicht, dass es Euch nicht wieder einfallen soll, mit der Liebe und dem Leben eines armen Verliebten Euer elendes Spiel zu treiben. Ihr seid schamlos mit mir umgegangen, Ihr seid keine ehrsame Frau. Ihr wisst wohl, was Ihr mir hundertmal mit Euren Küssen versprochen habt, und Ihr dachtet nicht daran, Euer Versprechen zu halten. Ihr habt mir meine Jugend vergiftet, Ihr habt mir mein Leben vernichtet, das ich von mir werfe wie ein schlechtes

Kleid. Ihr seid schuld an meinem Tod, Ihr sollt ewig daran denken. Nie mehr wieder sollt Ihr in Euren Spiegel schauen, ohne neben Eurem Gesicht das meinige zu erblicken.«

Er erhob seine Waffe, um sein Vorhaben auszuführen.
»Ihr handelt unritterlich«, rief ihm die Dame zu.
»Schweigt!«, sagte er. »Ihr habt behauptet, mich über alles zu lieben. Jetzt sagt Ihr andere Dinge. Ihr habt mich jede Nacht hierhergelockt, Ihr habt mich jeden Abend ein wenig höher zum Himmel erhoben, aber nur, um mich jedes Mal umso tiefer in die Hölle zu stürzen, und nun glaubt Ihr, dass Euer Weiberrock Euch schützen könne vor der Wut eines gefoppten Geliebten?«
»Oh, mein Angelo«, rief sie, voll Verwunderung über die Kraft seiner Liebe, die sie in Rache verwandelt sah, »nimm mich, mein Angelo, ich will dir gehören mit Leib und Leben.«
Er aber wich einen Schritt zurück:
»Aha«, zischte er, »elende Kurtisane, du liebst dein Gesicht mehr als deinen Geliebten.«

Sie erblasste und hielt ihm demütig ihr Gesicht hin; denn sie begriff, dass ihre augenblickliche Liebe ihre lange Falschheit nicht gutmachen konnte.
Angelo aber schnitt ihr eine Wange aus dem Gesicht, eine frische blühende Wange mit den Spuren seiner Küsse, ja noch feucht von seinem letzten, schnitt sie ihr ab und warf sie ihr vor die Füße und verließ das Haus und das Land.

Ihr Gemahl war nicht weiter behelligt worden, da die Italiener das Licht am Fenster gesehen; er fand seine Frau ohne die linke Wange, versuchte aber vergeblich, ein Wort aus ihr herauszulocken. Seit ihrer Verwundung liebte sie Cappara mehr als ihr Leben. Da aber niemand ins Haus zu kommen pflegte als der Florentiner, beschwerte sich der Eheherr beim König, der den Tod des Bildhauers befahl und eine reitende Stafette hinter ihm herjagen ließ. In Blois wurde der Flüchtling eingeholt. An dem Tag aber, da er gehängt werden sollte, kam einer vornehmen Dame die Laune an, den mutigen Mann zu retten, der ihr wie keiner das Zeug zu einem Geliebten zu haben schien. Sie erbat sich also den Verurteilten vom König zum Geschenk, der ihr gern den Gefallen tat. Aber Cappara erklärte, dass er die geschundene Dame noch immer über alles liebe und die Erinnerung an sie niemals aus seinem Herzen verbannen könne. Er trat in einen religiösen Orden und wurde ein großer Gelehrter, später ein mächtiger Kardinal. Als solcher pflegte er in seinen alten Tagen gern zu sagen, dass er sein Leben lang nur gelebt habe von der Erinnerung an jene armen qualvollen Stunden, in denen ihn seine Dame so unglücklich und doch so glücklich gemacht. Einige Autoren behaupten, er sei später, nachdem ihre Wange geheilt war, weitergekommen bei dieser Dame als bis zu den Unterröcken. Aber ich glaube es nicht, denn dieser Italiener war ein Mann mit starkem Herzen und einem hohen poetischen Sinn; er hatte einen anderen Begriff als die gemeinen Seelen von den heiligen Entzückungen der wahren Liebe.

Diese Anekdote enthält weiter keine Lehre, als dass man im Leben schlimme Begegnungen haben kann; dafür ist sie aber auch wahr und wahrhaftig in allen Punkten. Möge es um ihretwillen dem Autor verziehen werden, wenn er an anderen Orten die Dame Wahrheit manchmal etwas allzu mutwillig auf den Kopf gestellt hat.

Epilog des zweiten Zehent

Obwohl dieses zweite Zehent an seiner Fassade die Aufschrift trug, welche besagte, dass es bei Schnee und Kälte seiner Vollendung entgegengeführt worden, erscheint es nun doch erst im schönen Monat Juni, im Rosenmond; denn der guten Muse, deren Diener und Untertan der Autor ist, schien die Zeit der Kränze allein würdig für ihre Früchte; die Dame hat mehr Grillen und Launen als die Liebe einer fantastischen Königin, und niemand wird sich je rühmen können, ihrer Unbeständigkeit Herr zu werden. Oft, wenn ein ernstes Problem den Geist des Autors beschäftigt und schwere Gedanken wie Geier an seinem Gehirn fressen, ist das Luderchen da, flüstert ihm lachend und kichernd ihre Tollheiten ins Ohr, kitzelt ihn mit der Feder unter der Nase, tanzt eine Sarabande vor seinen Augen, kurz, tut, als ob sie das Haus zum Fenster hinauswerfen wollte. Wenn zu seinem Unglück dann der arme Schreibersmann seine strenge Wissenschaft verlässt und sagt: Warte, mein Liebchen, gleich bin ich bereit! – Und wenn er sich schon erhebt, um mit der Dirne sich einen vergnügten Tag zu machen, husch, ist sie weg und hockt irgendwo in einem versteckten Winkel und schmollt. Es nützt gar nichts, die Rute, den Stock und die Peitsche gegen sie aufzuheben, es nützt auch nichts, sie wegen ihrer Unart noch so sehr auszuzanken, da kauert sie und schmollt. Ob man ihr das Haar zerrauft und die Kleider zerreißt, sie schmollt; ob man sie liebkost und ihr gute Wörtlein gibt, sie schmollt. Ihr könnt sie in den Arm nehmen und auf den Mund küssen, ihr könnt sie euer Vielliebchen heißen, sie grollt und schmollt. Sie klagt und wimmert, sie friert, sie will sterben vor Elend. Zum Teufel dann die Liebe, zum Teufel das Lachen und die Lust, zum Teufel alle guten Schwänke und Geschichten.

Aber legt ihr dann Trauer an um ihren Tod und fangt an, um sie zu weinen, heisa, hebt sie das Köpfchen, bricht in ein tolles Lachen aus, entfaltet ihre weißen Flügel, erhebt sich in die Lüfte, schlägt tausend Purzelbäume, zeigt bald den gräulichen Schwanz eines Teufels, bald die weißen Brüste eines schönes Weibs; zeigt bald ihre üppigen Hüften, bald das Gesicht eines Engels, schüttelt ihr reiches, duftiges Haar, wälzt sich auf den Strahlen der Sonne, leuchtet ganz von Schönheit, schillert in farbigem Glanz wie der Hals einer Taube und lacht dann wieder, dass ihr die Tränen in die Augen treten. Und ihre Tränen fallen nieder ins Meer, wo die Fischer sie als Perlen wiederfinden, um die Stirnen schöner Königinnen damit zu schmücken. Kurz, sie vollführt Kapriolen und Sprünge wie ein junges losgelassenes Füllen, und zeigt hundertmal ihren weißen jungfräulichen Bug und noch köstlichere Dinge, bei deren Anblick ein Papst sich in die Verdammnis stürzen würde.

Während dieser Tollheiten der ungezähmten Range kommen dann die Dummköpfe und Philister und fragen den armen Dichter: »Wo ist dein Pegasus? Wo ist dein neues Zehent? Ihr seid ein schlechter Worthalter. Nun ja, man kennt Euch. Dreiviertel Eurer Zeit verprasst Ihr, und in den Zwischenpausen liegt Ihr auf der faulen Haut. Wo ist nun Euer Werk?«

Obwohl ich von Natur sanften Gemüts bin, möchte ich einmal einen dieser Herren an einem türkischen Marterpfahl angebunden sehen, um ihm zu sagen: »Wie geht's, Freundchen, nicht auf der Hasenjagd heut?«

Hier endet das zweite Zehent. Möge der Teufel es auf seinen Hörnern dahintragen, so kann ich sicher sein, dass es von der lustigen Christenheit gut aufgenommen wird.

Drittes Zehent

Einige haben den Autor darüber zur Rede gestellt, warum er gar so viel Tollheiten in diese Geschichten gebracht und ob er denn kein Jahr vergehen lassen könne, ohne einen Sack voll Bosheiten auszuschütten, kurz, was es überhaupt für einen Zweck habe, weißes Papier voller Beistriche zu malen, mit nichtsnutzigen Wörtern untermischt, bei denen die Damen in der Öffentlichkeit erröten müssen, und was dergleichen dummes Getratsch mehr ist.
Der Autor erklärt hiermit: dass solche heuchlerische Reden, die ihm wie Steine auf seinen Weg geworfen werden, ihn in tiefster Seele gerührt haben. Er kennt genügend seine Pflicht und will gern in diesem Prolog dieser absonderlichen Art von Lesern, obwohl er es wiederholt getan, von Neuem seine Gründe auseinandersetzen, da man sich nie die Mühe verdrießen lassen darf, den Kindern so lange Vernunft zu predigen und zu wiederholen, bis sie größer ge-

worden sind und euch in Ruhe lassen, weil sie endlich begreifen. Und wahrlich, es sind eine Menge dummer Buben unter den Leuten, die da ihr Geschrei erheben und die so tun, als ob sie nicht begriffen, worum es sich in diesen Geschichten handelt.

Zunächst sage ich euch das: Wenn einige tugendhafte Damen, ich sage tugendhafte, weil die liederlichen und nichtsnutzigen viel lieber neue und ungedruckte Geschichten selber machen, als dass sie die meinigen lesen, während im Gegenteil die tugendhaften, frommen und zurückhaltenden Damen, als welche, daran ist kein Zweifel, vor den hier behandelten Dingen im Leben und in der Wirklichkeit einen großen Ekel haben, sie fleißig und aufmerksam lesen, um dem Geist der Neugierde in sich genugzutun und dann im Leben umso strenger zu sein. Versteht ihr mich, ihr Anwärter der Hahnreischaft? Besser ist es, durch den Inhalt eines Buches Hahnrei werden als durch die Machenschaft eines Junkers. Ihr könnt nur Vorteil daraus haben, ihr guten Knickebeineriche, abgesehen davon, dass eure verliebte Dame es manchmal doch auch euch zugutekommen lässt, was durch dieses Buch in ihr angeregt und aufgeregt worden ist. Und also müssen diese Geschichten notwendig dazu beitragen, die Fruchtbarkeit, die Freude, die Ehre und die Gesundheit des Landes zu erhöhen. Ich sage die Freude, weil jeder daran seine Freude haben muss; ich sage die Ehre, weil dies Buch ein Talisman ist gegen die Klauen jenes Dämons, dessen Name auf gut altdeutsch ›Hahnreitum‹ lautet. Ich sage die Gesundheit, weil diese Geschichten großen Anreiz geben zu jenem Tränklein oder Filter, das von der infalliblen medizinalen Fakultät von Salerno unter Androhung der Plethora cerebralis allen Gläubigen vorgeschrieben ist. Und nun sagt, ob ihr je in anderen typografisch geschwärzten Heften solche Vorteile gefunden habt? Es ist zum Lachen. Wo sind denn die Bücher, durch die Kinder gemacht werden? Ihr werdet umsonst danach suchen. Umso mehr werdet ihr Kinder finden, die langweilige Bücher machen.

Ich nehme meine unterbrochene Rede wieder auf. Wenn also wirklich einige Damen mit tugendhaftem Herzen und ausschweifendem Geist öffentlich über mein Buch Beschwerde geführt haben, so wisset, dass eine ganze Anzahl derselben, weit davon entfernt, den Autor mit Vorwürfen zu überhäufen, ihm allzeit ihre Liebe und Verehrung an den Tag gelegt, ihn für einen tapferen und furchtlosen Mann, ja für würdig erklärt haben, ein Mönch im Kloster Thelesma zu werden. Und mit so viel Gründen, als es Sterne am Himmel gibt, haben sie ihn bestärkt und ermuntert, seine lustigen Geschichten weiterzuerzählen, seine Tadler zu verachten und mutig auf sein Ziel loszugehen, da die Welt ein Weibsen ist, die sich sträubt, wenn man, ihr wisst schon was, von ihr will, ein Geschrei macht, mit allen vieren um sich schlägt, mit Redensarten um sich wirft wie: »Nein, nein, nie. Was fällt Euch ein, mein Herr! Geht doch, Ihr werdet unverschämt …« aber, wenn das Zehent fix und fertig ist, sich plötzlich voller Liebenswürdigkeit zeigt und sagt: »Wie schön, mein Herr und Meister, habt Ihr noch andere von der Sorte?«

Vor allem aber seid überzeugt, dass der Autor als ein Hans Gutgesell und Bruder Leichtfuß jener anderen Dame, die ihr Mode, Weltgunst oder Frau Fama nennt, ein Schnippchen schlägt und sich den Kuckuck schert um ihr Geschrei, Geheul und Gestrampel, denn er weiß, dass dieses Frauenzimmer im Grunde eine große Hure ist, die sich mit Vergnügen notzüchtigen lässt. Die Parole dieser Welt ist dem Autor sehr wohl bekannt. Sie lautet: Es lebe das Leben! Ein schönes Wort, bei Gott. Aber einige Skribler haben seinen Sinn verkehrt, als welcher kein anderer sein kann als das: Das ist das Leben, packt es am Schopf, wenn es euch nicht entwischen soll! Diesen Sinn hat Meister Rabelais dem Autor verraten. Also hinweg, Philisterpack! Einen Tusch, Musikanten! Und still da, ihr Griesgrame! Ihr lustigen Gesellen aber, herbei! Herbei, ihr verliebten Pagen, gebt der Dame die Hand, nicht ohne sie zu kitzeln, wo sie hohl ist. Die

Hand natürlich. Ihr lacht? Ja, das ist scholastische und peripatetische Philosophie, oder der Autor hat niemals seinen Aristoteles gelesen. Auf seiner Seite steht Frankreich mit der königlichen Standarte, auf seiner Seite der Patron des Landes, der große Heilige Dionysius, der mit abgeschlagenem Kopf noch ausgerufen hat: Es lebe das Leben! Wollt ihr behaupten, ihr Rhinozerösser, dies sei eine Fälschung? Ihr werdet euch hüten! Viele zu jener Zeit haben das Wort gehört; aber wer glaubt noch an die Heiligen in unsern traurigen Tagen?

Der Autor hat noch lange nicht alles gesagt. Wisset also, die ihr diese Geschichten lest mit Händen und Augen und auch mit dem Verstand, und sie liebt, weil sie euch eine Lust und Freude sind, wisset, dass der Autor eines schlimmen Tages seine Axt, id est seine Erbschaft, verloren hatte und, da er sie nicht wiederfinden konnte, sich in großer Not und Bedrängnis sah. Er tat also wie jener Holzhacker in dem Prolog seines verehrten Meisters Rabelais und sandte seine flehenden Schreie zum Himmel, um von Dem dort oben, der der Herr über alle Dinge ist, gehört zu werden und eine neue Axt zu erhalten. Hatte aber der Allerhöchste gerade alle Hände voll zu tun mit den Kongressen und Konzilien der Zeit und ließ darum in der Eile dem Autor von dem Herrn Merkur ein doppeltes Tintenfass herunterschmeißen, auf dem nach der Art der Devisen folgende drei Buchstaben eingegraben waren: AVE. Da war der arme Kerl erst recht übel daran; denn er konnte sich nicht denken, zu was Rat und Hilfe das Ding gut sein könnte. Drehte er also das seltsame Zwillingsfässlein um und um, ob er hinter seinen geheimen Sinn gelangen und in den geheimnisvollen Buchstaben eine Seele zu finden vermöchte. Er erkannte aus dem Geschenk so viel, dass Gott ein höflicher Mann ist, wie die großen Herren zu sein pflegen, um wieviel mehr Er, der Fürst der Welt, der König aller Könige. Aber indem der Autor nun seine Jugend überdachte, konnte er nicht finden, dem lieben Gott je einen besonderen Gefallen getan zu haben, also dass er nicht ohne Grund den Verdacht hegte, es möchte auch hinter der göttlichen Höflichkeit nicht viel versteckt sein. Wenigstens strengte er sich vergeblich an, in dem himmlischen Werkzeug irgendeine Nützlichkeit zu entdecken. Aber wie er das genannte doppelte Tintenfass immer wieder um und um drehte, betrachtete und betastete von allen Seiten, mit dem Fingerknöchel dran pochte, ob es ihm Antwort geben möchte, es füllte und wieder ausleerte, es bald auf die eine, bald auf die andere Seite legte, bald auf den Fuß, bald auf den Kopf stellte: da las er einmal zufällig die drei Buchstaben in umgekehrter Folge. Er las EVA.

Was will aber Eva anders heißen als alle Frauen vorgestellt in einer einzigen Frau, alle Weiber in einem einzigen Weibe. Es war demnach durch die göttliche Stimme dem Autor gesagt worden: »Denk an das Weib; das Weib wird deine Wunde heilen und deine leeren Taschen füllen, das Weib ist dein Gut, dein Vermögen. Habe nur eine Frau, hätschle und tätschle sie, ziehe sie schön an, um sie noch schöner auszuziehen, treibe einen Kultus mit dieser Frau. Das Weib ist alles, sie ist ein Abgrund, schöpfe aus diesem Abgrund. Das Weib liebt die Liebe, gib ihm Liebe aus deinem Tintenfass, schmeichle seinen Fantasien und male ihm die tausend Gestalten der Liebe in ebenso vielen reizenden Bildern. Die Frauen sind großmütig, sie stehen eine für alle und alle für eine, sie werden dir deine Gemälde lohnen und dafür sorgen, dass dein Pinsel nicht kahl wird. Und also verstehe, was geschrieben steht: Ave, das heißt Heil; Eva, das heißt das Weib; also: dein Heil im Weibe. In der Tat ist das Weib zugleich unser Heil und unser Unheil.

So sei mir willkommen, Tintenfass. Was liebt aber das Weib am meisten? Was will das Weib? Alle Dinge, die mit der Liebe zusammenhängen, und so ist es recht. Das Weib ist das Symbol der Natur. Fruchtbarkeit ist ihr Beruf. Lieben, zeugen, hervorbringen ist ihre dreieinige Aufgabe. Und also willkommen mir, Weib; willkommen mir, Eva!

Und dann begann der Autor, sein Tintenfass zu brauchen

und daraus zu schöpfen. Ein fruchtbares Tintenfass war das und war gefüllt mit einer zerebralen Substanz, mit einem Gebräu aus Gottes Küche voll übernatürlicher Kräfte. Mit der schwarzen Tinte aus dem einen Hals schrieb er ernste Dinge; lustige Narrheiten quollen aus der anderen Hälfte in roter Tinte. Manchmal aber hat der Autor aus Achtlosigkeit die beiden Tinten vermengt, dass es ganz buntscheckig wurde auf den Seiten seines Hefts. Oft, wenn er ein schweres Werk nach dem Geschmack dieser Zeit vollendet, in einem Stil, den zu hobeln und zu glätten, zu bügeln und polieren ihm unendliche Mühe gemacht, hatte er Lust nach vergnüglicherem Tun, und ungeachtet des geringen Vorrats der lustigen Tinte auf der linken Seite, tunkte er herzhaft ein und schrieb diese sehr lustigen und tolldreisten Geschichten, deren Autorität und Würde niemand anzweifeln wird, da sie aus göttlicher Quelle flossen, wie es die einfache Erzählung des Autors unumstößlich beweist.

Freilich, einige Lumpenkerle werden wegen dieser Parabel ein neues Geschrei anheben. Und darüber braucht man sich nicht zu wundern, da bekanntlich auf diesem Kotspritzer des Kosmos, den man die Erde nennt, nicht ein einziger Mensch, nicht ein Stumpen von Mensch zu finden ist, der damit vollkommen zufrieden wäre. So ist der Autor in keiner schlimmeren Lage als Gott selber. Er schafft einzig und allein in Nachahmung Gottes und beweist dies durch at qui. Denn nicht wahr, durch die Gelehrten ist bewiesen und in voller Klarheit dargetan, dass Gott der Herr nicht nur die großen Welten, sozusagen die großen Maschinen erschaffen hat, mit gewaltigem Ketten- und Räderwerk, mit ungeheuren Gewichten und schrecklichem Getöse, also dass das Spiel ihrer Kräfte fast furchtbar anzusehen ist, sondern dass ihn manchmal auch die Laune ankam, kleinere und unbedeutendere Sachen zu machen, närrische und groteske Gebilde, worüber man wohl lachen und seine Lust daran haben darf. Oder ist es nicht so? Und ebenso verhält es sich auch mit jedem bedeutenden Werk und insbesondere mit dem gewaltigen Bau, den der Autor aufzuführen unternommen hat. Diese fast übermenschliche Aufgabe, dieses langatmige, groß angelegte Werk, das seine Kräfte zu übersteigen droht, konnte er nur zu Ende führen, indem er nach dem Beispiel des Weltenschöpfers sich von Zeit zu Zeit an leichteren Sachen erlustigte, an der Bildung zierlicher Insekten und lächerlicher kleiner Ungetüme, die er dann mit bunten Farben schmückte und mit goldenen Panzern bekleidete, obwohl er meistens Mangel an Gold hatte. Und so mag es denn herumkribbeln und -krabbeln am Fuß der ragenden Felsen, hohen Schneeberge und anderer griesgrämiger Philosophien, dieser ernsten und dickleibigen Werke, dieser marmornen Kolonnaden und wahrhaft großartigen, in Porphyr ausgehauenen Gedankendenkmäler der Menschheit. Heda, ihr aasgierigen Geier, werdet ihr es nicht endlich satt bekommen, meine lustige Muse zu beschmutzen und zu beschmeißen, deren fantastische Musik und tolle Sarabanden, deren Juchzer und Sprünge und Purzelbäume euch Bauchgrimmen machen; wollt ihr euch nicht die Krallen ein wenig stumpf nagen, um ihre weiße Haut mit dem blauen Geäder, ihren wollüstigen Rücken, ihre schlanken Hüften, ihre Füße, die das Bett dem Boden vorziehen, ihr sanftes Gesichtchen ihr Herz ohne Galle nicht mehr so unbarmherzig zu zerfleischen? Was sagt ihr dazu, ihr Querköpfe, wenn ihr erfahret, dass dieses gute Geschöpf, das aus dem Herzen des Volks hervorgegangen und von den Engeln des Himmels durch die Person des Boten Merkurius mit einem Ave begrüßt worden? Was sagt ihr dazu, wenn ihr hört, dass es sich hier um die Quintessenz der Kunst handelt, da alles in dieser Schöpfung ist: Notwendigkeit, Tugend, Fantasie, weiblicher Geschmack und Geschmack des Pantagruelismus im Quadrat. Mit einem Wort, alles. Schweigt also, und feiert und lobpreist den Autor, der im besten Zug ist, aus seinem zweimäuligen Tintenfass seine hundert glorreichen, tolldreisten Geschichten zu schöpfen und damit die fröhliche Wissenschaft zu bereichern.

Also zurück, ihr Hunde! Einen Tusch, ihr Herren Musikanten! Maul halten, ihr Heuchler! Hinaus mit euch, ihr Dunkelmänner! Macht Platz meinen lustigen Gesellen und Kameraden! Und ihr, meine kleinen lieben Pagen, gebt den Damen eure zierliche Hand, kitzelt sie ihnen sanft und sagt ihnen: »Lest, um zu lachen!« Danach flüstert ihnen noch ein anderes Wort ins Ohr, denn wenn die Frauen lachen, sind sie gut aufgelegt, und dass eine schöne Frau gut aufgelegt sei, daran, das brauche ich euch nicht erst auszulegen, ist alles gelegen.

Ausdauernde Liebe

In den ersten Jahren des dreizehnten Jahrhunderts nach der Geburt unseres Herrn und Heilands ereignete sich in der Stadt Paris, und zwar durch einen Mann aus Tours, eine Liebesgeschichte, durch welche die ganze Stadt und auch der königliche Hof in das höchste Erstaunen versetzt wurden. Was die Geistlichkeit anlangt, so wird aus dem, was hier erzählt werden soll, klar, welchen Teil sie an der Geschichte hat, deren Akten und Urkunden durch diese selbe Geistlichkeit auf uns gekommen sind.

Der genannte Mann, von dem gemeinen Volk nur ›der Touraner‹ genannt, eben weil er aus dieser lustigen Stadt gebürtig war, hieß mit seinem wahren Namen Anshelm. Er kehrte auch in seinen alten Tagen in seine Geburtsstadt zurück und wurde Bürgermeister der Gemeinde von Sankt Martin, wie es in den Chroniken der Stadt und der Abtei bezeugt ist; aber zu Paris war er ein edler Goldschmied. Schon in früher Jugend wurde er durch seine Rechtschaffenheit, seinen Fleiß und seine anderen Tugenden Bürger der Stadt Paris und Untertan des Königs, dessen Schutz er sich unterstellte nach der Sitte der Zeit.

Er besaß in der Nähe der Kirche von Sankt Leuen, an der Straße zum heiligen Dionys, ein selbst gebautes Haus frei von aller Zinsbarkeit, wo sich auch seine Werkstatt befand, die von allen Liebhabern schöner Kleinodien viel besucht wurde. Obwohl der Mann ein Touraner war, was etwas heißen will, und Jugend und Gesundheit nur so zum Verkaufen hatte, hatte er dennoch ein Leben geführt wie ein Heiliger, allen Verführungen dieser Stadt zum Trotz, und hatte all die Tage seiner blühenden Jugend dahingehen lassen, ohne auch nur ein einziges Mal in die bekannte verbotene Frucht zu beißen. Viele werden sagen, dies zu glauben, übersteige die Glaubensfähigkeit, die der Mensch von Gott erhalten hat und die es uns ermöglicht, an die heiligen Mysterien der Religion zu glauben, wie es uns befohlen ist. Darum wird es nötig sein, die verborgenen Ursachen dieses keuschen Lebens eines Goldschmieds etwas näher zu beleuchten.

Zunächst müsst ihr bedenken, dass der Mann zu Fuß nach Paris kam, ärmer als Hiob, wie seine alten Freunde zu sagen pflegten, und dass er, im Gegensatz zu seinen Landsleuten, die mehr feurig als ausdauernd sind, einen wahrhaft eisernen Charakter besaß und einen Weg, den er einmal eingeschlagen hatte, mit einer Hartnäckigkeit verfolgte, wie nur ein Korse seine Rache. Er war Gesell und arbeitete Tag und Nacht; er wurde Meister und arbeitete mehr als je: immer auf der Suche nach neuen Rezepten, nach den verborgensten Geheimnissen seiner Kunst, immer von einer Erfindung zu einer anderen Erfindung fortschreitend. Die guten Leute, die nach Feierabend noch einen Gang zu tun hatten, oder Diebe und sonstiges Nachtgevögel sahen hinter dem Fenster des Goldschmieds immer die Lampe brennen und sahen in deren Schein den Goldschmied, der bei verschlossener Tür in Gesellschaft irgendeines Lehrbuben eifriger Beschäftigung oblag. Sie sahen ihn hämmern und meißeln, feilen und ziselieren, löten und schmelzen. Seine Armut hatte ihn fleißig gemacht, sein Fleiß machte ihn weise, seine Weisheit machte ihn reich. Bedenket das wohl, ihr Kinder Adams, die ihr an nichts denkt, als wie ihr euch die unsauberen Gedärme füllen mögt.

Wenn in dem guten Goldschmied sich wohl auch einmal gewisse fantastische Wünsche regten, wie sie von Zeit zu Zeit den armen Menschen, der allein lebt, zu zwicken und zu zwacken pflegen, dass er meint, der Teufel müsse ihn lebendig holen: da hämmerte der Touraner nur umso wütender auf sein Metall los, und hämmerte damit nicht nur die bösen Geister zum Haus hinaus, nämlich aus seinem Körper, der Wohnung seiner Seele, es entstanden zugleich unter seinen Händen die wundervollsten Bildwerke und Figuren in Gold und Silber, wie auch schmuckreiche Gefäße in so schönen Formen, dass er die schönen Formen der Frau Venus ganz und gar darüber vergaß. Außerdem war dieser Touraner ein einfacher Mann, eine Art großes Kind, der vor allem Gott, noch mehr aber die Diebe fürchtete, ja vielleicht noch mehr als diese die großen Herren, über alles aber jede Art Tumult und Unordnung.

Obwohl er zwei Hände hatte, beschäftigte er sich stets nur mit einer Sache. Seine Rede war sanft wie die einer Ehefrau vor der Hochzeit. Obwohl Pfaffen und Kriegsleute seine Gelehrsamkeit nicht gelten lassen wollten, verstand er sehr gut das Latein seiner Mutter und sprach es fehlerlos, ohne sich darum bitten zu lassen. Die Pariser hatten ihn nach und nach gelehrt, geradeaus zu gehen, kein Wasser für andere Leute zu schöpfen, seine Ausgaben mit der Elle seiner Einnahmen zu messen, niemand zu erlauben, sich aus seinem Leder Riemen zu schneiden, überall seine Augen offen zu halten, niemals dem Inhalt einer verschlossenen Kiste zu trauen, nicht leicht zu sagen, was er tat, oder zu tun, was er sagte, nichts von sich zu lassen als sein Wasser, ein besseres Gedächtnis zu haben als die Spatzen, seinen Kummer für sich zu behalten und auch sein Halleluja, auf der Straße nicht nach den Wolken zu sehen, und seine Juwelen teurer zu verkaufen, als sie ihn selber gekostet hatten: lauter Dinge, deren kluge Befolgung ihm Weisheit genug eintrug, um bequem und zufrieden leben zu können.

Also tat er und war auch darauf bedacht, dass er niemand lästig falle. Die Leute aber, die sahen, wie weise er sich das Leben eingerichtet, beneideten ihn, und manch einer sagte: »Bei Gott, ich möchte dieser Goldschmied sein, und sollte ich auch dafür hundert Jahre lang bis über die Knie im Kot von Paris waten müssen.« Aber ebenso gut hätte sich einer wünschen können, König von Frankreich zu sein; denn der Goldschmied hatte ein paar Arme wie nicht leicht einer, feste, nervige, haarige Arme und von so erstaunlicher Härte, dass, wenn er die Faust ballte, sein stärkster Gesell sie ihm auch mit einer Beißzange nicht zu öffnen vermocht hätte. Ihr könnt euch denken, dass er nicht leicht fahren ließ, was er einmal festhielt. Zähne hatte er, um Eisen zu kauen, einen Magen, um es zu verdauen, Gedärme, um es aufzusaugen, und einen Sphinkter, um gefahrlos die Schlacken weiterzubefördern, – überdies ein paar Schultern, um sich gegen die ganze Welt zu stemmen, gleich jenem alten Heiden, der ehemals dieses Amt hatte, bis die

Ankunft unseres Herrn und Heilands ihn, es war höchste Zeit, davon befreite. Die Wahrheit zu sagen, war das ein Mann so recht aus dem Groben gehauen. Das ist immer die beste Art Mensch und ist mehr wert als die, an denen die Natur allzu viel gebosselt hat und die aus allzu feinen Stücken zusammengesetzt sind. Kurz, Meister Anshelm war in der Wolle gefärbt, er hatte ein Gesicht wie ein Löwe, und in seinen Augen brannte ein Feuer, worin er sein Gold hätte schmelzen können, wenn ihm die Glut auf der Esse einmal ausgegangen wäre. Aber ein Etwas in diesen Augen, von der gütigen Mutter Natur hineingelegt, milderte dieses Feuer, ansonst sie alles verbrannt hätten. Und nun sagt, ob das nicht ein Mordskerl war von einem Menschen.

Doch nach Aufzählung dieser Musterchen von Kardinaltugenden möchten einige vielleicht noch immer fragen, warum der gute Goldschmied wie eine Auster lebte, nämlich als Zölibatär und Junggesell, und also die reichen Gaben der Natur in so vielem Betracht ungenutzt ließ. Aber wissen diese hartnäckigen Frager, was es heißen will, zu lieben? Hollala, sie wissen es keineswegs.

Das Amt eines Verliebten ist, zu kommen und zu gehen, zu horchen und aufzupassen, zu reden und zu schweigen, sich niederzuducken und sich hoch aufzurichten, vor allem sich kleinzumachen, sich zu einem Nichts zu machen. Sein Amt ist, angenehm zu sein und Geduld zu üben, zu musizieren und verliebte Verse zu machen, Blumen unter dem Schnee zu suchen, den Mond anzuschwärmen, den Hund und die Katze des Hauses zu streicheln, der Tante über ihren Schnupfen und über ihre Gicht angenehme Sachen zu sagen, der ganzen Verwandtschaft zu schmeicheln, niemand auf die Hühneraugen zu treten, Grillen einzufangen, Mohren weißzuwaschen, Nichtigkeiten zu plappern, der Dame den Spiegel vorzuhalten und über ihren Putz in Ekstase zu geraten, alles das in tausenderlei Wiederholungen. Sein Amt ist, geschniegelt und gebügelt zu sein wie ein Höfling, klug und launig zu sein in seiner Rede, lachend alle Teufeleien

hinzunehmen, all seinen Zorn hinunterzuschlucken, seinem Temperament die Zügel anzulegen und den Finger Gottes und den Schwanz des Teufels zugleich in der Hand zu haben. Sein Amt ist, die Mutter, die Base, die Zofe in guter Laune zu erhalten, unter allen Umständen, auch wenn es ihm nicht ums Herz ist, die liebenswürdigste Miene aufzustecken und trotzdem darauf gefasst zu sein, dass das Weibsen ihm entschlüpft und ihn stehen lässt, ohne ihm einen einzigen christlichen Grund dafür anzugeben.
Hat aber ein Verliebter auch gesprochen wie ein Buch, Sprünge gemacht wie ein Floh, sich gedreht wie ein Kreisel, musiziert wie der König David, tausend Höllenqualen ausgestanden, dem Weibsen eine Säulenhalle der korinthischen Ordnung erbaut, zum Teufel noch einmal, und auch angenommen, das Mädchen sei der sanftesten eine, die Gott in einer guten Laune erschaffen hat: Wenn er es nun in etwas versieht, wofür die Dame eine besondere Vorliebe hat, ohne dass es jemand weiß – sie weiß es oft selber nicht, verlangt aber, dass der Verliebte es wisse … ihr könnt darauf schwören, dass die Schneegans ihn verlassen wird wie einen räudigen Hund. Und sie ist in ihrem Recht, da ist kein Wort zu sagen. Mancher wird dann zornmütig, ja ganz närrisch, mehr als sich sagen lässt, und viele haben sich bei solchen Gelegenheiten das Leben genommen. Darin unterscheidet sich der Mensch vom Tier; denn noch kein Tier hat den Verstand verloren aus Liebeskummer, was hinlänglich beweist, dass die Tiere keine Seele haben.
Das Amt eines Verliebten ist also das Amt eines Soldaten und Galeerensträflings, eines Marktschreiers und eines Hanswursten, eines Fürsten und eines Lumpen, eines Königs und eines Bettlers, eines Nichtstuers und eines Vielbeschäftigten, eines Betrogenen und eines Betrügers, eines Großmauls, eines Lügners, eines Spions, eines Hohlkopfs, eines Windmachers, eines Schurken; es ist eine Sache, deren sich der Herr Jesus enthalten hat und die darum alle Menschen eines höheren Geistes verachten; eine Sache, wofür

ein Mann, was er auch wert sei, alles ausgeben muss, sein Geld und seine Zeit, sein Blut und sein Leben, seine Reden und seine Gedanken, sein Herz, seine Seele, sein Gehirn. Die Weibsen sind merkwürdig lüstern nach diesen Leckerbissen, sie begnügen sich nicht mit einem Teil davon, und oft hört man sie unter sich sagen, dass sie von einem Mann so gut wie gar nichts haben, wenn sie nicht alles von ihm haben. Ja, es gibt darunter solche Luder, die auch dann noch murren und die Stirn runzeln, wenn ein Mann tausend Dinge für sie getan hat, denn sie sagen, er hätte das tausendundeinste noch tun müssen. Dergestalt sind sie vom Geist der Eroberung und Tyrannei besessen, dass, wenn sie auch alles haben, sie doch noch mehr haben wollen. Besonders in der guten Stadt Paris war das immer ein heiliges und unverbrüchliches Gesetz; denn hier, müsst ihr wissen, erhalten die Weiblein bei der Taufe mehr Salz als sonst in der Welt und sind darum bösartig von Geburt an.

Der Goldschmied aber, immer über seine Arbeit gebeugt, immer damit beschäftigt, sein Gold und sein Silber anzuglühen, fand keine Zeit, das Feuer der Liebe zu schüren und seine Fantasie daran zu entzünden und zu einem lustigen Feuerwerk, oder sonst auf irgendeine Art den Kratzfüßler und Schwerenöter zu machen und vor einer Puppe auf der Lauer zu liegen. Und da in Paris keine Jungfrauen vom Himmel herunter ins Bett der Junggesellen fallen, so wenig als es in den Straßen gebratene Tauben regnet, auch wenn diese Junggesellen königliche Goldschmiede sind, so suchte der Touraner einstweilen, so gut es ging, sich in sein Schicksal zu fügen, was ihm bei seiner Art Charakter, wie wir oben gesehen haben, leichter gelang als einem anderen.

Der tugendhafte Bürger war dennoch nicht blind für die Gaben und Geschenke der Natur, womit die Damen und Bürgersfrauen, denen er seine Juwelen verkaufte, reich ausgerüstet waren und die sie keineswegs ängstlich versteckten. So geschah es wohl, dass er von manch einer Dame, die ihm nicht ohne weibliche Berechnung schöngetan und den Bart gekraut hatte, ganz aufgeregt nach Hause zurückkehrte, den Kopf voller Fantasien, wie ein Dichter, und ganz verzweifelt, wie ein Kuckuck, der kein Nest findet; er sagte dann zu sich selber:

»Ich sollte mir doch eine Frau nehmen. Sie würde mir die Wohnung kehren, die Schüsseln warm stellen, die Wäsche fein bügeln, die Kleider in Ordnung halten, das ganze Haus mit ihrem Gesang erheitern, mich so lang quälen, bis ich ihr alles zu Gefallen täte; und wie alle zu ihren Männern sagen, wenn sie einen Schmuck haben wollen, würde sie auch tun: ›Schau, mein Schatz, mein Liebling‹, würde sie sagen, ›schau doch nur, ist das nicht reizend?‹ Und jedermann in der Nachbarschaft würde von meiner Frau träumen und würde mich beneiden und glücklich preisen.«

Dann heiratete er, machte Hochzeit, koste die Frau Goldschmiedin, kleidete sie über alles kostbar und schön, schenkte ihr eine goldene Kette, liebte sie vom Kopf bis zu den Füßen, überließ ihr das ganze Regiment im Hause, die Spartruhe ausgenommen, richtete ihr die obere Stube ein, mit schönen Scheiben in den Fenstern, weichen Teppichen auf dem Boden, gewirkten Tapeten an den Wänden, mit einem breiten weiten Bett in einem entzückenden Alkoven, einem Bett mit gedrechselten Säulen und seidenen Vorhängen; er kaufte ihr tausend entzückende Kleinigkeiten, und bis er zu Hause angelangt war, hatte er von ihr ein halbes Dutzend schöner Kinder, die ihm lustig entgegensprangen.

Doch zu Hause eintretend, ging das ganze geträumte Glück in Rauch auf. Er machte aus seinen melancholischen Einbildungen wieder fantastische Zeichnungen, aus seinen Liebesgedanken entzückende Kleinodien und Juwelen, zur höchsten Lust und Verwunderung der Käufer, die nicht ahnten, wieviel wundersame Frauen und herzige Kinder in all die zarten goldigen Gebilde hineingearbeitet waren.

Je mehr aber die Kunst des guten Mannes bewundert wurde, desto mehr magerte er ab an seinem Leib und wurde mutlos in seiner Seele; und wenn Gott nicht endlich Mitleid mit ihm gehabt hätte, wäre er sicher von dieser Welt abgereist, ohne die Liebe auch nur gekannt zu haben; aber er würde sie dann in der anderen Welt kennengelernt haben, ohne die Unflätereien der fleischlichen Verhüllung, die ihr so sehr zur Verhässlichung gereichen, wie Meister Plato autoritativen Angedenkens meint, der aber als blinder Heide und Ketzer sich sicher geirrt hat.

Genug. Diese Prologe, Vorreden und Weitschweifigkeiten sind wahrhaftig ein unnützer und überflüssiger Ballast, womit ein Erzähler, der Übelwollenden wegen, seine Geschichten einbündeln muss, wie man ein Kind in Windeln wickelt, das doch nackt viel schöner wäre. Möge der Teufel dieses Gesindel mit seiner dreizinkigen glühenden Gabel kitzeln! Ich will von jetzt an alles kurz und geradeheraus sagen.

Also hört, was dem Goldschmied in seinem einundvierzigsten Lebensjahr begegnet ist. Eines schönen Tages erging er sich auf dem linken Ufer des Flusses, den man dort die Seine nennt, und während er wieder allerlei kühne Heiratspläne im Kopf herumwälzte, kam er bis zu jenen Wiesen, die später unter dem Namen der ›Studentenwiesen‹ bekannt waren, damals aber noch zur Domäne der Abtei von St. German und nicht der Universität gehörten. So fortschreitend, kam der Touraner ins freie Feld hinaus und sah plötzlich ein armes Mädchen vor sich, das ihn, da er seine besten Sonntagskleider anhatte, ehrfurchtsvoll grüßte.

»Gott sei mit Euch, edler Herr!«, sprach sie demutsvoll. Ihre Stimme klang dabei so sanft und herzlich, dass der Goldschmied wie behext wurde von dieser weiblichen Musik und plötzlich in heftiger Liebe entbrannte für das arme Ding, das in seine Heiratsfantasien und Liebesträume, mit denen er sich gerade wieder beschäftigt hatte, hineinpasste wie ein Stöpsel in die Flasche. Aber er war bereits an ihr vorüber und wagte nicht umzukehren, denn er war schüchtern wie ein Mädchen, das lieber in seinen Röcken stirbt, als sie zu seiner Lust aufzuheben. Doch als er eine Ackerlänge gegangen, überlegte er sich, dass ein Mann, der seit zehn Jahren Goldschmiedemeister des Königs und Bürger der Stadt Paris, auch längst doppelt so alt war, als ein Hund je alt werden kann, eigentlich keine Angst haben sollte vor einer Weiberschürze, wenn ihm alle Sinne danach standen. Und der seinige stand ihm sehr danach.

Er kehrte sich also kurzerhand um, wie wenn er sich besonnen hätte, seinem Spaziergang eine andere Richtung zu geben, und kam von Neuem auf das Mädchen zu, das seine arme Kuh am Strick hielt, die an dem Grabenrand längs des Wegs das Gras abweidete.

»Ei, ei, meine Kleine, du musst sehr arm sein, dass du dich nicht scheust, Handarbeit zu verrichten am Sonntag. Hast du keine Angst, ins Gefängnis geworfen zu werden?«

»Edler Herr«, antwortete das Mädchen, indem es die Augen niederschlug, »ich habe nichts zu befürchten, denn wir gehören zur Abtei, und der Herr Abt hat uns die Erlaubnis erteilt, die Kühe nach der Vesper auf die Weide zu führen.«

»Du liebst also deine Kuh mehr als dein Seelenheil?«

»Wahrhaftig, edler Herr, unser Vieh ist fast unser halbes Leben.«

»Ich wundre mich, mein Kind, wenn ich dich so arm sehe, angetan mit Lumpen wie eine Vogelscheuche, mit nackten Füßen am Sonntag, während du doch Schätze an dir trägst, wie sie so reich und herrlich in der ganzen Abtei nicht zu finden sind, und ich denke mir, dass die aus der Stadt dir schön nachstellen und dich mit Anträgen quälen und verfolgen werden.«

»Aber nein, edler Herr, ich gehöre der Abtei«, sprach sie, indem sie dem Goldschmied einen ledernen Riemen an ihrem linken Arm zeigte. Es war ein ähnlicher Riemen, wie ihn die Kühe auf der Weide um den Hals tragen, nur dass keine Glocke dranhing. Bei ihren Worten richtete sie einen so traurigen Blick auf den Meister, dass er diesem tief in die Seele drang. Denn oft liegt in Blicken eine magische Kraft.

»Was soll das heißen?«, erwiderte er, im höchsten Grade

neugierig geworden, und griff nach dem ledernen Armband, wo auf einem Blechschild das Wappen der Abtei deutlich eingraviert war; doch in Wahrheit interessierte ihn das sehr wenig.

»Edler Herr«, erklärte das Mädchen, »ich bin die Tochter eines Leibeigenen, und das will heißen, dass, wer mich heiratet, leibeigen wird wie ich selber. Wäre er auch der reichste Bürger von Paris, würde er doch mit Leib und Gut der Abtei verfallen. Hätte er Kinder von mir, ohne mich zu ehelichen, würden die Kinder leibeigen. Aus diesem Grund lässt man mich in Ruhe, und wie die Tiere des Feldes bin ich von allen verlassen. Wenn ich auch weniger hässlich wäre, als ich es bin, der verliebteste Verliebte würde beim Anblick meines Armbands vor mir fliehen wie vor dem schwarzen Tod, und so werde ich eben, was mir leidtut, eines Tages vom Herrn Abt mit dem ersten besten leibeigenen Mann kopuliert werden.«

Sie zog bei diesen Worten den Strick an, um ihre Kuh hinter sich herzuziehen.

»Wie alt bist du?«, fragte der Goldschmied.

»Ich weiß es nicht, edler Herr, aber unser Herr Abt hat es aufgeschrieben.«

Diese große Armut rührte das Herz des Bürgers, in dessen Leben es auch schon schmal zugegangen war. Er hielt also mit dem Mädchen gleichen Schritt, und sie näherten sich zusammen dem Fluss in größtem Stillschweigen. Der Mann betrachtete die schöne Stirn, die runden geröteten Arme, die stolzen Hüften, die nackten Füße, die, obwohl über und über mit Staub bedeckt, schön waren wie die der Jungfrau Maria. Ein Gesichtchen hatte das Mädchen wie eine Heilige. Und wahrhaftig, sie war das würdige Ebenbild der heiligen Genoveva, der Patronin von Paris und der armen Mädchen auf dem Land. Aber der Schlingel von Goldschmied brachte es fertig, sich die knospenhaften Formen vorzustellen, die das Mädchen unter einem groben hässlichen Tuch mit schamhafter Sorgfalt versteckt hielt und die das Werden einer so süßen Blüte der Schönheit ankündigten, ganz vollkommen in ihrer Art, wie alles, was den Mönchen gehört. So deutlich sah seine Fantasie die süßen Früchte, dass dem Armen, der doch nicht daran rühren durfte, das Wasser im Mund danach zusammenlief, wie einem Schüler, wenn es ein heißer Tag ist, nach einem rotbackigen Apfel. Immer höher stieg ihm das Herz zur Kehle hinauf.

»Du hast eine schöne Kuh«, sagte er.

»Möchtet Ihr vielleicht ein wenig Milch haben?«, antwortete sie. »Es ist heiß in diesen Tagen des Monats Mai, und Ihr habt einen weiten Weg nach der Stadt.«

In der Tat, die Sonne brannte nur so vom blauen wolkenlosen Himmel, und alles strahlte von Jugend, das Laub, die Luft, die Jungfrauen, sogar der Goldschmied; alles glühte, blühte und duftete. Das kindliche Anerbieten des armen Mädchens, mit einer ganz eigenen unbezahlbaren Anmut ausgesprochen und von einer unvergleichlich rührenden Gebärde begleitet, bewegte erst recht das Herz des Goldschmieds, nicht anders, als wenn ihm in der Gestalt der leibeigenen Kreatur eine leibhaftige Prinzessin begegnet wäre.

»Ach nein, mein Liebchen, ich habe keinen Durst nach Milch, aber nach dir, und ich wünschte mir nichts mehr, als dich aus der Knechtschaft erlösen zu können.«

»Nein, nein, das ist nicht möglich, ich müsste sterben, denn ich bin Eigentum der Abtei. In diesem Stand leben wir seit alter Zeit und immer so fort von Vater zu Sohn, von Mutter zu Tochter, und wie meine armen Vorfahren sollen auch meine Kinder in diesem Stand bleiben, dass der Abt nicht seine Hand von uns abziehe.«

»Wie«, sprach der Touraner, »deine schönen Augen haben keinen vermocht, dich freizukaufen, wie ich mich freigekauft habe vom König?«

»Ach, das wäre viel zu teuer«, sagte sie. »Wohl gefalle ich vielen auf den ersten Blick, aber dann gehen sie wieder ihrer Wege.«

»Und hast du noch nicht daran gedacht, zu Pferd mit einem Geliebten aus dem Gebiet der Abtei zu entfliehen?«

»O ja, edler Herr, aber wenn man mich einfinge, wäre der Galgen das wenigste, was mich erwartete, und ein so großer Herr mein Geliebter sein möchte, er würde seine Güter und alles verlieren. So viel bin ich doch nicht wert. Der Herr Abt hat lange Arme, da wären meine Füße nicht schnell genug. Also lebe ich denn in demütiger Unterwerfung unter den Willen Gottes, der mich an diesen Ort gepflanzt hat und nicht anderswohin.«

»Und was treibt Euer Vater?«

»Er besorgt die Weinberge und Gärten der Abtei.«

»Und Eure Mutter?«

»Sie wäscht im Kloster.«

»Du hast mir noch nicht deinen Namen gesagt.«

»Ich habe keinen Namen, edler Herr. Mein Vater ist in der Taufe Estienne genannt worden, meine Mutter heißen sie auch nicht anders als die Estienne. Und mich nennen sie Tinette, Euch zu dienen.«

»Mein Liebchen«, sprach der Goldschmied, »noch nie hat mir ein Mädchen so gefallen, wie du mir gefällst, und trotz deiner Armut vermute ich unermessliche Reichtümer bei dir. Und nun hat dich der liebe Gott mir gerade vor die Augen gestellt, wo ich in meinem Herzen beschloss, mir eine Frau zu nehmen; ich sehe darin einen Wink des Himmels, und wenn ich dir nicht missfalle, so will ich dein Freund und dein Beschützer sein.«

Das Mädchen schlug von Neuem die Augen nieder. Der Goldschmied hatte seine Rede in einem so ernsten und aufrichtigen Ton vorgetragen, dass das arme Ding seine Tränen nicht zurückzuhalten vermochte.

»Nein, edler Herr«, antwortete sie, »das wäre Euer Unglück, und wie soll das alles ein armes leibeigenes Mädchen verantworten?«

»Oho!«, rief Meister Anshelm. »Ich sehe wohl, mein Kind, du weißt nicht, mit wem du es zu tun hast.«

Der Touraner bezeichnete sich mit dem Zeichen des Kreuzes, faltete die Hände und sprach: »Vor dem großen Heiligen Eligius, dem Patron und Beschützer der Goldschmiede, tue ich hier feierlich das Gelübde: Ich will von vergoldetem Silber zwei Gehäuse machen, so reich mit Verzierungen geschmückt, als es mir nur möglich ist, das eine für eine Statue Unserer Lieben Frau, zum ewigen Dank für die Freiheit meines Gemahls, das andere für den genannten Patron und Schutzheiligen, dass er mir seine Unterstützung verleihe in meinem Unternehmen, nämlich in der Freimachung der hier gegenwärtigen leibeigenen Tinette. Ich schwöre außerdem bei meinem eigenen ewigen Heil, dieses Ziel mit Mut und Ausdauer zu verfolgen, mein ganzes Vermögen draufzuwenden und nicht davon abzustehen, es sei denn, dass der Tod selber mich abruft. Des ruf ich Gott zum Zeugen an. Hast du mich verstanden, Liebchen?«, sprach er, indem er sich gegen das Mädchen wandte.

»Ach, edler Herr«, rief sie weinend zu seinen Füßen, »seht Ihr meine Kuh? Sie ist mir ausgerissen. Ich will Euch lieben mein Leben lang, aber nehmt Euer Gelübde zurück.«

»Komm, fangen wir die Kuh«, erwiderte der Goldschmied, indem er das Mädchen aufhob, aber ohne sie zu küssen, was sie doch wahrscheinlich nicht übel genommen hätte.

»Ihr habt recht«, sagte sie, »wenn die Kuh davonläuft, werde ich geschlagen.«

Und eiligst lief der Goldschmied hinter der verfluchten Kuh her, die sich bei den Liebesgesprächen offenbar gelangweilt hatte; aber bald wurde sie an den Hörnern gefasst, und nicht viel fehlte, dass der Touraner sie wie einen Ball in die Luft warf, aus lauter Freude und Jubel.

»Und nun behüt dich Gott, meine Freundin. Wenn du in die Stadt kommst, besuche mich in meiner Wohnung, nahe bei der Kirche von Sankt Leuen, ich heiße Meister Anshelm und bin Goldschmied unseres gnädigen Herrn, des Königs von Frankreich, wie einst der heilige Eligius. Versprich mir vor allem, den nächsten Sonntag wieder hier zu sein, du

darfst das nicht versäumen und wenn es Hellebarden hageln sollte.«
»O Herr, für Euch würde ich über Gräben und Hecken springen; aus Dankbarkeit möchte ich Euch gehören ohne Rückhalt, und lieber wollte ich auf mein zukünftiges Glück verzichten, als dass Ihr die geringste Beschwerde haben solltet. Unterdessen will ich täglich für Euch beten aus allen meinen Kräften.«
Unbeweglich stand sie da, anzusehen wie ein gemaltes Heiligenbild, und schaute unverwandt dem Meister nach, der sich langsamen Schrittes entfernte, indem er sich von Zeit zu Zeit gegen sie umwandte und ihr freundlich zuwinkte. Auch als der Meister ihr längst aus den Augen war, stand sie immer noch so, ganz verloren in Gedanken, bis die Nacht hereinbrach, und es war ihr, als ob sie das alles nur geträumt hätte. So geschah es, dass sie viel zu spät nach Hause kam. Wegen dieser Verspätung wurde sie geschlagen, aber sie spürte die Schläge nicht.
Der gute Meister verlor Hunger und Durst, er schloss seine Bude und dachte an nichts als an das Mädchen. Wo er stand und ging, hörte und sah er nichts anderes.
Am dritten Tag machte er sich auf nach der Abtei und konnte es nicht erwarten, mit dem Abt zu sprechen. Es war ihm ein wenig schwer ums Herz. Da unterwegs hatte er den klugen Einfall, er wolle sich unter den Schutz des Königs stellen, und also richtete er seine Schritte nach der königlichen Hofhaltung, die sich gerade in der Stadt befand. Wegen seines klugen Betragens war er von jedermann geachtet und war hochgeschätzt und beliebt um seiner köstlichen Arbeiten willen; auch fügte es sein Geschick, dass er noch jüngst dem Kämmerer des Königs für seine Dame eine äußerst zierliche Büchse oder Schatulle von Gold und edlem Gestein gemacht hatte, davon der Kämmerer und seine Freundin in höchstes Entzücken geraten waren. Versprach demnach dieser hohe Beamte des Königs dem Goldschmied ungesäumt Hilfe und Beistand. Er ließ sofort sein Pferd sat-

teln, auch eines für den Goldschmied, ein recht frommes und zahmes, und also hoch zu Ross kamen sie zur Abtei des heiligen German und fragten nach dem Abt.
Das war Herr Hugo von Sennecterre, ein Greis von dreiundneunzig Jahren. Ihn bat der Kämmerer, dass er ihm die Erfüllung eines Wunsches zusage, der leicht zu gewähren sei und womit ihm eine große Gnade geschehe. Der Goldschmied aber wagte unterdessen nicht zu atmen vor Erwartung und Bangigkeit. Jedoch der Abt schüttelte den Kopf und antwortete ernst, dass ihm durch die kanonischen Gesetze aufs Strengste verboten sei, etwas im Voraus zu versprechen und sein Wort zu verpfänden.
»Wisset also, ehrwürdiger Vater«, sprach der Kämmerer, »dass dieser Meister, Goldschmied unseres gnädigen Herrn, des Königs, eine große Liebe zu einem leibeigenen Mädchen gefasst hat, das der Abtei angehört, und ich bin gekommen, Euch zu bitten, die Freilassung dieses Mädchens zu gewähren, wogegen ich meinerseits Euch jeden Wunsch, soweit es in meiner Gewalt steht, zu erfüllen willens und bereit bin.«
»Wer ist das Mädchen?«, fragte der Abt den Goldschmied.
»Sie heißt Tinette mit Namen«, sprach schüchtern der Meister.
»Oho!«, rief der Abt lächelnd. »So hat also kein schlechter Gründling in den Köder gebissen. Der Fall ist ernst, ich kann ihn nicht allein entscheiden.«
Aber der Kämmerer runzelte die Stirn:
»Was eine solche Rede heißen will, ehrwürdiger Vater, können wir uns wohl denken.«
»Gut«, erwiderte der Abt. »Aber wisst Ihr auch, mein Herr, was das Mädchen wert ist?«
Der Abt gab Befehl, dass man Tinette herbeirufe. Er sagte dem Schreiber, dass man sie zuvor aufs Beste kleide und ihr Mut einrede, so gut man vermöge.
Der Kämmerer aber zog den Goldschmied auf die Seite.
»Freund«, sprach er, »ich fürchte Gefahr für Eure Liebe, ja,

ich rate Euch, den fantastischen Plan ganz aufzugeben. Warum auch nur? Ihr könnt überall, sogar bei Hofe, junge und hübsche Frauen genug finden, die Euch gern heiraten, und wenn es nötig ist, wird Euch der König zu diesem Zweck einen Adelsbrief nicht verweigern, kraft dessen Ihr mit der Zeit zu Glanz und Ehren kommen möget. Wenn Ihr nur eine genügend große Truhe voll Taler habt, kann es Euch nicht fehlen.«

»Daran ist nicht zu denken, Herr«, antwortete Anshelm; »ich habe ein Gelübde getan.«

»Gut denn, so kauft die Freilassung des Mädchens. Ich kenne die Mönche. Für Geld ist alles bei ihnen zu haben.«

»Hochwürdiger Herr«, sprach der Goldschmied, indem er sich dem Abt näherte, »Ihr habt Amt und Auftrag, auf Erden Gottes Güte und Barmherzigkeit vorzustellen, die für uns arme Menschen ein Hort unerschöpflicher Gnade sind. Ich will mein Leben lang jeden Abend und jeden Morgen Euch in mein Gebet einschließen und niemals vergessen, dass ich all mein Glück aus Eurer Hand empfangen habe, wenn Ihr mir behilflich sein wollt, dass ich dieses Mädchen in rechtmäßiger Ehe heiraten kann, ohne dass Ihr Anspruch erhebt auf die Dienstbarkeit der Kinder, die daraus entspringen. Zum Dank dafür will ich Euch eine Monstranz machen, so sorgfältig gearbeitet, so reich an Gold und Edelgestein, geziert mit geflügelten Engeln und anderen heiligen Figuren, dass es in der ganzen Christenheit keine schönere geben soll. Ganz einzig in ihrer Art soll sie sein, dass sich Euer Auge erfreut, wenn Ihr sie anseht; sie soll ein ewiger Ruhm sein für Euren Altar, und aus der Stadt und von weither sollen die Menschen zusammenströmen, um sie zu sehen: Ein solches Wunder der Kunst soll sie sein.«

»Mein Sohn«, antwortete der Abt, »Ihr wisst nicht, was Ihr redet. Wenn Ihr entschlossen seid, dieses Mädchen in rechtlicher Ehe zu heiraten, so seid Ihr damit auf ewige Zeit der Abtei verfallen, Ihr mit allen Euren Gütern und Nachkommen.«

»Oh, hochwürdiger Herr, ich bin dem Mädchen in aufrichtiger Liebe zugetan und bin mehr gerührt von seiner Armut und seinem christlichen Herzen als von seinen körperlichen Vorzügen; aber« – dem Armen traten die Tränen in die Augen – »noch größer als meine Liebe ist mein Erstaunen über Eure Härte. Das sage ich Euch, obwohl ich weiß, dass mein Schicksal in Euren Händen liegt. Ja, ehrwürdiger Herr, ich kenne das Gesetz. Meine Güter können in Eure Gewalt kommen, ich kann Euer Leibeigener werden, ich kann mein Haus und mein Bürgerrecht verlieren; aber was ich durch meine Mühen und Studien gewonnen habe, meine Kunst, die hier liegt« – er deutete dabei auf seine Stirn –, »an sie kann, außer Gott und mir selber, niemand in der Welt ein Herrschaftsrecht beanspruchen, und die reichen Schöpfungen, die daraus hervorgehen, Ihr könnt sie mit Eurer ganzen Abtei nicht bezahlen. Mein Leib, mein Weib, meine Kinder können Euch verfallen, aber kein Gesetz der Welt kann Euch meine Kunst zusprechen, durch keine Tortur der Welt könnt Ihr in deren Besitz kommen, denn ich bin stärker, als das Eisen hart, und geduldiger, als der Schmerz groß ist.«
Als der Goldschmied so gesprochen hatte, ergriff ihn eine ungeheure Wut über die kühle Ruhe des Abts, der entschlossen schien, die Dukaten des guten Meisters seinem Kloster nicht entgehen zu lassen; er schlug mit seiner Faust auf einen eichenen Stuhl, der vor ihm stand, und zersplitterte ihn, wie wenn der große Schmiedehammer darauf niedergesaust wäre, in tausend Stücke. »Seht, ehrwürdiger Herr«, sprach er, »was Ihr für einen Knecht gewinnen werdet! Aus einem Schöpfer göttlich schöner Dinge ein Lasttier zu machen, das ist alles, was Ihr könnt.«
»Mein Sohn«, antwortete der Abt, »Ihr tut sehr unrecht, mir meine Stühle zu zerbrechen, und unrecht tut Ihr auch, meine Seele so obenhin zu beurteilen. Dieses Mädchen ist Eigentum der Abtei, nicht mein persönliches Eigentum; ich aber bin von diesem glorreichen Kloster aufgestellt, ein ge-

treuer Verwalter und Anwalt seiner Satzungen und Gerechtsame zu sein. Wenn ich nun auch diesem leibeigenen Weib die Freiheit geben kann, freie Kinder zu gebären, so habe ich doch darüber Gott und der Abtei Rechenschaft abzulegen. Wisset darum, dass, seitdem hier ein Altar steht und seitdem es hier Leibeigene und Mönche gibt, id est seit undenklichen Zeiten es niemals erhört worden, dass ein freier Bürger durch Heirat mit einem leibeigenen Mädchen Eigentum der Abtei geworden wäre. Also ist es erforderlich, genau zu handeln wie es Rechtens, und das Recht durch den Brauch zu festigen, dass es nicht geschwächt werde und in Verfall gerate, ja, auch nicht eines Haares Breite davon verloren gehe, woraus unabsehbare Verwirrung entstehen müsste. Das ist alles für den Staat und die Abtei eine unendlich wichtigere Sache als Eure Monstranzen, so schön sie sein mögen, denn um Juwelen und Kostbarkeiten zu kaufen, besitzen wir einen genügenden Schatz; aber kein Schatz der Welt ist imstande, Bräuche und Gerechtsame gültig aufzustellen. In diesem Punkt berufe ich mich auf den hier gegenwärtigen Kämmerer des Königs, der täglich Zeuge ist, welche unendliche Mühe und Arbeit unser gnädiger Herr fortwährend auf sich nimmt, um seinen Gesetzen und Verordnungen Festigkeit und Bestand zu verleihen.«

›Aha‹, dachte der Kämmerer bei sich, ›damit soll mir der Mund gestopft werden.‹

Der Goldschmied war kein großer Rechtskundiger, er schwieg nachdenklich. Unterdessen trat Tinette ein, blank gescheuert wie ein zinnerner Teller, die Haare fein aufgesteckt, das weiße linnene Gewand mit einem blauen Gürtel zusammengehalten, die Füße mit weißen Strümpfen und zierlichen Schuhen bekleidet, kurz, so königlich schön, so vornehm in ihrer Haltung, dass der Goldschmied ganz starr wurde vor Erstaunen und der Kämmerer gestehen musste, niemals eine so vollkommene Kreatur gesehen zu haben. Er bedachte, dass dieser Anblick dem armen Goldschmied allzu gefährlich sei. Darum beeilte er sich, den guten Mann ohne Verschub in die Stadt zurückzubringen, und redete ihm zu, sich die Sache sehr zu überlegen, da doch der Abt niemals zugeben würde, dass ein so feiner. Lockvogel, auf den Bürger und Edelleute hineinfallen, aus dem Käfig der Abtei entweiche.

Und wirklich tat das Ordenskapitel dem armen Verliebten kund und zu wissen, dass, wenn er das Mädchen heirate, er sich entschließen müsse, Haus und Hof der Abtei zu überlassen und sich mit allen seinen Kindern, die aus dieser Ehe kämen, als Leibeigener des Klosters zu betrachten, doch solle er, durch eine ganz besondere Gnade des Abts, fernerhin in seinem Haus wohnen dürfen, unter der Bedingung, dass er dafür und für alles, was sich darin befand, dem Kloster Zins zahlte und alljährlich acht Tage eine Gesindestube im Kloster bezöge zum Zeichen und zur Bestätigung seiner Dienstbarkeit.

Da erkannte der Goldschmied, dem alle Welt die bösartige Hartnäckigkeit der Mönche in grellen Farben schilderte, dass der Abt seinen Beschluss unverbrüchlich aufrechterhalten werde. Er geriet darüber in einen Zustand heller Verzweiflung. In seiner Desperation wollte er bald das Kloster an allen vier Ecken anzünden, bald den Abt an einen bequemen Ort locken und ihn so lange durchbläuen, bis er den Freibrief für Tinette unterzeichnen würde, und so tausend Fantastereien, die alle in Rauch aufgingen. Zuletzt aber, nach vielem Schmerz und Jammer, fasste er den festen Entschluss, das Mädchen zu entführen und sich mit ihr in ein Land zu flüchten, wo ihn selbst der lange Arm des Abts nicht erreichen sollte. In diesem Sinne traf er seine Vorbereitungen. Denn er dachte, wenn er nur einmal außerhalb des Königreichs sei, könnten seine Freunde und der König die Mönche leichter zur Vernunft bringen. Der Mann machte aber seine Rechnung ohne den Wirt, das heißt ohne den Abt, denn wie er sich nun auf die Lauer legte nach seinem Schatz, bekam er von Tinette auch nicht das kleinste Zipfelchen zu sehen, sondern hörte, wie man sie in der Abtei in strengstem Gewahrsam hielt, dass er das Kloster hätte erstürmen müssen, um ihrer habhaft zu werden. Da kannte erst die Verzweiflung des Meisters Anshelm keine Grenzen mehr, und er brach bald in lautes Wehklagen, bald in fürchterliche Flüche aus. So kam es, dass in der ganzen Stadt die Hausväter und Hausmütter von nichts anderem mehr sprachen als von diesem seltsamen Abenteuer, derart, dass das Gerücht sogar vor die Ohren des Königs kam.

Dieser ließ den greisen Abt an seinen Hof entbieten und machte ihm ernsten Vorhalt darüber, dass er sich von der großen und außerordentlichen Liebe des Goldschmieds in seinem harten Sinn nicht erweichen ließ, um anstelle des unbeugsamen Rechts die christliche Milde und Gnade walten zu lassen.

»Aber wisst Ihr nicht, allergnädigster Herr«, antwortete der Priester, »dass alle Rechte so ineinander gefügt und verhäkelt sind wie die einzelnen Teile einer Rüstung, so zwar, dass, wenn man ein Stück herausnimmt, das Ganze allen Halt und alle Festigkeit verlieren muss! Wenn man uns dieses Mädchen nehmen dürfte, gegen unsern Willen und unser Recht, was sollte Eure Untertanen hindern, Euch die Krone vom Kopf zu reißen und in heller Empörung sich gegen Abgaben und Frondienste aufzulehnen, die das gemeine Volk vor allem drücken?«

Der schlaue Abt wusste nicht nur einem Kämmerer, sondern auch einem König das Maul zu stopfen.

Und da war nun jeder aufs Äußerste begierig, was für einen Verlauf die Sache nehmen werde. So groß war die allgemeine Teilnahme, dass sogar Wetten eingegangen wurden. Die Herren wetteten darauf, dass der Touraner seine Liebe aufgeben werde, die Damen das Gegenteil.

Da kam der Goldschmied auf den Gedanken, sich der Königin zu Füßen zu werfen und ihr weinend zu klagen, dass ihm die Mönche nicht einmal den Anblick seiner Geliebten gönnten; er rührte so sehr das Herz der hohen Frau, dass sie ihm versprach, sich ins Mittel zu legen. Und in der Tat erwirkte sie vom Herrn Abt die Erlaubnis, dass der Touraner täglich an das Sprechgitter des Klosters kommen durfte, wo Tinette alsdann erschien, doch immer in Begleitung eines alten Mönchs. Und immer erschien sie in festlichem Anzug, wie eine große Dame. Den beiden Liebenden wurde nichts weiter erlaubt, als sich zu sehen und zu sprechen, ohne ein Haar darüber hinaus, und ihre Liebe wuchs darum nur umso mehr.

Eines Tages sprach Tinette also zu ihrem Geliebten: »Mein teurer Herr, ich habe bei mir beschlossen, Euch mein Leben zum Geschenk zu machen, dass Ihr Trauer und Kummer ablegen sollt. Höret mich an, ich habe mich über alles wohlunterrichtet und habe ein Mittel gefunden, die Gesetze der Abtei zu umgehen und Euch alles Glück zu geben, das Ihr von meinem Besitz erwartet. Der geistliche Richter hat mir erklärt, dass Ihr, als nicht in der Leibeigenschaft geboren, sondern nur darein verfallen durch eine besondere Ursache, auch wieder davon frei werden müsst, sobald die Ursache, die Euch in die Dienstbarkeit zwingt, nicht mehr vorhanden ist. Wenn Ihr mich also liebt über alles in der Welt, gebt all Euer Gut daran, mich zu erwerben und zu ehelichen; dann besitzet mich zu Eurem Glück, erfreut Euch meiner, soviel es Euch gefällt. Doch bevor ich Euch Nachkommen bringen werde, will ich mich freiwillig töten, und mein Tod wird Euch die Freiheit geben. Bei diesem Handel werdet Ihr den König, unsern gnädigen Herrn, der Euch überaus wohlwill, wie man sagt, auf Eurer Seite haben, und mir, daran zweifle ich nicht, wird Gott meinen Tod in Gnaden verzeihen, weil ich damit meinem Herrn und Gemahl die Freiheit schenke.«

»Meine liebe Tinette«, rief der Goldschmied, »darüber kein Wort mehr, ich will leibeigen werden, und du sollst leben und mein Glück und meine Freude sein bis an das Ende meiner Tage. Wenn du bei mir bist, sollen die schwersten Ketten mich nicht drücken, und wenig soll es mich anfechten, dass ich keinen Pfennig mein eigen nenne; denn ein größerer Reichtum als alle Reichtümer der Welt ist dein Herz, und kein höheres Gut wüsste ich auf Erden als deinen süßen Leib. Großes Vertrauen setze ich in den heiligen Eligius, er wird sich in seiner Gnade und Barmherzigkeit uns zuwenden und vor dem Schlimmsten bewahren. Noch zu dieser Stunde will ich zu einem Schreiber gehen, um Brief und Vertrag aufsetzen zu lassen. Und dessen sei sicher, du Blume meines Lebens: Da uns der Abt lassen muss, was ich mit meiner Kunst fortan verdiene, sollst du besser wohnen, vornehmer gekleidet und aufmerksamer bedient sein als eine Königin.«

Tinette lachte und weinte zugleich, sie wehrte sich gegen ihr Glück und wollte durchaus sterben, um einen freien Mann nicht in die Dienstbarkeit zu bringen; aber der gute Anshelm gab ihr so liebe Worte und drohte zuletzt, ihr in das Grab nachzufolgen, dass Tinette sich endlich fügte und zur Heirat bereit erklärte, weil sie dachte, dass sie sich nach dem Glück der Liebe jederzeit töten könne.

Als es in der guten Stadt Paris bekannt wurde, dass der Touraner sich den Forderungen des Abts unterwerfen und lieber auf seine Habe und seine Freiheit als auf seine Geliebte verzichten wolle, wurde er wie ein Mirakel angestaunt, und jedermann wollte das Meerwunder sich ansehen. Die Damen des Hofes kauften zu diesem Zweck mehr Juwelen, als sie tragen konnten. Bis zum Überdruss überliefen ihn die Frauen, und jetzt hätte er sich schadlos halten können für die Zeit, da er ihrer gänzlich beraubt war. Aber wenn auch einige an Schönheit seiner Tinette glichen, hatte doch keine ihr goldenes Herz.

Indem nun der Tag der Sklaverei und der Liebe immer näher kam, nahm Anshelm all sein Gold und formte eine königliche Krone; darein setzte er alle Perlen und Diamanten, die er besaß. Diese Krone übergab er in einer geheimen Audienz der Königin, indem er also sprach: »Allergnädigste Frau, hier ist mein bestes Hab und Gut, ich weiß nicht, wem ich es vertrauen soll. Was man morgen noch in meiner

Wohnung findet, wird den verdammten Mönchen anheimfallen, die ohne Nachsicht und Barmherzigkeit gegen mich waren. Wollet darum gnädigst geruhen, mir diesen Schatz zu bewahren. Er ist ein schwacher Dank für das Glück, das Ihr mir verschafft habt, die zu sehen, die ich liebe; denn ein einziger Blick von ihr ist mehr wert als alle Schätze der Erde. Ich weiß nicht, was mein Schicksal sein wird; aber meine Kinder, die vielleicht einst frei werden, empfehle ich Eurer königlichen Großmut.«

»Das habt Ihr wohlgesprochen, Gevatter«, antwortete freundlich der König. »Gewiss kommt einmal der Tag, wo der Abt mich nötig haben wird, dann will ich ihn an Euch erinnern.«

Die Abtei konnte kaum die Menschen alle fassen, die herbeiströmten, um der Vermählung der schönen Tinette beizuwohnen. Die Königin hatte ihr das Hochzeitskleid geschenkt, und der König verlieh ihr die ganz besondere Gnade, alle Tage des Jahres goldene Ohrringe tragen zu dürfen. Als das schöne Paar die Abtei verließ und in dem Haus des Goldschmieds, der nun Leibeigener geworden war, seinen Einzug hielt, sah man in den Straßen alle Fenster beleuchtet, und Tausende von Menschen bildeten Reihe, wie wenn es der König gewesen wäre. Der arme Ehemann hatte sich selber ein silbernes Armband an seinen linken Arm geschmiedet und trug es als Zeichen seiner Abhängigkeit von dem Kloster zu Sankt German. Aber wenngleich es nur ein leibeigener Mann war, rief das Volk: »Heil! Heil!«, wie bei der Verkündigung eines neuen Königs. Und der Gevatter grüßte mit viel Anstand, er war glücklich, wie nur ein Verliebter sein kann, und hocherfreut über die Huldigungen, die man der Anmut und Bescheidenheit seiner jungen Frau entgegenbrachte.

Vor seinem Haus fand der gute Touraner einen Kranz von grünen Zweigen und Kornblumen über seiner Tür, und die vornehmsten Meister des Stadtviertels waren versammelt; Musik ertönte zu seinem Empfang, und der Zunftmeister

rief: »Ihr werdet immer ein edler Mann sein, der Abtei zum Trotz.«
Wie die beiden nun ihr Glück genossen, könnt ihr, verständnisinnige Leser, euch selber ausmalen; ich kann euch nur so viel sagen, dass das Kampfspiel heftig war, bei dem das gute Kind vom Land die Ausfälle des Mannes gut parierte, und dass die beiden einen Monat in Freuden hinlebten, wie zwei Turteltauben, die im Frühling Reis um Reis ihr Nest bauen. Recht wie in einem solchen warmen Nest fühlte sich Tinette in dem schönen Haus, und wenn sie gewahrte, wie sie von den Kunden, die ab und zu gingen, angestaunt und bewundert wurde, da kannte ihr Glück keine Grenzen.
Als nun die Flitterwochen vorüber waren, da kam eines Tages in großem Pomp der gute alte Abt Hugo, ihr Herr und Meister, in das Haus, das jetzt nicht mehr dem Goldschmied, sondern dem Kloster gehörte. Er hielt dem überraschten Ehepaar folgende Rede: »Meine Kinder«, sagte er, »ihr seid frank und frei und losgesprochen von allem, auch muss ich euch sagen, dass ich vom ersten Anfang an von eurer Liebe zueinander aufs Tiefste gerührt war. Die Gesetze und Gerechtsame der Abtei musste ich wahren und hochhalten; aber nun, da ihr vor dem Altar des Allerhöchsten eure Unterwerfung unter das Gesetz feierlich kundgetan, hindert mich nichts mehr, euch ganz glücklich zu machen. Nicht einen Silberling soll euch eure Freimachung kosten.« Als der Abt so gesprochen, gab er jedem von beiden einen leisen Backenstreich, sie sanken in die Knie, heiße Freudentränen rannen ihnen über die Wangen, und das aus guten Gründen. Dann riss der Touraner das Fenster auf und machte dem Volk, das zusammengeströmt war, die Mitteilung von dem großmütigen Geschenk und seiner Begnadigung durch den guten Abt Hugo. Unterdessen schickte dieser sich an, seine Stute wieder zu besteigen; da griff Meister Anshelm nach den Zügeln und schritt in großer Ehre neben dem Abt her bis zum Stadttor. Er hatte sich eine Tasche mit

Silbermünzen umgehängt, und auf dem ganzen Weg warf er Geld unter die Armen und Notleidenden, indem er ausrief: »Gnade und Barmherzigkeit Gottes! Gott schütze und segne den Abt! Es lebe der gnädige Herr Hugo!«

In sein Haus zurückgekehrt, bewirtete er alle seine Freunde und machte von Neuem Hochzeit. Diese dauerte eine ganze Woche. Der Abt aber wurde von seinem Kapitel für seine Gnade und Freigebigkeit nicht wenig ausgescholten. Denn diesen Mönchen war schon das Wasser im Munde zusammengelaufen beim Gedanken an den fetten Bissen aus dem Hause des reichen Goldschmieds. Und als ein Jahr darauf der gute Hugo krank wurde, verfehlte sein Prior nicht, ihm zu Gemüte zu führen, dass dies eine Strafe des Himmels sei dafür, dass er ein ungetreuer Verwalter war an der Sache Gottes und des Klosters.

»Ich müsste mich in dem Mann sehr irren«, antwortete der Abt, »wenn er sich nicht daran erinnerte, was er uns schuldig ist.«

Das war aber gerade der Jahrestag der Hochzeit, und ein Mönch, der in die Zelle trat, meldete, draußen sei der Goldschmied und bitte um eine Unterredung mit seinem Wohltäter. Bald darauf erschien Meister Anshelm in dem Gemach und enthüllte vor den Augen des Abts zwei wunderbare Gebetsrahmen, wie sie von keinem Meister der Christenheit je schöner gemacht worden sind und die nachher berühmt wurden unter dem Namen der »Stiftung einer ausdauernden Liebe«. Wie jedermann weiß, wurden diese

Meisterwerke auf dem Hauptaltar der Kirche von St. German aufgestellt. Sie gelten noch heute für Arbeiten von ganz unschätzbarem Wert. Der Goldschmied hatte sein ganzes Vermögen dafür ausgegeben. Dennoch verringerte er durch dieses Geschenk seine Wohlhabenheit nicht; diese wuchs vielmehr von Jahr zu Jahr wie der Ruhm seiner Kunst, und der fromme Goldschmied konnte sich nicht nur ein Adelsdiplom kaufen, sondern auch die Ländereien, die dazu gehörten. Er wurde der Stammvater derer von Anshelm oder Anseau, die in unserem Touraner Land durch viele Jahrhunderte in hoher Blüte standen.

Daraus können wir lernen, dass wir in unseren Unternehmungen auf Gott und seine Heiligen vertrauen und treu ausharren sollen in allen Dingen, die wir als gut anerkannt haben; außerdem: dass wahre Liebe alles überwindet, als welches zwar ein uralter Satz ist, den aber der Autor als eine erfreuliche Wahrheit gern von Neuem niederschreibt.

Von einem Justizerich, der kein Gedächtnis hatte für das »Ding an sich«

Zur Zeit, als unser Herr und König in der guten Stadt Bourges vergnüglich Hof hielt und dann auf einmal das lustige Leben ließ, um sein Königreich zu erobern, das er auch in der Tat eroberte, gab es in dieser Stadt einen Polizeimeister, der im Auftrag des Königs für Ordnung sorgte und den man darum den Profos des Königs nannte. Das ist der Ursprung dieses Amts, welches unter dem glorreichen Sohn des genannten Königs zu einer traurigen Berühmtheit gelangt ist durch die Taten des edlen Herrn von Meré genannt Tristan, der, wiewohl er gar zu wenig Spaß verstand und bei Gott wenig lustig war, in diesen lustigen Geschichten wiederholt vorgekommen ist. Dies sage ich jenen Freunden und Bücherwürmern, die immer mit ihrer Nase in alten Scharteken herumstochern und im Staub modriger Aktenstöße und stinkender Registraturen wühlen, um ihnen zu zeigen, dass mehr Gelehrsamkeit in meinen Geschichten steckt, als es den Anschein hat. Kommen wir zur Sache.

Ich habe von dem ersten königlichen Profosen gesprochen. Er wurde gemeinhin Schabe oder Schaber genannt, wovon abgeschabt, schäbig, Schabernack und anderes abgeleitet wird; andere nannten ihn auch Schamer oder Schamel, was mit Scham zusammenhängt und wovon Schähmel und schämig herkommt; wieder andere, wie die Sueven, hießen ihn Schamle oder Schelmle, und davon kann nichts Rares abgeleitet werden; von noch andern, wie von denen des bieruvarischen Dialekts, wurde er Schamperl, Schlamperl oder Schlampamperl genannt. Die Leute der guten Stadt Bourges nannten ihn kurzweg Lampel, und das ist nach und nach der Name der Familie geworden, die so fruchtbar war und sich fortgepflanzt hat, dergestalt, dass man die Lampelmänner oder Hampelmänner jetzt überall antreffen kann. Und also sei er Lampel genannt auch in dieser Geschichte.

Ich habe aber diese gelehrten Etymologien darum hier angebracht, einmal, um auch mein Scherflein zu der beliebten neueren Sprachwissenschaft beizutragen, und dann, um euch einen Wink zu geben, wie die Bürger und andere zu ihren schönen Namen gekommen sind. Doch genug jetzt der Wissenschaft.

Der genannte Profos, der so viele Namen hatte, als es Provinzen gab, wo der König Hof hielt, war nach seiner wahren Natur ein rechter Embryo von einem Mensch, den seine Mutter ein wenig allzu nachlässig ausgebrütet hatte. Wenn er zum Beispiel zu lachen meinte, verzog sich bei ihm derart das Maul, wie man es bei einer Kuh sehen kann, die sich anschickt, das Wasser zu lassen. Sein Lachen war am Hof sprichwörtlich geworden, man nannte es ein profosliches Lachen. Als das Wort eines Tages dem König zu Ohren kam, sagte er scherzend: »Ihr irrt, meine Herren, Lampel lacht überhaupt nicht, es fehlt ihm nur das Leder an der Unterlippe.«

Aber trotz seines Lachens, das kein Lachen war, hatte Lampel alle Eigenschaften, die man von einem Polizeimenschen verlangen kann, der ebenso viel Eifer haben muss, das Unkraut auszujäten, als der Teufel Eifer hat, es zu säen. Man kann also nicht sagen, dass er das königliche Kostgeld nicht verdiente. All sein Witz bestand darin, dass er ein wenig Hahnrei war; all seine Ausschweifung, dass er in die Vesper ging; all seine Weisheit, dass er Gott gehorchte, wenn er konnte; all seine Freude, dass er eine Frau im Haus hatte,

und all seine Ablenkung von dieser Freude darin, einen Menschen aufzustöbern, den er hängen könnte, wenn ein Gehängter von ihm verlangt wurde, und wonach er, da er geschickt war, nie lange zu suchen brauchte. Während er jedoch schlief, kümmerte er sich den Teufel um die Spitzbuben. Kurz, ich zweifle, dass ihr in der ganzen justifizierten Christenheit einen vollkommeneren Profosen finden könntet. Alle hängen entweder zu viel oder zu wenig, während dieser gerade so viel hängte, als eben ein Profos hängen muss, um noch Profos zu sein.

Dieser Lampel von Justizrat, oder Justizrat von Lampel, hatte zur rechtmäßigen Ehefrau eine der schönsten Bürgerstöchter von Bourges, worüber nicht nur alle Welt, sondern auch er selber sich nicht genug verwundern konnte. Jeden Tag, wenn er sein Haus verließ, um seinem hängerlichen oder henkerlichen Amt obzuliegen, legte er im Geheimen seines Herzens dem lieben Gott die Frage vor, die manch einer aus der Stadt dem lieben Gott auch schon vorgelegt hatte; nämlich: warum gerade er, der Justizrat Lampel, der königliche Profos und Hängemeister, ein so geleckttes und geschlecktes Weibchen für sich habe, ein so leckeres und schleckeres Weibchen, dass ein Esel vor Behagen wieherte, wenn sie vorüberging. Der liebe Gott antwortete ihm nichts auf seine Frage, er wird wohl seine Gründe dafür gehabt haben.

Statt seiner antworteten umso eifriger die bösen Zungen der Stadt. Die einen behaupteten, es habe dem guten Weiblein nur eine Spanne an ihrer Jungfrauschaft gefehlt, als der Justizerich sie zur Frau genommen. Andere behaupteten, dass er sie nicht für sich allein habe. Wieder andere, die Schälke, hatten das Sprichwort zur Hand, dass ein Esel auch einmal einen hübschen Stall findet. Also hatte jeder seine Hohnrede, und wer sich die Mühe gemacht hätte, sie aufzulesen, würde keinen kleinen Sack voll zusammenbekommen haben. Man musste aber fast vier Viertel davon abziehen, denn die Lampeline war eine durchaus tugendhafte Bürgerin, die aus Pflicht ihren Mann und aus Liebe nur einen einzigen anderen liebte. Und nun geht doch einmal und sucht mir durch die ganze Stadt ein Weibsen, das sich eine solche Beschränkung auferlegte. Einen Kreuzer gebe ich euch oder einen Schneuzer, wie ihr wollt, wenn ihr mir eine findet. Ihr werdet wohl etwelche antreffen, die weder einen Mann noch einen Geliebten haben. Andere haben einen Geliebten, aber keinen Mann. Gewisse Vogelscheuchen haben wohl einen Mann, aber keinen Geliebten. Aber wahrlich, um eine Frau anzutreffen, die einen Mann und nur einen einzigen Geliebten hat und die, wenn sie einmal A gesagt hat, nicht auch B und C sagt und sich so weiter ins Alphabet hineinbuchstabiert, da könnt ihr weit gehen; denn so etwas ist ein wahres Wunder, begreift ihr das, ihr Schwachköpfe, ihr Gelbschnäbel, ihr Hanswürste? Also schreibt euch, wenn ihr eurem Gedächtnis nicht traut, die Lampeline in euren Kalender ein und geht eures Wegs. Ich kehre auf den meinigen zurück.

Die gute Lampeline gehörte keineswegs zu jenen, die immer unterwegs sein müssen, gehörte nicht zu jenen flatterhaften, schnatterhaften und gevatterhaften Wesen, nicht zu jenen weiblichen Sausewinden und Brausewinden, die mit lautem Getue hinter jeder Narrheit und Verrücktheit her sind, die keine Ruhe geben und jeder Windbeutelei nachjagen, als wenn es die Quintessenz des Lebens wäre. Sie war im Gegenteil eine gute und vernünftige Hausfrau, immer

an ihrem Platz, in Küche, Stube oder Bett, immer bereit wie ein Leuchter, bereit für den Geliebten, während der Profos hängte, und bereit für den Profosen, nachdem der Geliebte weggegangen war. Dieses kluge Weibchen vermied es, vor den anderen ein Rad zu schlagen, dass sie kollerten. Sie wusste die schöne Zeit ihrer Jugend nützlicher zu verwenden; sie wusste, was sie wollte, und kam damit weiter als die anderen.

Ihr kennt nun also den Profos und die Profosin. Was aber den Adjunkten des Meisters Lampel betrifft, nicht den Adjunkten seiner schmählichen, id est henkerlichen, sondern ehelichen Obliegenheiten (als welche ein einzelner Mann ohne Adjunkt unmöglich versehen kann), so war dies ein großer Grundherr der Provinz, den der König hasste; merket dies wohl, denn es ist ein wichtiger Punkt in der Geschichte. Und nun gebt acht, nun rede ich euch vom königlichen Feldzeugmeister.

Der war ein Schotte und wilder Gesell. Er sah einmal aus Zufall die Lampeline, und sie sehen und sie haben wollen war eins. Sie haben zu wollen, nicht gerade für immer, aber so einmal für die Zeit, um einen Rosenkranz zu beten, und das war doch gewiss ein christliches Begehren oder ein begehrliches Christentum, wie ihr wollt. Er beabsichtigte freilich nicht, gerade einen Rosenkranz mit ihr zu beten; was er vielmehr suchte, war eine gründliche Unterredung mit ihr über das weibliche »Ding an sich« der Philosophie oder über die weibliche Philosophie des Dings an sich. Aber die Profosin, die, wie oben bemerkt, eine gesetzte und gesittete Hausfrau war, hatte an ihrer eigenen Philosophie gerade genug und war nicht im Geringsten neugierig auf die des Herrn Feldzeugmeisters. Dieser aber, der bald erkannte, dass all sein Geplänkel, all sein Getue und Geschmuhe mit dem schönen Luderchen zu nichts führte und auch den Grund davon erriet, wettete seine große schwarze Coquedulle, dass er dem Geliebten der Profosin seinen Degen in den Leib rennen wolle, und wenn er auch ein Mann von Gewicht sein sollte. Doch schwor er nichts in Sachen der Frau, womit er sich als guter Franzose auswies; denn man kennt Leute, rüde Gesellen, die bei solcher Gelegenheit alles kurz und klein schlagen und von drei Personen am liebsten vier umbringen möchten.

Wettete also der Herr Feldzeugmeister vor dem König und der Dame von Sorel, die vor dem Abendessen ein Spielchen zusammen machten, seine große schwarze Coquedulle, dass er seinen Nebenbuhler umbringen werde, was sich ihm auch in den Weg stelle, dessen der Herr König sehr zufrieden war, der sich auf diese Weise eines verhassten Menschen entledigte, ohne dass es ihm ein Paternoster kostete.

»Und wie gedenkt Ihr die Sache auszuführen?«, sprach mit schelmischer Miene die schöne Agnes von Sorel.

»Ihr werdet mir glauben, schöne Frau, dass ich meine große schwarze Coquedulle nicht verlieren will …«

Was war aber das, die große schwarze Coquedulle? Oder vielmehr, was hat man in jener Zeit darunter verstanden? Wahrlich, ein dunkles und schwieriges Problem. Und ihr könntet euch in alten Schmökern und Scharteken die Augen aus dem Kopf lesen und es doch nicht lösen. Jedenfalls war es eine hochwichtige Sache.

Nun denn, setzen wir einmal die Brille auf die Nase und suchen wir. ›Dulle‹ bedeutet im Kleinbritannischen ein Mädchen, und ›coque‹, vom küchenlateinischen ›coquus‹ abgeleitet, bedeutet so viel als ein Schwanzhaar. Davon kommt das französische Wort ›cocquin‹, was auf Deutsch so viel heißt als ein ›Spitzbub‹ oder ›Lumpensäckel‹, nämlich ein Kerl, der voll ist von Spitzbübereien, Lumpereien und Nichtsnutzereien, auch so viel wie ›Luder‹ oder ›Galgenstrick‹, worunter man einen verstehen mag, der nichts anderes tut als Fressen, Saufen, Würfeln, Huren, und in den Zwischenpausen nichts anderes als Huren, Würfeln, Saufen, Fressen, dabei immer lumpiger und lausiger wird, bis er zuletzt stiehlt und sogar bettelt, am Ende aber mit Fräulein Hänfin Hochzeit macht. Aus alledem geht einigermaßen hervor und wird auch sonst von Gelehrten bestätigt, dass die große Coquedulle ein Hausgerät und Werkzeug war, womit man die Weibsen frisierte.

»Wie ich also die Sache auszuführen gedenke, schöne Frau?«, nahm von Neuem Lord Richmond, der Feldzeugmeister, das Wort. »Ich werde diesem Justizerich sagen, ein wenig im Dienst des Königs, bei Tag und auch bei Nacht, auf den Dörfern umherzustreifen, wo einige Bauern im Verdacht stehen, den Engländern allerlei Spionendienste zu leisten. Werden alsdann meine Taube und mein Täuberich sich umso sicherer glauben und über ihrem Geschnäbel nicht nur den Profosen, sondern Gott und den König selber vergessen. Im Namen des Königs schicke ich darauf den Profosen an den Ort, wo er die beiden zusammen finden und nicht versäumen wird, unseren Freund zu töten, der den Anspruch erhebt, den guten Kapuziner für sich allein zu haben.«

»Den Kapuziner?«, fragte Frau Agnes. »Was ist das?«

»Ratet!«, antwortete der König lächelnd.

»Kommen wir zu Tisch, meine Herren«, erwiderte die Dame Sorel, »ihr seid mir zu boshaft. Ihr beschimpft in einem Zug die Bürgerlichen und die Klösterlichen.«

Schon lange hatte sich die Lampeline darauf gefreut, einmal in den Palast ihres Kavaliers zu kommen, wo sie sich eine lustigere und freiere Nacht versprach als zu Hause und wo man sich keinen Zwang aufzuerlegen brauchte, vor Angst, die Nachbarn zu wecken, während sie in der Wohnung ihres Mannes das leiseste Geräusch vermeiden und sich mit kleinen, flüchtigen und oberflächlichen Näschereien begnügen musste. Sie wünschte sich einmal etwas anderes als die schüchternen, nüchternen, verstohlenen Tänzchen unter Hangen und Bangen, unter Zittern und Zagen. Sie wollte auch einmal den Galopp und Kehraus der Liebe tanzen. So ein rechter Schuhplattler wäre einmal nach ihrem Herzen gewesen. Sah man darum alsbald ihr Zöfchen unterwegs nach dem Palast des Grafen (von dem sie nie mit leeren Händen wegging und den sie darum keineswegs hasste), um die glückliche Abwesenheit des Profosen zu vermelden, damit er die nötigen Vorbereitungen treffe, seine Geliebte für den Abend zu empfangen, die nicht verfehlen werde, einen guten Hunger und Durst mitzubringen, zur Abendmahlzeit wie zu allem anderen.

Unterdessen spionierten auch die Pagen des verdammten Feldzeugmeisters um den Palast herum und konnten bald ihrem Herrn melden, wie der Galan sich bereits geschniegelt und gestriegelt in Bereitschaft halte und alles sich nach Wunsch füge. Dieser rieb sich schon die Hände vor Vergnügen, indem er sich in der Fantasie den Stoß vorstellte, den der Justizerich führen werde.

Er schickte sofort einen reitenden Kurier zu dem Profosen mit dem Befehl des Königs, unverzüglich in die Stadt zurückzukommen, um im Palast des genannten Herrn Grafen einen englischen Lord aufzuheben, der sehr im Verdacht stehe, ein schwarzes Komplott wider den König zu spinnen. Bevor er sich aber an Ort und Stelle begab, sollte der Profos vor dem König erscheinen, um mit ihm die nötigen Vorsichtsmaßregeln in dieser heiklen Sache zu beraten.

Der gute Lampel war stolz wie ein König in dem Gedanken, mit dem König sprechen zu dürfen. Er machte sich in höchster Eile auf den Weg und kam in die Stadt genau zur Stunde, als die Geliebten gerade zum ersten Mal zur Vesper läuteten. Der König im Land Hahnreiingen und Umgegend, einer vom Geschlecht der Koboldinger, fügte es so, dass die Lampeline zur selben Zeit mit dem Geliebten über die beste Methode, den Backofen zu heizen, beratschlagte, während ihr Mann mit dem Feldzeugmeister und dem König unterhandelte, was ihm ein großes Vergnügen war wie auch seiner Frau, ein seltener Fall in der Ehe.

»Ich sagte eben zu Ihrer Majestät«, sprach der Feldzeugmeister zu dem eintretenden Profosen, »dass innerhalb des Königreichs jedermann das Recht hat, seine Frau und ihren Geliebten zu töten, wenn er sie auf frischer Tat ertappt; aber unser königlicher Herr, der die Gnade in Person ist, hat mir erwidert, dass es nur erlaubt sei, den Kavalier zu töten. Was würdet denn Ihr tun, mein guter Profos, wenn Ihr einem Edelmann begegnetet, lustwandelnd in dem Gärtlein, dessen Blumen zu begießen und zu pflegen nach menschlichem und göttlichem Recht nur Euch allein zusteht?«

»Tausend Teufel noch einmal«, sprach der Profos, »ich würde alles umbringen, ich würde alles kurz und klein schlagen, Frucht und Blüte, Halm und Korn, Kind und Kegel, den Garten und die Blumen, die Frau und den Ritter.«

»Ihr tätet unrecht«, antwortete ihm der König. »So zu handeln, ist wider die Gesetze der Kirche wie die des Königreichs, Denn Ihr würdet damit das unschuldige Ungeborene ohne Taufe in die Vorhölle schicken.«

»Majestät, ich bewundere die Tiefe Eurer Weisheit. Und wohl sehe ich nun, dass Ihr der Hort seid aller Gerechtigkeit.«

»Wir können also nur den Kavalier umbringen, Amen!«, sprach der Feldzeugmeister. »Tötet den Reiter, für den wei-

ßen Zelter wäre es schade. Aber nun begebt Euch unverweilt nach dem Schloss des Grafen und habt wohl Acht, dass man Euch keinen Bären aufbinde, lasst Euch nicht einschüchtern, verliert aber auch keinen Augenblick die Rücksicht aus dem Auge, die sein Stand und Name erheischen.« Und der Profos, nicht zweifelnd, zum Kanzler von Frankreich erhoben zu werden, wenn er seinen Auftrag geschickt ausführte, eilt nach dem gräflichen Palast, besetzt alle Türen und Ausgänge mit seinen Bütteln und Sergeanten, verschafft sich leise Einlass im Namen des Königs, erklimmt die Treppen, lässt die Dienerschaft verhaften, die er nach dem Aufenthalt ihres Herrn befragt, und klopft endlich an die Tür des Gemachs, wo der Graf und sein Schätzchen sich in jenem Kampfspiel übten, dessen Waffen euch bekannt sind. »Öffnet«, ruft er, »im Namen des Königs, unseres Herrn!«
Die Lampeline erkannte die Stimme ihres Mannes und musste bei sich lächeln, indem sie dachte, dass sie nicht den Befehl des Königs abgewartet hatte, zu tun, was sie gerade tat. Aber nach dem Lachen befiel sie Angst und Schrecken. Der Graf aber hüllt sich in seinen Mantel und nähert sich der Tür. Da er nicht sicher ist, worum es sich handelt und ob es nicht um sein Leben gehe, ruft er hinaus, dass er ein Freund Seiner Majestät sei, zu dessen Haus und Dienst er gehöre.
»Ganz gleich«, ruft der Profos. »Ich habe ausdrücklichen königlichen Befehl, dass Ihr mir augenblicklich öffnet, wenn Ihr nicht für einen Rebellen gehalten sein wollt.«
Blieb dem Grafen nichts anderes übrig, als die Tür aufzuschließen.
»Was sucht Ihr hier?«
»Einen Feind des Königs, unseres Herrn, und wir befehlen Euch, ihn uns auszuliefern oder in Gefangenschaft mit ihm uns auf das Schloss zu folgen.«
›Oho‹, dachte der gute Graf, ›daran erkenne ich den verfluchten Schotten, der mir einen Streich spielen will, weil sich meine Geliebte ihm versagt hat. Nun heißt es, sich mit

List aus der Schlinge ziehen.‹ Und er entschloss sich zu einem äußersten Wagnis.

»Mein Freund«, sagte er zu dem guten Lampel, »ich bin überzeugt, dass Ihr ein Kavalier seid, so sehr es nur ein Profos in seinem Amt sein kann. Ich darf Euch also ein Geheimnis anvertrauen. Wisset denn, dass ich da drin die schönste Dame des Hofes bei mir habe. Was aber die Engländer betrifft, von dieser Fleischsorte habe ich nicht so viel in meinem ganzen Palast, um dem Herrn Mylord Richmond, von dem Ihr geschickt seid, ein Frühstück davon zu machen. Die ganze Angelegenheit – um Euch nichts zu verschweigen – beruht auf einer Wette zwischen mir und dem Herrn Feldzeugmeister, von dessen Partie auch der König ist. Die beiden haben nämlich gewettet, den Namen meiner Geliebten zu erfahren, und ich habe dagegen gewettet. Niemand kann die Engländer mehr hassen als ich, dem sie alle seine Besitzungen in der Pikardie weggenommen haben. Und sagt, ist es nicht eine Verräterei, dass man wegen einer lumpigen Wette die hohe Polizei in Bewegung setzt? Aber wartet nur, mein Herr Feldzeugmeister, Ihr sollt sehen, dass Euch ein Kammerherr gewachsen ist! Ich will Euch schön heimleuchten. Und nun hört mich, mein lieber Lampel. Ich stelle es Euch frei, diese Nacht und auch noch den ganzen Tag alle Winkel und Ecken meines Palastes zu durchstöbern; nur bitte ich mir aus, dass keiner Eurer Schergen mein Schlafzimmer betrete. Dieses Gemach mögt Ihr in Person inspizieren. Ihr könnt im Bett und unter dem Bett suchen, Ihr könnt alles durchwühlen, was Ihr nur wollt, nur verstattet mir die Gunst, dass ich zuvor die schöne Dame, die wie ein Erzengel gekleidet ist, mit einem Tuch oder Fazenettlein bedecke, damit es Euch ein Geheimnis bleibe, was für einem Herrn Gemahl sie angehört.«

»Gern!«, antwortete der Profos. »Aber wisset, ich bin ein alter Fuchs, der sich nicht ohne Weiteres den Schwanz aufheben lässt, und ich will meiner Sache sicher sein, ob die Person auch wirklich eine Dame vom Hof ist und nicht etwa doch einer von den Engländern, die eine weiße und zarte Haut haben, fast wie die Weibsen, was ich wissen muss, schon von Amts wegen, denn ich habe mehr als einen aufgehängt.«

»Nun denn«, sprach der Graf, »mit Rücksicht auf das Verbrechen, dessen man mich boshafterweise beschuldigt und wovon ich mich reinwaschen muss, will ich die Dame bitten, dass sie einwillige, die Schamhaftigkeit einen Augenblick beiseite zu setzen; sie liebt mich zu sehr, als dass sie nicht alles täte, um mich von dem schmählichen Verdacht zu reinigen. Ich will ihr sagen, dass sie sich umdrehe und Euch eine Physiognomie zeige, die Euch nicht mehr verrät, als notwendig ist, ohne Euch im Zweifel darüber zu lassen, dass es sich um eine vornehme Dame handelt, wenn Ihr auch nur ihren Hintern seht.«

»Gut«, sagte der Profos.

Dieses Gespräch hatte die Dame drinnen wohl erlauscht. Sie versteckte sorgfältig ihre Kleider unter das Kopfkissen, das Hemd mit eingerechnet, dessen Korn der Mann leicht erkannt hätte, umwickelte ihren Kopf mit einem Betttuch und zeigte der Zimmerdecke jene üppige Fleischlichkeit, die durch die Wirbelsäule so kokett in zwei Hälften geteilt ist.

»Tretet ein, mein guter Freund«, rief der Graf.

Der Justizerich schaute in den Kamin, öffnete Schränke und Truhen, leuchtete unter das Bett, kurz, durchsuchte jeden Winkel des Zimmers und machte sich endlich daran, den Bettgast selber zu beaugenscheinigen.

»Verzeiht, hoher Herr«, sagte er nach einer genauen Inspektion der ihm legitim zugehörenden liegenden Güter, »verzeiht, ich habe einige junge Engländer gehängt, die in dieser Gegend ein ganz ähnliches Gesicht hatten. Ihr müsst mir schon erlauben, dass ich meines Amtes walte und auch die Kehrseite der Medaille prüfe.«

»Was nennt Ihr die Kehrseite?«, fragte der Graf.

»Herr«, antwortete Lampel, »die andere Seite. Kurz, die Seite, die bei der Umkehrung herauskommt.«

»So wollet gütigst erlauben, dass die gnädige Frau sich bedecke und Euch nur so viel zeige, als eben nötig ist«, sagte der Graf, der wohl wusste, dass die Bürgerin einige Leberflecke hatte, an denen sie der Ehemann erkennen konnte. »Und«, fuhr er fort, »dreht Euch ein wenig auf die Seite, der Schicklichkeit halber.«

Das liebe Weibsen lächelte ihrem Freund dankbar zu, küsste ihn verstohlen für seine Besonnenheit und tat, was zu tun war, also dass der Mann, nachdem er sich umgedreht hatte, das zum ersten Mal sah, was sie ihn nie hatte sehen lassen und was ihn gründlich überzeugen musste, dass kein Engländer in dieser Frau stak, es sei denn, dass es einer war, der sich in eine hübsche Engländerin verwandeln konnte.

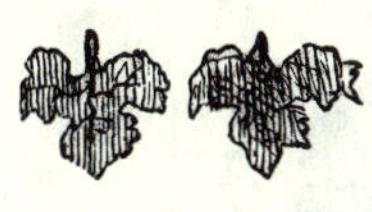

»Es ist wahrhaftig eine Dame vom Hof«, flüsterte er dem Grafen ins Ohr. »Unsere guten Bürgersfrauen sind nicht von so stolzem Wuchs und so ausgesuchtem Geschmack.«

Er ließ dann noch den ganzen Palast durchsuchen, fand auch nicht ein Ohrläppchen von einem Engländer und begab sich darauf nach dem königlichen Schloss zum Rapport, wie es ihm der Feldzeugmeister eingeschärft.

»Ist er ermordet?«, rief dieser ihm schon unter der Tür entgegen.

»Wer?«

»Derjenige, der Eure Stirn mit Hörnern bepflanzt hat.«

»Ich habe nichts gesehen als ein Weib im Bett des Grafen, der im besten Zuge war, sich mit ihr einen guten Tag oder vielmehr eine gute Nacht zu machen.«

»Du hast diese Frau mit deinen eigenen Augen gesehen, verfluchter Hornschädel? Und hast deinen Nebenbuhler nicht erwürgt?«

»Nicht eine Frau, eine Dame vom Hof.«

»Gesehen?«

»Und berochen von beiden Seiten.«
»Was wollt Ihr damit sagen?«, fragte der König, indem er lachte, dass er sich den Bauch hielt.
»Ich will sagen, unbeschadet des Respekts vor Eurer Königlichen Majestät, dass ich die Seite und die Kehrseite der Medaille inspiziert habe.«
»Du kennst also nicht einmal das Ding deiner Frau, alter Schlapperich? Wahrlich, du verdientest gehängt zu werden.«
»Das, wovon Eure Majestät spricht, ist mir zu ehrwürdig bei meiner Frau, um es mit Blicken zu entweihen. Und sie selber ist ein zu frommes und ehrbares Ehegemahl, um mir auch nur ein Zipfelchen davon sehen zu lassen.«

»Sie hat recht«, sprach der König, »so was ist nicht gemacht, um gezeigt zu werden.«

»Oh, du alte Coquedulle«, rief der Feldzeugmeister, »es war deine Frau!!!«

»Hoher Herr, die Ärmste schläft daheim in ihrem Bett.«

»Auf denn, zu Pferde, und wenn wir sie zu Hause finden, so will ich dir nur hundert Streiche mit dem Ochsenziemer aufzählen.«

Kommt also der Feldzeugmeister mit dem Profosen in fliegendem Galopp vor das Haus des Justizerich: »Holla, he!« Und erhebt ein Geschrei und einen Lärm, dass die Wände einzustürzen drohten. Schüchtern öffnet sich die Tür und zeigt die kleine Zofe im Hemd, die gähnt und sich streckt. Der Feldzeugmeister aber und der Justizerich stürmen hinauf nach der Kammer, wo sie alle Mühe haben, die gute Bürgerin zu erwecken, die mit Matzen in den Augenwimpern sie ganz schlafwirr anstierte.

Da war es an Herrn Lampel, zu triumphieren. Er versicherte dem Feldzeugmeister, dass man ihn offenbar genasführt habe, denn seine Frau sei ehrbar wie nur eine.

In der Tat konnte sie sich von ihrem Verwundern gar nicht erholen. Der Feldzeugmeister zog sich zurück, und der gute Lampel fing an, sich das Wams und die Hosen aufzuknöpfen, denn das Abenteuer hatte ihm seine Frau wieder ins Gedächtnis gebracht. Unterdessen war die gute Bürgerin immer noch nicht von ihrem Erstaunen zurückgekommen.

»So sagt doch, mein Liebling«, begann sie, während er an sich herumnestelte, »was denn nur dieser Lärm zu bedeuten hatte und wo der Herr Feldzeugmeister und seine Pagen mitten in der Nacht plötzlich hergekommen sind? Sollte es etwa von nun an zur Obliegenheit der Feldobersten gehören, bei Nacht die Schlafkammern der Eheleute zu inspizieren?«

»Ich weiß nicht«, antwortete Lampel. Und während er zu seiner Frau unter die Decke kroch, begann er ihr haarklein zu erklären, was sich alles in der Nacht zugetragen.

»Und du hast ohne meine Erlaubnis«, sagte sie, »die ›Visionomie‹ einer Hofdame gesehen!« Damit fing sie an zu flennen und jammerte und nannte sich eine arme Unglückliche, eine Verratene, dass er, der Justizerich, gar nicht mehr wusste, was er sagen sollte.

»Was ist denn? Was hast du?«, stotterte er. »Was soll ich nur tun?«

»Oh«, klagte und jammerte sie, »du wirst mich kein bisschen mehr lieben, nachdem du gesehen hast, wie so vornehme Damen beschaffen sind.«

»Ach, mein Schätzchen«, tröstete er, »das sind große Damen, und verteufelt groß, das kann ich dir sagen, ist alles an ihnen.« - »Ist das wahr?«, fragte sie lächelnd – »Und mit mir ist es besser beschaffen?«

»Um eine ganze Spanne«, versetzte er ganz verzückt.

»Ach Gott«, seufzte sie von Neuem, »müssen die glückselig sein mit so viel, da ich es schon so sehr bin mit dem wenigen.«

Nach solchen Reden erachtete es der Profos an der Zeit, das eitle Räsonieren einzustellen und zu gewichtigeren Argumentationen überzugehen, um seine Frau die kreuz und quer zu widerlegen und bis auf den letzten Rest zu überzeugen, dass Gott die Kleinen nicht weniger zur Seligkeit berufen habe als die Großen.

Daraus ersehen wir, dass die Sekte der Hahnreie stärker ist im Glauben als irgendeine andere der Christenheit.

Von dem Mönch Amador, der nachher glorreicher Abt von Tulpenau wurde

Ein feines Regengeriesel ging nieder, und ein Wetter war's, bei dem die Damen, wenn sie auch sonst das Feuchte lieben, gern zu Hause bleiben und ihre Courmacher gemütlich zwischen ihren vier Wänden empfangen, so nahe als möglich bei ihren Röcken. Auf dem Kastell von Amboise saß die Königin in der Vertiefung ihres Fensters zwischen den Vorhängen und arbeitete zum Zeitvertreib an der Stickerei einer Tapete. Sie hatte aber wenig acht auf ihre Nadel, sondern sah immer wieder dem Regen zu, der in die Loire tropfte. Kein Wort kam von ihren Lippen, sie war ganz in ein melancholisches Träumen versunken, und ihre Hofdamen taten pflichtschuldigst das Gleiche. Der gute König aber unterhielt sich mit einigen Herren vom Hof, die ihn von der Kapelle hierher begleitet hatten, denn es war Sonntag und die Stunde nach der Vesper. Er wurde der ernsten Gespräche bald müde, und nun fiel ihm auf, wie trüb und gelangweilt die Königin dreinschaute und mit ihr die Damen des Hofes. Er erriet die heimlichen Gedanken der Frauen.

»Ist denn mein Abt von Tulpenau nicht hier?«, fragte er plötzlich.

Bei diesen Worten näherte sich dem König jener Mönch, der einst Ludwig dem Elften hochselig durch seine Bittgesuche so lästig gefallen war, dass der gute Monarch, um ihn loszuwerden, dem Gevatter Tristan befohlen, ihn aufzuhängen, was aber keineswegs geschah, da Meister Tristan, wie es in der Geschichte des genannten Königs, im ersten Zehent, berichtet worden ist, aus Verwechslung einen anderen dafür gehängt hat.
Dieser Mönch war unterdessen ein Mann geworden, dem seine Tugenden sichtbar anschlugen, so dick und fett war er, und dessen Geist auf einem breiten roten Gesicht im hellsten Licht strahlte. Er gefiel sehr den Damen, die ihn mit Wein, Kuchen und ausgewählten Bissen nur so vollstopften und zu all ihren Schmäusen, Gastereien und Festen einluden; denn er gehörte zu jenen lustigen Kostgängern Gottes, die überall beliebt sind mit ihren soliden Kinnladen, weil sie ebenso viele gute Reden bereithaben, als sie gute Bissen verschlingen. Es war aber dieser Abt ein gefährlicher Gevatter, der unter seiner Kutte den Damen die kribbligsten Geschichten zuflüsterte, worüber sie sich nicht wenig empörten, nachdem sie sie angehört. Denn natürlich konnten sie sich nicht darüber empören, ehe sie sie gehört hatten.
»Mein ehrwürdiger Vater«, sprach der König, »die Dämmerstunde bricht herein, da kann man den Damen ein lustiges Abenteuer erzählen, ohne dass sie zu erröten brauchen, dessen ja doch niemand gewahr würde. Erzählt uns einen guten Schwank, einen richtigen Mönchsschwank. Ich werde mit Vergnügen zuhören und auch die Damen; denn wir haben lange nichts Lustiges gehört.«
»Eurer Herrlichkeit zuliebe willigen wir ein«, sprach die Königin. »Aber der Herr Abt geht gern ein wenig zu weit.«
»Nun denn, mein Vater«, antwortete der König, indem er sich gegen den Mönch umwandte, »so lest uns eine fromme christliche Ermahnung, um die hohe Frau zu unterhalten.«
»Herr König, meine Augen sind schwach, und der Tag neigt sich.«

»Erzählt also eine Geschichte, die nicht weiter geht als bis zum Gürtel.«

»Oh«, sprach lachend der Mönch, »diejenige, die ich im Sinn habe, geht um kein Haar weiter, von den Füßen an gerechnet.«

Die anwesenden Herren bestürmten nun die Königin und ihre Damen in höfischer Zärtlichkeit so lange mit Bitten und feinen Scherzreden, bis sie, als gute Bretannierin, die sie war, dem Mönch einen Blick der Einwilligung zuwarf.

»Sagt immerhin Euer Sprüchlein, mein Vater, Ihr werdet unsere Sünden vor Gott zu verantworten haben.«

»Wohl, hohe Frau«, sprach der Abt. »Aber wollt Ihr vielleicht die meinigen dagegen austauschen? Ihr machtet keinen schlechten Handel.«

Lachten da alle und nicht zum wenigsten die Königin. Der König setzte sich an die Seite seiner Frauen, die er zärtlich liebte, wie jedermann weiß, und auch die Höflinge erhielten die Erlaubnis, sich zu setzen, das heißt die älteren Herren; denn die jüngeren stellten sich mit Vergunst der Damen hinter deren Stühle, um das Lachen und Kichern der Schönen schicklich zu sekundieren. Der Abt aber begann seine Geschichte, deren gröbste Stellen er mit umso leiserer Stimme vorbrachte.

*

Es ist nun, hub er an, schon mehr als hundert Jahre her, dass eine große Parteiung in der Christenheit herrschte, weil in der Stadt Rom zu gleicher Zeit zwei Päpste auftraten und jeder sich für den einzig richtig erwählten ausgab, davon dann die Klöster, Abteien und bischöflichen Stifter großen Schaden hatten, insofern als jeder der beiden Päpste, zum Dank für seine Anerkennung, seiner Anhängerschaft alles zugestand, was man nur von ihm begehrte, woraus denn gar oft groß Unheil hervorging. Wenn da ein Kloster oder eine Abtei, die doch nicht beide Päpste anerkennen konnte, mit ihren Nachbarn in einen Prozess geriet, nahmen diese ihre Zuflucht zum Gegenpapst, der ihnen allemal recht gab. In solchen verzwickten Zeitläuften wurde es offenkundig, dass ein Schisma in unserer heiligen Kirche der Christenheit mehr Übel zufügt als Pestilenz und schwarzer Tod.

In jener Zeit nun, wo der Teufel hinter unsern armen Besitztümern her war, wie sonst nur hinter den armen Seelen, hatte die altehrwürdige Abtei von Tulpenau, deren unwürdiger Regent ich heute bin, mit dem Schlossherrn von Wüstenfeld einige sehr verwickelte Rechtshändel auszufechten. War aber dieser Wüstenfeld ein wahrer Heide, Ketzer und Gottesleugner, ein schamloser Räuber, kurz, der wahrhafte Beelzebub in Gestalt eines Junkers. Doch das eine muss man ihm lassen, er war ein Soldat wie keiner, und sehr beliebt bei Hofe. Der famose Burel, der Günstling König Karls ruhmreichen Angedenkens, war sein ganz besonderer Freund, und im Schatten dieser Gunst glaubte der genannte Wüstenfeld sich in unserm armen abgelegenen Tal straflos alles erlauben zu dürfen. Von Batzenberg bis Üsenbach brachte er nach und nach das ganze Land in seine Gewalt. Alle seine Nachbarn hatten eine höllische Angst vor ihm und ließen ihn gewähren, obwohl sie ihn lieber unter dem Rasen gesehen hätten, als hoch zu Ross, und ihm den Gottseibeiuns auf den Hals wünschten alle Tage, was aber unsern Junker wenig anfocht.

In dem ganzen Tal wagte es allein unsere Abtei, diesem Satan zu widerstehen; denn die Kirche ist es, die zu aller Zeit und allerorten sich der Schwachen und Notleidenden angenommen und die Sache der Un-

terdrückten verteidigt hat, besonders in den Fällen, wo sie ihre eigenen Rechte und Privilegien bedroht sieht. Der ungehobelte Landsknecht hasste darum nichts so sehr wie die Mönche, vor allem die von Tulpenau, denen er weder mit List noch mit Gewalt beikommen konnte.
Dieser Heide freute sich sehr über das Schisma. Er lauerte nur auf den Augenblick, wo unsere Abtei sich für den einen oder den andern der beiden Päpste entscheiden würde, um sich auf die entgegengesetzte Seite zu stellen und uns das Fell über die Ohren zu ziehen. Seit seiner Rückkehr aus dem Krieg wusste er sich keinen größeren Spaß, als arme Priester, die er auf seinen Besitztümern antraf, zu belästigen und zu misshandeln, dergestalt, dass einmal ein armer Mönch, der ihn von Weitem auf sich zukommen sah, sich vor Schrecken kopfüber, da er keinen andern Weg zu seiner Rettung sah, in die Indre stürzte, wo er allein durch die Hilfe Gottes, die er in seiner Bedrängnis anflehte, gleichsam wie durch ein Wunder gerettet wurde. Seine Kutte hielt ihn über Wasser, und er erreichte das andere Ufer des Flusses unter dem schallenden Gelächter des Herrn von Wüstenfeld, der sich nicht schämte, aus der Verzweiflung eines Dieners des Herrn ein Gaudium zu machen. Von solchem Stoff war dieser verfluchte Patron.

Es wurde aber in solch bedrängter Lage unsere glorreiche Abtei von einem Abt regiert, der in Wahrheit das Leben eines Heiligen führte, immer im Gebet auf den Knien lag und wahrlich weniger Mühe hatte, so fromm war er, seine Seele vor den Nachstellungen des Teufels, als die Gerecht-

G Doré
GERARD

same seiner Abtei vor den Krallen des Junkers zu retten. Der gute alte Mann sah wohl die verzweifelte Lage, aber er wusste nicht zu raten und zu helfen; er setzte dafür all sein Vertrauen in Gott und sagte oft, dass man an Gottes Hilfe niemals verzweifeln dürfe, der mächtig genug sei, um die Güter der Kirche gegen Räuber und Bösewichter zu verteidigen. Und wie er dem Volk der Juden die Prinzessin Judith und den Römern die Königin Lukretia erweckt hat, um sie zu erretten aus Not und Bedrängnis, so wird er auch, meinte der Abt, seine geliebte und glorreiche Abtei Tulpenau, wenn Not an Mann gehe, nicht im Stich lassen. Mit solchen und anderen frommen Reden tröstete er sich. Aber die Mönche, zu unserer Schande muss ich das gestehen, waren ungläubige Zweifler und machten dem Abt die heftigsten Vorwürfe wegen seines langen Gleichmuts oder immer gleichen Langmuts; sie pflegten zu sagen, dass man gut tue, alle Ochsen des Touraner Landes an den Wagen der Vorsehung zu spannen, wenn man nicht wolle, dass sie im Dreck stecken bleibe; ferner, dass sie keine Fabrik wüssten, wo man Posaunen Jerichos verfertige, und dass der liebe Gott seine Schöpfung, mit der er wenig Freude erlebt, längst dem Teufel überlassen habe, und was dergleichen ärgerliche und gotteslästerliche Worte mehr waren.

In diesen Zeiten der Bedrängnisse und Widerwärtigkeiten lebte ein Mönch in unserm Kloster mit Namen Amador. Das war eigentlich ein Spitzname. Die Brüder nannten ihn so, weil er nach Gestalt und körperlichem Aussehen das leibhaftige Konterfei des falschen Gottes Bacchus darstellte. Wie dieser Heidengott war er ein fetter Wanst und Plumpsack mit kurzen stämmigen Schenkeln, mit Armen so haarig wie die eines Henkers, mit den Schultern und dem Rücken eines Lastträgers, mit einem Gesicht so rot wie die Nase eines Trunkenbolds, mit kleinen funkelnden Äuglein, die im Fett schwammen, mit ungekämmtem Bart, mit hoher, kahler Stirn. So sehr war sein Wanst mit Fett ausgepolstert, dass man glauben konnte, er ginge mit einem Kind schwanger. Er las die Frühmetten auf den Stufen der Kellertreppe, und die Vesper sang er im Weinberg des Herrn. Wie ein schwäriger Bettler erhob er sich oft den ganzen Tag nicht von seinem Lager oder strich wie ein Vagabund und Taugenichts im Feld umher, schüttelte die Apfelbäume in den Obstgärten, mauste Trauben in den Weinbergen, strich den Bauernmägden nach in Ställen und Scheunen, und wo es eine Hochzeit gab, stellte sich sicher der Bruder Amador ein.

Alle Verbote des Herrn Abtes erwiesen sich als fruchtlos; Bruder Amador war und blieb ein Geilhart, ein Strauchdieb, ein Schnapphahn, kurz, ein ganz schlechter und nichtsnutziger Soldat der heiligen Ecclesia militans, um den sich zuletzt in der Abtei niemand mehr kümmerte und den man, teils aus christlicher Barmherzigkeit, teils auch, weil man ihn nicht für ganz richtig im Kopf hielt, in seinem taugenichtsigen, aberwitzigen Treiben gewähren ließ.

Als nun dieser Amador sah, dass es der Abtei an den Kragen gehen sollte, in der er sich wohlfühlte wie eine Ratte in ihrem Kellerloch, wurde er unruhig, stahl sich heimlich von einer Zelle in die andere und horchte auf die Reden der Brüder im Refektorium. Er geriet in Wut über das, was er hörte, und erklärte zuletzt, dass er sich wohl zutraue, die Abtei zu retten. Ließ sich also die strittigen Punkte auseinandersetzen, vom Abt die nötigen Vollmachten erteilen und die erledigte Stelle des Subpriors versprechen, wenn er den Prozess zu einem guten Ausgang führe; dann machte er sich auf den Weg, ohne Sorge und Angst wegen der Grausamkeiten und Misshandlungen des Herrn von Wüstenfeld. Er versicherte, dass er mit dem, was er in seiner Kutte trage, den Wüterich oder Wüsterich in kurzer Frist kleinlaut machen wolle. Zog also dahin zu Fuß und ohne jede Wegzehrung, außer seiner Kutte, die allerdings so fett war, um einen Minoriter hinlänglich zu nähren.

Es war aber, als er sich gegen Wüstenfeld aufmachte, ein Tag, an dem es schüttete wie mit Kübeln, und ohne einer

Menschenseele zu begegnen, kam er vor das Schloss. Wie ein nasser Hund schlich er sich in den Hof, stellte sich unter den Vorsprung des Dachs, bis der Himmel sich ausgeschüttet haben würde, und zeigte sich zuletzt unerschrocken vor der Halle, wo er wusste, dass der von Wüstenfeld sich aufhielt. Ein Diener, der vom Vesperbrot an ihm vorüberkam, hatte Mitleid mit ihm und forderte ihn auf, den Hof schleunigst zu verlassen, wenn er nicht etwa in der Absicht gekommen sei, um sich ein Hundert Peitschenhiebe zu holen; verwundert fragte er, wo Amador den Mut hergenommen, sich in einem Haus blicken zu lassen, wo man die Mönche grimmiger verabscheue als den Aussatz.

»Mein Freund«, sprach Amador, »ich gehe im Auftrag meines Herrn Abts nach Tours, und wenn der gnädige Herr von Wüstenfeld nicht gar so ergrimmt wäre gegen die armen Diener Gottes, würde ich jetzt nicht bei solcher Sintflut in seinem Hof stehen, sondern säße in seiner Halle. Ich wünsche ihm, dass er Gnade und Barmherzigkeit finde in der Stunde seines Todes.«

Der Knecht überbrachte diese Worte dem von Wüstenfeld, der im ersten Zorn den Mönch, als ein Exkrement und Auswurf der Menschheit, in die Unratgrube des Schlosses werfen lassen wollte. Aber die Schlossfrau, die im Schloss die Hosen anhatte, da der Herr Gemahl eine große Erbschaft von ihr erwartete, und sie im Grunde eine mäßige Tyrannin war, besänftigte ihn und gab ihm zu bedenken, dass der genannte Mönch doch vielleicht sozusagen ein Christ sei, dass man bei diesem Wetter keinen Hund vor die Tür jagen möchte, dass der Schlossherr den Pfaffen schon darum gut behandeln sollte, weil man vielleicht aus ihm herauslocken könne, wie sich das Kapitel von Tulpenau in Sachen des Schismas entschieden hätte, und dass es vielleicht, wenigstens sei das ihre Meinung, überhaupt besser wäre, die

Streitigkeiten mit der Abtei in Güte beizulegen, da kein Fürst und König seit der Geburt unseres Herrn und Heilands je so mächtig gewesen wie die Kirche, also dass sicher die Abtei noch das Schloss auffressen werde: Kurz, sie kramte einen ganzen Haufen von Vernunft und Weisheit aus, wie Frauen in schwierigen Lagen, und wenn sie in Bedrängnis sind, oft an den Tag legen.

Amador machte ein so erbarmungswürdiges Gesicht und sah so schäbig, so einfältig, so dümmlich aus, dergestalt, dass der Schlossherr, der sich bei dem schlechten Wetter langweilte, den Gedanken fasste, sich mit dem armen Teufel einen Spaß zu machen und dem albernen Mönch solchen Schabernack zu spielen, dass ihm das Schloss Wüstenfeld in schlimmer Erinnerung bleiben solle.

Nun ist zu sagen, dass der Schlossherr ein heimliches Techtelmechtel mit der Kammerzofe seiner Frau unterhielt. Dieses Mädchen mit Namen Fränzchen verständigte er über seine Absichten mit dem Mönch. Erschien darauf dieses Gänschen oder Fränzchen, das in Nachäffung seines Herrn und Meisters die Mönche ebenfalls hasste, mit heuchlerischer Freundlichkeit vor Bruder Amador, der sich unter das Dach der Schweineställe gedrückt hatte.

»Mein Vater«, sagte sie, indem sie ihr süßestes Frätzchen machte, »der Schlossherr macht sich ein Gewissen daraus, einen Diener Gottes im Regen stehen zu lassen, während Platz genug ist in seiner Halle, wo im Kamin ein schönes Feuer lodert und das Nachtmahl aufgetragen ist. Ich soll Euch in seinem und der Herrin Namen einladen, hineinzukommen.«

»Schönes Kind«, antwortete Amador, »ich danke der hohen Dame und dem Herrn. Ich danke ihnen nicht für ihre Gastfreundschaft, die ihre christliche Pflicht ist, sondern dafür, dass sie zu mir armem Sünder als Boten einen solchen Engel der Schönheit gesandt haben, dass mich dünkt, die Heilige Jungfrau unseres Altars vor mir zu sehen.«

Indem er also sprach, erhob er das Auge und warf einen flammenden Blick, der seine Wirkung nicht verfehlte, auf das hübsche Mädchen, das den Bruder auf einmal gar nicht mehr so garstig und gar nicht mehr so abstoßend und stinkig fand. Aber während er nun mit Fränzchen die Vortreppe hinaufstieg, erhielt er auf einmal einen solchen Peitschenhieb über das Auge, die Nase und die Kinnbacken, dass er alle Kerzen des Hochamts vor sich aufflammen zu sehen meinte; so gut hatte ihn der von Wüstenfeld getroffen, der daran war, seine Rüden zu züchtigen, und dergleichen tat, als ob er den Mönch nicht gesehen hätte. Er bat Amador um Entschuldigung wegen dieses Schlags und fuhr fort, die Meute zu hetzen, die den Gast über den Haufen rannte, indessen das Zöfchen, das um den Handel wusste, sich geschickt auf die Seite gedrückt hatte. Da merkte Amador, dass der Schlossherr mit dem Fränzchen und das Fränzchen mit dem Schlossherrn in jedem Sinn unter einer Decke stak, worüber ihm vielleicht auch die Mägde des Landes an ihren Waschtrögen bereits einiges zugeflüstert hatten.

Von den Leuten, die sich in der Halle befanden, machte niemand dem Mönch Platz, der, im Windzug frierend, zwischen Tür und Fenster stehen blieb, bis der Schlossherr mit seiner Frau und seiner Schwester, dem ältlichen Fräulein von Wüstenfeld, nebst seiner Tochter, einem Kind von sechzehn Jahren, endlich erschien und alles sich zu Tisch setzte, die Herrschaften zuoberst der Tafel, in weitem Abstand von der Dienerschaft, wie es die Sitte der alten Zeit verlangte, von der man, leider, in unsern Tagen abgekommen ist. Der von Wüstenfeld tat, als ob er sich nicht im Geringsten an den Mönch erinnerte, der am untersten Ende der Tafel von zwei rohen Gesellen in die Mitte genommen wurde, als welche Auftrag erhalten hatten, den Mönch zu drangsalieren, wie sie nur konnten.

In der Tat gingen die beiden Knechte mit ihm um, dass es

zum Erbarmen war; wie wahrhaftige Leuteschinder plagten sie ihn, und dazu schenkten sie ihm fortwährend, als ob es Wasser wäre, weißen Wein in seinen Becher, um ihn zu berauschen und vollends ihren Spielball aus ihm zu machen. Er hatte aber schon sieben Krüge voll ausgetrunken, ohne dass er auch nur einen Rülpser tat oder sonstige Beschwernis zeigte, worüber die Gesellen sich höchlichst verwunderten, während die Äuglein des Mönchs immer klarer und heller blinzelten. Die Knechte jedoch, ermuntert von einem Blick ihres Herrn, trieben es immer ärger. Sie schütteten dem Mönch, indem sie ihm ihre Reverenz machten, ganze Teller voll Brühe in den Bart und zausten und rauften ihn, indem sie vorgaben, ihn wieder abtrocknen zu müssen. Der Küchenjunge, der eine heiße Suppe auftrug, goss ihm die halbe Schüssel auf den Kopf und in den Nacken, dass ihm der kochende Sudel über die ganze Wirbelsäule hinunterlief.

Alle diese Leiden ertrug Amador mit großer Sanftmut. Denn in ihm war der Geist Gottes und vor allem die lockende Hoffnung, den Prozess des Kapitels an ein günstiges Ende zu führen, wenn er nur den ihm zugefügten Unbilden wacker standhielt. Dagegen brach das Gesinde in ein schallendes Lachen aus über die fette und heiße Taufe des Mönchs, infolgedessen die Schlossfrau unwillkürlich ihre Augen nach dem unteren Ende der Tafel richtete, wo sie den Amador erblickte, der sich mit frommer Ergebenheit das Gesicht wischte und sich Mühe gab, die Ochsenknochen abzunagen, die ihm die Knechte auf seinen Zinnteller geworfen. Mit einem geschickten Stoß seines Messers spaltete er eben einen solchen Knochen, der dick war wie eine Keule, zerbröckelte ihn mit seinen nervigen, haarigen Händen und saugte mit Behagen an dem hervorquellenden warmen Mark.

›Wahrlich‹, sagte die Schlossherrin bei sich, ›diesen Mönch hat Gott ausgerüstet mit seiner Kraft.‹ Dann verbot sie den Knechten und dem andern Volk, den Diener Gottes weiter

zu belästigen, dem von allen Seiten faule Äpfel und wurmige Nüsse zugeworfen wurden.
Amador aber, der bemerkt hatte, dass die Schlossfrau und das alte Fräulein, ebenso wie deren sechzehnjähriges Pflegekind und alle Mägde voll Verwunderung zugeschaut hatten, als er so kurzerhand die ungeheure Knochenkeule zermalmte, schob jetzt den Ärmel seiner Kutte zurück, ließ seinen Bizeps spielen, legte eine Nuss zwischen die Verzweigung zweier Venen und quetschte sie mit der flachen Hand, wie wenn es eine mürbe Mispel gewesen wäre. Das Häuflein Trümmer, grüne und braune Schalen, Kern und Gräte, alles zusammen schob er sich zwischen die weißen Hundszähne und zermahlte es zu Brei, den er verschlang wie süßen, seimigen Honig. Die Äpfel legte er sich, einen nach dem anderen, zwischen zwei Finger und schnitt sie wie mit einer Schere mitten entzwei. Ihr könnt euch denken, was die Weibsen für Augen machten. Die Knechte aber waren sicher, der Pfaffe müsse den Teufel im Leib haben, und der Schlossherr hätte ihn am liebsten, wenn er sich nicht vor den Frauen gescheut hätte, in die Finsternis der Nacht hinausgestoßen. Jedermann ahnte bereits in dem Mönch einen Kerl, der imstande war, das ganze Schloss in die Latrine zu werfen.

Nachdem sich dann alles den Mund gewischt hatte, sorgte der Schlossherr dafür, dass dieser Teufel von einem Mönch, dessen Kraft gefährlich war, gut verwahrt am stinkendsten Ort des Kastells untergebracht wurde, wo das Fränzchen allerlei Vorrichtungen getroffen, um ihn die ganze Nacht keinen Augenblick zur Ruhe kommen zu lassen. Sie hatte die alten Kater von den Speichern zusammengetrommelt, um ihm ihre Sünden vorzuheulen, die sie begangen, wenn sie zu viel Katzenkraut gefressen, das sie geil macht, und hatte die Schweine in seiner Zelle versammelt und das mönchische Bett mit fetten Kutteln angefüllt, um sie zu verhindern, sich zur Möncherei zu bekehren, wozu sie Lust zeigten. Ferner hatte das Fränzchen eine Vorrichtung angebracht, die ihn mit kaltem Wasser überschüttete, sooft er sich auf seinem Lager nur im Geringsten rührte: Kurz, sie hatte tausend Teufeleien ins Werk gesetzt, womit man damals auf herrschaftlichen Schlössern armen Teufeln einen Zeitvertreib zu machen pflegte. Das lustige Gastgemach lag in einem vermauerten Turm, von dem es ins Freie hinaus keinen andern Ausgang gab als durch den Zwinger der Meute, welcher der feiste Mönch ein willkommener Fraß gewesen wäre.

Unterdessen war alles zu Bett gegangen; den Schlossherrn aber ließ es nicht ruhen, er musste doch ein wenig hören, in welcher Sprache sich der Mönch mit den Schweinen und

Katern unterhielt. Nur zu diesem Zweck schlich er nach Fränzchens Kämmerchen, das dem des Mönchs benachbart war. Dieser aber, der sich also behandelt sah, fand in seiner Kutte ein gutes Messer, und mit einem einzigen Ruck hatte er die Riegel seines Gefängnisses gesprengt.

Darauf legte er sich aufs Horchen und Kundschaften und hörte den Herrn des Hauses im Kämmerlein der Magd kosen und lachen. Das steckte ihm ein Licht auf. Er wartete noch eine kurze Zeit, bis auch die einsame Schlossherrin unter die Decke geschlüpft sein mochte, dann machte er sich auf und schlich barfuß, damit seine Sandalen sein Geheimnis nicht verrieten, nach dem Schlafgemach der Dame. Er erschien ihr im Schein der Lampe, wie Mönche zur Nachtzeit zu erscheinen pflegen, id est in einem so wunderbaren Zustand, den eben nur ein Mönch lange auszuhalten vermag, was eine Wirkung der Kutte sein muss, als welche ohne viel Spektakel überall Mirakel wirkt. Nachdem er ihr gezeigt und bewiesen hatte, dass er in jedem Sinn ein Mönch sei, hielt er ihr in sanfter Rede die folgende Allokution:

»Schöne Frau, der Gott gnädig sei«, sprach er, »wisset, dass ich als Abgeordneter unseres Herrn Jesu und seiner jungfräulichen Mutter zu Euch komme, um Euch aufzufordern, dass Ihr mit den Schmutzereien ein Ende macht, die in diesem Hause vor sich gehen zum großen Schaden Eurer Tugend, als welcher Euer Gemahl das Beste, was er besitzt, entzieht, um es der Magd zu schenken. Was nützt es Euch, die Dame und Herrin zu sein, wenn die herrschaftlichen Einkünfte in fremde Scheuern fließen? Bei also bewandten Dingen ist Eure Magd mehr Herrin als Ihr, und Ihr seid die Magd. Ist es nicht Euer gutes Recht, zu empfangen, was sie täglich und nächtlich empfängt an Eurer Stelle? Und seht, unsere heilige Kirche, die Trösterin der Betrübten, hat Erbarmen mit Eurem elenden Los, und ich erscheine vor Euch als ihr Abgesandter und bin bereit, Euch alle Rückstände und Schulden Eures Gemahls zu bezahlen, wenn Ihr nicht entschlossen seid, darauf zu verzichten.«

Indem er also sprach, lüftete er ein wenig den Gürtel seiner Kutte, von der er sich offenbar beengt fühlte beim Anblick so vieler heimlicher Schönheiten, die der Herr Wüsterich von Wüstenfeld einen Dreck achtete.

»Wenn Ihr die Wahrheit sagt, mein Vater«, antwortete die Schlossherrin, indem sie aus dem Bett sprang, »will ich mich gern Eurer Führung anvertrauen. Ihr müsst aber wahrhaftig ein Gesandter des Herrn und ein Botschafter des Himmels sein, da Euch in wenigen Stunden geoffenbart worden ist, was ich in Jahr und Tag nicht erkundet habe.«

Und also ließ sie sich führen von dem genannten Amador, dessen heiliges Gewand ein wenig zu befühlen sie nicht ermangelte, infolgedessen sie es sehr bedauert haben würde, ihren Herrn Gemahl nicht der Schuld überführt zu sehen. Sie hörte ihn aber bereits, wie er im Bett der Magd sich über den Mönch lustig machte. Da kam ein heftiger Zorn über sie, und ihre Zunge war bereits daran, wie Frauen pflegen, ihrem Herzen Luft zu machen. Sie wollte schon einen höllischen Lärm anschlagen und dem Dirnlein übel mitspielen; aber der Mönch erklärte ihr, dass es klüger sei, sich erst zu rächen und dann zu rühren.

»So rächt mich denn rasch, mein Vater«, sprach sie, »ich kann meine Entrüstung nicht länger zurückhalten.«

Das ließ sich der Mönch nicht zweimal sagen, sondern machte sich daran, sie auf gut mönchisch zu rächen. Sie aber schlürfte in vollen Zügen die süße Rache und berauschte sich daran, gleich einem Trunkenbold, der seinen Mund gleich an das Spundloch des Fasses hält; denn wahrlich, eine Dame, die sich rächt, muss die Wollust der Rache bis zur Hefe trinken, oder sie muss gar nicht daran nippen. Die Schlossherrin aber wurde so gerächt, dass sie kein Glied mehr rühren konnte, da nichts so auf die Nerven geht, außer Atem bringt und den Körper mitnimmt als Zorn und Rache. Aber obwohl sie hinreichend gerächt wurde, gerächt im Quadrat und im Kubus, gerächt ich weiß nicht in der wievielten Potenz, wollte sie doch noch nicht verzeihen, um immer neuen Grund zur Rache zu haben. Als Amador in der guten Frau einen solchen Hang zur Rache sah, versprach er ihr, sie in diesem frommen Werk, bis ihr Zorn verraucht sei, nach Kräften zu unterstützen, wo und wann sie es gebiete, ihr versichernd, dass er als frommer Ordensmann, der verpflichtet ist, viel und anhaltend zu meditieren und über die Natur der Dinge nachzudenken, alle Arten, Weisen und Methoden kenne, wie eine raffinierte Rache ins Werk zu setzen ist. Dann erklärte und bewies er ihr aus den kanonischen Büchern, was für eine christliche Tugend die Rache wäre, da Gott selber, durch die ganze Heilige Schrift hindurch, sich keiner Eigenschaft so oft und so laut rühme, als dass er ein Gott der Rache sei, ein sich rächender Gott, wie denn auch die Hölle bis zum Augenschein zeige, dass es nichts Göttlicheres gebe als die Rache, die Rache durch alle Ewigkeit: woraus denn folge, dass ein schlechter Christ und eine schlechte Christin sei, wer das Beispiel des Himmels verachtet, indem er auf die Rache verzichtet.

Ein solches Dogma gefiel der Dame über alles. Sie musste gestehen, dass sie die Lehren der Kirche bis jetzt schlecht verstanden, und bat den Mönch, ihr dieselben noch einmal von Grund aus zu erklären. Dann begab sich die Dame, deren Lebensgeister sich durch die Rache wie verjüngt fühlten, in die Kammer, wo die Magd sich mit dem Herrn herumbalgte und gerade das in der Hand hielt, was die Schlossfrau gern im Auge behielt, wie Kaufleute ihre kostbare Ware, damit sie ihnen nicht gestohlen wird. Das war, wie der Präsident Meyer zu sagen pflegte, wenn er guter Laune war, ein in flagranti, an dem nichts fehlte, nicht das Bett und nicht das Paar, dem auf einmal manches verging. Dieser Anblick empörte derart das heftige Gemüt der Dame, dass alle Schleusen ihrer zornigen Beredsamkeit rissen und es über das arme Fränzchen hereinbrach wie Wolkenbruch und Hagelwetter. Denn die Gardinenpredigt, die nun losging, hatte nicht nur die drei vorschriftsmäßigen

Teile und Hauptstücke, sie war auch von einer Musik begleitet, die in allen Tonarten wechselte, in Moll und Dur.

»Ei, Herr Gemahl«, begann sie, »hier also haltet Ihr Eure Abendandacht! So, so! Und die Religion der ehelichen Treue ist demnach ein veralteter Aberglaube! Nun weiß ich doch, warum ich keinen Sohn bekomme. Wieviel Kinder habt Ihr denn schon begraben in diesem stinkenden Abgrund, in dieser Opferbüchse ohne Boden, in diesem Napf eines Aussätzigen, in diesem wahrhaftigen Kirchhof des Hauses Wüstenfeld? Ich möchte endlich erfahren, ob ich unfruchtbar bin durch einen Fehler der Natur, oder durch Eure Schuld. Ihr könnt die Magd behalten, ich werde meinerseits eine Auslese unter den hübschen Junkern unserer Nachbarschaft treffen, um Euch einen Erben zu schenken. Fahrt nur fort, das Schloss mit Bankerten zu bevölkern, die Sorge für die Legitimen werde ich auf mich nehmen.«

»Mein Liebchen«, stotterte der betroffene Ehemann, »mach doch keinen solchen Lärm.«

»Ich will aber einen Lärm machen«, erwiderte die Frau, »einen Lärm, dass man ihn im ganzen Schloss hört. Bis in den Palast des Erzbischofs, bis an die Ohren des Legaten, ja des Königs selber soll mein Lärm dringen. Meine Brüder sollen ihn vernehmen, dass sie kommen und meinen Schimpf rächen.«

»Ihr werdet nicht Schande über Euern Gemahl bringen wollen.«

»Was Ihr tut, ist also eine Schande? Ja, Ihr habt recht. Doch nicht von Euch kann die Schande kommen, mein Herr und Gemahl, sondern nur von dem schlechten Weibsbild da, das ich in einen Sack nähen und in den Fluss werfen lassen will. Damit werde ich alle Schande von Euch abwaschen. Holla, Johann, Peter!«, rief sie.

»Schweigt doch, angebetete Frau!«, bat der Ehemann, der bedäppt war und demütig wie der Hund eines Blinden. Denn dieser wilde Kriegsmann, der einen Feind tötete wie eine Mücke an der Wand, wurde wie ein kleines Kind eingeschüchtert unter dem Blick seiner Frau. Und er hatte in diesem Stück viele Kameraden. Denn diese Helden des rauen Kriegshandwerks haben wohl die starke Faust und den gewaltigen Arm, in den Frauen aber spüren sie den überlegenen Geist und einen Hauch der göttlichen Flamme, die noch vom Paradies her in ihnen glimmt und davor den Männern angst wird. Das ist der Grund, warum so viele Frauen ihre Männer am Schnürchen haben, denn der Geist ist der Herr über die Materie.

⋆

Hier lächelten die Damen des Hofes und mit ihnen der König.

⋆

»Ich will aber nicht schweigen«, sprach die Herrin zu Wüstenfeld – also fuhr der Abt fort in seiner Erzählung –, »ich bin zu empört, mir ist ein zu großer Schimpf geschehen. Und das ist also der Lohn für mein großes Heiratsgut und meine Ehrbarkeit? Aber habe ich mich jemals geweigert, Euch zu Willen zu sein, trotz Fasten und Quatembertagen? Oder bin ich etwa so kalt, dass die Liebe bei mir eingefriert? Glaubt Ihr etwa, dass ich die Sache gar nur aus Pflicht und Gefälligkeit getan? Oder weil ich der Gewalt nachgab? Bin ich eine Heilige, bin ich unberührbar? Bin ich das Venerabile? Ist mein Ding ein Tabernakel? Brauchte es eines päpstlichen Breves, um die Erlaubnis zu erhalten, ihn aufzuschließen? Oder, beim Blut Christi, seid Ihr meines Leibes schon satt und überdrüssig? Habe ich es Euch nicht nach Geschmack gemacht, und verstehen sich die Mägde besser auf die Sache als die Hausfrauen? Das muss wohl sein, da die Dirne ihr Feld von Euch pflügen ließ, ohne dass Ihr es besäet. Lehrt mich doch auch diese Praktik, ich werde sie mit denen üben, die ich in meinen Dienst nehme. Denn das ist ausgemacht: Von heute ab bin ich frei. Das kann mir schon gefallen. Ihr ließet mich umkommen vor Langeweile; Gott sei Dank, damit ist es vorüber, ich lasse Euch diese Magd, ich werde mich in ein Mönchskloster zurückziehen …«

»In ein Nonnenkloster«, wollte sie sagen, aber der rächende Mönch hatte ihr so die Zunge verdreht.

»… Oh, mir wird es mit meiner Tochter wohler sein im Kloster als in diesem Sodom und Gomorra. Ihr könnt Eure Magd beerben. Ha, ha, eine schöne Dame das …«

»Was ist hier los?«, fragte Amador, indem er aus dem Dunkel hervortrat.

»Was los ist, ehrwürdiger Vater?«, antwortete die Schlossherrin. »Eine Sache, die nach Rache schreit. Und mit diesem Luderchen da, das zu eignem Nutzen und Vorteil Korn und Samen des Hauses Wüstenfeld veruntreut hat, werde ich anfangen; ich will es in einen Sack nähen und in den Fluss werfen lassen, so ist dem Henker eine Mühe erspart. Und dann …«

»Bezähmt Euern Zorn, meine Tochter«, sprach der Mönch. »Die heilige Kirche gebietet im Vaterunser, dass wir andern ihre Schuld verzeihen, wenn uns die ewige Seligkeit lieb ist, da Gott nur denen verzeiht, die allzeit ihren eignen Schuldigern verziehen haben. An denen, die sich rächen, nimmt er ewige Rache, für die Verzeihenden hat er die Freuden des Paradieses bereitet. Daher der Name Jubiläum, der da besagt: Tag des Jubels, weil an solchen Tagen alle Sünden und Schulden vergeben werden. Und so ist Verzeihen eine große Seligkeit. Verzeiht, meine Tochter, verzeiht! Es gibt keine christlichere Tugend als Verzeihung. Verzeiht dem Herrn Wüsterich, Eurem Gemahl, der Euch um Eurer Gnade und Barmherzigkeit willen nur umso inniger lieben wird. Diese Verzeihung wird Euch einen neuen Frühling voll Rosen bringen. Bedenkt auch, schöne junge Frau und teure Herrin, dass die Verzeihung oft nur eine andere Art ist, sich zu rächen. Verzeiht auch Eurer Magd, die für Euch beten wird. Und also von allen Seiten zu Euren Gunsten bestürmt, wird Gott Euch gnädig sein und wird Euch zum Lohn für Eure Verzeihung den Sohn bescheren, um den Ihr so lange schon betet.«

Bei diesen Worten ergriff der Mönch die Hand des Schlossherrn und legte sie in die seiner Gemahlin.

»Gnädiger Herr«, flüsterte er dem Gemahl ins Ohr, »greift zu Eurem Hauptargument und bringt sie damit zum Schweigen. Wenn die Zunge einer Frau böse Worte zischt, muss man ihr in Gottes Namen den Mund stopfen; es bleibt nichts anderes übrig, damit allein könnt Ihr sie zur Vernunft bringen.«

»Bei allen sieben Teufeln, dieser Mönch ist nicht von Pappe«, murmelte der Schlossherr, indem er sich zurückzog.

Da sah sich Amador allein mit dem schönen Fränzchen, dem er darauf folgenden Sermonem hielt.

»Ihr seid in großer Schuld, mein Liebchen«, sprach er, »denn Ihr habt einen armen Diener Gottes verraten. Dafür wird der Zorn des Himmels über Euch hereinbrechen. Wo Ihr Euch auch verstecken mögt, er wird Euch zu finden wissen; selbst im Tod könnt Ihr ihm nicht entfliehen, er wird Euch in die Hölle stoßen, wo Ihr schmoren müsst wie ein Braten, ein Braten für den Teufel, durch alle Ewigkeiten, und siebenhunderttausend Peitschenhiebe werdet Ihr jeden Tag aufgezählt bekommen für den einen Schlag, den mir Eure Bosheit verschafft hat.«

»Oh, mein Vater!«, rief die Zofe, indem sie sich dem Mönch zu Füßen warf. »Ihr allein könnt mich retten; allein unter Eurer Kutte vermöchte ich mich zu verstecken vor Gottes Zorn.«

Mit diesen Worten hob sie dem Mönch die Kutte auf, wie wenn sie darunter schlüpfen wolle.

»Bei meiner Kleinen«, rief sie aus, »die Mönche haben es dicker, und nicht nur hinter den Ohren, als die Ritter.«

»Bei dem brenzligen Gestank des Teufels!«, rief Amador. »Hast du nie einen Mönch gesehen und gerochen?«

»Nie.«
»Und kennst nicht die Metten, welche die Mönche singen, ohne ein Wort dazu zu sagen?«
»Nein«, beteuerte Fränzchen.
Da schickte der Mönch sich an und zeigte ihr, wie man im Kloster mit der großen Glocke läutet und die Psalmen singt im hohen C mit Chorknaben und flammenden Kerzen, und erklärte ihr aus dem Effeff das Introitus und auch das Ite missa est, um sie geweiht und gefeit vor dem Zorn Gottes zu entlassen, der an dem ganzen Dirnchen nicht den kleinsten ungesalbten Fleck mehr gefunden hätte. Dann befahl er der reuigen Zofe, ihn in die Kammer zu führen, wo das Fräulein von Wüstenfeld, die Schwester des Schlossherrn, schlief.
Vor diesem Mädchen erschien er nun, um sie zu fragen, ob sie nicht das Bedürfnis habe, ihr Gewissen zu erleichtern und ihm zu beichten, da doch so selten ein Mönch dieses Haus betrete. Das Fräulein war eine gute Christin und willigte mit Freuden in seinen Vorschlag. Also forderte er sie auf, ihm jede Falte ihres Gewissens aufzudecken, und nachdem sie ihm das enthüllt, was er das Gewissen eines Mädchens nannte, fand er es erschrecklich schwarz und erklärte ihr, dass alle Sünden der Frauen von da ihren Ursprung nehmen und es darum nötig sei, wenn sie in Zukunft ohne Sünde bleiben wolle, die schwarze Sündenquelle mit hinreichender mönchischer Indulgenz zu verstopfen. Das unwissende Fräulein antwortete, dass sie nicht wisse, wo solche Indulgenz zu erlangen; er aber versicherte ihr, einen großen Schatz solcher Indulgenz bei sich zu tragen. Er zeigte ihr davon einen Zipfel mit der Beteuerung, dass das die wirksamste Indulgenz der Welt sei, weil sie, wie man von einer richtigen Indulgenz erwarten müsse, ohne Worte himmlische Freuden in Aussicht stelle. Das Fräulein aber wurde von dem Anblick des mönchischen Schatzes so geblendet, dass ihm ganz schwindelig wurde und ihm alle Sinne vergingen und es ihm nichts mehr kostete, an die Reliquie des

Mönchs aus vollem Herzen zu glauben, sondern nach dessen Indulgenzen dürstete, wie die Dame von Wüstenfeld nach Rache gedürstet hatte.

Über solchen Absolutionen erwachte das kleine Fräulein von Wüstenfeld im Nebengemach und erschien unter der Tür, um nachzusehen, was es gebe. Darauf hatte der Mönch gerechnet, dem schon beim Abendessen das Wasser im Munde zusammengelaufen war beim Anblick dieser leckeren Frucht, die er sich nun eilig zu Gemüt führte, damit ihn das gute Tantchen nicht erst verhindern konnte, der Kleinen einen Rest seines Segens zukommen zu lassen.

Wollet aber bedenken, dass ihm die Freude wohl zu gönnen war als Entschädigung für die ausgestandene Unbill.

Als der Morgen herannahte, die Schweine bereits ihre Futtertröge ausgeschlappert hatten und die Katzen von ihren nächtlichen Liebesraufereien ganz zerzaust nach Hause kehrten, suchte Amador sein Lager auf, von dem Fränzchen alle störenden Unbequemlichkeiten sorgfältig entfernt hatte, und alles schlief durch die Gnade und Kraft des Mönchs so fest und so lang, dass vor Mittag, der Stunde des Essens, sich niemand erhob. Die Dienerschaft glaubte schon, dieser Mönch sei der Teufel, der dem Viehzeug mitsamt der Herrschaft die Gurgel umgedreht habe in der Nacht. Aber zur Essenszeit erschien männiglich in der Halle.

»Kommt, mein Vater«, sprach die Schlossherrin, indem sie dem Mönch ihren Arm gab und ihm den Platz an ihrer Seite im Armstuhl des Herrn Gemahls anbot, ohne dass der Schlossherr, zum großen Erstaunen der Dienerschaft, dagegen Einspruch erhob. »Peter«, sagte sie, »reiche dies dem Vater Amador.«

»Der Vater Amador wünscht vielleicht von dem da?«, sprach das Tantchen.

»Füllt auch den Humpen des Vaters Amador«, befahl der Schlossherr.

»Vater Amador hat kein Brot«, lispelte das kleine Fräulein Wüstenfeld.

»Was steht zu Euren Diensten, Vater Amador?«, fragte Fränzchen.

Nichts wie Amador und Amador hörte man. Amador hier, Amador dort. Er wurde gefeiert wie eine Braut in der Nacht der Hochzeit.

»Esset, mein Vater«, sprach die Schlossfrau, »Ihr habt gestern ein wenig allzu streng gefastet.«

»Trinkt, mein Vater«, ermunterte ihn der Ritter, »Ihr seid, bei Gott, der bravste Mönch, den ich in meinem Leben gesehen habe.«

»Pater Amador ist wahrhaftig ein Prachtkerl von einem Mönch«, flüsterte Fränzchen.

»Ein wahrhaft frommer Mönch«, lispelte das Fräulein.

»Ein wohltätiger Mönch«, hauchte die kleine Wüstenfeld.

»Ein gewaltiger Mönch«, sprach die Schlossfrau.

»Ein Mönch, der seinem Namen Ehre macht«, beteuerte der Schreiber.

Und Amador aß, aß, aß. Ganze Schüsseln voll verschwanden in seinem Wanst. Er trank den Hippokras, wie wenn er Wasser gewesen wäre, und leckte sich das Maul wie ein Stier auf der Weide. Das Gesinde betrachtete ihn mit heimlichem Entsetzen. Sie hielten ihn zum Mindesten für einen Teufelsbeschwörer. Nach dem Essen umringten die Damen den Hausherrn, die Frau, das Fräulein, die Kleine, und alle drangen sie auf ihn ein, wie nötig es sei, den Prozess mit dem Kloster beizulegen. Tausend Gründe wurden ihm vorgetragen, zuerst von der gnädigen Frau, die ihm bewies, wie sich ein Mönch auf dem Schloss nützlich machen könne, dann von dem gnädigen Fräulein, die auf einmal das Bedürfnis empfand, jeden Tag zur Beichte zu gehen, dann von der Kleinen, die ihren Papa am Bart zupfte und fragte: »Nicht wahr, der Mönch Amador bleibt auf dem Schloss? Er wird mit Leichtigkeit alle Händel schlichten.« Um die Wette lobten sie den Mönch. Er war so gut und sanft, ein wahrer Heiliger. Welch ein Unglück, dass man mit einem Kloster im Streit lag, wo es solche Mönche gab! Wenn alle so waren wie er, musste notwendig das Schloss den Kürzeren ziehen. So ein überlegener Mönch war es. Wie ein Platzregen, wie eine Sintflut prasselten die Lobsprüche auf den armen Schlossherrn nieder, der wohl sah, dass er nie wieder Friede haben werde in seinem Haus, wenn er nicht Friede machte mit dem Kloster.

Er schickte also unverzüglich nach seinem Schreiber und dem Mönch, und wie verwundert war er, als Amador aus seiner Tasche die Briefe und Vollmachten zog, kraft deren er ohne Weiteres abschließen konnte, womit er jeder Verzögerung zuvorkam.

Als da die Dame die Sache in bestem Zuge sah, eilte sie nach ihren Schränken, um das feinste Tuch für eine neue Kutte auszusuchen. Jedermann auf dem Schloss hatte gesehen, wie die alte übel zugerichtet war, also dass es eine Schande gewesen wäre, dieses unvergleichliche Werkzeug der Rache länger in dem hässlichen Sack zu lassen. Um die Wette arbeiteten sie an der Kutte: Die Schlossfrau schnitt sie zu, das gnädige Fräulein von Wüstenfeld wollte sie nähen, die Kleine bemächtigte sich der Ärmel, Fränzchen der Kapuze. Und einen solchen Eifer entfalteten sie, den guten Mönch neu geschmückt zu sehen, dass das neue Gewand noch vor dem Abendmahl fertig wurde. Auch das Aktenstück, das den ärgerlichen Zwistigkeiten ein Ende machte, wurde zu gleicher Zeit ausgefertigt und von dem Schlossherrn mit seinem Insiegel versehen.

»Mein Vater«, sprach die Hausfrau, »Fränzchen hat Euch ein warmes Bad bereitet, so tut uns die Liebe, es anzunehmen und Euch zu erholen von den Strapazen so vieler Arbeit.«

Wurde also Amador in ein duftendes Bad gesteckt, und nachdem er sich gütlich getan, fand er anstelle seiner schmutzigen Lumpen ein feines Linnenhemd, funkelnagelneue Sandalen und ein so prachtvolles neues Gewand, dass alle erklärten, nun sehe er aus wie der König der Mönche.

Unterdessen hatte der Konvent von Tulpenau, in großer Besorgnis um Amador, mehrere der Brüder auf Kundschaft ausgeschickt. Diese umschlichen das Schloss Wüstenfeld von allen Seiten und sahen da, wie Fränzchen die alte schmierige Kutte Amadors, vollgestopft mit Lumpen, in die Unratgrube hinunterwarf. Waren also überzeugt, dass es um den armen Narren geschehen sei, und kamen in großer Hast nach der Abtei zurück, allwo sie verkündeten, dass Amador um ihrer guten Sache willen zum Märtyrer geworden war. Als der Abt die Nachricht vernahm, rief er alle Mönche nach der Kapelle und hielt ein feierliches Gebet ab für die arme Seele des unglücklichen Bruders.

Unterdessen saß Amador auf Schloss Wüstenfeld beim Abendmahl. Nach dem Essen aber, indem er sich, die Briefe und Verträge wohlverwahrt in seiner Tasche, zur Heimkehr anschickte, fand er auf der Freitreppe des Schlosses den Zelter der gnädigen Frau, gezäumt und gezügelt, und daneben den Stallmeister, bereit, ihm den Steigbügel zu halten; der Schlossherr aber befahl all seinem bewaffneten Volk, den Mönch zu begleiten, damit er ohne Unfall in seiner Abtei anlange. Von dieser Zurüstung wurde Amador so gerührt, dass er die Unbilden vom vorherigen Abend von Herzen verzieh und allen seinen Segen erteilte, bevor er abzog von dem Ort, wo er so viel Gnade gewirkt. Ihr könnt euch denken, dass ihm manch ein schönes Auge nachblickte. Die Schlossherrin nannte ihn einen perfekten Reiter. Fränzchen erklärte, dass sich dieser Mönch besser im Sattel halte als mancher Kriegsmann; das Fräulein von Wüstenfeld seufzte. Die Kleine hätte ihn um ihr Leben gern zum Beichtvater gehabt.

»Er hat dem Schloss Heil und Segen gebracht«, erklärten alle, während sie in die Halle zurückkehrten.

Unterdessen kam Amador mit seinem Gefolge vor die Abtei geritten, wo die ganze Mönchschaft in Furcht und Entsetzen geriet, weil sie nicht anders glaubte, als dass der von Wüstenfeld, noch trunken vom Blut Amadors, mit seiner Kriegsmacht heranrücke, um die Abtei dem Erdboden gleichzumachen.

Aber Amador rief den Mönchen zu mit seiner breiten Stimme, dass sie ihn erkannten; sie ließen ihn ein, und während er im Hof vom Zelter der Schlossherrin heruntersteig, kamen nach und nach alle herbei. Und nachdem sie sich von ihrem Schrecken und ihrem Erstaunen erholt hat-

ten, umringten und beglückwünschten sie ihren Bruder Amador, der das gesiegelte Pergament wie eine Siegesfahne über seinem Kopf schwenkte. Die Kriegsleute des Herrn von Wüstenfeld wurden mit dem besten Wein des Klosterkellers bewirtet; er war ein Geschenk derer von Marienmünster, denen die berühmten Weinberge von Vouvray gehörten.

»Hier sieht man«, sprach der Abt, nachdem man ihm den Inhalt des Pergaments vorgelesen, »deutlich den Finger Gottes, und so mögt ihr erkennen, dass auf seine Vorsehung zu vertrauen das beste Teil eines Christen ist.« Als aber der Abt noch oft auf diesen Finger Gottes zu sprechen kam, indem er Amador mit Dank überhäufte, wurde dieser allmählich unwirsch über diese Verkleinerung seines Verdienstes und brummte etwas in den Bart, was aber die Brüder nicht verstanden.

»Ehrwürdiger Vater«, sprach er laut, »sagt lieber, dass es der Arm Gottes war, und damit wollen wir es gut sein lassen.«

Die Beilegung seiner Streithändel mit dem Kloster war für den Herrn von Wüstenfeld von einem hohen Glück begleitet, das ihn unserer heiligen Kirche vollends geneigt machte. Er erhielt einen Sohn, genau neun Monate nach der Umwandlung seines heidnischen Sinns durch Bruder Amador. Dieser aber wurde zwei Jahre später von den Mönchen zum Abt erwählt. Sie hofften auf ein gutes Leben unter dem versoffenen Narren. Aber kaum in seine neue Würde eingesetzt, wurde Amador vernünftig und übte die strengste klösterliche Zucht, nicht nur an andern, sondern auch an sich selber; denn er hatte rechtzeitig seine Lust gebüßt und seine Seele rein gebrannt von ihren Schlacken in einem Feuer, in dem sich alles klärt und reinigt – dem Feuer der Frauenliebe, als welches das blitzendste, bitzelndste, kitzelndste, das reizendste, beizendste und einheizendste Feuer der Welt ist.

Es ist zugleich das verzehrendste und verheerendste Feuer, und es hat in Bruder Amador alles verheert und verzehrt, was Schlimmes in ihm und an ihm war, und hat allein zurückgelassen, was es nicht verzehren konnte, nämlich seinen Geist, und hat ihn hell und klar gemacht wie Diamant, der, wie jedermann weiß, ein Ergebnis des großen Welt- und Urfeuers ist, in dem unser Erdball sich gehärtet hat.

So wurde denn Amador das von der Vorsehung auserwählte Werkzeug, um unsere illustre Abtei von Grund aus zu reformieren; er wachte Tag und Nacht über seine Mönche, trieb sie aus den Betten zur festgesetzten Stunde, zählte sie in der Kapelle ab wie ein Hirt seine Schafe, hielt sie gut im Zaum, strafte streng das kleinste Vergehen wider die Regel, kurz, machte lauter Heilige aus seinen Mönchen.
Daraus lernen wir, dass wir uns mit den Frauen abgeben sollen nicht um der Lust willen, sondern um uns zu kasteien und in der Kasteiung zu heiligen. Außerdem lehrt uns diese Geschichte, dass man mit der Kirche und ihren Dienern nicht Streit und Händel anfangen soll.

★

Der König und die Königin fanden diese Historie durchaus nach ihrem Geschmack, die Höflinge gestanden, dass sie schon lange nichts so Lustiges gehört hatten, und die Hofdamen alle hätten gewünscht, die Geschichte gemacht zu haben.

Die reuige Berta

I. Wie Berta im Stand der Ehe eine Jungfrau blieb

Ungefähr um die Zeit der ersten Flucht des Kronprinzen, die unserm guten gnädigen Herrn Karl dem Siegreichen so viel Verdruss gebracht hat, ereignete sich in einer vornehmen Familie des Touranerlandes ein trauriger und beklagenswerter Vorfall, der, da dies Geschlecht gänzlich erloschen und ausgestorben ist, hier erzählt werden mag.
Möchten die Heiligen Gottes, Bekenner, Märtyrer und andere himmlische Herrschaften, die auf Befehl des Allerhöchsten dem Guten zuletzt zum Sieg verholfen haben in diesem Abenteuer, auch dem Autor ihren Beistand nicht versagen.

Herr Imbert von Bastarnay, einer der größten Grundbesitzer des Touranerlandes, war so seltsamen Charakters, dass er wie keiner unserer Spezies den Weibsen aus dem Weg ging. Sie dünkten ihn zu unruhig und unbeständig. Und vielleicht hatte er recht.

So war er denn ohne Genossin allmählich ein bejahrter Herr geworden, der sich keineswegs vorteilhaft in seinem Äußeren auszeichnete. Immer nur auf Kriegsfahrten und in soldatischen Unternehmungen begriffen, immer allein oder in der Gesellschaft von ruppigen Junggesellen, mit denen er sich keinen Zwang anzutun brauchte, hatte er niemals gelernt, artig zu sein gegen andere. Er kam fast nie aus seinem

Harnisch und war so ungewaschen und stinkend, die Hände immer geschwärzt, dass er, was sein Äußeres betrifft, eher einem Affen als einem Christenmenschen glich, während er Kopf und Herz durchaus auf dem rechten Fleck hatte und in seiner Seele Schätze verbarg, die ihm als Menschen einen hohen Wert verliehen. Kurz, ein Gesandter Gottes, ihr dürft mir's glauben, hätte weit suchen können, um einen treueren und tapfereren Ritter, einen Mann von fleckenloserer Ehre zu finden als ihn.

Auch wurde er von vielen, die ihn gehört hatten, gerühmt als weise im Rat und verständig in seiner Rede. Man möchte fast glauben, Gott habe einen schlechten Spaß machen wollen, indem er so viel Tugend in eine so abstoßende Hülle steckte.

Als dieser edle Herr, der von jedermann für einen Sechziger gehalten wurde, obwohl er in Wahrheit erst fünfzig auf dem Rücken hatte, den Entschluss fasste, sich eine Frau aufzubürden, einzig und allein zu dem Zweck, um von ihr Nachkommenschaft zu erhalten, und also in dieser Absicht Umschau hielt unter den Töchtern des Landes, hörte er eines Tages die Vollkommenheit und Schönheit eines Fräuleins aus dem illustren Hause von Rohan rühmen, deren Familie in der Provinz große Lehen besaß, welches Fräulein mit ihrem Vornamen Berta hieß. Imbert kam, um sie zu sehen, auf ihr väterliches Schloss Montbazon und ward von ihrer Schönheit und kindlichen Unschuld ganz bezaubert, und entschloss sich noch in der ersten Stunde, sie zur Ehefrau zu nehmen, in der Voraussetzung, dass eine Jungfrau von so hoher Abkunft ihren ehelichen Pflichten niemals untreu werden könne. Sie wurde ihm auch ohne Weiteres gewährt; denn der edle Herr von Rohan hatte sieben Töchter und wusste nicht, wie er in diesen schweren und bedrängten Zeiten, wo der Krieg und die Geschäfte fast allein die Männer in Anspruch nahmen, für jede einen Gemahl finden sollte.

Der gute Bastarnay fand also seine Berta in der Tat unberührt, ein Beweis, dass sie von ihrer Mutter vernünftig genährt und gelehrt worden, und in der ersten Nacht, in der er ihrer Jungfernschaft Herr wurde, schaffte er ihr ohne Umstände ein Kind, an dessen Vorhandensein er schon im zweiten Monat der Ehe zu seiner großen Freude nicht mehr zweifeln konnte.

Hier ist zu sagen, dass aus diesem legitimen Zweig der spätere Herzog von Bastarnay abstammte, der bei dem guten König Loys dem Elften als dessen Kämmerer, ja Gesandter an den europäischen Höfen, kurz, als dessen treueste rechte Hand und unentbehrlichster Diener in großer Gnade stand. Diese Vasallentreue, eine seltene Blume im Garten der Fürsten und der Großen, hatte er vom Vater her ererbt, der seinem Herrn, dem Thronfolger, so treu ergeben war, dass er ihm in allen Glückswendungen, wie auch in seinen Rebellionen gegen den König, unverbrüchlich anhing, ja dass er für ihn, wenn der Prinz es von ihm verlangt hätte, Christus zum zweiten Mal gekreuzigt haben würde.

Die edle Dame von Bastarnay betrug sich im Anfang ihrer Ehe so tadellos, dass ihre beglückende Gegenwart alle schlimmen Gedanken und Meinungen über die Frauen aus dem Kopf des Ritters verscheuchte, wie lange sie auch darin eingerostet waren. Alle finsteren Wolken des Verdachts verzogen sich, und hell strahlte auf einmal in seinen Augen der Ruhm der Frauen. Seine Art, in dieser Sache zu denken, schlug, wie dies oft vorkommt, vom tiefsten Misstrauen in das tiefste Vertrauen um. Er überließ die Regierung seines Hauses ganz der genannten Berta; er machte sie zur Herrin über seine Handlungen, Unternehmungen und alles, zur Königin seiner Ehre, wie zur Wächterin seiner weißen Haare, und würde jeden ohne Weiteres niedergestoßen haben, der ihm auch nur die leiseste Verdächtigung zugeflüstert hätte über diesen Spiegel der Tugend, den in der Tat noch kein anderer Hauch getrübt hatte als von ehelichen und gemahligen Lippen, so frisch oder welk sie waren.

Doch um ganz ehrlich zu sein, muss ich hier sagen, dass an dieser Tugendhaftigkeit der kleine Bengel nicht wenig teilhatte, mit dem die hübsche Mutter sich während sechs Jahren Tag und Nacht beschäftigte, den sie mit ihrer Milch nährte aus ihrer jungen weißen Brust, in die er nach Kräften biss und die er mit seinen kleinen täppischen Händchen gehörig bearbeitete, ihr also quasi den Geliebten ersetzend. Diese gute Mutter kannte keine anderen Liebkosungen als die der rosigen jungen Lippen dieses Kindes, keine anderen

Berührungen als von dessen kleinen Patschhändchen, die sie tätschelten und streichelten, sie las in keinem anderen Buch als in dessen himmlisch blauen Augen, sie hörte keine andere Musik als die Laute, die aus dem Mund des Kleinen drangen und die für ihr Ohr dem Gesang der Engel glichen. Sie ward nie müde, ihn zu küssen, ihn zu herzen Tag und Nacht, und wenn sie ihn wickelte und bündelte, hätte sie ihn fressen mögen vor Zärtlichkeit; sie ward selber zum kleinen Kind, um ihm ganz gleich zu sein, kurz, sie benahm sich mit ihm so toll, so närrisch, so verliebt, und war fraglos die glücklichste und beste Mutter, die es je auf der Welt gegeben hat, ohne Unserer Lieben Frau, der Heiligen Jungfrau, zu nahe treten zu wollen, die keine große Plage gehabt haben wird, um unsern Herrn und Heiland zu erziehen, als welcher ein Gott war und dessen nicht nötig hatte.

Dieses Gehaben seiner Frau und der geringe Geschmack, den sie an dem fand, was die Quintessenz der Ehe ist, freuten den guten Ehemann sehr; denn er hätte nicht gewusst, wie er ihren Ansprüchen genügen sollte, wenn es ihr eingefallen wäre, Ansprüche an ihn zu stellen. So beschränkte er sich auf eine weise Sparsamkeit, um im Notfall den Stoff zu einem zweiten Kind stets bereitzuhaben.

Nachdem aber so sechs Jahre verflossen waren, musste die zärtliche Mutter ihren Sohn den Händen des Stallmeisters und anderer strenger Lehrer übergeben; denn der Herr von Bastarnay wollte, dass sein Sohn nicht nur der Erbe seines Namens und seiner Güter, sondern auch seiner Tapferkeit, Tüchtigkeit und aller kriegerischen Tugenden werde. Darüber weinte Berta bitterlich. All ihr Glück war ihr von da an geraubt. Dieses zärtliche Mutterherz musste nun allen anderen nachstehen und konnte ihren geliebten Sohn nur noch in kleinen flüchtigen Augenblicken genießen. Sie verfiel darüber in eine düstere Melancholie, und als ihr Gatte das gewahrte, hätte er ihr gern ein zweites Kind geschenkt, welche löbliche Absicht ihm aber schnöde misslang und worüber die gute Dame sich sehr grämte, da das Mittel zum

Zweck, nämlich die Sache an sich, ihr sehr zuwider war und große Überwindung kostete, wie sie naiv eingestand. Sie sprach auch nur die lautere Wahrheit, und alle Dogmen würden zu Lügen, und ihr könntet ebenso gut die heiligen Evangelien als Fälschungen verbrennen, als die Ehrlichkeit ihrer keuschen Rede bezweifeln. Um aber nicht in den Verdacht eines Aufschneiders zu kommen, nicht gerade bei den Männern, denn die kennen die Sache, aber vielleicht bei den Frauen, mag sich der Schreiber gern der Mühe unterziehen, die geheimen Gründe und Ursachen zu erklären und auseinanderzusetzen, warum Berta vor den Dingen, die sonst die Damen über alles lieben, nur Ekel und Abscheu empfand, ohne dass doch ihre jugendliche Frische und Schönheit unter dieser Entbehrung im Geringsten litt. Und nun sagt, ob es einen Schreibersmann geben kann, der entgegenkommender und galanter wäre gegen die Damen als ich? Man weiß, wie ich die Frauen liebe. Und doch liebe ich sie noch lange nicht genug, da ich öfter meinen Federkiel in der Hand halte als seidene Bänder und Schleifen, um ihnen damit die Lippen zu kitzeln, dass sie lachen müssen, und – in aller Unschuld versteht sich – mit ihnen zu scherzen und Allotria zu treiben. Aber hier endlich meine Gründe:

Der gute Herr von Bastarnay war nämlich kein Feinschmecker. Die Suppen, die er sich einbrockte, entbehrten jeder Leckerheit und gewürzhaften Zubereitung. Es focht ihn wenig an, auf welche Art ein Feind getötet wurde, wenn er nur tot am Boden lag. Er pflegte im Handgemenge seinen Kerl steifzumachen, ohne ein Wort dabei zu verlieren. Diese Unbekümmertheit in Sachen des Totmachens übertrug er auch auf das Geschäft des Lebendigmachens. Er wusste nichts von den tausenderlei Zubereitungen, er verstand sich auf keines der feineren Rezepte, auf keinen der unzähligen Kunstgriffe und Kniffe, er kannte keines der feinen Gewürze, Konfitüren und prickelnden Beimengsel, die den bekannten Kuchen erst wohlschmeckend machen; er wusste nicht, wie man sein Öfchen auf die verschiedenste Art heizen konnte, bald mit feinem Reisig, bald mit derbem Scheiterholz, um bald ein lindes, langsames Glühen, bald ein heißes, heftiges Flackerfeuer zu entfachen, je nach Beschaffenheit, Natur und Zweck des gewollten Gerichts. Er hatte keine Ahnung von den zarten, flüchtigen und kitzeligen Essenzen, die auf der Zunge vergehen, wonach die Frauen so lüstern sind und die sie mehr lieben als ihre ewige Seligkeit. Gleichen doch die Damen in ihren weiblichen Eigenheiten den genäschigen Kätzchen. Alle ihre Lebensgewohnheiten beweisen das klipp und klar.

Wollt ihr sie kennenlernen? Seht einmal aufmerksam zu, wie sie essen. Keine von ihnen – ich meine natürlich die vornehmen und wohlerzogenen Damen – würde mit einem einzigen Griff ihr Stück Kuchen zum Mund führen und verschlingen, wie es die rohen Männer tun; alle werden den süßen Brocken in so vielen leckeren Bisschen genießen, als nur möglich ist, alle werden die zuckrigen Latwergen und würzigen Säftlein mit den kleinsten Löffelchen schlürfen und schlückern, sich tausendmal mit der Zunge die rosige Lippe leckend, und überhaupt Messer und Löffel so handhaben, als ob sie sich nur auf höheren Befehl und nicht aus eignem Antrieb der Beschäftigung des Essens hingäben; so sehr widerstrebt es ihnen, gerade auf eine Sache loszugehen, so sehr haben sie das Bedürfnis nach zierlichen Umschweifen und umschweifenden Zierlichkeiten in all ihrem Tun. So liegt es in ihrer Natur. Sie wären nicht Frauen, wenn sie anders wären. Und die Söhne Adams sind nur darum so närrisch auf sie, weil sie die Dinge anders angreifen als der Mann.

Herr Imbert von Bastarnay aber, der als alter Kriegsmann nichts anderes kannte und wusste als sein raues Handwerk, nahm den Garten der Venus wie eine Festung im Sturm, ohne auf die Wehklagen der armen Einwohner zu achten, und pflanzte sein Kind, etwa wie er auf einem feindlichen Burgwall seine Lanze aufpflanzte.

Und die sanfte Berta, noch das reine Kind mit ihren fünfzehn Jahren und nicht gewohnt, rüde behandelt zu werden, glaubte in ihrer jungfräulichen Seele und Unschuld, dass das Glück, Mutter zu werden, eben notwendig mit dieser schrecklichen, abstoßenden und eklen Sache erkauft werden müsse. Sie betete während des bösen Handels inbrünstig zu Gott, dass er ihr beistehen möchte, und schickte ungezählte Ave an die Heilige Jungfrau, die von solchem Übel gnädig verschont geblieben.

Da sie also nur Abscheu vor der Sache hatte, zeigte sie ihrem Gatten natürlich nie ein Verlangen danach, als welcher, aber aus anderen Gründen, noch weniger darauf erpicht war. So lebte sie wie eine Klosterfrau in vollkommener Einsamkeit. Sie hasste die Vereinigung mit dem Mann und hatte keine Ahnung davon, welche süßen Freuden nach dem Willen Gottes da sprießen und blühen können, wo sie nur hässlichen Widerwillen und unerträgliche Schmerzen gefunden. Umso mehr liebte sie ihr Kind, das ihr schon vor seiner Geburt so viel gekostet hatte, und floh immer ängstlicher das nächtliche Kampfspiel und Turnier, wo der Zelter immer dem Reiter überlegen ist, ihn lenkt und leitet und ihm übel mitspielt, wenn er versagt. Begreift ihr nun?
Dies ist aber die wahre Geschichte so mancher Ehen und nach dem Sagen der erfahrensten Leute der Grund von den verrückten und ganz närrischen Tollheiten so mancher Frauen, die eines Tages mit einem Mal erkennen, wie sie getäuscht worden sind, und dann in einer einzigen Nacht alle Freuden eines ganzen Menschendaseins auskosten möchten, um sich am Tisch des Lebens endlich auch einmal satt zu essen. Das ist Philosophie, meine Freunde! Merkt euch diese Zeilen gut und zieht euch eine Lehre daraus, wie ihr eure Frau, euer Liebchen oder was euch Gott sonst zu

eurem Unglück anvertraut hat, am weisesten behüten und bewahren mögt, wovor mich Gott bewahr!

So war denn Berta, obwohl sie Mutter geworden, Jungfrau geblieben. Sie stand jetzt in ihrem einundzwanzigsten Jahr und bildete den Ruhm der ganzen Provinz, die Freude des Schlosses, den Stolz und die Augenweide ihres Mannes. Sie war schlank und biegsam wie eine Weide, behänd wie ein Reh, voll kindlicher Unschuld wie ihr kleiner Sohn und doch verständig in ihrem Sinn, also dass ihr Mann nichts unternahm, ohne sie zuvor um ihren Rat zu fragen; denn der Geist eines solchen Engels, durch nichts in seiner reinen Klarheit getrübt, wird niemand irreleiten, der seine Zuversicht auf ihn setzt.

Die genannte Berta wohnte damals in der Nähe der Stadt Loches, auf dem Schloss ihres Gemahls, und kannte, wie alle Edeldamen der alten Zeit, keine andere Beschäftigung oder Zerstreuung als die Sorge um ihr Hauswesen, von welcher Sitte die Damen von Frankreich seit der Regierung der Königin Kathrein, der Italienerin, leider abgekommen sind.

Unter der Herrschaft dieser Fremden sowie der des Königs Franziskus, der ihr sehr ergeben war, und dessen Nachfolgern wurden nur noch üppige Feste und höfische Zeremonien gefeiert, ein Umstand, der später im Verein mit den Machinationen der Hugenaulten den Ruin des Staats heraufbeschworen hat. Aber das gehört nicht hierher.

Um diese Zeit also hielt der König Hof in der Stadt Loches, und der Herr von Bastarnay sowie seine Gemahlin, deren Ruhm schon bis zum König gedrungen war, wurden aufgefordert, am Hof zu erscheinen.

So kam Frau Berta nach Loches, bekam vom König viel Schmeichelhaftes zu hören und ward huldigend umringt von allen jungen Edelleuten, die die saftige Frucht mit den Augen verschlangen, wie nicht weniger von den alten, die sich an dieser Sonne das Herz wieder ein bisschen aufwärmten. Alle, Alte und Junge, würden gern in den Tod gegangen sein, wenn sie damit erreicht hätten, diese bezaubernde Schönheit einmal genießen zu dürfen, die den Blick blendete und das Gehirn verwirrte. Und am ganzen Hof war bald von der schönen Berta mehr die Rede als in den heiligen Evangelien vom lieben Gott, zum großen Ärger einer großen Anzahl von Damen, die, nicht mit so viel Reizen ausgestattet, gern dem abscheulichsten Höfling zehn Nächte gewährt hätten, wenn es ihnen verstattet worden wäre, die hübsche Eroberin auf ihr Schloss zurückzuschicken.

Eine gewisse Dame machte bald die Wahrnehmung, dass einer ihrer Freunde sich ganz toll in die schöne Berta verliebte, und fasste darüber einen heftigen Groll, womit sie den Grund zu allen zukünftigen Leiden, aber auch zum Glück der Dame von Bastarnay legte, die dadurch zur Entdeckung des Zauberlandes gelangte, das die Liebe heißt und deren wahres Geheimnis ihr bis dahin ein Buch mit sieben Siegeln geblieben war.

Jenes schlechte Weib hatte einen Vetter, kaum zwanzig Jahre alt und schön wie ein Mädchen. Kein Härlein sprosste ihm am Kinn, und seine junge Stimme war so melodisch, dass sie seinen schlimmsten Feind gerührt haben würde. Der junge Mann gestand seiner Verwandten, dass er gern sterben wolle, wenn er die Liebe der schönen Berta genossen hätte.

»Mein werter Vetter«, sagte sie ihm, »verlasst diesen Saal und begebt Euch in Eure Wohnung; ich verpflichte mich, Euch dieses Glück zu verschaffen. Aber nehmt Euch in Acht, dass Ihr Euch nicht vor der Dame sehen lasst, noch vor dem alten Pavian, der aus Versehen von der Natur zu einem Christenmenschen gemacht worden ist und dem diese schöne Fee angehört.«

Nachdem der Vetter sich also versteckt, machte sich das falsche Weib an Berta heran, nannte sie ihre Freundin, ihr Schätzchen, einen Stern der Schönheit und die Sonne des Festes, kurz, schmeichelte ihr auf jede Art, um sich dadurch umso besser an der Armen rächen zu können, die ihr, ohne es zu wissen, ihren Liebhaber im Herzen untreu gemacht, welche Art Untreue für Frauen, die ehrgeizig sind in der Liebe, die schlimmste von allen ist. Schon nach der ersten Unterredung konnte das durchtriebene Weib nicht mehr zweifeln, dass die gute Berta von der Liebe keine Ahnung hatte. Ihre Augen waren so feucht und durchsichtig, die Stirn und die Schläfen so klar und ohne das kleinste Fältchen, das Näschen so weiß wie Schnee, nirgends ein Zeichen von genossenen Freuden der Lust auf diesem unschuldigen Mädchengesicht. Noch ein paar listige Fragen, und die Antworten Bertas gaben ihr die volle Gewissheit, wie die Gute zwar den Vorzug gehabt, Mutter zu werden, aber um die Freuden der Liebe betrogen worden war. Des freute sich die andere für ihren Vetter.

Und sagt, war das nicht eine gute Seele? Sie erzählte dann der unschuldigen Berta, dass in der Stadt Loches ein junges Fräulein aus der edlen Familie derer von Rohan wohne, die der Vermittlung einer vornehmen Frau bedürfe, um von ihrem Oheim, dem Herrn Ludwig von Rohan, wieder in Gnaden aufgenommen zu werden. Wenn nun Berta ebenso gut sei, wie Gott sie mit Schönheit überhäuft, werde sie sicherlich nicht zögern, das arme Mädchen zu sich zu nehmen, um sich von ihrer Ehrbarkeit zu überzeugen und sie mit dem edlen Herrn von Rohan auszusöhnen, der sich bis jetzt geweigert habe, die Nichte in seinem Schloss zu empfangen.

Berta erklärte sich dazu bereit. Sie kannte die unglückliche Geschichte des Fräuleins von Rohan, hatte die Base aber selber nie gesehen, von der man vermutete, sie sei ins Ausland gegangen.

Hier ist es nötig, zu erklären, warum der König den Herrn von Bastarnay in so auffälliger Weise zu diesem Fest zugezogen hatte. Der hohe Herr hatte bereits Wind bekommen von der geplanten ersten Flucht des Kronprinzen nach Burgund und wollte denselben eines so tüchtigen Ratgebers, wie des besagten Bastarnay, berauben. Aber der ritterliche Greis, dem genannten Prinzen Loys in unverbrüchlicher Treue ergeben, roch den Braten und ging nicht in die Falle. Er machte sich unverzüglich auf und kehrte mit seiner Frau und ihrer neuen Gefährtin, die sie ihm als Sylvia von Rohan zugeführt hatte, auf sein Schloss zurück.

Obwohl Herr von Bastarnay bei Nennung dieses Namens etwas zurückschreckte, fühlte er sich zuletzt doch so gerührt von der Güte Bertas und dankte ihr dafür, dass sie es unternommen hatte, ein verirrtes Schaf seiner Herde wieder zuzuführen. Er umgab in dieser letzten Nacht seine Frau mit aller Liebe und Sorgfalt, deren er fähig war; und nachdem er genügend bewaffnete Mannschaft im Schloss zurückgelassen, ritt er mit seinem Herrn, dem Kronprinzen, davon gen Burgund, ganz ahnungslos, welch einen gefährlichen Feind er in seinem Haus beherbergte.

Die genannte Sylvia war nämlich niemand anders als der verliebte Jüngling, den seine Base in Frauenkleider gesteckt, um auf diese Weise ihren Rachedurst an Berta zu stillen und deren Unschuld zu vernichten. Der hübsche Junge war dem Herrn von Bastarnay ganz unbekannt, da er erst vor Kurzem vorübergehend an den Hof gekommen war, im Übrigen bei dem königlichen Bastard Dunois, der ihn erzog, als Page diente. Herr Imbert war im guten Glauben gewesen, ein Mädchen vor sich zu sehen, und hatte davon den Eindruck großer Schüchternheit und Bescheidenheit bekommen, denn der Junge, der befürchtete, er könne sich verraten, hielt seine Blicke immer sorgfältig gesenkt. Wenn Berta ihn auf die Lippen küsste, zitterte er vor Angst, eine plötzliche Kleidfalte könne seine wahre Natur offenbaren und ihm den Tod bringen, noch ehe er an sein Glück gerührt hätte. Man kann sich darum denken, wie er frohlockte, als die Fallbrücke endlich herabgelassen wurde und der alte Herr davonritt. Er hatte in seiner Todesangst das Gelübde getan, einen Pfeiler zum Bau der Kathedrale von Tours stiften zu wollen, wenn er der drohenden Gefahr glücklich entrinne. Und wirklich gab er fünfzig silberne Mark, um damit seine Freuden Gott abzukaufen; aber anstatt Gott bezahlte er dem Teufel den Lohn, wie ihr sehen werdet, wenn ihr die Geduld habt, meiner Erzählung weiter zu folgen, welche kurz zusammengefasst sein soll, wie es einer richtigen und guten Historie ansteht.

II. Wie Berta erfuhr, was die Liebe sei, und was sich alles daraus ergeben hat

Besagter junger Page war der edle Herr Hans von Sachez, ein Vetter des Herrn von Montmorency, an welchen später durch den Tod des genannten Hans die Lehen von Sachez, den Verträgen gemäß, zurückfielen. Hans war zwanzig Jahre alt, blühend vom Feuer der Jugend, und ihr könnt euch denken, wie langsam ihm dieser erste Tag herumschlich.

Als dann der alte Imbert endlich davongeritten, setzten sich die beiden Frauen in den Erker über der Fallbrücke, um dem Scheidenden so lange als möglich nachzusehen und ihm tausend Abschiedsgrüße zuzuwinken. Nachdem aber das letzte Staubwölkchen von den Hufen der Pferde am Horizont verraucht war, stiegen sie herunter und zogen sich in das Gemach zurück.

»Was wollen wir treiben, schöne Muhme?«, sagte Berta zu der falschen Sylvia. »Liebt Ihr die Musik? Wir könnten ein Duett singen, eines der alten Minnelieder vielleicht? Sagt, ist das Euer Geschmack? So kommt an mein Instrument. Tut mir die Liebe. Singen wir eines zusammen.«

Hierauf nahm sie Hans bei der Hand und zog ihn zu ihrer Harfe, wo sich der gute Junge zierlich nach Art der Frauen niederließ.

»Oh, schöne Muhme«, rief Berta, nachdem die ersten Noten erklungen und der Page ihr den Kopf zuwandte, damit sie den Gesang zusammen anstimmten, »oh, Ihr habt seltsame Augen, Ihr bewegt mir mit Euren Blicken, ich weiß nicht wie, das Herz.«

»Meine süße Muhme«, log die falsche Sylvia, »diese Augen waren die Ursache meines Verderbens. Ein edler Lord von jenseits des Meeres fand so viel Zauber darin und küsste sie so gern und so oft, dass ich, da ich sie zu gern küssen ließ, dabei gestrauchelt bin.«

»So schleicht sich die Liebe also durch die Augen ein?«

»Im Feuer der Augen werden Kupidos Pfeile geschmiedet«,

antwortete der Verliebte, indem er Berta einen flammenden Blick zuwarf.

»Singen wir, Sylvia?«

Und also sangen sie auf den Wunsch der falschen Base ein Lied der Christine von Pisan, in dem viel von der Liebe die Rede war.

»Oh, Sylvia, welche Tiefe, welcher Klang ist in Eurer Stimme, sie dringt mir bis ins Innerste der Seele.«

»Und wo sucht sie Eure Seele?«, fragte die verdammte Sylvia.

»Hier«, antwortete Berta und deutete auf die Gegend des Zwerchfells, auf das in der Tat die Klänge der Liebe stärker wirken müssen, als auf das Trommelfell des Ohrs, da es dem Herzen näher liegt, wie auch der anderen Sache, die ihr kennt und die im Weib das Gehirn vertreten muss, wie nicht weniger das Herz und das Ohr – was ich in allen Ehren und allein aus physikalischen Gründen hier ausgesprochen haben will.

»Lassen wir die Musik«, hauchte Berta, »sie erregt mich zu sehr. Kommt zum Fenster, wir wollen bis zur Vesper kleine Handarbeiten machen.«

»Oh, teure Muhme, ich habe nicht gelernt, mit der Nadel umzugehen, ich hatte anderes zu tun bisher.«

»Aber womit brachtet Ihr den ganzen Tag zu?«

»Mit der Liebe, die die Tage zu Augenblicken umwandelt, die Monate zu Tagen und die Jahre zu Monden; die, wenn sie ewig ist, die Ewigkeit zum Hauch macht, da alles an ihr Glück ist und himmlische Seligkeit.«

Nachdem er so gesprochen, senkte der Jüngling die Wimpern seiner schönen Augen und verfiel in trauriges Nachsinnen, wie eine Dame, die ihrem ungetreuen Liebhaber nachtrauert und ihm alles verzeihen möchte, wenn er nur wieder in ihre treuen Arme zurückkehren wollte.

»Sagt, Muhme, ist die Liebe auch im Ehestand zu finden?«

»O nein«, antwortete Sylvia, »in der Ehe ist alles Pflicht, aber in der Liebe ist alles ein freies Geschenk. Dieser Unterschied verleiht den Liebkosungen, die die Blüten der Liebe sind, einen ganz besonderen Duft.«

»Lassen wir dies Gespräch, Muhme, das ist noch aufregender als Musik.«

Sie läutete einem Diener, befahl ihm, ihren Sohn herzuführen, und Sylvia, ihn erblickend, rief aus:

»Ah, er ist schön wie Gott Amor.« Dabei küsste sie ihn auf die Stirn.

»Komm, mein Liebling«, sprach die Mutter, in deren Schoß sich der Kleine warf, »komm, du bist mein Glück, mein Himmelsgeschenk, mein herziger Schatz, mein Goldkind, mein Engel, mein Spielzeug und mein Zeitvertreib, das Licht meiner Tage und meiner Nächte. Komm, ich will ein Stückchen von deinen Händen aufessen. So, nun beiß ich dir ein Ohr ab. Gib dein Köpfchen her, dass ich dir die Haare küsse. Sei glücklich, mein Herzblatt, dann bin ich's auch.«

»Ah, meine Muhme«, sprach Sylvia, »Ihr redet in der Sprache der Liebe zu dem Kind.«

»So ist die Liebe also ein Kind?«

»Ja, schon die Heiden haben sie als Kind dargestellt.«

Und die beiden Schönen machten sich daran, mit dem Kleinen zu spielen, bis die Stunde des Nachtmahls kam, und fanden doch immer wieder einen Gesprächsstoff, in dem die Liebe den Hauptgegenstand bildete.

»Wünscht Ihr Euch nicht ein zweites Kind?«, flüsterte Hans in so günstigem Augenblick seiner Cousine ins Ohr, das er mit seinen heißen Lippen streifte.

»Ach, Sylvia, ich würde gern Höllenqualen erdulden, wenn der Herr sie mir auferlegte, nur um noch ein Kind zu bekommen. Aber trotz aller Anstrengungen, trotz aller Arbeit und Mühe, die sich mein Gemahl damit macht und die mir wenig Freude bereiten, will sich meine Gestalt nicht im Geringsten mehr ändern. Ach, es ist nichts, nur ein einziges Kind zu haben. Wenn ich einen Schrei im Schloss höre, so meine ich, das Herz stehe mir still. Ich lebe in beständiger

Angst um meinen Liebling, ich fürchte überall Gefahren für ihn, sei es von Menschen oder von Tieren, ich zittre bei seinen Waffenspielen, seinen Reitübungen, einfach bei allem. Ich atme allein nur in ihm, nur für ihn bete ich zu den Heiligen und Aposteln. Aber lasst mich schweigen, ich würde sonst kein Ende finden, Euch mein Leid zu klagen, denn meine Seele, so scheint mir, wohnt nur noch in ihm, nicht in mir.«

Während sie also sprach, drückte sie den Kleinen an ihre Brust mit einer Inbrunst und Zärtlichkeit, deren kein anderes Wesen, als nur eine Mutter, fähig ist. Wenn ihr daran zweifelt, so betrachtet einmal eine Katze, die ihr Junges im Maul trägt, und ihr werdet meiner Beobachtung recht geben. Der gute Jüngling aber fühlte sein Gewissen durch diese Reden der Dame auffallend beruhigt. Hatte er vorher gezweifelt, ob er recht daran tue, diese nach Regen dürstende blumige Wiese mit dem Wasser der Lust zu begießen, so schien es ihm jetzt, als ob er dem Befehl Gottes gehorche, indem er dieser einsamen Seele die Liebe lehrte, und er hatte nicht unrecht. Nach dem Abendbrot forderte Berta ihre Muhme auf, mit ihr, der Sitte jener Zeit gemäß (wovon die Damen inzwischen abgekommen sind), das Lager in dem großen ehelichen Bett zu teilen, und die falsche Sylvia erwiderte, um nicht aus ihrer Rolle des wohlerzogenen vornehmen Mädchens zu fallen, dass ihr dies eine große Ehre sei.

Als die Abendglocke geläutet hatte, zogen sich die beiden also in das mit kostbaren Teppichen und seidenen Vorhängen reich ausgestattete Schlafgemach zurück, wo sich Berta unverzüglich von ihren Kammerzofen entkleiden ließ, während Sylvia sich dessen schamhaft weigerte, indem sie dunkel errötete. Seit ihr viel geliebter Freund, log sie, ihr nicht mehr diesen Dienst leiste, habe sie sich daran gewöhnt, sich allein zu bedienen, denn jeder dieser Handgriffe rufe eine süße Erinnerung in ihr wach: zärtliche Worte, mit denen ihr Liebster ihr geschmeichelt, und verliebte kleine Tollheiten, wenn er sie des letzten Kleidungsstückes entledigt hatte.

Über diese Rede erstaunte sich Berta höchlich, ließ aber ihre Muhme gewähren, die hinter den Bettvorhängen ihre Abendandacht verrichtete und dann, ganz flammend von Begierde, sich unter der Bettdecke verbarg, glücklich, durch einen Spalt des Vorhangs etwas von den wunderbaren Reizen der Schlossherrin erspähen zu können. Berta, im guten Glauben, in der Gesellschaft eines Mädchens zu sein, benahm sich ganz wie sonst; sie wusch ihre Füße, ohne darauf zu achten, ob sie dieselben ein wenig höher oder niederer aufhob, zeigte ihren feinen Hals mit den zarten Schultern und tat danach, was alle Damen tun, ehe sie schlafen gehen. Endlich schlüpfte sie ins Bett und streckte sich bequem aus, nachdem sie ihre Muhme auf die Lippen geküsst, die ihr auffallend heiß erschienen.
»Seid Ihr krank, Sylvia? Ihr glüht ja wie im Fieber.«
»Ich glühe immer so, wenn ich mich zu Bett lege«, antwortete Sylvia, »denn da kommen mir alle die süßen und feurigen Zärtlichkeiten wieder ins Gedächtnis, die mein Liebster erfand, um mich damit zu beglücken.«
»Oh, meine Muhme, erzählt mir doch ein wenig von dieser Liebe. Ich lebe ja im Schatten eines grauen Hauptes, das wird mich schützen vor den verzehrenden Flammen. Und Ihr, Ihr seid ja geheilt von der Liebe, Ihr tut ein gutes Werk, wenn Ihr mir Eure schlimmen Erfahrungen anvertraut; dies wird Euch und mir zum Heil sein.«
»Ich weiß nicht, ob ich Euch willfahren soll, schöne Muhme«, erwiderte der Geselle.
»Sagt, warum nicht?«
»Ach, es ist besser, diese Dinge zu tun, als darüber zu sprechen«, sprach Sylvia mit einem Seufzer, der aus dem innersten Herzen zu kommen schien. »Und dann hat dieser Mylord mich so mit Glück überhäuft, dass ich fürchten muss, Euch auch ein wenig davon abzugeben, was gerad genug wäre, Euch eine Tochter zu bescheren, während in mir alles abgetötet ist, womit dies Ziel erreicht werden mag.«

»Wäre es möglich?«, rief Berta. »Und würde das unter uns nicht Sünde sein?«

»Im Gegenteil, große Freude würde darüber entstehen im Himmel und auf Erden, die Engel würden Euch mit Rosen überschütten und Euch himmlische Melodien spielen.«

»Sagt denn ohne Umschweife, Base«, hauchte Berta.

»Nun denn, so tat mein Freund, wenn er mich glücklich machen wollte.«

Und indem der schlimme Hans also sprach, nahm er Berta in seine Arme und umfasste sie mit einer Begierde ohnegleichen, und waren beide beim Schein der Lampe und in ihrem weißen Gewand nicht anders in dem verdammten Bett, möchte man sagen, als die schlanken zeugenden Organe der Lilie in deren jungfräulichem Kelch.

»Wenn er mich dann«, lispelte der Jüngling, »so in seinen Armen hielt, wie ich Euch jetzt halte und umfasse, so sprach er zu mir mit einer noch viel zärtlicheren Stimme, als die meinige ist. ›Berta‹, seufzte er, ›ich liebe dich! Ich liebe dich in alle Ewigkeit, du bist mein einziger Schatz, du bist meine Sonne und mein Mond, du bist leuchtender als der Tag; ich liebe dich mehr, als ich Gott liebe, und ich möchte tausend Tode um dich leiden für die Seligkeit, die du mir gibst.‹ Und dann küsste er mich, aber nicht auf die Art der Ehemänner, welche roh und derb ist, sondern sanft und zärtlich, wie Turteltauben sich küssen.«

Und um Berta zu beweisen, wieviel angenehmer die Methode der Liebhaber sei als die der Ehemänner, saugte er allen Honig aus Bertas Lippen und lehrte sie, wie sie mit ihrer zierlichen rosigen Zunge zärtlich reden könne, ohne ein Wort zu sagen. Und sich immer mehr bei diesem Spiel erhitzend, übergoss er zuletzt mit dem Feuer seiner Küsse Hals und Schultern Bertas und die zierlichsten kleinen Brüstchen, an die je eine Mutter ihren Säugling gelegt, dass er sie mit Bissen verwundete. Und wahrlich, wer an des Pagen Platz gewesen wäre, würde sich verachtet haben, wenn er anders gehandelt hätte.

»Ach«, sagte Berta, ganz erglüht vor Liebe, ohne es zu wissen, »das gefällt mir, das muss ich Imbert zeigen.«
»Seid Ihr von Sinnen, Muhme? Ihr dürft Eurem alten Mann hiervon nichts sagen. Kann er seine rauen Hände zart und glatt machen wie die meinigen? Und darf er mit seinem struppigen Bart diesen Kelch der Freuden berühren, diese geheimnisvolle Rose, in der alle unsere Lust eingeschlossen ist, all unser Geist, unser Glück, unsere Seligkeit? Wisst Ihr nicht, dass eine solche Blume sanft geliebkost werden will und nicht gekitzelt und zerzaust mit Hellebarden und Morgensternen? Seht, so lehrte mich mein Freund, der schöne Engländer, die Liebe.«
Und der gute Jüngling machte seine Sache so geschickt, dass die unschuldige Berta, als er sein stärkstes Gewehrfeuer ins Feld führte, ausrief:
»Oh, meine Muhme! Die Engel sind herniedergekommen! Sie singen so himmlisch, dass ich nichts mehr unterscheide, und ihr Licht blendet mich so, dass ich die Augen schließen muss.« Und dann vergaß sie sich ganz in ungehemmter Hingebung, und es umbrauste sie wie Musik der Orgel und umflammte sie mit tausend Morgenröten, dass ihr die Sinne vergingen und sie die Lust schlürfte wie berauschenden himmlischen Nektar. Von diesem paradiesischen Traum erwachte sie in den Armen ihres Gefährten.
»Ach, meine Freundin«, seufzte sie, »warum bin ich nicht in England verheiratet worden!«
»Meine schöne Herrin«, sprach Hans, der glücklich war wie noch nie in seinem Leben, »hier in Frankreich ist das noch viel schöner, denn jetzt seid Ihr mit mir verheiratet, mit einem Mann, der tausend Leben haben möchte, um sie tausendmal für Euch hingeben zu können.«
Da stieß Berta einen so durchdringenden Schrei aus, dass die Wände zitterten; sie sprang aus dem Bett, warf sich vor ihrem Betstuhl in die Knie, rang die Hände und weinte heißere und bitterere Tränen als alle heiligen Magdalenen zusammen.

»Ach, wäre ich tot!«, jammerte sie. »Ein Teufel mit dem Gesicht eines Engels hat mich hintergangen. Ich bin verloren. Ich habe ein Kind empfangen und fühlte mich nicht schuldiger als du, o Heilige Jungfrau. Bitte für mich an Gottes Thron, dass er mir Gnade schenke, wenn mich die Menschen verdammen, oder lass mich sterben, damit ich nicht vor Scham vergehen muss vor meinem Herrn und Gebieter.«
Als Hans hörte, dass sie gegen ihn nichts Böses sagte, erhob er sich, noch immer voll Bestürzung darüber, dass Berta dieses schöne Spiel zu zweien so tragisch nahm. Aber sowie sie hörte, dass ihr Engel Gabriel sich bewege, war sie auch schon auf ihren Füßen und blickte ihn mit tränenüberströmtem Antlitz und mit Augen an, in denen ein heiliger Zorn flammte, der sie aber nur noch schöner erscheinen ließ.
»Wenn Ihr Euch einen Schritt nähert, so bin ich des Todes!«, rief sie, indem sie einen zierlichen Dolch ergriff.
»Nicht an Euch ist es, zu sterben, sondern an mir, geliebteste Herrin«, rief Hans aus, der ihren furchtbaren Jammer endlich begriff, »denn mehr liebe ich Euch, als je eine Frau auf dieser Erde geliebt worden ist.«
»Wenn Ihr mich wahrhaft liebtet«, entgegnete Berta, »so hättet Ihr mir nicht so übel mitgespielt, denn ich will lieber sterben, als den Unwillen meines Gemahls erdulden.«
»So ist es Euer Wunsch, zu sterben?« – »Ja.«

»Nun denn, wenn ich hier von Dolchstichen durchbohrt niedersinke, so werdet Ihr von Eurem Gemahl leicht die Verzeihung erlangen. Ihr werdet ihm sagen, wie Eure Unschuld getäuscht und überfallen wurde, und dass Ihr Eure Ehre gerächt, indem Ihr den Betrüger getötet. Und ich, ich wünsche mir kein besseres Glück, als für Euch sterben zu dürfen, da Ihr es mir verweigert, für Euch zu leben.«

Als Berta diese zärtlichen, von Tränen überströmten Worte hörte, ließ sie die Waffe fallen; Hans griff danach und stieß sich den Dolch in die Brust.

»Solche Seligkeit kann nur mit dem Tod bezahlt werden«, rief er aus und schlug wie leblos hin.

Aufs Äußerste erschrocken, rief Berta ihre Zofe. Das Mädchen kam und ward starr vor Entsetzen, als sie einen blutenden Mann in dem Gemach ihrer Herrin fand. Sie sah Berta den Toten in ihren Armen aufrichten mit dem Ausruf: »Was habt Ihr getan, mein Freund?« Denn Frau von Bastarnay glaubte nicht anders, als dass Hans tot sei. Und im Nachschauer ihrer großen Seligkeit dachte sie bei sich, wie schön der Jüngling sein müsse, da ihn jedermann für ein Mädchen gehalten hatte. In ihrem Schmerz erzählte sie alles der Zofe; sie weinte und jammerte, dass sie nun ein Kind empfangen und dass, nicht genug damit, ihr auch noch der Tod eines Menschen auf der Seele liege. Als der arme Verliebte diese Worte hörte, strengte er sich an, ein klein wenig die Augen zu öffnen, sodass man gerade das Weiße darin sehen konnte.

»Herrin, weinet nicht«, tröstete die Zofe, »wir dürfen nicht den Kopf verlieren, sondern müssen daran denken, den hübschen Junker zu retten. Ich will zur alten Stasi laufen, damit wir keinen Chirurgus oder Apothekarius einzuweihen brauchen. Die Alte versteht sich aufs Hexen und kann gewiss der gnädigen Frau zu Gefallen ein Wunder tun und das Blut stillen.«

»Eile«, versetzte Berta, »ich will dir's lohnen und dich lieben für deinen Beistand.«

Dann kamen Herrin und Dienerin dahin überein, dass sie über das Abenteuer schweigen und den Jüngling vor aller Augen verbergen wollten. Die Zofe aber lief mitten in der Nacht zur alten Stasi Strünzelmeier, nachdem Berta sie bis zur Zugbrücke begleitet hatte, die der Wächter nur auf besonderen Befehl der Schlossfrau herablassen durfte. Bei ihrer Rückkunft fand Berta ihren schönen Freund ohnmächtig vor Blutverlust, denn der rote Saft wollte noch immer nicht versiegen, sondern rann unablässig aus der Wunde. Berta trank einige Tropfen davon in dem Gedanken, dass Hans es für sie vergossen hatte, und gerührt von dieser großen Liebe und in der Angst um sein Leben küsste sie dem schönen Junker zärtlich den Mund, versuchte sein Blut zu stillen, indem sie es mit ihren Tränen vermischte, und flehte ihn an, er solle nicht sterben, sie wolle ihn mit all ihren Kräften lieben, wenn er nur am Leben bleibe. Ihr könnt euch denken, wie überrascht die Schlossherrin war, als sie die Beobachtung machte, dass ein Jüngling wie Hans, weiß und zart und flaumig, so ganz anders beschaffen sei als ihr alter, gelber, haariger Gemahl.

Dieser Unterschied rief ihr zugleich ins Gedächtnis, wie verschieden das Gefühl war, das sie sonst in der Vereinigung der Liebe empfunden hatte, und durch diese Erinnerung aufgestachelt, wurden ihre Küsse immer heftiger, sodass Hans davon erwachte, sein Blick klarer wurde und er Berta erkannte, die er mit schwacher Stimme um Verzeihung anflehte. Aber die junge Frau bat ihn, nicht zu sprechen, bis die alte Stasi dagewesen wäre. Und so brachten die beiden die Zeit des Wartens damit zu, sich ihre Liebe mit den Augen zu beteuern. Aus denen Bertas blickte zwar nur das Mitleid, aber das ist unter dieser Verkettung der Umstände von der Liebe nicht weit entfernt.

Die Stasi Strünzelmeier, ein buckliges altes Weib, stand sehr im Verdacht der Zauberei, und man sagte, dass sie jede Nacht

PREDOMME

des Sabbats auf dem Besen durch den Kamin davonreite. Viele wollten sie gesehen haben, wie sie in ihrer Stallung, als welches bei den Hexen bekanntlich die Dachtraufe ist, ihren Besen schmierte und anschirrte. Die Wahrheit zu sagen, war sie in den Geheimnissen der Heilkunst wohlerfahren und leistete den vornehmen Damen und Herren in mancherlei Angelegenheiten gute Dienste, infolgedessen sie ihr Leben in ungestörter Ruhe verbrachte und ihre Seele nicht auf einem Holzstoß, sondern in einem guten Federnbett aushauchte, nachdem sie einen ganzen Haufen Gulden zusammengespart hatte, was wohl der Grund war, warum die Physikusse und Apothekariusse sie immer verdächtigt hatten, mit Giften und Zauberkünsten einen schlimmen Handel zu treiben. Die Gifte und Salbereien stimmten übrigens, was aus dieser Geschichte klar hervorgehen wird. Kam also die alte Stasi, zwar nicht auf einem Beselein, dafür aber auf einem Eselein, eiligst mit der Kammerzofe angeritten, sodass der Tag noch nicht graute, als sie im Schloss anlangten.

»Nun, Kinder, was gibts?«, fragte sie, als sie in die Halle eintrat. Es war so ihre Art, ohne viel Federlesens mit den großen Damen und Herren umzuspringen, die ihr sehr klein vorkamen. Sie setzte ihre Brille auf und untersuchte die Wunde sehr geschickt.

»Das ist schönes Blut, meine Liebe«, schmunzelte sie. »Ihr habt gewiss davon gekostet. Er hat nach außen geblutet, das ist gut.«

Und sie wusch bei diesen Worten die Wunde mit einem feinen Schwamm, alles vor den Augen der Dame und ihrer Zofe, die atemlos dabeistanden. Dann erklärte sie mit bestimmtem Ton, dass der edle Herr an diesem Stoß nicht sterben, aber dennoch, wie sie in seiner Hand lese, infolge dieser Nacht dereinst durch einen gewaltsamen Tod umkommen werde. Über diesen unheimlichen prophetischen Ausspruch entsetzten sich Berta und ihre Dienerin nicht wenig. Die alte Stasi aber gab die nötigsten und dringlichsten Vorschriften und versprach, in der nächsten Nacht wiederzukommen.

LAVIEILLE

Sie pflegte in der Tat den Verwundeten während vierzehn Tagen, indem sie jede Nacht heimlich auf das Schloss kam. Den Bediensteten des Schlosses sagte die Kammerzofe, Fräulein Sylvia von Rohan sei infolge einer Geschwulst des Leibes auf den Tod erkrankt, was mit Rücksicht auf deren Base, die gnädige Frau, geheim bleiben solle. Jeder war durch diese Lüge befriedigt und hatte das Maul so voll davon, um auch den andern noch etwas abgeben zu können. Die guten Leute schwatzten viel von dem gefährlichen Übel, aber in Wirklichkeit lag die Gefahr in der Genesung. Denn je stärker der Jüngling wurde, umso schwächer wurde Berta und ließ sich immer williger in die Rosenlauben des Paradieses locken, das ihr Hans erschlossen hatte. Kurz, sie liebte ihn mehr und immer mehr. Aber mitten im Taumel ihrer Seligkeiten ward sie beständig gefoltert durch die drohenden Worte der alten Stasi und ward gequält durch ihr frommes Gewissen und die Furcht vor Herrn Imbert, dem sie schreiben musste, dass sie ein Kind von ihm empfangen, mit dem sie ihn bei seiner Rückkehr überraschen werde. Diese dicke Lüge lag ihr schwer auf der Seele, und an dem Tag, an dem sie diesen heuchlerischen Brief schrieb, mied die arme Berta ihren Freund Hans, denn sie weinte so bitterlich, dass ihr Nastüchlein von ihren Tränen ganz durchnässt war. Da Hans sich so verlassen sah (denn sonst ließen sie ebenso wenig

voneinander als das Feuer vom Holz), glaubte der Jüngling nicht anders, als dass ihn Berta nicht mehr liebe, und verbohrte sich so in seinen Schmerz, bis ihm selber die Tränen aus den Augen quollen.

Beim Nachtmahl gewahrte Berta in ihres Freundes Augen die Spuren seiner Tränen, obwohl er versucht hatte, sie zu trocknen, und gestand ihm bewegten Herzens den Grund ihres Kummers und ihre Angst vor der Zukunft. Sie zeigte ihm, wie sehr sie beide gefehlt, und hielt ihm so schöne, so christliche, so mit Tränen untermischte Reden, dass Hans im Innersten getroffen wurde von der gläubigen Frömmigkeit seiner Geliebten. Diese mit bittrer Reue getränkte Liebe, diese Zartheit des Gewissens bei aller Schuld, diese Schwäche und zugleich diese Kraft würden, wie die schlechten Schriftsteller sich ausdrücken, ein Tigerherz erweicht haben. Wundert euch also nicht, dass Hans bei seiner Knappenehre schwor, ihr in allem zu gehorchen und alles zu tun zu ihrer Rettung in dieser und in der anderen Welt.

Als sie dieses Vertrauen und das redliche Herz ihres Geliebten sah, warf sich Berta zu seinen Füßen und bedeckte sie mit Küssen.

»Oh, mein Freund«, rief sie aus, »den ich lieben muss, trotzdem es eine Todsünde ist, du mein Einziger, der du so gut, so barmherzig mit deiner armen Berta bist; wenn du willst, dass sie immer an dich denken soll wie jetzt und den Strom ihrer Tränen, dessen Quelle so süß und lieb ist, eindämmen soll (hier ließ sie sich, um ihn ganz zu überzeugen, einen Kuss von ihm rauben), mein Geliebter, wenn du willst, dass

PREDHOMME

die Erinnerung meiner Himmelsfreuden mir nicht auf dem Gewissen lasten, sondern immer wie Gesang der Engel im Gedächtnis bleiben und mir ein Trost sein möge in trüben Tagen: So tue, was die Heilige Jungfrau mir befohlen hat. Im Traum habe ich sie angefleht, in meine Verwirrung und Verirrung mit ihrer himmlischen Klarheit zu leuchten. Ich flehte sie an, mir zu erscheinen, und sie hat mich Unwürdige ihres Anblicks gewürdigt. Ich zeigte ihr die furchtbare Qual meines Herzens, wie mir bange ist für das Kind, das sich schon in mir bewegt, und wie ich erzittre für dessen wahren Vater, der der Rache meines Gemahls ausgeliefert eines gewaltsamen Todes sterben muss, wenn die alte Stasi wahr prophezeit hat. Die Heilige Jungfrau lächelte. Die Kirche gewährt uns die Verzeihung unserer Sünden, sprach sie, wenn wir ihren Befehlen gehorchen, wenn wir freiwillig unsern Teil der Strafe schon hier auf Erden abbüßen und nicht freventlich abwarten, bis der Zorn des Himmels über uns hereinbricht. Dann zeigte sie mit ihrem Finger auf einen jungen Mann, der ganz dir glich und so gekleidet war, wie du es sein solltest und wie du dich bald kleiden wirst, wenn du deine Berta mit einer ewigen Liebe liebst.«
Da versicherte ihr Hans nochmals, ihr in allen Stücken gehorchen zu wollen, er hob sie auf seine Knie und küsste sie innig. Zitternd vor Angst, eine abschlägige Antwort zu bekommen, gestand ihm Berta, dass das Gewand, in das er sich kleiden müsse, eine Mönchskutte sei und dass er sich in das Kloster von Marienmünster in der Nähe der Stadt Tours zurückziehen solle; dann wolle sie ihm vorher noch eine letzte Liebesnacht gewähren und danach weder ihm noch einem anderen Mann auf der Welt je wieder gehören. Jedes Jahr einmal aber solle er auf einen Tag zu ihr kommen, um sein Kind zu sehen. Das werde seine Belohnung sein.
Hans, gebunden durch seinen Schwur, beteuerte ohne Zögern, dass er ihr zuliebe Mönch werden und damit das Mittel ergreifen wolle, ihr treu zu bleiben und keine anderen Freuden der Liebe mehr zu genießen nach ihrer seligen

Verbindung, in deren Erinnerung er leben und sterben werde.

»So ungeheuer groß auch meine Schuld ist«, rief Berta, als sie diese Worte hörte, »und was mir auch von Gott vorbehalten sein mag zu erdulden, diese Stunde wird mir helfen, das Schwerste zu ertragen; denn nun glaube ich sicher, dass ich einem Engel, nicht einem Menschen angehört habe.«

Und so warfen sie sich aufs Lager, wo ihre Liebe zuerst erblüht war, um all den süßen Freuden ein letztes und erhabenes Lebewohl zu sagen. Da schien es, dass der Gott der Liebe an diesem letzten Opfer sein besonderes Wohlgefallen fand. Er ließ die Opfernden untertauchen in die tiefsten Abgründe der Ekstase, wie selten Weib und Mann sie auf Erden gekannt haben. Denn das Eigentümliche der wahren Liebe besteht in einer solchen Gegenseitigkeit, die bewirkt, dass jeder Teil umso mehr empfängt, je mehr er gibt, und die Wirkungen sich in geometrischen Proportionen bis ins Unendliche steigern. Aber das kann man Leuten mit engem Verstand nur begreiflich machen unter dem Bild des Kaleidoskops, wo aus einer Figur tausende Figuren werden. Und so erstaunten die Liebenden selber über die Fülle von Verzückungen und den Reichtum und die Stärke der Zärtlichkeit, deren sie fähig waren, ohne sich zu erschöpfen. Sie hätten gewünscht, dass diese Nacht die letzte ihres Lebens wäre; und als eine süße Ermattung sich allmählich über ihre Sinne lagerte, glaubten sie, dass es ihnen bestimmt sei, in einem tödlichen Liebeskuss zu vergehen und ihre Seelen in eins hin auszuhauchen; aber sie überlebten sogar unzählbare Wiederholungen ihrer Zärtlichkeiten.

Am anderen Morgen musste sich Fräulein Sylvia, da die Ankunft des Herrn von Bastarnay nahe bevorstand, von Berta verabschieden. Das arme Mädchen fiel ihrer Muhme mit Tränen um den Hals. Jeder Kuss sollte ihr letzter sein, und der letzte dauerte bis zur Vesperstunde. Dann musste sie sich losreißen, trotzdem ihr Herzblut zu erstarren schien, gleich dem Wachs, das von einer Osterkerze träufelt. Seinem Versprechen gemäß begab sich Hans nach Marienmünster und ließ sich dort unter die Novizen einreihen. Dem Herrn von Bastarnay aber teilte man mit, dass Sylvia in die Arme ihres ›Lords‹ zurückgekehrt sei, was so viel bedeutete wie in die Arme des ›Herrn‹ und also nicht einmal eine Lüge war.

Bertas Schwangerschaft zeigte sich bereits so weit vorgeschritten, dass sie ohne Gürtel ging, und die Freude ihres Gemahls über ihren Zustand war der Anfang ihres Martyriums. Denn das Lügen wurde ihr sehr schwer, und nach jedem unwahren Wort eilte sie zu ihrem Betstuhl, weinte sich ihr Herzblut aus der Seele und betete inbrünstig zu allen Heiligen des Paradieses. Sie rief laut um Erbarmen zu Gott, und siehe, er hörte sie; denn er ist der Herr, der Allsehende und Allhörende, vor dessen Ohr alles dringt, das Rollen des Sandkorns im Ozean, wie jede Klage, die ein Armer zu ihm emporschickt. Wenn ihr aber das Glück und die Stärke eines solchen Glaubens entbehren solltet, werdet ihr, was ich jetzt erzähle, für unmöglich halten.

Gott befahl also dem Erzengel Michael, dieser bußfertigen Sünderin schon auf Erden die Hölle zu bereiten, damit sie nachher ungehindert ins Paradies eingehen könne. Der heilige Michael begab sich hierauf an das Höllentor und überantwortete dem Fürsten Satan für die Dauer dieses Lebens alle drei Seelen, die der Mutter, des Vaters und des Kindes, indem er ihm Vollmacht gab, dieselben während dieses Erdendaseins durch alle menschliche Drangsal zu schleifen, sie zu ängstigen mit jeder Angst, sie zu martern mit jeder Marter. Und der Teufel, der nach dem Willen Gottes der Herr über das Böse ist, antwortete dem Erzengel, dass er sich des Auftrags gern entledigen wolle.

Während der Ausführung des göttlichen Befehls ging auf Erden das Leben seinen Gang. Die edle Dame von Bastarnay schenkte dem Herrn Imbert das schönste Kind der Welt, einen Knaben wie aus Milch und Blut, voll Geist und Verstand wie ein kleiner Jesusknabe, lachend und voll

Tollheiten wie ein heidnischer Liebesgott, immer schöner werdend von Tag zu Tag. Die glänzenden körperlichen und geistigen Eigenschaften seiner Eltern hatten bei ihm eine Mischung von wunderbar scharfem Verstand und holdester Grazie hervorgebracht, während sein älterer Bruder seinem Vater nachschlug, dem er zum Erschrecken ähnlich wurde. Der alte Bastarnay, der dieses Wunder von Schönheit und Geist täglich wie ein himmlisches Mirakel anstaunte, hätte gern seine ewige Seligkeit darangegeben, um dem jüngeren die Rechte der Erstgeburt zu verschaffen, und er hoffte dies durch die Protektion des Königs wirklich zu erreichen. Berta wusste nicht, wie sie sich zu der Sache stellen sollte. Sie vergötterte das Kind des Geliebten, während sie ihren Erstgeborenen nur mäßig lieben konnte; aber trotzdem verteidigte sie diesen gegen die üblen Absichten seines Vaters. Sie war nicht unzufrieden mit dem Lauf der Dinge und überredete sich gern, ihr Gewissen betäubend, dass die Sachen so bleiben würden, wie sie jetzt standen, da inzwischen zwölf Jahre verflossen waren, ohne dass ihre Freude durch anderes als Zweifel und Furcht getrübt wurde. Einmal jedes Jahr erschien, wie vereinbart, der Mönch von Marienmünster, den niemand kannte als die Kammerzofe, auf einen ganzen Tag auf dem Schloss, um seinen Sohn zu sehen, trotzdem Berta den Bruder Johannes schon mehrere Male gebeten hatte, auf sein Recht zu verzichten. Aber der Mönch deutete auf das Kind und sagte: »Du siehst ihn alle Tage des Jahrs und ich nur einen einzigen!«

Da fand die arme Mutter kein Wort der Erwiderung.

Einige Monate vor der letzten Empörung des Herrn Loys gegen seinen Vater, den König, entschloss sich der alte Bastarnay in seinem Vaterstolz, seinen jüngeren Sohn, der gerade sein zwölftes Jahr erreicht hatte und so gelehrt war, dass er einmal eine Leuchte der Wissenschaft zu werden versprach, mit sich an den Hof von Burgund zu führen, wo er hoffen durfte, dass Herzog Karl, ein Freund der Männer von Geist, dem Jüngling eine Laufbahn bereiten werde, um die ihn Fürsten und Prinzen von Geblüt beneiden müssten. Jetzt hielt der Teufel seine Zeit für gekommen und fuhr mit seinem stinkenden Schwanz mitten in das schöne Glück, um es nach seiner Art zurechtzustutzen.

III. Von dem furchtbaren Strafgericht, das über Berta hereinbrach, ihre Sühne und ihr seliges Ende

Die Kammerzofe der Dame von Bastarnay, jetzt in ihrem fünfunddreißigsten Jahr, verliebte sich in einen der Kriegsleute ihres Herrn und war so einfältig, ihm zu erlauben, sich einige Brote zum Voraus aus ihrem Backofen zu holen, infolgedessen sie eine natürliche innere Anschwellung davontrug, die man im Volksmund eine neunmonatige Hydropisie nennt. Dieses arme Weib flehte nun ihre Herrin an, sich doch bei dem gnädigen Herrn für sie zu verwenden, zu dem Zweck, dass er den schlechten Menschen zwinge, vor dem Altar zu vollenden, was er im Bett angefangen hatte. Der Dame von Bastarnay fiel es leicht, ihr diese Gunst auszuwirken, und die Kammerzofe war sehr glücklich darüber. Ließ also der alte Kriegsmann Bastarnay, der in diesen Dingen keinen Spaß verstand und barsch und harsch sein konnte wie der Kriegsgott selber, sich seinen Mann kommen, schalt ihn gehörig aus und stellte ihm kurzerhand die Wahl, ob er sich lieber mit der Jungfer Hänfin oder mit der Jungfer Zofe vermählen wolle, mit andern Worten: was er vorziehe, den Galgen oder das Joch der Ehe. Der Soldat, der lieber seine Ruhe als seinen Kopf verlor, wählte von den beiden Übeln ohne Besinnen das letztere. Darauf ließ sich der Herr von Bastarnay auch das Weibsbild kommen, um ihr, weil er dies der Ehre seines Hauses schuldig zu sein glaubte, gründlich den Text zu lesen. Er tat dies mit so viel schmückenden Beiwörtern, mit so viel hochtönenden Tiraden, dass die arme Zofe fürchten musste, nicht verheiratet, sondern für den Rest ihres Lebens in ein finsteres Kerkerloch geworfen zu werden; denn sie meinte nicht anders, als ihre Herrin wolle sich ihrer entledigen, um die Mitwisserin ihrer Geheimnisse auf diese Weise aus der Welt zu schaffen. Als nun der ungeleckte Affe ihr solche Reden an den Kopf warf, wie zum Beispiel: »Man

wäre ein Narr, wenn man eine Hure im Haus behielte«, erwiderte sie dem Alten, »er sei allerdings ein Erznarr, da seine Frau schon seit langer Zeit zur Hure gemacht worden und noch dazu von einem Mönch, was für einen Kriegsmann die schlimmste wäre von allen Sorten Schande, die man sich erdenken kann.«

Nun stellt euch das furchtbarste Gewitter vor, das ihr je erlebt habt, und ihr bekommt ein schwaches Bild von dem rasenden Zorn des Greises, der sich an einer Stelle des Herzens verletzt fühlte, wo sein zartestes Leben seinen Sitz hatte. Er packte die Zofe an der Gurgel und wollte sie erwürgen. Das Mädchen aber, um sich zu verteidigen, nannte ihm das Wann, Wo und Wie und fügte hinzu, wenn er ihren Worten keinen Glauben schenken wolle, so solle er sich auf seine Ohren und Augen verlassen an dem Tag, an dem Herr Johannes, der Prior von Marienmünster, zu Besuch aufs Schloss komme; dann werde er schon selber sehen, wie der Vater sich für die Entbehrung langer Monate tröste und seinen Sohn an dem einen Tag küsse und herze für ein ganzes Jahr.

Imbert befahl dem Weib, sofort das Schloss zu verlassen; denn er würde sie ebenso sicher töten, wenn sie wahr gesprochen, als wenn sie eine Lüge erfunden hätte. Er schenkte ihr zu ihrem Mann noch hundert Gulden und befahl den beiden, sich unverweilt außer Landes zu machen. Der Sicherheit halber ließ er sie durch einen seiner Offiziere nach Burgund begleiten. Seiner Frau machte er die Mitteilung davon mit der Begründung, die Zofe sei ein schlechter Mensch, weshalb er es für richtig erachtet, sie zu entlassen und aus seinem Haus hinauszuschmeißen. Er habe ihr aber zuvor hundert Gulden ausgezahlt und ihrem Kerl am Hof von Burgund eine Anstellung verschafft. Berta war erstaunt, dass ihre Zofe schon das Schloss verlassen hatte, ohne von ihrer Herrin Urlaub genommen zu haben, aber sie sagte kein Wort darüber. Sie hatte jetzt schlimmere Sorgen und Befürchtungen, da sie merkte, dass ihr Gemahl plötzlich ei-

nen anderen Ton anschlug und oft wie mit bittrem Scherz Vergleiche anstellte zwischen sich und seinen beiden Söhnen, wobei er in dem jüngeren, den er so liebte, in Kinn, Nase, Stirn oder sonst nicht das Geringste von seinen eigenen Zügen entdeckte.
»Er gleicht ganz mir«, sagte Berta eines Tages, als er wieder einige Anzüglichkeiten hierüber fallen ließ. »Wisst Ihr nicht, dass in den guten Ehen die Kinder abwechselnd dem Vater und der Mutter gleichen? Jedes kommt an die Reihe. Manchmal vermischt es sich auch, wie die Frau ihr eignes Blut mit dem des Mannes vermischt. Auch sagen die Doktoren, dass es Kinder gibt, die keinem der beiden Eltern im Geringsten nachschlagen, welche geheimnisvolle Sache eine Laune des lieben Gottes sei.«
»Ihr seid ja sehr gelehrt worden, mein Liebchen«, antwortete Bastarnay. »Ich für meinen Teil bin ganz unwissend, aber ich halte daran fest, dass, wenn ein Kind einem Mönch ähnlich sieht …«
»So müsste es das Kind des Mönchs sein?«, versetzte Berta, indem sie ihrem Gatten furchtlos ins Gesicht schaute, trotzdem ihr Blut in den Adern zu Eis zu erstarren drohte.
Der gute Ehemann war schon fast überzeugt, einer verleumderischen Lüge zum Opfer gefallen zu sein. Er verfluchte heimlich die Zofe, versteifte sich aber nur noch hartnäckiger darauf, dem Geheimnis auf den Grund zu kommen.
Als der Tag, der dem Dominus Prior gehörte, nahe bevorstand, schrieb Berta, ängstlich gemacht durch die Worte ihres Gemahls, dem Freund einen Brief, worin sie ihn bat, er möge ihr die Liebe tun und dieses Jahr fernbleiben; den Grund dafür werde sie ihm später erklären. Darauf begab sie sich zur alten Stasi, die den Brief überbringen sollte, und glaubte für diesmal der Gefahr glücklich vorgebeugt zu haben. Sie beglückwünschte sich umso mehr zu ihrem Schritt, als ihr Gemahl, der sonst um diese Zeit in die Provinz auf seine Güter zu reisen pflegte, sich nun unerwartet zu Hause

hielt, indem er die Vorbereitungen zum Aufstand des Prinzen Loys gegen den König vorschützte, als welcher, wie jedermann weiß, an den Folgen der erneuten Empörung starb. Dieser Grund schien so glaubhaft, dass Berta sich dabei beruhigte und sich still und abwartend verhielt. An dem bestimmten Tag kam der Prior wie sonst. Berta, erbleichend, fragte, ob er ihre Botschaft nicht bekommen habe?

»Welche Botschaft?«

»So sind wir also verloren, alle drei, du, das Kind und ich.«

»Warum?«, entgegnete der Prior.

»Ich weiß nur, dass unsere letzte Stunde heute gekommen ist.«

Sie fragte ihren geliebten Sohn, wo der Herr von Bastarnay sich aufhalte, worauf der Knabe antwortete, dass sein Vater durch einen Eilboten nach Loches gerufen worden und erst zum Nachtmahl zurückkehren werde. Als Dominus Johannes dies hörte, bestand er darauf, der Bitten seiner Freundin nicht achtend, den Tag mit ihr und ihrem lieben Kind zu verbringen. Nachdem nun seit der Geburt ihres Sohnes, so meinte er, zwölf Jahre ohne Unheil verflossen seien, könne ihnen keine Gefahr mehr drohen durch eine Zofe oder wen. Aber als Berta ihm den Grund ihrer Befürchtungen auseinandergesetzt hatte, ward auch Johannes unruhig. Die beiden blieben, wie immer zur Feier dieses Jahrtages, die ganze Zeit auf Bertas Zimmer und nahmen früh das Mittagsmahl ein. Dom Johannes suchte Bertas Mut zu stärken und die Freundin zu beruhigen. Er verwies sie auf die großen Privilegien der Kirche. »Der Herr von Bastarnay«, sagte er, »der jetzt ohnedies bei Hof nicht gut angeschrieben sei, werde sich hüten, an einen Würdenträger von Marienmünster Hand anzulegen.«

So setzten sie sich also zu Tisch, während der Knabe im Schlosshof einen jungen spanischen Hengst tummelte, ein Geschenk des Herzogs Karl von Burgund an den Herrn von Bastarnay, und sein lebhaftes Spiel nicht lassen wollte, trotz der wiederholten Bitten seiner Mutter. Und da die jungen

Knaben sich gern großmachen und die Knappen sich gern als Ritter dünken, so wollte auch der Kleine dem Mönch zeigen, was er inzwischen gelernt hatte. Er ließ den Hengst die kühnsten Sprünge machen und blieb dabei so fest im Sattel sitzen wie der älteste Landsknecht.

»Lasst ihn gewähren, teure Freundin«, sagte der Mönch zu Berta. »Die unfolgsamen Kinder werden später starke Männer.«

Berta aß wenig, so beklommen und eng war ihr ums Herz. Der Mönch aber, in allen Wissenschaften bewandert, fühlte schon beim ersten Bissen in seinem Magen ein eigentümliches Gefühl und in seinem Gaumen einen bitteren Geschmack, was ihm sofort den Gedanken eingab, dass ihnen der Herr von Bastarnay das Mahl gewürzt habe. Leider hatte Berta schon gegessen, als er dazu kam, seinen Verdacht auszusprechen. Er fasste das Tischtuch mitsamt den Schüsseln und warf die ganze Mahlzeit in den Kamin.

Berta dankte der Heiligen Jungfrau, dass ihr Sohn so auf sein Spiel erpicht gewesen, und der Mönch, der sein altes Handwerk noch nicht verlernt hatte und den Kopf oben hielt, eilte in den Hof, riss seinen Sohn von dem Hengst herunter, gab dem Gaul die Sporen und raste mit solcher Schnelligkeit davon, dass ihr hättet glauben können, eine Sternschnuppe zu sehen. Bis aufs Blut spornte er seinen Hengst und erreichte in so kurzer Zeit, wie wenn der Teufel selber geritten, die Stadt Loches und das Haus der alten Stasi. In zwei Worten teilte er ihr den Fall mit und bat sie um ein Gegengift, denn er fühlte, wie ihm die Würze des Ritters bereits in den Eingeweiden fraß.

»Ach«, rief die Hexe, »hätte ich gewusst, dass das Gift für Euch bestimmt gewesen, so hätte ich lieber den Dolch verschluckt, mit dem man meine Kehle bedrohte, und hätte mein armes Leben gelassen, um einen Mann Gottes zu retten und die süßeste Frau, die je auf dieser Erde geblüht hat; denn seht, mein Freund, ich habe nur noch dieses Restchen Gegengift in der Flasche.«

CAVIEILLE.

»Wird es hinreichen für sie?«
»Ja, aber eilt!«, rief die Alte.
Der Mönch raste noch schneller zurück, als er gekommen. Im Schlosshof angekommen, brach der Hengst unter ihm zusammen. Er trat in Bertas Gemach, die ihre letzte Stunde gekommen glaubte und weinend ihr Kind liebkoste und küsste, das nun allein dem Grimm des Herrn von Bastarnay ausgeliefert war. Über der Vorstellung an dieses grausame Geschick vergaß die Arme ihre eignen Qualen.
»Nimm dies«, rief der Mönch. »Ich selber bin gerettet.«
Dom Johannes hatte den Mut, diese Worte ohne Zucken einer Miene auszusprechen, trotzdem er die kalten Krallen des Todes schon in seinem Herzen spürte. Kaum hatte Berta getrunken, als der Prior tot zu Boden fiel, nachdem er seinen Sohn geküsst und dabei seine Geliebte mit einem Blick umfasste, der sich auch im Tod nicht zu verändern schien. Ihr Herz erstarrte bei diesem Anblick. Sie blieb unbeweglich vor dem Leichnam, der zu ihren Füßen ausgestreckt lag. Dann drückte sie ihrem weinenden Knaben die Hand, während ihr eigenes Auge trocken blieb wie das Rote Meer, als die Israeliten unter der Führung ihres Herzogs Moses ihren Durchzug nahmen. Der armen Frau schien es, als ob sie anstatt Tränen heiße Sandkörner unter den Wimpern hätte. Betet für sie, barmherzige Seelen, keine Frau hat je so viel gelitten bei dem Gedanken, dass ihr Freund um ihretwillen in den Tod gegangen. Mithilfe ihres Sohns bahrte sie selber den Mönch in einem Bett auf und kniete mit dem Knaben, dem sie sagte, dass dies sein eigner Vater war, betend zu seinen Füßen nieder. So erwartete sie die schwere Stunde.
Diese ließ nicht auf sich warten. Gegen die elfte Stunde der Nacht kam Bastarnay zurück, und als er die Zugbrücke überschritten, sagte man ihm, dass der Mönch tot, die Herrin jedoch und ihr Sohn am Leben seien. Er sah seinen schönen Hengst am Boden liegen, und von einer wilden Wut gepackt, Mutter und Sohn dem Mönch nachzuschi-

cken, sprang er die Stufen der Treppe mit einem Satz hinauf. Beim Anblick des Toten, für dessen Seele die beiden, ohne sich zu unterbrechen, Gebete murmelten, fand der Ritter nicht mehr den Mut, seinen blutigen Vorsatz auszuführen. Nachdem seine erste Wut verraucht war, wusste er nichts zu tun, als ratlos im Gemach auf und ab zu gehen. Es überkam ihn das Gefühl, als ob er der einzig Schuldige wäre, und er wurde ganz kleinlaut bei den unaufhörlich gebeteten Litaneien für die Seele des Mönchs.

Die Nacht ging in Tränen, Seufzern und Gebeten dahin. Auf Befehl der Herrin musste ihre Zofe in der Stadt Loches ein Gewand, wie es die Edelfrauen auf der Reise tragen, und für ihren Sohn ein Pferd und ritterliche Waffen besorgen. Darüber verwunderte sich der Herr von Bastarnay nicht wenig. Er schickte nach seiner Frau und seinem Sohn, die ihm keine Antwort gaben, sondern sich stumm mit den von der Zofe gekauften Gewändern bekleideten. Nach Bertas Weisung musste die Zofe über den ganzen Besitz ihrer Gebieterin, Kleider, Perlen, Diamanten und alles Rechenschaft aufstellen und dem Gemahl hinterlegen, wie bei feierlicher Verzichtleistung einer Witwe auf ihr Erbrecht.

Um die Zeremonie vollkommen zu machen, wurde sogar auf Bertas Befehl der Inhalt ihrer Almosentasche dem Übrigen hinzugefügt.
Das Gerücht über diese Vorbereitungen ging wie ein Lauffeuer durch das Schloss. Ein jeder sah, dass die edle Dame sie verlassen wolle, was alle Herzen zur Trauer stimmte; selbst ein kleiner Küchenjunge, der erst seit einer Woche im Schloss weilte, weinte bitterlich, hatte ihm die Herrin doch auch schon ein gütiges Wort gesagt.
Entsetzt über diese Anstalten, begab sich Bastarnay in das Zimmer seiner Frau, wo er sie weinend über der Leiche ihres Freundes fand. Denn jetzt hatte sie ihre Tränen wiedergefunden. Als sie ihren Gemahl erblickte, trocknete sie ihre Augen. Auf seine Fragen antwortete sie kurz mit dem Geständnis ihrer Schuld. Sie erzählte ihm, wie sie sich hatte

täuschen lassen; wie der arme Page sich habe töten wollen (hier zeigte sie die Wunde auf dessen Brust); wie seine Heilung lange gedauert; wie er sich dann aus Gehorsam gegen ihren Wunsch und aus reuiger Bußfertigkeit vor Gott und den Menschen in ein geistliches Gewand gehüllt, indem er, seine ritterliche Laufbahn verlassend, auf die Fortdauer seines Namens verzichtet, was gewiss eine härtere Buße sei als der Tod. Darum habe sie gedacht, Gott selber möchte dem Mönch nicht verweigert haben, seinen Sohn, für den er alles hingeopfert, einmal im Jahr zu sehen. Dann erklärte sie, dass sie nicht mit einem Mörder unter einem Dach wohnen könne und darum, nachdem sie sich all ihres Eigentums begeben, sein Haus verlassen werde; dass es nicht ihre, sondern seine Schuld sei, wenn die Ehre derer von Bastarnay einen Makel erlitten, da es ihre beste Absicht war, alles zum Guten zu führen; endlich, dass sie das Gelübde getan, mit ihrem Sohn über Täler und Berge zu pilgern, bis all ihre Schuld vollkommen getilgt wäre. Sie hatte aber ihre eignen geheimen Gedanken darüber, wie sie ihre Sühne zu erlangen und Genugtuung zu leisten hoffte.

Nachdem sie mit einem edlen Ausdruck in ihrem bleichen Gesicht diese schönen Worte gesprochen, nahm sie ihren Sohn bei der Hand, und schöner und stolzer in ihrem Schmerz als die Dame Hagar beim Abschied vom Patriarchen Abraham, verließ sie das Schloss, also dass bei ihrem Anblick alles mit gefalteten Händen in die Knie fiel, wie wenn es Unsere Liebe Frau selber gewesen wäre. Es war ein Anblick zum Erbarmen, wie der alte Herr von Bastarnay, der Größe seiner Schuld bewusst, ihr kläglich und unter Tränen folgte, wie ein Verbrecher, der zum Schafott geführt werden soll.

Berta hörte nicht auf ihn. In der allgemeinen Ratlosigkeit war vergessen worden, die Hängebrücke aufzuziehen, so sehr hatte alles den Kopf verloren, und in Angst, dass man das Versäumte nachholen könne, überschritt die Schlossherrin in fast hastiger Eile den luftigen Steg. Am Rand des Burggrabens setzte sie sich nieder, angesichts der ganzen Einwohnerschaft des Schlosses, die sie alle unter Tränen anflehten, zu bleiben. Der arme Herr von Bastarnay stand da, die Hand auf der Kette der Zugbrücke, stumm und starr wie einer der steinernen Heiligen am Portal der Burgkapelle; er sah, wie Berta ihrem Sohn befahl, den Staub von seinen Schuhen zu schütteln, damit er nichts von denen von Bastarnay mit sich trage, und wie sie selber seinem Beispiel folgte. Dann zeigte sie mit einer langsamen Bewegung ihrer Hand auf den Grafen und sprach also:

»Mein Kind, sieh hier den Mörder deines Vaters, als welches der arme Prior war, wie du weißt; du hast bis jetzt den Na-

G. Doré
CARBONNEAU. SC

men jenes Mannes dort getragen, du wirst ihn zurückgeben, gleichwie du hier den Staub des Schlosses von deinen Schuhen schüttelst. Was du an Nahrung und Kleidung dem Grafen schuldig geworden bist, diese Rechnung auszugleichen werden wir mit Gottes Hilfe Mittel und Wege finden.«

Bei diesen feierlichen Worten ward der alte Herr so erschüttert, dass er seiner Frau ein ganzes Kloster von Mönchen geschenkt haben würde, nur um nicht von ihr und ihrem jungen Sohn, der der Stolz seines Hauses war, verlassen zu werden.

»Bist du nun zufrieden, Teufel?«, rief Berta, die trotz dieser Anrufung nicht ahnte, welche wichtige Rolle der Herr Satan in der ganzen Angelegenheit gespielt hatte. »So will ich jetzt auf den Beistand Gottes, der Heiligen und Erzengel hoffen, zu denen ich so inbrünstig gebetet habe.«

Bertas Herz wurde plötzlich wunderbar getröstet, da gerade jetzt mit wehenden Fahnen an der Biegung eines fernen Feldwegs ein langer Zug der Brüder vom Kloster von Marienmünster erschien, deren geistliche Lieder ihr wie himmlische Gesänge im Ohr klangen. Die Mönche, von dem Mord ihres viel geliebten Priors unterrichtet, kamen, begleitet von der kirchlichen Justiz, um seinen Körper in feierlicher Prozession nach ihrem Kloster zu geleiten. Als der Herr von Bastarnay dies sah, fand er gerade noch Zeit, mit seinem Kriegsvolk abzuziehen, um alles hinter sich im Stich zu lassen und sich zu seinem Herrn, dem Kronprinzen Loys, zu schlagen.

Die arme Berta, hinter ihrem Sohn im Sattel sitzend, begab sich zunächst nach Schloss Montbazon, um ihrem Vater Lebewohl zu sagen. Sie erklärte ihm, dass sie sterben wolle an ihrem Kummer, und alle Tröstungen der Verwandten waren nicht imstande, ihrem Herzen den Frieden zu geben. Der alte Herr von Rohan schenkte seinem Enkel eine schöne Rüstung mit den Worten, dass er durch seinen Mut und ruhmreiche Taten die Schuld der Mutter zu ewigem Ruhm wandeln solle. Berta selber hatte keinen andern Gedanken

in das Herz ihres Sohns gepflanzt, als das Übel wieder gutzumachen und dadurch sie und den Prior von der ewigen Verdammung zu retten.
Beide, Mutter und Sohn, machten sich nun nach der Gegend auf, wo die Rebellion des Thronfolgers wider seinen Vater ihren Kriegsschauplatz hatte, ob sich vielleicht dort Gelegenheit böte, dass sie dem Herrn von Bastarnay einen Dienst leisteten, dem er sein Leben, ja viel mehr als sein Leben zu verdanken haben würde.
Die Flammen der Empörung hatten, wie man weiß, außer anderen Orten besonders die Umgebung von Bordeaux und die Provinz Angoulême ergriffen, wo große Schlachten zwischen den Empörern und der königlichen Truppenmacht bevorstanden.
Die Hauptschlacht, die den Krieg beendete, fand zwischen Ruffec und Angoulême statt, woselbst auch die Gefangenen gerichtet und gehängt wurden. Diese Schlacht, die der alte Bastarnay anführte, fiel in den November, ungefähr sieben Monate nach der Ermordung des Priors Dominus Johannes.
Der Graf wusste nur zu gut, dass er, als erster Ratgeber des aufrührerischen Prinzen, auf der Liste derer stand, die zum Tod durch das Schwert verurteilt waren.

Es geschah nun, dass er sich plötzlich in einigem Abstand von den Seinigen von sechs Bewaffneten umringt sah, die ihn zu ergreifen suchten. Er konnte nicht zweifeln, dass man ihn lebend fangen wolle, um ihm den Prozess zu machen, seine Güter einzuziehen und seinen Namen für immer auszulöschen aus dem Buch des fränkischen Adels. Der edle Herr wollte aber lieber auf dem Schlachtfeld sterben, um seinen Namen zu retten und seinem Sohn die Herrschaft zu erhalten. Er verteidigte sich mit der Tapferkeit eines Löwen. Ungeachtet ihrer Überzahl mussten die Soldaten, als sie drei ihrer Leute fallen sahen, Bastarnay härter angehen, und nachdem sie seine zwei Knappen und einen Schildträger niedergestreckt hatten, warfen sie sich, auf die Gefahr hin, ihn zu töten, allesamt auf die Person des Grafen. In dieser äußersten Gefahr stürzte sich ein Knappe mit den Farben derer von Rohan wie ein Blitz auf die Angreifenden, und mit dem Ruf: »Gott schütze die Bastarnay!«, tötete er ihrer zwei. Dem dritten, der den Grafen schon gefasst hatte, versetzte er einen so wohlgezielten Stoß, dass er sein Opfer freigeben und sich gegen den neuen Angreifer wenden musste, dem er, der schützenden Halsberge zum Trotz, seinen Dolch in die Gurgel stach. Bastarnay war ein zu ritterlicher Mann, als dass er geflohen wäre, ohne dem Befreier seines Hauses, den er erschlagen am Boden sah, zu Hilfe zu kommen. Mit einem kräftigen Hieb stieß er den Landsknecht zur Seite, hob den Knappen quer auf sein Pferd und gewann das freie Feld, wo er von einem unbekannten Führer zu dem Schloss von Rochefoucauld geleitet wurde. Dort langte er mitten in der Nacht an und fand in der großen Halle Berta von Rohan, die ihm diese Zuflucht bereitet hatte. Als er seinem Retter den Panzer löste, erkannte er den Sohn des Priors, der seinen letzten Seufzer aushauchte, indem er mit Anstrengung zum letzten Mal seine Mutter küsste mit dem Ausruf: »Mutter, unsere Schuld ist bezahlt.«

Als Berta diese Worte hörte, presste sie den Körper des Kin-

Doré

VERDEIL
G. Doré

VERDEIL
G. DORÉ

des ihrer Liebe ans Herz und verband sich so auf ewig mit ihm, da sie in demselben Augenblick tot mit dem toten Sohn zusammenbrach, ohne Bastarnays Verzeihung und Reue abzuwarten.

Dieses erschütternde Erlebnis beschleunigte sehr den Tod des armen Edelmanns, der den Tag der Krönung unseres Königs Loys des Elften nicht mehr erlebte. Er stiftete eine tägliche Messe in der Kirche von La Rochefoucauld, wo er Mutter und Sohn in einem Grab bestatten und einen Stein setzen ließ, worauf in lateinischer Schrift viel Rühmliches über ihr Leben zu lesen ist.

Die verschiedenen Moralen, die ein jeder beim Lesen dieser Historie sich selber aus den Fingern saugen kann, sind höchst nützliche Lebensweisheiten, da wir daraus lernen, dass ein Edelmann wohl daran tut, gegen die Geliebten seiner Frau immer fein höflich zu bleiben. Außerdem lehrt uns diese Geschichte, dass die Kinder ein Geschenk Gottes sind, also dass weder der falsche noch der wahre Vater ein Recht auf ihr Leben hat, wenn auch ein verabscheuungswürdiges heidnisches Gesetz im alten Rom das Gegenteil davon aussprach, was aber für uns Christen, die wir alle Kinder Gottes sind, nicht gelten kann.

Wie das Mädchen von Portillon seinen Richter überführte

Die Schöne von Portillon, die, wie jedermann weiß, eine Wäscherin war, bevor sie eine Färberin wurde und der Taschereau sie zu seiner Tascherette machte, betrieb ihr Geschäft in dem Ort Portillon, von dem sie ihren Namen hat. Für diejenigen, so die Stadt Tours nicht kennen, ist zu sagen, dass das genannte Portillon talabwärts an der Loire liegt, in der Richtung von Saint-Cyr und ebenso weit von der großen Brücke entfernt, die zur Kathedrale führt, als diese Brücke von Marienmünster abliegt, da die genannte Brücke sich in genauer Mitte befindet zwischen den genannten beiden Orten. Ist das klar? Ja. Nun also, in diesem Portillon, wenige Schritte von der Loire, hatte das genannte Mädchen seine Wäscherei, und zwar nahe bei der Fähre von Sankt Martin, welche Vorstadt am anderen Ufer des Flusses lag und unserer Wäscherin von

CARBONNEAU.
Gve Doré

Schloss Neuenburg her und anderen die meisten Kunden lieferte.

Ungefähr um Sankt Johannis, sieben Jahre vor ihrer Verheiratung mit dem Gevatter Taschereau, wurde sie mannbar, und da sie ein unbekümmertes und lustiges Ding war, ließ sie sich lieben, ohne von ihren Anbetern einen vor dem anderen zu begünstigen, ungeachtet, dass darunter junge Bursche waren, wie der Sohn des Meisters Rabelais, der sieben Frachtkähne auf der Loire besaß, wie der Älteste des Meisters Jahan, wie ferner der Schneider Rückläufer, und Grapser der Bigotterienhändler. Sie spielte ihnen tausend Possen, denn sie wollte von keinem Mann wissen, der nicht entschlossen war, sie vorher in die Kirche zu führen, was beweist, dass sie auf Ehrbarkeit hielt und ihre Tugend zu verteidigen wusste. Sie war eine von den Dirnen, die mit Leichtigkeit so lange keusch und kaltsinnig bleiben, bis eines Tages der Richtige kommt, der sie übertölpelt; dann ist ihnen aber auch alles gleich, und sie denken, einmal mehr oder weniger, darauf kommt's nicht an, ein Flecken oder tausend, gescheuert muss doch werden. Und wahrlich, solche Naturen verdienen unsere Nachsicht.

Ein junger Herr vom Hof sah eines Tages das schöne Waschermadel bei der Fähre von Sankt Martin. Es war zur Mittagszeit im Hochsommer, und ihre üppigen Reize schienen in der glühenden Sonne noch üppiger aufzublühen. Der Junker fragte, wer das hübsche Mädchen sei, und ein alter Mann, der am Ufer Kies schaufelte, sagte ihm, dass man sie nur die Schöne von Portillon nenne, dass sie Wäscherin sei und weit und breit bekannt durch ihre lustige Schalkhaftigkeit und strenge Tugend. Der feine Hofmann, über und über mit goldenen Ketten behangen und aufgeputzt in seinen Kleidern wie einer, beschloss sofort, die Kundschaft seines Hauses dem schönen Mädchen von Portillon zuzuwenden. Er redete sie an, als sie aus der Fähre stieg, und sie dankte ihm mit vielen Reverenzen und Knicksen, denn sie kannte ihn und wusste, dass es kein Geringerer war als der Herr Du Fou, der Kämmerling des Königs. Sie war von dieser Begegnung so beglückt und geschmeichelt, dass sie den Mund übervoll hatte von dem vornehmen Namen. Wem sie unterwegs in Sankt Martin begegnete und wer im Laufe des Tages zu ihr ins Waschhaus kam, einem jeden sprach sie von nichts als dem königlichen Kämmerer. Am anderen Tag hatte sie große Wäsche am Fluss, und wer nur vorüberging, musste die Erzählung von ihrer neuen vornehmen Bekanntschaft und Kundschaft anhören, also dass mit der Zeit in Portillon mehr von dem Herrn Du Fou die Rede war, als in der Predigt vom lieben Gott, und das war zu viel.

»Wenn die schon vor der Kirmes ein solches Wesen macht …«, sagte eine alte Vettel von Waschfrau, »er wird's ihr schön einbrocken, dieser Du Fou, nun, sie kann sehen, wie sie's ausfrisst.«

Als sie dann, die toll und deren Zunge trunken war von dem Namen Du Fou, zum ersten Mal Wäsche im Du Fouschen Palast ablieferte, ließ der Kämmerling sie zu sich rufen und begann alsbald, ihr die Lauden und Komplettorien zu singen und tausend Schmeicheleien zu sagen über ihre Schönheit und wie sie dumm sei, keinen Nutzen daraus zu ziehen, sondern ein so üppiges Feld brach liegen zu lassen, wofür er hohe Pacht zu zahlen bereit wäre. Von den Worten ging er zur Tat über, und das hübsche Ding mochte hoffen, ein schönes Stück Geld zu verdienen, oder wie es sonst zugegangen ist. Dann sagte sie, es sei genug fürs erste Mal. Und er: Auf bald wieder. Einige behaupten, er habe sie nur mit Not und Mühe vergewaltigt, und das kaum, und andere wieder scherzten, es wäre ihm überhaupt nicht gelungen, da sie weinend und wehklagend seinen Palast verließ und in großer Hast nach dem Haus des Richters eilte. Unglücklicherweise war dieser über Feld. Also wartete die Wäscherin in der Halle auf seine Rückkunft und hörte nicht auf zu jammern und zu klagen und der Magd zu erzählen, wie Seine Gnaden der Herr Du Fou ihr Gewalt angetan, ohne ihr etwas anderes dafür zu geben als boshafte und höhnische Reden, während ein Chorherr des Kapitels ihr für das, was ihr der Kämmerer geraubt, stets eine schwere Summe Geldes zu bezahlen pflege. Wenn sie einen Mann liebe, sagte sie unter Tränen, wolle sie ihr Vergnügen dabei haben, wie er das seine, aber dieser königliche Kämmerer habe sie geknetet und geknutet, genudelt und besudelt, gezerrt und gezaust und gar nicht zart und liebevoll angefasst. Darum verlange sie tausend Taler von ihm, wie seinerzeit von dem Chorherrn.

Unterdessen kam der Richter, sieht die hübsche Wäscherin und denkt ein Geplänkel mit ihr anzufangen. Sie aber sagte ihm kurz, dass jetzt keine Zeit wäre zum Scherzen, sondern dass sie als Klägerin erscheine, worauf der Richter erwiderte, dass sie über ihn verfügen könne, dass er ihr zuliebe zu jeder Schandtat bereit sei und, wenn sie es wünsche, sofort einen hängen lassen wolle, auf welche Art es ihr beliebe. Die schöne Wäscherin aber erklärte, dass es sich nicht um Tod und Leben handle, sondern um eine Buße von tausend Talern für einen Gewaltakt, der gegen ihren Willen an ihr verübt worden sei.

»Oh«, rief der Richter, »eine Jungfernschaft kostet mehr als tausend Taler.«

»Ich begnüge mich mit tausend Talern«, antwortete sie, »damit kann ich meine Wäscherei aufgeben.«
»Und derjenige«, fragte der Richter, »der die Blume gepflückt hat, kann er auch berappen?«
»Sehr gut kann er berappen.«
»Er soll teuer zahlen. Wer ist es?«
»Der edle Herr Du Fou.«
»Das ändert den Fall«, sprach der Richter.
»Und die Gerechtigkeit?«, sprach sie.
»Ich habe gesagt den Fall, nicht die Gerechtigkeit. Und zuvörderst tut es not, zu wissen, wie sich die Sache zugetragen hat.«
Darauf erzählte die Dirne in aller Ausführlichkeit, wie sie im Schrank Seiner Kammerherrlichen Gnaden die Wäsche geordnet, als sie plötzlich gespürt, dass er sich mit ihren Röcken zu schaffen machte; sie habe sich umgedreht und habe ihm zugerufen, er möge damit zu Ende kommen.
»Damit zu Ende kommen?«, lachte der Richter. »Nun, da konnte er nicht anders glauben, als dass du ihm erlaubtest, das Geschäft schnell fertig zu machen.«
Das hübsche Ding erwiderte, dass sie sich gewehrt und geschrien habe, was den Fall der Notzucht konstituiere.
»Da könnten viele kommen und klagen«, sprach der Richter.
Darauf antwortete das Dirnchen, trotz ihres heftigen Widerstrebens habe er sie am Gürtel gefasst und auf sein Bett geworfen, und wie sie auch mit Armen und Beinen um sich geschlagen und geschrien, sei doch niemand zu Hilfe gekommen, sodass sie zuletzt den Mut verloren.
»Gut!«, sagte der Richter. »Und es war Euch also kein Vergnügen?«
»Nein«, antwortete sie, »und darum verlange ich eine Entschädigung von tausend Gulden in feinem Gold.«
»Mein Schätzchen«, erwiderte der Richter, »ich muss leider deine Klage abweisen, da es meine Überzeugung ist, dass man keiner Jungfer Gewalt antun kann ohne ihre Einwilligung.«

»Oh, Herr Richter«, jammerte das Mädchen, »da fragt doch einmal Eure Magd, was die dazu sagt.«

Die Magd erklärte, dass es zweierlei Vergewaltigungen gebe, solche, die sehr lustig, und solche, die gar nicht lustig sind, dergestalt, dass die Wäscherin, da sie davon weder Geld noch Vergnügen gehabt, beides beanspruchen könne.

Dieses Sachverständigenurteil setzte den Richter in keine kleine Verlegenheit.

»Jakobine«, sprach er zu seiner Magd, »ich will noch vor meiner Abendsuppe die Sache klargestellt haben; geh rasch und hole mir einen Aktenstecher nebst einer roten Schnur, womit man die Aktenbündel zu verschnüren pflegt.«

Brachte also Jakobine eine Art Ahle mit einer wohlgeformten Öse und einen dicken roten Faden, wie man ihn auf allen Gerichtsstuben findet. Und sie wie die schöne Wäscherin waren nicht wenig begierig, was diese mystagorischen Vorbereitungen und richterlicher Hokuspokus zu bedeuten hätten.

»Meine Schöne«, sprach der Richter, »ich werde jetzt den Aktenstecher halten, dessen Öhre oder Öse weit genug ist, um das Ende der Schnur in sich aufzunehmen. Wenn dir die Einfädelung gelingt, will ich deine Klage annehmen und den Junker zu einem Kompromiss bringen, mit dem du zufrieden sein sollst.«

»Was ist das, ein Kompromiss?«, fragte sie. »Ich weiß nicht, ob ich mich darauf einlassen kann.«

»Das ist ein justizisches Wort und bedeutet so viel wie Vergleich; ist es jetzt klar?«

»Ja.«

»Nun, siehst du, die Vergewaltigung hat dir auch den Verstand aufgeschlossen.«

Dann hielt der verschmitzte Richter ihr das Loch der Nadel hin, und nachdem sie das Trumm des Fadens zwischen zwei Fingern ein wenig gedrillt hatte, begann sie ihre Versuche. Aber sooft sie mit ihrer gesteiften Fadenspitze dem Öhr der Ahle nahe kam, machte die Hand des Richters einen Ruck, und das Fadentrumm verfehlte das Loch. Wie sie auch die Finger leckte und den Faden steifte und spitzte, all ihre Mühe blieb vergeblich, die Hand des Richters hielt ihr nicht stand. Diese Hand der Justiz machte jetzt einen Ruck nach links, dann einen nach rechts, bewegte sich jetzt vorwärts, dann rückwärts, kurz, war unruhig und aufgeregt, wie ein Mädchen, das möchte und nicht wagt. Und also keine Möglichkeit einer Ehe zwischen dem Faden und der Ahle, die jungfräulich blieb, wie auch das Mädchen sich anstrengte.

Da konnte die Magd des Richters ihr Lachen nicht zurückhalten.

»Es scheint«, sagte sie, »dass Ihr es besser versteht, vergewaltigt zu werden, als zu vergewaltigen.«

Darüber musste der Richter lachen, dem Mädchen von Portillon aber traten die Tränen in die Augen vor Zorn und Ärger, sie gab ihre Goldgulden bereits verloren.

»Natürlich«, sagte sie unter Flennen, »wenn Ihr absichtlich nicht stillhaltet, wenn Ihr immer ausweicht, kann ich in alle Ewigkeit den Faden nicht in die Öse bringen.«

»Siehst du, meine Tochter, du hättest tun sollen wie ich, dann würde dich der Herr Kämmerer in alle Ewigkeit nicht genotzüchtigt haben, ganz abgesehen davon, dass diese Öse mehr als nötig weit ist, was man doch bei einer Jungfrau nicht voraussetzen darf.«

Da wurde das Dirnchen, das sich einmal darauf versteift hatte, genotzüchtigt worden zu sein, nachdenklich und sann auf eine Methode, wie sie den Richter überführen und ihm augenscheinlich machen könne, welcher Gestalt sie sich genötigt gesehen, die Segel zu streichen und klein beizugeben. Sie musste notwendig diesen Beweis erbringen; denn es ging wahrlich um die Ehre aller armen Dinger, die das schöne Talent hatten, sich notzüchtigen zu lassen.

»Gestrenger Herr«, sagte sie, »um mir Gerechtigkeit widerfahren zu lassen, müsst Ihr verstatten, dass ich tue, wie der Herr Kämmerer mit mir getan. Wenn es bei ihm genügt hätte, einfach nicht stillzuhalten, so sollte selbst der liebe Gott mich nicht zum Stillhalten gebracht haben. Seine Gnaden haben andere Mittel angewandt, mich mürbe zu machen.«

»Und die wären?«, fragte der Richter.

Da tunkte das Mädchen seinen Faden in das flüssige Wachs des Leuchters, dass er an einem Ende, das sie abermals zwischen den Fingern rieb, noch fester und steifer wurde als zuvor, und wie dann der Richter ihr wieder geschickt auswich, bald vorwärts, bald rückwärts, bald zur Rechten, bald zur Linken, bald nach oben, bald nach unten, brachte das Mädchen tausend Possen und Spaßreden vor: »Oh, das zierliche Öhr, das hübsche Öhr!«, sagte sie. »Lass doch sehen, so eine niedliche Öse! So ein Kleinod! Nun, so halt doch einmal still, dass ich meinen armen Faden hineinbringe, meinen schönen roten Faden! Habt Ihr denn kein Mitleid mit dem armen Kerl? Hört doch, mein Richter, mein süßer Richter, mein goldiger Richter! Soll denn der tapfere Faden niemals durch das eiserne Tor eintreten, durch das enge schmale Pförtchen schlüpfen, das ihn übel zurichten wird? Denn wie wird der Arme den Kopf hängen lassen, wenn er wieder daraus hervorkommt …«

Und immer so fort; denn sie wusste von dem Spiel mehr als der Richter selber, der lachen musste, um sich den Bauch zu halten, so gut spielte sie ihre Rolle, so belustigende und possierliche Gesichter machte sie dazu, wenn sie mit der Fadenspitze vorstach und wenn sie wieder zurückwich, ihm immerfort vor der Nase hin und her. Und so lange und so unermüdlich trieb sie's, bis seine Hand müde wurde, bis er nicht mehr konnte vor Lachen und Anstrengung und sich einen Augenblick ausruhen musste, indem er sich am Rand des Tisches anlehnte … Aber da war's auch schon geschehen. Mit Blitzesschnelle hatte das geschickte Dirnlein sein Fadenende in die Öse gestoßen.

»Seht Ihr«, rief sie triumphierend, »so ist es zugegangen!«

»Du hast mich übertölpelt!«, sprach der Richter.

»Er mich auch!«, antwortete die Schöne.
Und also überführt und kleinlaut gemacht, versprach der Richter dem Mädchen, mit dem Herrn Kämmerer zu reden und ihre Angelegenheit zu betreiben, da es denn offenkundig sei, dass er ihr wider ihren Willen Gewalt angetan und darum auch willig sein werde, die Sache in Güte beizulegen. Er ging denn auch am anderen Tag an den Hof und trug dem königlichen Kämmerer die Klage des Mädchens vor, so wie sie ihm den Fall erzählt hatte.
Diese richterliche Klage machte dem König viel Spaß; er fragte seinen Kämmerer, der sich für schuldig bekannte, ob die Sache schwer gegangen sei, und als dieser harmlos erwiderte, sie habe ihn keine geringe Mühe gekostet, entschied der König, dass die lustige Vergewaltigung, wenn vielleicht auch nicht gerade tausend, so doch hundert Goldgulden unter Brüdern wohl wert sei, die der Kämmerer, um nicht in das Geschrei eines Schmutzians zu kommen, mit guter Miene dem Richter einhändigte, damit sie für die Wäscherin auf Zinsen gelegt würden.
Damit begab sich der Richter nach Portillon und meldete seiner Schönen, dass er nicht nur hundert Goldgulden für sie erhoben habe, sondern dass ihr auch der Rest von den tausend ebenfalls zur Verfügung stände. Beim König befänden sich augenblicklich einige Herren, die von ihrem Fall gehört und sich bereit erklärt hätten, sie in jedem Sinn zu befriedigen. Die hübsche Dirne schlug dieses Anerbieten nicht aus, sie sagte, um den Preis, die schmutzige Wäsche der anderen nicht mehr waschen zu müssen, wolle sie gern die eigene ein wenig schmutziger haben. Darauf bezahlte sie freigebig den gefälligen Richter und ging dann hin und gewann ihre tausend Goldgulden in weniger als einem Monat.
Seit dieser Zeit wurde die schöne Wäscherin arg verleumdet. Aus den zehn Herren vom Hof machte das Gerücht über kurz oder lang hundert; sie aber, nachdem sie die tausend Goldgulden gewonnen, bekehrte sich, im Gegensatz

zu anderen leichtsinnigen Dirnen, zu einem vernünftigen und gesetzten Lebenswandel, dass sogar ein Graf, der nicht wenigstens fünfhundert Taler geboten hätte, von ihr rund abgewiesen worden wäre, was beweist, dass sie haushälterisch mit ihrer Sache umzugehen verstand. Es ist auch richtig, dass der König sie eines Tages, vielmehr eines Nachts, in seine private Wohnung an der Gurgelschneiderstraße beim Maifeld im Finkenbusch kommen ließ; er fand sie hübsch und voller Schalkhaftigkeit, hatte viel Lust an ihr und gab Befehl, dass sie in keiner Weise von seinen Polizeisoldaten belästigt werde. Aber Rike Süßlöchlin, die gute Freundin des Königs, die wohl sah, dass die Portillonerin schön war, gab ihr hundert Touraner Gulden und schickte sie damit nach Orleans, um nachzusehen, ob daselbst das Wasser der Loire von der gleichen Farbe wäre wie in der guten Stadt Tours. Das hübsche Mädchen erfüllte diesen Wunsch umso lieber, als sie sich einen Spauz aus dem König machte.
Sie beichtete später einem heiligen Mann, dem nämlichen, der auch der Beichtvater des Königs war und seitdem kanonisiert worden ist, reinigte aufs Peinlichste ihr Gewissen und stiftete ein Bett für die Leprosenanstalt zu Sankt Lazarus bei Tours. Mehr als eine große Dame, die ihr recht gut kennt, hat sich von mehr als zehn Herren vom Hof freiwillig vergewaltigen lassen, ohne an ein anderes Bett zu denken als ihr eigenes. Dieser Zug musste berichtet werden, um die Ehre des guten Kindes reinzuwaschen, die so viel schmutzige Wäsche der anderen reingewaschen hat und als ein Schalk und durchtriebener Vogel seither eine gewisse Berühmtheit gewann. Ein Beweis ihres Verdienstes ist ihre

Verheiratung mit Meister Taschereau, den sie auf die lustigste Manier zum Hahnrei machte, wie es bereits oben in der Geschichte von der schönen Färberin erzählt worden ist. Daraus geht klar und deutlich hervor: dass man mit Geduld und Ausdauer sogar die Dame Justitia vergewaltigen kann.

Eine Historie, durch die bewiesen wird, dass Glück immer ein Weibsen ist

Zur Zeit, als die Ritter in Verfolgung des Glücks sich noch gegenseitig Hilfe und Beistand leisteten, ereignete es sich eines Tages in Sizilien, als welches, wenn ihr es nicht wissen solltet, eine ehemals berühmte Insel irgendwo im Mittelländischen Meer ist: dass dort in einer wilden Gegend ein Ritter einem andern Ritter begegnete, der das Aussehen eines Franzosen hatte. Dieser Franke schien in einer recht üblen Lage zu sein; er war sonder Pferd, Schildträger und Gefolge, auch in seinem Äußeren so übel zugerichtet, dass man ihn ohne seine fürstliche Miene für einen Strauchdieb gehalten haben würde. Wahrscheinlich war sein Pferd vor Hunger oder Ermüdung schon jenseits des Meeres umgekommen, und er selber mochte auf Sizilien gelandet sein, weil man sich damals viel von fränkischen Rittern erzählte, die auf dieser Insel in jedem Sinn ihr Glück gemacht hatten. Der andere, namens Pezzara, war ein Venezianer, der seit langer Zeit die Republik verlassen und, da er am sizilianischen Hof wohlgelitten war, nicht daran dachte, so bald wieder in sein

Vaterland zurückzukehren, wo er als nachgeborener Sohn und ohne Sinn für Handelsgeschäfte nur eine traurige Rolle gespielt haben würde, weshalb er seine Familie trotz ihrer Berühmtheit aufgegeben hatte, um an diesen Hof zu kommen, wo er in hohem Grad die Gunst des Königs gewann. Dieser Venezianer ritt auf einem spanischen Hengst und dachte gerade darüber nach, wie einsam er im Grunde sei an dem fremden Hof, wo er sich auf keinen einzigen Freund mit Sicherheit verlassen konnte. In diesen Gedanken, die ihn fast melancholisch machten, weil das Glück an dem Einsamen gern zum Verräter wird, sah er den fränkischen Junker auf sich zukommen, als welcher noch ärmer und verlassener aussah denn er, der in blinkenden Waffen auf einem schönen Pferd ritt und dessen Diener in der Herberge ein ausgezeichnetes Abendmahl für ihn bereitete.

»Ihr scheint weit herzukommen«, redete er den Franzosen an, »denn Ihr habt unmäßig verstaubte Füße.«

»Meine Füße tragen lange nicht den Staub all der Straßen, die ich gewandert bin«, entgegnete der Franke.

»Wenn Ihr so weit in der Welt umhergekommen seid, müsst Ihr viel gelernt und erfahren haben.«

»Ich habe gelernt«, antwortete der andere, »mich den Kuckuck um die zu kümmern, die sich nichts um mich kümmern. Ich habe ferner gelernt, dass auch die Füße derer, die mit ihrem Kopf den meinigen überragen, mit mir auf gleichem Boden stehen. Überdies hab ich noch gelernt, mich niemals auf drei Dinge zu verlassen: auf das warme Wetter im Winter, den Schlaf meiner Feinde und die Worte meiner Freunde.«

»Ihr seid also reicher als ich«, antwortete verwundert der Venezianer, »denn Ihr sprecht eine Weisheit aus, an die ich nie gedacht hatte.«

»Jeder hat so seine Gedanken«, sprach der fränkische Mann. »Aber da Ihr mich angeredet habt, darf ich Euch wohl um die Gefälligkeit ersuchen, mir den Weg nach Palermo oder eine Herberge zu weisen, denn der Tag neigt sich.«

RIAULT.
G. Doré

»Kennt Ihr keinen fränkischen oder sizilianischen Herrn in Palermo?«
»Nein.«
»So seid Ihr also nicht sicher, dass man Euch einlässt?«
»Ich bin in der Verfassung, denen zu verzeihen, die mich zurückstoßen. Den Weg, mein Herr.«
»Ich bin verirrt wie Ihr«, sprach der Venezianer, »suchen wir zusammen.«
»Zu diesem Zweck müssten wir zusammen gehen; aber Ihr seid zu Pferd und ich zu Fuß.«
Lud also der Venezianer den fränkischen Edelmann ein, hinter ihm auf sein Pferd zu steigen.
»Ratet Ihr wohl, mit wem Ihr es zu tun habt?«, fragte er.
»Mit einem Mann, dem Anschein nach.«
»Und glaubt Ihr in Sicherheit zu sein bei mir?«
»Wenn Ihr zur Zunft der Strolche gehören solltet, umso schlimmer für Euch!«, antwortete der Franzose, indem er dem Venezianer seinen Dolchgriff auf die Brust setzte.

»Nun denn, mein Herr Franzose, Ihr scheint mir ein Mann zu sein von hoher Weisheit und großem Verstand. Wisset, dass ich als Fremder am Hof von Sizilien lebe und mir nichts so sehnlich wünsche wie einen treuen Freund. Und Ihr, wenn mich nicht alles täuscht, scheint mir erst recht des Beistands bedürftig.«
»Wäre das ein Glück?«
»Ihr seid nicht auf den Kopf gefallen, Ihr schlagt mich mit jedem Wort. Beim heiligen Markus, Herr Franzose, kann man Euch vertrauen?«

»Mehr als Euch«, antwortete der Franke. »Ihr fangt Eure ritterliche Freundschaft damit an, dass Ihr mich betrügt. Ihr habt mir gesagt, Euch verirrt zu haben, aber Ihr lenkt Euer Pferd wie einer, der nicht nötig hat, den Weg zu suchen.«

»Und habt Ihr mich nicht ebenfalls betrogen, indem Ihr mir zu Fuß als ein Bauer entgegenkamt? Aber da ist die Herberge. Meine Diener haben das Essen bereitet.«

Der fränkische Ritter sprang vom Pferd und betrat mit dem Venezianer, dessen Einladung er annahm, den Saal der Gastwirtschaft. Das Essen wurde aufgetragen, und der französische Ritter bewies, dass er in Essen und Trinken nicht weniger Bescheid wisse als in klugen Reden: Er aß für sieben, und wie oft er auch die Kannen leerte, trübte er damit doch nicht im Geringsten die Klarheit seines Auges und seines Verstandes. Da sah der Venezianer, dass er es mit einem Kerl zu tun habe, der nicht nur das Herz, sondern auch die Leber auf dem rechten Fleck hatte.

Indem sie also zusammen becherten, versuchte er es, dem neuen Freund hinter seine Gedanken zu kommen. Aber er konnte sich bald überzeugen, dass es leichter gewesen wäre, dem Franzosen das Hemd vom Leib, als die Würmer aus der Nase zu ziehen. Blieb ihm daher nichts anderes übrig, als sich selber das Wams aufzuknöpfen und eingehend davon zu reden, wie die Dinge standen in Sizilien. Er sprach von König Leutfred und seiner schönen Gemahlin, von den galanten Sitten des Hofes, wo man spanische, französische, italienische und andere hohe Herren in bevorzugten Stellungen antreffe; er sprach von Prinzessinnen, die ebenso reich seien wie vornehm und ebenso schön wie reich; er sprach von den ehrgeizigen Plänen des Königs, der sich mit dem Gedanken trug, Morea, Konstantinopolis, Jerusalem und alle Länder des Sultans in Asien und Afrika zu erobern; von den Staatsmännern des Königs, die es verstünden, die Blüte der ganzen christlichen Ritterschaft auf dieser Insel zusammenzuziehen, in der Absicht, die Herrschaft Venetiens zu brechen, das nicht einen Daumenbreit Landes besaß, und Sizilien von Neuem zur Königin des Mittelländischen Meeres zu erheben, was es schon einmal im Altertum gewesen war.

Er gestand, dass er es war, der dem König, bei dem er in großer Gunst stand, diesen Gedanken eingeflüstert, und sprach zuletzt davon, wie er trotz der königlichen Gunst und Gnade sich schwach fühle und voll Misstrauen auf sein Glück, weil er allein sei und ohne Freunde. Über diese Lage nachdenkend, sei er ausgeritten, und da habe ihm der Himmel den Mann in den Weg gestellt, der nach seiner Meinung alles erfülle, um der Freund zu werden, nach dem er seit Jahren schon suche.

Forderte daraufhin den Franzosen auf, sich ihm als Bruder anzuschließen, und stellte ihm seine Börse und seinen Palast zur Verfügung. Wenn sie nur treu zusammenhielten, so schloss er seine Rede, Glück und Ruhm ehrlich teilten, keiner ein Geheimnis hätte vor dem andern und sich treulich unterstützten wie Waffenbrüder auf einem Kreuzzug, könnte es ihnen nicht fehlen, das Ziel ihrer kühnsten Wünsche zu erreichen, und da jener, der Franzose, das Glück suche, wozu er Unterstützung brauche, so hoffe er, der Venezianer, mit seinem Antrag nicht zurückgewiesen zu werden.

»Obwohl ich«, gab der Franzose zur Antwort, »in Wahrheit keines andern Menschen Beistand bedarf, da ich mich auf eine Sache verlassen kann, die stark genug ist, um mir alle

Hindernisse aus dem Weg zu räumen, bin ich Euch dennoch dankbar, Herr Ritter Pezzara, für Euer freundliches Entgegenkommen und hoffe, dass Euch der Ritter Walter von Mäusebug aus dem schönen Touranerland bald seinerseits zu Dank verpflichten wird.«

»Besitzt Ihr eine kostbare Reliquie, die Euch Euer Glück verbürgt?«, fragte der Venezianer.

»Einen Talisman«, erwiderte der Mann aus dem Touranerland, »den mir meine Mutter schon in der Wiege mitgegeben und womit so gut Schlösser und Städte gebaut und zerstört werden wie mit dem Schwert, einen Hammer, um mir Münze zu schlagen nach Wohlgefallen, ein Heilmittel gegen alle Übel, einen Stab auf die Reise, für den ich nicht wenig erhalte, wenn ich ihn zum Pfand einsetzte, ein Werkzeug höchsten Ranges und unübertrefflicher Vollkommenheit, das in der rechten Schmiede geräuschlos wunderbare Arbeit vermag.«

»Beim Löwen von Sankt Markus«, rief der Venezianer, »Ihr scheint ein seltsames Mysterium unter Eurem Panzerhemd zu tragen!«

»Keineswegs«, entgegnete der Herr aus Frankenland, »es ist eine ganz natürliche Sache. Da seht selber.«

Und indem er sich erhob, um sich für die Nacht zu entkleiden, zeigte er dem Venezianer sein Werkzeug, und war dieses von solcher Vollkommenheit, wie der Venezianer im Leben nicht geschaut.

»Das ist mein Zauberstab«, sprach er, »der mir alle Hindernisse aus dem Weg räumt, mein Schlüssel, der mir alle Frauenherzen aufschließt, und da die Frauen Königinnen sind an diesem Hof, kann es nicht fehlen, dass Euer Freund Walter hier herrschen wird über kurz oder lang.«

Darauf gingen beide, nach der Sitte der Zeit, in demselben Bett zur Ruhe, und der Venezianer konnte sich lange nicht erholen von seinem Erstaunen über die geheime und verborgene Schönheit seines neuen Freundes, den seine Mutter, und vielleicht auch sein Vater, derart ausgestattet hatte, dass er überall siegen musste, umso mehr, als er mit dieser prachtvollen Körperlichkeit den munteren Geist eines Pagen und die gesetzte Weisheit eines Alten verband.

Also schworen sich beide ewige Kameradschaft, mit Geringschätzung aller Freundschaft der Frauen, sie schworen sich, von nun an nur noch ein Gedanke zu sein, gleichsam nur noch ein einziger Kopf, und beglückt von ihrer Einigkeit und Brüderlichkeit schliefen sie Seite an Seite auf demselben Kopfkissen. Denn so haben sich in jenen Zeiten die Sachen zugetragen.

Am anderen Morgen schenkte der Venezianer seinem Bruder Walter ein schönes Pferd, item eine Gürteltasche, ganz voll von kleinen und großen Münzen, item ein golddurchwirktes samtenes Wams mit seidenen Ärmeln nebst einem Mantel mit goldenen Spangen und Borten, welche Kleider sein stolzes Aussehen noch erhöhten, seine Schönheit erst ins rechte Licht setzten, wie denn der Venezianer nicht mehr zweifelte, dass dem Freund keine Dame werde widerstehen können. Seinen Dienern gab Pezzara Befehl, den Herrn Walter zu bedienen als ihren eigenen Herrn.

So ausgestattet, hielten beide ihren Einzug in Palermo. Es war zur Zeit, als gerade der König und die Königin lustwandelten in den Gärten des Schlosses, und Pezzara ergriff die Gelegenheit, seinen fränkischen Freund den fürstlichen Personen vorzustellen. Er rühmte solchergestalt die Verdienste des Touraners, dass ihn der König aufs Freundlichste empfing und sofort zur Mahlzeit zurückbehielt.

Mit einem Blick wurden dem fränkischen Ritter tausend Geheimnisse offenbar. Der König war ein Fürst voll Schönheit und Tapferkeit, und die Königin, mit dem heißen Geblüt der Spanierinnen, die schönste und stolzeste Dame des Hofes. Aber an einem melancholischen Zug um ihren Mund erkannte Walter, dass sie vom König vernachlässigt werde,

da, nach einem alten Touraner Sprichwort, die Freude des einen Gesichts von der Freude des andern kommt. Pezzara bezeichnete seinem Freund Walter mehrere Damen, denen Leutfred ausgiebig den Hof mache, die wütig aufeinander seien in verliebter Eifersucht und sich überboten in weiblichen Liebespraktiken und galanten Erfindungen, um sich gegenseitig den Rang abzulaufen. Daraus entnahm Walter, dass der König, obwohl er die schönste Frau der Welt sein Eigen nannte, ein großer Hurer war vor dem Herrn, der gern alle Schönen seines Königreiches besessen hätte und seinen Gaul, als welcher bei immer gleichem Futter den Appetit verlor, am liebsten jede Nacht in einem andern Stall anband. Nachdem der Touraner also das Treiben des Fürsten durchschaut und sich überzeugt hatte, dass niemand am Hof je den Mut gefunden, die arme Königin aufzuklären, beschloss er bei sich in seinem Herzen, mit einem Schlag von dem Acker der schönen Hispanierin Beschlag zu nehmen und frech auf königlichem Feld seine Fahnenstange aufzupflanzen. Und folgendermaßen griff er es an.

Um dem fremden Ritter eine Höflichkeit zu erweisen, befahl der König, dass Herr Walter zur Abendmahlzeit seinen Platz neben der Königin habe. Bot also Herr Walter der Fürstin seine Hand und war darauf bedacht, in einem gewissen Abstand den anderen voranzuschreiten, um gleich mit dem ersten Wort die Königin auf ein Thema zu bringen, das den Damen nie zuwider ist, von welchem Stand und Rang sie auch sein mögen. Ihr würdet es kaum glauben, wie er seine Worte wählte und wie geradewegs und kühn er auf sein Ziel losging.

»Frau Königin«, begann er, »ich weiß, warum Euer Angesicht so blass ist.«

»Nun, warum?«, fragte sie.

»Ihr seid so schön, und Euer ganzes Wesen fordert so ungestüm zur Liebe auf, dass der König Euch Tag und Nacht keine Ruhe gibt, keinen noch so kleinen Waffenstillstand gewährt in dem Krieg und Kampfspiel, die Gott Amor zwischen zwei Liebenden zu entzünden pflegt. Ihr missbraucht aber Eure Macht über den armen König und werdet ihn in ein frühzeitiges Grab liefern.«

»Was kann ich denn tun«, sprach die Königin, »um ihn am Leben zu erhalten?«

»Ihm verbieten, mehr als dreimal täglich auf Eurem Altar zu opfern.«

»Ihr scherzt wohl, lieber Ritter, wie es so im Frankenland Sitte ist«, erwiderte die Dame. »Der König hat mir erklärt, dass mehr als ein Opfer in der Woche schon den Tod nach sich zieht.«

»Er hat Euch getäuscht«, sprach Walter, während er an der

Tafel Platz nahm. »Ich kann Euch im Gegenteil beweisen, dass die Liebe auf dem Altar einer Königin, wie der gewöhnlichen Frauen, täglich opfern muss und wiederholt, dass sie weder die Metten, noch die Vesper, noch die Kompletorien, ein eingestreutes kleines Ave hie und da nicht zu zählen, versäumen darf, kurz, dass sie, wie die frommen Mönche in ihren Klöstern, allstündlich zur Andacht in Inbrunst bereit sein muss, und für Euch, Frau Königin, sollte die süße Litanei überhaupt niemals aufhören.«

Die Königin warf dem Ritter einen Blick zu, in dem mehr Wohlgefallen als Zorn ausgedrückt lag.

»In diesem Punkt«, sprach sie mit leisem Achselzucken und Kopfschütteln, »sind die Männer allzusammen große Lügner.«

»Ich habe im Gegenteil«, antwortete der Ritter, »eine große Wahrheit bei mir, die ich Euch auf Wunsch vorzeigen will. Und gern mache ich mich anheischig, mein Wort einzulösen, sodass Ihr in kurzer Frist viel verlorene Zeit einholen und reichlich sollt entschädigt werden für die Entbehrungen, die Euch der König auferlegt, der sich an andern zugrunde richtet, während alle Vorteile meiner Jugend allein zu Euern Diensten sein sollen.«

»Aber der König wird Euch den Kopf vor die Füße legen, wenn er von unserm Handel erfährt.«

»Und wenn das auch geschehen sollte, und schon nach der ersten Nacht, würde doch das Glück, was ich bei Euch gefunden, mehr als hundert Jahre Leben aufwiegen; denn wer auch alle Höfe der Welt gesehen, wäre doch niemals einer Fürstin begegnet, die sich an Schönheit mit Euch messen könnte. Und ist es nicht gleich, so oder so das Leben zu verlieren? Denn seht, wenn ich auch nicht durch das Schwert umkomme, bin ich doch fest entschlossen, mein Leben tropfenweise für Euch hinzugeben und in der Liebe zu Euch den Tod zu trinken, insofern man den Tod trinken kann an der Quelle, die der Ursprung des Lebens ist.«

Niemals hatte die gute Königin solche Reden gehört, und

ihr könnt euch denken, dass sie wohlgefälliger darauf lauschte als auf die schönste Musik beim Hochamt. Das sah man an ihrem Gesicht, das sich mit einer sanften Röte überzog, weil die Worte des Ritters ihr Blut in höhere Wallung versetzten, dergestalt, dass alle Saiten ihrer Laute vibrierten und zu einem Akkord zusammenklangen, der ihr Seele und Leib und alle Nerven durchzitterte. Denn so lag es in ihrer Natur. Sie war jung, schön, Königin, Spanierin, und sie sah sich getäuscht und elend hintergangen. Und wie sie die Höflinge um sich her verachten musste, die geschwiegen hatten zu dem Verrat aus Furcht vor dem König! Sie beschloss, sich zu rächen, zu rächen mithilfe dieses tapferen Touraners, der sich so unbekümmert um sein Leben zeigte, dass er es sorglos aufs Spiel setzte, indem er vor der Königin eine Sprache führte, die ihn töten musste, wenn die Fürstin sich an ihre Pflicht erinnerte. Aber sie tat das Gegenteil, sie setzte die Spitze ihres Fußes auf den seinigen und drückte ihn in einer Weise, die nicht misszuverstehen war.

»Teurer Ritter«, sagte sie laut, »ändern wir das Thema; es ist schlecht von Euch, eine arme Königin an ihrem schwächsten Punkt anzugreifen. Erzählt uns lieber etwas von den Sitten der Damen am Hof von Frankreich.«

Diese Worte wollten dem Ritter sagen, dass die Sache abgemacht sei. Er begann darauf so lustige Geschichten und Schwänke zum Besten zu geben, so kühne und tolle Abenteuer zu berichten, so witzige und spitzige Anekdoten zu erzählen und damit während der ganzen Mahlzeit den König, die Königin und alle Höflinge in solcher Kurzweil und Heiterkeit zu erhalten, dass der Fürst bei Aufhebung der Tafel laut gestand, seit Langem keine so lustige Essensstunde verbracht zu haben.

Begab sich hierauf die ganze Hofgesellschaft in die Gärten, die die schönsten waren, so man auf der Welt finden konnte, und unter dem Vorwand einer besonderen Aufmerksamkeit und Höflichkeit führte die Königin den fremden Gast in

einen Orangenhain, dessen Blüten einen süßen und bestrickenden Wohlgeruch verbreiteten.

»Schöne und edle Königin«, begann alsbald der fränkische Ritter, »ich habe in allen Ländern und an allen Höfen die Erfahrung gemacht, dass nichts der Liebe so gefährlich, ja tödlich ist, als die verdammte höfische Komödie und Kurmacherei, die man dabei aufzuführen pflegt. Wenn Ihr also Vertrauen auf mich habt, so lasst uns handeln als zwei Menschen, die über alle Kleinlichkeiten erhaben sind, und von unserer Liebe fernhalten alle unnützlichen Grimassen und Firlefanzereien. Auf solche Weise werden wir zugleich die äußere Gefahr vermeiden, allen Verdacht von uns ablenken und uns ungestört unseres Glückes erfreuen, solange es gehen mag. Dieser Art zu handeln ist allein einer Königin würdig, wenn sie nicht dazu verdammt sein will, die Liebe für immer zu entbehren.«

»Es scheint mir«, antwortete sie, »dass Ihr wohlgesprochen habt; aber ich bin Neuling und ohne Erfahrung, ich weiß nicht Mittel und Weg.«

»Habt Ihr unter Euern Frauen eine, auf die Ihr Euch verlassen könnt?«

»Ja«, erwiderte sie, »es lebt am Hof eine Dame, die mit mir aus Hispanien herübergekommen ist und die sich auf einen glühenden Rost legte aus Liebe zu mir, wie Sankt Lorenz getan aus Liebe zu Gott; aber sie ist immer kränklich.«

»Und darum besucht Ihr sie hie und da?«, fragte Walter.

»Ja, manchmal sogar bei Nacht.«

»Welch ein Glück!«, rief Walter. »Dafür werde ich der heiligen Rosalie, der Patronin von Sizilien, einen goldenen Altar stiften.«

»O Jesus«, rief die Königin aus, »so werde ich doppelt glücklich sein, da mein Herzgeliebter so fromm ist.«

»Ich bin es zwiefach, teure Herrin«, erwiderte er. »Denn ich verehre eine Königin im Himmel und eine auf Erden, von denen zum Glück keine auf die andere eifersüchtig zu sein braucht.«

Diese galante Rede rührte die Königin über die Maßen, und wenig hätte gefehlt, dass sie sich zur Flucht entschlossen und mit dem leckeren Vogel davongeflogen wäre.

»Die Jungfrau Maria«, sagte sie, »ist mächtig im Himmel; möge ich es werden wie sie durch die Liebe.«

›Hm, sie reden von der Jungfrau Maria‹, sprach der König bei sich, der in die Nähe getreten war, um zu lauschen; denn ein sizilianischer Höfling, den die plötzliche Gunst des verfluchten Franken wurmte, hatte dem Fürsten den Floh der Eifersucht ins Ohr gesetzt.

Also nahmen die Königin und der Ritter ihre Maßregeln, und alles wurde aufs Feinste eingefädelt, damit der König seinen neuen unsichtbaren Schmuck nicht länger entbehre.

Dann gesellte sich Walter zur Hofgesellschaft, und alle fanden an ihm ein großes Wohlgefallen. Zurückgekehrt vom Hof, erzählte er seinem Freund Pezzara, dass ihrer beider Glück gemacht sei, und dass er morgen bei der Königin schlafen werde. Über diesen raschen Gang der Dinge war der Venezianer nicht wenig erstaunt; aber als guter Freund sorgte er für feine Spezereien, Brabanter Leinwand und kostbare Gewänder jeder Art, einer Königin würdig, und versah damit seinen geliebten Bruder.

»Oh, mein Freund«, sprach er, »bist du auch sicher, nicht auszugleiten auf dem schlüpfrigen Weg, sondern fest und aufrecht zu bleiben und der Königin solche Feste zu geben in ihrem Schloss Garladin, dass sie sich für immer an deinem Stab halten und festklammern wird, wie ein Schiffbrüchiger an einem Balken?«

»Da sei ohne Sorge«, antwortete lachend der fränkische Ritter. »Ich verfüge über die Reserven und Ersparnisse der Reise, und ich will ihr so den Meister zeigen, ohne Gnade und Pardon, wie wenn sie eine einfache Magd wäre, und will sie in alle Praktiken unserer Touraner Damen einweihen, die mehr von der Liebe wissen als alle andern, weil sie gar nichts sonst zu tun haben, und nur darum von Zeit zu Zeit damit aufhören, um immer wieder von vorn anzufangen. Aber verständigen wir uns. Auf folgende Weise werden wir die Herrschaft über diese Insel erlangen: Ich werde mich der Königin bemächtigen, du des Königs. In den Augen des Hofes müssen wir als Todfeinde erscheinen, und jeder muss für sich eine Partei bilden. So werden wir trennen, um zu herrschen. Du wirst meine Feinde aushorchen, ich die deinen, also dass es uns ein Leichtes sein wird, ihre Anschläge zu vereiteln. In einigen Tagen muss darum ein heftiger Streit zwischen uns ausbrechen, und der Vorwand soll der sein, dass der König mich zurücksetzt und dir die höchste Gewalt überträgt; denn so will ich es mithilfe der Königin einfädeln und ausspinnen.«

Am anderen Tag schlich sich Walter zu jener Spanierin, nachdem er überall ausgesagt, dass er sie einst in Hispanien gut gekannt, und blieb acht volle Tage in ihren Gemächern. Jeder kann sich leicht denken, mit wem er hier zusammentraf. Der Touraner bediente die Königin wie eine Frau, die man liebt, er führte sie in tausend unbekannte Länder der Liebe und überschüttete sie so mit überraschenden Verzückungen und verzückten Überraschungen, lehrte sie solche verliebte Tollheiten und solche tolle Verliebtheiten, dass sie schwor, nur die Franken verstünden, was Liebe sei. Solchergestalt wurde der König dafür gestraft, dass er seinen Weizen in fremden Scheunen ablud und auf dem königlichen Speicher die Spreu aufschüttete. Die Königin aber zeigte sich über die Maßen gerührt von dem unerschöpflichen Reichtum des Herrn von Mäusebug, der durch die Kraft und Fülle seiner Wunder ihre Weibheit quasi vom Tod erweckt hatte, und tat Gelübde, ihn zu lieben in Ewigkeit. Sie verabredeten, dass die hispanische Ehrendame immer krank bleiben, und dass kein anderer Mann in ihr Geheimnis eingeweiht werden solle als der Leibmedikus der Königin, der seine Herrin über alles liebte. Durch einen seltsamen Zufall hatten die Stimmbänder seines Kehlkopfs auf ein Haar genau dieselbe Beschaffenheit wie die des Herrn Walter, sodass infolge dieses Naturspiels die Stimmen der beiden nur schwer zu unterscheiden waren, worüber die Königin sich nicht genug verwundern konnte. Der Leibmedikus schwor bei seinem Leben, den Verliebten treu zur Seite zu stehen; denn längst hatte ihm die Verlassenheit und Verschmähtheit der armen Königin in der Seele leidgetan, also dass er sich höllisch freute, endlich zu sehen, wie der Königin, was eine seltene Sache ist, königlich aufgewartet wurde.

Unterdessen war ein Monat verstrichen, und alles ging nach Wunsch der beiden Freunde. Auf geschicktes Betreiben der Königin wurde die ganze Regierungsgewalt von Sizilien allmählich dem Venezianer in die Hände gespielt, während Herr Walter, den der König um seiner Weltkenntnis willen außerordentlich liebte, leer ausging, da die Königin gegen ihn, als einen unwirschen und ungalanten Gesellen, einen unbändigen Hass an den Tag legte und sich jeder Gunstbezeigung, die der König ihm zudachte, widersetzte. Als nun der erste Minister des Königs, der Herzog von Cataneo, in Ungnade fiel und Pezzara sein Nachfolger wurde, ohne sich auf dem Gipfel seiner Macht, so schien es, im Geringsten an seinen Freund Walter zu erinnern, schlug dieser einen großen Lärm an über die schwarze Undankbarkeit des Italieners und machte sich damit den gestürzten Cataneo und seinen ganzen Anhang für immer zu ergebenen Freunden. Um diese ganz in Vertrauen einzuwiegen, zettelte er mit ihnen zum Sturz Pezzaras eine heimliche Verschwörung an, und ihr könnt euch denken, wie ernst dieselbe von seiner Seite gemeint war.

Pezzara aber zeigte sich, wie alle seine venezianischen Landsleute, in der schweren Kunst des Regierens und allem, was damit zusammenhängt, als ein Meister ersten Ranges. Er bewirkte wahre Wunder in der Verwaltung des Königreichs. Er ließ die Häfen ausbessern und lockte durch seine liberalen Einrichtungen die Kaufleute der ganzen Welt herbei, wodurch Geld ins Land floss wie nie zuvor. Er versammelte Künstler aller Nationen in Palermo und veranstaltete Feste und Aufzüge von unerhörter Pracht, dass vom Morgen- und Abendland die Reichen der Erde herbeiströmten. Die Früchte des Landes und der Boden selber stiegen im Preis, der Weizen Siziliens wurde wieder bis nach Asien hin versandt, und der König Leutfred galt bald für den glücklichsten König der Christenheit. Der Glanz seines Hofes überstrahlte alle anderen Höfe. Dieses alles wurde bewirkt durch das vollkommene Einverständnis zweier Männer. Während der eine die Geschäfte des Staates im Großen förderte, wichtige Unternehmungen einleitete, die bewaffnete Macht in Ordnung hielt und besonders darauf dachte, dass der königliche Schatz nie leer wurde, sorgte der andere für das Vergnügen der Herrschaften. Er hatte es längst erreicht, dass die Königin, die er auf touranische Art bediente, den melancholischen Zug um ihren schönen Mund verlor, und ihre Augen strahlten von Schönheit und Glück. Aber auch der König kam nicht zu kurz. Walter versorgte ihn mit mehr schönen Frauen, als das Jahr Tage hat, und riss ihn von einer Tollheit zur andern fort. Der gute König musste sich nur über die Sanftmut seiner Gemahlin verwundern, an die er seit langer Zeit so wenig rührte, wie der Jude an eine Speckschwarte.

Dieses gute Einvernehmen der beiden Freunde dauerte drei Jahre, andere sagen vier; aber sogar den Benediktinern ist es nicht gelungen, dieses historische Datum mit Sicherheit festzustellen, das darum wohl ungewiss bleiben wird für alle Zeiten, ebenso wie die Ursache des Zerwürfnisses der beiden Freunde.

Wahrscheinlich hatte der Venezianer den kühnen Ehrgeiz, seine Macht allein und ungeteilt auszuüben, wobei er die wichtigsten Dienste, die er dem fränkischen Edelmann verdankte, ganz und gar vergaß, wie es unter Hofleuten so Sitte ist, was bereits aus den Schriften des Herrn Aristoteles erhellt, der selber ein feiner Hofmann war und der da sagt, dass nichts so schnell veralte in dieser Welt als eine Wohltat, wenngleich auch oft die Liebe nur allzu bald erkalte und ranzig werde.

Vertraute also der Venezianer einzig auf die große Freundschaft des Königs Leutfred, der ihn seinen lieben Gevatter nannte und den er sich rühmen durfte ganz in der Tasche zu haben, und beschloss in seinem Herzen, sich des alten Freundes zu entledigen, indem er den König ein wenig aufklärte über das zufriedene Glück seiner Frau Königin, und ihn also an einer Stelle kitzelte, wo er, wie Pezzara wusste, über die Maßen empfindlich war. Träumte auch schon von nichts anderem mehr, als von dem abgeschlagenen Kopf des Freundes (denn anders als so konnte ein derartiger Prozess in Sizilien nicht ausgehen), und multiplizierte im Geist seine Reichtümer, die er unter Walters Mitwissen in einem genuesischen Bankhaus niedergelegt hatte und die er mit dem Ritter aus Touran teilen musste, wenn er ihn nicht aus dem Weg räumte. Von Jahr zu Jahr schwoll dieser Reichtum mehr an. Ein großer Teil ergab sich aus den Geschenken der Königin, die von ihren spanischen Besitztümern und einigen Erbgütern in Italien her über beträchtliche Einkünfte verfügte und ihren Geliebten mit echt königlicher Freigebigkeit behandelte; der andere Teil stammte von der Großmut des Königs, der von den Erträgnissen der Handelszölle und anderer Abgaben dem begünstigten Minister ein wichtiges Teil überließ.

Pezzara musste bei seinem verräterischen Plan, nachdem er sich einmal dazu entschlossen hatte, mit größter Vorsicht zu Werke gehen, denn der Herr von Mäusebug war der Mann, um den Feinsten zu verkaufen. Der Venezianer versprach darum dem Fürsten, dass er mit eigenen Augen schauen solle; und eines Nachts, jedoch erst gegen Morgen, damit man besser sehe, führte er den Monarchen in das Schrankzimmer jener spanischen Dame, hinter dem er die Königin und ihren Geliebten im Schlafgemach der genannten Dame, die noch immer die Kranke spielte, in verliebtem Tun beisammen wusste. Denn die Königin liebte den Franzosen noch immer wie in der ersten Nacht. Die Spanierin, schon munter, hörte mit gespitzten Ohren die

Tritte der beiden Männer, und durch einen Spalt des Verschlags, hinter dem sie schlief, sooft sie die eigene Kammer der Königin überließ, erkannte sie den König, wie er eben sich anschickte, durch ein Loch der Kammertür, das der Venezianer heimlich hatte anbringen lassen, in das Schlafgemach hineinzublicken, wo die Königin sich ihres Freundes zwischen den Betttüchern erfreute, welches die beste Methode ist, sich eines Freundes zu erfreuen. Sie lief, um die Verliebten von dem Verrat zu benachrichtigen; aber der König hatte schon das Auge an dem verfluchten Loch.

Und was sah der König? Er sah jene göttliche Laterne, die so viel Öl verbrennt, dafür aber auch die ganze Welt erleuchtet, die mit Arabesken und kostbarem Laubwerk so wunderbar verziert ist und heißer flammt als eine und die er auf einmal schöner fand als alle anderen, da er sie so lange nicht gesehen hatte.

Weiter konnte er durch die enge Öffnung nichts erkennen. Nur eine männliche Hand sah er noch, die schamhaft die Laterne bedeckte, und hörte die Stimme Walters: »Nun, wie geht es der Kleinen heute Morgen?« Und hörte die Stimme noch andere zärtliche Worte sprechen, närrische, verrückte Worte, wie sie Liebende im Scherz gebrauchen, wenn sie von dieser Laterne reden, die die wahre Sonne der Liebe ist in allen Ländern, und der sie darum tausend Kosenamen geben und sie vergleichen oder gleichsetzen allen schönen Dingen dieser Erde. Sie nennen sie und reden sie an: mein Granatapfel, meine Rose, meine Muschel, mein Zuckerschneck, mein süßes Mäuschen, mein Schatzkämmerlein, Ankergrund meiner Liebe ... Ja, noch ketzerlichere und fast gotteslästerliche Ausdrücke gebrauchen einige. Fragt nur, wenn ihr mir nicht glauben wollt!

Unterdessen war die Spanierin herbeigeschlichen und gab durch Zeichen zu verstehen, dass der König da sei.

»Horcht er?«, fragte die Königin.

»Ja!«

»Späht er?«

»Ja!«

»Wer hat ihn hergeführt?«

»Pezzara.«

»Rufe mir den Hofmedikus und bringe Walter unverzüglich nach seinen Gemächern.«

Und in weniger Zeit, als ein Armer gebraucht hätte, um sein Vaterunser zu beten, hüllte die Königin ihre Laterne so in blutiges Verbandzeug, dass man glauben musste, sie leide an einer

Wunde und bösartigen Entzündung. Der König aber, voll Wut über das Gehörte, drückte jetzt die Tür ein und erschien gleichzeitig mit dem Arzneikünstler in der Kammer. Er fand die Königin noch in derselben Lage, wie er sie durch den Spalt gesehen, und der Meister Physikus, die Hand auf dem Verband, sagte scherzend: »Na, wie geht es der Kleinen heute Morgen?« Und was sonst dergleichen Worte mehr sind, womit die Herren Medikusse den Frauen gegenüber sich lieb Kind machen und in Zierlichkeiten der Rede verfallen, indem sie Zierlichkeiten behandeln. Seine Stimme war die gleiche wie diejenige, die der König zuvor gehört hatte.

Das machte den Fürsten kleinlaut. Er stand da wie ein ertappter Dieb. Die Königin aber, rot vor Scham, richtete sich auf und fragte mit zorniger Entrüstung, was für ein Mann es wage, zu einer solchen Stunde vor ihr zu erscheinen. Und den König erblickend, brach sie in heftige Klagen und Beschuldigungen aus.

»Ah, gestrenger Herr«, rief sie, »Ihr entdeckt nun, was ich Euch seit langer Zeit und mit so viel Sorgfalt zu verhehlen suchte. Erratet Ihr, was die Ursache meines Übels sei? Scham und Stolz verbieten mir, davon zu sprechen, wie von den Verbänden und Medizinen, bestimmt, das entzündete Geblüt zu beruhigen und zu verteilen. Seht, um meine Ehre und die Eurige zu schonen, war ich genötigt, die hässliche Krankheit bei meiner guten Donna Miraflor Euch und der Welt zu verbergen.«

Auch der Meister Physikus sagte sein Sprüchlein. Mit hundert lateinischen Zitationen, die er wie Körner einer göttlichen Weisheit aus den Schriften des Hippokrates, des Galienus, der Schule von Salerno und andern ausgezogen hatte, demonstrierte er dem König, wie das Brachliegen des campi veneris immer von ärgerlichen Konsequenzen und fatalen Erscheinungen begleitet sei, die bei einer Königin mit spanischem Geblüt doppelt gefährlich wären und bei eintretenden Komplikationen sogar zum Tode führen könnten. Das alles trug er mit einer langsamen und hochernsten Feierlichkeit vor und fand immer neue Argumente und Zitate, um dem Herrn Walter Zeit zu lassen, sich in seiner Kammer einzuriegeln. Darauf nahm die Königin noch einmal das Wort und dann den Arm des Königs, um, wie sie sagte, die kranke spanische Dame nicht zu inkommodieren, die sonst die Königin, um ärgerlichem Gerede vorzubeugen, in ihre Gemächer zurückzugeleiten pflegte. Als sie durch den Korridor schritten, an dem die Gemächer des Herrn Walter lagen, scherzte die Königin:

»Ihr solltet«, sagte sie zum König, »diesem Herrn von Mäusebug einen Schabernack antun. Ich wette, dass er nicht zu Hause ist, sondern irgendwo zwischen den Tüchern einer schönen Dame steckt. Er wird uns noch eine rechte Stänkerei anrichten. Wenn man mir gefolgt hätte, wäre er längst nicht mehr auf der Insel.«

Leutfred trat rasch bei Walter ein und fand ihn im tiefsten Schlaf, schnarchend wie ein Domherr in seinem Chorstuhl. In ihren Gemächern angelangt, hielt die Königin mit allen Mitteln ihren Herrn Gemahl bei sich zurück und schickte heimlich einen Pagen ab, um den Herzog von Cataneo her-

beizurufen. Sie saß noch mit dem König beim Frühstück, als man ihr zuflüsterte, der Herzog harre ihres Befehls. Unter einem leichten Vorwand trat sie in den Saal hinaus.

»Mein lieber Herzog«, sprach sie, »lasst sofort auf der Bastei einen Galgen errichten und daran den Pezzara aufhängen, ohne dass er Zeit findet, schriftlich oder mündlich ein Wort an den König zu richten. Tel est nôtre bon plaisir, so befehlen wir es Euch.«

Cataneo machte keinen Kommentar zu dieser Rede. Er ließ Pezzara ergreifen, der gerade wieder davon träumte, wie der König dem von Mäusebug den Kopf vor die Füße legte. Er wurde auf die Bastei geschleppt, wo er im Fensterkreuz der Königin seinen alten Freund Walter, den König, die Königin und alle Hofleute erblickte, welcher Umstand dem unglücklichen Venezianer den augenscheinlichen Beweis lieferte, dass ein Mann besser daran tut, es mit der Königin zu halten als mit dem König.

»Mein Freund«, sprach die Königin, indem sie ihren Gemahl in die Fensternische zog, »dort seht Ihr den Verräter, der Euch das Liebste nehmen wollte, das Ihr auf der Welt besitzt; die Beweise dafür werde ich Euch in die Hand geben, sobald Ihr Zeit haben werdet, sie mit Muße zu studieren.«

Da sah auch Walter die Vorbereitungen zu der schauerlichen Zeremonie. Er warf sich dem König zu Füßen und bat um Gnade für den, der sein Todfeind war, wovon der König sehr gerührt wurde.

»Herr von Mäusebug«, sprach die Königin und zeigte ihm ihr zornigstes Gesicht, »Ihr seid sehr kühn, dass Ihr Euch unserm Wunsch und Willen zu widersetzen wagt!« Der König nötigte den Herrn Walter, sich zu erheben.

»Ihr seid ein braver Ritter«, sagte er, »aber Ihr habt keine Ahnung, welche schwarze Verräterei der Venezianer gegen Euch angesponnen hat.«

Also wurde Pezzara zwischen Kopf und Schulter sanft zu Tode gekitzelt, während die Königin ihrem Gemahl dessen

Untreue aufdeckte und durch einen Lombarden aus der Stadt die ungeheuren Summen nachrechnen ließ, die der Günstling auf der Bank von Genua niedergelegt hatte und die hierauf der Fürst dem Touraner schenkte.
Die schöne und stolze Königin aber fand nicht lange darauf einen harten Tod, wie es in der Geschichte beider Sizilien zu lesen ist. Sie starb nämlich an den Folgen einer schweren Entbindung, wobei sie einem Sohn das Leben schenkte, der ein großer Mann, aber in allen seinen Unternehmungen sehr unglücklich wurde. Der König ließ sich von seinem Hofmedikus leicht überzeugen, dass der Tod seiner Frau in dem verdorbenen Blut der Königin seine Ursache hatte, als welches wieder die Folge war von ihrer langen Enthaltsamkeit und Keuschheit; er fühlte sich darum in hohem Grade schuldig an dem beklagenswerten Ende der tugendsamen Königin und gründete zur Buße und Genugtuung die Kathedrale zu Unserer Lieben Frau, die noch heute die schönste Kirche von Palermo ist. Als der Herr von Mäusebug die Zerknirschung des Königs sah, sagte er ihm offen heraus die Meinung.
»Wenn ein König«, so ungefähr lautete seine Rede, »sich eine Hispaniolin zur Frau nehme, so müsse er wissen, dass er in ihrem Dienst nicht nachlässig sein dürfe, sintemal die Frauen dieses Landes von einem so heißen Geblüt wären, dass ihrer eine so viel Sorgsamkeit verlange als zehn andere; wenn er aber eine Frau wolle, einfach um sie als Monstranz vor dem Volk aufzustellen, so möge er sie sich aus dem nördlichen Deutschland verschreiben, wo die Frauen herb und frisch sind wie Holzbirnen.« Der brave Ritter kehrte mit reichen Gütern nach Touran zurück, wo er schöne Tage verlebte, ohne über sein Glück in Sizilien das Geringste auszuplaudern. Als der Sohn des Königs seinen berühmten Zug gegen Neapel unternahm, eilte er herbei, um ihm seine Dienste anzubieten, verließ aber Italien von Neuem, als der unglückliche Fürst auf den Tod verwundet worden, wie es in den Chroniken zu lesen ist.

Außer der wichtigen Wahrheit, die in dieser Geschichte zwischen den Zeilen steht und welche wir so ausdrücken wollen, dass das Glück immer ein Weibsen ist und darum öfter von der Frau als vom Manne kommt, daher den Männern mit Recht Frauendienst über Herrendienst geht – lernen wir aus dieser Historie, dass wahrlich die Verschwiegenheit neun Zehntel aller Weisheit ausmacht. Überdies hat der Mönch, der uns diese schöne Historiam überliefert, noch eine weitere und nicht weniger beherzigenswerte Wahrheit hinzugefügt: dass nämlich die Freundschaften, die man um des Vorteils willen schließt, um des Vorteils willen auch wieder gebrochen werden. Möge der Leser von den drei Moralen die auswählen, die ihm am besten in seinen Kram passt.

Der Vagabund von Rouen

Der alte Chronist, der den Flachs geliefert hat, aus dem die gegenwärtige Historie gesponnen ist, will selber zu der Zeit gelebt haben, in der diese Geschichte sich in der Stadt Rouen zugetragen hat, wo man tatsächlich seinen Namen in alten Urkunden und Registern verzeichnet findet. In der Umgebung dieser schönen Stadt, allwo damals der Herzog Richard Hof hielt, trieb in jenen Tagen ein Vagabund und Landstreicher sein Wesen, der mit Namen Dreiballer oder Tryballer hieß, aber meistens ›der Vagabund‹ kurzweg genannt wurde. Obwohl er nie ein anderes Dach über seinem Haupt wusste als das Zelt des Himmels und nur Lumpen seinen Leib bedeckten, seine Haut auch gelb war wie Leder von dem Umherstreichen auf Wegen und Stegen, über Berg und Tal, war er doch von jedermann geliebt im ganzen Herzogtum, wo man sich so an ihn gewöhnt hatte, dass man ihn vermisste, wenn einmal ein Monat verging, ohne dass er sich gezeigt mit seinem Napf. »Wo nur der Alte bleiben mag?«, hieß es da. »In Vagabundien!«, lautete die Antwort.

Dieser Vagierer und Wegelagerer hatte von seinem Vater, der ebenfalls ein Tryballer und überdies ein fleißiger Bürger

G Doré

und sparsamer Mann war, ein hübsches Vermögen geerbt, das ihm erlaubte, eine Zeit lang in Saus und Braus zu leben, da er sich gerade zu den entgegengesetzten Grundsätzen bekannte als sein Vater, der, wenn er vom Feld heimkehrte, links und rechts am Weg jedes Spreißelchen Holz auflas, jedes dürre Reis und Strohhälmchen zusammenklaubte, weil er sagte, dass ein Mann nicht mit leeren Händen nach Hause kommen soll. So heizte dieser brave Bürger im Winter seine Stube mit dem Holz der Fahrigen und Nachlässigen, und wahrlich, er tat wohl daran. Auch gab er mit seinem Tun ein so anreizendes Beispiel, dass ein Jahr vor seinem Tod auf Weg und Steg nicht das kleinste Holzsplitterchen mehr zu finden war; sein Exempel machte aus den Unordentlichsten umsichtige und sparsame Leute.

Nur sein Sohn verschmähte es, dem guten Beispiel seines Vaters zu folgen. Aber der Alte hatte ihm das schon in der frühsten Kindheit vorausgesagt. Wenn da der Vater den kleinen Tryballer auf seinen Acker hinausschickte, um die Vögel zu verjagen, die als freche Spitzbuben die Erbsen stibitzten und, was sie nicht fraßen, zu Boden hackten und verdarben, hatte er seine helle Freude an ihnen, an ihren zierlichen Gestalten, ihren hurtigen Bewegungen, wie sie kamen und beladen davonflogen und wiederkamen, und wollte sich ausschütten vor Lachen, wenn sie die Scheuchen und Schlingen, die der Vater gestellt hatte, mit klugen, listigen Blicken beäugelten und geschickt vermieden. Der Vater ärgerte sich grün und gelb, wenn es der Früchte oft drei gestrichene Maß weniger wurden. Es half auch nichts, dass er den Schlingel an den Ohren zog, wenn er ihn hinter einem Haselbusch über allerhand Allotria antraf; der Taugenichts fuhr dennoch fort, die Sitten der Häher, Amseln, Stare, Spatzen und anderer zu studieren, deren Klugheit und Verschmitztheit er nicht genug bewundern konnte. Oft sagte ihm sein Vater, dass er wahrlich gut daran tue, dem Geschmeiß seine Kniffe abzugucken; denn wenn er so fortfahre, werde er in seinen alten Tagen noch einen rechten

Spitzbuben abgeben und selber vogelfrei werden, gehetzt und gejagt von den Dienern der Gerechtigkeit. Und diese Prophezeiung wurde wahr, da der junge Tryballer, wie wir schon gesagt haben, in der kürzesten Frist durchbrachte, was sein Vater in langen Jahren zusammengespart hatte. Er hielt es mit den Menschen wie seinerzeit mit den Spatzen, ließ jedermann in seinen Beutel greifen und hatte wieder seine Freude daran, wie sich die Leute drehten und wandten und lieb taten, um ihm seine Groschen abzulausen. Auf diese Weise kam er bald ans Ende. Aber er ließ sich darum keine grauen Haare wachsen, er pflegte zu sagen, seine Seligkeit sei ihm lieber als die Güter dieser Welt. Er hatte nicht umsonst seine Philosophie in der Schule der Vögel studiert.

Nachdem er also eine kurze Zeit in dulci jubilo dahingelebt, hatte er eines Morgens nicht mehr in seinem Vermögen als einen Becher und drei Würfel. Das war genug, um zu trinken und zu spielen. Überdies war es ein leichtes Gepäck, das ihn wenig beschwerte. Er konnte also mit Recht die Großen der Erde bemitleiden, die sich nicht im Geringsten in Bewegung setzen können ohne ganze Wagenladungen voll Kisten und Koffern, Schachteln und Schirmen und einen ganzen Tross von Dienervolk.

Tryballer zog aus, seine guten Freunde zu besuchen. Aber er traf keinen, der ihn wiederkannte. Das gab ihm das Recht, auch niemand mehr zu kennen. Da ihm aber bereits der Magen vor Hunger knurrte, beschloss er bei sich, einen Beruf zu ergreifen. Es sollte aber einer sein, der keine Arbeit verlangte und doch sehr einträglich wäre. Wie er darüber nachdachte, fielen ihm die Spatzen und Drosseln wieder ein. Da entschloss er sich kurzerhand und wählte den Beruf eines Bettlers und Landstreichers. Und siehe, wo er die Hand ausstreckte, erhielt er von den mitleidigen Leuten seinen Obolus. Wahrlich, er konnte zufrieden sein. Er fand seinen Beruf ganz herrlich. Es war vor allem ein Beruf, bei dem nichts zu verlieren war. Einen bequemeren Beruf konnte es in der Welt nicht geben. Und weil er sein Handwerk liebte, liebten ihn die Menschen. Er war überall wohl empfangen und erhielt tausend Tröstungen, die dem Reichen verweigert werden. Er sah die Landleute säen und mähen, pflanzen und ernten, und sagte bei sich in seinem Herzen: ›Wie doch die Leute sich plagen, um mich zu nähren.‹ Wer ein Schwein in seinem Stall hatte, schuldete, ohne es zu bedenken, dem Tryballer ein Stück davon, und der Hausfrau, die einen Ofen voll Brot buk, kam nicht der Einfall, dass eines davon notwendig dem Tryballer gehörte. Dennoch nahm er nichts mit Gewalt, im Gegenteil, die Leute gaben ihm noch gute Reden obendrein.

»Da, alter Vagierer«, sagten sie, »lass dir's schmecken! Geht's gut? Komm, das hat die Katze abgenagt, iss du's vollends auf.«

Bei allen Hochzeiten, Taufen und Beerdigungen erschien Tryballer; denn er war überall, wo die Menschen, offen oder versteckt, sich ein Fest gaben. Mit großer Strenge beobachtete er das oberste Gesetz seines Berufs, nämlich: niemals etwas zu arbeiten. Denn wenn er gezeigt hätte, dass er auch nur das Geringste arbeiten könne, würde ihm kein Mensch mehr einen Bissen gegeben haben.

Wenn er sich den Wanst gefüllt hatte, der Philosoph, streckte er sich in einem Straßengraben aus oder lehnte sich an den Pfeiler einer Kirche und träumte von den öffentlichen Angelegenheiten. Dann meditierte er über die Philosophie seiner liebenswürdigen Lehrer, der Herren Finken, Drosseln und Spatzen; denn wenn er auch am Leib mit Lumpen bekleidet war wie ein Bettler, hatte er im Kopf doch keine lumpigen Gedanken. Das eine ist nicht notwendig die Folge des andern. Vielmehr war sein Gehirn glänzend ausgestattet. Mit seiner Philosophie belustigte er nicht wenig seine Kundschaft, denen er für die Brocken, die von

ihrem Tisch fielen, die Aphorismen, id est Brocken und Abfälle seiner Weisheit, mitteilte. Er sagte zum Beispiel, die Reichen hätten nur darum die Gicht, weil ihre Füße immer in weichen Pantoffeln steckten. Und er rühmte sich, so gut auf den Beinen zu sein, weil er per pedes apostolorum ginge. Er sprach von den Kopfschmerzen gekrönter Häupter, wovon er verschont sei, da weder Sorgen noch Kronen seine Stirn drückten und keine Ringe und Edelsteine ihm den Blutumlauf hinderten. In der Tat fühlte er sich gesund wie ein neugeborenes Kind, obwohl er sich von Zeit zu Zeit, wie es sein Beruf verlangte, die schlimmsten Wunden beibrachte.

Der Gevatter belustigte sich viel mit anderen seinesgleichen. Willkommenen Zeitvertreib verschafften ihm seine drei Würfel, die er sorgfältig aufgehoben hatte, um damit jederzeit sein Geld verspielen zu können und also seinem Gelübde der Armut nicht untreu zu werden. Aber wie den Bettlerorden, flossen ihm, seinem Gelübde zum Trotz, so

viele Einkünfte zu, dass er einmal an einem Ostersonntag zehn Taler ausschlug, die ihm ein Mitbruder zum Voraus für das Erträgnis des Tages geboten hatte. In der Tat konnte er am Abend vierzehn Taler für ein Festessen und Banketieren ausgeben, das er seinen Kameraden, den Almosenspendern zu Ehren, veranstaltete, da es zu den Gesetzen des Bettlertums gehört, gegen die Geber dankbar zu sein. Obwohl er sich sorgfältig alles dessen entledigte, was den anderen Sorge machte, als welche, weil es ihnen zu gut geht, sich Kümmernisse suchen, war er unendlich besser daran, als wenn er sich mit den Talern seines Vaters durchs Leben geschleppt hätte. Er konnte sich sogar von Adel dünken; denn er tat nur, was seiner Fantasie zusagte, und lebte in Hülle und Fülle, ohne eine Hand zu rühren. Er wäre für dreißig Taler nicht aufgestanden, wenn er sich einmal zur Ruhe hingelegt hatte. Seine Lebensregel war: Kommt der Tag, bringt der Tag, und wenn wir dem Meister Plato glauben dürfen, dessen Autorität schon einmal in einer unserer Historien angerufen wurde, so glich sein Leben auf ein Haar dem Leben der größten Weisen des Altertums.

Zweiundachtzig Jahre war er so nach und nach alt geworden, ohne dass er einen einzigen Tag ohne Heller gewesen wäre, und noch immer leuchtete sein Gesicht in der Farbe, die man sich vorstellen kann. Dabei war er überzeugt, dass man ihn längst eingescharrt haben würde, wenn er dazu verdammt gewesen wäre, unter dem Fluch des Reichtums zu leben, und es ist wohl möglich, dass er recht hatte.

In seiner grünen Jugend hatte er für einen großen Schwerenöter gegolten, will sagen in puncto puncti, und es wurde behauptet, dass in diesem wie in andern Punkten das Gevögel des Feldes, die Spatzen, Turteltauben und andere, seine Lehrmeister waren. Zu jeder Stunde war er aufgelegt, die Weiber niederzulegen; denn da er nie etwas tat, war er immer bereit, zu tun. Die Waschfrauen des Landes pflegten zu sagen: Wie sie auch die Damen einseiften, der Tryballer verstünde es doch noch besser. Und diese seine facultas oc-

G. Doré
Pouget

culta, wie man sagte, war der heimliche Grund seiner großen Beliebtheit weit herum im Lande. Man erzählt sich, dass ihn die Schlossdame von Langeficken eines Tages auf ihr Schloss rufen ließ, um über die genannte facultas der Wahrheit auf den Grund zu kommen; acht Tage soll sie ihn bei sich eingeschlossen haben, um ihm das leidige Betteln abzugewöhnen, aber aus Furcht, im Wohlleben zu verkommen, sei er ihr zuletzt auf und davon gegangen.

Wie er aber nun älter und älter wurde, sah sich dieser seltene Philosoph, der seine Philosophie bei den Vögeln studiert hatte, immer mehr verschmäht, wozu doch, wie er nur allzu gut wusste, gar kein Grund vorlag. Hier aber ist die erste Ursache und der Ausgangspunkt des Prozesses zu suchen, der in Rouen zu seiner Zeit so großes Aufsehen erregt hat und von dem nun endlich die Rede sein soll.

Der Vagabund stand also in seinem zweiundachtzigsten Lebensjahr und sah sich seit ungefähr sieben Monaten zur gänzlichen Enthaltsamkeit verurteilt, da er kein Weib mehr finden konnte, das etwas von ihm wissen wollte. Er sagte später vor dem Richter, dass ihm eine so schreckliche Sache in seinem ganzen ehrenhaften Leben nicht vorgekommen war. In diesem qualvollen Zustand gewahrte er eines schönen Tages im Monat Mai auf dem Feld ein junges Mädchen, das bei seiner Herde eingeschlafen war, wie die Landleute auf dem Feld zur Mittagszeit bei großer Hitze wohl zu tun pflegen. Das arme Ding, zufällig eine Jungfrau, lag also da hinter einem Busch, das Gesicht im kühlen Gras, während sein Vieh wiederkäute, und erwachte plötzlich über der Tat des Alten, der ihr das geraubt hatte, was ein Mädchen nur einmal verlieren kann. Als sie sich den Schaden besah, den ihr der Vagabund ohne ihre Einwilligung und ohne ihr damit ein Vergnügen zu machen, zugefügt hatte,

erhob sie ein großes Geschrei, also dass von weither die Leute zusammenliefen und von ihr zu Zeugen ihres Zustands aufgerufen wurden, der kein anderer war als derjenige einer jungfräulichen Braut nach der Hochzeitsnacht.
Sie flennte und jammerte immerfort und sagte, der alte Affe hätte doch lieber ihre Mutter notzüchtigen sollen, die würde jedenfalls nichts dagegen gehabt haben. Auf die Vorwürfe der Bauern, die den Vagabunden mit ihren Gabeln und Karsten bedrohten, gab er zur Antwort, dass er im Drang der Not gehandelt, worauf die Leute mit Recht erwiderten, dass ein Mann sich sein Vergnügen suchen könnte, ohne eine Jungfrau zu schänden, als welches ein Fall sei, auf den der Galgen steht. Und mit großem Geschrei brachten sie ihn nach den Gefängnissen von Rouen.
Vor dem Profosen erzählte das Mädchen die Sache also: Sie sei in der Mittagshitze eingeschlafen, weil sie nichts anderes zu tun gehabt habe; da sei ihr im Traum ihr Bräutigam vorgekommen, mit dem sie sich seit Langem herumgestritten, weil er ihr das vorwegnehmen wollte, was sie ihm erst nach der Kopulation zu geben entschlossen war. Im Traum habe sie ihm nun das gezeigt, was er doch einmal kennenlernen musste, um ihn zu überzeugen, dass alles mit ihr seine Richtigkeit habe und später nicht Zank und Misshelligkeit entstehe. Trotz ihres Widerstands sei er dann weitergegangen, als sie ihm erlauben wollte, und da sie dabei mehr Schmerz als Lust empfunden, sei sie darüber erwacht und habe sich vergewaltigt gesehen von dem alten Vagabunden, der sich über sie geworfen, wie ein Kapuziner über einen Schinken am Ende der Fasten.
Der Fall machte ein solches Aufsehen in der Stadt Rouen, dass der Profos vor den Herzog gerufen wurde, der sich vergewissern wollte, was an der Sache Wahres sei. Auf die Aussage des Richters hin befahl er, dass ihm der alte Tryballer vorgeführt werde, und war sehr neugierig darauf, was der seltsame Greis zu seiner Verteidigung vorbringen möchte.
Der Landstreicher erschien also vor dem Fürsten. Und in

aller Unbefangenheit erklärte er: dass das Ungestüm seiner Natur, die ihn fortreiße wie einen Jüngling, allein an dem Unglück schuld sei; dass ihm die käuflichen Menschen nichts nützten, da er kein Geld habe; dass er auch bis auf dieses Jahr nie der Weiber ermangelt; dass er nun aber an die acht Monate gefastet, weil die ehrbaren Frauen, die ihm früher diese Mildtätigkeit erwiesen, sich von ihm abgekehrt hatten, seitdem seine Haare ergrauten, wie sehr auch die Liebe noch grüne in seinem Herzen; dass er also wohl gezwungen sei, sich die Lust zu nehmen, wo er sie finde; dass ihm da der Teufel hinter dieser Buchenhecke die Jungfrau in den Weg gelegt und so kitzlig entblößt habe, worüber er in seinem ausgehungerten Zustand alle Vernunft verloren; dass nicht er, sondern das Mädchen schuldig sei, da es den Jungfrauen nicht erlaubt wäre, vor den Vorübergehenden das so sorglos zu entblößen, wovon die Frau Venus Kallipygos ihren Namen habe; endlich, dass der Herzog gewiss aus eigner Erfahrung wisse, mit welcher Mühe zu solcher warmen Mittagsstunde ein Mann die Begierden an sich halte, als welche dann schwerer zu bändigen seien denn die Jagdrüden an der Leine, was schon der König David erfahren habe, als er zu dieser Stunde das Weib des Herrn Urias erblickt; dass man da, wo ein so frommer König gestrauchelt, der ein Geliebter Gottes war, mit einem armen verachteten Teufel nicht allzu streng ins Gericht gehen dürfe; dass er sich übrigens gern bereit erkläre, für den Rest seines Lebens zur Harfe bußhafte Psalmen zu singen, wie jener fromme König getan, der sich außerdem mit der großen Missetat beladen, einen Ehemann ermordet zu haben, während er, der Vagabund, einer Dirne des Feldes höchstens einen kleinen Schaden zugefügt.

Der Herzog fand Geschmack an den Verteidigungsgründen des Vagabunden. Er bemerkte lächelnd, der Alte müsse wahrhaftig ein Kerl von guten H .... sein. Dann fällte er folgendes denkwürdige Urteil: Wenn es wahr sei, wie der Bettler aussage, dass er in seinem Alter noch solche unwi-

derstehliche Anwandlungen habe, so möge er dies unter dem Galgen, wozu ihn der Profos bereits verurteilt hatte, beweisen. Wenn ihm dort, am Fuß der Leiter, zwischen dem Beichtvater und dem Henker, mit dem Strick um den Hals, noch einmal dergleichen Fantasie ankomme, solle er begnadigt werden. Dieses Urteil des Fürsten verbreitete sich wie ein Lauffeuer in der Stadt, und als der arme Teufel zur Richtstätte geführt wurde, strömte eine unerhörte Menschenmenge zusammen, nicht anders als bei einem herzoglichen Einzug, doch sah man, wie ihr euch wohl denken könnt, mehr Hauben unter der Menge als Hüte. Der Vagabund aber wurde gerettet durch eine Dame, die ungeheuer neugierig war, wie es mit dem erbarmungswürdigen Alten endigen werde. Sie hatte dem Herzog gesagt, dass es die christliche Barmherzigkeit verlange, dem armen Menschen seine Rettung so viel als möglich zu erleichtern.

Schmückte sich die genannte Dame also wie zu einem Tanzfest, entblößte tief ihre wunderbar geformten schneeweißen Brüste – viel weißer als das schneeige Leinen ihres Fürtuchs –, bei deren Anblick dem Sattesten das Wasser im Mund zusammenlief, so niedlich waren sie. Und mit einem Lächeln auf den Lippen, das ganz Herausforderung, ganz Einladung war, stellte sie sich vor den armen Verurteilten, der in einem Kittel von grober Leinwand traurig und niedergeschlagen zwischen den Gerichtsknechten heranschritt und sehr befürchtete, das unmöglich vor dem Gehenktwerden zu erreichen, was hernach ja nicht ausbleiben werde.

Denn einstweilen sah er, wie er auch um sich blickte, nichts als Hüte und Hauben. Er würde, so waren später seine eigenen Worte, in diesem Augenblick gern tausend Taler dafür gegeben haben, eine Dirne vor Augen zu bekommen in der Situation jener Kuhhirtin, an deren Entblößungen er jetzt dachte. Sie hatten ihm Verderben gebracht und wären jetzt sicher imstande gewesen, ihn zu retten. Er suchte sie sich also recht deutlich vorzustellen, fand aber in seiner Greisenfantasie nur abgeblasste, schwache Bilder. In dieser höchsten Not, als er schon einen Fuß auf die Leiter setzte, erschien vor ihm jene Dame; er sah die zierlichen schimmernden Rundungen mit dem süßen Delta dazwischen, und der Anblick versetzte seinen Meister Iste in solche Aufwallung, dass der Leinenstoff seines engen Kittels eine plötzliche straffe Falte schlug.

»He, Männer der Gerechtigkeit«, rief er, »kommt schnell und beaugenscheinigt, ich habe meine Begnadigung gewonnen; doch wie lang es der Kerl treibt, dafür kann ich nicht stehen.«

Die Dame zeigte sich mit dieser Huldigung sehr zufrieden. Sie erklärte, das gehe über eine Vergewaltigung, und die Gerichtsbüttel, mit der Beaugenscheinigung beauftragt, glaubten nicht anders, als dass der Alte der leibhaftige Teufel sei; denn nie hatten sie in Büchern und Geschrift ein so aufrichtiges I gefunden, als ihnen hier entgegenstarrte. Wurde denn auch der Begnadigte im Triumph durch die Stadt zum Palast des Herzogs geführt, vor dem der Profos und andere die Richtigkeit der Tatsachen beglaubigten. In jenen Zeiten der Unwissenheit erregte diese kuriose Art der Rechtsprechung die größte Bewunderung, und einstimmig verlangte die Bevölkerung, dass dem seltenen Mann an der Stelle, wo er sich seine Begnadigung gewonnen, eine Statue errichtet werde, die ihn dergestalt verewige, wie ihn alles Volk beim Anblick jener tugendsamen und vornehmen Dame mit Staunen betrachtet hatte. Diese Statue war noch zu sehen zur Zeit, als die Stadt Rouen von

den Engländern eingenommen wurde, und die zeitgenössischen Chronisten erzählen die Geschichte unter den wichtigsten Begebenheiten der Stadt und der Provinz.
Als die gute Stadt Rouen beschloss, dem Alten so viel Dirnen zu liefern, als er haben wolle, und auch für sein sonstiges Auskommen reichlich zu sorgen, legte sich der Herzog ins Mittel, schenkte der Entjungferten ein Tausender Taler und verheiratete sie mit dem neugebackenen Volkshelden, der damit seinen alten Namen Tryballer verlor, wofür ihm der Herzog einen neuen gab und ihn zu einem Junker von Gutenhoden erhob. Seine Frau aber gebar ihm nach neun Monaten einen wohlgebildeten Knaben, der mit zwei Zähnen zur Welt kam. Aus dieser Heirat erwuchs die edle Familie derer von Gutenhoden, die später, weil sie sich, aber mit Unrecht, ihres Namens schämten, von dem viel geliebten König Loys dem Elften ein Patent auswirkten, das ihren ursprünglichen Namen in Gutenhuden umwandelte. Bei dieser Gelegenheit bemerkte König Loys den Herren von Gutenhoden, dass es in dem Staat der Herren von Venedig eine sehr berühmte Familie gebe, die den Namen Coglioni und drei H …. in ihrem Wappen führe. Darauf erwiderten die Herren von Gutenhoden dem König, dass ihre Damen immer erröteten, wenn sie am Hof und in den Sälen der guten Gesellschaft mit diesem Namen genannt würden.
»Sie sind nicht klug«, entgegnete der König lachend, »sie wollen ihren eigenen Schaden. Mit dem Namen wird auch die Sache flöten gehen.«
Er gab ihnen dennoch das verlangte Patent. Seitdem lebt die Familie unter dem neuen Namen und hat sich über mehrere Provinzen des Königreichs ausgebreitet. Der erste Herr von Gutenhoden aber lebte noch siebenundzwanzig Jahre und bekam einen weiteren Sohn und zwei Töchter. Er war nur darüber unglücklich, dass er nun doch als ein Reicher enden musste und nicht mehr von Haus zu Haus sein Brot betteln durfte.
Daraus könnt ihr eine schönere Lehre ziehen und eine di-

ckere Moral entnehmen als aus irgendeiner Geschichte, die ihr in eurem Leben lesen mögt, meine ›dreißig tolldreisten Geschichten‹ glorreichen Angedenkens natürlich ausgenommen. Nämlich die Wahrheit: dass ein Abenteuer dieses Kalibers niemals weichlichen und morschen Hofleuten oder andern reichen Prassern begegnet wäre, die mit übermäßigem Essen und Trinken ihr bestes Werkzeug frühzeitig dem Verfall überantworten und auf weichen Daunen schlafen, während der Herr von Gutenhoden die Erde zum Lager und einen Stein zum Kopfkissen hatte. Viele in seiner Lage würden, wie das Volk sagt, nachdem sie Kraut gegessen hatten, Dreck geschissen haben.

Das mag vielleicht viele, die diese Geschichte lesen, dazu bewegen, ihr Leben von Grund aus zu ändern, um, wenn sie in die Jahre kommen, dem alten Tryballer nachzuahmen.

Missliche Unterhaltungen dreier Pilger

Als der Papst die gute Stadt Avignon verließ, um von Neuem seinen Thron in Rom aufzuschlagen, sahen sich viele Pilger recht genasführt und angeschmiert, als welche, in dem Komitat angelangt, sich so wenig am Ziel ihrer Wünsche sahen, dass sie gezwungen waren, den Weg erst recht unter die Füße zu nehmen und die Schneealpen zu übersteigen, um die genannte Stadt Rom zu erreichen, wo sie allein das Remittimus ihrer buntscheckigen Sünden erhoffen durften.

Man traf damals auf den Heerstraßen und in den Herbergen eine Menge derer, die den Orden der Kainsbrüder um den Hals oder die Blume der Reu und Buße im Knopfloch trugen, große Missetäter vor dem Herrn, mit einem Wort, deren Seelen über und über bedeckt waren mit dem eklen Aussatz der Sünde, und die brannten vor Verlangen nach den pontifikalen Reinigungswassern, nach dem ›Teich von Bethesda‹ in der Sakristei von Sankt Peter. Sie trugen alle nicht wenig Gold und andere Kleinodien bei sich, um sich damit loszukaufen, die Sporteln für die päpstliche Bulle zu bezahlen und an den Altären der Heiligen zu opfern. Wenn sie auf dem Hinweg sich mit Wasser begnügten, so musste es auf dem Herweg wenigstens Weihwasser sein; aber von dem, das man in den Kellern findet.

Zu dieser Zeit kamen drei Pilger nach der oben genannten Stadt Avignon, die zu ihrem und der Pilger Schaden gerade zur päpstlichen Strohwitwe geworden war. Als sich diese drei Pilger von hier weiter auf den Weg machten, den Fluss Rhodanus entlang, dem Mittelländischen Meer entgegen, war einer davon, der seinen kaum zehnjährigen Sohn mit sich geführt, unvermerkt zurückgeblieben, und erst vor der Stadt Mailand stieß er, aber ohne seinen Sohn, wieder zu den beiden Genossen. In der Herberge feierten sie darauf das Wiedersehen mit einem ordentlichen Gastieren und Trinken; denn sie hatten schon geglaubt, der Verschwundene sei aus Ärger, weil er den Papst nicht in Avignon angetroffen, unbußfertig und unverrichteter Sache wieder umgekehrt.

Von diesen drei Romfahrern kam der eine aus der Stadt Paris, der andere aus Deutschland, und der dritte, der offenbar seinen Sohn auf der Reise hatte unterrichten wollen, stammte aus dem Herzogtum Burgund, wo er ein Lehen innehatte und als der nachgeborene Sohn des Hauses von Fayenwiller (Villa in Fago) den Namen von La Vaugrenand führte. Der Freiherr von jenseits des Rheinstroms war mit dem Bürger aus Paris bei der Stadt Lyon zusammengestoßen, und zu den beiden hatte sich kurz vor Avignon der Edelmann aus Burgund gesellt.

In der genannten Herberge ließen die drei ihrer Zunge freien Lauf und sprachen vor allem darüber, wie sie ungefährdet und wohlbehalten in Rom ankommen und sich bewahren möchten vor den Beutelschneidern, Buschkleppern, Schnapphähnen und anderem lichtscheuen Raubgeziefer, das sich einen Beruf daraus machte, die Pilger einstweilen von dem zu erlösen, was ihnen auf dem Leib lastete, in Erwartung, dass der Papst sie von dem löste, was ihr Gewissen bedrückte.

Nach dem Trinken ergingen sich die drei Pilger erst recht in heiteren Reden, da kein Zauber so sehr die Zunge frei und lebendig macht als der Wein. Und alle drei gestanden übereinstimmend, dass nichts als das Weibszeug oder das Zeug des Weibes schuld sei an ihrem Büßerlos. Die Magd, die ihnen beim Trinken zusah, erklärte verwundert, von hundert, die in der Herberge einkehrten, sei es bei mindestens neunundneunzig ebenso bestellt, woraus die drei erkannten, wie verhängnisvoll das Weib sei für den Mann. Der Freiherr zeigte eine schwere goldene Kette vor, die er unter seinem Panzerhemd bei sich trug, um sie dem Heiligen Vater in Rom zu verehren; seine Sünde aber sei so groß, sagte er, dass er kaum hoffen dürfe, sich mit dem zehnfachen Wert dieser Kette loszukaufen. Der Pariser Bürger zog seinen Handschuh ab, ließ einen großen Diamanten im Licht der Kerze blitzen und sagte, dass er dem Papst hundertmal so viel bringe, als der Stein wert sei. Der Burgunder nahm aus dem Versteck seiner Mütze zwei große Perlen, so groß wie Taubeneier, die als Ohrgehänge Unserer Lieben Frau von Loreto vortrefflich zu Gesicht stehen mussten. Der Edelmann gestand, dass er sie am Halsband seiner Dame lieber sehen würde, und die Magd der Herberge, ganz geblendet vom Anblick so kostbarer Kleinodien, tat die Äußerung, die Verbrechen der drei Pilger müssten groß sein wie die der Visconti.

So groß seien ihre Übeltaten, gestanden die drei, dass sie geschworen hätten, ein jeder in seiner Seele, nie wieder in ihrem Leben an ein Weib zu rühren, wenn es auch die schönste Dame der Welt wäre, und von dieser Enthaltung nicht abzugehen, was ihnen der Papst auch obendrein zur Buße noch auferlegen möge. Musste sich die Magd nur wundern, dass sie alle drei dasselbe Gelübde getan.

»Allein dieses Gelübde«, erzählte der Burgunder, »war der Grund, warum ich in Avignon mich plötzlich von euch getrennt habe. Ich sah die Gefahr des Weibes meinem Sohn drohen, trotz seinem zarten Alter, und da ich geschworen hatte, im Umkreis meiner Gewalt niemandem mehr, weder Mensch noch Tier, das süße und verderbliche Spiel zu erlauben …«

»Ihr wisst«, erzählte hernach der Burgunder, aufgefordert vom deutschen Baron, »dass die gute Gräfin Johanna von Avignon einst eine Verordnung erlassen hat, wonach jene ungefiederten Nachtvögel, die ihr kennt, in eine Vorstadt eingeschlossen wurden, wo sie in bordellierten, id est wohlverzäunten Häuschen mit verschlossenen roten Fensterläden wohnen mussten. Indem ich nun in eurer Gesellschaft durch die verfluchte Vorstadt zog, wurde mein Bube, denn so ein Springinsfeld von zehn Jahren lässt seine Augen überall herumgehen, aufmerksam auf die rot gemalten Läden, zupfte mich am Ärmel und quälte mich mit tausend Fragen über die Häuser und was man darin mache, bis ich ihm, um Ruhe zu bekommen, erklärte, das seien die Orte, wo die Menschen gemacht werden, Männlein und Weiblein, und wo jedem, der von der Sache nichts versteht, grässliche Gefahren drohten. Ich sprach ihm von fliegenden Kröten, Vampiren und andern Scheusalen, die dem Uneingeweihten dort ins Gesicht flögen und ihn kannibalisch zurichteten. Junge Knaben aber setzten ihr Leben aufs Spiel, wenn sie je ein solches Haus beträten. Da bekam es der Schlingel mit der Angst und wagte keinen Blick mehr nach den verdächtigen Fensterläden zu werfen. Scheu und furchtsam schlich er hinter mir drein nach der Herberge. Als ich aber hier den Stall aufsuchte, um wegen unserer Pferde nach dem Rechten zu sehen, schlich er sich davon wie ein Dieb, und niemand konnte mir sagen, wo er geblieben. Da hatte ich starke Befürchtungen vor den Weibsen, tröstete mich aber mit der Verordnung, die nicht gestattete, dass Knaben von diesem Alter eingelassen werden. Erst zur Stunde der Mahlzeit erschien der Schlingel wieder. Er machte aber ein verlegeneres Gesicht als unser göttlicher Heiland unter den Schriftgelehrten des Tempels. ›Nun, woher?‹, rief ich ihm zu. ›Von den Häusern mit den roten Läden‹, antwortete der Lausbub. Ich drohte ihm mit der Peitsche, wenn er mir nicht haarklein alles erzählte, was ihm begegnet, und unter Flennen und Greinen beichtete er. Aus Angst vor den fliegenden Kröten habe er nicht gewagt, in ein Haus hineinzugehen, doch habe er sich an einen der roten Läden geschlichen und vorsichtig durch den Spalt geblickt, weil er gar zu gern gewusst hätte, wie die Menschen gemacht werden. ›Und was hast du gesehen?‹, fuhr ich ihn an. ›Oh‹, antwortete er, ›eine schöne Frau war schon fast fertig, es fehlte nur noch ein Zapfen, den der Menschenmacher ihr gerade einfügte. Es war eine sehr anstrengende Arbeit. Dann sprang sie auf, tanzte im Zimmer herum, sprach, lachte und küsste ihren Verfertiger.‹ So, mein Kleiner. Ich aber kehrte noch in der Nacht nach Burgund zurück und ließ dort den Allzuneugierigen lieber in der Obhut seiner Mutter, als es erleben zu müssen, dass er in der nächsten Stadt der ersten besten Dirne mit seinem Zapfen beisprang.«

»Ja, die lieben Kinder haben oft drollige Antworten«, meinte der Pariser. »Der Schlingel meines Nachbarn zu Haus verriet mit einem solchen Wort die Hahnreischaft seines Vaters. Eines Abends wollte ich ihm ein wenig auf den Zahn fühlen, was er bereits in der Religion gelernt habe. ›Sage mir‹, fragte ich, ›was ist die Hoffnung?‹ – ›Ein dicker Armbrustschütze des Königs‹, antwortete er, ›der immer zu Muttern kommt, wenn Vater ausgegangen ist.‹ In der Tat war der Schützenweibel in seiner Kompagnie also bespitznamt, und der Herr Nachbar, der die Rede mit angehört hatte, griff sich unwillkürlich nach der Stirn, wo er aber nichts fand, wie alle, die nichts finden wollen.«

»Die Rede dieses Kindes«, sprach der Deutsche, »enthielt in Wahrheit einen tiefen Sinn; denn die Hoffnung ist es, die mit uns zu Bett geht und uns in ihre Arme nimmt, wenn die Wirklichkeit des Lebens uns nicht genugtut.«

»Sind denn auch die Hahnreie nach dem Ebenbild Gottes erschaffen?«

»Nein«, antwortete der Pariser; »denn Gott ist weise und hat sich nie mit einem Weib abgegeben, so ist er glücklich in Ewigkeit.«

»Aber vorher, ehe sie's wurden«, sprach die Magd, »waren auch die Hahnreie Ebenbilder Gottes.«

Und abermals konnten es die drei nicht satt bekommen, Übles vom Weib zu reden, als dem Quell und Ursprung alles Unglücks in dieser Welt.

»Ihre Pforte steht öfter offen«, sagte der Burgunder, »als die Tür einer Schenke.«

»Ihr Herz ist aufrichtig wie eine Schlange«, erwiderte der Pariser.

»Warum sieht man so viele Pilger und so wenig Pilgerinnen?«, fragte der deutsche Baron.

»Das kommt daher«, antwortete darauf der Pariser, »dass ihr verdammtes Ding nicht zu sündigen vermag. Dieses Ding hat kein Gewissen, es kennt nicht Vater noch Mutter, nicht die Gebote Gottes noch die der Kirche, nicht die menschlichen noch göttlichen Gesetze. Dieses Ding weiß von keinem Dogma und keinem Ketzertum. Dieses Ding kann von niemand zur Rechenschaft gezogen werden. Dieses Ding ist vollkommen unschuldig. Es würde lachen, wenn man ihm einen Vorwurf machte. Weder Verstand noch Vernunft hat dieses Ding, das ich hasse und verabscheue.«

»Ich nicht weniger«, beteuerte der Burgunder, »und ich begreife allmählich die Variante, die ein großer Gelehrter über jene Bibelverse gemacht hat, welche von der Schöpfung handeln. Aus dieser Variante, die wir bei uns zu Lande eine

Legende nennen, wird es klar wie Hutzelbrühe, warum das genannte Ding also unchristlich beschaffen ist, dass kein Mann je seinen höllischen Durst zu stillen vermag, all was allein vom menschlichen Weib gilt und nicht von den Weibchen der Tiere. Folgendes aber ist die genannte Legende. Als Gott der Herr just an der Eva bosselte, sah er einmal, weil, zum ersten Mal im Paradies, gerade ein Esel seine Kehle stimmte zum Gesang, einen Augenblick weg von seinem Werk. Diesen Augenblick benutzte der Teufel und brachte mit seiner roten Kralle der lieblichen Kreatur eine tiefe Wunde bei, die der liebe Gott sofort wieder – daher die Jungfrauen – verklebte, so gut es gehen wollte. Damit tat der Herr seine Absicht kund, dass das Weib verschlossen bleiben und die Kinder nach den gleichen Regeln geformt und gedrechselt werden sollten, wonach er bereits seine Engel erschaffen, nämlich in Akten der Schöpfung, deren Wonnen und Seligkeiten über denen der fleischlichen Zeugung so erhaben sein sollten, wie der Himmel erhaben ist über der Erde. Als aber der betrogene Teufel sah, wie der Herr seine Tücke vereitelt, machte er sich heimlich an den schlafenden Adam, zupfte mit zwei Fingern an der Haut und formte ihm ein Anhängsel nach dem Ebenbild seines teuflischen Schwanzes, das aber dem Herrn Adam nach vorn hing, weil er auf dem Rücken geschlafen hatte. Diese beiden Teufeleien nun strebten zusammen mit unbezwinglicher Gier, nach dem Gesetz, das Gott gemacht hat zur Erhaltung der Schöpfung, und durch sie kam die Sünde in die Welt und alles Unheil; denn der liebe Gott, als er die Machenschaften des Teufels erkannte, war selber begierig, was daraus entstehen möchte.«

Dem allem hatte die Magd zugehört.

»Ach ja«, sagte sie seufzend, »die Herren haben recht, das Weib ist ein gar schlechtes Haustier, und mehrere kenne ich, die ich lieber unter dem Rasen als zu den Basen haben möchte.«

Sie war aber eine hübsche dralle Dirne, und die drei Pil-

grime, denen bei ihrem Anblick um ihr Gelübde bange zu werden anfing, erhoben sich und gingen eiligst zu Bett. Unterdessen lief die Magd zu ihrer Herrin und erzählte ihr die weiberfeindlichen Gespräche der Fremden.
»Dummes Mensch«, sagte die, »was kümmern mich die Gedanken im Gehirn meiner Gäste; die Hauptsache ist, dass sie Gold im Beutel haben.«
Aber als ihr das Mädchen von den Kleinodien der Pilger gesprochen:
»Das ist etwas anderes«, erklärte sie voll Feuer und Flamme, »die müssen wir bekehren. Weißt du was, ich nehme die zwei Edelleute auf mich, den Bürgerlichen lasse ich dir.«
Begab sich also die Frau Wirtin, die als die größte Kupplerin im ganzen Herzogtum Mailand bekannt war, nach der Kammer, wo der burgundische Baron und der deutsche Freiherr untergebracht waren, und beglückwünschte die Herren zu ihrem Gelübde.
»Mir scheint übrigens«, sagte sie lachend, »dass wir Frauen dabei nicht viel verlieren; denn was so ein Gelübde wert ist, kann man erst wissen, wenn man es ein wenig auf die Probe gestellt hat.«
Zu diesem Zweck erbot sie sich, bei den Herren zu schlafen. Sie sei zu neugierig, setzte sie hinzu, ob sie wirklich unberührt bleiben werde. Dieser Schimpf sei ihr noch von keinem Mann angetan worden.
Am anderen Morgen beim Frühstück hatte die Magd den Diamanten am Finger, und die Wirtin trug das Perlengehänge in den Ohren und die goldene Kette um den Hals. Die drei Pilgrime aber blieben fast einen Monat in der genannten Stadt, gaben ihre ganze Barschaft dahin bis zum letzten Kreuzer und erklärten zuletzt, dass sie ihre unbesonnenen bösen Reden wider die Frauen nur getan, weil sie die Mailänderinnen nicht gekannt hatten.
Als der deutsche Freiherr in seiner Heimat anlangte, meinte er, nur eine Dummheit in seinem Leben begangen zu haben, nämlich die: allzu eilig heimgekehrt zu sein. Der Pari-

ser Bürger kam über und über mit Muscheln bedeckt in seine geliebte Stadt zurück und traf bei seiner Frau den genannten Weibel, der in seiner Kompagnie ›die Hoffnung‹ hieß. Dagegen fand der burgundische Edelmann seine Dame dergestalt in der Trübsal, dass ihm die zahlreichen Tröstungen, die er ihr zukommen ließ, wenn er es auch nicht Wort haben wollte, fast übel bekommen wären.

Daraus können wir lernen, in Herbergen keine Reden zu halten.

Kindermund

Bei dem feuerroten gedoppelten Kamm meines Hofhahns und dem rosenfarbenen Futter der schwarzen Pantöffelchen meiner Liebsten! Bei allen Hörnern aller Hahnreie – die ich über alles liebe – und bei der Tugend ihrer hochheiligen unberührbaren Ehefrauen:
Nicht die viel gerühmten Heldenlieder göttlicher Sänger, nicht die schönste Musik, nicht die stolzesten Schlösser, blühenden Schildereien und Bilder der Heiligen und der Könige, kühn aus Stein gehauen, auch nicht die weiß bewimpelten Schiffe auf dem blauen Meer sind das Schönste, was der Mensch hervorbringt: von allem, was vom Menschen kommt, das Schönste sind die Kinder. Und sie sind es so lange, als sie eben Kinder sind. Denn danach werden sie Mann und Weib, werden die gleichen Tölpel wie die Alten, nehmen Vernunft an und, bei Gott, sind kaum mehr wert, was sie gekostet haben. Die Schlimmsten sind noch die Besten. Aber betrachtet einmal die Kleinen, wie sie anmutsvoll spielen mit allem, was ihnen in die Hände kommt, mit einem Werkzeug, das sie sich vom Brett holen, mit einem alten Schuh; betrachtet, wie sie das, was sie satt bekommen,

liegen lassen und nach dem schreien, was sie haben wollen, wie sie überall Zuckerwerk und Eingemachtes erschnüffeln, wie sie an einem Backwerk knuspern und immer aufgelegt sind zum Tollen und Lachen, sobald nur ihre Zähne hervorbrechen. Betrachtet sie, und ihr werdet zugeben müssen, dass sie einfach entzückend sind. Sie sind Blüte und Frucht zugleich, Frucht der Liebe und Blüte des Lebens. Nichts Heiligeres und Köstlicheres als ihre Einfälle und ihre Art, sich auszudrücken, solange sie noch nicht von Altklugheit

angesteckt sind und ihr Geist sich nicht in der Sudelküche des Lebens beschmutzt hat. Die höchste geistige Anmut könnt ihr bei ihnen lernen. Kein Erwachsener, das ist so wahr wie die doppelte Verdauung eines Ochsen, wird ihnen das je gleichtun. Die Naivität der Großen ist durch die Vernunft immer mehr oder weniger verdorben, die Naivität der Kinder ist rein und lauter wie die heilige Natur. Ihr könnt das aus Folgendem ersehen.

Die Königin Kathrein war damals noch Frau Kronprinzessin, und um sich ihrem Schwiegervater, dem König, dem es schon recht schlecht ging, angenehm zu machen, schenkte sie ihm von Zeit zu Zeit eine italienische Schilderei, da sie wohl wusste, wie sehr er sie liebte, der einst der Freund des Meisters Raffael von Urbino und des großen Leonardo da Vinci gewesen war, denen er namhafte Summen zugewendet hat. Und so erhielt sie von ihrer Familie, die die vorzüglichsten dieser Werke besaß, da ihr Vater, der Herzog Medici, damals der Herr von Toskana war, eine äußerst kostbare Schilderei, die ein Venezianer namens Meister Tizian gemalt hatte, der Hofmaler des Kaisers Karl, der ihn über alles schätzte. Auf dieser Tafel waren Adam und Eva abgebildet, wie Gott sie im Paradies erschaffen hatte, in Lebensgröße und im Kostüm ihrer Zeit, worüber kein Zweifel bestehen kann; nämlich, sie waren bekleidet mit ihrer Unschuld und umhüllt mit dem Wohlgefallen Gottes, was sehr schwer nachzubilden ist, besonders mit Farben, worin aber der genannte Meister Tizian sich in hohem Grad auszeichnete. Dieses Gemälde wurde in dem Zimmer des armen Königs aufgehängt, der von der Krankheit, an der er später starb, schon damals sehr geplagt wurde, und war am ganzen Hof viel des Redens von dem genannten farbigen Schilderwerk, also dass ein jeder es gern gesehen hätte. Doch dieser Wunsch ward auch nicht einem Einzigen erfüllt, solange der König lebte, der das Bild immer in seiner Schlafkammer behielt.

Eines Tages brachte die Kronprinzessin ihren Sohn Franz und die kleine Grete zum König, die gerade anfingen, wie Kinder ihres Alters, alles herauszuschwatzen, was ihnen in den Sinn kam. Sie hatten hie und da etwas aufgeschnappt, wenn von den genannten Abbildungen Adams und Evas die Rede war, und verhehlten nicht ihre Neugierde, etwas zu sehen, wovon jedermann sprach. Da nun ohnedies die Gegenwart der Kinder den König schon oft erheitert hatte, gab die Mutter ihrem Drängen nach und führte sie hin.

»Ihr wolltet Adam und Eva sehen, die unsere ersten Eltern waren«, sagte sie. »Hier sind sie.«

Damit ließ sie die beiden Kinder, die große Augen machten, vor der Malerei des Meisters Tizian und setzte sich an das Krankenlager des Königs, dessen Miene sich aufheiterte beim Anblick seiner Enkel.

»Du«, sagte der zehnjährige Franz, indem er die Gret am Ärmel zupfte, »wer ist nun der Adam von den beiden?«

»Du bist recht dumm«, erwiderte die Kleine, »um das sagen zu können, müssten sie erst Kleider anhaben.«

Diese Antwort entzückte den König über alles, und die Frau Kathrein berichtete sie in einem Brief nach Florenz, und da sie bis jetzt von keinem Gelehrten ans Licht gezogen wurde, möge sie, einer seltenen Blüte gleich, still in einem Winkel dieser Geschichten stehen, obwohl sie bei Gott wenig damit gemein hat und wir auch keine andere Lehre daraus entnehmen können als die, dass wir erst fleißig für Kinder sorgen müssen, wenn wir aus ihrem Munde so schöne Worte hören wollen.

Die Heirat der schönen Imperia

I. Wie sich Frau Imperia selber in den Netzen fing, mit denen sie sonst die verliebten Täuber zu fangen pflegte

Die schöne Dame Imperia, die ruhmreich diese Geschichten eingeleitet hat, da sie der Ruhm ihrer ganzen Zeit war, musste nach der Beendigung des Konzils von Kostnitz ihren Aufenthalt in der Stadt Rom nehmen, da der Kardinal von Ragusa, der sie mehr liebte als seinen Kardinalshut, sich nicht von ihr trennen wollte. Dieser Tausendsasa von einem Priester war so großartig, dass er ihr in der besagten Stadt einen schönen Palast zum Geschenk machte. Um diese Zeit hatte sie das Unglück, durch den Kardinal schwanger zu werden. Wie jedermann weiß, endigte diese Schwangerschaft mit der Geburt einer schönen Tochter, von der der Papst scherzend gesagt haben soll, man müsste sie Theodora nennen, was so viel bedeutet als ›Geschenk des Himmels‹. Das Mädchen wurde auch wirklich so genannt und entwickelte sich zu einer wunderbaren Schönheit. Der Kardinal setzte Theodora zu seiner Erbin ein, und die schöne Impe-

ria wies ihrer Tochter ihren eigenen Palast in Rom zum Aufenthalt an, während sie selber eiligst die Stadt verließ als einen Ort des Schreckens, wo man der Gefahr ausgesetzt ist, Kinder zu bekommen, seine Gestalt zu verderben, und alle die wunderbaren Linien von Rücken und Brust und verführerischen Biegungen und anmutigen Vollkommenheiten zu verlieren, als welche die schöne Imperia so hoch über alle Frauen der Christenheit erhoben hatten, wie der Papst erhaben ist über alle Christen. Ihre Liebhaber wussten übrigens, dass mithilfe von elf Doktoren aus Padua, sieben Medizinkünstlern aus Pavia und fünf Chirurgiussen aus allen Teilen der Welt, die der Dame bei ihrer Entbindung beigestanden hatten, ihre Schönheit vor jedem Schaden bewahrt geblieben war. Einige behaupteten sogar, dass sie an Feinheit der Form und Weiße der Haut eher noch gewonnen habe, und ein berühmter Arzt aus der Schule in Salerno schrieb bei diesem Anlass ein gelehrtes Buch, mit dem er bewies, wie vorteilhaft eine Entbindung für die Erhaltung der Jugend, Gesundheit und Schönheit der Damen sei. Aus diesem sehr gelehrten Buch ersah der Leser, dass an der schönen Imperia nichts so Schönes zu ersehen war, als was allein ihre Liebhaber zu schauen bekamen, und auch sie nur selten; denn diese wahrhaft kaiserliche Hure entkleidete sich nicht etwa vor jedem kleinen deutschen Fürsten und Herrn. Sie nannte diese ihre Kurfürsten, Markgrafen, Burggrafen, Herzöge, und behandelte sie nicht anders als wie ein Kriegsherr seine Soldaten.
Jedermann weiß, wie die schöne Theodora im Alter von achtzehn Jahren den heißen Wunsch hegte, sich in einem Kloster als Nonne einkleiden zu lassen, um durch ein Leben in Entsagung und Frömmigkeit für die Tollheiten ihrer Mutter abzubüßen. Sie verschrieb all ihr Gut dem Kloster der Klarissinnen und wandte sich an einen Kardinal, damit er sie auf ihren geistlichen Beruf vorbereite. Dieser schlechte Hirte fand sein Schäflein aber so wunderbar schön, dass er versuchte, sie zur Liebe zu zwingen. Um der schmählichen

Gewalt zu entgehen, tötete sich Theodora mit einem Dolchstoß. Dieses Abenteuer, das in den Chroniken der Zeit niedergeschrieben ist, machte großes Aufsehen, und die ganze Stadt Rom legte Trauer an um die von allen geliebte Tochter der Frau Imperia.
Bei dieser Gelegenheit kehrte die stolze Buhlerin in großer Trauer nach Rom zurück, um ihre Tochter zu beweinen. Sie stand damals den Vierzig nahe und, wenn man den Autoren der Zeit Glauben schenken will, auf dem Gipfel ihrer alles bewältigenden Schönheit. Der Schmerz machte sie stolz und abweisend gegen alle, die ihr, um sie zu trösten, von Liebe sprachen. Es verfing auch nicht, dass der Papst selber sich in ihren Palast verfügte, um Worte der Ermahnung an sie zu richten. Sie verharrte in ihrer Trauer und wollte, wie sie sagte, jetzt nur noch Gott gehören, auf den allein ein sicherer Verlass ist, während all ihre ungezählten Liebhaber, mit Ausnahme eines kleinen Priesters, in den sie einmal wie in einen Gott verliebt war, sie immer nur enttäuscht hätten. Bei diesem Entschluss erzitterten alle, denen sie je angehört, und wahrlich, deren Zahl war nicht klein. Wo zwei sich auf der Straße begegneten, sprachen sie von nichts anderem als von dem Vorhaben der Frau Imperia. »Haben Eure Gnaden es schon gehört? Sie will der Liebe Valet sagen.« Verschiedene Botschafter sandten an ihre Souveräne Berichte über das Ereignis. Der römische Kaiser war außer sich. Er hatte elf Wochen mit Frau Imperia getollt und sie nur verlassen, um in den Krieg zu ziehen; er liebte sie auch noch immer wie den kostbarsten Teil seines Körpers, worunter er, dem Gerede seiner Hofleute zum Trotz, sein Auge verstand, weil dieses, wie er sagte, die teure Imperia zu verschlingen imstande war.
In der also verzweifelten Notlage ließ der Papst einen spanischen Arzt kommen, den er bei Frau Imperia einführte, und dieser bewies der Dame mit wissenschaftlichen Gründen und mit schwergelehrten und von Zitaten gespickten Redensarten, die von lateinischen und griechischen Bro-

cken nur so strotzten, dass die Schönheit durch Kummer und Tränen notwendig entstellt wird und nichts so tiefe Furchen und Runzeln in das Gesicht einer schönen Frau eingrabe als der Schmerz eines einsamen Herzens. Diese Behauptung wurde von den übrigen Herren Doktoren des heiligen Kollegiums, die sich am Gespräch beteiligten, bestätigt und hatte die Wirkung, dass der Palast der Imperia sich noch an demselbigen Abend nach der Vesper von Neuem öffnete.

Erschienen auch alsbald die jungen Kardinäle, die Gesandten aller fremden Länder und viele reiche Edelleute, um der schönen Herrin aus Jubel über diese Sinnesänderung ein prächtiges Fest zu geben. Das kleine Volk aber zündete Freudenfeuer an, und alles feierte die Rückkehr der Königin der Liebe auf ihren Thron und in ihr Amt. Denn auch die kleinen Handwerker jeder Art und Kunst verehrten die Frau Imperia sehr, die ungeheure Summen spendete zum

1000
1000
100
10000
100

Bau einer Kirche, in welcher lange Zeit das stolze Grabmal der Theodora zu sehen war, bis es bei der Belagerung Roms durch die Kriegsleute des verräterischen Konnetabel von Bourbon zerstört, die heilige Leiche geschändet und der schwersilberne und reich vergoldete Sarg, worin die jungfräuliche Theodora gebettet lag, von den rohen Horden zerhackt und in tausend Beutestücke verteilt wurde. Diese Basilika soll, wie man sagt, mehr gekostet haben als die Pyramide, die zu Ehren der Dame Rhodope, einer ägyptischen Kurtisane, achtzehnhundert Jahre vor der Geburt unsers Heilands errichtet wurde, was beweist, wie alt dieses schöne Handwerk ist und wie teuer die weisen Ägypter ihre Freuden bezahlten, die nach und nach derart im Preis und Wert gesunken sind, dass man sich heut in der St. Jakobsgasse zu Paris eine Portion weißes Fleisch schon um einen lumpigen Taler verschaffen kann. Ist das nicht scheußlich?

Noch nie war Frau Imperia so schön gewesen als bei diesem ersten Fest nach ihrer großen Trauer, und alle Fürsten, Kardinäle und andere erklärten sie der Huldigung des ganzen Erdballs würdig. In Wirklichkeit war auch ein jedes Land durch seinen Gesandten vertreten, woraus zu entnehmen, dass die Schönheit allerorten die Königin ist über alles.

Ein wenig spät erschien – trotzdem er Frau Imperia nie gesehen und vor Neugierde brannte auf ihren Anblick – der Botschafter des Königs von Frankreich, ein jüngerer Sohn aus dem Hause derer von Isle-Adam. Er war ein hübscher junger Kavalier und gut angeschrieben bei seinem König, an dessen Hof er eine Freundin hatte, die er zärtlich liebte, nämlich die Tochter des Herrn von Montmorency, dessen Güter nachbarlich an die des Hauses von Isle-Adam grenzten. Diesen jüngeren Sohn also, der in der Welt nichts besaß als seinen schönen Namen, hatte der König mit einer diplomatischen Mission zum Herzog von Mailand gesandt, und der kleine Isle-Adam hatte sich deren so geschickt entledigt, dass er daraufhin mit weiteren Aufträgen für Rom betraut wurde, um dort die hochwichtigen Unterhandlungen zu führen, wovon die Geschichtsschreiber in ihren Büchern ausführlich berichten. Dem hübschen Junker, wie wenig er auf der Welt sein Eigen nannte, war dieser Anfang ein gutes Omen. Er war von schlanker Gestalt, gerade wie eine Kerze, von brauner Gesichtsfarbe, mit schwarzen strahlenden Augen, dazu ein Schlaubart wie ein alter Legat, der sich nichts weismachen ließ. Trotz des hellen Verstands, der aus seinen Zügen sprach, hatte er ein unschuldiges Kindergesicht, das ihn liebenswürdig und bezaubernd machte wie ein schelmisches kleines Mädchen.

Beim ersten Blick, den Frau Imperia auf diesen jungen Edelmann warf, fühlte sie eine so heftige Bewegung in ihrem Herzen, wie sie seit Langem nicht empfunden. So heftig entbrannte sie in Liebe beim Anblick dieser frischen Jugend, dass sie den geschmeidigen Franzosen, wenn sie nicht gefürchtet hätte, Ihrer kaiserlichen Majestät etwas zu vergeben, am liebsten gleich auf seine beiden Wangen geküsst hätte, die wie zwei kleine Borsdorfer Äpfel leuchteten. Nun müsst ihr wissen: Die stolzen und abweisenden Frauen, die Damen mit Wappenschildern über ihrem Bett, verkennen meistens die Natur des Mannes, da sie sie nur nach dem einzigen Mann beurteilen, den sie kennen, als zum Beispiel die Königin von Frankreich, die da glaubte, alle Männer seien stinkend, weil der König stinkend war. Eine erfahrene Buhlerin hingegen, wie die Frau Imperia, kennt das andere Geschlecht von Grund aus, da sie von dessen Vertretern mehr als genug unter die Hände bekommen, auch keiner in ihrer Schlafkammer sich einen Zwang antat oder, da er sie doch nicht auf die Dauer haben konnte, mehr Scham an den Tag legte als ein Hund, der seine eigene Mutter bespringt; darüber Frau Imperia sich oft bitter beklagt hat, also dass man sie manchmal sagen hörte, sie sei wahrlich kein Lusttier, aber ein Lasttier. Das war die Kehrseite ihres Lebens, und sie ließ sich deshalb eine Liebesnacht mit Wagenladungen Goldes bezahlen, abgesehen davon, dass es mehr als einem dabei um den Kopf ging.

So war es für sie ein Fest ohnegleichen, als sie merkte, dass sie sich wieder einmal so jugendlich zu verlieben im Begriff stehe, wie damals in den jungen Priester, von dem im allerersten Anfang dieser Historien die Rede war. Nur zeigte sich jetzt ihre Verliebtheit um so viel heftiger und das Feuer in ihren Adern umso ungestümer und brennender, als sie sich der Neige ihrer Jugend um so viel näher wusste. Ein ganz brenzliger Zustand war's, und sie wäre am liebsten dem Edelmann an den Hals gesprungen, um ihn in ihr Bett zu tragen, wie ein Geier seine Beute ins Nest. Aber sie tat sich mit großer Mühe Gewalt an. Als der Jüngling sie begrüßte, machte sie sich so steif als möglich, umgab sich mit ihrer ganzen hoheitsvollsten Majestät, kurz, tat so, wie alle die tun, denen die Liebe ans Herz greift. Dieser würdevolle Ernst bei der Begrüßung des jungen Gesandten wurde so auffallend gefunden, dass hierüber die seltsamsten Vermutungen umliefen. Aber der junge Isle-Adam, der sich von seiner Trauten geliebt wusste, kümmerte sich einen Spauz darum, ob Frau Imperia ihm eine ernste oder heitere Miene zeigte, und war vergnügt und sorglos wie eine losgelassene Ziege.

Das verdross nun die Dame sehr, und sie stimmte ihr Instrument danach. Wenn sie sich zuvor streng und ernsthaft gegeben hatte, so wurde sie nun liebenswürdig und einschmeichelnd; sie machte sich, sooft es nur anging, in die Nähe des Jünglings, sie gab ihrer Stimme, indem sie ihn anredete, die sanftesten Töne, sie liebkoste ihn mit ihren Blicken, sie bewegte ihr Köpfchen zierlich hin und her, rieb sich mit dem Ärmel an ihm, nannte ihn ›mein hoher Herr‹, kurz, schmeichelte ihm mit den glattesten Worten, spielte mit ihren Fingern auf seiner Hand und lächelte ihn schließlich ganz offen und herausfordernd an. Aber er, der sich nicht denken konnte, dass ein junger Bursche ohne Gold in seinen Taschen überhaupt bei der Dame infrage kommen könne, und nicht glauben wollte, dass seine Jugend und Schönheit bei einer solchen Frau so hoch im Preis stehe,

blieb ungerührt bei all ihren Lockungen und stand da wie gepanzert, mit eingestemmten Armen.

Als Frau Imperia sich so missverstanden sah, wurde sie immer erregter, und ihr Herz geriet vollends in helle Flammen. Wenn ihr aber an der Wahrheit dieses Vorgangs zweifelt, so kommt das daher, dass ihr nicht wisst, was alles zum Handwerk der Frau Imperia gehörte; sie glich in diesem Augenblick einem Kamin, in dem längst viele tausend kleine glimmende Freudenfeuer entzündet worden, deren Rauch und Geschwel ihn ganz mit Ruß und Teer überkleidet haben, also dass ein zufälliger Funken genügte, um alles in Brand zu setzen und die ganze stolze Imperia in eine einzige große und schreckliche Flamme zu verwandeln, die nur durch die Liebe gesänftigt werden konnte. Aber der junge Herr von Isle-Adam merkte nichts von dieser Glut und verabschiedete sich von der Dame, die, in Verzweiflung darüber, ganz den Kopf verlor und ihm eine Botschaft nachschickte, durch die sie ihn kurzerhand aufforderte und einlud, die Nacht bei ihr zu schlafen. Noch niemals in ihrem Leben, weder für einen König noch Kaiser, noch für den Papst selber, hatte sie sich so feige herabgelassen, denn sie wusste wohl, dass der hohe Preis ihres Körpers von ihrem Betragen abhing und dass sie die Männer umso besser in sklavischer Unterwürfigkeit erhalten konnte, je härter und hochfahrender sie dieselben behandelte.

Die schlaue Kammerzofe, die die Botschaft auszurichten hatte, gab dem jungen Kostverächter zu verstehen, dass ihm ohne Zweifel eine ganz besonders schöne Nacht bevorstehe, indem die gnädige Frau ihm mit ihren ausgesuchtesten Leckerbissen der Liebe aufzuwarten bereit sei. Sehr vergnügt über diesen unerwarteten. Glücksfall kehrte der Junker in die Gesellschaft zurück, der es nicht entgangen war, wie Frau Imperia bei seinem Abschied bleich und blass geworden, und alle freuten sich bei seinem Wiedereintritt in den Saal; denn jedermann hatte hier ein Interesse daran, dass die Dame Imperia ihr altes lustiges Leben wieder aufnahm. Ein englischer Kardinal, der schon von mehr als einer Schüssel gekostet und auch einmal versuchen wollte, wie Frau Imperia schmeckte, kam auf den jungen französischen Gesandten zu und flüsterte ihm ins Ohr: »Spinnt sie Euch nur gut ein, dass sie Euch nicht entschlüpft.«

Die Geschichte dieser Nacht wurde dem Heiligen Vater bei seinem Morgenempfang erzählt, und er antwortete darauf mit den Worten der Schrift: »Laetamini, gentes, quoniam surrexit Dominus«, über welche Zitation die älteren Kardinäle als über eine Profanation des göttlichen Wortes sich sehr entsetzten. Als der Papst dies merkte, nahm er Gelegenheit, sie tüchtig abzukanzeln und ihnen zu erklären, wie sie zwar gute Christen, aber schlechte Politiker wären. Er rechnete nämlich darauf, mithilfe der schönen Imperia den Kaiser zu zähmen und für sich einzufangen, also dass er recht als ein Politikus und Pfiffikus handelte, indem er der großen Hure gelegentlich solche verzuckerte Schmeicheleien zu schlecken gab.

Kehren wir zum Vorabend zurück. Im Palast waren die Lichter endlich gelöscht, und am Boden zwischen Flaschen und Gläsern lagen die Betrunkenen, die auf den Teppichen ihren Rausch ausschliefen. Da führte die Dame ihren auserwählten Freund an der Hand in ihr Schlafgemach und gestand ihm, eine so heftige Begierde für ihn gefasst zu haben, dass sie wie ein Tier sich auf den harten Boden hätte legen mögen, um sich von ihm unter die Füße treten zu lassen, wenn es nur möglich gewesen wäre. Der Jüngling hatte sich entkleidet, und nachdem sie selber ihre stolzen Gewänder nur so heruntergerissen, bemächtigte sie sich seiner mit einer solchen wilden Ungezügeltheit und einem so tollen Ungestüm, dass sich ihre Kammerzofen nicht wenig erstaunten, die ihre Herrin von dieser Seite noch gar nicht gekannt hatten, als welche in ihrem Bett kühl und zurückhaltend zu sein pflegte wie nur eine.

Dieses Erstaunen ergriff bald die ganze Stadt; denn die beiden Liebenden blieben volle neun Tage und neun Nächte zusammen, aßen und tranken auf ihrem Lager und taten dazwischen nicht viel anderes, in ungezählten Malen, wie die wilden Bestien, die im besten Zuge sind, sich gegenseitig aufzufressen, also dass es einem Mirakel gleichzuachten war, wenn sie dennoch beide ganz und heiler Haut blieben. In Rom und in ganz Italien ging von nichts anderem die Rede, zum großen Schmerz vieler, als von diesem Sieg, den der junge Franzose über Frau Imperia davongetragen, die plötzlich von keinem andern Mann mehr etwas wissen wollte und auf alle pfiff, ob es nun Herzöge, Burggrafen, Markgrafen oder einfache Grafen waren, als welchen sie höchstens erlaubte, ihr die Schleppe zu tragen, denn das seien Leute, die man mit Fußtritten behandeln müsse, wenn man selber keine Fußtritte von ihnen haben wolle.

Die Frau Imperia aber gestand ihren Kammerfrauen, einen richtigen Phönix der Liebe entdeckt zu haben, der, hundert und hundertmal verbrannt, sich immer von Neuem und mit verjüngter Kraft aus der Asche erhebe und von dem sie darum nie genug bekommen könne, dessen Augen ihr mehr seien als das ewige Licht, und der ihr mit einem so wunderbaren Löffel einen so wunderbaren Trank eingebe, dass ihr Durst immer wieder nach mehr lechze, wieviel sie auch davon trinke. Und also unersättlich müsse sie ihn lieben, gestand sie, und also rückhaltlos, dass sie ihm erlauben würde, ihr Blut zu trinken und ihre Brüste aufzuzehren, die doch die schönsten seien auf der ganzen Welt, ja dass sie für ihn ihre Haare abschneiden würde, davon sie bis jetzt nur ein einziges dem guten Kaiser geschenkt, der es als kostbare Reliquie auf seiner Brust trug. Überhaupt, fügte sie hinzu, rechne sie ihr wahres Leben erst seit jener Nacht, wo dieser göttliche Villiers von Isle-Adam ihr zum ersten Mal das Herz bewegt und ihr Blut in Aufruhr gebracht. Ihre Worte wurden herumgeredet, und niemand hörte sie ohne Schmerz und Ärger.

An dem Tag, an dem Frau Imperia sich zum ersten Mal wieder öffentlich zeigte, erzählte sie den Damen Roms, dass sie eines bösen Todes sterben müsse und sich, wie einst die Königin Kleopatra, eine Natter oder einen Skorpion an die Brust setzen wolle, wenn der angebetete Junker sie je verlassen sollte.

Mit ernster Entschlossenheit erklärte sie, den Tollheiten ihres Lebens für immer Lebewohl zu sagen und der Welt jetzt zu zeigen, was Tugend sei, indem sie ihr stolzes Kaiserreich um den kleinen Isle-Adam aufgeben und lieber die letzte Magd ihres Geliebten, als die Herrscherin der ganzen Christenheit sein wolle. Eine solche Liebe zu einem einzigen Mann, meinte der englische Kardinal in einer Unterredung mit dem Papst, sei eine Schande und Schimpf für eine Frau, die die Freude und das Glück so vieler gewesen, und der Heilige Vater müsste die Ehe für null und nichtig erklären, für null und nichtig im Quadrat, und durch ein Breve in partibus eine Heirat verbieten, die der schönen Gesellschaft so verhängnisvoll zu werden drohe. Aber die Liebe des armen Mädchens, das jetzt die ganze Misere ihres Lebens eingestand, war so rührend und schön, dass sie auf die schlimmsten Gesellen noch Eindruck machte und alles Gerede verstummen ließ und ein jeder ihr das späte Glück herzlich gönnte.

An einem Tag der Fasten nun ließ Frau Imperia alle ihre Leute zur Beichte gehen, warf sich selber, zerknirscht in Reue, dem Papst zu Füßen, um die Absolution aller ihrer Sünden zu erlangen in der Hoffnung, damit vom Papst zugleich die Jungfräulichkeit ihrer Seele wiederzuerhalten; denn diese ihrem Freund nicht darbringen zu können, machte ihr den größten Kummer. Es erwies sich aber die kirchliche Reinwaschung ganz und gar unnötig. Denn der gute Isle-Adam zeigte sich so fest eingesponnen in dem Netzwerk der Schönen und saß so sicher auf den Leimruten festgepappt, dass er alles im Stich ließ, um seine Sache allein Gott anheimzustellen, im Stich ließ seine diplomatischen Aufträge für den König von Frankreich, im Stich ließ das Fräulein von Montmorency, seine angetraute Braut, kurz alles, um Frau Imperia zu heiraten und mit ihr zu leben und zu sterben. Hier sieht man, welches die Wirkung ist, wenn eine große Buhlerin, erfahren in jeder Wissenschaft auf dem Gebiet der Wollust, sich mit ihren Erfahrungen der tugendhaften Liebe zuwendet.

Frau Imperia feierte also ihre Hochzeit und gab damit ihren verliebten Schleppenträgern oder schleppentragenden Verliebten ein wahrhaft königliches Abschiedsfest, dem sogar italienische Fürsten beiwohnten. Sie besaß, wie man sagte, rund eine Million Gulden in Gold, und in Anbetracht dieser ungeheuren Summe schalt niemand den guten Villiers, vielmehr beglückwünschte ihn jedermann, besonders da es ganz offen zutage lag, dass weder Frau Imperia noch ihr junger Gemahl viel von diesem Reichtum hielten, sondern etwas anderes allein und über alles schätzten. Der Papst segnete selber die Ehe ein, er nannte die Rückkehr einer Buhlerin zu Gott und der Tugend auf dem Wege der Heirat einen erhebenden Anblick. Bei diesem letzten Abschiedsfest, an dem es jedermann vergönnt wurde, die Königin der Schönheit zu sehen, die nun in eine einfache französische Schlossherrin verwandelt werden sollte, gab es natürlich auch viele, die mit Bedauern an die Zeiten toller Lustigkeit dachten, an die Nächte voller Mummenschanz und Maskenscherz, voll Rausch und süßer Liebesseligkeit, was alles nun ein Ende haben musste. Sie sahen mit Trauer im Herzen das auserlesene Geschöpf, das heute schöner war als selbst im Frühling seines Lebens, so strahlte ihr inneres Glück wie Sonnenschein aus ihren Augen.

All denen, die sich beklagten, dass Frau Imperia den traurigen Gedanken fassen konnte, tugendhaft zu werden, antwortete scherzend die schöne Frau: dass man ihr die wohlverdiente späte Ruhe nicht missgönnen dürfe, nachdem sie sich vierundzwanzig Jahre lang so ausgiebig für das öffentliche Wohl geopfert habe. Demgegenüber beriefen sich die anderen auf die Sonne, die, wenn auch entfernt, doch jedem noch von ihrer Wärme spende, während die schöne

Frau Imperia sich ganz und für immer ihren Blicken entziehen wolle; worauf dann die Dame zu verstehen gab, wie sie immer noch ein Lächeln für die Besucher haben werde, die sich mit eigenen Augen davon überzeugen wollten, welcher Gestalt sie ihre Rolle als tugendhafte Frau durchführe. Kein Zweifel, meinte der englische Gesandte, sie ist imstande, alles auf die Spitze zu treiben, sogar die Tugend.
Die schöne Imperia hinterließ sodann jedem ihrer Freunde ein Geschenk, vermachte den Armen und Kranken von Rom beträchtliche Summen, überwies dem Kloster, in das ihre Tochter hatte eintreten wollen, einen Teil des von dieser hinterlassenen Vermögens, das vom Kardinal von Ragusa stammte, und mit dem andern Teil baute sie die schon erwähnte Kirche.
Als die beiden Gatten ihre Reise antraten, wurden sie ein großes Stück Weges von trauernden Kavalieren und außerdem von einer großen Menge Volks begleitet, das der Frau Imperia tausend Wünsche für ihr Glück nachrief; denn die schöne Frau hatte sich nur gegen die Großen stolz und hochfahrend gezeigt, gegen die Armen und Geringen war sie immer mild und freundlich gewesen. Ebenso wurde die Königin der Liebe bei ihrer Durchreise in allen Städten Italiens gefeiert, wo das Gerücht von ihrer Bekehrung sich verbreitet hatte; ein jeder war neugierig, die beiden liebenden Gatten, diese seltene Ausnahme von der Regel, zu sehen, und mehrere Fürsten empfingen das schöne Paar ohne Bedenken an ihrem Hof, da, wie sie sagten, eine solche Ehre dieser Dame wohl gebühre, die den Mut gefunden, auf die Herrschaft über alle Welt zu verzichten, um eine tugendhafte Frau zu werden.
Doch befand sich darunter auch ein boshafter Gesell, der Herzog von Ferrara, der dem jungen Ehemann zu verstehen gab, dass er sein großes Vermögen auf leichte Weise erworben hätte. Bei dieser Beleidigung zeigte Frau Imperia erst ihre große Seele; sie stiftete all ihr Vermögen, das sie in der Zeit ihrer Liebesherrschaft gewonnen hatte, zur Ausschmü-

ckung der Kirche Unserer Lieben Frau von der Lilienblüt in der Stadt Florenz und behielt nur jene Summe für sich, die ihr der Kaiser aus reiner Freundschaft bei seinem Abschied überwiesen und die nicht unbeträchtlich war. Auf Kosten des Herrn von Este jedoch wurde viel gelacht, da er immer damit geprahlt hatte, eine Kirche bauen zu wollen, trotz der

Schäbigkeit seiner Einkünfte. Er soll auch wegen seines Benehmens von seinem Bruder, dem Kardinal, scharf getadelt worden sein. Der Herr von Isle-Adam aber bestand einen Zweikampf mit dem besagten Herzog, der dabei nicht unbedeutend verwundet wurde, und also würde niemand

mehr gewagt haben, dem Herrn Villiers oder dessen Gemahlin ein unebenes Wort zu sagen. Die ritterliche und edle Art seines Auftretens bewirkte, dass die beiden Liebenden an jedem Ort, durch den sie reisten, sogar noch festlicher empfangen wurden als bisher; besonders in Piedemont war der Festjubel groß. Die Dichter verfassten Sonette, Epithalamien und Oden (die in alten Sammlungen noch zu finden sind), zum Preis der schönen Imperia, als welche, nach einem Ausspruch des Boccaccio selber, die verkörperte Poesie war, dergestalt, dass jedes Gedicht neben ihr armselig und gering erschien.

Den Preis in diesem Wettkampf der Feste und galanten Huldigungen trug der römische Kaiser davon, der, nachdem er von dem Betragen des Herzogs von Ferrara Kunde bekommen, einen Boten mit lateinisch geschriebenen Briefen an seine Freundin absandte, in welchen zu lesen stand, dass er sie selbstlos genug liebe, um sich an ihrem Glück zu freuen, dass er aber bedaure, nicht selber der Begründer dieses Glückes zu sein. Das Recht, sie zu beschenken, habe er zwar verloren, fuhr der Kaiser fort, doch würde er sich's zur Ehre anrechnen, einen Villiers von Isle-Adam für das Heilige Römische Reich zu gewinnen, und biete ihm darum, im Falle der König von Frankreich den Ehegatten nicht freundlich entgegenkomme, von sich aus ein Fürstentum an, ihm freie Wahl lassend, für welche der kaiserlichen Domänen er sich entscheiden wolle. Imperia antwortete, dass sie die Großmut des Kaisers zu schätzen wisse, dass sie aber dennoch, wenn ihr auch tausend Kränkungen bevorstünden, ihr Leben einzig nur in Frankreich beschließen wolle.

II. Was für ein Ende diese Ehe nahm

Die Dame von Isle-Adam zeigte keine Lust, zu Hofe zu gehen, da es sehr fraglich war, wie sie da empfangen worden wäre; sie zog es vor, auf dem Land zu leben, wo ihr Gemahl die schöne Herrschaft Beaumont-le-Vicomte für sie kaufte, auf deren Namen eine feine Anspielung gemacht wurde, die unser viel geliebter Meister Franziskus in seinem glorreichen Buch der Nachwelt aufbewahrt hat. Der junge Ehemann erwarb dazu noch die Herrschaft von Nointel, den Wald von Karanelle, St. Martin und andere Orte, die an die seinem Bruder gehörige Herrschaft von Isle-Adam grenzten. Durch diese Erwerbungen wurde er einer der mächtigsten Grundbesitzer in Isle de France und der Vizegrafschaft von Paris. Er baute in Beaumont ein prächtiges Schloss, das später durch die Engländer zerstört wurde, und schmückte es mit den kunstvollen Geräten, Truhen, ausländischen Teppichen, kostbaren Gemälden und Bildern in Holz und Elfenbein, die seiner Frau gehört hatten, als welche in diesen Dingen eine große Kennerin war, und wo-

A. PISAN

durch dieses Schloss zu einer der größten Sehenswürdigkeiten unter den übrigen Schlössern des Landes wurde. Die beiden Gatten führten da ein viel beneidetes Leben, und in der Stadt Paris und am Hof des Königs konnte man nicht genug erzählen von dem Glück des Herrn von Beaumont und dem tugendhaften, frommen und vollkommenen Lebenswandel seiner schönen Frau Gemahlin, die man aus alter Gewohnheit immer noch Frau Imperia nannte, trotzdem sie von ihrer früheren hochfahrenden und hochnasigen

Art auch nicht das Geringste mehr an sich trug, dafür aber alle Eigenschaften einer vornehmen und ehrbaren Schlossfrau an den Tag legte, von der eine Königin hätte lernen können. Große Stücke galt sie wegen ihrer aufrichtigen Frömmigkeit bei der Kirche; hatte sie doch Gott niemals im Leben ganz vergessen, sondern schon früher, wie sie zu sagen pflegte, durch ihren Verkehr mit geistlichen Würdenträgern jeder Art, mit Äbten, Erzbischöfen, Kardinälen und andern, Gelegenheit genug gefunden, auch zwischen ihren Betttüchern an das Heil ihrer Seele erinnert zu werden.
Das Lob, das dem König von allen Seiten über die Dame gesungen wurde, machte ihn so neugierig, dieses Wunder zu sehen, dass er nach Beaumont kam und dem Herrn von Beaumont die Gnade erwies, auf dessen Schloss zu übernachten, auch drei Tage bei ihm zu verweilen, und ein königliches Jagen veranstaltete, an dem die Königin und der ganze Hof sich beteiligten. Und ihr könnt euch denken, dass sowohl der König und die Königin wie auch alle Da-

men des Hofes bezaubert waren von der Schönheit und den höfischen Manieren der Dame von Isle-Adam. Jedermann vom Hof, der König an der Spitze, auch die Königin nicht ausgenommen, beglückwünschten den Herrn Villiers zur Wahl seiner Gemahlin, deren bescheidenes Auftreten mehr Eindruck machte, als es ihr Stolz getan haben würde, sodass man sie aufforderte, zu Hofe und überallhin zu kommen. Denn so stark war ihre heftige Liebe zu ihrem Gatten, dass sie unter der Fahne der Tugend noch liebreizender erschien. Der König verlieh seinem ehemaligen Botschafter die vakante Statthalterschaft von Isle de France und gab ihm den Titel eines Vizegrafen von Beaumont, wodurch er Gouverneur der ganzen Provinz wurde und am Hof eine große Rolle spielte.

Bei Gelegenheit der genannten Jagd war es übrigens, dass das Herz der Dame von Beaumont den ersten Stachel empfing, indem ein Neider ihres Glücks sie scherzend fragte, ob der Herr Gemahl ihr auch von seiner ersten Liebe zu dem Fräulein von Montmorency gesprochen habe. Diese Dame stehe nun im zweiundzwanzigsten Jahr (sie war also bei der Verheiratung ihres ehemaligen Verlobten sechzehn) und weigere sich hartnäckig, eine andere Vermählung zu schließen, sondern verzehre sich in Sehnsucht nach ihrem einstigen Geliebten, den zu vergessen und sich aus dem Sinn zu schlagen ihr eine Unmöglichkeit sei, weshalb das Gerücht gehe, dass sie nächstens in das Kloster von Chelles als Nonne eintreten wolle.

Seit den sechs Jahren ihres Glücks war dies das erste Mal, dass der Name des Fräuleins von Montmorency zu Frau Imperias Ohren kam, und sie erkannte daraus, wie sehr sie geliebt wurde. War doch diese ganze Zeit den beiden vergangen wie ein einziger Tag; jede ihrer Nächte war eine neue Hochzeitsnacht für sie, und wenn der Graf, um seine Geschäfte im Land zu besorgen, sich von seiner Gemahlin trennen musste, wurden sie beide ganz trübsinnig, so wenig vermochten sie eines ohne das andere zu leben. Aber auch

PISAN

dem Grafen, den der König so sehr liebte, wurde von diesem ein Wort gesagt, das ihm wie ein Dorn im Herzen zurückblieb.
»Du hast keine Kinder?«, fragte ihn die Majestät.
»Gnädiger Herr«, antwortete Beaumont, indem er sich zusammennahm wie ein Mann, in dessen schmerzende Wunde man den Finger bohrt, »gnädiger Herr, mein Bruder hat Söhne, und also ist unsere Nachkommenschaft gesichert.«
Nun ereignete es sich aber, dass die beiden Söhne dieses Bruders plötzlich starben, der eine bei einem Turnier, durch einen Sturz vom Pferd, der andere an Krankheit, und ihr Vater sich den Tod dieser geliebten Söhne so sehr zu Herzen nahm, dass er aus Kummer darüber in kurzer Zeit dahinsiechte. So wurden Beaumont und die erworbenen Herrschaften Nointel, St. Martin nebst zugehörigen Domänen mit dem benachbarten Isle-Adam vereinigt, und aus dem jüngeren Sohn wurde das Haupt der Familie.
Frau Imperia zählte um diese Zeit fünfundvierzig Jahre und hatte sich jung genug erhalten, um Kinder bekommen zu können. Aber sie bekam keine. Als nun die Nachkommenschaft der Isle-Adam ausgestorben war, setzte sie alles daran, ein Kind zu haben; aber nach verflossenen sieben Jahren musste sie die letzte Hoffnung auf Empfängnis aufgeben. Sie ließ einen berühmten Arzt von Paris kommen, um ihn über den Grund ihrer Unfruchtbarkeit auszuforschen. Der Meister Medikus gab ihr zu verstehen, dass sie und ihr Gemahl zu viel Vergnügen an der Sache vorwegnähmen und eher wie zwei Verliebte als wie zwei Eheleute miteinander verkehrten, wodurch sie allein schon die Empfängnis verhinderten. Da gab sich die gute Frau alle Mühe, so ruhig zu bleiben wie die Henne unter dem Hahn, denn der Arzneikünstler hatte ihr nahegelegt, wie bei den Tieren, die man eben darum die dummen Tiere nenne, die Befruchtung in der Regel unausbleiblich sei, weil ihre Weibchen nichts wissen von all den kitzeligen Kunstgriffen, frivolen Spielereien und verdächtigen Lesbinereien,

G. Doré
Pierdon sc

mit denen unsere Damen sich den Bissen verfeinern und verzuckern.
Fasste also Frau Imperia den festen Vorsatz, all ihre gelehrten und spitzfindigen Rezepte, an deren Studium und Vervollkommnung sie ihr Leben lang gearbeitet hatte, künftighin ganz und gar außer Brauch zu setzen und sich womöglich nicht anders bei der Sache zu verhalten wie jene deutsche Baronin, die durch ihre Unbeweglichkeit und Unempfindlichkeit ihren Gemahl dahin gebracht, dass er sie zu Tode genudelt, worauf der Papst, zu dem der Baron um der Absolution dieser Sünde willen gewallfahrtet, sein berühmtes Breve erlassen, darin er die Damen des teutonischen Landes ermahnte, sich bei der gewissen Sache wenigstens soweit ihrer Haut zu wehren, um einem derartigen Verbrechen in Zukunft vorzubeugen.
Aber ach! Auch diese Bemühung blieb fruchtlos, und die Herrin von Isle-Adam verfiel darüber in eine große Traurigkeit und Mutlosigkeit. Sie beobachtete manchmal ihren Gatten, wie er nachdenklich vor sich hinstarrte, wenn er sich allein glaubte, und wie er heimlich weinte, weil seiner Liebe keine Frucht geschenkt ward. Und da in dieser schönen Ehe alles gemeinsam war und keines von beiden auch nur einen Gedanken vor dem andern geheim halten konnte, so dauerte es nicht lange, dass beide Gatten, wie einst ihr Glück, so jetzt ihren Kummer sich täglich mitteilten und ihre Tränen gar oft in eins zusammenflossen.
Wenn Frau Imperia dem Kind eines Armen begegnete, wollte sie sterben vor heimlichem Schmerz, und ihr Gatte hatte einen ganzen Tag lang an ihr zu trösten. Er befahl zuletzt, weil er den großen Kummer nicht mehr ansehen konnte, dass sich kein Kind mehr in der Nähe der gnädigen Frau zeigen durfte. Er selber gab seiner Gemahlin die sanftesten Worte; er gab ihr zu bedenken, wie oft die Kinder schlecht gerieten, worauf sie aber erwiderte, dass ein Kind von ihnen beiden unmöglich ungeraten sein könne, sondern vollkommen sein werde als nur ein Kind auf der Welt.

Dann versetzte er, wie seine Söhne sterben könnten gleich denen seines armen Bruders. Sie aber entgegnete ihm, ihr würden die Kinder ganz gewiss nicht wegsterben, weil sie dieselben ebenso wenig von sich lassen wollte als eine Henne ihre Küklein, nicht von der Schürze sollten sie ihr kommen, kurz, fand auf alles eine Antwort.
Sie ließ jetzt ein altes Weib zu sich rufen, das im Geruch stand, hexen zu können und sich besonders auf diese Art von Geheimwissenschaft zu verstehen. Diese sagte ihr, dass oft Frauen des lustigen Gewerbes dann empfangen hätten, wenn sie die Sache auf Art der Tiere angefangen, als welches die einfachste sei. Also tat die Dame nach dem Rat dieser Vettel in der Art, wie es die Tiere tun; aber ihr Leib verlor seine Schlankheit nicht und blieb fest und weiß wie Marmor. Nun kam sie von Neuem auf die Wissenschaft der Doktoren von Paris zurück und zog zuletzt einen berühmten arabischen Arzt zurate, der nach Frankreich gekommen war, um seine ganz neue ärztliche Wissenschaft da anzumelden und zu verbreiten.
Dieser Arzt, der in der Schule eines gewissen Meisters mit Namen Averroës studiert hatte, sagte ihr sehr grausame Worte. Da sie, erklärte er, sich in ihrem Leben zu vielen hingegeben und sich ihrem Handwerk entsprechend keinerlei Beschränkung auferlegt, so habe sie für immer in ihrem Leib gewisse traubenkammähnliche Gebilde zerstört, an denen Mutter Natur eine Menge Eier befestigt, welche, vom Mann befruchtet, in schützender Hülle ausgebrütet werden, bis daraus das junge Leben bei der Niederkunft hervortritt und sozusagen ausschlüpft, was ganz deutlich bewiesen wird durch die Haut, die den Kopf der neugeborenen Kinder bedeckt. Diese Beweisführung schien so einfältig, dumm und albern, so entgegengesetzt der Heiligen Schrift, wo geschrieben steht, dass der Mensch nach dem Ebenbild Gottes geschaffen sei, und so ganz im Widerspruch mit der gesunden Vernunft und den althergebrachten Anschauungen und Lehrmeinungen, dass die Ärzte von

Paris sich nicht genug darüber lustig machen konnten. Der morgenländische Arzt verließ daher die Schule von Paris, wo von seinem Meister Averroës von da an nicht mehr die Rede war. Die Pariser Ärzte aber erklärten der Frau Imperia, die in ihrer Bedrängnis nach Paris kam, sie könne nichts Gescheiteres tun, als in ihrer seitherigen Gepflogenheit fortfahren, da sie ja schon einmal während ihres früheren Lebens von dem Kardinal von Ragusa ein Kind empfangen, die schöne Theodora. Solange ihre Natur noch wach sei und der Strom ihres Geblüts noch fließe, solle sie weder ihre Hoffnung noch ihre Bemühungen aufgeben. Dieser Ausspruch schien ihr höchst weise, und sie verdoppelte ihre Anstrengungen, erhielt aber wieder nur Blüten ohne Früchte.

Da schrieb die betrübte Frau an den Papst, der sie sehr liebte, und vertraute ihm ihren Kummer. Der gute Papst antwortete ihr gnädigst in einem eigenhändigen Schreiben. Wo die menschliche Kunst und Wissenschaft versage, meinte er, sei es an der Zeit, die Hilfe des Himmels und den Beistand des allgütigen Gottes anzuflehen. Darauf wurde von den beiden Gatten beschlossen, barfuß zu Unserer Lieben Frau von den Sieben Freuden zu wallfahrten, als welche bekannt ist für ihren Beistand in den besagten Fällen, und ihr das Gelübde zum Bau einer prächtigen Kathedrale abzulegen, wenn ihnen ein Kind geschenkt würde.

Kasteite sich so die arme Frau und verdarb ihre schönen Füße, ohne aber etwas anderes davonzutragen als einen noch schmerzlicheren Kummer, eine noch bitterere Betrübnis, dergestalt, dass ihr die Haare ausgingen und andere weiß und grau wurden. Darüber verlor sie auch noch die letzte Hoffnung und Möglichkeit, ein Kind zu bekommen, und wurde mit der Zeit so lebensfeindlich und schwermütig und bekam eine gelbe Hautfarbe, also dass sie zuletzt mit keinem Tritt mehr ihr Schloss verließ, in welchem sie sich verkroch wie ein Aussätziger in seinem Spittel. Sie näherte sich jetzt den Sechzig, und die Arme verzweifelte umso mehr, als ihr Gatte sie noch immer in gleichem Grade liebte und gut gegen sie war, wie man nur gut sein kann, während sie doch selber, die allzu viel Männern gehört hatte, kaum noch ihre ehelichen Pflichten zu erfüllen sich imstande fühlte und ihrem Gemahl, wie sie sich verächtlich ausdrückte, nichts mehr sein konnte als eine Bettflasche, um ihm das Eingeweide zu wärmen.

»Ach«, sagte sie einmal zur Abendstunde, wo sie wieder von diesen quälenden Gedanken verzehrt worden, »trotz Kirche und Kaiser, König und Papst ist die Frau von Isle-Adam doch immer noch die schlimme Imperia.«

Oft kam eine unbändige Wut über sie, wenn sie ihren blühenden Gemahl ansah, der alles besaß, was er wünschen konnte, große Güter, die königliche Gunst, die schönste Frau der Welt, eine Liebe ohnegleichen, unerhörte Seligkeiten der Liebe, alles, nur keine Nachkommen. Und sie blieb ohnmächtig in dieser für ein Familienoberhaupt so wichtigen Sache. Sie wünschte zu sterben bei dem Gedanken, wie er sich edel und großmütig gegen sie benahm, die so wenig ihre Pflicht erfüllte, da sie ihm kein Kind geschenkt und nun auch keines mehr schenken konnte. Da verbarg sie ihren Schmerz im tiefsten Herzen und tat ein heiliges Gelöbnis, ihrer großen Seele würdig. Um ihren heldenmütigen Vorsatz gut zu Ende zu führen, zeigte sie sich noch liebevoller als sonst, pflegte ihre Schönheit mit äußerster Sorgfalt und gebrauchte alle Mittel, die sie besser kannte als eine, um ihren Körper jung zu erhalten, der noch immer in erstaunlicher Frische glänzte.

Um diese Zeit war es, dass der Herr von Montmorency die Abneigung gegen die Ehe bei seiner Tochter überwand, dergestalt, dass sie sich mit einem Herrn von Chastillon verlobte. Von dieser Verbindung wurde viel gesprochen, und Frau Imperia sagte sich, dass jetzt die Zeit für sie gekommen sei, zu handeln und ihr Gelübde einzulösen.

Ihr Kastell lag nur drei Meilen von Montmorency entfernt, und eines Tages, nachdem sie ihren Gatten auf die Jagd geschickt, machte sie sich selber auf den Weg nach dem Schloss, wo sie wusste, dass sie das Fräulein von Montmorency finden werde. Dort angekommen, beauftragte sie einen Diener, dem Fräulein zu sagen, dass eine Dame sie in einer wichtigen Sache zu sprechen wünsche. Sehr neugierig gemacht durch die Beschreibung des Dieners von der Schönheit, höfischen Art und dem Gefolge der unbekannten Dame, begab sich das Fräulein von Montmorency in großer Eile in den Garten und traf hier ihre Nebenbuhlerin, die sie nie in ihrem Leben gesehen hatte.

»Meine Teure«, sprach die arme Frau unter Tränen, als sie das Fräulein schön sah, wie sie selber einst war, »ich weiß, dass man Euch zwingen will, den Herrn von Chastillon zu heiraten, trotzdem Ihr in Eurem Herzen niemand liebt als den Herrn Villiers von Isle-Adam. Darum bitte ich Euch, glaubt meiner Prophezeiung: Der Mann, den Ihr liebt und der in Schlingen gefallen ist, aus denen ein Engel des Himmels sich nicht hätte retten können, wird über Kurzem von seiner alten Frau befreit, und Eure treubeständige Liebe wird mit Sieg gekrönt werden, noch ehe im Herbst die Blätter fallen. Habet also den Mut, Euch der geplanten Heirat zu widersetzen, und Ihr werdet Euch Eures Geliebten erfreuen dürfen Euer Leben lang. Schwört mir, den Herrn Villiers über alles zu lieben und niemals einen Kummer dem zu bereiten, der der Beste und Edelste ist unter allen Männern dieses Landes. Bittet ihn, dass er Euch die Geheimsprache der Liebe lehre, die Frau Imperia erfunden hat, damit wird es Euch, jung wie Ihr seid, gelingen, die Erinnerung an diese Frau in seinem Herzen zu töten.«

Das Fräulein von Montmorency war so starr vor Erstaunen, dass sie keine Antwort fand und die Königin der Schönheit, die das Fräulein für eine Art Fee gehalten, sich längst entfernt hatte, bevor ein Arbeiter seine Herrin darüber aufklären konnte, dass die Fremde die Dame von Isle-Adam war. Wie rätselhaft nun dieses ganze Erlebnis schien, erklärte doch das Fräulein ihrem Vater, dass sie sich erst nach dem Herbst zu der genannten Verbindung entschließen wolle. So sehr liegt es in der Natur der Liebe, sich an die Hoffnung zu klammern, auch wenn diese verlockende und trügerische Person noch so unglaublich närrisch aufgeputzt ist.

Während des ganzen Monats der Weinlese wollte Frau Imperia ihren Gatten nicht mehr von sich lassen, sie erfand immer neue Freuden für ihn und umflammte ihn dergestalt mit dem Feuer ihrer Liebe, dass man hätte glauben können, sie wollte ihn ersticken in ihrer Glut. Sie war jede neue Nacht eine neue Frau für den viel geliebten Mann. Dann, beim Erwachen, bat sie ihn, die vollkommene Liebe gut in seinem Gedächtnis zu bewahren. Und um das Herz ihres Freundes zu prüfen:

»Armer Schatz«, sagte sie, »das war nicht klug von dir, mit deinen dreiundzwanzig Jahren eine alte Frau von beinahe vierzig zu nehmen.«
Sein Glück, sprach er, sei ihm von Tausenden geneidet worden; denn unter allen Jungfrauen des Landes sei keine zu finden, die es mit ihr, der Einzigen, aufnehmen könnte, trotz ihrer Jahre, als welche er darum lieben müsse bis in den Tod, dergestalt, dass ihre Runzeln, wenn sie je altern sollte, ihm noch teurer wären, ja, dass er überzeugt sei, sie auch im Grab und als Skelett noch liebenswürdig zu finden.
Bei diesen Worten traten der armen Frau die Tränen in die Augen. Aber sie verstellte sich.
Das Fräulein von Montmorency, sagte sie wie im Spott, sei doch sehr schön und sei so treu.
»Ach«, antwortete er, »das ist hart von Euch, mich an das

einzige Unrecht zu erinnern, das ich in meinem Leben begangen, indem ich meiner Braut das Gelöbnis brach, nachdem meine Liebe zu ihr von Euch in meinem Herzen getötet worden.«

Bei diesem offenen Geständnis zog sie ihn heftig in ihre Arme und presste ihn an sich, tief gerührt von seinen ehrlichen Worten, die manch einer nicht ohne Bitternis hervorgebracht hätte.

»Teurer Freund«, sprach sie, »seit mehreren Tagen fühle ich einen Krampf im Herzen, ein Übel, das mich schon in meinen jungen Jahren mit dem Tod bedroht hat und dessen Gefährlichkeit mir von dem arabischen Arzt bestätigt wurde. Wenn ich sterben sollte, ist es mein Wille, dass du mir dein heiligstes Ritterwort gibst, das Fräulein von Montmorency zur Frau zu nehmen. Ich habe ganz bestimmte Todesahnungen, und ich vermache all mein Vermögen deinem Hause unter der Bedingung dieser Heirat.«

Als Villiers von Isle-Adam seine gute Frau so sprechen hörte, erzitterte er. Der Gedanke einer ewigen Trennung von ihr schien ihm unerträglich.

»Oh, mein geliebter Schatz«, fuhr sie fort, »Gott hat mich da gestraft, wo ich am meisten gesündigt habe; die großen Freuden, die ich genießen durfte, haben mein Herz geschwächt und, wie der arabische Doktor mir erklärte, die Blutgefäße so vermürbt, dass eines Tages die Ekstase der Umarmung meinem Leben ein Ende setzen wird. Aber ich habe ja Gott immer angefleht, mich in dem Alter, in dem ich jetzt stehe, sterben zu lassen, damit ich den Verfall meiner Schönheit nicht zu überleben brauche.«

Nach dieser Rede sah die großmütige edle Frau noch deutlicher, wie über alles der Mann sie liebte; denn jetzt empfing sie das größte Opfer der Liebe, das je auf dieser Erde gebracht wurde. Sie allein wusste, was ihre außerordentlichen Liebkosungen ihrem Mann bedeuteten und dass zu anderer Zeit der arme Isle-Adam lieber gestorben wäre, als auf die verzuckerten Leckerbissen der Liebe, die sie für ihn bereithielt, zu verzichten. Bei ihrem Geständnis aber, dass in einer Verzückung der Liebe einmal ihr Herz brechen werde, fiel ihr der Edelmann zu Füßen und gelobte ihr, er wolle, um ihr Leben zu erhalten, niemals wieder Liebe von ihr verlangen; er wolle sich glücklich preisen, sie an seiner Seite zu haben, ihre Haare zu küssen und ihre Gewänder berühren zu dürfen. Sie aber antwortete, in Tränen ausbrechend, lieber wolle sie den Tod, als eine einzige Knospe am Rosenstrauch der Liebe von freien Stücken ungepflückt zu lassen, und vor allem wolle sie sterben, wie sie gelebt habe. Zum Glück sei ihr Macht gegeben, einen Mann zur Liebe zu zwingen, ohne dass sie ein Wort zu sagen brauche.

Nun müsst ihr wissen, dass Frau Imperia von dem genannten Kardinal von Ragusa einmal ein kostbares Geschenk erhalten, das der Teufelskerl kurzweg »in articulo mortis« zu nennen pflegte. Verzeiht diese lateinischen Worte, sie stammen vom Kardinal. Dieses Geschenk war nämlich eine winzige Glashülse, in Venedig gemacht, nicht größer als eine Bohne, und enthielt ein so scharfes Gift, dass, wenn man es auf den Zähnen zerbiss, der Tod sofort und ganz schmerzlos eintrat. Dieses kostbare Gift gewann der Kardinal von der berühmten Signora Tophana, der beliebtesten Giftmischerin der guten Stadt Rom. Die winzige Glaskugel war in einem Ring verborgen und durch die umgebenden goldenen Hüllen vor jedem Stoß von außen geschützt. Schon oft hatte die arme Imperia das Glas in den Mund genommen, ohne sich entschließen zu können, darauf zu beißen; sie liebte es nur, so mit dem Gedanken an ihren letzten Augenblick zu spielen. Dann gefiel es ihr, noch einmal alle Freuden der Liebe und alle Arten der Lust durchzukosten mit dem Vorsatz, die Phiole zu zerdrücken in dem Augenblick einer allerletzten höchsten und vollkommensten Lust.

Das arme Geschöpf gab sein Leben dahin in der Nacht des ersten Oktober. In den Wäldern tobte der Sturm, und schwarze Wolken fegten über die heulenden Wipfel; es klang wie das Wehklagen verzweifelter Liebesgeister:

»Wehe, die große Wollust ist tot.« So hatten die alten Heidengötter, die bei der Ankunft des Heilands der Menschen sich in ihren Olymp flüchteten, geklagt: »Wehe, der große Pan ist tot.« Auf dem Euböischen Meer war ihr Klagesang von erschrockenen Seefahrern gehört und später von einem Vater der Kirche aufgezeichnet worden.

Frau Imperia starb, ohne von ihrer Schönheit etwas verloren zu haben; es schien, als ob es Gott gefallen hätte, einmal ein untadeliges Modell eines Frauenkörpers zu schaffen. Sie bewahrte, so wird erzählt, eine wunderbare Frische der Haut, die, scheint es, eine Wirkung der Lust war, deren flammenbeflügelter Genius ihr weinend zur Seite saß.

Ihr Gatte betrauerte sie tief im Herzen. Er ahnte nicht, dass sie gestorben sei, um ihn von einer unfruchtbaren Frau zu befreien. Der Arzt, der den Körper einbalsamierte, ließ kein Wort über die Todesursache laut werden. Den wahren Hergang entdeckte Isle-Adam sechs Jahre nach seiner Verheiratung mit dem Fräulein von Montmorency, als diese ihm von dem Besuch der Frau Imperia erzählte. Von da an verfiel der arme Edelmann in düstre Melancholie und starb nicht lange darauf, da er nicht Kraft genug besaß, die Erinnerung an die Genüsse der Liebe, die ihm ein unerfahrenes Ding in keiner Weise ersetzen konnte, aus seinem Gedächtnis zu verbannen. Und so musste sich das Sagen der Zeit bewahrheiten, dass diese Frau unsterblich sei in dem Herzen, in dem sie einmal ihren Thron aufgeschlagen.

Diese Geschichte lehrt uns, dass die höchste Tugend nur denen möglich ist, die das Laster gekannt haben; denn unter den vielen tugendhaften und stolzen Frauen werden wenige zu finden sein, die, welche hohe Stufe der Frömmigkeit und Heiligkeit sie auch sonst erreichen mögen, imstande wären, sich auf solche Weise selber zum Opfer zu bringen.

Ah, närrische Kleine, die du für Lustigkeit im Haus sorgen solltest, du hast, trotz tausend Verboten, von Neuem in das traurige Füllhorn der Melancholie gegriffen, aus dem du schon ›Die reuige Berta‹ gefischt, und kommst nun daher gerannt mit aufgelöstem Haar, wie wenn du ein Fähnlein Landsknechte bezwungen hättest. Wo hast du deine Narrenpritsche gelassen und deine zierliche Kappe, daran zwischen einem Kranz von Blumen die goldenen Schellen kicherten; wo deinen Stab mit den bunten Bändern, an deren Enden kostbare Perlen schimmerten; wo hast du sie hingebracht, die lustige Geißel? Wie kannst du dir nur mit salzigen Tränen die hellen Augen verderben, die so drollig zwinkern, wenn du an eine lustige Geschichte denkst, dass selbst Päpste dir deine Reden und dein Hohnlachen verzeihen und ganz bezaubert sind vom Glanz deiner elfenbeinernen Zähne und dem Rosenschimmer deiner Lippen, dergestalt, dass sie gern ihren Pantoffel hingäben allein für ein Lächeln deines Mundes, dieser rot blühenden Blume deines gesunden Blutes. Aber merke dir, lustiges Dirnlein: Wenn du immer jung und frisch bleiben willst, so weine nicht mehr. Sei einzig bedacht, zügellos durch die Lüfte zu reiten und deinen chamäleonisch sich wandelnden Schimären keinen andern Zaum anzulegen, als der gewoben ist aus duftigen Rosenwolken. Und bekleide und verhülle die ungestüme Wirklichkeit mit den Farben der Iris, mit den goldenen Rüstungen deiner lachenden Träume, mit azurnen Flügeln, in denen Millionen Pfauenaugen schillern. Wahrhaftig, beim Leib und bei der Liebe, beim Weihrauchfass und bei den sieben Siegeln, bei der Waage und beim Schwert, beim Ton und bei der Farbe, beim Feuer und beim Dreck, wenn du dich noch einmal verirrst in die düstern Winkel der Elegie, wo Eunuchen für blödsinnige Sultane nach Vogelscheuchen suchen, verfluche ich dich, prügle ich dich, entziehe ich dir alle Näschereien und Leckereien der Liebe, verweigere ich dir …

Hui, seht ihr sie daherfahren, rittlings auf einem Sonnenstrahl, in Begleitung eines neuen ›Zehent‹, wovon sie umstiebt ist wie von leuchtenden Meteoren. Wie in einem feurigen Sprühregen rast sie daher, so kühn, so wild, so zügellos, so bügellos, so reuelos, so ruchlos … so ganz toll, so mannstoll, so tolldreist … dass man sie seit Langem kennen muss, um ihr zu folgen, indem sie ihren silberschuppigen Sirenenschwanz hinter sich her peitscht und immer neue Feuerwerke ihres Gelächters in den Himmel steigen lässt.

Wie wenn ein Haufen Schüler sich von der Schulstube weg auf eine Hecke reifer Beeren wirft, so lärmt's, lacht's, schreit's, jauchzt's und purzelt's durcheinander.

Hol der Teufel den Schulmeister! Das ›Zehent‹ ist fertig! Zum Kuckuck jetzt mit der Arbeit! Herbei, lustige Gesellen!

BALZAC
FIN